DAS GROSSE BUCH DER
HUNDE-HALTUNG

DAS GROSSE BUCH DER HUNDE-HALTUNG

AUFZUCHT · SCHULUNG · PFLEGE
ERNÄHRUNG · ERSTE HILFE

Herausgegeben von Matthew Hoffman

KÖNEMANN

Copyright © 1998 by Weldon Owen Inc.
Originaltitel: Dogs. The Ultimate Care Guide

Copyright © 1999 für die deutsche Ausgabe:
Könemann Verlagsgesellschaft mbH
Bonner Straße 126
D-50968 Köln

Die Tabelle »In welchem Ernährungszustand befindet sich Ihr Hund«
auf Seite 225 wurde mit freundlicher Genehmigung der University of Minnesota
und des Mark Morris Institute der National Companion Animal Study,
Body-Condition Scoring Criteria, entnommen.

Alle Rechte vorbehalten. Kein Teil dieses Buches darf ohne Genehmigung
des Verlages nachgedruckt, in Datenverarbeitungsanlagen gespeichert
oder durch Fernsehaufnahmen, auf elektronischem, mechanischem, fotomechanischem
oder ähnlichem Weg sowie durch Tonbandaufzeichnungen wiedergegeben werden.

Projektkoordination: Marten Brandt
Herstellungsleitung: Detlev Schaper
Herstellungsassistenz: Ursula Schümer
Übersetzung aus dem Englischen für VerlagsService:
Dr. Eva Dempewolf, Walter Spiegl und Ursula Walther
Produktion und Satz:
VerlagsService Dr. Helmut Neuberger & Karl Schaumann GmbH, Heimstetten
Druck und Bindung: Dürer Nyomda
Printed in Hungary
ISBN 3-8290-2535-1
10 9 8 7 6 5 4 3 2 1

Bitte beachten Sie, daß dieses Buch als Handbuch für den Hausgebrauch gedacht ist und keinesfalls als tiermedizinisches Fachbuch. Die umfangreichen Hinweise zu Gesundheitsfragen sollen Ihnen helfen, den Gesundheitszustand Ihres Hundes zutreffend einzuschätzen und im Ernstfall richtig zu handeln. Die sachkundige Behandlung durch den Tierarzt können sie in keinem Fall ersetzen. Sie sollten daher auch beim geringsten Verdacht auf eine Erkrankung oder Verletzung nicht zögern, tierärztliche Hilfe in Anspruch zu nehmen.

> »*Ein Hund gehört uns nie so sehr, wie wir ihm gehören.*«
>
> GENE HILL

Inhalt

Einführung	XII

1. GESTATTEN, MEIN NAME IST HUND — 1

1 EIN IDEALES GESPANN — 2
Der richtige Hund für Sie — 3
Muß es ein Welpe sein? — 8
Warum einen Rassehund? — 12
50 beliebte Hunderassen — 17
Ich will einen Mischling — 35
Wo kaufe ich meinen Hund? — 38

2 FAMILIENBANDE — 42
Ein hundegerechtes Zuhause — 43
Die erste Nacht — 48
Die Vorstellung — 50
Hunde und Kinder — 52

3 AUFZUCHT EINES WELPEN — 54
Was kann man erwarten? — 55
Richtig aufziehen — 58
Die Welpenzeit — 60
Sozialisierung des Welpen — 62
Der wohlerzogene Welpe — 64
Der erste Tierarztbesuch — 67

4 SO SPRICHT DER HUND — 68
Wie sich Hunde mitteilen — 69
Gründe für Verhaltensweisen — 72
Verstehe seine Körpersprache — 77
Wie Sie Ihre Botschaft übermitteln — 79

2. ERZIEHUNG — 80

5 VOM ERSTEN BELLEN AN — 82
Aus Hundesicht — 83
Rudelführer — 88
Lob und Tadel — 91
Mit dem Hund reden — 93
Lernbereitschaft — 94

6 SAUBERKEIT — 96
Sauberkeitserziehung für Welpen — 97
Sauberkeitserziehung für Erwachsene — 102

7 GRUNDAUSBILDUNG — 104
Die ersten Schritte — 105
Leinenführigkeit — 108
Leckere Belohnung — 111
Die Grundkommandos — 112
Neue Tricks für alte Hunde — 118
Der Therapie-Hund — 119
In der Hundeschule — 120

8 FORTGESCHRITTENENTRAINING — 122
Höhere Bildung — 123
Arbeiten mit Experten — 126
Auf Ausstellungen — 127
Spurensuche — 129
Kunststückchen und Spiele — 131

9 SCHLECHTE ANGEWOHNHEITEN KORRIGIEREN — 136
Vorbeugen ist besser — 137
Aggressives Verhalten — 138
Bellen — 143
Betteln — 145

Hetzjagd auf Autos	146
Anknabbern von Gegenständen	148
»Besetzen« von Möbeln	151
Graben	152
Kotfressen und Wälzen in Kot	153
Angst	155
Handscheu	158
Hyperaktivität	159
Anspringen	160
Ablecken	161
Übersteigerter Wachtrieb	162
Verteidigen von Spielzeug	163
Trennungsangst	164
Stehlen	165
Unerwünschtes Schnüffeln	166
Jaulen	167

3. PRAKTISCHE FÜRSORGE 168

10 SPIELEND FIT BLEIBEN 170
Warum Üben so wichtig ist	171
Grundregeln des Trainings	173
Trainingsempfehlungen	177
Beliebte Hundesportarten	180
Zuviel des Guten schadet nur	182
Organisierter Hundesport	183

11 NÜTZLICHES HUNDEZUBEHÖR 184
Das braucht der Hund	185
Die Personalien des Hundes	187
Picobello unterwegs	189

12 GUT VERSORGTE SCHLÜSSELHUNDE 192
Allein zu Hause	193
Drinnen oder draußen?	195
Fürsorgliche Helfer	197

13 REISEN MIT KOMFORT 198
Im Auto unterwegs	199
Reisezubehör	204
Hoch hinaus	206
Der Hund als Gast	208

4. FUTTER, FEINES FUTTER 210

14 GESUNDE ERNÄHRUNG 212
Was braucht Ihr Hund?	213
Besondere Bedürfnisse	217
Ein voller Wassernapf	223
Wieviel Futter ist genug?	224
Freßstörungen	226

15 HUNDEKÜCHE 228
Welches Futter ist das richtige?	229
Leckerbissen	234
Freßnäpfe	236
Besonderes Futter für besondere Hunde	238

5. GESUNDHEIT UND WOHLBEFINDEN — 240

16 VORBEUGEMASSNAHMEN — 242
Vorsorge beginnt zu Hause — 243
Gesundheits-Check — 244
Die gründliche Untersuchung — 246
Kein Grund zur Sorge — 248
Allgemeine Probleme — 251
Die Wahl des Tierarztes — 253
Wirksam vorbeugen — 257
Versorgung im Krankheitsfall — 260

17 KASTRATION — 264
Familienplanung — 265
Vorteile der Kastration — 267

18 DIE GEBURT — 270
Fürsorge für die werdende Mutter — 271
Das freudige Ereignis — 274
Der große Wurf — 277

19 PFLEGE DES ALTEN HUNDES — 280
Die Zeit verrinnt — 281
Erleichterungen im Alltag — 285
Wenn es Abschied nehmen heißt — 287

6. BEHANDLUNG DER BESCHWERDEN — 288

Allergien und Heuschnupfen — 290
Altersbeschwerden — 293
Analentzündung — 296
Arthritis — 299
Blähungen — 301
Durchfall — 303
Ellenbogendysplasie — 305
Erbrechen — 306
Fieber — 308
Flatulenz — 309
Flöhe — 310
Futterallergien und -intoleranz — 314
Haarausfall — 316
Harnabsatzstörungen — 317
Hauterkrankungen — 319
Hot Spots — 321
Hüftgelenksdysplasie — 322
Husten — 325
Juckreiz — 326
Kotfressen — 328
Lecken — 329
Mundgeruch — 331
Ohrenentzündung — 333
Räude — 336
Sabbern — 338
Sehbeschwerden — 339
Sonnenbrand — 342
Übergewicht — 344
Verstopfung — 347
Würmer — 348
Zahnbeschwerden — 350
Zecken — 353

7. ERSTE HILFE — 356

Verletzungen behandeln	358
Beinfraktur	362
Biß- und andere Wunden	364
Blutungen	369
Erstickungsgefahr	372
Hitzschlag	374
Krallenverletzungen	376
Schwanzfraktur	377
Verbrennungen	378
Vergiftungen	380
Verkehrsunfälle und Herz-Kreislauf-Stillstand	383
Erste Hilfe bei Notfällen	386

8. DER GEPFLEGTE HUND — 388

20 FELLPFLEGE — 390

Fellpflege ist wichtig	391
Fellpflege-Handwerkszeug	395
Bürsten und Kämmen	398
Scheren und Trimmen	403
Ohren und Augen	405
Saubere Pfoten	406
Blitzblanke Zähne	408

21 BADEZEIT — 410

Wann ist ein Bad fällig?	411
So macht Baden Spaß	414
Baden Schritt für Schritt	419
Shampoos und Spülungen	421

NÜTZLICHE INFORMATIONEN — 422

Organisationen und Clubs	424
Die Autoren	432
Register	433

Einführung

Es ist wirklich etwas ganz Besonderes und Bemerkenswertes, daß zwei vollkommen unterschiedliche Spezies eine Beziehung zueinander knüpfen, die nur mit dem Begriff »Liebe« zu beschreiben ist. Man kann sich kaum vorstellen, daß ein Schwein Liebe für eine Kuh verspüren oder eine Henne sich zu einem Igel hingezogen fühlen könnte, aber irgendwie ist es ganz natürlich, daß wir Menschen eine tiefe Zuneigung zu Hunden empfinden.

Heute sind Hunde stärker denn je zuvor für uns mehr als nur Haustiere. Sie sind Familienmitglieder. Sie wohnen in unseren Herzen ebenso wie in unseren Häusern, und oft räumen wir ihnen gar einen ähnlichen Status ein wie unseren Kindern – allerdings betteln Hunde niemals um Designerklamotten, und sie leihen sich auch unsere Autos nicht aus. Sie geben sich mit dem Wissen zufrieden, daß sie von uns gepflegt und umsorgt werden. Sie vertrauen bedingungslos auf unser Pflichtbewußtsein ihnen gegenüber. Sie lieben uns eben. Und indem wir ihre Bedürfnisse befriedigen, zeigen wir ihnen, daß wir diese Liebe erwidern und daß sie einen wichtigen Stellenwert in unserem Leben einnehmen.

Es mag Ihnen zunächst als riesige Verantwortung erscheinen, einen Hund richtig zu behandeln und ihm die bestmögliche Fürsorge angedeihen zu lassen, und das ist es auch. Aber es ist eine Art Liebesdienst, etwas, das man gern tut. Wenn man die Verantwortung für einen Hund übernimmt, möchte man selbstverständlich alles richtig und so gut wie möglich machen. Einen Hund zu halten ist gar nicht so schwierig und meistens

Einführung • XIII

ausgesprochen erfreulich. Man erfährt viel Zärtlichkeit und Liebkosung, und ein Hund wird kaum freiwillig auf eine Gelegenheit verzichten, Herrchen oder Frauchen zu begleiten, wenn es das Haus verläßt. Wenn Sie einen Hund im Haus haben, werden Sie sich nie mehr einsam fühlen – es sei denn, Sie sind gezwungen, etwas ohne ihn zu unternehmen.

Als Tierarzt habe ich beobachtet, daß sich im Laufe der Jahre in der Hundehaltung vieles zum Besseren gewandelt hat. Obwohl sich auch Veterinäre und Industrie bemühen, den Bedürfnissen der Hunde entgegenzukommen, wurden die größten Fortschritte dadurch erzielt, daß die Hundebesitzer selbst das Beste für ihre Haustiere fordern. Das angebotene Hundefutter hat sich in der Qualität enorm verbessert, und die Auswahl an Flocken, Dosennahrung und so weiter ist heute größer denn je. Ständig werden neue Impfstoffe entwickelt, und es ist mittlerweile gelungen, viele der schlimmen Hundekrankheiten unter Kontrolle zu bringen oder ganz auszurotten. In diesem Buch werden Sie alles finden, was Sie über Erziehung, Pflege, Erste Hilfe, Gesundheitsfürsorge und alles andere wissen müssen, um einem Hund das bestmögliche Umfeld zu bieten.

Im letzten Jahrzehnt wurden die positiven Auswirkungen der Tierhaltung auf den Menschen auch in wissenschaftlichen Publikationen hervorgehoben, weil Forscher ergründet haben, was Hundebesitzer längst wissen – nämlich daß eine festgefügte Beziehung zu einem Hund das Wohlbefinden des Menschen steigert. Hunde bieten uns ihre volle Unterstützung, Freundschaft, Akzeptanz und Liebe an. Hunde sind weder wählerisch noch wankelmütig. Sie stellen die Beziehung zu ihrem Herrn niemals in Frage und setzen auch keine imaginären Maßstäbe an, um diese Freundschaft zu bewerten. Sie geben sich mit dem Bewußtsein zufrieden, daß es, aus welchen Gründen auch immer, ihre Bestimmung ist, mit uns zusammen zu sein.

ERSTER TEIL

Gestatten, mein Name ist Hund

Wenn ein kleiner Hund in Ihr Leben tritt, ist es meist Liebe auf den ersten Blick. Nehmen Sie sich Zeit zum Kennen- und Verstehenlernen.

1 EIN IDEALES GESPANN

Seiten 2–41

Groß oder klein, Rüde oder Hündin, rasserein oder Produkt einer Zufallsbekanntschaft – so kommen Sie auf den Hund.

2 FAMILIENBANDE

Seiten 42–53

Nehmen Sie Ihren Hund mit offenen Armen in Ihre Familie auf. Er wird sich dann bald bei Ihnen zu Hause fühlen.

3 AUFZUCHT EINES WELPEN

Seiten 54–67

So machen Sie aus Ihrem entzückenden Welpen einen freundlichen und verläßlichen Begleiter.

4 SO SPRICHT DER HUND

Seiten 68–79

Mimik, Laut- und Körpersprache verraten Ihnen eine Menge über das Befinden und die Absichten Ihres Hundes.

1 EIN IDEALES GESPANN

Ein Hund ist ein wundervoller Gefährte – liebevoll, unterhaltsam und absolut treu. Aber er wird Ihnen auch viel abfordern; denn Sie sind sein Besitzer, und er ist auf Sie angewiesen. Was er Ihnen an Aufwand abverlangt, ist nicht wenig. Was er Ihnen an Liebe und Freundschaft gibt, ist unbezahlbar. Fragen Sie nur die zahllosen Hundebesitzer, die ohne ihren vierbeinigen Freund nicht leben wollen.

Der richtige Hund für Sie
Seiten 3–7
Überlegen Sie sich, welchen Hund Sie wollen und welcher zu Ihrem Lebensstil paßt.

Warum einen Rassehund?
Seiten 12–16
Wenn Sie Wert auf bestimmte Eigenschaften legen, kommt nur ein Rassehund in Frage.

Ich will einen Mischling
Seiten 35–37
Ein Mischling liebt Sie genauso wie ein Rassehund – und er ist immer einzigartig.

Muß es ein Welpe sein?
Seiten 8–11
Auch ein erwachsener Hund wird ein guter Gefährte – den Welpen prägen Sie allein.

50 beliebte Hunderassen
Seiten 17–34
Wenn Sie einen Rassehund suchen, finden Sie dort den richtigen.

Wo kaufe ich meinen Hund?
Seiten 38–41
Es gibt viele gute Wege, zu einem Hund zu kommen, aber auch viele Irrwege.

EIN IDEALES GESPANN

Der richtige Hund für Sie

Ein Hund tut alles, um Sie bei Laune zu halten, aber es macht ihm auch nichts aus, wenn Sie ein paar Tränen in sein Fell vergießen, sollten Sie einmal gedrückter Stimmung sein. Er spielt so lange und so viel Sie wollen, oder er rollt sich glücklich zu Ihren Füßen zusammen, wenn Sie ausspannen wollen und Erholung brauchen. Und ein Hund ist kein bißchen nachtragend – er sieht uns dummen Menschen die vielen Schwächen und Fehler nach. Kurz gesagt, ein Hund ist ein perfekter Freund.

Dennoch ist er in beinahe allen Belangen von Ihnen abhängig – er erwartet Futter, Wasser, Obdach, medizinische Versorgung, Gesellschaft, Erziehung, Pflege und Schutz. Sie müssen wissen, was auf Sie zukommt. Überlegen Sie sich ganz genau, was Sie von einem Hund erwarten und was er von Ihnen verlangen wird. Denken Sie an die Erziehung, die Pflege und all die anderen Pflichten, die Sie übernehmen, wenn Sie sich einen vierbeinigen Freund anschaffen.

Familiäre Voraussetzungen

Es erfordert sorgfältige Überlegung, wenn man die Entscheidung trifft, einen Hund in die Familie aufzunehmen – schließlich sollen alle Beteiligten ein zufriedenes Leben führen. Bedenken Sie als erstes Ihre Familiensituation. Sind Sie Single? Ein junges Paar ohne Kinder? Ein Paar mit Kindern? Sind Ihre Kinder noch klein, im Schulalter oder vielleicht schon größer? Haben Sie vor, Ihr leeres Nest mit einem vierbeinigen Gefährten zu füllen? Lebt schon ein Hund oder vielleicht eine Katze bei Ihnen?

Möglicherweise haben Sie keine Kinder und keine Katze – noch nicht. Sie sollten allerdings vorausdenken und berücksichtigen, daß sich Ihre Familie in den nächsten zehn bis fünfzehn Jahren (das ist etwa der Zeitraum, für den Sie eine Bindung eingehen) vergrößern könnte. Zudem dürfen Sie nicht vergessen, daß die Kinder Ihrer Verwandten oder Nachbarn mit dem Hund in Kontakt kommen könnten. Selbst wenn Sie keine eigenen Kinder haben und auch keinen Zuwachs planen und demzufolge keinen ausgesprochen kinderlieben Hund brauchen, müssen Sie wissen, wie der Vierbeiner reagiert, wenn er mit den ausgelassenen Sprößlingen Ihrer Freunde zusammenkommt.

In jeder Familie gibt es individuelle Bedürfnisse, unterschiedliche Persönlichkeiten und Tagesabläufe, gesundheitliche Anforderungen und Platzprobleme. Nur

Für diesen Boxer sind die Liebe und das Lob seines Herrchens die größte Freude. Er hält aufmerksam nach Anzeichen Ausschau, daß man ihn liebt.

Viele Rassen nehmen mit Freuden an den Aktivitäten der Familie teil und sind wunderbare Gefährten für Kinder. Bedenken Sie die Bedürfnisse aller, wenn Sie sich entscheiden.

wenn Sie all das gewissenhaft und rückhaltlos ins Kalkül ziehen, wird es Ihnen gelingen, sich für den passenden Hund zu entscheiden, der das Leben aller bereichert und keine Konflikte und Schwierigkeiten heraufbeschwört.

Gibt es jemanden in Ihrer Familie, der allergisch auf Hundehaare reagiert? Selbst wenn niemand Allergiker ist, wie sehr werden Sie Hundehaare auf praktisch allem – angefangen von der Hose bis zum Frühstückstoast – stören? Während bestimmter Perioden im Jahr haaren manche Hunderassen reichlich, und stets wird es nötig sein, regelmäßig Staub zu saugen und die Dreckspuren, die die Hundepfoten hinterlassen, wegzuwischen. Einige Hunderassen sind pflegeleichter, aber jeder Hund macht Arbeit.

Die gute Nachricht ist, daß es irgendwo genau den richtigen Hund für Sie und Ihre Familie gibt. Nehmen Sie sich Zeit, um ganz sicherzugehen, daß Sie das Richtige tun und den richtigen Hund wählen – um Ihrer selbst und um des Hundes willen.

Zeitaufwand

Ein Hund braucht Pflege, Liebe und Aufmerksamkeit. Sie oder ein anderes erwachsenes Mitglied Ihrer Familie muß genügend Zeit haben, um mit dem Hund spazierenzugehen, ihn zu bürsten, sauberzuhalten und zu füttern. Wenn Sie sich für einen Welpen entscheiden, übernehmen Sie zusätzliche Pflichten und müssen dafür sorgen, daß Ihr kleiner Freund stubenrein wird.

Kinder und Hunde können zwar zu unzertrennlichen Gefährten werden, aber die Hauptverantwortung für ein Haustier muß dennoch ein Erwachsener tragen.

Nicht alle Hunde beanspruchen gleich viel von Ihrer Zeit. Einige brauchen mindestens zweimal am Tag einen langen Spaziergang, andere können sich auch im Haus genügend Bewegung verschaffen. Hunde mit langem Fell müssen täglich gründlich gebürstet werden, während bei solchen mit kurzem, drahtigem Haar eine oberflächliche Pflege ausreicht. Hunde verschiedener Rassen brauchen unterschiedlich lange, um stubenrein zu werden – danach richtet sich die Zeit, die Sie für einen Welpen aufzuwenden haben. Kleinere Rassen müssen, auch als ausgewachsene Hunde, öfter als große – etwa alle zwei bis drei Stunden – Gassi geführt werden.

Sie sollten einen geregelten Tagesablauf haben, wenn Sie einen Hund zu sich nehmen, denn das

Ein ideales Gespann

neue Familienmitglied wird einige Zeit brauchen, bis es sich an den Rhythmus und die tägliche Routine in Ihrem Hause gewöhnt hat. Holen Sie den Hund in einer Phase zu sich, in der Sie sicher sein können, daß Ihr Leben einigermaßen stabil verläuft.

Denken Sie an die Kosten

Einen Hund zu halten kostet Geld. Nicht nur das Futter, Wurmkuren und Flohpulver müssen bezahlt werden, sondern zu Anfang auch all die Dinge, die jeder Hund braucht: einen Schlafkorb, Decken oder eine Matte, Spielsachen, Bürsten und Striegel sowie einen Freß- und einen Wassernapf. Hinzu kommen noch regelmäßige Impfungen, Tierarztbesuche und Hundesteuer. Das sind die täglichen oder jährlichen Kosten, die Sie aufwenden müssen.

Außerdem ist da noch der Preis für den Hund selbst. Falls Sie sich für einen Hund aus dem Tierheim entscheiden, sind die Anschaffungskosten gering. Bei einem reinrassigen Hund vom Züchter müssen Sie allerdings mit einem Preis von mindestens 1000 bis 2000 Mark rechnen.

Paßt der Hund in Ihre Umgebung?

Die meisten Hunde, auch einige der kleineren Rassen, brauchen relativ viel Bewegung und Auslauf, um glücklich und gesund zu bleiben. Es gibt jedoch auch Rassen, die sich mühelos an ein Leben in einer kleinen Wohnung anpassen, andere wiederum brauchen ein Haus mit Garten und einen hohen Zaun, damit sie sich nicht selbständig machen und streunen.

Dabei ist die Größe des Hundes nicht unbedingt ausschlaggebend für den Lebensraum, den er benötigt. Nur weil ein Beagle ein kleiner Hund ist, heißt das noch lange nicht, daß er ein idealer Wohnungshund ist. Eher das Gegenteil ist der Fall. Eine Deutsche Dogge und einige andere Arbeitshunde brauchen längst nicht so viel Platz. Riesenrassen wie Neufundländer oder Bernhardiner können richtige Stubenhocker sein, die sich auf der Couch am wohlsten fühlen.

Einige kleinere Hunde, einschließlich vieler Terrierrassen, lieben nicht nur Bewegung und Auslauf, sondern sind auch regelrechte Kläffer, was in einem Mietshaus zu Ärger mit den Nachbarn führen könnte.

Ein großer Hund braucht nicht unbedingt ein großes Haus mit entsprechendem Garten. Er kann sich auch in einer Wohnung wohlfühlen.

6 • Gestatten, mein Name ist Hund

Wenn Sie nur einen handtuchgroßen Garten besitzen und Ihr Herz dennoch an einen Hund gehängt haben, der einen starken Bewegungsdrang hat, brauchen Sie den Mut nicht gleich zu verlieren. Überlegen Sie, welche Möglichkeiten Sie haben, mit ihm in der Nähe spazierenzugehen. Wahrscheinlich gibt es in der Umgebung einen Park oder offenes Gelände, wo sich Ihr Hund austoben kann.

Vorsicht ist bei Hunderassen geboten, deren natürlicher Lebensbereich eher Landstriche mit kalter Witterung sind. Alaskan Malamutes, Huskies, Bernhardiner und ähnliche Hunde sind Schnee und Minustemperaturen gewöhnt und an heißen Sommertagen in kühlen Räumen zufrieden. In der heißen Sonne fühlen sie sich jedoch nicht wohl. Bei ihnen besteht größere Gefahr für Herzanfälle als bei anderen Rassen. Andererseits mögen manche kurzhaarigen Hunde keine Kälte.

Mehr als nur ein hübsches Gesicht
Das A und O bei der Suche nach dem richtigen Hund ist, sich über die unterschiedlichen Rassen zu informieren, um mehr über die speziellen Eigenschaften – die guten wie die schlechten – und Verhaltensweisen in Erfahrung zu bringen. Richten Sie sich nicht nach dem Aussehen; das

Dieser Australische Schäferhundwelpe wird sehr leicht zu erziehen sein, aber er braucht viel Platz und Bewegung, um in Form zu bleiben. Denn diese Hunde wurden für die harte Arbeit als Hütehunde gezüchtet.

geht normalerweise nur in Filmen gut aus. Selbst wenn Sie vorhaben, sich einen Mischling aus dem Tierheim zuzulegen, geben Ihnen die Beschreibungen der verschiedenen Rassegruppen wichtige Hinweise auf die Persönlichkeit des Hundes, den Sie ins Auge gefaßt haben.

Genau wie Ihnen manche Menschen nicht liegen, gibt es Hunde, mit denen Sie nicht zurecht kommen. Möglicherweise sind es spezifische Rassemerkmale, die Sie stören. Terrier zum Beispiel graben für ihr Leben gern; diese Eigenschaft ist besonders hartnäckig und zeigt sich sogar bei Tieren, die nur Spuren von Terrierblut im Stammbaum haben.

Vielleicht können Sie Ihren forschen kleinen Terrier-Mix dazu überreden, nur in einem ganz bestimmten Winkel zu buddeln, aber es darf Sie

Einem Boston-Terrier die Leidenschaft auszutreiben, Löcher in den Rasen zu graben, ist fast unmöglich. Er tut ja nur das, wofür er gezüchtet wurde, auch wenn es in Ihrem Garten gar keine Beute gibt, die er ausgraben kann.

Ein ideales Gespann

nicht allzusehr aufregen, wenn Ihr Hund auch für Ihre schön angelegten Beete großes Interesse entwickelt.

Jagdhunde wie Beagles oder Foxhounds bellen viel und oft. Und das sollten sie früher auch, weil sie traditionell für die Fährtensuche von Wild eingesetzt wurden. Die Rassen mit hängenden Lefzen wie Bernhardiner und Bullmastiffs können extrem sabbern. Und wenn Sie schon Hundehaare auf der Hose schlimm finden – was werden Sie sagen, wenn Ihre Schuhe vom Hundespeichel aufgeweicht sind?

Sie müssen die guten wie die nicht ganz so guten Eigenschaften der Rassen kennen, um die richtige Wahl zu treffen. Manche Menschen werden wahnsinnig mit einem agilen Hund im Haus, während sich andere keinen besseren Gefährten für ihr ebenso lebhaftes Kind vorstellen können.

Eine persönliche Entscheidung

Ein acht Wochen alter Welpe, der niedlich aussieht und tollpatschig herumtapst, mag im ersten Moment wie das perfekte Geschenk für eine Freundin erscheinen, die eine nicht ganz so gute Phase durchmacht. Aber vielleicht ist Ihre Freundin nicht sehr begeistert, wenn sie Ihr Präsent sieht.

Kaufen Sie niemals einen Hund für eine andere Person ohne deren Wissen, Einwilligung und Mitsprache. Eine solche Entscheidung ist viel zu persönlich und zu wichtig, als daß man sie für einen anderen Menschen fällen könnte. Wenn Sie jemandem einen Welpen zum Geschenk machen möchten, kaufen Sie erst einmal einen Stoffhund und übergeben Sie ihn mit dem Versprechen, daß Sie helfen werden, den richtigen lebendigen Hund auszusuchen.

Rüde oder Hündin?

Bevor Sie den Hundekorb in Rosa oder Himmelblau ausstaffieren, sollten Sie sich über ein paar Dinge klar werden und genau überlegen, ob Sie einen Rüden oder eine Hündin haben wollen. In der Regel wird ein Männchen größer als ein Weibchen. Wenn Sie beispielsweise einen Neufundländer im Auge haben, denken Sie daran, daß ein Rüde bis zu 75 Kilo schwer werden kann, während die Weibchen gewöhnlich nicht mehr als 60 bis 63 Kilo wiegen. Bei kleineren Rassen sind die Größenunterschiede nicht so erheblich.

Das Verhalten von Rüden unterscheidet sich von dem der Weibchen. Rüden sind zum Beispiel oft dominanter und aggressiver und verteidigen ihr Revier vehementer als Hündinnen, sie können jedoch auch verspielter und aktiver sein. Ein Weibchen ist vielleicht schneller stubenrein, aber es fordert unter Umständen auch mehr Aufmerksamkeit, Zuneigung und Zärtlichkeit.

In jedem Fall gelten Hündinnen als leichter zu erziehen und sauberer, und sie passen sich ihrem Besitzer in der Regel besser an.

Dominanz, Aggression und das Bestreben eines Hundes, der Boss zu sein, könnten ein Problem werden, und bei Rüden sind diese Eigenschaften in aller Regel ausgeprägter. Durch eine Kastration können Sie die unliebsamen Verhaltensweisen bei Ihrem Rüden abschwächen oder in manchen Fällen sogar ganz eliminieren. Kastrierte Hündinnen gelten als die folgsamsten und anschmiegsamsten Hunde überhaupt.

Muß es ein Welpe sein?

Es gibt nichts Drolligeres als einen Welpen, und möglicherweise ist ein niedliches Wollknäuel gerade das Richtige für Sie. Vielleicht aber haben Sie überhaupt nichts für die Dinge übrig, die ein süßes Hundebaby so anstellt – denken Sie an die Pfützen auf dem Boden und an angenagte Schuhe. Sie müssen sich vor dem Hundekauf darüber klarwerden, ob Sie sich einen Welpen oder einen erwachsenen Hund zulegen möchten. Die Entscheidung, wie alt Ihr neuer Freund sein soll, ist ebenso wichtig wie die anderen Überlegungen.

Welpenhimmel
Wenn Sie sich einen jungen Hund anschaffen, beginnen Sie bei Null. Man kann aus einem Welpen den Hund machen, den man haben möchte. Der Nachteil ist allerdings, daß Sie ihm alles selbst beibringen und ihn zunächst stubenrein machen müssen. Ein Welpe ist ein Baby, und er beansprucht mehr von Ihrer Zeit und Geduld als ein älterer Hund. Haben Sie ausreichend von beidem, um ihn dazu zu bringen, sein Geschäft nicht im Haus zu machen, ihn zu erziehen, mit ihm zu spielen und herumzutollen? Welpen neigen zu »Zerstörungswut«, wenn sie sich langweilen, deshalb brauchen sie viel Bewegung und Ablenkung im Spiel.

Ein so junger Hund paßt gut in eine Familie, in der ein erwachsener Mensch die meiste Zeit des Tages zu Hause verbringt. Wenn Sie zu Hause arbeiten, können Sie sich Ihre Zeit so einteilen, daß sie Ihren kleinen Liebling regelmäßig Gassi führen, um ihm zu zeigen, daß er seine Geschäfte draußen zu verrichten hat. Doch auch wenn alle erwachsenen Mitglieder Ihrer Familie außer Haus arbeiten, ist es durchaus möglich, einen Welpen zu sich zu nehmen.

Holen sie sich den kleinen Hund in Ihrem Urlaub ins Haus, und verbringen Sie Ihre Freizeit damit, ihn an sich zu binden und an die tägliche Routine von Spaziergängen und Füttern zu gewöhnen, die Sie auch während Ihres Arbeitsalltags beibehalten werden. Und wenn Sie ihn nach den gemeinsamen Ferien in der Mittagspause besuchen oder

Für einen Welpen gibt es keine Grenzen, wenn er nagen und knabbern will. Sie brauchen für ihn viel Zeit und Geduld.

Ein ideales Gespann

gleich nach der Arbeit nach Hause eilen, um so viel Zeit wie möglich mit ihm zu verbringen, wird er zu einem glücklichen, ausgeglichenen Hund heranwachsen.

Worauf ist bei einem Welpen zu achten?
Wenn Sie wirklich überzeugt sind, daß Sie genügend Zeit und Geduld aufbringen können, um einen Welpen großzuziehen, möchten Sie bestimmt sichergehen, daß Sie einen gesunden, verträglichen Hund bekommen, der sich in Ihren Alltag einfügt. Woran erkennt man einen gesunden, verläßlichen Welpen?

Die beste Richtlinie sind die Eltern. Sind sie besonders lebendig? Oder eher ruhig? Gehorsam? Die Beobachtung der Eltern vermittelt Ihnen eine Ahnung von dem Tier, das Sie bekommen. Das Hundebaby sollte nicht vor seiner achten Lebenswoche von der Mutter getrennt werden. Je länger ein Welpe bei seiner Mutter bleibt, um so mehr Benehmen kann sie ihm beibringen – das bedeutet weniger Arbeit und Mühe für Sie, den neuen Besitzer.

Sehen Sie sich einen reinrassigen Wurf an und lassen Sie sich vom Züchter beraten. Er beobachtet die Welpen seit ihrer Geburt und kennt ihre unterschiedlichen Persönlichkeiten. Im Zweifel nehmen Sie ein nicht allzu lebhaftes, aber auch nicht das ruhigste Weibchen aus dem Wurf. Es ist sicher umgänglich – nicht zu scheu und nicht zu fordernd.

Wieviel Temperament hat mein Hund?
Viele Züchter und Hundeausbilder beurteilen das Temperament eines sechs bis acht Wochen alten Welpen, indem sie ihn einer Reihe von Tests unterziehen, mit deren Hilfe man die Neigung zur Dominanz bestimmen kann.

Eine Wahl aus einem Wurf zu treffen, ist schwierig. Der Züchter, der die Hundebabys seit ihrer Geburt beobachtet hat, kann am ehesten entscheiden, welcher Welpe am besten zu Ihnen und Ihrer Familie paßt.

Bei einem dieser Tests hält man den kleinen Hund beispielsweise am Rücken fest, um zu sehen, ob er sich wehrt und zu entkommen versucht (dominantes Wesen), ob er nach geringen Bemühungen (normales Verhalten) nachgibt oder ob er sich von vornherein fügt und dem Prüfer die Hände ableckt (unterwürfiges und gehorsames Wesen).

Zweck solcher Prüfungen ist es, für den zukünftigen Besitzer einen Hund mit passender Persönlichkeit zu finden. Zu einer Familie mit kleinen Kindern sollte man keinen dominanten Rüden geben, raten Experten, und bei einem allzu furchtsamen Hund ist ebenfalls Vorsicht geboten. Er kann sich später zu einem Angstbeißer entwickeln.

Woran erkennt man einen gesunden Welpen?

 Es ist immer wichtig, einen Welpen auszuwählen, der robust und gesund ist. Es gibt zwar keine Garantie, daß er niemals krank wird, aber Sie sollten dennoch auf gewisse Anzeichen achten:

Das Fell muß glänzen und sauber, nicht fettig, sein. Schuppen sollten nicht zu sehen sein. Das Fell von Welpen ist kürzer und dünner als das erwachsener Hunde.

Die Augen müssen strahlen und glänzen. Achten Sie darauf, daß kein oder nur wenig Ausfluß vorhanden ist und daß sie nicht wäßrig sind. Die Wimpern dürfen die Augäpfel nicht berühren. Das Weiße im Auge sollte nicht rot sein.

Die Ohren sind frei von Schmalz und geruchlos.

Die Nase ist feucht, kalt und ohne Ausfluß.

Ziehen Sie die Lefzen nach oben und prüfen Sie, ob das Zahnfleisch fest und rosa oder pigmentiert ist.

Teilen Sie die Haare, um nachzusehen, ob die Haut glatt, frei von Parasiten und nicht fleckig ist. Die Hautfarbe kann von rosa bis zu schwarz – je nach Rasse und Pigmentierung – variieren.

Der junge Hund sollte sich unbeschwert bewegen und darf nicht ein Bein oder eine Pfote besonders belasten.

Anerkannte Züchter geben sich große Mühe, um sicherzustellen, daß die Hunde, die sie verkaufen, auch wirklich gesund und nicht für bestimmte Krankheiten anfällig sind. In den meisten Fällen legen sie sogar Gesundheitszeugnisse der Eltern vor. Das reduziert die Risiken von Erbkrankheiten. Solche Zeugnisse beinhalten meist:
• Orthopädische Angaben: Befunde, daß die Eltern frei von Hüft- oder Ellbogendysplasien sind.
• Ergebnisse von Augenuntersuchungen. Die Eltern müssen frei von Netzhaut-Atrophien und grauem Star sein.

Wenn Sie einen reinrassigen Welpen kaufen, stellen Sie sicher, daß ein Tierarzt bei den Eltern die Willebrand-Krankheit ausgeschlossen hat. Das ist eine erblich bedingte Bluterkrankung, die Neigung zu Thrombosen hervorruft. Gute Züchter lassen ihre Hunde auch auf Herzkrankheiten untersuchen.

EIN IDEALES GESPANN

Die Art, wie dieser Englische Springer-Spaniel auf das Hochheben reagiert, läßt Rückschlüsse auf sein Temperament und seine Veranlagung zu.

Solche Prüfungen sind hilfreich bei allen Würfen – bei Rassehunden wie bei Bastarden. Dennoch kann man nicht mit Gewißheit das spätere Verhalten aller Welpen voraussagen. Das Verhalten ein und desselben Hundes kann sich in sechs oder neun Wochen oder in vier Monaten völlig verändern.

Wenn Sie sich einen Bastard anschaffen, denken Sie an die Rassen seiner Vorfahren. Ein Abkömmling von Schäfer- und Hütehunden hat vermutlich den Hüteinstinkt geerbt; Teriermischlinge graben und bellen viel, und ein Hund, der einen Dobermann oder Rottweiler zum Vorfahren hat, wird sich möglicherweise wie ein Macho aufführen. Es ist eher unwahrscheinlich, daß die Verhaltensinstinkte Ihres Hundes Probleme verursachen. Berücksichtigen Sie aber diese potentiellen Eigenschaften bei der Erziehung.

Der ausgewachsene Hund

Wenn Sie tagsüber mehrere Stunden nicht zu Hause sind und der neue Hund die meiste Zeit allein mit seinem Spielzeug, einer Wasserschüssel und seinem Körbchen zubringen muß, sollten Sie eher daran denken, sich einen erwachsenen Hund zuzulegen. Das würde vieles vereinfachen, denn ein reifer Hund kann sich besser mit sich selbst beschäftigen, und er vermißt Ihre Gesellschaft nicht ganz so sehr wie ein junger Hund. Zudem braucht er nicht Ihre absolute und ungeteilte Aufmerksamkeit, wenn Sie zu Hause sind.

Noch wichtiger ist, daß er höchstwahrscheinlich schon gelernt hat, wie man sich im Haus benimmt, und weiß, worum es geht, wenn Sie ihm die üblichen Kommandos geben. Ein möglicher Nachteil könnte sein, daß er bereits bis zu einem gewissen Grad durch Lebenserfahrungen geprägt ist, von denen Sie nichts wissen.

Falls Sie in der glücklichen Lage sind, einen ausgewachsenen Hund von Verwandten oder Bekannten zu »erben«, können Sie allerdings eine Menge über Ihren neuen Hausgenossen in Erfahrung bringen. Einen Hund von einer anderen Familie zu übernehmen ist die günstigste Lösung für alle Beteiligten.

Falls Ihr Hund einige unangenehme Gewohnheiten mitbringt, sollten Sie wissen, daß auch ein erwachsenes oder älteres Tier durchaus dazulernen und angenommene Unarten wieder ablegen kann.

Ein älterer Mischling kann eine ausgezeichnete Wahl sein, selbst wenn er noch ein wenig erzogen werden muß, bis er sich Ihrem Lebensstil angepaßt hat. Sie erhalten Eindrücke von seiner Persönlichkeit, wenn Sie sein Verhalten im Tierheim beobachten. Zudem geben Ihnen die Tierpfleger bestimmt gern Auskunft über den Charakter des Tieres.

Warum einen Rassehund?

Wenn Sie einen Hund im Arm haben, verrät Ihnen Ihr Herz nicht, ob er eine lange Reihe Ahnen edlen Geblüts hat oder ob sich seine Eltern zufällig an einer Straßenecke getroffen haben. Wieso sollten Sie sich dann für einen Rassehund entscheiden? Weil man bei Rassehunden die Eigenschaften und Charakterzüge eher voraussagen kann und Sie einigermaßen sicher sein können, daß Sie bekommen, was Sie suchen. Wenn Sie etwa einen großen, ruhigen Hund suchen, der lieb zu Kindern ist, dann wissen Sie, daß ein Berner Sennenhund eine gute Wahl ist.

Bekannte Eigenschaften

Die verschiedenen Rassen stehen seit Generationen unter Kontrolle, die Ahnenreihen sind aufgezeichnet und werden sorgfältig studiert. Dadurch können Sie relativ genau voraussehen, was für einen Hund Sie bekommen. Sobald Sie wissen, welche Art von Hund Sie möchten, und sich über die Rassen kundig gemacht haben, können sie Kontakt mit

Wenn Sie sich für einen Vorstehhund entscheiden, bekommen Sie sicher einen folgsamen Freund.

den Züchtern aufnehmen. Falls Sie einen Hund haben möchten, der Ihnen beim täglichen Jogginglauf Gesellschaft leistet, können Sie eine Bulldogge von vornherein ausschließen – das Kennzeichen dieser Rasse ist Kraft, nicht Ausdauer. Sehen Sie sich in diesem Fall lieber bei den athletischeren Hunderassen um, zum Beispiel bei den Vorstehhunden.

Selbstverständlich spielen Umfeld und Ausbildung eine wichtige Rolle bei der Charakterbildung. Dennoch sind gewisse Rassen genetisch prädisponiert für bestimmte Verhaltensweisen.

Die sieben Rassegruppen

Reinrassige Hunde werden in verschiedene, dem ursprünglichen Verwendungszweck der Tiere entsprechende Gruppen unterteilt. Obwohl die Rassehunde von heute nicht mehr so leben und arbeiten wie ihre Ahnen, haben sich doch gewisse Eigenschaften und Verhaltensweisen in den Blutlinien erhalten.

Vorstehhunde

Zu dieser Gruppe gehören Spaniels, Pointer, Setter und Retriever sowie Viszlas und Weimaraner. Vorstehhunde sind aufmerksam und intelligent. Sie wurden und werden noch heute bei der Jagd eingesetzt – sie suchen erlegtes Wild auf und apportieren es. Kein Wunder, daß sie sich gern viel im Freien bewegen und herumtoben.

Laufhunde (Bracken) und Windhunde

Hunde dieser Gruppe benutzten früher entweder ihre feinen Nasen (Spürhunde wie Bassets und

EIN IDEALES GESPANN

Der Shar-Pei hat ein Gemüt, das seinen traurigen Gesichtsausdruck Lügen straft, aber er braucht eine feste Hand.

Foxhounds), um Wild aufzustöbern, oder ihre scharfen Augen und ihre Schnelligkeit (Barsoi, Schottischer Hirschhund), um die Beute zu verfolgen. Zu dieser großen Gruppe gehören auch viele weniger bekannte Rassen wie der Otterhound und der Harrier. Viele dieser Hunde sind sehr ausdauernd, obwohl unterschiedliche Anforderungen an sie gestellt wurden. Die meisten brauchen viel Platz, um herumzurennen und viel zu schnüffeln.

Arbeitshunde
Zu dieser Gruppe gehören Hunde, die Viehherden oder Haus und Hof bewachen (zum Beispiel Leonberger, Hovawart und Kuvasz) oder Wagen und Schlitten ziehen (Samojede und Berner Sennenhunde) sowie Hunde, die bei Behörden eingesetzt wurden (Deutscher Boxer und Dobermann). Sie sind leistungsfähig, zuverlässige Begleiter und sehr gelehrig. Wegen ihrer Größe und Stärke ist eine gute Erziehung unabdinglich. Jemand, der zum erstenmal einen Hund zu sich nimmt, ist gut beraten, sich für eine Hündin aus dieser Gruppe zu entscheiden – Weibchen sind in der Regel etwas kleiner als Rüden und neigen weniger zu dominantem Verhalten.

Terrier
Terrier wurden zur Jagd unter der Erdoberfläche verwendet; der Name Terrier ist abgeleitet von dem lateinischen Wort *terra* – Erde. Manche dieser Hunde wie die Foxterrier und Norfolk-Terrier wurden darauf abgerichtet, Füchse und Dachse aus ihren Bauen und Höhlen zu graben. Andere, wie die West Highland-Terrier, wurden zur Ratten- und Mäusebekämpfung eingesetzt. Terrier sind lebhaft und sehr aktiv und brauchen eine starke Persönlichkeit als Besitzer.

Kleine Rassen
Diese Gruppe umfaßt die traditionellen Schoßhunde (Pekinesen, Japan-Chin und Malteser). Sie sind niedlich und unwiderstehlich wegen ihrer geringen Größe, haben aber oft dennoch eine eigene Persönlichkeit – ideal für Menschen, denen wenig Lebensraum zur Verfügung steht.

Gesellschaftshunde
In dieser Gruppe sind alle Rassen zusammengefaßt, die zwar von den nationalen Zuchtverbänden anerkannt werden, aber nicht in eine der anderen Gruppen passen, z. B. Bulldoggen, Dalmatiner und Tibet-Spaniels.

Schäfer- und Hirtenhunde
Diese intelligenten Hunde wurden gezüchtet, um Schaf- und Viehherden zu hüten, und manche tun das noch immer. Der Altenglische Schäferhund (Bobtail), Collie und Briard (Berger de Brie) gehören ebenso zu dieser Gruppe wie der Deutsche und der Belgische Schäferhund. Sie sind ausgezeichnete Begleiter, aber der Hüteinstinkt ist in den meisten Blutlinien noch stark ausgeprägt, so daß es vorkommen kann, daß diese Hunde versuchen, Ihre Kinder zusammenzutreiben.

14 • Gestatten, mein Name ist Hund

Ein Züchter läßt seine Cavalier-King-Charles-Spaniel-Welpen toben. Diese robusten kleinen Hunde sind ideal für Appartmentbewohner.

Holen Sie sich Rat

Wie bei jeder wichtigen Entscheidung ist es auch beim Hundekauf ratsam, Informationen von fachkundigen Leuten einzuholen. Sprechen Sie mit Tierärzten über die Rassen, die Sie interessieren. Diese haben schon unzählige Rassehunde in ihrer Praxis gesehen, können Ihnen einen allgemeinen Eindruck vermitteln und vielleicht sogar Namen und Adressen von guten Züchtern nennen.

Hundeausbilder können Ihnen sagen, welche Rassen leicht zu erziehen sind und mit welchen sie am meisten Schwierigkeiten haben. Sie geben auch verläßliche Empfehlungen ab, welcher Hund für den unerfahrenen Besitzer geeignet ist und welcher nach einer kundigen Hand verlangt.

Besuchen Sie Hundeschauen oder Hundeprüfungen, um die verschiedenen Rassehunde in Aktion zu erleben. Sprechen Sie mit anderen Hundebesitzern und Züchtern. Die meisten geben gern Auskunft über ihre vierbeinigen Freunde. Aber vergessen Sie dabei nicht, daß Sie mit einem echten Fan der speziellen Rasse reden, der in seiner Begeisterung vielleicht nicht ganz objektiv ist.

Gesundheitsprobleme bei Rassehunden

Zucht von Rassetieren bedeutet auch Konzentration auf bestimmte Erbanlagen, um gewünschte körperliche Merkmale, Aussehen, Verhaltensweisen und Persönlichkeit zu erhalten. Die Kehrseite davon ist, daß ein kleinerer Gen-Pool auch die Prädisposition für gewisse Erbkrankheiten ver-

---

Zehn Fragen zur Rasse

 Hier einige Fragen, die Sie stellen sollten, wenn Sie sich für eine Rasse interessieren:

- Wie groß ist der ausgewachsene Hund?
- Wieviel Futter braucht er?
- Wieviel Bewegung braucht er?
- Wie groß ist der Arbeitsaufwand für die Fell-, Krallen- und Ohrenpflege?
- Für welche Aufgaben wurde diese Rasse gezüchtet?
- Ist dieser Hund für eine Familie mit Kindern geeignet? Wenn nicht, aus welchen Gründen?

- Wie verspielt sind die Hunde dieser Rasse? Sind sie eher reserviert oder extravertiert?
- Wieviel Platz braucht der Welpe dieser Rasse und der ausgewachsene Hund?
- Wie sehr haaren die Hunde?
- Welche gesundheitlichen Probleme sind in dieser Rasse bekannt?

Sie werden noch andere Fragen haben, die sich auf die speziellen Bedürfnisse Ihrer Familie beziehen. Fragen Sie, was immer Sie wissen wollen.

EIN IDEALES GESPANN 15

Kommen Hunde verschiedener Rassen miteinander aus?

Ein Deutscher Schäferhund kommt bei einem Spaziergang an einem Yorkshire-Terrier-Mädchen vorbei und beschließt, ein bißchen zu schnüffeln. Dabei ist es ihm egal, zu welcher Rasse sie gehört, und jede vielleicht entstehende Beziehung zwischen den beiden basiert auf den Temperamenten und nicht auf ihren Blutlinien.

Hunde mit extremem Größenunterschied zusammenzubringen, kann heikel sein. Zwergrassen könnten gefährdet sein. Schon ein erzieherischer Biß oder ein zurechtweisendes Schütteln von einem größeren Hund können ernsthaften Schaden bei dem Kleinen anrichten.

Es gibt auch Hunde, die überhaupt nicht mit anderen zurechtkommen, egal welcher Rasse diese angehören. Einige Rassen sind extrem besitzergreifend, was ihr Herrchen oder Frauchen betrifft, und werden ausgesprochen ungemütlich, wenn ein anderer Hund versucht, die Aufmerksamkeit auf sich zu ziehen. Terrier wie Staffordshire-Bullterrier (auch als Pitbulls bekannt) sollten grundsätzlich allein gehalten werden.

Auch männliche Wachhunde freunden sich nur schwer mit anderen Rüden an. Akita Inus, Rottweiler, Chow-Chows und Mastiffs beispielsweise können anderen Hunden gegenüber recht aggressiv werden. Ein Rüde der genannten Rassen sollte besser eine Hündin als Gefährtin bekommen.

stärkt. Leider zeigen sich einige Krankheiten oder Defekte erst, wenn der Hund schon einige Jahre alt ist und möglicherweise mit ihm die Zucht bereits fortgesetzt wurde.

Jede Rasse ist anfällig für einige Leiden oder Gesundheitsstörungen. Die meisten großen Hunde neigen zu einer Gelenkserkrankung, die Dysplasie genannt wird. Bei Cocker-Spaniels, Akita Inus, Sibirischen Huskies und anderen ist die Anlage zu Netzhaut-Atrophien und zum grauen Star vorhanden. Die Willebrand-Krankheit, eine Blutkrankheit, hat sich in vielen Rassen gezeigt, auch bei Dobermann-Pinschern und Scotch Terriern. Neufundländer sind für Herzerkrankungen anfällig. Schwerhörigkeit oder Taubheit kommt oft bei Dalmatinern vor. Und Hunde mit eingedrückten Nasen wie Möpse und Pekinesen neigen zu Atemproblemen und Herzanfällen.

Es gibt keine Möglichkeit auszuschließen, daß Ihr Welpe eines Tages an den Krankheiten leiden wird, deren Anlagen in der Rasse vorhanden sind. Kaufen Sie Ihren Hund bei einem anerkannten Züchter, der das genetische Material der Eltern sorgfältig geprüft hat, um in seiner Zucht ungünstige Erbanlagen möglichst auszumerzen. Prüfen Sie sorgfältig, ob die Eltern ein makelloses Gesundheitszeugnis haben. Auch der Welpe soll-

Überlegen Sie gut, bevor Sie einen Gefährten für Ihren Hund aussuchen. Wenn der Größenunterschied zu kraß ist, besteht Gefahr für den kleineren Hund.

te vor dem Kauf gründlich von einem Tierarzt untersucht werden.

Ist der Hund sein Geld wert?
Unter Umständen muß man für einen schönen Rassehund viel Geld auf den Tisch legen. Aber unter all den Kosten, die ein Hund im Lauf seines Lebens verursacht, wiegt der Kaufpreis am wenigsten. Wenn Sie zu einem renommierten, anerkannten Züchter gehen, bekommen Sie auch einen Hund, der seinen Preis wert ist. Sie bezahlen für die jahrelange Hundeerfahrung des Züchters im allgemeinen und damit auch für die Rasse im besonderen. Zudem bietet er Ihnen auch an, Ihnen mit Rat und Tat beizustehen. Jeder Züchter, dem seine Hunde am Herzen liegen, wird vor dem Kauf und auch in den Jahren danach bereitwillig all Ihre Fragen beantworten. Und er wird auch Ihnen einige Fragen stellen. Denn ihm liegt viel daran, daß seine Hunde nur in gute Hände kommen und artgerecht gehalten werden.

Hundezucht ist kein Weg zum schnellen Geld. Decktaxe, Tierarztkosten, teueres Welpenfutter und Gebühren zehren am ohnehin schmalen Gewinn, und mancher Hobbyzüchter darf froh sein, wenn er einen Wurf ohne materiellen Verlust über die Runden bringt.

Auch die Größe des Wurfs ist ein ausschlaggebender Faktor für den Preis des Welpen. Bei Zwergrassen besteht ein Wurf oft nur aus ein oder zwei Welpen, und dem Züchter entstehen höhere Kosten pro Tier. Nicht jeder Hund aus einem Wurf erfüllt die Rassestandards, die vom Zuchtverband vorgeschrieben sind, so daß Preisnachlässe gewährt werden müssen. Fragen Sie nach solchen Tieren, wenn Sie knapp bei Kasse sind und nicht ausstellen wollen. Eine fehlerhafte Rutenhaltung kann Ihnen bei Ihrem Familienhund egal sein.

Möpse sind ideal für Menschen, die nicht viel Platz haben.

Eintragung im Register des Zuchtverbandes

Ein Hund mit »Papieren« ist ein Rassehund, der im Register des Zuchtverbandes eingetragen ist und einen Stammbaum mit reinrassigen Vorfahren hat. Allerdings sind diese Papiere, die Ihnen der Züchter beim Kauf aushändigt, keine Garantie für Gesundheit, Charakterfestigkeit und Zuverlässigkeit Ihres neuen Hundes. Sie beweisen lediglich, daß der Welpe Abkömmling von reinrassigen Ahnen ist. Es liegt an Ihnen, einen guten, verantwortungsbewußten Züchter zu finden, der darauf achtet, gute und gesunde Hunde zu züchten.

Immerhin dürfen Sie beim Kauf eines Rassehundes mit Stammbaum darauf vertrauen, daß Sie einen Hund erhalten, der vom zuständigen Zuchtwart des zuchtbuchführenden Vereins bereits zweimal begutachtet und für gut befunden wurde. Denn nicht der Züchter stellt Ihnen die Papiere aus, sondern ein Verband, der die ihm angeschlossenen Züchter sorgfältig kontrolliert und dabei z. B. durch Vorschriften verhindert, daß Zuchthündinnen als »Gebärmaschinen« mißbraucht werden. Fragen Sie auf der Suche nach einem Rassehund am besten beim jeweiligen Verband an.

EIN IDEALES GESPANN

50 beliebte Hunderassen

In den folgenden Tabellen sind wichtige Merkmale von 50 bekannten Rassen aufgeführt. Diese Aufstellung erhebt keinen Anspruch auf Vollständigkeit. Vielmehr wurden neben populären Rassen auch weniger bekannte aufgenommen. Den besten Überblick über die im deutschsprachigen Raum vertretenen und gezüchteten Rassen liefert die Zeitschrift des VDH (Verband für das Deutsche Hundewesen e. V.) »Unser Rassehund«.

In den Tabellen finden Sie Angaben zur Standardgröße, zum durchschnittlichen Gewicht und zu den Charaktereigenschaften. Die Größe eines Hundes wird an der Schulterhöhe gemessen. Bei der Charakterbeschreibung werden die grundlegenden Wesenszüge der Rassen umrissen und angegeben, ob diese Hunde leicht erziehbar sind oder sich gut in eine Familie mit Kindern einfügen können. Farbangaben beziehen sich auf die Fellfarben. Die Begriffe sind zumeist allgemein verständlich, es gibt aber auch einige weniger gebräuchliche, die im nebenstehenden Kasten erklärt werden.

In der Rubrik »Pflege« erfahren Sie, wie das Fell der Rasse beschaffen ist und wie oft der Hund gebürstet und gebadet werden sollte. Unter dem Stichwort »Bewegung« finden Sie Richtlinien, welche und wieviel körperliche Betätigung für Ihren Hund am besten ist. Falls Sie sich einen pflegeleichten Hund wünschen, sind dies die Angaben, die Ihnen besonders helfen, die richtige Wahl zu treffen. Die Einträge unter »Lebensraum« geben Ihnen Aufschlüsse darüber, ob eine Rasse für ein Leben in einer Wohnung geeignet ist oder ob sie viel Platz braucht. Der Abschnitt »Gesundheit« bietet eine Übersicht jener Krankheiten, für die die jeweilige Rasse anfällig ist.

Bezeichnungen für Fellfarben

Wenn jemand zu Ihnen sagt: »Sehen Sie sich diesen Harlekin-Spaniel an«, und Sie suchen nach einem Hund im Clownskostüm, beweisen Sie, daß Sie die einschlägigen Begriffe nicht kennen. Im folgenden einige Erklärungen zu den gebräuchlichen Farbbezeichnungen.

- Lohfarben: blond, rötlich-blond
- Zweifarbig: Fell mit zwei deutlich unterscheidbaren Farben
- Dreifarbig: Fell mit drei deutlich unterscheidbaren Farben
- Harlekin: schwarz-weiß gefleckt
- Getigert: Fell mit Streifenmuster aus unterschiedlichen Farbschattierungen
- Gestromt: einfarbig, aber mit einer Farbnuance gemustert
- Blau: schwarz- oder stahlblau
- Gescheckt: Fell mit deutlich abgegrenzten Flecken

Im blauen Feld finden Sie eine Wertung hinsichtlich Lernfähigkeit, Kinderfreundlichkeit und Eignung für die Stadt. Je mehr Sterne, desto ausgeprägter die betreffende Eigenschaft.

AIREDALE-TERRIER	AKITA INU	ALASKAN MALAMUTE
Größe: 56–60 cm Gewicht: 20–30 kg	Größe: 58–69 cm Gewicht: 40–50 kg	Größe: 50–63 cm Gewicht: 35–50 kg
Farbe: Kopf, Vorder- und Hinterseite lohfarben, Körper schwarz.	Farbe: Weiß, cremefarben, weizenblond, rehbraun, gestromt, blau.	Farbe: Wolfsgrau bis schwarz mit weißem Unterbauch.
Charakter: Diese lebhaften, treuen, manchmal eigensinnigen Hunde sind gute Beschützer und Fremden gegenüber argwöhnisch. Sie brauchen eine konsequente Erziehung und sollten regelmäßig Unterordnungsübungen machen.	Charakter: Diese alte japanische Hunderasse ist bekannt für ihre Stärke, Aufmerksamkeit und ihren Mut. Aggression könnte ein Problem werden. Akita Inus sind nicht für Anfänger geeignet.	Charakter: Diese Hunde zeichnen sich durch ihre starke Persönlichkeit aus und eignen sich daher hauptsächlich für Besitzer, die bereits Erfahrung mit Hunden haben. Malamutes brauchen schon früh eine konsequente Erziehung.
Pflege: Haart kaum. Das drahtige Fell wird regelmäßig getrimmt und muß häufig gebürstet werden.	Pflege: Die dichte, weiche Unterwolle haart sehr und muß wöchentlich gründlich gebürstet werden.	Pflege: Das dichte, grobe Fell muß mindestens einmal wöchentlich gebürstet werden.
Bewegung: Täglich ein ausgiebiger Spaziergang oder andere körperliche Übungen sind unabdingbar.	Bewegung: Diese athletischen Hunde brauchen sehr viel Bewegung.	Bewegung: Malamutes sind bekannt für ihre Ausdauer. Auslauf erforderlich.
Lebensraum: Airdale-Terrier passen sich allen klimatischen Bedingungen an und halten sich gern im Freien auf.	Lebensraum: Akita Inus können sehr ruhige, gelassene Wohnungshunde sein, sind aber auch glücklich, wenn sie einen Garten haben, in dem sie herumtoben können.	Lebensraum: Diese Hunde sind nicht für die Wohnung geeignet – ein Malamute, der zu einer zu ruhigen Lebensweise gezwungen wird, kann zu Zerstörungswut neigen.
Gesundheit: Eine im allgemeinen robuste Rasse; Neigung zu Magen- und Darmerkrankungen sowie zur Hüftdysplasie.	Gesundheit: Neigung zu Hüftdysplasie, Schilddrüsenerkrankungen und Netzhaut-Atrophien.	Gesundheit: Neigung zu Hüftdysplasie, Haut- und Schilddrüsenerkrankungen.
Gruppe: Terrier	Gruppe: Arbeitshunde	Gruppe: Arbeitshunde
ERZIEHBARKEIT ★★★ KINDERLIEBE ★★★ STADTLEBEN ★★★★	ERZIEHBARKEIT ★★★ KINDERLIEBE ★★ STADTLEBEN ★★★	ERZIEHBARKEIT ★★★ KINDERLIEBE ★★ STADTLEBEN ★

Ein ideales Gespann • 19

AUSTRAL. SCHÄFERHUND	BASSET	BEAGLE
Größe: 48–56 cm Gewicht: 20–30 kg	Größe: 33–38 cm Gewicht: 22 kg	Größe: 33–40 cm Gewicht: 10–14 kg
Farbe: Blau oder rot gesprenkelt, rot oder schwarz.	Farbe: Schwarz, weiß und rötlich braun (dreifarbig).	Farbe: Kombinationen aus Schwarz, Weiß und Braun.
Charakter: Diese hochintelligenten Hunde können Fremden gegenüber entweder freundlich oder zurückhaltend sein. Sie sind leicht zu erziehen, haben jedoch einen ausgeprägten Hüteinstinkt.	Charakter: Diese amüsanten, sanftmütigen Hunde sind bekannt für ihre friedliche, liebevolle Art. Dennoch ist es schwer, sie zur Stubenreinheit zu erziehen. Sie können auch eigensinnig sein und brauchen einen Besitzer mit viel Geduld.	Charakter: Diese Hunde sind bekannt für ihre Ausdauer und Energie. Eine freundliche, anhängliche Rasse, kinderlieb und gutmütig im Umgang mit anderen Haustieren, sind jedoch schwer zur Stubenreinheit zu erziehen.
Pflege: Das lange Haar muß mehrmals wöchentlich gründlich gebürstet werden.	Pflege: Das weiche Fell ist pflegeleicht, aber die Ohren müssen regelmäßig gereinigt werden.	Pflege: Das Fell sollte wöchentlich einmal gebürstet werden. Abgestorbene Haare entfernen.
Bewegung: Diese Hunde müssen ausgiebig laufen.	Bewegung: Ein längerer oder mehrere kürzere Spaziergänge täglich sind ausreichend.	Bewegung: Sie brauchen tägliche Spaziergänge, sollten hin und wieder auch ohne Leine laufen können.
Lebensraum: Australische Schäferhunde sind nicht für ein Leben in der Stadt geeignet. Sie sollten auf dem Land oder in einem Haus mit großem Garten gehalten werden.	Lebensraum: Diese eher ruhigen Hunde fühlen sich auch in der Stadt wohl, aber sie heulen gern.	Lebensraum: Wegen ihrer geringen Größe können sie gut im Haus gehalten werden, aber gelangweilte Beagles können Zerstörungswut entwickeln.
Gesundheit: Neigung zu Netzhaut-Atrophien, Grauem Star, Hüftdysplasie und gelegentlich zu Schwerhörigkeit oder Taubheit.	Gesundheit: Bassets schnüffeln ständig am Boden und können sich deshalb leicht Bakterien und Viren einfangen, Neigung zu Grünem Star und zu Bandscheibenschäden.	Gesundheit: Neigung zu Herzkrankheiten und Epilepsie, Haut-, Augen- und Bluterkrankungen.
Gruppe: Schäfer- und Hirtenhunde	Gruppe: Lauf- und Windhunde	Gruppe: Lauf- und Windhunde

ERZIEHBARKEIT ★★★★★
KINDERLIEBE ★★★★
STADTLEBEN ★★

ERZIEHBARKEIT ★★★
KINDERLIEBE ★★★★
STADTLEBEN ★★★★

ERZIEHBARKEIT ★★★
KINDERLIEBE ★★★★
STADTLEBEN ★★

Bernhardiner

Größe:	63–72 cm
Gewicht:	68–77 kg

Farbe: Weiß mit Rot oder gestromt mit weißen Abzeichen.

Charakter: Diese Hunde sind gutmütig, ruhig und im allgemeinen kinderlieb. Sie bellen nicht viel, brauchen aber wie alle sehr großen Rassen eine frühe und konsequente Erziehung, damit dominanten Tendenzen entgegengewirkt wird.

Pflege: Sowohl die langhaarigen als auch die kurzhaarigen Bernhardiner sollten täglich gebürstet werden.

Bewegung: Bernhardiner brauchen einen täglichen Spaziergang oder anderweitige Beschäftigung.

Lebensraum: Wegen ihres dichten Fells bevorzugen Bernhardiner kühle Plätze. Sie sind eher für ein Haus mit Garten als für eine Stadtwohnung geeignet.

Gesundheit: Neigung zur Blähsucht, Hüftdysplasien, Herzerkrankungen.

Gruppe: Arbeitshunde

Erziehbarkeit ★★★
Kinderliebe ★★★
Stadtleben ★★

Bichon à poil frisé

Größe:	bis 30 cm
Gewicht:	3–6 kg

Farbe: Weiß mit einem Hauch von Creme oder Apricot.

Charakter: Geeignet für Menschen ohne Hundeerfahrung. Diese Hunde sind gewöhnlich ausgeglichen und gesellig, freundlich zu Fremden. Wenn sie früh daran gewöhnt werden, kommen sie sehr gut auch mit ganz kleinen Kindern zurecht.

Pflege: Das feine, seidige Haar wird geschoren wie ein Löwenfell und muß täglich gebürstet werden.

Bewegung: Bichons sind glücklich, wenn sie im Haus spielen dürfen; sie brauchen wenig Auslauf.

Lebensraum: Diese Hunde werden hauptsächlich im Haus gehalten und fühlen sich in jedem Klima wohl.

Gesundheit: Neigung zu verstopften Tränenkanälen; die Augen müssen regelmäßig gereinigt werden.

Gruppe: Gesellschaftshunde

Erziehbarkeit ★★★★
Kinderliebe ★★★
Stadtleben ★★★★★

Boston-Terrier

Größe:	30–35 cm
Gewicht:	7–11 kg

Farbe: Gestromt oder schwarz mit weißen Flecken.

Charakter: Boston-Terrier sind sensible, liebevolle, manchmal eigensinnige Hunde, die sich gut für Menschen ohne Erfahrung mit Hunden eignen. Sie passen sich auch einem aktiven Familienleben an.

Pflege: Tägliches Bürsten und Abreiben mit einem Ledertuch bringt das kurze, glatte Fell zum Glänzen.

Bewegung: Diese Hunde genießen tägliche Spaziergänge und holen gern Bälle.

Lebensraum: Gut für ein Leben im Haus und in der Wohnung geeignet; Boston-Terrier sind gute Wächter.

Gesundheit: Neigung zu Atemwegserkrankungen, Augenverletzungen und -leiden.

Gruppe: Terrier

Erziehbarkeit ★★★
Kinderliebe ★★★
Stadtleben ★★★★

Ein ideales Gespann • 21

BOXER	BULLDOGGE	CAIRN-TERRIER
Größe: 53–60 cm Gewicht: 25–35 kg	Größe: 35–40 cm Gewicht: 18–25 kg	Größe: 23–30 cm Gewicht: 6–7,5 kg

Farbe: Gelb oder gestromt mit oder ohne Weiß.

Farbe: Rot oder andersfarbig gestromt. Weiß, rot oder rehbraun.

Farbe: Cremeweiß, weizenblond, rötlich braun, sandfarben oder grau.

Charakter: Verspielt und duldsam mit Kindern. Boxer sind auch mutig und gute Wächter. Sie sind zwar für Besitzer ohne Erfahrung mit Hunden geeignet, brauchen aber konsequente Erziehung und sollten früh an Menschen gewöhnt werden.

Charakter: Bulldoggen sind treue, zuverlässige und sanftmütige Hunde, in denen sich nichts von der Wildheit ihrer Vorfahren erhalten hat. Sie bellen kaum und sind bekannt für ihr gemäßigtes Temperament – wunderbare Hausgenossen.

Charakter: Diese mutigen, forschen Hunde sind neugierig und sehr anhänglich; sie neigen manchmal zu Eifersucht. Daher sind sie besser für Familien mit größeren Kindern geeignet. Manche Cairns bellen viel.

Pflege: Das kurze, glatte Haar sollte gelegentlich gestriegelt werden. Eventuell wird Zahnpflege nötig.

Pflege: Sabbern viel, dafür haaren sie wenig. Das Fell gelegentlich bürsten.

Pflege: Sollten mehrmals wöchentlich gebürstet werden. Krallen und Ohren brauchen Pflege.

Bewegung: Diese temperamentvollen Hunde brauchen viel Bewegung und Auslauf.

Bewegung: Eine Bulldogge freut sich über regelmäßige, gemächliche Spaziergänge.

Bewegung: Regelmäßige Spaziergänge sind angeraten – am besten an der Leine, da Cairns neugierig sind.

Lebensraum: Boxer sind sauber und relativ ruhig. Sie können gut im Haus und in der Wohnung gehalten werden, wenn sie richtig erzogen sind und Bewegung haben.

Lebensraum: Diese Hunde fühlen sich bei kühlerem Wetter am wohlsten. Sie sind problemlos in Haus und Wohnung zu halten.

Lebensraum: Cairn-Terrier passen sich gut jeder Umgebung an und können problemlos in Wohnung und Haus gehalten werden.

Gesundheit: Boxer sind eine kurzlebige Rasse und werden nur etwa zehn Jahre alt. Neigung zu Hautproblemen, Schlaganfällen, Herzerkrankungen, Krebs und Blähsucht.

Gesundheit: Hunde dieser kurzlebige Rasse werden nur etwa zehn Jahre alt. Neigung zu Atemproblemen und Herzanfällen sowie zu Augen- und Hauterkrankungen.

Gesundheit: Diese robuste Rasse ist anfällig für Hautallergien.

Gruppe: Arbeitshunde	Gruppe: Gesellschaftshunde	Gruppe: Terrier

ERZIEHBARKEIT ★★★
KINDERLIEBE ★★★★★
STADTLEBEN ★★★

ERZIEHBARKEIT ★★★
KINDERLIEBE ★★
STADTLEBEN ★★★★

ERZIEHBARKEIT ★★★
KINDERLIEBE ★★★
STADTLEBEN ★★★★

CHESAPEAKE-BAY-RETRIEVER	CHIHUAHUA	CHINESISCHER SHAR-PEI
Größe: 53–65 cm Gewicht: 25–36 kg	Größe: 12–20 cm Gewicht: 0,9–2,5 kg	Größe: 45–50 cm Gewicht: 18–23 kg
Farbe: Alle Schattierungen von Braun.	Farbe: Blond, weiß, lohfarben, gefleckt oder schwarz und braun.	Farbe: Alle Farben erlaubt (lohfarben, schwarz, creme, schokolade).
Charakter: Diese mutigen und temperamentvollen Hunde sind ausgesprochen anhänglich. Obwohl sie keine exzessiven Kläffer sind, verteidigen sie ihre Besitzer gegen Fremde. Wegen ihres Eigensinns besser für erfahrene Besitzer.	Charakter: Diese intelligenten und lebhaften Hunde ziehen die Gesellschaft ihrer Besitzer der anderer Haustiere vor. Unter Umständen bellen sie viel und sind schwer zur Stubenreinheit zu erziehen.	Charakter: In der Familie zeigen sich diese Hunde sehr anhänglich, sie können jedoch Fremden und anderen Hunden gegenüber Aggressionen zeigen. Sie brauchen eine entschlossene Erziehung.
Pflege: Abgestorbenes Haar sollte regelmäßig ausgebürstet werden. Nicht zuviel baden.	Pflege: Das glatte Fell kann mit einem feuchten Tuch gereinigt werden.	Pflege: Das grobe Haar sollte einmal in der Woche gebürstet werden.
Bewegung: Die Rasse ist ausgesprochen bewegungsfreudig und sollte viel laufen und schwimmen.	Bewegung: Ein kurzer Spaziergang pro Tag bei angenehmem Wetter macht diese Hunde glücklich.	Bewegung: Tägliche Spaziergänge sind angeraten. Gelegentlich richtig auslaufen lassen.
Lebensraum: Diese Hunde fühlen sich am wohlsten, wenn sie sich oft und lange im Freien aufhalten können.	Lebensraum: Chihuahuas eignen sich bestens für ein Leben in der Wohnung und freuen sich, wenn ihr Herrchen oder Frauchen sie beim Ausgehen mitnimmt.	Lebensraum: Diese ausgesprochen sauberen Hunde eignen sich für ein Leben in der Stadt, aber sie fühlen sich auch in ländlichen Gegenden wohl.
Gesundheit: Neigung zu Hüftdysplasien, Netzhauterkrankungen und Grauem Star.	Gesundheit: Neigung zu trockenen und hervorquellenden Augen, Herzerkrankungen und Zahn- oder Zahnfleischproblemen.	Gesundheit: Neigung zu Haut- und Augenerkrankungen sowie zu Hüftdysplasie.
Gruppe: Vorstehhunde	Gruppe: Kleine Rassen	Gruppe: Gesellschaftshunde
ERZIEHBARKEIT ★★★ KINDERLIEBE ★★★★ STADTLEBEN ★★	ERZIEHBARKEIT ★★★ KINDERLIEBE ★ STADTLEBEN ★★★★★	ERZIEHBARKEIT ★★ KINDERLIEBE ★★ STADTLEBEN ★★★★

## Chow-Chow	## Cocker-Spaniel	## Collie
Größe: 43–50 cm Gewicht: 23–32 kg	Größe: 35,5–40 cm Gewicht: 11–13 kg	Größe: 55–60 cm Gewicht: 23–34 kg
Farbe: Schwarz, blau, rot, cremeweiß oder zimtfarben.	Farbe: Schwarz, braun oder mehrfarbig.	Farbe: Zobel mit Weiß, blauscheckig, weiß oder dreifarbig.
Charakter: Chow-Chows sind kräftig, zurückhaltend und besonders Fremden gegenüber sehr reserviert. Einige Hunde dieser Rasse verteidigen verbissen ihr Revier und neigen zu aggressivem Verhalten. Sie brauchen eine feste Hand.	Charakter: Cocker sind temperamentvoll und verspielt, können jedoch auch aggressiv sein. Englische Cocker-Spaniels sind ein wenig größer als ihre amerikanischen Verwandten und haben einen ausgeprägteren Jagdinstinkt.	Charakter: Millionen erkennen in dieser Rasse »Lassie«. Collies sind sehr gelehrig und treu, Fremden gegenüber jedoch oft reserviert und ängstlich. Einige Collies sind große Kläffer.
Pflege: Chow-Chows haaren extrem und müssen regelmäßig gebürstet werden.	Pflege: Das lange, seidige Fell muß regelmäßig gebürstet und geschnitten werden. Spaniels haaren mäßig.	Pflege: Collies haaren enorm und müssen häufig gebürstet werden.
Bewegung: Ein täglicher, nicht unbedingt ausgedehnter Spaziergang ist für diese Hunde wichtig.	Bewegung: Regelmäßige Spaziergänge und viel Bewegung sind unabdingbar.	Bewegung: Tägliche ausgedehnte Spaziergänge sind für das Wohlbefinden notwendig.
Lebensraum: Wegen des dichten Fells fühlen sich Chow-Chows bei Hitze nicht wohl. Sie sind saubere und ruhige Hunde.	Lebensraum: Wenn sich diese Hunde häufig im Freien austoben können, sind sie gut in der Wohnung oder im Haus zu haben.	Lebensraum: Collies fühlen sich bei heißem, schwülem Wetter nicht wohl. Weil sie so sehr haaren, eignen sie sich besser für eine Haltung im Freien.
Gesundheit: Neigung zu Ekzemen und Gelenks- sowie Augenerkrankungen.	Gesundheit: Das größte Problem dieser Rasse ist die Anfälligkeit für Augenkrankheiten. Neigung zu Herzkrankheiten, Ohreninfektionen, Haemophilie und Epilepsie.	Gesundheit: Collies bekommen häufig Sonnenbrand auf der Nase. Neigung zu Netzhauterkrankungen; die Blauschecken sind anfällig für Schwerhörigkeit oder Taubheit.
Gruppe: Gesellschaftshunde	Gruppe: Vorstehhunde	Gruppe: Schäfer- und Hirtenhunde
Erziehbarkeit ★★ Kinderliebe ★★ Stadtleben ★★★	Erziehbarkeit ★★★★ Kinderliebe ★★ Stadtleben ★★★★	Erziehbarkeit ★★★★ Kinderliebe ★★★ Stadtleben ★★★

24

DACHSHUND (DACKEL)	DALMATINER	DEUTSCHE DOGGE
Größe: 13–23 cm Gewicht: 4,5–12 kg	Größe: 53–61 cm Gewicht: 22–25 kg	Größe: 71–82 cm Gewicht: 55–68 kg
Farbe: Ein- oder zweifarbig; alle Schattierungen von Rot, Schwarz.	Farbe: Weiß mit schwarzen oder leberbraunen Flecken.	Farbe: Gestromt, gelb, blau, schwarz oder harlekin.
Charakter: Schlau, zäh und manchmal eigensinnig. Dackel graben gern. Sie können reizbar in Gesellschaft von kleinen Kindern sein und schnappen vielleicht auch manchmal zu. Schwer zur Stubenreinheit zu erziehen.	Charakter: Diese beschützerischen Hunde haben unglaublich viel Energie und ein ausgelassenes Wesen. Wenn sie sich langweilen, können sie Zerstörungswut entwickeln, deshalb sollte man sich viel mit ihnen beschäftigen.	Charakter: Diese sanftmütigen Riesen lieben die Menschen und sind, wenn sie ordentlich erzogen und sozialisiert sind, wunderbare Familienhunde. Manche Doggen verteidigen verbissen ihr Revier und sind aggressiv zu anderen Hunden.
Pflege: Sowohl Lang- als auch Rauhhaardackel sollten mehrmals in der Woche gebürstet werden.	Pflege: Täglich bürsten, damit das weiche, glatte Fell erhalten bleibt. Dalmatiner haaren sehr.	Pflege: Das kurze, dichte Fell sollte einmal in der Woche gebürstet werden. Nicht zu häufig baden.
Bewegung: Viel Beschäftigung und Bewegung verhindern, daß die Hunde übergewichtig werden.	Bewegung: Dalmatiner sind ausgesprochen sportlich und müssen so viel wie möglich laufen.	Bewegung: Diese Hunde brauchen regelmäßige tägliche Spaziergänge. Keine aggressiven Spiele!
Lebensraum: Wegen ihrer geringen Größe sind Dackel ideale Wohnungshunde.	Lebensraum: Wenn sie sich regelmäßig im Freien austoben können, sind sie auch mit einem Leben in der Wohnung zufrieden. Sie fühlen sich bei Kälte nicht sehr wohl.	Lebensraum: Besser in einem Haus mit Garten als in der Stadtwohnung zu halten.
Gesundheit: Achten Sie auf ererbte Augenleiden und die sogenannte Dackellähme. Neigung zu Bandscheibenschäden, Diabetes und Hautproblemen.	Gesundheit: Neigung zu Taubheit, Blasensteinen und Hüftdysplasien.	Gesundheit: Neigung zu Blähsucht, Knochenkrebs, Hüftdysplasien. Diese Hunde sind kurzlebig und werden nur etwa zehn Jahre alt.
Gruppe: Lauf- und Windhunde	Gruppe: Gesellschaftshunde	Gruppe: Arbeitshunde
ERZIEHBARKEIT ★★★ KINDERLIEBE ★★ STADTLEBEN ★★★★★	ERZIEHBARKEIT ★★★ KINDERLIEBE ★★★ STADTLEBEN ★★★	ERZIEHBARKEIT ★★★ KINDERLIEBE ★★★ STADTLEBEN ★★★

Deutscher kurzhaariger Vorstehhund	**Deutscher Schäferhund**	**Dobermann**
Größe: 55–63 cm Gewicht: 20–32 kg	Größe: 55–66 cm Gewicht: 30–45 kg	Größe: 61–71 cm Gewicht: 28–38 kg
Farbe: Leberfarben mit weißen gesprenkelten Abzeichen.	Farbe: Schwarz und braun, zweifarbig, grau oder zobelfarben.	Farbe: Schwarz oder schokoladenbraun mit rötlichen Abzeichen.
Charakter: Diese sehr temperamentvollen Hunde sind sehr freundlich zu Menschen. In ihrem Überschwang können sie kleine Kinder umwerfen, deshalb sind sie besser für eine Familie mit größeren Kindern geeignet.	Charakter: Diese intelligenten und selbstbewußten Hunde fügen sich gut in eine Familie ein, brauchen jedoch eine feste Hand und die Erziehung eines erfahrenen Halters.	Charakter: Dobermänner sind hauptsächlich Wach- und Schutzhunde. Sie brauchen die Gesellschaft von Menschen und sind kinderlieb, wenn sie mit Kindern aufwachsen. Der Besitzer sollte Erfahrung mit Hunden haben.
Pflege: Das kurze, rauhe Fell sollte gelegentlich gebürstet werden. Achten Sie auf Parasiten in den Ohren.	Pflege: Das dichte, rauhe Fell sollte mehrmals in der Woche gebürstet werden. Schäferhunde haaren sehr.	Pflege: Das glatte Fell verliert kaum Haare. Einige Male in der Woche bürsten.
Bewegung: Diese Hunde brauchen sehr viel Bewegung und müssen schnell und ausgiebig rennen.	Bewegung: Ohne täglichen Spaziergang können diese Hunde unruhig und destruktiv werden.	Bewegung: Diese Rasse braucht viel und ausgiebig Bewegung, aber vermeiden Sie aggressive Spiele.
Lebensraum: Wegen ihres ausgeprägten Bewegungsdrangs sind diese Hunde nicht für ein Leben in der Wohnung geeignet.	Lebensraum: Deutsche Schäferhunde sind am besten in einem Haus zu halten, das sie bewachen können. Nur bei ausreichender Bewegung auch für die Stadt geeignet.	Lebensraum: Dobermänner fühlen sich in der Kälte nicht wohl. Sie können ideale Haushunde sein, wenn sie sich täglich austoben dürfen.
Gesundheit: Eine robuste Rasse, aber sie neigt zu Hüftdysplasien.	Gesundheit: Neigung zu Netzhaut-Atrophien, Hüftdysplasien, Augenkrankheiten und Rückgratlähmung.	Gesundheit: Neigung zu Blähsucht, Hüftdysplasien und Herzproblemen sowie zur Willebrand-Krankheit.
Gruppe: Vorstehhunde	Gruppe: Schäfer- und Hirtenhunde	Gruppe: Arbeitshunde
Erziehbarkeit ★★ Kinderliebe ★★★ Stadtleben ★	Erziehbarkeit ★★★★★ Kinderliebe ★★★ Stadtleben ★★★	Erziehbarkeit ★★★★★ Kinderliebe ★★★ Stadtleben ★★★

ENGLISCHER SPRINGER-SPANIEL	ÉPAGNEUL BRETON	GOLDEN RETRIEVER
Größe: 48–50 cm Gewicht: 20–25 kg	Größe: 44,5–50 cm Gewicht: 14–18 kg	Größe: 54,5–61 cm Gewicht: 25–34 kg
Farbe: Schwarz und weiß, leberfarben und weiß, dreifarbig.	Farbe: Orange und weiß oder leberbraun und weiß.	Farbe: Verschiedene Goldtöne.
Charakter: Die meisten Hunde dieser Rasse sind fröhlich, verspielt und glücklich in Gesellschaft von Menschen. Trotzdem sollten Sie den Züchter sorgfältig aussuchen – in manchen Linien haben sich Unberechenbarkeit und Bissigkeit vererbt.	Charakter: Diese hart arbeitenden und zähen Vorstehhunde sind bei Jägern beliebt. Sie sind gutmütige, anhängliche Familienhunde, leicht zu erziehen und eignen sich auch für Besitzer, die sich zum erstenmal einen Hund anschaffen.	Charakter: Golden Retriever gehören zu den beliebtesten Rassen, besonders bei Familien. Die verspielten, lebhaften Hunde bellen nicht viel und sind lernwillig und freundlich. Sie eignen sich gut für unerfahrene Halter.
Pflege: Das weiche, wasserabweisende Fell muß einmal in der Woche gründlich gebürstet werden.	Pflege: Das mittellange Haar sollte zweimal in der Woche gebürstet und ab und zu gewaschen werden.	Pflege: Das dichte, wasserabweisende Fell muß mehrmals in der Woche gebürstet werden.
Bewegung: Diese Hunde sind sehr aktiv und brauchen viel Bewegung.	Bewegung: Diese temperamentvollen Hunde arbeiten gern im Freien und brauchen viel Auslauf.	Bewegung: Sie brauchen regelmäßig und täglich Bewegung. Am liebsten apportieren sie Stöckchen.
Lebensraum: Wenn Springer-Spaniels täglich einen flotten, ausgedehnten Spaziergang machen dürfen, sind sie für das Leben in der Stadt geeignet.	Lebensraum: Wie die meisten Vorstehhunde langweilen sich Bretons schnell, wenn sie lange auf einen kleinen Raum beschränkt sind. Dann neigen sie zu Zerstörungswut.	Lebensraum: Die Golden Retriever passen sich fast allen Lebensumständen an, aber Stadthunde müssen täglich lange ausgeführt werden.
Gesundheit: Neigung zu Netzhaut-Atrophien, Hüftdysplasien und Ohr- sowie Hautproblemen.	Gesundheit: Neigung zu Ohreninfektionen, Grünem Star und Rückgratlähmung.	Gesundheit: Neigung zu Netzhaut-Atrophien und anderen Augenleiden sowie zu Hüftdysplasien, Herz- und Hautproblemen und der Willebrand-Krankheit.
Gruppe: Vorstehhunde	Gruppe: Vorstehhunde	Gruppe: Vorstehhunde

ERZIEHBARKEIT ★★★★★ KINDERLIEBE ★★★★ STADTLEBEN ★★★	ERZIEHBARKEIT ★★★★ KINDERLIEBE ★★★★ STADTLEBEN ★★	ERZIEHBARKEIT ★★★★★ KINDERLIEBE ★★★★★ STADTLEBEN ★★★

EIN IDEALES GESPANN • 27

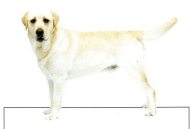 

LABRADOR-RETRIEVER	LHASA APSO	MALTESER
Größe: 54,5–62 cm Gewicht: 25–34 kg	Größe: 23–28 cm Gewicht: 6–8 kg	Größe: 18–23 cm Gewicht: 2–3,5 kg

Farbe: Schwarz, semmelblond oder schokolade.

Farbe: Gold, rot, schwarz, grau, braun, weiß, honig oder creme.

Farbe: Weiß.

Charakter: Hunde dieser beliebten Rasse sind freundlich und ausgeglichen. Man sollte früh mit der Ausbildung und Gehorsamsübungen beginnen, damit die Energien in die richtigen Bahnen gelenkt werden.

Charakter: Hunde dieser uralten tibetanischen Rasse sind unabhängig, selbstbewußt und mutig. Trotz ihrer geringen Größe brauchen sie eine feste Hand und konsequente Erziehung. Sie sind für Familien mit älteren Kindern geeignet.

Charakter: Für eine Zwergrasse sind diese Hunde besonders robust. Sie sind intelligent, lebhaft und gutmütig, können jedoch bissig werden, wenn sie zu grob behandelt werden. Sie eignen sich gut für Familien mit größeren Kindern.

Pflege: Das kurze, wetterbeständige Fell muß einmal wöchentlich gebürstet werden.

Pflege: Das dichte Fell sollte beinahe täglich gebürstet werden, damit es nicht verfilzt. Die Augen tränen viel.

Pflege: Das lange, seidige Fell muß täglich mit einem Spezialkamm gepflegt werden.

Bewegung: Labradors schwimmen gern, lieben die Bewegung und apportieren begeistert Stöckchen.

Bewegung: Diese Hunde brauchen nur mäßige Bewegung.

Bewegung: Malteser gehen gern spazieren, doch die Ausflüge dürfen gelegentlich kurz ausfallen.

Lebensraum: Diese Hunde passen sich mühelos den meisten Lebensbedingungen an. Wohnungshunde brauchen häufigen Auslauf. Langeweile erzeugt Zerstörungswut.

Lebensraum: Lhasa Apsos sind ideale Wohnungshunde, aber wenn sie mehr als einen halten, stellen Sie sicher, daß jeder sein eigenes Spielzeug hat.

Lebensraum: Wegen ihrer Größe und ihrem geringen Bewegungsdrang sind Malteser ideale Wohnungshunde.

Gesundheit: Neigung zu Blähsucht, Epilepsie, Hüftdysplasien, Netzhaut-Atrophien und anderen Augenleiden.

Gesundheit: Neigung zu Haut- und Augenproblemen sowie Nierenleiden.

Gesundheit: Neigung zu Augen-, Zahn- und Zahnfleischproblemen sowie Unterzucker und Gelenkserkrankungen.

Gruppe: Vorstehhunde

Gruppe: Gesellschaftshunde

Gruppe: Kleine Rassen

ERZIEHBARKEIT ★★★★★
KINDERLIEBE ★★★★★
STADTLEBEN ★★★

ERZIEHBARKEIT ★★★
KINDERLIEBE ★★
STADTLEBEN ★★★★

ERZIEHBARKEIT ★★★
KINDERLIEBE ★★★
STADTLEBEN ★★★★★

MASTIFF	MOPS	NEUFUNDLÄNDER
Größe: 70–76 cm Gewicht: 77–90 kg	Größe: 25–28 cm Gewicht: 6–8 kg	Größe: 66–73 cm Gewicht: 45–68 kg
Farbe: Reh- oder apricotfarben oder gestromt.	Farbe: Silber, apricot-, rehfarben oder schwarz.	Farbe: Schwarz, braun oder grau.
Charakter: Diese massige, alte Wachhundrasse ist gelehrig und mutig. Mastiffs lieben die Gesellschaft von Menschen, brauchen jedoch eine feste, erfahrene Hand und konsequente Erziehung.	Charakter: Anders als Hunde anderer kleiner Rassen sind die trägen Möpse keine großen Kläffer, und sie sind geduldig mit kleinen Kindern. Sie können eigensinnig und daher schwer zu erziehen sein, aber sie eignen sich für Anfänger.	Charakter: Neufundländer sind liebevolle, anhängliche Wachhunde. Sie bellen oder knurren selten und nutzen eher ihren massigen Körper, um Fremde abzuschrecken. Leicht zu erziehen. Geeignet für Besitzer ohne Hundeerfahrung.
Pflege: Das grobe, kurze Haar muß einmal in der Woche gebürstet werden. Mastiffs sabbern viel.	Pflege: Das feine, glatte Fell verliert nicht viele Haare. Es muß einmal in der Woche gebürstet werden.	Pflege: Das dichte, wasserabweisende Fell muß täglich gepflegt werden. Neufundländer haaren stark.
Bewegung: Diese Hunde sollten viel laufen und sich bewegen, damit sie gesund bleiben.	Bewegung: Möpse haben keinen großen Bewegungsdrang, aber sie gehen gern gemächlich spazieren.	Bewegung: Diese Hunde lieben es, spazierenzugehen und zu schwimmen, wann immer sie können.
Lebensraum: Mastiffs sollten am besten in einem Haus mit Garten gehalten werden, in dem ihre Größe nicht zum Problem wird.	Lebensraum: Möpse sind gut in der Wohnung zu halten; sie sollten nicht zu großer Kälte oder Hitze ausgesetzt werden.	Lebensraum: Sie mögen lieber kaltes als warmes Wetter, fühlen sich in Häusern und Wohnungen wohl.
Gesundheit: Neigung zu Hüftdysplasien, Abnormitäten an den Augenlidern. Eine kurzlebige Rasse.	Gesundheit: Neigung zu Augenverletzungen, Atemwegserkrankungen und Herzanfällen.	Gesundheit: Neigung zu Herzerkrankungen, Hüftdysplasien und Blähsucht.
Gruppe: Arbeitshunde	Gruppe: Kleine Rassen	Gruppe: Arbeitshunde

ERZIEHBARKEIT ★★★
KINDERLIEBE ★★★
STADTLEBEN ★

ERZIEHBARKEIT ★★★
KINDERLIEBE ★★★★
STADTLEBEN ★★★★★

ERZIEHBARKEIT ★★★★
KINDERLIEBE ★★★★★
STADTLEBEN ★★★

PEKINESE	
Größe:	22–25 cm
Gewicht:	4–6,5 kg

Farbe: Rot, reh-, zobelfarben, gestromt, schwarz und braun, weiß.

Charakter: Pekinesen sind richtige Schoßhunde, würdevoll und Fremden gegenüber reserviert, aber sehr schmusebedürftig und anhänglich. Schwer zu erziehen. Sie lernen nur mühsam, stubenrein zu werden. Bei Kindern nicht zu empfehlen.

Pflege: Das lange, harte Haar muß täglich gebürstet werden, damit es nicht verfilzt.

Bewegung: Ein täglicher Spaziergang macht Spaß, ist aber nicht unbedingt nötig für diese ruhigen Hunde.

Lebensraum: Pekinesen eignen sich sehr gut für die Haltung in einer Wohnung. Sie mögen kaltes und nasses Wetter nicht.

Gesundheit: Wie alle Rassen mit flachen Nasen neigen auch die Pekinesen zu Atemwegserkrankungen, Herzanfällen und Augenleiden (Verletzungen, Infektionen).

Gruppe: Kleine Rassen

ERZIEHBARKEIT ★★
KINDERLIEBE ★★
STADTLEBEN ★★★★★

PUDEL (ZWERG-, KLEIN- UND GROSSPUDEL)	
Größe:	22,5-25 cm; 25-38 cm; 55-65 cm
Gewicht:	2-3,5 kg; 6,5-8 kg; 20,5-27 kg

Farbe: Blau, grau, silber, braun, karamellfarben, apricot und cremeweiß.

Charakter: Alle Varianten, vom Zwerg- bis zum Königspudel (Großpudel), zeichnen sich durch ihre Intelligenz und Gelehrigkeit aus. Groß- und Kleinpudel werden problemlos stubenrein. Hunde der beiden kleineren Rassen brauchen viel Zuneigung und können sich zu Kläffern entwickeln. Alle Pudel eignen sich für unerfahrene Besitzer, doch Familien mit kleineren Kindern sollten sich für einen Großpudel entscheiden. Beim Zwergpudel besteht die Gefahr, daß er in Gesellschaft zu lebhafter Kinder schnappt.

Pflege: Die Pflege von Pudeln hängt hauptsächlich vom Geschmack des Besitzers ab. Pudel müssen alle paar Monate getrimmt werden – bei Hunden mit schlichtem Haarschnitt reicht es, sie einmal in der Woche zu bürsten.

Bewegung: Zwergpudel brauchen nur wenig Bewegung. Kleinpudel sind mit ein paar Spaziergängen in der Woche zufrieden. Großpudel sind aktiver und sollten täglich einen Spaziergang machen.

Lebensraum: Die beiden kleineren Varianten sind für ein Leben in der Wohnung geeignet. Großpudel kommen ebenfalls gut in einer Wohnung zurecht, wenn sie täglich Auslauf haben.

Gesundheit: Alle drei Varianten können unter Augen- und Hauterkrankungen (Grauer Star, Grüner Star, Infektionen und Zysten) leiden. Großpudel neigen zu Netzhaut-Atrophien, Willebrand-Krankheit, Blähsucht und Hüftdysplasien. Herzkrankheiten können bei den beiden kleineren Varianten vorkommen.

Gruppe: Kleine Rassen, Gesellschaftshunde

ERZIEHBARKEIT Zwerg ★★★★★ Klein ★★★★★ Groß ★★★★★
KINDERLIEBE Zwerg ★★ Klein ★★★ Groß ★★★★★
STADTLEBEN Zwerg ★★★★★ Klein ★★★★★ Groß ★★

Pyrenäenberghund	Rottweiler	Samojede
Größe: 63–81 cm Gewicht: 45–57 kg	Größe: 55–68 cm Gewicht: 38,5–52 kg	Größe: 48–58 cm Gewicht: 20,5–32 kg
Farbe: Weiß mit braunen oder grauen Abzeichen.	Farbe: Schwarz mit mahagonifarbenen oder rotbraunen Abzeichen.	Farbe: Weiß, creme-, biskuitfarben oder Weiß mit Biskuit.
Charakter: Die ruhigen, prachtvollen Pyrenäenberghunde wurden traditionell als Wächter eingesetzt und haben sich den Instinkt erhalten, Menschen sowie Haus und Hof zu beschützen. Gute Familienhunde, brauchen konsequente Erziehung.	Charakter: Diese Wachhunde sind stark, selbstbewußt und gute Beschützer. Einige Rottweiler können aggressiv werden. Sie eignen sich nur für erfahrene, konsequente Besitzer.	Charakter: Die lebhaften und verspielten Samojeden bellen durchdringend schrill, was sie zu guten Wächtern macht. Da sie selbständig und kräftig sind, eignen sie sich nur für Besitzer mit Erfahrung.
Pflege: Häufiges Bürsten ist angeraten. Diese Rasse haart beim Fellwechsel extrem.	Pflege: Das rauhe, kurze Haar sollte einmal wöchentlich gebürstet werden.	Pflege: Samojeden haaren stark. Das dicke Fell muß täglich gebürstet werden.
Bewegung: Hunde dieser Rasse brauchen viel Bewegung, damit sie in Form bleiben.	Bewegung: Rottweiler brauchen täglich ausgiebig Bewegung. Aggressive Spiele sollten vermieden werden.	Bewegung: Diese Hunde brauchen täglich ausgiebig Bewegung im Freien.
Lebensraum: Pyrenäenberghunde eignen sich nicht für ein Leben im Haus und mögen kühlere Witterung am liebsten.	Lebensraum: Rottweiler eignen sich am besten für ein Leben in einem Haus mit Garten oder auf dem Land.	Lebensraum: Sie bevorzugen kühles Wetter und sollten einen Garten haben oder auf dem Land leben.
Gewicht: Neigung zur Blähsucht, Hüftdysplasien und Augenleiden. Eine kurzlebige Rasse – die Hunde werden nur etwa zehn Jahre alt.	Gesundheit: Neigung zu Blähsucht, Netzhaut-Atrophien, Hüftdysplasien, Augenleiden und Rückgratlähmung.	Gesundheit: Neigung zu Hüftdysplasien, Hautproblemen, Netzhaut-Atrophien und anderen Augenerkrankungen.
Gruppe: Arbeitshunde	Gruppe: Arbeitshunde	Gruppe: Arbeitshunde

Erziehbarkeit ★★★
Kinderliebe ★★★
Stadtleben ★

Erziehbarkeit ★★★
Kinderliebe ★★★
Stadtleben ★★

Erziehbarkeit ★★★
Kinderliebe ★★★★
Stadtleben ★

Ein ideales Gespann • 31

Schipperke (Belgischer Schifferspitz)

Größe: 25–33 cm
Gewicht: 6,5–8 kg

Farbe: Schwarz.

Charakter: Diese neugierigen, furchtlosen kleinen Hunde arbeiteten als Wachhunde und Rattenjäger auf belgischen Schiffen. Solange sie mit Respekt behandelt werden, sind sie kinderlieb und eignen sich auch für Besitzer ohne Erfahrung.

Pflege: Das dichte, kurze Haar muß nur einmal wöchentlich gebürstet werden. Die Hunde haaren kaum.

Bewegung: Tägliche kurze Spaziergänge genügen diesen Hunden, aber sie freuen sich über mehr.

Lebensraum: Mit angemessenen Bewegungsmöglichkeiten eignen sich diese Hunde für ein Leben in der Stadt.

Gesundheit: Eine sehr robuste, gesunde Rasse.

Gruppe: Gesellschaftshunde

Erziehbarkeit ★★
Kinderliebe ★★★★
Stadtleben ★★★★

Scotch Terrier

Größe: 25–27,5 cm
Gewicht: 8–10 kg

Farbe: Stahl-, eisengrau, schwarz, sand-, weizenfarben, gestromt.

Charakter: Diese sehr mutigen, selbstbeherrschten und manchmal starrköpfigen Hunde graben gern und bellen viel. Sie eignen sich für Familien mit größeren Kindern, da sie hin und wieder schnappen und Dominanz zeigen.

Pflege: Das drahtige, dichte Haar muß regelmäßig getrimmt und gebürstet werden.

Bewegung: Regelmäßige Spaziergänge, Spiele und Apportierübungen sind für Scotch Terrier angeraten.

Lebensraum: Diese Hunde sind gern auf Achse und passen sich allen Lebensbedingungen an.

Gesundheit: Neigung zur Willebrand-Krankheit, zu Allergien, Kieferknochendefekten und zu Krämpfen, die das Laufen erschweren.

Gruppe: Terrier

Erziehbarkeit ★★
Kinderliebe ★★★
Stadtleben ★★★★

Sheltie (Shetland Sheepdog)

Größe: 33–40,5 cm
Gewicht: 7–9 kg

Farbe: Schwarz, blau oder zobelfarben mit weißen Abzeichen.

Charakter: Shelties sind intelligent, anhänglich und lernfreudig. Einige sind große Kläffer und sehr nervös. Eignen sich besser für Familien mit größeren Kindern.

Pflege: Shelties haaren stark. Das lange, harte Haar muß regelmäßig gebürstet werden.

Bewegung: Shelties brauchen viel Bewegung und lieben es, im Freien zu rennen und zu toben.

Lebensraum: Wenn sie genügend Auslauf bekommen, passen sie sich auch einem Leben in der Stadtwohnung an.

Gesundheit: Neigung zu Netzhaut-Atrophien und anderen Augenleiden, Herzkrankheiten, Epilepsie und Taubheit (speziell die Blauschecken).

Gruppe: Schäfer- und Hirtenhunde

Erziehbarkeit ★★★★★
Kinderliebe ★★★★
Stadtleben ★★★

Shih-Tzu	Sibirischer Husky	Weimaraner
Größe: 20–27 cm Gewicht: 4–8 kg	Größe: 53–59 cm Gewicht: 16–27 kg	Größe: 58–69 cm Gewicht: 25–41 kg
Farbe: Alle Farben und Farbmischungen.	Farbe: Alle Farben von Schwarz bis Weiß, meist mit Gesichtsmaske.	Farbe: Alle Schattierungen von Grau (silber bis mausgrau).
Charakter: Im Gegensatz zu anderen kleinen Rassen neigen Shih-Tzus nicht dazu, bissig zu werden und viel zu bellen. Sie sind lebhaft, aber nicht schwer zu erziehen und eignen sich für Besitzer ohne Erfahrung in der Hundehaltung.	Charakter: Diese aktiven, verspielten Hunde lieben die Arbeit. Sie können ausgezeichnete Familienhunde sein, sind aber nicht leicht zu erziehen und neigen zur Dominanz. Sie brauchen einen energischen, erfahrenen Besitzer.	Charakter: Weimaraner sind aktive und eigensinnige Hunde. Sie brauchen eine feste Hand, die ihre besseren Eigenschaften (Treue und Intelligenz) fördert und die Neigung zu Dominanz und Aggressivität abschwächt.
Pflege: Shih-Tzus haaren nicht übermäßig. Das dichte, lange Fell braucht Pflege, damit es nicht verfilzt.	Pflege: Huskies haaren stark und sollten jeden zweiten Tag gebürstet werden.	Pflege: Weimaraner haaren kaum. Das kurze, glatte Fell muß nur einmal pro Woche gebürstet werden.
Bewegung: Die meisten Hunde dieser Rasse sind mit einem kleinen Spaziergang zufrieden.	Bewegung: Huskies sollten täglich ausgiebig im Freien spielen. Neigen sonst zu Destruktivität.	Bewegung: Weimaraner haben einen starken Bewegungsdrang und brauchen viel Auslauf.
Lebensraum: Die geringe Größe und der mäßige Bewegungsdrang machen diese Rasse zu perfekten Wohnungshunden. Sie vertragen nicht viel Kälte und Feuchtigkeit.	Lebensraum: Wegen ihres dicken Fells vertragen sie die Hitze nicht gut. Wegen ihrer Größe sollten sie nicht in einer kleinen Wohnung gehalten werden.	Lebensraum: Diese Hunde sind viel zu temperamentvoll für ein Leben in der Wohnung und am besten in einem Haus mit Garten oder auf dem Land zu halten.
Gesundheit: Anfällig für Augenverletzungen und Atemwegserkrankungen wie alle Rassen mit flachen oder eingedrückten Nasen. Neigung zu Gelenkserkrankungen.	Gesundheit: Neigung zu Netzhaut-Atrophien und anderen Augenleiden, Hüftdysplasien sowie Haut- und Schilddrüsenerkrankungen.	Gesundheit: Neigung zur Blähsucht, Hüftdysplasien und verschiedenen Hautleiden.
Gruppe: Kleine Rassen	Gruppe: Arbeitshunde	Gruppe: Vorstehhunde
Erziehbarkeit ★★★ Kinderliebe ★★★ Stadtleben ★★★★★	Erziehbarkeit ★★ Kinderliebe ★★★ Stadtleben ★	Erziehbarkeit ★★★ Kinderliebe ★★ Stadtleben ★

Ein ideales Gespann • 33

Welsh Corgie

Größe: 25–30,5 cm
Gewicht: 11–13,5 kg

Farbe: Rot, zobel und rehfarben, schwarz oder braun.

Charakter: Diese fröhlichen und intelligenten Hunde erfüllen die Bedürfnisse derer, die sich das Gemüt eines großen Hundes in einem kleinen wünschen. Welsh Corgies sind gelehrig und kinderlieb.

Pflege: Das dichte, mittellange, wetterbeständige Haar muß einmal in der Woche gebürstet werden

Bewegung: Diese Hunde sind verspielt, gehen gern täglich mit der Familie spazieren, möchten rennen.

Lebensraum: Sie brauchen regelmäßig Auslauf, passen sich aber ansonsten einem Leben in der Wohnung an.

Gesundheit: Neigung zu Netzhaut-Atrophien, Grünem Star, Blutkrankheiten, Hüftdysplasien und Rückgratdefekten.

Gruppe: Schäfer- und Hirtenhunde

ERZIEHBARKEIT ★★★★★
KINDERLIEBE ★★★★
STADTLEBEN ★★★

West-Highland-White-Terrier

Größe: 25–28 cm
Gewicht: 6,5–8,5 kg

Farbe: Weiß.

Charakter: Diese lebhaften, verspielten Hunde sind leichter zu erziehen als die meisten anderen Terrier. Unter Umständen kläffen sie viel und bestimmt graben sie gern, aber sie sind sehr anhänglich und verträglich.

Pflege: Das harte, lange Haar muß mehrmals wöchentlich gebürstet werden.

Bewegung: Ein täglicher Spaziergang ist wunderbar für die West Highlands, aber nicht notwendig.

Lebensraum: West Highlands sind ideale Wohnungshunde.

Gesundheit: Neigung zu Leistenbruch, Hautstörungen, Kupfertoxikosis, Kalkablagerungen am Kieferknochen und Hüftgelenksdefekten.

Gruppe: Terrier

ERZIEHBARKEIT ★★★
KINDERLIEBE ★★★
STADTLEBEN ★★★★

Yorkshire-Terrier

Größe: 17,5–23 cm
Gewicht: 1,5–3 kg

Farbe: Rücken stahlblau, sonst lohfarben.

Charakter: Wenn sie zu sehr verwöhnt werden, können diese Hunde reizbar und bissig werden. Respektiert man ihre Klugheit und Zähigkeit, kommt das Temperament der Terrier durch. Sie eignen sich für Familien mit größeren Kindern.

Pflege: Yorkshires haaren nicht sehr, aber das seidige, lange Fell muß täglich gebürstet werden.

Bewegung: Bewegung und spielen im Haus genügt den Yorkshire-Terriern.

Lebensraum: Diese idealen Wohnungshunde vertragen nicht gut Kälte und Feuchtigkeit.

Gesundheit: Neigung zu Augen-, Zahn- und Zahnfleischproblemen sowie zu Gelenkserkrankungen.

Gruppe: Kleine Rassen

ERZIEHBARKEIT ★★★
KINDERLIEBE ★★
STADTLEBEN ★★★★★

34 • Gestatten, mein Name ist Hund

ZWERGPINSCHER	ZWERGSCHNAUZER	ZWERGSPITZ
Größe: 25–32 cm Gewicht: 4–4,5 kg	Größe: 30–35 kg Gewicht: 6–7 kg	Größe: 15,5–18 cm Gewicht: 1,5–3 kg
Farbe: Schwarz oder schokoladenbraun mit rostbraunen Abzeichen.	Farbe: Pfeffer und Salz, schwarz und silber oder einfarbig braun.	Farbe: Rot, schwarz, weiß, blau, orange, cremefarben oder braun.
Charakter: Zwergpinscher sind selbstbeherrscht, mutig und eigensinnig. Sie verhalten sich wie große Hunde und können Artgenossen gegenüber Aggressionen zeigen. Sie sind nicht leicht zu erziehen und brauchen einen erfahrenen Besitzer.	Charakter: Diese Hunde sind verspielt, klug und eigensinnig. Sie vereinen in sich Terriereigenschaften (Bellen, Reizbarkeit, Graben) und die Eigenschaften eines Wachhundes (Dominanz und Beschützerinstinkt) und eignen sich für Familien.	Charakter: Zwergspitze sind mutig, neugierig und gute Wächter, zudem sehr intelligent. Sie brauchen konsequente Erziehung und eignen sich für Familien mit älteren Kindern.
Pflege: Zwergpinscher haaren kaum. Das glatte, harte Haar muß nur einmal pro Woche gebürstet werden.	Pflege: Das harte, drahtige Haar muß viermal im Jahr getrimmt und hin und wieder gebürstet werden.	Pflege: Zwergspitze haaren stark. Das lange, dichte Fell muß täglich gebürstet werden.
Bewegung: Diese aktiven kleinen Hunde müssen regelmäßig spazierengehen.	Bewegung: Zwergschnauzer sind glücklich, wenn sie regelmäßig spazierengehen dürfen.	Bewegung: Der Zwergspitz ist zufrieden, wenn er sich in der Wohnung austoben darf.
Lebensraum: Zwergpinscher eignen sich gut für ein Leben in der Wohnung und halten sich bei kaltem Wetter nicht gern im Freien auf.	Lebensraum: Zwergschnauzer eignen sich gut für ein Leben in der Wohnung.	Lebensraum: Zwergspitze eignen sich sehr gut für ein Leben in der Wohnung und sind verläßliche Wächter.
Gesundheit: Eine sehr robuste, gesunde Rasse.	Gesundheit: Neigung zu Augen- und Blutkrankheiten, Nierensteinen, Herz- und Leberleiden sowie Diabetes.	Gesundheit: Neigung zu Augen-, Haut-, Zahn- und Zahnfleischproblemen sowie zu Gelenks- und Herzerkrankungen.
Gruppe: Kleine Rassen	Gruppe: Kleine Rassen	Gruppe: Kleine Rassen

ERZIEHBARKEIT ★★★
KINDERLIEBE ★★
STADTLEBEN ★★★★★

ERZIEHBARKEIT ★★★
KINDERLIEBE ★★★
STADTLEBEN ★★★★★

ERZIEHBARKEIT ★★★
KINDERLIEBE ★★
STADTLEBEN ★★★★★

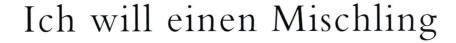

Ich will einen Mischling

Bei den meist liebenswerten Mischlingen, die auch despektierlich Straßenköter genannt werden, ist es oft nur schwer zu erraten, welcher Rasse ihre Vorfahren angehört haben mögen. Die Kreuzungen, von denen viele hübsch oder drollig aussehen, sind Hunde, wie sie uns überall begegnen.

In Supermärkten finden sich oft Anschläge am Schwarzen Brett, auf denen Besitzer von Hündinnen anbieten, »Spitzpudeldackel«, einen Labrador- oder Schäferhund-Mix ohne Entgelt »in gute Hände abzugeben«. Und sicherlich haben Sie schon einmal einen dieser süßen, undefinierbaren Mischrassenhunde gesehen oder sogar selbst besessen.

Da Mischlingswürfe naturgemäß fast immer unbeabsichtigt sind, enden die Welpen oft im Tierheim, was bedeutet, daß sie entweder gar nichts oder nicht viel kosten. Aber das heißt noch lange nicht, daß Sie einen schlechten Hund bekommen, wenn Sie sich für einen Mischling entscheiden. Die Anschaffungskosten sind zwar gering, aber alle anderen Ausgaben sind dieselben wie bei einem Rassehund. Alle Hunde, egal welcher Herkunft, brauchen Liebe und Fürsorge.

Überraschung ist dabei

Mischlinge sind genauso liebenswert und anhänglich wie Tiere aus einer Rassezucht – sie sind eben auch Hunde. Und am großartigsten ist, daß ein Mischling wirklich und wahrhaftig Ihr Hund ist. Er ist immer einzigartig; kein anderer Hund sieht genauso aus wie er. Mit einem Mischling hat man einen echten Individualisten.

In vielen Fällen wird man nie erfahren, wer die Eltern oder gar die Großeltern des Hundes waren, und das heißt, daß man auch nicht weiß, welche Eigenschaften er geerbt haben könnte. »Schafft man sich einen Mischling an, erlebt man einige Überraschungen, weil man nie weiß, welche Rassen in ihm stecken«, sagt die Verhaltensforscherin Dr. Suzanne Hetts. »Wenn sich zehn Leute den Hund anschauen, werden sie zehn verschiedene Vermutungen über seine Identität anstellen. Und keine von ihnen muß zutreffen.«

Erfahrene Tierärzte haben ihre eigene Methode, zu ermitteln, wie groß ein Mischlingswelpe einmal werden wird – eine zugegebenermaßen unwissenschaftliche Methode, aber die Erfahrung gibt ihnen recht. Im Alter von vier Monaten ist ein Welpe etwa halb so groß wie als erwachsener Hund. Sich nach der Größe der Pfoten zu richten, ist eine unzuverlässige Methode. Einige Rassen, wie beispielsweise die Collies oder Shelties, haben im Verhältnis zu ihrer Körpergröße winzige Pfoten. Selbst wenn Sie ungefähr voraussehen kön-

Wie könnte man einem so liebenswerten Hund widerstehen?

nen, wie groß Ihr Mischling einmal werden wird – schwieriger ist es, einzuschätzen, welchen Charakter das Tier hat, wie es sich verhält und welche Pflege es braucht – das alles hängt von den Erbanlagen ab. Bei einem Bastard sind die Merkmale und Verhaltensweisen, die sich letztendlich manifestieren, nicht so klar bestimmbar wie bei Rassehunden. Vielleicht überwiegen die »guten« Eigenschaften wie die Intelligenz der Malteser oder die Verspieltheit des Shih-Tzu, oder die »schlechten« Eigenschaften schlagen mehr durch wie die Dominanz des Alaskan Malamute oder das Nagebedürfnis des Golden Retriever, der sich ohne weiteres über Ihre neuen Schuhe hermacht, auch wenn Sie noch so sehr schimpfen.

Was auch immer bei Ihrem vierbeinigen Hausgenossen an die Oberfläche kommen mag, die Chancen stehen gut, daß Sie sich einen großartigen Freund und Gefährten ins Haus geholt haben. Das Aussehen Ihres neuen Hundes ist von verschiedenen Anlagen in seinem reichhaltigen Erbgut abhängig. Aber seine Persönlichkeit und sein Verhalten wird hauptsächlich von der Hingabe und der Konsequenz bestimmt, mit der Sie ihn erziehen.

Ein zähes Kerlchen

Man kann davon ausgehen, daß ein Mischling und seine Geschwister ungeplant auf die Welt kommen, und wahrscheinlich war sein Vater bei der Geburt nicht dabei. Dem kleinen Kerl wird vermutlich

Wenn Sie sich entschließen, einen Mischlingswelpen zu sich zu nehmen, lassen Sie Ihren Kopf, nicht Ihr Herz entscheiden. Er sollte lebhaft und freundlich sein und selbstbewußt auf Sie zugehen.

längst nicht so viel Fürsorge zuteil wie seinen reinrassigen Artgenossen, und er führt ganz bestimmt kein so bequemes, behütetes Dasein. Einige dieser ungewollten Bastarde müssen einen ausgesprochen schweren Start ins Leben überstehen. Möglicherweise halten deshalb viele Leute die Mischlinge für robuster und gesünder als Rassehunde.

Gewiß schwächt die Mischung des genetischen Materials die Wahrscheinlichkeit von Erbkrankheiten ab, und eine Kreuzung wird demnach weniger unter genetisch bedingten Erkrankungen leiden als ein reinrassiges Tier. Dennoch sollte man diesen Aspekt nicht zu sehr vereinfachen. Es heißt, daß viele Dalmatiner taub werden und große Hunde unter Hüftdysplasie leiden, aber niemand hat jemals untersucht, unter welchen speziellen Gesundheitsstörungen Mischlinge leiden. Für nicht erblich bedingte Krankheiten sind Mischlinge nicht weniger anfällig als Rassehunde.

Nehmen Sie einen Mischling auf, weil Sie ihn mögen, nicht weil Sie glauben, daß er frei von Erbkrankheiten ist. Denn Sie dürfen nicht vergessen: Ein Bastard vereint in sich Gene – gute wie schlechte – verschiedener Rassen.

Der erwachsene Mischling

Wenn Sie beschlossen haben, sich einen Mischling anzuschaffen, denken Sie vielleicht daran, sich einen ausgewachsenen Hund aus dem Tierheim zu holen. Tierheime sind im übrigen nicht aus-

EIN IDEALES GESPANN

Er wird gewiß kein Ausstellungssieger, dafür fliegen ihm vermutlich viele Herzen zu. Außerdem braucht er sehr viel Pflege.

Für die Eigenschaften eines Hundes ist Rassezucht gewiß nicht alles. Die Rasse oder die verschiedenen in einem Mischling vereinten Rassen zu kennen, ist nur ein Teil der Gleichung. Das frühe Umfeld und die Lebenserfahrungen prägen den Hund nicht weniger. Aus diesem Grund sollten Sie sich Zeit nehmen, wenn Sie einen Tierheimhund ins Auge gefaßt haben, und ihn genau beobachten, ehe Sie sich vollkommen von ihm bezaubern lassen. Statt zu überlegen, welche Rassen da mitgemischt haben könnten, wäre es ratsam, sich den Hund genau anzusehen, sein Verhalten und seine Reaktion auf Sie zu testen.

• Stürmt der Hund ans Gitter des Käfigs, um Sie freundlich, mit gespitzten Ohren und schwanzwedelnd zu begrüßen?

• Ist er selbstbewußt genug, um auf Fremde – Frauen wie Männer – zuzugehen?

Wenn Sie beide Fragen bejahen können, dann haben Sie wahrscheinlich Ihren Hund gefunden. Von sehr scheuen Hunden, die sich knurrend und zähnefletschend in eine Ecke drücken, sollten Sie die Finger lassen. Denken Sie aber immer daran, daß sich das Verhalten eines Hundes je nach Umgebung ändern kann. Ein Hund aus dem Tierheim braucht unter Umständen ein paar Wochen, um sich einzugewöhnen und sich sicher zu fühlen. Lassen Sie ihm Zeit und kommen Sie ihm auf sanfte, ruhige Art entgegen.

schließlich den Bastarden dieser Welt vorbehalten – auch Rassehunde landen in solchen Asylen! Die Lebensumstände ihrer Halter können sich plötzlich verändert haben – ein neues Baby läßt dem Ehepaar keine Zeit mehr, mit dem Schäferhund-Mix oft genug spazierenzugehen; eine berufliche Veränderung zwingt die Familie, vom Land in die Stadt zu ziehen, und der Hund, der bisher seine Freiheit gewöhnt war, kann sich dem Leben in einer Mietwohnung nicht anpassen ... Es gibt jede Menge Gründe, die jemanden zwingen, einen Hund aufzugeben. Ein erwachsener Hund ist eine ausgezeichnete Wahl für Menschen, die nicht die Zeit oder Geduld haben, einen Welpen großzuziehen, und die Chancen stehen gut, daß man im Tierheim einen verläßlichen, freundlichen Hund bekommt.

Erwachsene Hunde, etwa vom neunten Lebensmonat an bis zu einem Alter von fünf Jahren, sind eine kluge Wahl. Man sieht, was man bekommt. Man weiß, wie groß der Hund und ob er sauber und anständig ist. Man kann sein Temperament und seinen Charakter eine Weile beobachten.

Wo kaufe ich meinen Hund?

Ob Sie sich für einen preisgekrönten Briard oder einen Mischling entscheiden – die Partnerschaft mit Ihrem neuen Hausgenossen soll eine glückliche werden. Es gibt viele Möglichkeiten, den Hund seiner Träume zu finden, aber einige dieser Möglichkeiten sind empfehlenswerter als andere.

Anerkannte Züchter
Züchter wissen alles, was es über die Rasse, die sie züchten, zu wissen gibt, und sie geben sich Mühe, diese Rasse mit jedem Wurf zu verbessern. Mitunter geben sie für die Zucht und die Pflege ihrer Hunde weit mehr Geld aus, als sie beim Verkauf der Welpen verdienen. Sie züchten aus Liebe zu den Hunden, nicht um des Geldes willen.

Züchter sehen sich die potentiellen Welpenkäufer sehr genau an und schicken diejenigen wieder nach Hause, von denen sie annehmen, daß sie dem Hund kein adäquates Zuhause bieten können. »Jemand, der einen Welpen kaufen möchte, muß mir das Gefühl geben, daß er sich ein Hundeleben lang dem Tier verpflichtet und daß er ein verantwortungsbewußter Hundebesitzer sein wird«, sagt die Whippet-Züchterin Dr. Janet Lalonde.

Seien Sie nicht gekränkt, wenn ein Züchter Ihnen nach Kenntnis Ihrer Lebensumstände empfiehlt, sich lieber für eine andere Rasse zu entscheiden. Er berücksichtigt sowohl die Interessen des Hundes als auch Ihre, weil nach einer falschen Wahl alle Beteiligten unglücklich wären. Ein verantwortungsbewußter Züchter wird einen Hund fast immer zurücknehmen, falls sich herausstellen sollte, daß Sie nicht mit dem Tier zurechtkommen oder sich Ihre Lebensumstände geändert haben. Zudem wird er all Ihre Fragen bereitwillig beantworten und Ihnen auch noch Ratschläge geben, wenn Sie Ihren neuen Freund mit nach Hause genommen haben.

Der Züchter Ihres Vertrauens ist in jedem Fall Mitglied eines zuchtbuchführenden Vereins. So wird er Ihnen auch sagen können, wann die Welpen vom zuständigen Sachverständigen, traditionell »Zuchtwart« genannt, begutachtet und wie sie bewertet wurden. Ein guter Züchter legt Ihnen Impfbescheinigungen des Welpen vor, weist Sie auf mögliche Gefährdungen hin und berät Sie, falls Sie vorhaben, eine Hündin sterilisieren zu lassen. Er wird Ihnen eine solche Maßnahme sogar ans Herz legen, um zu verhindern, daß »sein«

Es ist ratsam, einige anerkannte Züchter zu besuchen, ehe Sie Ihre Wahl treffen. Sie werden vor und nach dem Kauf gern all Ihre Fragen beantworten.

Hund als Wurfmaschine mißbraucht wird. Er wird Sie weiterhin ungeschminkt über die Ahnenreihe sowohl seiner Zuchthündin als auch des Rüden informieren und Sie gegebenenfalls auch auf mögliche Erbschäden wie Hüftgelenksdysplasie hinweisen. Er wird Ihnen raten, wann Sie den jungen Hund am besten röntgen lassen, um Gewißheit über den Zustand seines Knochenbaus zu erhalten.

Ein guter Züchter wird Ihnen auch nie einen ganz bestimmten Hund zuweisen. Sofern noch Auswahl besteht, wird er Ihnen alle seine Welpen vorführen, Ihnen deren Eigenarten schildern und Sie bei der Auswahl beraten. Wenn er seine Hundekinder alle beim Namen nennt, obwohl Sie keine Unterschiede erkennen können, wenn er sie aufhebt und mit ihnen schmust, wenn er sie Ihnen erst nach Einweisung in die Hand gibt, dann wissen Sie, daß Sie an der richtigen Adresse sind.

Züchter, die Sie meiden sollten

Wenn Sie ein Züchter in einen Hinterhof führt, in dem Dutzende von Hündinnen verschiedener Rassen in Drahtkäfigen Welpen wie am Fließband produzieren, dann nichts wie weg. Es ist unwahrscheinlich, daß Sie dort einen Hund bekommen, der gesund, gut ernährt, von Experten eines anerkannten Zuchtvereins begutachtet und mit gültigen Papieren versehen ist. Schlimmer noch, wird er den in der Prägephase wichtigen engen Kontakt zu Menschen vermissen und entsprechend verhaltensgestört sein. Ein solcher Hund kann teuer werden, auch wenn sein Preis ein wenig unter den Preisen guter Züchter liegen mag.

Wie findet man einen guten Züchter?

Fragen Sie bei den örtlichen und nationalen Zuchtverbänden an, die Ihnen gern Adressenlisten von zuverlässigen Züchtern zuschicken werden, oder informieren Sie sich auf den entsprechenden Webseiten im Internet. Zudem können Sie bei Hundeschauen wertvolle Kontakte knüpfen, Hundebesitzer, Züchter und die unterschiedlichen Rassen kennenlernen. Die meisten anerkannten Vereine unterhalten eine Welpenvermittlung. Dort wird man Ihnen sagen, welche dem Verband angeschlossenen Züchter gerade Welpen abzugeben haben. Adressen von Rassenclubs finden Sie im Anhang dieses Buches.

Entscheiden Sie sich erst für einen Welpen, nachdem Sie mindestens zwei bis drei gute Züchter besucht haben. Dann haben Sie ausreichend Vergleichsmöglichkeiten. Kaufen Sie dort, wo die Welpen am engsten mit der Familie des Züchters zusammenleben.

Tierhandlungen

Wenn Sie an einer Tierhandlung vorbeikommen und die kleinen Wollknäuel und die glänzenden Welpenaugen sehen, gehen Sie am besten schnell weiter. Tierhandlungen werden oft von »Hundefabriken« beliefert, die Rassehunde zweifelhafter Herkunft sozusagen im Akkord züchten – häufig in Ländern ohne entsprechende Tierschutzbestimmungen. Die Bedingungen in solchen Großzüchtereien sind meist schlecht, und die Hündinnen werden zweimal im Jahr gedeckt – ohne Rücksicht auf die von den Zuchtvereinen vorgeschriebenen Zuchtintervalle, die pro Hündin nur eine bestimmte Anzahl von Würfen innerhalb festgelegter Zeiträume zulassen, um die Gesundheit der Zuchttiere wie der Nachkommen nicht zu gefährden. Auch werden die Welpen oft zu früh – im Alter von vier bis sechs Wochen – von der Mutter getrennt und entwickeln daher nie ein gesundes Sozialverhalten.

Wer mit einem Rassehund glücklich werden will, muß nicht nur den Hund, sondern auch das Umfeld kennen, in dem dieser aufgewachsen ist. Man sollte einen reinrassigen Hund deshalb nur von der Person erwerben, die ihn gezüchtet hat.

Tierheime
Ein Tierheim ist für viele potentielle Hundebesitzer die erste Anlaufstelle. Wahrscheinlich finden sie, daß die Tiere, die dort gelandet sind, eine zweite Chance verdienen. Oder sie meinen, daß es ohnehin schon zu viele Hunde auf der Welt gibt und daß es besser ist, einen davon aus seinem Elend zu befreien und ihm ein schönes Zuhause zu bieten. Vielleicht wollen Sie aber auch nur einen einzigartigen Mischling, von denen es genügend in Tierheimen gibt.

Die meisten Hunde in den Heimen sind ausgewachsen. Einige sind gerade erst dem niedlichen Welpenalter entwachsen und dem ehemaligen Besitzer, der sich vorher nicht klargemacht hat, wieviel Zeit und Pflege ein Hund erfordert, zur Last geworden. Mit liebevoller Behandlung und einer angemessenen Erziehung werden die meisten von ihnen zu zuverlässigen, fröhlichen Familienhunden.

»Viele Tierheimhunde sind charakterfest, aber noch unerzogen und vielleicht ein bißchen wild. Wenn man ihnen die üblichen Kommandos beibringt und ihnen vermittelt, wie schön Gehorsam und Lernen sein kann, können sie rasch zu braven, folgsamen Hunden werden«, sagt Sternberg.

Tierheime werden meist vom Tierschutz- oder anderen gemeinnützigen Vereinen, die das Elend der Tiere bekämpfen, geführt. Wenn sie einen Hund dem neuen Besitzer übergeben, bitten sie um eine freiwillige Spende oder um Futtergeld (die Höhe dieser Bezahlung liegt in den meisten Fällen allein im Ermessen des Käufers).

Das Personal in Tierheimen ist angehalten, die neuen Hundebesitzer aufzufordern, die Tiere kastrieren und sterilisieren zu lassen. Deshalb arrangieren sie Operationstermine in einer örtlichen Tierarztpraxis und kommen sogar oft selbst für die Kosten auf.

Sehen Sie sich selbst in Tierheimen in Ihrer Gegend um. Durchforsten Sie die Zeitung nach Anzeigen, die der Tierschutzverein aufgegeben hat, oder surfen Sie, wenn Sie Gelegenheit dazu haben, im Internet.

Haben Sie Geduld, wenn Sie nicht auf Anhieb den Hund Ihrer Träume finden. Günstige Zeiten für Interessenten sind die Tage nach Weihnachten oder Urlaubszeiten, wenn unwillkommene Geschenke oder der Reiselust im Wege stehende Vierbeiner ins Tierheim gegeben oder kurzerhand ausgesetzt werden.

Wenn es auch wahrscheinlich ist, daß Sie im Tierheim einen guten Hund bekommen können, soll doch vor übertriebener Euphorie gewarnt werden. Viele der dort gelandeten Tiere haben traumatisierende Erlebnisse hinter sich. Um sie in

Die Chancen, daß Sie einen zuverlässigen, treuen Freund in einem Tierheim finden, stehen gut. Es gibt viele Gründe, warum Hunde in Heimen landen.

Ein ideales Gespann

Den richtigen Hund zu finden ist einfacher, wenn Sie wissen, wo Sie suchen müssen. Denn die Auswahl erfordert Zeit und Überlegung.

eine neue Umgebung einzufügen, bedarf es nicht selten einer kundigen Hand und großer Geduld. Familien mit kleinen Kindern seien vor dem Unsicherheitsfaktor »Tierheimhund« sogar ausdrücklich gewarnt, sofern es sich nicht um einen verstoßenen Welpen handelt. Es ist nicht auszuschließen, daß der neue Hausgenosse sein Dominanzstreben recht handfest an den schwächeren Familienmitgliedern ausläßt, und das kann schmerzhaft, vielleicht sogar gefährlich werden. Deshalb sollte ein Hund aus dem Tierheim in den ersten Wochen unter ständiger Aufsicht seines neuen »Rudelführers« stehen, bis er sich als zuverlässig bewiesen hat.

Private Initiativen

Das Elend ausgesetzter Hunde und Katzen hat in den letzten Jahren zunehmend private Tierschutzinitiativen auf den Plan gerufen, die es sich zum Ziel gesetzt haben, solche Tiere zu retten und an neue Besitzer zu vermitteln. Wenn es eine solche Initiative in Ihrer Nähe gibt, ist sie sicher einen Anruf wert.

Wie wählt man einen »gebrauchten« Hund aus?

Sie haben beschlossen, einen ausgewachsenen Hund zu sich zu nehmen. Der größte Nachteil ist, daß seine Geschichte ein Geheimnis für Sie ist. Falls es ein Mischling ist, wissen Sie nicht einmal, was für einen Hund Sie vor sich haben. Dennoch gibt es einige Dinge, die Sie beachten können.

- Prüfen Sie, ob der Hund kastriert oder sterilisiert ist. Ein kastriertes Tier weist gewöhnlich weniger geschlechtsspezifische Verhaltensstörungen auf.
- Falls es möglich ist, lassen Sie sich den Impfpaß geben, damit Sie wissen, welche Impfungen der Hund noch braucht, wenn Sie ihn mit nach Hause nehmen.
- Sammeln Sie so viele Informationen wie möglich über den Hintergrund des Hundes; fragen Sie, wie er sich Kindern, anderen Tieren und Erwachsenen gegenüber verhält. Wenn Sie sich in einem Tierheim umsehen, können Ihnen die Pfleger vielleicht Auskunft über seine früheren Besitzer und die Lebensumstände geben. Zumindest haben Sie einen relativ guten Eindruck von dem Hund und seinem Charakter.
- Die meisten Tierpfleger können das Verhalten und die Persönlichkeiten der Hunde, die ihnen anvertraut sind, sehr gut beurteilen und wissen, in welche Familie sie passen und in welchem neuen Umfeld die Tiere ein glückliches Leben führen werden.
- Sobald Sie Ihren Hund haben, sollten Sie mit ihm zum Tierarzt gehen und ihn gründlich untersuchen lassen. Falls er – was eher unwahrscheinlich ist – ernsthaft krank sein sollte, haben Sie die Möglichkeit, ihn ins Tierheim zurückzugeben, damit er dort behandelt wird.

2 FAMILIENBANDE

Ihr neuer Hund kommt nach Hause – dies ist der Anfang eines gemeinsamen Lebens. Zuerst ist der neue Hausgenosse vielleicht nervös und unsicher. Die Umgebung ist ihm fremd, und er sieht kein bekanntes Gesicht. Es liegt an Ihnen, ihn gebührend willkommen zu heißen und ihm Sicherheit zu vermitteln, so daß er bald das Gefühl hat, den richtigen Platz gefunden zu haben.

Ein hundegerechtes Zuhause
Seiten 43–47
Betrachten Sie Ihre Wohnung vom Standpunkt eines Hundes. Beseitigen Sie Gefahrenzonen.

Die Vorstellung
Seiten 50–51
So können Sie sicherstellen, daß die neue Freundschaft den richtigen Anfang nimmt.

Die erste Nacht
Seiten 48–49
Wenn der »Umzug« reibungslos abläuft, fühlt sich Ihr Hund rasch zu Hause.

Hunde und Kinder
Seiten 52–53
Alles was Kinder über das Leben mit Hunden wissen müssen.

Ein hundegerechtes Zuhause

Was tun Sie, wenn Sie etwas Interessantes auf dem Boden liegen sehen? Ein Welpe schnüffelt an dem Gegenstand, dann nimmt er ihn ins Maul. Diese Methode ist schön und gut, wenn dieser Gegenstand ein harmloses Kauspielzeug, ein bedeutungsloses Holzstück oder ähnliches ist. Aber was ist, wenn es sich um eine Geldmünze, einen Badeschwamm oder eine Batterie handelt?

Sie mögen vielleicht denken, daß Ihr Zuhause vollkommen gefahrlos ist, aber ein Hund ist von allem Unbekannten fasziniert, und gerade ein neuer Hund ist begierig darauf, die Umgebung zu erkunden und herauszufinden, wie alles riecht und schmeckt.

Die meisten Tierärzte empfehlen, einen Rundgang durchs Haus, die Garage und den Garten zu machen und sich alles mit den Augen eines Hundes anzusehen. Lassen Sie sich auf alle viere nieder und kriechen Sie ein wenig herum – Sie werden staunen, wie viele Gegenstände Sie finden, die man anknabbern kann: Elektrokabel, Kinderspielzeug, Seifenstücke, Bücher, sogar Schmuck.

Treffen Sie dieselben Vorsichtsmaßnahmen, die Sie bei einem Kind treffen würden, empfehlen Tiermediziner. Und denken Sie daran, daß ein Hund Flaschen zerbrechen und Schachteln besser umstoßen kann als ein Kind.

Sicherheit

Ob Sie einen Welpen oder einen älteren Hund bekommen – Sie dürfen davon ausgehen, daß er zuallererst sein neues Revier erforschen wird. Hier führen wir Sie von einem Raum zum anderen und weisen Sie auf die Dinge hin, die Ihrem Hund gefährlich werden könnten.

Die Küche

Die meisten Familien verbringen viel Zeit in der Küche, und der Hund wird es ihnen gleichtun. Hund haben zwar keine Hände, um Schränke zu öffnen, dafür aber überraschend geschickte Pfoten und zu allem entschlossene Schnauzen. Deshalb ist es wichtig, Reinigungsmittel und ähnlich gefährliche Sachen wegzuschließen. Möglicherweise denken Sie sogar daran, ein kindersicheres Schloß an den Schränken anzubringen, in denen Sie solche Dinge aufbewahren.

Da selbst der folgsamste und bravste Hund Spaß daran hat, gelegentlich im Abfall zu wühlen, ist es ratsam, dafür zu sorgen, daß der Eimer unzugänglich ist oder einen fest schließenden Deckel hat.

Sie können Risiken auch vermeiden, indem Sie besonders appetitliche, aber gefährliche Abfälle wie Hühnerknochen im Kühlschrank aufheben, bis Sie den Abfall wegbringen. Das bannt nicht nur die Gefahr, daß sich Ihr Hund mit den spitzen Röhrenknochen innere Verletzungen zuzieht, sondern bewahrt ihn auch davor, alte,

Ein Mülleimer mit fest schließendem Deckel verhindert solche Erkundungen.

eventuell verdorbene Nahrung zu sich zu nehmen.

Eine andere Gefahr, die oft in Küchen lauert, ist Schokolade. Diese enthält einen Stoff namens Theobromin, der ernste Krankheiten bei Hunden hervorrufen kann. Tierärzte bezeichnen Schokolade als Gift für Hunde.

»Die Auswirkung auf Hunde ist sowohl von der Dosis als auch von der Körpergröße abhängig«, fügt die Tierärztin und Präsidentin der American Animal Hospital Association Jay Geasling hinzu. »Je kleiner der Hund, desto weniger Schokolade braucht es, um dem Hund Schaden zuzufügen.«

Sogar so harmlose Gegenstände wie Handtücher, Lappen oder Küchentücher können zur Gefahr werden, weil Hunde es lieben, alles zu zerbeißen. Wenn Ihr Hund große Stücke davon verschluckt, kann es zu Verstopfungen mit ernsten, sogar lebensbedrohlichen Folgen kommen. Sobald Sie festellen, daß Ihr Hund gern auf Stoffen oder ähnlichen Materialien kaut, sorgen Sie dafür, daß diese Dinge außer Reichweite bleiben.

Das Badezimmer

Hunde benutzen weder die Toilette noch machen sie es sich in einem warmen Schaumbad gemütlich, aber sie werden das Bad ausgiebig inspizieren, weil sie einfach wissen wollen, was dort alles zu finden ist. Viel zu oft begegnen sie dort verführerischen Dingen, denen sie nicht widerstehen können, die aber ernsthafte Erkrankungen verursachen.

Bunte, interessant riechende Flaschen und Seifen liegen für den Hund zugänglich auf dem Badewannenrand. Shampoos, Lotionen und Seifen sind jedoch besser auf einem Wandbord aufgehoben, und vergessen Sie nicht, auch hier Scheuerpulver und andere Reinigungsmittel in einem gut schließenden Schrank aufzubewahren, damit der Hund nicht damit in Berührung kommt.

Achten Sie auch auf das Badewannenspielzeug Ihrer Kinder. Deren Gummiente mag den Kauspielsachen des Hundes sehr ähnlich sehen, ist jedoch selten für scharfe Zähne geeignet. Auch Kosmetiktücher und Tampons können großen Schaden anrichten, wenn Ihr Hund sie zerkaut und Teile davon in seinen Magen-Darm-Trakt geraten.

Wohn- und Eßzimmer

Wir halten diese Räume für behagliche Familienzimmer, aber für Hunde bergen sie Unfallgefahren. In jedem Wohnzimmer gibt es, je nach Hobbys und Vorlieben der Familienmitglieder, unterschiedliche für Hunde ungeeignete Objekte. Malen, nähen, stricken Sie? Oder hören Sie gern Musik? Die Dinge, die Sie für Ihre Freizeitbeschäftigung benützen, können Ihrem Hund unter Umständen sehr schaden.

Die einfachste und praktischste Lösung wäre alles wegzuräumen, solange Sie sich nicht damit

Kissen sind ein tolles Spielzeug, aber die Füllung schadet dem Hund, wenn er sie frißt.

beschäftigen. Heben Sie Handarbeitssachen und Nadeln in verschließbaren Behältern und nicht in einem offenen Korb auf.

Verstauen Sie Farben und Pinsel in einer Blechdose, und stellen Sie das Schachbrett mit den Figuren auf ein erhöhtes Bord, an das der Hund nicht heranreicht. Bringen Sie Ihren Kindern bei, Ihre Sachen immer gleich wegzuräumen, wenn sie ihr Spiel beendet haben – sobald eines ihrer Lieblingsspielzeuge den scharfen Hundezähnen zum Opfer gefallen ist, werden die Kinder diese Anweisung bereitwilliger befolgen.

Falls jemand in Ihrer Familie raucht, sollten Sie die Aschenbecher regelmäßig leeren. Auch in Tüten oder Pappkartons verpackte Kau- oder Pfeifentabake sind Gefahrenquellen.

Vergessen Sie nicht die Elektrokabel. Vermeiden Sie »Kabelsalat«, wie er z. B. entsteht, wenn Sie Ihren Computer mittels mehrerer Verlängerungskabel ans Netz anschließen. Verlegen Sie Kabel möglichst so, daß sie nicht zu sehen sind oder befestigen Sie sie mit Hilfe von Metallschellen an der Wand. Achten Sie darauf, ob sich der Hund über Kabel hermacht, und unterbinden Sie es konsequent. Normalerweise sind Elektrokabel hauptsächlich bei Welpen problematisch, aber »nagefreudige« Rassen wie Labradors und Golden Retriever könnten unter Umständen ihr ganzes Leben lang in Versuchung sein, sie anzuknabbern. In diesem Fall sollten Sie Ihre Möbel so umstellen, daß die Kabel dahinter verschwinden.

Schlafzimmer

Sie schlafen in der Nacht, aber das heißt noch lange nicht, daß Ihr Hund es Ihnen gleichtut. Besonders Neuankömmlinge neigen dazu, nachts zu wachen, und wo könnten sie sich die Langeweile in den Nachtstunden besser vertreiben als in den Schlafzimmern der Familienmitglieder? Speziell Kinderzimmer sind verlockend für Hunde, weil dort meistens wunderbare Spielsachen zum Kauen und Zerfetzen herumliegen. Ein Hund kann kleine Gummibälle und unaufgeblasene Luftballons leicht verschlucken und daran ersticken. Nehmen Sie sich jeden Abend ein paar Minuten Zeit, um sicherzustellen, daß nichts auf dem Boden herumliegt.

In den Schlafzimmern Erwachsener gibt es zwei große Gefahrenquellen: Nylonstrümpfe und Medikamente. Strümpfe können zerfetzt und geschluckt werden, was Verstopfungen und große Darmprobleme verursacht. Und Medikamente sind für Hunde genauso gefährlich wie für Kinder. Eine kleine Dosis für Menschen kann eine Überdosis für Hunde sein. Also müssen alle Medikamente außer Reichweite sein. Und glauben Sie bitte nicht, daß Flaschen mit kindersicheren Verschlüssen auch hundesicher sind.

Ratsam ist es auch, weder Geldmünzen noch Schmuck auf Kommoden liegenzulassen. Ihr vierbeiniger Freund könnte sich dafür interessieren, sobald Sie ihm den Rücken gekehrt haben. Stecken Sie Ihr Kleingeld lieber in Kassetten und Ringe, Armreifen und Ohrklipps in Schmuckschatullen – beides verschließbar, versteht sich.

Ein neugieriger Hund untersucht die herumstehenden Gartengeräte in der Garage und im Garten. Um Unfälle zu vermeiden, Werkzeuge wegschließen.

Die Garage

Selbst die ordentlichste Garage oder Werkstatt kann Risiken für Hunde bergen. Schrauben und Nägel fallen auf den Boden. Lösungsmittel und Farbverdünner, Insektizide, Düngemittel und andere Gifte stehen herum. Aber Frostschutzmittel sind vielleicht die größte Gefahr für Hunde, erstens weil sie gut riechen und daher verführerisch sind, und zweitens weil sie tödlich wirken. Wenn nicht innerhalb von 24 Stunden ein Gegengift verabreicht wird, wird ein Hund, der Glykol genascht hat, wahrscheinlich daran sterben.

Wenn Sie Frostschutzmittel zu Hause haben, bewahren Sie sie unter Verschluß auf. Und überprüfen Sie auch in regelmäßigen Abständen den Boden der Garage – Frostschutzmittel, die aus undichten Schläuchen im Wagen auslaufen, sind ebenso gefährlich wie die aus der Flasche. Werfen Sie Reste alter Frostschutzmittel gnadenlos weg. Wenn Sie glauben, in dieser Hinsicht Vorratshaltung betreiben zu müssen, kaufen Sie neue Mittel. Auch diese Chemikalien sind gesundheitsschädigend, aber nicht ganz so gefährlich wie die alten.

Wenn Sie Ihre Garage hundesicher machen, achten Sie besonders darauf, daß alle giftigen Substanzen weggeschlossen sind. Insektizide und Schneckenkorn können auch einen Hund von der Erde tilgen, und es braucht nicht viel davon.

Stellen Sie Topfpflanzen außer Reichweite, bis Ihr Hund das Interesse daran verloren hat.

Gefahren im Garten

Aprikosen	Kirschlorbeer
Azalee	Lebensbaum
Buchsbaum	Maiglöckchen
Butterblumen	Mandeln
Eibe	Mistel
Englischer Efeu	Oleander
Fingerhut	Pfirsiche
Kartoffeln	Philodendron
	Rhabarber
	Rhododendron
	Schwarzäugige Susanne
	Tomaten
	Tulpenzwiebeln

Blumenzwiebel

Kartoffel

Wenn Sie ganz sichergehen wollen, daß Ihrem Hund nichts passiert, sollten Sie eigentlich Garage, Geräteschuppen und Werkstatt zu verbotenem Gebiet erklären.

Garten und Hof

Für Hunde sind Gärten und Rasenflächen ein Dorado von Gerüchen und leider oft auch Leckerbissen. Viele Pflanzen sind giftig oder haben zumindest Übelkeit zur Folge, wenn Ihr Hund an ihnen knabbert. Etliche Pflanzen, Früchte und Gemüsesorten können Ihrem Hund schaden. Hunde, die gern graben, fressen vielleicht die giftigen Zwiebeln von Frühlingsblühern.

Und vergessen Sie die Pflanzen im Haus nicht, denn Ihr Hund wird sich auch dafür interessieren.

Deshalb ist es ratsam, alle Blumentöpfe irgendwohin zu stellen, wo er sie nicht erreicht. Hängende Pflanzen auf Fenstersimsen sind wahrscheinlich vor Zugriffen sicher, aber vom Boden oder von niedrigen Tischen sollten alle entfernt werden. Auch die in der Adventszeit beliebten Weihnachtssterne und Mistelzweige sind giftig.

Vielleicht erkundigen Sie sich in Giftberatungsstellen, welche in Ihrer Gegend wachsenden Pflanzen und Früchte für Hunde gefährlich sind. Und falls Sie einen Komposthaufen oder einen Schnellkomposter im Garten haben, achten Sie darauf, daß Ihr Hund nicht an die verrottenden Abfälle und Essensreste herankommt.

Achten Sie auch auf splitterndes Holz. Geben Sie Ihrem Hund lieber harte, für Hunde geeignete Kauspielzeuge und Knochen aus Büffelhaut. Es mag schwierig sein, jedes Holz von Ihrem Grundstück zu entfernen, aber Sie sollten wenigstens die von den Bäumen gefallenen Äste nach einem Sturm vom Boden aufklauben.

Absicherung

Nichts ist bitterer, als einen neuen Hund nach Hause zu bringen und ihn schon nach kürzester Zeit wieder zu verlieren, weil er durch eine Lücke im Zaun oder durch ein Loch unter dem Zaun geschlüpft ist. Dabei will Ihr Hund vielleicht gar nicht weg von Ihnen – nur die Welt außerhalb des Zaunes ist voller aufregender Gerüche und Geräusche, denen er nicht widerstehen kann.

Bevor Sie Ihren Hund im Garten laufen lassen, sollten Sie nachsehen, ob der Zaun intakt ist. Gibt es Lücken, durch die er sich zwängen kann, oder besteht die Möglichkeit, daß er Löcher unter dem Zaun buddeln kann?

Ihr Hund entdeckt Fluchtwege schneller als Sie. Nehmen Sie ihn an die Leine und gehen Sie mit ihm am Zaun entlang und durch den Garten. Lassen Sie ihn in Ihrem Beisein die Umgebung erforschen. Wenn Sie etwas übersehen haben, wird er es ziemlich sicher finden.

Die Welt draußen mit ihren faszinierenden Gerüchen und Geräuschen kann eine unwiderstehliche Versuchung sein.

Sicherheit im Freien

Falls sich Ihr Hund oft im Garten aufhält, sollten Sie ein paar Maßnahmen treffen, um ihn am Streunen zu hindern und ihm das zu bieten, was er braucht. Tierärzte empfehlen folgendes:

- Stellen Sie immer frisches Wasser bereit. Am besten in einer schweren Keramikschüssel, die der Hund nicht umstoßen kann.
- Falls Sie ihn anbinden müssen, was nach Möglichkeit vermieden werden sollte, sorgen Sie dafür, daß die Leine lang genug ist, damit sich der Hund nicht selbst stranguliert, wenn er sie um einen Baum wickelt oder über den Zaun springt.
- Legen Sie dem Hund kein Würgehalsband an und entfernen Sie Hundemarken oder andere Anhänger, die am Zaun oder in Sträuchern hängen bleiben könnten.

Die erste Nacht

Die Ankunft Ihres neuen Hundes ist sicherlich ein Grund zum Feiern, aber das bedeutet nicht, daß Sie eine Überraschungsparty für ihn veranstalten und alle Bekannten einladen sollen. Vergessen Sie nicht, daß der Vierbeiner in eine ihm vollkommen fremde Umgebung kommt und daß er sich allmählich an die vielen unbekannten Gesichter gewöhnen muß.

Ihr neuer Hund muß wie alle seine Artgenossen sofort das Gefühl haben, daß er dazugehört. Von jetzt an ist er ein Mitglied Ihrer Familie, deshalb ist es wichtig, ihn von vornherein spüren zu lassen, daß er gut bei Ihnen aufgehoben ist. Halten Sie daher den Hund nicht vom Rest der Familie fern. Er könnte das als eine Art Verbannung ansehen und das Gefühl haben, daß er etwas falsch gemacht hat. Bleiben Sie in seiner Nähe, spielen Sie mit ihm, streicheln Sie ihn und lassen Sie ihn am Familienleben teilnehmen.

Für einen erwachsenen Hund ist es besonders wichtig, daß Sie in den ersten Tagen so viel Zeit wie nur möglich mit ihm verbringen. Wenn es geht, sollten Sie den Hund überall dorthin mitnehmen, wo Sie hingehen, bis er sich sicher genug fühlt, seine neue Umgebung allein zu erkunden.

Die Ankunft

Wenn Sie mit Ihrem neuen Hund an der Leine über die Türschwelle treten, führen Sie ihn als erstes in den Raum, in dem er sich später die meiste Zeit aufhalten soll. Sorgen Sie dafür, daß er so wenig wie möglich abgelenkt wird, wenn er die neue Welt erforscht und nach Herzenslust herumschnüffelt. Nehmen Sie die Leine nicht ab, aber überlassen Sie ihm die Führung. Auf diese Weise können Sie sanft eingreifen, wenn er versucht, ein Stuhlbein anzunagen. Aber beginnen Sie nicht gleich mit der Erziehung. Seine erste Erfahrung bei Ihnen sollte nur positiv sein. Zeigen Sie ihm seine Freß- und Wassernäpfe, die Hundespielsachen und sein Körbchen. Sagen und zeigen Sie ihm, wie sehr Sie sich freuen, daß er von jetzt ab zur Familie gehört.

Bei all der Aufregung wird Ihr Hund vermutlich schon bald hinaus müssen. Das ist der richtige Zeitpunkt, ihm zu zeigen, an welchem Platz im Garten er seine Geschäfte verrichten soll. Es ist wichtig, daß Sie die Stelle aussuchen, denn er wird immer wieder dorthin gehen.

Etwas Altes, etwas Neues

Vielleicht hat Ihr Hund Heimweh, fühlt sich ein wenig verlassen und allein und sehnt sich nach seinen Geschwistern. Eine Möglichkeit, die anfängliche Wehmut zu lindern, ist, die Lebensgewohnheiten so wenig wie möglich zu ändern.

Geben Sie dem Hund das Futter, das er gewöhnt ist. Die Ernährung sofort umzustellen könnte einen nervösen Magen in Aufruhr bringen. Besonders das Verdauungssystem eines Welpen könnte Probleme mit einer Umstellung haben, und meist hat Ihnen der Züchter ohnehin Rationen für die ersten Tage mitgegeben. Lassen Sie dem Welpen ein Erinnerungsstück – vielleicht

FAMILIENBANDE

ein Spielzeug oder ein Handtuch, das noch den vertrauten Geruch an sich hat. Falls Sie einen erwachsenen Hund aufnehmen, bringen Sie eines seiner Kauspielsachen oder seine Decke mit zu sich nach Hause.

Schlafplatz

Die Meinungen, wo ein Hund schlafen sollte, gehen weit auseinander. In der ersten Nacht wäre es ein große Beruhigung für den Vierbeiner, wenn er in Ihrer Nähe bleiben dürfte. Besonders ein Welpe braucht in der ersten Nacht ein wenig Körperkontakt. Am besten stellen Sie sein Körbchen neben Ihr Bett, so daß Sie ihn streicheln können, wenn er sich einsam fühlt.

Ein erwachsener Hund sucht sich seinen Platz vielleicht selbst. Solange Sie nichts dagegen einzuwenden haben, stellen Sie den Schlafkorb an den Platz, den Ihr Hund bevorzugt.

Ihr Schlafzimmer

Dies ist der einzige Platz, an dem sich der Neuankömmling wirklich und wahrhaftig als Ihnen zugehörig fühlen wird. Und erstaunlich viele Hundebesitzer gestehen »im Vertrauen«, daß ihr Liebling auf ihrem Bett schläft. Das ist unhygienisch. Das ist Glück pur – für den Hund jedenfalls. Wenn das für Sie auch zutrifft, werden Sie es mit gewisser Wahrscheinlichkeit auch zulassen. Aber soll der Hund in Ihrem Bett schlafen dürfen? Als Rudeltier wird Ihr Hund einer strikten Hierarchie folgen, in der Sie und alle menschlichen Familienmitglieder als »Leithunde« gelten. Schätzt er Ihren Status anders ein, wenn er in Ihrem Bett schläft? Seien Sie beruhigt. Neunzig Prozent der Hunde können im Bett ihrer Besitzer schlafen, ohne daß sie Anzeichen von Dominanz oder Aggression zeigen.

Die Küche

Die Küche ist bestens als »Schlafzimmer« für Ihren Hund geeignet. In der Nacht ist es ruhig, aber am Tage spielt sich dort meist das Familienleben ab – ein perfekter Ort, beachtet zu werden und sich den Menschen anzuschließen.

Der Keller

Ein behaglicher Kellerraum kann ein idealer Schlafplatz sein, speziell für einen sehr großen Hund oder einen Welpen, der später mal ein Riese sein wird. Aber schicken Sie ihn nicht nur zum Schlafen in den Keller. Spielen Sie dort mit ihm, damit er angenehme Erfahrungen mit dem Raum verbindet und sich wohl fühlt.

Ein sicherer Schlafpatz

Die Frage ob ein Korb oder eine Matratze am besten ist, läßt sich nicht allgemein gültig beantworten. Für große Rassen bietet sich die Matratze an, weil sie dem Hund genügend Platz bietet, so daß er sich ausstrecken kann. Ein Körbchen bietet kleineren Hunden ein hohes Maß an Geborgenheit. Denken Sie aber daran, daß jeder Korb knarrt, wenn sich der Schläfer nächtens bewegt. Wenn das Hundebett im Keller steht, ist das kein Problem. Steht es aber neben Ihrem Bett, werden Sie zumindest anfangs öfter aufwachen.

Sollte man Ihnen in der Zoohandlung eine Box oder eine »Schlafkiste« andienen wollen – vergessen Sie's. Auch zum Schlafen läßt sich der Hund nicht gern einsperren. Viel sinnvoller ist hier die Frage nach dem Zweitbett. Denn wo immer Ihr Hund die Nacht verbringt – tagsüber will er in Ihrer Nähe sein. Wenn Sie ihm eine dicke Matte oder eine Matratze in eine Ecke der Küche legen, werden Sie weniger oft über ihn stolpern, wenn er bei der Zubereitung der Mahlzeiten »hilft«.

Die Vorstellung

Alle Beteiligten sind aufgeregt, wenn ein neues Familienmitglied kommt – Ihr Hund, die Erwachsenen und die Kinder. Empfehlenswert ist, den Hund gelassen und ganz ruhig in die Familie einzuführen, so als ob Sie einen Fremden vorstellen würden. Sie selbst haben eine gewisse Vorstellung davon, was Sie erwartet, aber Ihr neuer Freund weiß nicht, was auf ihn zukommt. Erschrecken Sie ihn nicht mit allzu heftigen Umarmungen und Liebkosungen und bringen Sie ihn anfangs nicht sofort mit all Ihren Freunden und Bekannten zusammen.

Das erste Treffen mit den Hausbewohnern

Bereiten Sie alle rechtzeitig auf die Ankunft des Hundes vor. Schenken Sie den Kindern Bücher über Hunde und Stofftiere, damit sie üben können, wie man einen Welpen richtig hochhebt. Idealerweise hat die ganze Familie in den letzten Wochen vor der Ankunft bei wiederholten Besuchen beim Züchter bereits Bekanntschaft mit dem Kleinen geschlossen, so daß er zwar in eine fremde Umgebung, aber zu Freunden kommt.

Wenn Ihr neuer Freund bereits erwachsen ist und Sie nichts über sein Vorleben wissen, halten Sie ihn an der Leine, während alle ihn streicheln und begrüßen und er an den Familienmitgliedern schnüffelt, um sie kennenzulernen. Fragen Sie einen Tierarzt um Rat, wenn Sie dabei Anzeichen von aggressivem Verhalten bemerken. Höchstwahrscheinlich ist der Hund nur verstört von all den neuen Eindrücken.

Das erste Treffen mit anderen Haustieren

Den neuen Hund mit den anderen Haustieren bekannt zu machen, muß nicht in einem Fiasko enden, bei dem die Fetzen fliegen. Es hängt vom Verhalten des Hundes und seiner Bereitschaft, sich anderen Lebewesen anzuschließen, ab, wann der richtige Zeitpunkt ist, ihn mit den anderen Tieren zusammenzubringen. Die Lebenserfahrungen aller Beteiligten sind entscheidend für die Harmonie unter den Tieren.

Erwachsene Tiere und Welpen

Es dürfte keine allzu großen Probleme verursachen, einen erwachsenen Hund dazu zu bringen, einen Welpen zu akzeptieren. Ältere Hunde sehen Welpen nicht als Bedrohung für ihren Status oder ihr Territorium an.

Wahrscheinlich beobachten Sie, wie der erwachsene Hund den Welpen »in seine Schranken verweist«, indem er mit der Pfote nach ihm schlägt, bellt oder nach ihm schnappt. Greifen Sie in solchen Fällen nicht ein. Die Tiere müssen ihre Rangordnung untereinander ausmachen. Eine Einmischung könnte die Auseinandersetzungen unter Umständen verschlimmern. Sie würden Ihrem älteren Hund das Gefühl vermitteln, daß er sich mehr anstrengen muß, um seine Stellung in der Familie zu behaupten. Daher würde er beim nächsten Mal lauter bellen und fester schnappen.

Erwachsene Hunde untereinander

Zwei oder mehrere erwachsene Hunde müssen die Rangordnung untereinander ausmachen. Es ist am besten, wenn sich erwachsene Hunde auf

Sind Hunde und Katzen natürliche Feinde?

Hunde sprechen die Hundesprache und Katzen die Sprache der Katzen. Unglücklicherweise versteht die Katze es oft falsch, wenn der Hund sagt: »Komm, laß uns spielen.«

Aber nur weil sie sich nicht gut miteinander verständigen können, sind sie noch lange keine natürlichen Feinde. Vieles hängt von der Persönlichkeit und dem Alter der Tiere ab.

Welpen lieben Katzen. Sie wollen oft nur spielen. Ein erwachsener Hund kann allerdings eine Katze als Beutetier ansehen, wenn er nicht schon in seiner frühen Jugend an Katzen gewöhnt wurde.

Erfahrungsgemäß funktioniert die Beziehung Hund-Katze besser, wenn ein kleines Kätzchen zum erwachsenen Hund kommt. Einem Welpen gegenüber wird sich die Katze meist schnell – und schmerzhaft – Respekt verschaffen.

bärden und Raufereien kommt, die Ihnen real erscheinen, die aber im Grunde nur Spielereien sind. Der Ausgang dieser Auseinandersetzungen ist abhängig von Faktoren wie Rasse, Geschlecht und Alter der Hunde. Es ist wichtig, daß Sie die Rangordnung, die die Hunde festgelegt haben, akzeptieren und unterstützen. Füttern und begrüßen Sie den Boss zuerst und lassen Sie ihn immer als ersten hinaus.

Die erste Begegnung mit der Katze

Einen Welpen oder Hund in ein Haus mit Katze zu bringen, kann eine Nervenprobe sein. Der Hund muß Kompromisse machen. Hunde nehmen eine junge Katze schnell an, aber Katzen akzeptieren nur selten einen Welpen. Man kann von einer erwachsenen Katze nicht erwarten, daß sie spielen möchte. Ideal wäre es, einen Welpen und ein junges Kätzchen gleichzeitig aufzunehmen.

Halten Sie den Neuankömmling während der Vorstellung an der Leine. Lassen Sie die Katze an dem Hund schnüffeln, wenn sie will, aber verhindern Sie, daß der Hund über die Katze herfällt. Rucken Sie jedesmal an der Leine, wenn der Hund der Katze zu nahe kommt. Machen Sie ihm mit Nachdruck klar, daß er der Katze aus dem Weg zu gehen hat.

Bieten Sie der Katze eine Fluchtmöglichkeit an, die sie jederzeit nutzen kann – eine Katzentür nach draußen oder einfach den Sprung auf einen Schrank.

neutralem Gebiet, etwa in einem Park, zum ersten Mal begegnen. Lassen Sie Ihnen Zeit, sich kennenzulernen, bevor Sie den neuen Hund auf das Territorium des anderen bringen.

Seien Sie nicht allzu überrascht, wenn es zunächst zu Drohge-

Sie müssen nicht streiten wie Hund und Katz, aber Ihr Hund muß cool bleiben.

Hunde und Kinder

Wer könnte schon besser mit einem lebhaften jungen Hund Schritt halten als ein ähnlich lebhafter junger Mensch? Zusammen aufwachsen, jeden Tag Zeit mit Spiel und Zärtlichkeiten miteinander verbringen, sich gegenseitig Gesellschaft leisten und Trost in schweren Zeiten bieten – dadurch entsteht eine Freundschaft, an die man sich ein Leben lang erinnert.

Vorbereitung auf die Ankunft des Hundes

Wenn Sie und Ihre Familie bisher keinen Hund hatten, dann sind die Kinder höchstwahrscheinlich nicht sehr oft mit Hunden in Berührung gekommen. Das heißt, sie wissen nicht viel darüber, wie sich Hunde verhalten und was sie nicht mögen. Vielleicht sind die Kinder auch ein wenig zaghaft und unsicher, wenn das haarige Tier, das fast so groß ist wie sie selbst, hechelt und bellt. Die Kinder sollten also gut auf die Ankunft des neuen Hausgenossen vorbereitet werden, damit sie zu umsichtigen und selbstsicheren Hundeliebhabern werden. Geben Sie ihnen reichlich Zeit, um sich an den neuen Hund zu gewöhnen. Sie müssen lernen, wie man sich im Beisein des Hundes verhält und wie man ihn – besonders wenn Sie einen Welpen haben – richtig behandelt.

Ein Hund ist kein Spielzeug. Kinder sollten sanft mit ihm umgehen und wenigstens anfangs, bis man sich aneinander gewöhnt hat, keine wilden Spiele mit ihm spielen.

Sorgen Sie dafür, daß immer ein Erwachsener dabei ist, wenn Ihr neuer Hund und die Kinder zusammen sind, bis Sie sicher sein können, daß sowohl die Kinder als auch der Hund genau wissen, wie sie miteinander umgehen sollen.

Erziehung ist Sache der ganzen Familie

Natürlich müssen nicht nur die Kinder lernen, sich anständig zu benehmen. Ihr neuer Hund sollte auch einige Unterrichtsstunden bekommen. Beziehen Sie die Kinder nach Möglichkeit in die Unterordnungsübungen mit ein. Kinder lieben es, einem Hund zu sagen, was er machen soll, und sie freuen sich, wenn er ihnen folgt.

Es gibt einen weiteren Vorteil, wenn die Erziehung von der gesamten Familie übernommen wird: Auf diese Weise lernen alle dieselben Kommandos, und der Hund erfährt die Konsequenz, die er braucht.

Welpen

Die Unterschiede zwischen Hunde- und Menschenbabys sind oft gar nicht so groß, wie man meint. Manchmal benehmen sich Kleinkinder mehr wie kleine Hunde als wie kleine Menschen. Sie rennen herum und kreischen, und das animiert den Welpen. Wenn sich eines seiner Geschwister so verhalten hat, hat er vielleicht versucht, seinen Bruder oder seine Schwester in die Hinterläufe zu zwicken.

Erklären Sie Ihren Kindern, daß ein Welpe nur zu gern mitspielen möchte, wenn sie wild herumtoben, und dabei vielleicht die Kontrolle verliert. Raten Sie ihnen zu jaulen wie ein Welpe, sollte er sie zwicken, auch wenn es gar nicht weh tut. Dann entwickelt der kleine Hund eine Beiß-

FAMILIENBANDE

Gute Kinderhunde

Hunde sind individuell verschieden wie wir Menschen auch. Es begegnen einem gesellige, reservierte, verspielte, faule, dumme und sogar mürrische Hunde, auch von ein und derselben Rasse. Dennoch gibt es einige allgemeine Grundsätze, nach denen man sich richten kann, wenn man einen idealen Hund für Kinder sucht.

Wenn man einen Kinderhund sucht, gilt die alte Regel: Je größer, desto besser. Große Hunde sind meist geduldiger. Golden Retriever, Berner Sennenhund, Boxer, Labrador-Retriever, Neufundländer und Leonberger – das sind großartige Kinderhunde. Andererseits können sie auch wild und ungestüm werden und ein kleines Kind unabsichtlich in ihrem Überschwang umwerfen.

Auch kleine Hunde können ausgezeichnete Gefährten für Kinder sein, solange die Kinder gelernt haben, wie sie sich den Tieren gegenüber verhalten müssen.

Welche Hunde sind nicht empfehlenswert für Familien mit kleinen Kindern? Die meisten Untersuchungen haben gezeigt, daß Terrier schnell reagieren und am ehesten dazu neigen, nach Kindern zu schnappen. Trotzdem kann man Familien West-Highland- und Cairn-Terrier empfehlen.

Andererseits ist auch die umgekehrte Frage zu stellen: Kinder für Hunde? Wenn Kinder für einen Hund Verantwortung übernehmen, z. B. ihn füttern und allein mit ihm spazierengehen sollen, müssen sie über 10 Jahre alt sein.

hemmung, und Ihre Kinder werden nicht unabsichtlich verletzt.

Erwachsene Hunde
Wenn Sie nichts über die bisherigen Lebenserfahrungen des Hundes wissen, ist es mutig, einen Tierheimhund in eine Familie mit Kindern aufzunehmen, da man nie ganz sicher sein kann, wie der Hund reagieren wird.

Es empfiehlt sich jedenfalls, den neuen Hund immer anzuleinen, wenn er mit den Kindern zusammenkommt. Halten Sie ihn unter Kontrolle, bis er ein konstantes gutes Verhalten zeigt. Mit viel Geduld, Gewissenhaftigkeit und Freundlichkeit erziehen Sie ihn wahrscheinlich zu einem großartigen Familienhund. Wer aber auf der sicheren Seite bleiben will, der bevorzugt einen Welpen einer kindertauglichen Rasse.

Welpe und Kleinkind können eine dauerhafte Freundschaft schließen, die ihresgleichen sucht, aber die Erwachsenen müssen ihren Sprößlingen zeigen, wie sie sich verhalten müssen, damit niemand verletzt wird.

3 AUFZUCHT EINES WELPEN

Ein Welpe im Haus bedeutet herzliche Begrüßungen und gelegentlich Pfützen auf dem Boden. Bereiten Sie sich darauf vor, daß Sie, während Sie dem Hundebaby beibringen, ein liebenswerter und gut erzogener Gefährte zu werden, wieder spielen lernen müssen. Sie brauchen Geduld und müssen es sanft und stetig erziehen. Überstürzen Sie nichts. Sie können einen Hund nur einmal großziehen, deshalb sollten Sie sich Zeit lassen und die Zweisamkeit genießen, dann werden Sie auch Erfolg haben.

Was kann man erwarten?
Seiten 55–57
Es gibt ein neues Baby in Ihrem Leben, und so dürfen Sie sich auf vieles freuen.

Richtig aufziehen
Seiten 58–59
Behandeln Sie ihn mit Sorgfalt und lassen Sie Ihren gesunden Menschenverstand walten.

Die Welpenzeit
Seiten 60–61
Die verschiedenen Phasen in den ersten 24 Lebensmonaten Ihres Hundes.

Sozialisierung des Welpen
Seiten 62–63
Ihr Welpe muß immer wieder neue Erfahrungen machen, um ein guter Hund zu werden.

Der wohlerzogene Welpe
Seiten 64–66
Beginnen Sie früh mit der Erziehung, dann wird das Leben für Sie beide leichter.

Der erste Tierarztbesuch
Seite 67
So wird der notwendige Besuch beim Tierarzt zu einer positiven Erfahrung.

AUFZUCHT EINES WELPEN

Was kann man erwarten?

Welpen fühlen sich warm und fest an, wenn man sie im Arm hält. Sie sind geborene Komödianten und bringen die Menschen dazu zu spielen. Beim Spiel fühlen sich die Menschen jünger und glücklicher. Wie Babys haben Welpen schlechte Tischmanieren und brauchen mehrmals am Tag kleine Mahlzeiten. Sie stellen ständig etwas an und nagen an allem, was ihnen schmeckt – Möbel und Schuhe sind besonders beliebt. Sie schlafen auch viel, halten sich aber nicht notwendigerweise an Ihren Tagesablauf.

Seien Sie auf einen Egotrip gefaßt. Sie werden die wichtigste Person im Leben Ihres Welpen sein, und er wird Sie bedingungslos lieben. Aber vergessen Sie nicht, daß er, auch wenn er Ihnen noch so sehr gefallen möchte, immer wieder etwas falsch macht, weil er eben noch ein Baby ist.

Essenszeit

Wenn Sie denken, ein Hund sei gefräßig, dann warten Sie, bis Sie Ihren Welpen in Aktion erleben. Er braucht mehrere kleine, aber nahrhafte Mahlzeiten, damit er ein kräftiger, gesunder Hund wird. Bieten Sie ihm gutes Futter an und geben Sie ihm so viel zu fressen, wie es seinem Alter entspricht.

Füttern Sie Welpennahrung einer anerkannten Marke. Ihr Züchter wird Sie gern beraten. Lassen Sie die Finger von Billignahrung. Die Qualität der im Futter enthaltenen Proteine, Fette und anderer Nährstoffe ist wichtig für die gesunde Entwicklung Ihres Hundes.

Sie und Ihr Welpe werden im Nu eine beglückende Freundschaft schließen. Seien Sie bereit, ihn stets zu lieben, über ihn zu lachen und für ihn zu sorgen.

Stellen Sie das Futter langsam um

Wenn Sie Ihren Welpen abholen, fragen Sie den Züchter, wie er bisher gefüttert worden ist. Füttern Sie ihn einige Tage auf die gleiche Weise, auch wenn Sie vorhaben, ihn auf längere Sicht anders zu ernähren. Ein junger Hund hat einen empfindlichen Magen, deshalb sollten Sie die Umstellung auf eine andere Ernährung behutsam und allmählich vornehmen.

Mischen Sie zunächst das alte Futter mit dem neuen im Verhätnis von drei zu eins und geben Sie dies dem Hund drei Tage zu fressen. Danach machen Sie drei Tage halbe-halbe und schließlich füttern Sie ihn drei Tage oder länger mit einer Mischung aus drei Teilen der neuen und einem Teil der alten Marke. Danach können Sie ganz auf die neue Ernährung umstellen.

Zeigen Sie Geduld mit den schlechten Tischmanieren. Ein Welpe richtet eine ziemliche Schweinerei beim Fressen an, bis er gelernt hat,

Maul, Zähne und Zunge besser zu koordinieren. Wenn Sie einen Napf kaufen, der nicht umfallen kann, müssen Sie weniger putzen. Stellen Sie ihn in eine Ecke, damit der kleine Hund ihn nicht durch den ganzen Raum schieben kann.

Nickerchen

Ihrem Welpen werden sehr oft die Augen zufallen – sein Schlafbedürfnis ist in den verschiedenen Lebensphasen unterschiedlich. Er schläft mehr während eines Wachstumsschubs und weniger, wenn er gerade langsam wächst. Es ist nicht nötig, ihn jeden Tag zum Mittagsschlaf in sein Körbchen zu legen. Wenn er müde ist, schläft er einfach ein. Seien Sie nicht überrascht, wenn er mitten im Spiel gähnt und sich zusammenrollt, um sich gründlich auszuruhen, und üben Sie Nachsicht, wenn er in der Nacht herzzerreißend winselt, weil er sich um zwei Uhr morgens alleingelassen fühlt und Gesellschaft haben möchte. Wenn Ihr Welpe sein Heimweh nach Mutter und Geschwistern überwunden hat, wird er in der Nacht durchschlafen.

Vielleicht stellen Sie sein Körbchen neben Ihr eigenes Bett, um ihm das Gefühl der Einsamkeit zu nehmen, aber geben Sie ihm nicht nach, wenn er in Ihr Bett will. Denn das würde ihm signalisieren, daß er bekommt, was er will, wenn er nur laut genug heult.

Es ist nicht nötig, auf Zehenspitzen zu schleichen, Ihr kleiner Hund lernt, auch bei normalen Alltagsgeräuschen fest zu schlafen.

Gehorsamsübungen und Spiel

Wenn Ihr Welpe nicht frißt, schläft er. Und wenn er weder frißt noch schläft, sucht er nach Möglichkeiten, seine Energie, die er beim Fressen und Schlafen angesammelt hat, wieder loszuwerden.

Stellen Sie sich morgens den Wecker für den Fall, daß der Vierbeiner Sie nicht weckt. Als Welpenbesitzer müssen Sie früher aufstehen als üblich, weil sich Ihr Hund austoben und ein paar Unterordnungsübungen machen muß. Das ist besonders wichtig, wenn Sie zur Arbeit gehen und der Hund die meiste Zeit des Tages sich selbst überlassen bleibt. Unterordnung sollte Spaß machen. Sobald der Hund gelernt hat, an der Leine zu gehen, nehmen Sie ihn auf lange Spaziergänge mit, bei denen er die Gegend erkunden kann. Spielen Sie »Fangen« im Garten. Ballwerfen ist eine sehr gute Übung für Hunde, die gern apportieren.

Kleine Mißgeschicke

Was hineingeht, muß auch wieder rauskommen. Das ist eine der grundlegenden Regeln der Anatomie, und Sie werden schon nach wenigen Tagen in der Gesellschaft Ihres neuen Freundes nur zu gut wissen, was das heißt. Einen Welpen zur Stubenreinheit zu erziehen ist ganz ähnlich wie einem Kleinkind anzugewöhnen, auf das Töpfchen zu gehen. Viel hängt davon ab, wie konsequent Sie bei der Sache sind. Ist Ihr Welpe noch sehr jung, hat er keine Kontrolle über seine Schließmuskeln, deshalb müssen Sie für ihn denken und vorausahnen, wann er das nächste Mal muß. Doch mit der Zeit hat er sich immer besser unter Kontrolle, und im Alter von drei oder vier Monaten sollte er ziemlich stubenrein sein – Sie müssen nur Geduld haben und hartnäckig sein.

Vorauszuahnen, wann Ihr Welpe hinaus muß, ist der Schlüssel zur Stubenreinheit. Daher sollten Sie eine Art Routine einführen und auf gelegentliche Mißgeschicke vorbereitet sein: Kaufen Sie sich einen Geruchsvertilger und ein Fleckenmittel für den Teppichboden. Ein geruchsfreier Boden ist eine wichtige Komponente bei der Welpenerziehung. Hunde neigen dazu, sich dort zu erleichtern, wo sie es schon einmal getan haben. Sie können eine Wiederholungstat verhindern, wenn Sie rasch alle Spuren beseitigen.

Die Kau-Orgie

An manchen Tagen werden Sie das Gefühl haben, daß Ihr kleiner Hund nur aus Zähnen besteht. Selbst wenn Sie ihn einsperren, solange Sie außer Haus sind, und ihn sonst genau im Auge haben, findet er noch Mittel und Wege, einen Schuh oder Unterwäsche zu stibitzen. Ihr Hund kaut auf allem, was er findet, weil er das braucht. Denn im Alter von vier bis sechs Monaten verliert er seine Milchzähne, und das Kauen lockert sie, bis sie herausfallen und den zweiten Zähnen Platz machen.

Auch die Neugier treibt ihn dazu, die Gegenstände ins Maul zu nehmen. Da er die Dinge nicht in die Pfoten nehmen kann, erkundet er alles Neue mit dem Geruchs- und dem Geschmackssinn. Zudem entwickeln sich beim Nagen die Kiefer- und Gesichtsmuskeln. Kauen ist wichtig für Welpen und eine gesunde Gewohnheit bei erwachsenen Hunden. Denn das Kauen auf geeigneten Objekten entfernt den Zahnstein von den Zähnen und macht das Zahnfleisch fester.

Kauspielzeug

Nicht das Kauen an sich ist das Problem, sondern, daß sich der kleine Hund Dinge aussucht, die Sie lieber vor der Zerstörung bewahren würden.

Zahnschmerzen lindern

Welpen scheinen sich von Zahnschmerzen nicht sonderlich erschüttern zu lassen, aber lose Zähne, entzündetes Zahnfleisch und manchmal mangelnder Appetit verraten, was los ist. Kauknochen aus Gummi sind ausgezeichnete Hilfen beim Zahnen. Sie können auch selbst Kauspielzeug herstellen. Manche Experten empfehlen, alte Waschlappen anzufeuchten, zusammenzudrehen und in der Tiefkühltruhe gefrieren zu lassen. Geben Sie Ihrem Welpen einen dieser gefrorenen Waschlappen zum Kauen, wenn er beim Zahnwechsel leidet – die Kälte lindert den Schmerz. Sobald der Waschlappen aufgetaut ist oder Ihr Hündchen nicht mehr darauf kaut, waschen Sie ihn gründlich und legen Sie ihn wieder für das nächste Mal in die Kühltruhe.

Wenn Sie Ihre Sachen behalten wollen, müssen Sie Ihrem Welpen sein eigenes Kauspielzeug zur Verfügung stellen. In Tierhandlungen finden Sie für Hunde geeignete Kunststoff- oder die weicheren Gummiknochen.

Kau-Tabus

Geben Sie Ihrem Welpen keinesfalls ausgetretene Schuhe, alte Socken, Kleidungsstücke oder Handtaschen als Kauhilfe. Er kann zwischen alten und neuen Sachen nicht unterscheiden, und deshalb wird er denken, daß er alle Schuhe annagen darf, die nach Ihnen riechen, wenn ihm schon einer gehört.

Weiche Spielsachen, die quietschen oder klingeln, sollten Sie meiden. Zu groß ist die Gefahr, daß der Welpe etwas Unverdauliches verschluckt.

Richtig aufziehen

Welpen sind winzig, reizend und niedlich – sind sie auch zart und empfindlich? Je nachdem. Gesunde und geimpfte Welpen sind ziemlich vital, und je größer sie werden, desto robuster werden sie. Vor den nötigen Impfungen sind sie anfällig für gewisse Kankheiten. Deshalb ist es wichtig, daß Sie Ihren Welpen von ungeimpften Hunden fernhalten, bis er seine ersten Injektionen bekommen hat. Aber es besteht kein Grund, einen gesunden Welpen wie ein rohes Ei zu behandeln. Welpen können spielen, lieben und lernen, und sie sind am glücklichsten, wenn man ihnen all das ermöglicht.

Wie behandelt man einen Welpen?
Wenn Ihr Welpe wie ein Irrer durchs Zimmer rast, sich auf seine Spielsachen stürzt, sie ins Maul nimmt und schüttelt, als wollte er sie töten, ist das kein Grund zur Sorge. Lachen Sie darüber und freuen Sie sich an dem drolligen Schauspiel. Bleiben Sie Sie selbst und beziehen Sie den Tagesablauf des Hundes in Ihre eigene tägliche Routine mit ein. Wenn er schläft und Sie fernsehen oder Klavier spielen wollen, dann tun Sie es. Der Hund lernt rasch, auch bei den normalen Geräuschen in Ihrem Haus zu schlafen. Wenn er zufrieden auf seinem Spielzeug kaut und Sie das Bedürfnis haben, ihn in den Arm zu nehmen, dann tun Sie es. Welpen kommen mit Spontaneität gut zurecht und können uns beibringen, aus dem Stegreif heraus Spaß zu haben.

Gesunder Menschenverstand
Lassen Sie sich im Umgang mit dem Welpen von Ihrem gesunden Menschenverstand leiten. Wenn die Nachbarskinder Ihren kleinen Hund mit Schokolade verwöhnen wollen, geben Sie ihnen statt dessen Hundekuchen, mit denen sie ihn füttern können. Wenn er zappelt und sich windet, weil er nicht mehr auf Ihrem Schoß sitzen will, setzen Sie ihn auf den Boden. Ein Welpe kann sich verletzen, wenn er von Ihrem Schoß oder einem Möbelstück springt. Gehen Sie so behutsam und vorsichtig mit ihm um wie mit einem Kleinkind.

Welpen sind vergnügte Zeitgenossen, und sie scheinen zu verstehen, daß Kinder sich in einem ähnlichen Entwicklungsstadium befinden. Machen Sie allen Kindern in Ihrer Umgebung klar, daß ein kleiner Hund mit Liebe und Sorgfalt behandelt werden muß.

AUFZUCHT EINES WELPEN

Behalten Sie die Kinder im Auge

Wenn eine Freundin ihr Baby und ihren Dreijährigen mit zu Besuch zu Ihnen bringt, um ihnen den kleinen Hund zu zeigen, beaufsichtigen Sie die Kinder und den Hund aufmerksam. Halten Sie den Hund fest, setzen Sie sich mit den Kindern auf den Boden und zeigen Sie ihnen, wie man einen Hund streichelt, bevor sie ihn berühren. Lassen Sie kleine Kinder, auch wenn sie noch so vorsichtig sind, nie mit einem Welpen auf dem Arm herumlaufen. Ein zappelndes Hundebaby rutscht leicht aus den kleinen Händen.

Wenn Sie selbst Kinder haben, sollten Sie genau aufpassen, wenn deren Freunde zu Ihnen ins Haus kommen. Nicht alle Eltern bringen ihren Kindern bei, wie man Tiere behandelt und daß Tiere auch Empfindungen haben.

Durch ständige, sanfte Berührungen am ganzen Körper gewöhnen Sie Ihren Welpen an die Behandlung, die er sein ganzes Leben lang erfahren wird.

Die Hand des Herrn

Ihr Welpe muß sich daran gewöhnen, am ganzen Körper angefaßt zu werden, sein ganzes Leben lang die Fellpflege, das Schneiden der Krallen, das Putzen der Ohren und all die anderen Hygienemaßnahmen geduldig über sich ergehen zu lassen. Man gewöhnt den Welpen am besten daran, wenn man ihn oft und ausgiebig überall streichelt – von der Nasen- bis zur Schwanzspitze.

Viele Welpen zucken zurück, wenn man ihre Pfoten anfaßt. Auf folgendem Weg wird Ihr Hund seine Empfindlichkeit überwinden. Setzen Sie sich mit Ihrem Welpen auf dem Schoß oder an Ihrer Seite hin. Dann streicheln Sie ihn an den Stellen, an denen er es besonders liebt, bis er sich entspannt und kurz vor dem Einschlafen ist. Streicheln Sie ihn weiter, aber lassen Sie die Hand auch über die Pfoten gleiten. Sobald Sie spüren, daß er sich anspannt, streicheln Sie wieder die Lieblingsstellen. Sobald er schläft – und er wird sicher einschlafen – massieren Sie sanft die Zehen aller vier Pfoten. Bald wird Ihr Welpe alle Angst verlieren und auch im Wachzustand ohne weiteres zulassen, daß Sie seine Pfoten berühren.

Das Aufnehmen eines Welpen

Um einen Welpen hochzuheben, braucht man beide Hände, so daß man ihn richtig stützen kann. Legen Sie die rechte Hand an seine Brust und stützen Sie mit der linken Hand oder dem Arm sein Hinterteil. Wenn Sie Linkshänder sind, legen Sie die linke Hand an die Brust und den rechten Arm unter das Hinterteil.

Halten Sie den Welpen mit beiden Armen nah an Ihrem Körper, wenn Sie ihn tragen. Strecken Sie die Arme nicht von sich, so daß sein Hinterteil in der Luft hängt. Ein Welpe darf nie am Nackenfell oder an den Vorderpfoten hochgehoben werden! Das kann bleibende Schäden verursachen.

Die Welpenzeit

Das Welpenalter ist die Zeitspanne, in der Ihr Hund körperlich, geistig und emotional noch unausgereift ist. Es dauert an, bis er mit etwa 24 Monaten das Erwachsenenalter erreicht. Bei manchen großen Rassen dauert die Entwicklung sogar noch länger.

Von der Geburt bis zur 8. Lebenswoche
Der Welpe braucht die Fürsorge seiner Mutter und die Gesellschaft der Geschwister. Mit vier Wochen sollte er etwa zehn Minuten täglich außerhalb der Wurfkiste verbringen dürfen und von einem Menschen sanft gestreichelt werden. Das fördert seine Individualität. Mit etwa sechs Wochen lernt er, welchen Rang er in der Hackordnung innerhalb des Rudels einnimmt. Seine Mutter bringt ihm bei, Autorität zu respektieren, was ihn für später prägt und leichter erziehbar macht. Bei den Rangeleien mit seinen Geschwistern verliert er die Scheu vor Körperkontakt und Geräuschen.

8. bis 10. Woche
Dies ist das Alter, um in das neue Zuhause »einzuziehen« und herauszufinden, wie die Welt außerhalb der Wurfkiste aussieht. Nach den ersten Schutzimpfungen sollten Sie Ihren Welpen möglichst überallhin mitnehmen. Setzen Sie ihn ab, gehen Sie ein paar Schritte und achten Sie darauf, daß er Ihnen folgt. Dadurch lernt er, daß Sie der Rudelführer sind.

Dieses Lebensalter ist entscheidend für die Sozialisierung mit Menschen. In dieser Zeitspanne braucht Ihr Welpe mehr als alles andere das Gefühl der Sicherheit. Es ist die sogenannte »Angstprägephase«, in der kleine Hunde leicht erschreckt werden können, und vielleicht vergessen sie nie wieder, was ihnen Angst eingejagt hat.

Welpen in diesem Alter sind lernbegierig, solange man ihnen behutsame und konsequente Lektionen erteilt. Einfache Befehle wie »Sitz« oder »Hier« können sie bereits erlernen. Zu wissen, daß Sie sich freuen, wenn der Welpe auf Zuruf zu Ihnen kommt, stärkt sein Selbstbewußtsein, und er fühlt sich sicherer, wenn Sie einen bestimmten Tagesablauf strikt einhalten. Achten Sie darauf, daß er Umgang mit Artgenossen hat.

10. bis 12. Woche
In dieser Phase sind sozialer Umgang und eine behutsame Erziehung wichtig. Wenn der Hund

Diese Shiba Inu-Welpen lernen im Spiel mit den Geschwistern und vom Verhalten der Mutter. Als erstes müssen die Geschwister die Hackordnung festlegen und ihre Aggressionen unter Kontrolle bringen.

Aufzucht eines Welpen

Diese Mutter leitet ihre 12 Wochen alten Cavalier King Charles-Welpen noch immer an und bringt ihnen bei, Autorität zu respektieren.

noch nicht gelernt hat, an der Leine zu gehen oder auf »Sitz« und »Hier« zu regaieren, sollten Sie jetzt unbedingt mit der Erziehung anfangen. In dieser Zeit sollte auch die Sauberkeitserziehung erfolgreich abgeschlossen werden – von gelegentlichen Pannen abgesehen.

12. bis 16. Woche

In diesen Wochen braucht Ihr kleiner Freund besonders viel Aufmerksamkeit und sozialen Umgang. Fahren Sie mit dem Training fort, aber seien Sie nicht zu streng. Mancher Welpe »fremdelt« in diesem Alter, versteckt sich hinter Ihren Beinen, wenn Sie mit ihm hinausgehen, oder kriecht unter das Sofa, sobald jemand ins Haus kommt. Wenn Ihr Liebling bisher keine Probleme mit Menschen oder Artgenosen hatte, wird sich seine Scheu wahrscheinlich bald legen. Überfordern Sie Ihren Hund in dieser Zeitspanne nicht, aber achten Sie auch auf regelmäßige Sozialkontakte.

16. Woche bis 6. Monat

Ein Hund kommt mit 16 Wochen ins Jugendalter. Ihr Hund ist zwar geistig voll entwickelt, aber körperlich und emotional noch nicht, und er ist noch nicht so aufmerksam wie ein erwachsener Hund.

In dieser Zeit ist Beständigkeit das Wichtigste. Stellen Sie Tag für Tag dieselben Ansprüche an Ihren Hund, damit Sie ihn nicht in Verwirrung stürzen. Bringen Sie ihn mit Menschen und anderen Hunden zusammen und legen Sie kurze Trainingseinheiten mit viel Lob ein. Integrieren Sie Übungen in Ihren Alltag. Lassen Sie Ihren Vierbeiner beispielsweise sitzen, während Sie das Abendessen zubereiten.

6. bis 12. Monat

Hunde erreichen in diesen Monaten die Pubertät oder die Geschlechtsreife. Junge Rüden könnten ein wenig zudringlich werden. Sie werden merken, daß Ihr Vierbeiner sich immer besser konzentrieren kann. In dieser Zeit sollten Sie regelmäßig mit Ihrem Hund trainieren – gleichgültig, ob Sie Unterordnungsübungen mit ihm machen oder ihm zum Spaß Kunststücke beibringen. Am Ende dieser Phase sollte er die Grundkommandos sicher beherrschen. Einige Hunde machen mit etwa zehn Monaten eine zweite scheue Phase durch, aber gewöhnlich ist diese überwunden, sobald das erste Lebensjahr vollendet ist.

12. bis 24. Monat

Jetzt wird Ihr vierbeiniger Freund erwachsen, obwohl einige Hunde, vor allem größere Rassen, ihre emotionale Reife erst mit 30 Monaten erreichen. Die besten Jahre im Hundeleben liegen nun vor Ihnen. Herzlichen Glückwunsch Ihnen beiden.

Sozialisierung des Welpen

Einen Welpen sozialisieren heißt ihn an Menschen, Orte und Gegenstände zu gewöhnen. Jedesmal, wenn Ihr Welpe etwas macht, was er nie zuvor getan hat, neue Plätze kennenlernt, einem fremden Menschen oder umgänglichen Hunden begegnet, macht er wertvolle Erfahrungen.

Die Zeit zwischen der 7. und der 16. Woche ist entscheidend im Leben eines Hundes, und er vergißt niemals, was er in diesen neun Wochen gelernt hat. Seine Erfahrungen, gute wie schlechte, prägen seine Persönlichkeit dauerhaft, machen ihn zu einem zutraulichen oder scheuen, mutigen oder vorsichtigen, lernwilligen oder eigensinnigen Hund.

Ihr Welpe muß die Gelegenheit haben, sich mit der Außenwelt auseinanderzusetzen, damit er lernt, mit allem, was um ihn herum vorgeht, fertig zu werden. Er selbst wird entscheiden, in welcher Situation und Umgebung er sich sicher fühlt, aber er braucht Ihre stetige Führung. Mit Ihrer Hilfe lernt er eine angenehme Welt kennen, die er als nicht bedrohlich empfindet, und wird zu einem umgänglichen, selbstbewußten Hund heranwachsen.

Ein Spaziergang im Park ist ein lehrreiches Abenteuer für Ihren Welpen. Bietet man ihm von Anfang an immer wieder neue Erfahrungen, wird er zu einem selbstbewußten und zuverlässigen Hund heranwachsen.

Umfeld

Wenn Sie Ihren Welpen zu Besuchen bei Freunden mitnehmen, lernt er ebenso, sich in Gesellschaft anderer und in fremder Umgebung zurechtzufinden, wie bei der Begegnung mit Fremden auf Spaziergängen, beim Spiel mit anderen Welpen oder mit einem Ball. Er muß Bekanntschaft mit älteren Menschen, Kleinkindern, bärtigen Männern, Frauen mit Sonnenhüten, Teenagern mit Skateboards und Menschen mit Kinderwagen machen, muß auf Teppich, Kunststoff, Gras und Asphalt laufen, Treppen steigen (setzen Sie ihn anfangs auf die dritte oder vierte Stufe und lassen Sie ihn hinuntergehen) und im Auto sitzen lernen.

Der Umgang mit seinen Ängsten

Es gibt zwei grundsätzliche Regeln bei der Sozialisierung eines Welpen, sagen Hundeausbilder: Streicheln Sie ihn nie, wenn er Angst hat, und loben Sie ihn immer, wenn er Mut beweist.

AUFZUCHT EINES WELPEN

Wie alt sind Hunde in Menschenjahren?

Es ist ein Ammenmärchen, daß ein Hundejahr sieben Menschenjahren entspricht, diese Rechnung geht nicht auf. Ein Hund ist beispielsweise mit einem Jahr fortpflanzungsfähig, aber sieben Jahre alte Kinder sind noch weit von der Geschlechtsreife entfernt. Während der gesamten Kindheit und Jugend verläuft die Entwicklung des Hundes auch in Relation zur Gesamtlebenszeit sehr viel schneller als die des Menschen. Veterinärwissenschaftler haben eine realistischere Tabelle aufgestellt, in der sie Hunde- mit Menschenjahren vergleichen.

HUND	MENSCH
5 Monate	*10 Jahre*
8 Monate	*13 Jahre*
10 Monate	*14 Jahre*
12 Monate	*15 Jahre*
18 Monate	*20 Jahre*
2 Jahre	*24 Jahre*

Ab dann kann man ein Hundejahr mit vier Menschenjahren gleichsetzen. Das heißt, ein drei Jahre alter Hund ist etwa so alt wie ein 28 Jahre alter Mensch, ein Hund mit vier Jahren entspricht einem 32 Jahre alten Menschen und so weiter.

Geben Sie ein Beispiel

Wenn Ihr Welpe Angst hat, sich irgendeinem Gegenstand zu nähern, lassen Sie ihn dort, wo er sich befindet, und gehen Sie auf diesen Gegenstand zu. Behandeln Sie den Gegenstand wie eine Kostbarkeit und laden Sie Ihren Hund ein, sich zu Ihnen zu gesellen. Eine gute Methode ist es, sich neben den gefürchteten Gegenstand zu setzen. Ihr Welpe wird sich wahrscheinlich langsam anschleichen, aber loben Sie ihn erst, wenn er den Gegenstand zumindest mit der Nase berührt hat.

Bitten Sie einen Freund um Hilfe

Hat Ihr Welpe Angst vor Menschen, bitten Sie einen Freund oder eine Freundin, Ihrem Hund einen Leckerbissen (Hundekuchen oder ähnliches) zuzuwerfen. Dann sollte dieser Freund den kleinen Hund nicht mehr beachten und sich mit Ihnen unterhalten. Wenn sich der Welpe schließlich näher heranwagt, was er sicher tun wird, sollte sich Ihr Freund hinknien, um dem Tier zu zeigen, daß er keine Bedrohung darstellt. Falls der Hund dann an ihm schnuppern möchte, muß er die Hand nach unten halten, das Tier unter dem Kinn und an der Brust kraulen. Ihn von oben anzufassen könnte ihm erneut Angst einjagen.

Geräusche mit Angenehmem verbinden

Falls sich Ihr Welpe bei lauten Geräuschen hinter das Sofa verzieht, verursachen Sie bei den Dingen, die Ihr Hund am meisten liebt, selbst Geräusche. Klappern Sie zum Beispiel bei der Zubereitung des Futters mit der Schüssel und dem Löffel, ehe Sie ihm das Fressen geben. Machen Sie nicht übermäßigen Radau – die Lautstärke sollte im vernünftigen Rahmen bleiben. Ihr Hund wird auf diese Weise lernen, daß laute Töne Schönes ankündigen können.

Der wohlerzogene Welpe

Welpen lernen durch Wiederholung und Beständigkeit. Der erste Schritt, ihm gute Manieren beizubringen, besteht also darin, einen geregelten Tagesablauf einzuführen, mit dem Sie und Ihr Hund gut leben können. Hunde sind Gewohnheitstiere. Bleiben Sie von Anfang an bei Ihrem Zeitplan, um Ihrem Welpen zu helfen, sich in seinem neuen Heim zurechtzufinden und zu verstehen, was Sie von ihm erwarten.

Geregelter Tagesablauf

Ihr Hund sollte jeden Tag zur selben Zeit fressen, frisches Wasser bekommen, Unterordnung üben und spazierengehen. Wenn er regelmäßig frißt und schläft, ist dies seiner Gesundheit förderlich und es erleichtert die Erziehung zur Stubenreinheit.

Ideal wäre, wenn sich ein Welpe im Alter zwischen sieben und zehn Wochen daran gewöhnt hätte, daß er vom Aufwachen am Morgen an bis zum Schlafengehen am Abend etwa alle drei Stunden sein Geschäft verrichten kann. Er muß Gelegenheit haben, sich sofort nach dem Aufwachen, nach dem Frühstück, vormittags, nach dem Mittagessen, am Nachmittag, nach dem Abendessen und kurz vor dem Schlafengehen zu erleichtern. Denken Sie daran, daß Spielen und Bewegung den Harndrang fördern und die Darmtätigkeit anregen. Wenn der Hund älter wird, entwickelt sich auch seine Blase, und er muß nicht mehr so oft hinaus.

Spaß beim Lernen

Fangen Sie mit der Erziehung an, sobald Sie Ihren Welpen bekommen. Er wird sich freuen, wenn Sie ihm Ihre Aufmerksamkeit widmen. Sie können mit einfachen Kommandos wie »Sitz« und »Hier« beginnen. Achten Sie darauf, daß die Übungszeiten nicht zu lang sind und immer spielerisch und positiv für den Hund verlaufen. Üben Sie nie mit Ihrem Hund, wenn Sie selbst schlecht gelaunt sind. Welpen müssen erst lernen, wie man lernt, deshalb prägen die ersten Lektionen seine spätere Einstellung zu Unterordnungsübungen.

Die Grundkommandos

Bestechung wirkt bei der Erziehung eines Welpen Wunder. Wenn Sie möchten, daß er sich hinsetzt, halten Sie ihm einen Leckerbissen vor die Nase und sagen: »Sitz!« Dann heben Sie die Belohnung ein Stück höher und halten sie über seinen Hinterkopf. Wenn Ihr

Dieser semmelgelbe Labrador-Welpe ist aufmerksam; er hält den Kopf hoch und sitzt fest auf dem Boden. Es ist keine perfekte Sitzhaltung, aber ein erster Schritt zu guten Manieren.

Aufzucht eines Welpen

Obwohl es längst nicht so wohlschmeckend ist wie ein Schuh, befriedigt dieses Kauspielzeug das Beißbedürfnis eines Welpen.

Hund den Leckerbissen nicht aus den Augen läßt, muß er den Kopf nach hinten neigen, und sein Hinterteil senkt sich ganz von allein auf den Boden. Geben Sie ihm die Belohnung, wenn er sitzt, und loben Sie ihn.

»Hier« ist ein Befehl, mit dem sich viele schöne Erlebnisse verbinden lassen, aber er kann Ihrem Hund unter Umständen auch das Leben retten. Wenn es Zeit zum Fressen ist, rufen Sie den Hund beim Namen und sagen: »Hier!« Zeigen Sie ihm seine Schüssel und gehen Sie ein paar Schritte rückwärts. Loben Sie ihn, wenn er Ihnen folgt, dann geben Sie ihm sein Futter. Wiederholen Sie diese Prozedur jedesmal, wenn Sie Ihren Hund füttern, dann versteht er schnell, was Sie von ihm wollen.

Rufen Sie Ihren Welpen nur, wenn Sie sicher sein können, daß er auch kommen will – nie wenn er müde und schläfrig ist, frißt oder spielt. Rufen Sie ihn nie zu sich, um ihm beispielsweise eine bittere Medizin zu verabreichen oder ihn zu strafen, denn so machen Sie die ersten Erziehungserfolge zunichte. In derlei für den Hund unangenehmen Situationen müssen Sie auf ihn zugehen.

Nagen verboten

Welpen nagen und kauen gern – genaugenommen müssen sie das tun –, aber sie können nicht immer unterscheiden, was erlaubt ist und was verboten. Wenn Ihr Welpe schon an der Leine laufen kann, gibt es ein schönes Spiel, bei dem er lernt, was er ins Maul nehmen darf und was nicht. Entscheiden Sie sich für ein Kommando, das bedeutet: »Nimm das nicht ins Maul«. Die meisten Hundehalter benützen die Befehle »Aus!«, wenn ihnen der Hund etwas, das er im Fang hat, in die Hand geben soll, und »Pfui!«, wenn er etwas nicht ins Maul nehmen darf.

Legen Sie ein paar persönliche Gegenstände, wie Brieftasche und Unterwäsche, und Sachen aus Papier, wie Windeln oder eine Klopapierrolle, auf den Boden neben die Kauspielzeuge Ihres Hundes. Nehmen Sie Ihren Welpen an die Leine und lassen Sie ihn die Sachen beschnuppern. Wenn er einen der verbotenen Gegenstände ins Maul nimmt, sagen Sie: »Pfui!« und ziehen ruckartig an der Leine. Danach führen Sie ihn zu einem der Spielzeuge und ermutigen ihn, damit zu spielen.

Wenn Sie dieses Spiel drei- oder viermal am Tag mit ihm machen, wird Ihr Welpe Sie bald selbst stolz zu den Dingen führen, die nur für ihn bestimmt sind.

Das Kommando »Aus« üben Sie ein, indem Sie jedesmal, wenn Ihnen der Welpe beim Spielen ein Spielzeug gibt, »Aus!« sagen. Nach einiger Zeit fordern Sie ihn mit »Aus« auf, Ihnen ein Spielzeug zu geben, das er eigentlich behalten will. Reagiert er auf das Kommando, gibt es ein dickes Lob. Reagiert er nicht, erzwingen Sie den Gehorsam, indem Sie mit der Hand quer über seine Schnauze fassen und ihm die Lefzen von der Seite gegen die Zähne drücken, bis er den Fang öffnet. Sobald Sie den gewünschten Gegenstand in der Hand haben, loben Sie den Welpen.

Hör auf zu zwicken!

Welpen benutzen das Maul, um Unbekanntes zu erforschen und zu spielen. Aber die spitzen Zähne können Verletzungen und Schmerzen verursachen. Deshalb muß Ihr kleiner Hund lernen, daß Zwicken verboten ist. Häufig zwicken Hunde nur, weil man Ihnen nicht konsequent genug beigebracht hat, daß das verboten ist.

Falls Ihr Welpe öfter beißt oder zwickt, führen Sie ihn öfter und länger spazieren und halten Sie ihn, wenn Sie daheim sind, im Haus an der Leine. Sobald er nach Ihnen schnappt, schreien Sie mit schriller Stimme: »Nein!« und ziehen ruckartig an der Leine. Dann ermutigen Sie ihn, mit seinen Spielsachen zu spielen. Verwenden Sie dieses Kommando immer, wenn Ihr Welpe Sie mit den Zähnen berührt, und drücken Sie dabei fest seine Nase zu. Wenn auch diese Methode versagt, benetzen Sie die Stellen, in die Ihr Hund am liebsten beißt, mit Essig. Dann wird er es sich zweimal überlegen, ob er sich diesen scheußlichen Geschmack wieder zumuten will.

Falls Sie einen Hirten- oder Schäferhundwelpen, aber keine Schafe oder Rinder haben, die er hüten kann, versucht er vielleicht, Menschen,

---

Hilfe für berufstätige Menschen mit Welpen

Wir haben gehört, daß ein Welpe alle drei Stunden Gelegenheit haben muß, sein Geschäft zu verrichten – kann dann ein Mensch, der tagsüber zur Arbeit muß, die Verantwortung für einen Welpen übernehmen? »Natürlich«, sagt der Hundeausbilder Dave Wedum. »Stellen Sie einen vernünftigen Tagesplan auf, und Ihr Welpe wird sich in kurzer Zeit an die tägliche Routine gewöhnen.

Nehmen Sie den Welpen zu sich, wenn Sie ein paar Tage frei haben, damit Ihnen und ihm genügend Zeit bleibt, sich kennenzulernen und miteinander Freundschaft zu schließen. Binden Sie den Neuankömmling vom ersten Tag an in einen festgefügten Tagesablauf ein, den Sie auch dann, wenn Sie wieder zur Arbeit müssen, beibehalten können. Verwirren Sie Ihren Hund nicht, indem Sie ihn an freien Tagen oder Wochenenden zu anderen Zeiten füttern oder Gassi führen als an Arbeitstagen. Versuchen Sie, solange Ihr Hund noch klein ist, Ihre Mittagspause zu Hause zu verbringen. Falls das nicht möglich ist, sollten Sie zumindest gleich nach der Arbeit nach Hause gehen. Und noch ein heißer Tip: Größere Kinder kümmern sich meistens begeistert um einen »Pflegehund« und gehen sicher gern nach der Schule mit dem Welpen Gassi.

---

besonders Kinder zusammenzutreiben, indem er sie von hinten in die Fersen zwickt. Bringen Sie Ihren Kindern und ihren Freunden bei, stehenzubleiben und laut »Nein!« zu sagen, wenn der Hund sie wie Schafe behandeln möchte. Weglaufen würde die schlechte Gewohnheit nur verschlimmern.

AUFZUCHT EINES WELPEN

Der erste Tierarztbesuch

Egal ob Impfungen fällig sind oder nicht – Sie sollten Ihren Welpen schon in den ersten Tagen vom Tierarzt untersuchen lassen. Am besten lassen Sie sich von einem Helfer chauffieren und setzen den kleinen Kerl für die Fahrt auf Ihren Schoß. Falls Sie ein Gesundheitszeugnis vom Züchter bekommen haben, zeigen Sie es dem Tierarzt. Außerdem sollten Sie eine Stuhlprobe mitnehmen (ein Tip: Stülpen Sie eine verschließbare Plastiktüte von innen nach außen, nehmen Sie damit eine kleine Menge Stuhl auf, drehen Sie sie wieder um und verschließen Sie sie). So kann der Tierarzt sofort eventuellen Wurmbefall feststellen.

Während Sie im Wartezimmer sitzen, halten Sie Ihren Welpen auf dem Arm oder in seinem Körbchen. Junge Hunde sind anfällig für Krankheitserreger, deshalb sollten Sie ihn nicht frei laufen und herumschnüffeln lassen.

Geben Sie dem Hund Sicherheit
Setzen Sie Ihren Welpen auf den Untersuchungstisch, als wäre das das Normalste der Welt. Halten Sie ihn behutsam, aber so fest wie nötig, damit er untersucht werden kann. Sprechen Sie ganz normal und aufmunternd mit ihm.

Auch wenn Sie selbst Angst vor Spritzen haben, dürfen Sie keine Nervosität zeigen. Ihr Hund spürt Ihre Stimmungslage, und wenn Sie angespannt sind, bekommt er Angst. Benehmen Sie sich natürlich, und reden Sie mit dem Tierarzt wie mit einem guten Freund, dann fühlt sich der Hund sicher.

Die Untersuchung
Beim ersten Tierarztbesuch muß Ihr Welpe eine gründliche Untersuchung über sich ergehen lassen, damit jedwede Krankheit von vornherein ausgeschlossen werden kann. Der Tierarzt mißt die Temperatur, hört die Herztöne ab, untersucht Augen, Nase, Ohren, den Hals, den Magen und die Haut. Außerdem tastet er den Körper nach geschwollenen Drüsen ab. Möglicherweise braucht Ihr kleiner Hund auch eine Impfung. Die Untersuchung ist schmerzlos und dauert zehn Minuten.

Irgendwelche Fragen?
Falls Ihnen an Ihrem Welpen irgend etwas aufgefallen ist, dem Sie auf den Grund gehen möchten, bitten Sie den Tierarzt, diese spezielle Sache genauer zu untersuchen. Besprechen Sie mit ihm, welche Wurmkuren Sie wann machen sollen und wann die nächste Impfung fällig ist, und erkundigen Sie sich, an wen Sie sich in Notfällen außerhalb der Sprechstunden und an Wochenenden wenden können.

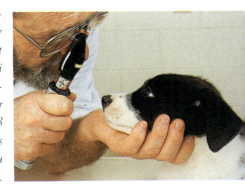

Die Untersuchung der Augen gehört zur Routine bei einem Tierarztbesuch, und Ihr Hund muß lernen, sich das gefallen zu lassen.

4 So spricht der Hund

Ihr Hund kann nicht sprechen wie ein Mensch, und Sie beherrschen die Hundesprache nicht, aber das heißt nicht, daß Sie nicht miteinander kommunizieren können. Grundlage einer glücklichen Beziehung ist es, eine Möglichkeit zu finden, miteinander zu »reden«. Beobachten Sie das Verhalten Ihres Hundes und machen Sie sich bewußt, wie er das Ihre interpretiert.

Wie sich Hunde mitteilen
Seiten 69–71

Ein Hund drückt sich durch Körperhaltung, Mimik, Bewegungen von Ohren und Schwanz und Laute aus.

Verstehe seine Körpersprache
Seiten 77–78

Erklärungen der Posen, mit denen sich Ihr Hund mitteilt.

Gründe für Verhaltensweisen
Seiten 72–76

Ihr Hund tut manchmal die seltsamsten Dinge – warum?

Wie Sie Ihre Botschaft übermitteln
Seite 79

Durch Körperhaltung, Gesichtsausdruck und Tonfall Signale senden.

Wie sich Hunde mitteilen

Eine Kommunikation zwischen Hunden und Kindern kommt oft auf ganz natürliche Weise zustande, Erwachsene tun sich meistens schwerer. Je älter wir werden, desto mehr vertrauen wir auf Worte und verlieren allmählich die Fähigkeit, uns auf intuitivem Wege zu verständigen. Und selten nehmen wir uns genügend Zeit genau zu beobachten, was um uns vor sich geht. Wenn Sie Ihren Hund und seine Beziehung zu Ihnen und der Welt verstehen wollen, müssen Sie Ihre Beobachtungsgabe und das Geschick, sich ohne Worte verständlich zu machen, verfeinern.

Hunde zeigen ihren Artgenossen und den Menschen in ihrer Umgebung durch Körperhaltung, Mimik, die Bewegung der Ohren und des Schwanzes sowie durch verschiedene Laute, in welcher Stimmungslage sie sich befinden. Ihre Körpersprache verrät dem Menschen, was in ihnen vorgeht. Möglicherweise lernen Sie Ihren Hund durch Beobachtung so gut kennen, daß Sie voraussagen können, was er als nächstes vorhat.

Beobachten Sie Ihren Hund

Einige Signale, die Hunde aussenden, sind universell und bedeuten immer dasselbe, egal ob der Vierbeiner nun mit Artgenossen oder mit Menschen kommuniziert. Wenn ein Hund das Hinterteil in die Höhe reckt, die Vorderpfoten auf den Boden legt und dabei mit dem Schwanz wedelt, ist das immer eine Einladung zum Spielen.

Es gibt aber auch Ausdrucksmöglichkeiten, die von Hund zu Hund verschieden sind. Behalten Sie Ihren Hund im Auge und beobachten Sie Veränderungen in der Körperhaltung, die Ohrenstellung, die Augen, die Stirn, die Lefzen, die Nase, das Maul, den Schwanz und das Fell. Versuchen Sie die Stimmungslage an der Körperhaltung zu erkennen. Sobald Sie herausgefunden haben, wie Ihr Hund sich verhält, wenn er glücklich, unsicher, ängstlich, stolz, müde oder was auch immer ist, sind Sie in der Lage, ihn zu verstehen.

Das heißt aber nicht unbedingt, daß Sie auch einen fremden Hund »durchschauen«. Subtile Veränderungen an unbekannten Hunden zu erkennen ist selbst für Experten schwierig. Die Ausdrucksweise eines ruhigen Hundes kann man leicht mit der eines besonders empfindsamen verwechseln, genau wie die eines dominanten mit der eines aggressiven.

Wenn beispielsweise die Rute des Hundes nach unten hängt, heißt das im allgemeinen, daß er unsicher ist, doch einige Rassen tragen sie immer so. Ein Greyhound oder ein Whippet fühlen sich auch mit der Rute zwischen den Hinterläufen durchaus wohl.

Diese Labrador-Geschwister kommunizieren beim Toben und Spielen miteinander und legen die Rangordnung fest.

Was Körper und Mimik ausdrücken

Unterwürfige Hunde machen sich klein, dominante versuchen möglichst groß zu erscheinen. Ein furchtsamer Hund möchte so unscheinbar wie möglich aussehen und zieht sich zusammen. Er schrumpft förmlich, klemmt den Schwanz zwischen die Hinterläufe, legt die Ohren zurück und wendet den Blick ab. Vielleicht »ergibt« er sich, indem er sich auf den Rücken rollt und die Kehle darbietet.

Ein dominanter Hund macht sich größer, indem er die Nackenhaare aufstellt, den Schwanz ausstreckt oder nach oben hält und ganz aufrecht steht. Er stellt Blickkontakt her, und das Maul ist gewöhnlich geschlossen. Wenn der Hund den Körper nach vorn zu neigen scheint, statt aufrecht zu stehen, und die Ohren auch nach vorn deuten, ist er aggressiv und könnte angreifen. Ein angriffsbereiter Hund steht leicht geduckt, hat ebenfalls einen starren Blick, das Maul geschlossen, die Oberlippe hochgezogen, und er gibt ein Knurren von sich, das Sie nie wieder vergessen werden.

Ein entspannter Hund sieht ganz anders aus. Er hält die Rute locker, weder hoch aufgerichtet noch eingezogen, das Maul ist meist offen, die Ohren sind halb angelegt, das Körpergewicht ist gleichmäßig auf alle vier Pfoten verteilt, und der Blick wirkt weder starr noch bedrohlich.

Das Hundevokabular

Die meisten Hundebesitzer wissen, daß ihre Vierbeiner eine ganze Reihe von unterschiedlichen Lauten von sich geben können: Bellen, Winseln, eine Art Piepsen, Jaulen, Knurren und Heulen. Aber auch wenn es manchmal so klingt, als versuchten die Hunde etwa zu sagen, sind diese Laute kein Versuch, unsere Sprache nachzuahmen. Ihr Hund weiß jedoch, daß er mit Lauten Ihre Aufmerksamkeit gewinnen kann. Und Hunde geben Geräusche von sich, um ihre Umgebung zu beeinflussen. Haben Sie je in einem Haushalt mit zwei Hunden beobachtet, wie clever ein Hund sowohl die Laut- als auch die Körpersprache einsetzt, um seinen Artgenossen, der am schönsten Fleck auf dem Sofa döst, zum Spielen aufzufor-

APROPOS

Lächeln Hunde?

Selbstverständlich können Hunde lächeln. Sie lächeln im allgemeinen, wenn sie ihren Menschenfreund freudig begrüßen. Wie erkennen Sie, wann Ihr Hund Sie anstrahlt? Das Maul ist halb geöffnet, die Augen leuchten, und die Ohren sind entspannt oder auf »Halbmast«, das ist abhängig davon, wie sie geformt sind.

Einige Hunde haben ein spezielles Lächeln, das als unterwürfiges Grinsen bekannt ist. Dabei ziehen sie die Oberlippe ganz hoch und manchmal die Nase kraus. Ein paar Hunde bringen sogar ein schiefes Grinsen zustande, indem sie die Oberlippe nur auf einer Seite hochziehen.

Das Lächeln eines Hundes kann ein Fremder als Zähnefletschen mißdeuten – der Mensch bekommt Angst, und das verwirrt den Hund. Es ist ein großer Unterschied zwischen Lächeln und Zähnefletschen. Die Hunde springen normalerweise herum oder treten in freudiger Erwartung von einem Bein aufs andere, wenn sie ihre Freunde angrinsen. Beim Zähnefletschen ist der Körper angespannt und steif, der Blick herausfordernd.

SO SPRICHT DER HUND

dern? Sobald Hund Nummer zwei auf den Beinen ist, springt Hund Nummer eins aufs Sofa und macht es sich auf dem beliebten Platz bequem. Hunde bellen oft, um einen Widersacher abzulenken, oder sie wimmern und täuschen Unterwerfung vor, um den anderen Hund in Sicherheit zu wiegen.

Erfahrene Hundehalter wissen, daß ein Knurren, Bellen oder Winseln je nach Situation unterschiedliche Bedeutungen haben kann. Ein Bellen kann den Versuch darstellen, auf sich aufmerksam zu machen, ein Alarmzeichen sein, Freude, Frustration oder Überraschung ausdrücken. Allgemein gilt: Je höher und schriller das Kläffen klingt, desto erregter oder aufgewühlter ist der Hund. Ein Knurren kann tief und drohend sein, aber auch Wohlbehagen zum Ausdruck bringen, wenn der Hund gestreichelt wird.

Hören Sie Ihrem Hund zu, dann kennen Sie bald sein Repertoire an Ausdrucksmöglichkeiten, aber nehmen Sie Drohlaute und -gebärden fremder Hunde stets ernst.

Blickkontakt

Nach landläufiger Auffassung können unterwürfige Hunde dem Menschen nicht in die Augen schauen, während dominante den Blick erwidern. Aber in Wahrheit hängt es von der Stimmungslage des Hundes ab, ob er Sie direkt ansieht, an Ihnen vorbeischaut oder den Blick ganz abwendet.

Starrt Ihr Hund Sie unverwandt an, dann überzeugen Sie ihn nicht notwendigerweise davon, daß Sie der Boss sind, indem Sie zurückstarren. Zudem ist es ein Irrtum anzunehmen, daß ein Hund, der Sie ansieht, versucht, Sie zu dominieren. Gerade treu ergebene Hunde schmachten ihre Besitzer oft bewundernd an. Um die wahren Absichten des Hundes zu erkennen, müssen Sie auch die Mimik und die Körperhaltung berücksichtigen.

Der Blick dieses Basset-Welpen ist voller Liebe und Bewunderung auf das Frauchen fixiert.

Botschaften

Sie und Ihr Hund werden sich wahrscheinlich hin und wieder mißverstehen, und manchmal deutet man die Signale von Hunden, die man nicht sehr gut kennt, falsch. Nicht alle Botschaften haben nur eine einzige Bedeutung. Und Hunde geben – wie Menschen auch – versehentlich oder absichtlich widersprüchliche Signale.

Beobachten Sie Ihren Hund und sein Verhalten, das gereizten, ängstlichen, spielerischen oder aggressiven Handlungen vorausgeht. Das wird Ihnen helfen, bei anderer Gelegenheit seine Absichten vorauszusehen und Ihren Hund auch in heiklen Situationen unter Kontrolle zu halten. Sie werden bald lernen, Stimmungen zu erkennen, und herausfinden, wann Sie Ihren vierbeinigen Freund beruhigen oder an der kurzen Leine halten müssen.

Dieser entspannte, aber aufmerksame Schäferhund-Mischling kennt seine Pflichten. Selbst wenn er schläft, hört er jedes fremde Geräusch.

Gründe für Verhaltensweisen

Mag Ihr Hund auch vollkommen glücklich und zufrieden in einer komfortablen Wohnung leben – seine Vorfahren gehörten zu einem wildlebenden Wolfsrudel, und er hat von seinen Ahnen bestimmte Verhaltensmuster geerbt wie zum Beispiel das unterwürfige Urinieren oder Ergebenheitsgesten, etwa wenn er sich auf den Rücken legt. Derartige Gesten sind von Rangordnungskämpfen innerhalb des Rudels erhalten geblieben und dienten der Verständigung.

Hunde brauchen eine soziale Struktur mit einem Anführer und einer eindeutig festgelegten Rangordnung. Dabei können sie sich einem Menschen oder einem anderen Hund gegenüber unterwürfig erweisen, aber in Gesellschaft anderer Menschen und Tiere dominieren. Ihr Hund befolgt vielleicht jeden Ihrer Befehle aufs Wort, aber er irgnoriert die gleichen Kommandos, wenn diese von Ihren halbwüchsigen Kindern kommen.

Zufriedene Mitläufer

Obwohl ein und derselbe Hund imstande ist, sich in einer Situation unterwürfig und in einer anderen dominant zu verhalten, sind die meisten Hunde geborene »Gefolgsleute«. Gewöhnlich wollen sie gar nicht der Boss sein und sind vielmehr zufrieden, wenn sie ihrer menschlichen Familie Freude machen und ihre Streicheleinheiten und Zuwendung bekommen.

Extreme Unterwürfigkeit zeigt sich, wenn ein Hund sich duckt und klein macht, aber wohlerzogene Hunde mit ausreichend Selbstbewußtsein, die sich ebenfalls bis zu einem gewissen Grad der Autorität unterwerfen, nehmen keine solche Körperhaltung an. Ihr glücklicher, gehorsamer Hund folgt Ihnen von Raum zu Raum, bleibt möglichst in Ihrer Nähe und liebt Ihre Kinder. Aber wenn er schon frühzeitig an verschiedene Menschen, Situationen und Umgebungen gewöhnt und bei Unterordnungsübungen immer gelobt wurde, zeigt er Mut, sobald ein Familienmitglied bedroht wird. In solchen Fällen tritt sein Wach- und Beschützerinstinkt zutage.

Unterwürfiges Urinieren

Wenn Ihr Hund Sie freudig begrüßt und dabei ein paar

Den Bauch zu zeigen, muß nicht unbedingt Unterwerfung bedeuten. Vielleicht fordert Sie Ihr Hund damit nur auf, ihm den Bauch zu kraulen.

So spricht der Hund

Warum lieben Hunde Beine?

Er hat es wieder getan. Die ganze Verwandtschaft hat sich zum alljährlichen Familientreffen versammelt, und Ihr Hund hat sich ausgerechnet diesen Tag ausgesucht, um sich an ein Bein zu klammern und sich daran zu schaffen zu machen – nicht an ein Stuhl- oder Tischbein, sondern an Tante Emmas Bein. Sie entschuldigen sich und bringen den Hund hinaus, und alle fragen: »Warum macht er das?«

Oft sind die männlichen Hormone daran schuld. Hunde versuchen aus Frustration, sich an Beinen zu befriedigen, doch sie zeigen damit auch Dominanz. Sie haben keine Hemmungen wie Menschen. Wenn ihnen der Duft einer läufigen Hündin in die Nase steigt und ihre Libido stimuliert, bespringen sie alles, was verfügbar ist. Da Beine erreichbar sind, versuchen sie sich daran.

Wenn Sie Ihren Rüden kastrieren lassen, beseitigt das nicht nur dieses Problem, sondern macht ihn auch in anderer Hinsicht zu einem umgänglicheren Haustier. Falls Ihr Hund es sich jedoch zur Gewohnheit gemacht hat, Beine zu bespringen, werden Sie unter Umständen erst Monate nach der Kastration eine Veränderung feststellen.

Tröpfchen Urin verliert, brauchen Sie nicht zu befürchten, daß er nicht richtig stubenrein ist. Ihr Hund zeigt damit nur, daß er sie nicht nur liebt, sondern auch fürchtet. Unterwürfiges Verhalten kann ererbt sein, es kann jedoch auch durch zuviel Strenge bei der Erziehung oder durch Mißhandlung durch einen früheren Besitzer hervorgerufen worden sein.

Bei den Wölfen in der Wildnis heißt unterwürfiges Urinieren soviel wie: »Hallo, Boss. Ich hoffe, ich habe nichts gemacht, worüber du dich ärgerst, aber wenn doch, dann tut es mir leid.« Es kommt vor, daß ein Welpe bei der Begrüßung uriniert, wenn Sie sich bücken, um ihn auf den Arm zu nehmen, oder wenn Sie ihn bestrafen. Es ist ein Reflex auf strenge Behandlung, der Hund benimmt sich nicht absichtlich daneben.

Seien Sie Ihrem Hund deswegen nicht böse, das würde die Sache nur noch schlimmer machen. Achten Sie statt dessen darauf, daß die nächste Begüßung weniger stürmisch ausfällt. Geben Sie Ihrem Welpen, wenn Sie nach Hause kommen, einen Leckerbissen, dann ignorieren Sie ihn, bis er auf Sie zukommt. Fassen Sie nicht über seinen Kopf, wenn Sie ihn streicheln. Ein überängstlicher Hund könnte das als Drohgebärde auffassen. Knien Sie neben ihm nieder und kraulen Sie seine Brust.

Wer wird der Boss sein?

Ein dominanter Hund wird unter Umständen die Familie testen, um herauszufinden, wie hoch er in der Rangordnung aufsteigen kann. Einige wenige erreichen sogar die Spitzenposition und könnten auf aggressive Art ihre Macht zeigen. Man erkennt einen solchen Hund an seinem Verhalten. Er beansprucht seinen Lieblingsplatz auf dem Sofa und knurrt, wenn jemand versucht, ihn von dort zu vertreiben. Er bewacht sein Spielzeug und seinen Freßnapf mit Argusaugen und kann es nicht leiden, wenn jemand diesen zu nahe kommt. Er stürmt als erstes durch die Tür und springt sogar über die Menschen, nur weil er zuerst aus dem

Auto springen will. Die meisten Hunde sind geborene »Gefolgsmänner«, aber sie brauchen eine soziale Hierarchie. Wenn keines der Familienmitglieder die Rolle des Anführers übernimmt, wird der Hund diese Stelle einnehmen.

Dominantes Verhalten ist nicht immer etwas Schlechtes, solange Ihr Hund es Artgenossen gegenüber zeigt. Wenn ein Bekannter mit seinem Hund zu Ihnen zu Besuch kommt, wird Ihr Vierbeiner wahrscheinlich seine Vormachtstellung behaupten. Es ist sein Haus, sein Territorium. Es ist ganz normal, wenn er den anderen Hund an der Schulter besteigt oder sich größer macht, als er ist. Das ist seine Art, dem Besucher zu zeigen, wer hier das Sagen hat. Es wäre nichts Ungewöhnliches, wenn die beiden Hunde die Rollen tauschen, sobald Sie den Besuch bei Ihrem Freund erwidern.

Duftmarken

Wölfe und Hunde setzen Duftmarken und kennzeichnen ihr Revier mit Urin, und Hunde tun es ihnen gleich. Auf Spaziergängen schnuppern besonders nicht kastrierte Rüden an jedem Baum

Hunde legen gewöhnlich im Spiel die Rangordnung fest, aber falls aus diesen Rangeleien kein eindeutiger Anführer hervorgeht, kann es zu Kämpfen kommen.

Hunde halten sich durch Schnüffeln auf dem laufenden, was in der Nachbarschaft vor sich geht. Auf Spaziergängen verteilen sie an möglichst vielen Stellen Urin. Diese Duftmarken sagen Artgenossen: »Ich war da.«

oder Pfosten und suchen die Duftmarken ihrer Artgenossen. Und wenn Sie eine finden, setzen sie die ihre drauf, um ihr Territorium abzustecken. Deshalb heben die Rüden so oft das Bein, statt einfach eine große Pfütze zu machen. Sie behalten immer ein wenig Urin in Reserve für den Fall, daß sie irgendwo noch eine Marke setzen möchten.

Nicht alle Hunde, die draußen ihre Duftmarken verteilen, haben die Ansicht, ihr Revier zu kennzeichnen oder ihre Dominanz zu zeigen. Viele tun es, um eine Botschaft zu hinterlassen, und sie schnüffeln, um Botschaften zu empfangen. Diese Markierungen sind wie Visitenkarten. Wenn Hunde schnüffeln, lesen sie ihre Zeitung. Sie erfahren, wer vor ihnen da war, und schreiben die neue Schlagzeile für den nächsten Hund.

Auch wenn das normalerweise als eher männliches Verhalten angesehen wird, setzen auch manche Hündinnen Duftmarken. Sie wollen einfach auch am täglichen Klatsch teilhaben.

So spricht der Hund

Markierungen im Haus

Urinmarkierungen sind vielleicht manchmal ein Ärgernis, aber nichts, worüber man sich Sorgen machen muß, es sei denn, sie werden im Haus gesetzt. Das ist verboten. Im Alter zwischen sechs und zwölf oder sogar 14 Monaten – das hängt von der Rasse ab – wird Ihr männlicher Welpe lernen, das Bein zu heben, und vielleicht versucht er, seine Macht zu testen, indem er an ein Tischbein, an die Vorhänge oder an die Wand pinkelt. Diese halbwüchsigen Hunde haben nicht plötzlich verlernt, was Stubenreinheit heißt, sie wollen vermutlich signalisieren, daß sie der Boss sind und daß sie den markierten Bereich als ihr Revier ansehen. Eine Kastration kann das dominante Verhalten eines Rüden dämpfen und damit auch die Neigung, überall das Bein zu heben. Zusätzlich sollten Sie dem Hund klarmachen, welche Stellung er im Haus einnimmt. Es gibt keine bessere Methode, mit einem dominanten Hund klarzukommen, als Unterordnungsübungen.

Anzeichen von Aggression

Niemals dürfen Sie Angst vor Ihrem Hund haben, nicht ein einziges Mal und nicht für einen Augenblick. Suchen Sie keine Entschuldigungen für aggressives Verhalten, auch wenn nichts passiert und die heikle Situation rasch vorüber ist. Wenn Sie ein derartiges Benehmen dulden, wird Ihr Hund beim nächsten Mal noch aggressiver drohen. Und es wird immer ein nächstes Mal geben, wenn Sie nicht sofort durchgreifen.

Manche Hunde werden in der Pubertät aggressiv und versuchen, ihren Rang im Rudel – in der Familie – zu verbessern. Ihr Hund erkennt Sie vielleicht als Anführer an, weil Sie ihm Gehorsam beibringen, aber er knurrt Ihren Lebenspartner an, wenn ihm etwas nicht paßt. Diese Form von Aggression kommt für viele Menschen überraschend. Die meisten Hundehalter erschrecken, wenn ihr Hund sie zum ersten Mal herausfordernd anknurrt, und behaupten: »So was hat er noch nie gemacht.« In Wahrheit hat der Hund seinen Besitzern stets schon vorher den Kampf angesagt, sie haben es nur nicht realisiert.

Fast immer ist die Mißachtung von Befehlen das erste Anzeichen dafür, daß ein Hund versucht, die Position eines Anführers oder zumindest den zweiten Rang einzunehmen. Ein Beispiel: Sie und

Dieser Border-Collie nimmt etwas Ungewöhnliches ins Visier. Es ist seine Aufgabe, seinen Besitzer zu warnen, wenn Gefahr droht. Seine Körperhaltung ist selbstbewußt, der Blick konzentriert. Er bellt so lange, bis sein Besitzer ihm versichert, daß alles in Ordnung ist.

Ihr Lebenspartner bereiten eine Party vor, und Ihr Hund steht daneben und bettelt. Einer von Ihnen befiehlt: »Platz!«, aber der Hund verläßt das Zimmer, statt zu gehorchen. Er steht Ihnen nicht mehr im Weg, und das war genau das, was Sie wollten, deshalb machen Sie sich nicht die Mühe, den Hund so weit zu bringen, daß er das Kommando befolgt. Sie vergessen den Vorfall schnell, Ihr Hund aber nicht. Die Ungehorsamkeiten werden sich häufen, und bald versucht der Vierbeiner, in der Hierarchie ein Stück höher zu steigen.

Der nächste Zwischenfall ereignet sich vielleicht ein paar Tage später. Sie sind in Eile vor einer Verabredung, Sie bücken sich, um den Freßnapf aufzuheben, ehe der Hund zu Ende gefressen hat. Aber Sie überlegen es sich anders, als Sie sehen, daß der Hund stocksteif und mit geschlossenem Maul über dem Napf steht, und Sie mit funkelnden Augen anstarrt. »Also gut, beeil dich«, sagen Sie, ohne zu merken, daß Sie gerade die zweite Runde verloren haben. In Runde drei knurrt der Hund vielleicht, und Sie begreifen endlich, daß Sie ein Problem haben.

Vorbeugung ist die beste Maßnahme, um Aggressionen im Zaum zu halten. Sozialisieren Sie Ihren Hund und versuchen Sie niemals, ihn Menschen gegenüber »scharf zu machen«. Bringen Sie ihm schon im Welpenalter bei, allen Kommandos zu gehorchen, die Sie selbst oder ein anderes Familienmitglied geben. Sprechen Sie während des Tages öfter die Befehle »Platz!« aus, um ihn dann zu streicheln, »Sitz!«, um ihm einen Leckerbissen zu geben. Und geben Sie niemals einen Befehl, wenn Sie nicht bereit sind, Gehorsam zu erzwingen.

Ihr Hund benimmt sich möglicherweise gut in der Familie, ist aber Fremden oder Artgenossen gegenüber aggressiv. Behalten Sie ihn im Auge, wenn er plötzlich wachsam wird. Lenken Sie ihn von dem Objekt seiner Aggression ab. Geben Sie ihm einen Befehl, verstellen Sie ihm den Blick oder führen Sie ihn weg. Regelmäßiges Unterordnungstraining beugt solchen Problemen vor.

Angstbeißen
In einer bedrohlichen Lage kann jeder Hund zubeißen, gleichgültig ob er ansonsten dominant oder unterwürfig ist. Furchtsame Hunde, die falsch behandelt werden, entwickeln sich zu Angstbeißern. Sie sind nervös, wenn sie bestraft werden, und versuchen den Besitzer davon abzuhalten, ihnen etwas anzutun, das sie erschreckt. Ein Beispiel: Ihr Hund verkriecht sich bei Gewitter unter das Sofa, und Sie versuchen ihn aus dem Versteck zu ziehen – er schnappt zu. Warten Sie lieber, bis er sich beruhigt hat. Bestrafen Sie nie einen Angstbeißer. Sie würden ihn damit nur noch mehr verunsichern.

Man braucht keinen großen Hund, um unliebsame Eindringlinge abzuschrecken Dieser Jack-Russel-Terrier ist zwar klein, aber er hat Courage. Möglicherweise knurrt er, weil er unsicher ist, aber er wirkt furchteinflößend.

Verstehe seine Körpersprache

Hunde schreiben keine Gedichte und formulieren keine geschliffenen Sätze, aber sie können dennoch sehr beredt sein.

Hochgerecktes Hinterteil

Wenn Ihr Hund sich vor Ihnen auf den Boden drückt und das Hinterteil in die Höhe reckt, dabei heftig mit dem Schwanz wedelt und Sie mit leuchtenden Augen ansieht, sagt er: »Ich will spielen.« Möglicherweise startet er dieses Manöver, wenn Sie ernst sind und er Ihren Tonfall ändern will. Nehmen Sie die Einladung zum Spiel an, wenn Sie Lust haben.

Schwanzwedeln

Gewöhnlich stimmt es, daß Schwanzwedeln ein Zeichen der Freundlichkeit ist, aber Hunde wedeln auch mit dem Schwanz, wenn sie verängstigt, unsicher oder aufgeregt sind. Ein furchtsamer Hund hält den Schwanz gesenkt oder zwischen den Hinterläufen und bewegt ihn hin und her, während er überlegt, was er als nächstes tun soll: »Soll ich kämpfen, fliehen oder mich ergeben?« Ein aggressiver, wütender Hund peitscht manchmal mit dem Schwanz, wenn er jagt oder angreift. Beobachten Sie, was vor sich geht: Holt der Hund seinen besten Kumpel vom Schulbus ab, oder frißt gerade ein anderer Hund aus seinem Napf? An der Körperhaltung kann man erkennen, was das Schwanzwedeln zu bedeuten hat. Ist der Vierbeiner angriffslustig, verlagert er sein Gewicht mehr auf die Vorderpfoten.

Auf den Rücken rollen

Wenn Ihr Hund auf den Rücken rollt, den Bauch darbietet und alle viere von sich streckt, unterwirft er sich. In Gegenwart anderer Hunde bedeutet diese Geste: »Du bist der Boss, und ich will nicht kämpfen.« Macht er dasselbe vor Ihnen, hat die Geste eine andere Bedeutung: Wenn Tadel oder Bestrafung drohen, sagt er damit: »Ich weiß nicht, wie ich es dir recht machen kann und habe Angst, daß du böse auf mich bist. Bitte nimm meine Entschuldigung an.« Meistens ist es jedoch ein Zeichen dafür, daß Ihr Hund glücklich ist und sagt: »Bitte kraul mir den Bauch.«

Dieser Samojede sagt seinem Besitzer: »Du bist der Boss, ich vertraue dir und möchte mein Bestes tun, dir alles recht zu machen.«

Aufsteigen

Wenn Ihr Hund auf einen Artgenossen aufreitet oder nur eine Pfote auf den Rücken des anderen Hundes legt, sagt er: »Ich stehe in der Hackordnung über dir, vergiß das nicht.« Aufreiten ist nicht nur eine männliche Attitüde. Dominante Weibchen tun das auch. Wenn etwa ein Rüde einen anderen besteigt, ist es meist ein Zeichen der Dominanz.

Bespringen

Diese Gebärde hat meist einen sexuellen Hintergrund, auch wenn der Rüde kastriert ist. Sie können die Hunde gewähren lassen, solange nicht einer versucht zu fliehen oder sich zu verstecken (und natürlich, solange sich Ihr Rüde nicht ein läufiges Weibchen vornimmt). Wenn er einen Menschen bespringt, lenken Sie Ihren Hund durch ein lautes Geräusch ab.

Eingeklemmter Schwanz und angelegte Ohren

Wenn Ihr Hund den Schwanz einzieht, die Ohren anlegt und zurückweicht oder sich hinter Ihren Beinen versteckt, hat er Angst – entweder vor einem fremden Menschen oder vor einem Gegenstand. In diesem Fall müssen Sie Ihrem Hund die Angst nehmen, indem Sie ihn behutsam und langsam an das Objekt seiner Angst heranführen.

Mit der Zunge »schnalzen«

Läßt Ihr Hund seine Zunge mehrmals hintereinander zur Nase schnellen, fühlt er sich unbehaglich. Vielleicht versucht er, eine ihm neue Situation einzuschätzen oder wägt ab, ob er sich einem Gast nähern soll. Möglicherweise konzentriert er sich auch eisern darauf, eine Unterordnungsübung richtig zu machen.

Auch wenn diese Geste im Grunde nicht bedrohlich ist, sollten Sie einem fremden Hund, der sich auf diese Weise die Nase leckt, nicht näher kommen – er steht unter Spannung, und manchmal kündigt dieses Verhalten einen Beißangriff an.

Pfote heben

Hebt ein Hund die Pfote und hat dabei einen entspannten, zufriedenen Gesichtsausdruck sowie eine neutrale Körperhaltung, will er damit nur Aufmerksamkeit auf sich ziehen. Meistens ist das Pfötchengeben eine Einladung zum Spiel oder eine Aufforderung zum Schmusen, aber Ihr Hund könnte Ihnen damit auch etwas anderes sagen wollen. Vielleicht hat er ein Steinchen oder ähnliches zwischen den Ballen und möchte, daß Sie ihm helfen.

Angelegte Ohren

Wenn ein Hund die Ohren flach anlegt, den Kopf gesenkt hält und den Blick abwendet, ist er verängstigt. Stehen die Ohren zur Seite und ist die Stirn gerunzelt, ist er nervös. Ist die Stirn nicht gerunzelt und der Blick normal, ist dies vielleicht seine natürliche Ohrenhaltung.

Gespitzte Ohren

Ihr Hund ist aufmerksam. Vielleicht lauscht er angestrengt auf das Miauen der Nachbarskatze oder wartet auf Ihren nächsten Befehl. Gespitzte Ohren sind ein Zeichen, daß Ihr Hund sich in seiner Umgebung wohl fühlt und selbstbewußt ist. Sträubt er gleichzeitig das Nackenfell, nimmt er eine aufrechte Haltung ein und wird sein Blick intensiv, demonstriert er Dominanz.

Dieser Golden Retriever wartet gespannt auf das nächste Kommando – oder auf verheißungsvolle Geräusche aus der Küche.

Wie Sie Ihre Botschaft übermitteln

Welpen lernen die Körper- und Lautsprache, wenn sie ihre Mutter und ihre Geschwister beobachten. Und Ihr Hund lernt Sie kennen, indem er beobachtet, wie Sie sich bewegen, Ihren Gesichtsausdruck wahrnimmt und Ihrem Tonfall lauscht.

Körpersprache und Blickkontakt

Ihr Hund ist von Natur aus sehr geschickt, wenn es gilt, Körpersprache zu deuten. Testen Sie ihn: Lächeln Sie, treten Sie ein paar Schritte zurück und breiten Sie die Arme aus, wenn Sie ihn rufen. Sie werden sehen, daß er die Botschaft wesentlich schneller versteht.

Die meisten Hunde verstehen die Körpersprache, aber übertriebene Gesten können einen Welpen verwirren oder erschrecken. Reden Sie nicht mit Ihrem Hund in Babysprache und stürzen Sie sich auch nicht auf ihn, um ihn hochzuheben. Für den Hund ist das eine extrem dominante Gebärde. Macht Ihr Hund einen argwöhnischen Eindruck, wenn Sie sich zu ihm beugen, knien Sie sich neben ihn und kraulen Sie ihm die Brust. Greifen Sie nicht über seinen Kopf.

Dasselbe gilt für den Blickkontakt. Einige Hunde können Ihnen durchaus in die Augen sehen, während andere dem Blick ausweichen. Wenn es Ihren Hund nervös macht, zeigt er es Ihnen, indem er sich kleiner macht, den Schwanz senkt und wedelt.

Stellen Sie nur kurz Blickkontakt her und lächeln Sie freundlich. Der Hund gewöhnt sich wahrscheinlich rasch an menschliche Signale, indem er seine Familie und den Umgang der Menschen untereinander beobachtet.

Begegnung mit fremden Hunden

Wenn Sie mit einem fremden Hund Freundschaft schließen wollen, achten Sie darauf, daß Sie nicht bedrohlich wirken. Kauern Sie sich hin und sehen Sie ihn von der Seite an. Warten Sie, bis er auf Sie zukommt, dann kraulen Sie ihn unter dem Kinn oder an der Brust, statt ihm die Hand auf den Kopf zu legen. Sich auf einen Hund zu stürzen, sich über ihn zu beugen und erzwungener Blickkontakt sind bei fremden Hunden zu vermeiden. Ungenügend sozialisierte Hunde können das als Drohung auffassen und beißen.

Achten Sie darauf, daß Sie keine bedrohliche Haltung einnehmen, wenn Sie Kontakt zu einem fremden Hund herstellen. Gehen Sie in die Knie und lassen Sie den Hund an Ihrer ausgestreckten Hand schnuppern, bevor Sie ihn streicheln. Dann kraulen Sie ihn unter dem Kinn.

Zweiter Teil

Erziehung

Ganz egal, welcher Rasse Ihr Hund angehört, ob er noch ein Welpe oder bereits fortgeschritteneren Alters ist – mit Geduld und etwas Übung wird er zu einem treuen und zuverlässigen Gefährten.

5   Vom ersten Bellen an

Seiten 82–95
Hunde sind lernbegierig. Beginnen Sie mit der Erziehung so früh wie möglich.

6   Sauberkeit

Seiten 96–103
Beachten Sie ein paar einfache Regeln, und Ihr neuer Hausgenosse ist bald stubenrein.

7   Grundausbildung

Seiten 104–121
Das muß ein Hund können, um zu einem angenehmen Gefährten zu werden.

8   Fortgeschrittenentraining

Seiten 122–135
Wagen Sie sich nach der Grundausbildung an anspruchsvollere Aufgaben.

9   Schlechte Angewohnheiten korrigieren

Seiten 136–167
Die meisten Untugenden lassen sich mit einfachen Methoden abstellen.

5 VOM ERSTEN BELLEN AN

Hunde sind von Natur aus treu und freundlich und bemühen sich, Herrchen oder Frauchen Freude zu machen. Nutzen Sie ihren angeborenen Lerneifer und beginnen Sie schon im Welpenalter mit der Erziehung.

Aus Hundesicht
Seiten 83–87
Lernen Sie begreifen, wie der Hund lernt, und der Erziehungserfolg ist gewiß.

Rudelführer
Seiten 88–90
Übernehmen Sie die Führung des Rudels, und der Hund wird Ihnen willig folgen.

Lob und Tadel
Seiten 91–92
Richtig eingesetzt garantieren diese Elemente den Lernerfolg.

Mit dem Hund reden
Seite 93
Finden Sie Ausdrucksformen, die Ihr Hund versteht.

Lernbereitschaft
Seiten 94–95
Jeder Hund, ob jung oder alt, ist von Natur aus lernwillig.

Aus Hundesicht

Welpen werden mit geschlossenen Augen geboren, stellen keine Fragen und haben auch keinen Privatlehrer. Das heißt, sie müssen vom ersten Atemzug an eigenständig lernen, wie die Welt um sie herum funktioniert.

Dank ihres ausgeprägten Geruchssinns finden die kleinen Kerle aber schnell heraus, wo Mama das feine Futter versteckt hat. Auch in der Hundekinderstube heißt es übrigens: Übung macht den Meister. Welpen sind anfangs sehr unbeholfen und tapsig, werden aber mit erstaunlichem Tempo schneller und geschickter. Und je öfter sie an die Milch kommen, desto besser klappt es.

»Was das Lernen angeht, sind Hunde ausgesprochen erfolgsorientiert«, erläutert der Tierpsychologe und Verhaltensforscher Dr. John C. Wright. »Wenn es keine Belohnung gibt, probieren sie einfach etwas anderes aus.«

Wie Hunde lernen

»Sobald ihre Augen offen sind, lernen Hunde auf vielerlei Art«, erklärt die erfahrene Hundeausbilderin und Fachautorin Carol Lea Benjamin. »Sie lernen ähnlich wie Kinder.« Wichtig ist dabei ein positives Feedback. »Die meisten Hunde wollen ihren Besitzer glücklich sehen.« Eine Belohnung ist der einfachste Weg, ihnen zu zeigen, daß sie etwas richtig gemacht haben und daß Sie sich freuen.

Hunde lernen auch rasch, positive Erfahrungen mit einem bestimmten Gegenstand oder Verhalten zu assoziieren, sagt Benjamin. Sie tun dies ganz unbewußt, ohne gezieltes Training. Wenn Sie beispielsweise Ihren Hund immer füttern, während der Staubsauger läuft, dann wird er jedesmal angerannt kommen und darauf bestehen, daß Fütterungszeit ist, sobald er den Motor hört. Sie haben ihm angewöhnt, Futter zu erwarten, sobald das Staubsaugergeräusch ertönt.

Es ist kaum zu glauben, daß Hunde solche im Grunde unbedeutenden Details überhaupt bemerken, aber sie beobachten ihre Umgebung stets mit äußerster Aufmerksamkeit. »Wie ihre Vorfahren, die Wölfe, behalten Hunde ihren Rudelführer, also Herrchen oder Frauchen, immer genau im Auge, um gegebenenfalls sofort reagieren zu können«, erklärt Benjamin. Wenn Sie also im Garten graben, wird Ihr Hund dasselbe tun wollen – nur ist er dabei normalerweise ein ganzes Stück schneller als ein Mensch und buddelt höchstwahrscheinlich weniger zielgenau.

Aber es gibt noch einen anderen Weg, auf dem sich Hunde neues Wissen aneignen, nämlich den Zufall. Reibt sich Ihr Hund am Gartentor und dieses springt dadurch auf, weiß er für alle Zukunft, wie er aus dem Hof herauskommt. Gleichgültig, wie oft Sie ihn zurückholen, er erinnert sich an das offene Gartentürchen und wird es, wenn ihm danach ist, wieder aufmachen, sofern Sie diesem Treiben nicht durch den Einbau eines funktionierenden Schlosses Einhalt gebieten.

Andererseits prägen sich dem Hund nicht nur schöne Erlebnisse ein. Auch unangenehme Erfahrungen bleiben in seinem Gedächtnis haften. Hunde erinnern sich an Schmerzen oder unangenehme Begleiterscheinungen und vermeiden es

Hat Ihr Hund einen Befehl befolgt, ist eine Belohnung fällig. Das kann ein kleiner Leckerbissen sein, ein Spiel, aber auch Streicheln und verbales Lob. Belohnungen sind die wirksamste Motivation bei jeder Erziehung.

nach Möglichkeit, das auslösende Verhaltensmuster zu wiederholen. Dieser Lernprozeß beginnt schon im Welpenalter, wenn der Kleine erfährt, daß Mamas Knurren soviel heißt wie »Laß mich in Ruhe!«. Ignoriert er ihre Warnung, wird sie diese noch einmal lauter wiederholen, und wenn er dann immer noch keine Konsequenzen zieht, schnappt sie wahrscheinlich nach ihm – was für gewöhnlich wirkt. Auch an einer heißen Herdplatte wird sich ein Hund nur einmal die Pfoten verbrennen.

Stimmungen lesen

Wenn Sie Ihren Hund erziehen, während Sie über irgend etwas verärgert sind, kann es durchaus vorkommen, daß er nicht so willig mitarbeitet wie gewohnt. Hunde reagieren häufig auf die Stimmungen ihrer Menschen. Einige sind derart auf sie fixiert, daß sich das auf ihr Alltagsverhalten auswirkt.

In der Tat kommt es häufig vor, daß Hundebesitzer das Gefühl haben, das Verhalten – oder Fehlverhalten – ihres Vierbeiners spiegele ihre eigene Laune wider. Sind Sie gereizt? Nervös? Aus unerfindlichen Gründen deprimiert? Beobachten Sie in solchen Situationen Ihren Hund: Springt er am Zaun entlang und kläfft alles an, was sich bewegt? Läuft er ziellos durch das Haus? Steht er mit eingekniffener Rute da? Sie werden oft feststellen, daß sich im Verhalten Ihres Hundes genau Ihre momentane Stimmung widerspiegelt. Und da Erziehung dann am besten funktioniert, wenn Sie entspannt und wohlgelaunt sind, sollten Sie für die gemeinsamen Trainingsstunden auch eine solche Zeit wählen.

Andere Rassen, andere Sitten

Jedes Merkmal einer Rasse – von der Felllänge bis zur Pfotengröße – ist genau auf den Zweck abgestimmt, für den die betreffende Rasse ursprünglich gezüchtet wurde. Deshalb haben verschiedene Rassen auch unterschiedliche Charaktere. Ein Dackel sieht nicht nur ganz anders aus als ein Pudel, er reagiert und lernt auch anders.

Die Erziehung eines Hundes, so der Tierpsychologe Steve Aiken, fällt sehr viel leichter, wenn Sie Ihre Methoden und Belohnungen auf das typische Verhalten der betreffenden Rasse abstimmen. »Da Terrier zum Ausgraben und Töten unterirdisch lebender Nager gezüchtet wurden, ist es nur natürlich, daß sie auch mit Begeisterung Ihren Garten umgraben.«

Dieser Charakterzug muß Ihnen nicht gefallen, aber Sie müssen damit leben und können ihn lediglich durch Erziehung beeinflussen. Lassen Sie Ihren Hund wissen, daß er graben darf – wenn Sie es ihm gestatten. Für den Terrier eine Belohnung, ist das Graben für einen Neufundländer alles andere als ein Vergnügen, denn er macht sich die Pfoten tausendmal lieber naß als schmutzig. Und wer

Vom ersten Bellen an

ihn glücklich sehen will, ermögliche ihm das Planschen in einem Bach oder Teich. Informieren Sie sich über den zuchtgeschichtlichen Hintergrund Ihres Hundes – was mußten seine Vorfahren tun, um ihr Futter zu verdienen? – und wählen Sie entsprechende Belohnungen.

Mit Konsequenz klappt's

Hunde lernen am leichtesten und schnellsten, wenn sie genau wissen, was sie erwartet. Vermeiden Sie bei der Erziehung also unpräzise Kommandos. Das häufigste Problem unerfahrener Hundehalter ist mangelnde Konsequenz – sowohl beim Zeitplan der Ausbildung als auch bei ihren Befehlen. Der Hund muß klipp und klar wissen, was von ihm verlangt wird.

Wenn Sie Ihrem Hund das Bei-Fuß-Gehen beibringen, muß das jeden Tag mindestens eine halbe Stunde lang geübt werden, nicht in der ersten Woche dreimal, in der zweiten Woche gar nicht und in der dritten Woche nur einmal.

Und noch in anderer Hinsicht ist Konsequenz wichtig: Erteilen Sie Ihrem Hund stets gleichlautende Befehle in derselben Tonlage. Wenn Sie heute »Bleib!« und morgen »Du sollst da bleiben!« sagen, verwirrt ihn das. Gewöhnen Sie sich an, ihn zuerst beim Namen zu rufen und dann das Kommando zu geben – so ist Ihnen seine volle Aufmerksamkeit sicher.

Bleiben Sie fest, wenn es um Verbote geht. Wenn Sie den Hund an einem Tag aufs Sofa lassen und ihn am nächsten Tag dafür tadeln, weiß er nicht mehr, woran er sich halten kann.

»Jeder Hund benimmt sich besser, wenn er vorhersehen kann, was ihn erwartet«, erklärt der Veterinärmediziner Dr. Wayne Hunthausen, Mitautor eines Ratgebers über den Umgang mit verhaltensgestörten Tieren. Bilden Sie deshalb eine einheitliche Front. Sorgen Sie dafür, daß alle Familienmitglieder dem Vierbeiner gegenüber einheitlich konsequent sind. »Er fühlt sich sicherer und wohler und ist Neuem gegenüber aufgeschlossener, wenn alle Hausbewohner an einem Strang ziehen«, erläutert Dr. Hunthausen.

Gesten und Kommandos verbinden

Stellen Sie sich vor, Sie müssen sich in einem Land, dessen Sprache Sie nicht verstehen, nach dem Weg erkundigen. Wenn Sie »vor der Brücke rechts abbiegen« fälschlich als »geradeaus über die Brücke« übersetzen, werden Sie schwerlich das gewünschte Ziel erreichen. Genauso verloren kann sich Ihr Hund fühlen: Sie kommen von der Arbeit heim, und er springt Sie zur Begrüßung freudig an. Sie sagen: »Sitz!«, lassen ihn aber weiter toben. Muß er da nicht denken, das Wort »Sitz!« heißt: »Spring mich an, wenn ich zur Tür hereinkomme«? Die korrekte Bedeutung des Befehls ist ihm völlig unklar geblieben.

Ihr Hund ist nur glücklich, wenn er weiß, was Sie von ihm wollen. Vermeiden Sie unklare Kommandos und loben Sie ihn, wenn er etwas richtig verstanden und den Befehl korrekt ausgeführt hat. Er lohnt es

86 • ERZIEHUNG

Um sicherzustellen, daß Ihr Hund tut, was Sie von ihm erwarten, müssen Sie seine Reaktion jedes Mal belohnen oder korrigieren – je nachdem, ob sie richtig oder falsch war. Das zeigt Ihrem Hund, daß seine Reaktion beachtet wird. Er wird dadurch aufmerksamer und beim nächsten Mal schneller verstehen, worauf es ankommt.

Das richtige Timing

Ein Hund bringt Worte oder Verweise immer nur mit dem in Verbindung, was im gleichen Augenblick geschieht. Wenn Sie auch nur wenige Sekunden zögern, wird er derweil etwas anderes Interessantes zum Schnuppern oder Beobachten entdecken, und Ihre Gelegenheit zum Korrigieren ist passé.

Entscheidend ist das richtige Wort zur richtigen Zeit als Reaktion auf das Verhalten Ihres Hundes. Er muß verstehen, was er falsch gemacht hat und welches Verhalten Sie von ihm erwarten. Ohne diese Informationen kann er Ihre Anweisungen nicht richtig befolgen. Es braucht einige Übung, aber wenn Sie rasch reagieren, wird er es sehr schnell begreifen.

Versuchen Sie die Gedanken Ihres Hundes zu lesen. Falls Sie es schaffen, seine Absichten zu erahnen und mögliches Fehlverhalten im Ansatz zu tadeln, haben Sie schon so gut wie gewonnen. Verwandeln Sie seinen potentiellen Ungehorsam in eine positive Aktion – und zwar am besten so, daß er glaubt, das Ganze sei seine eigene Idee gewesen. Ein Beispiel:

Sie sehen, wie Ihr Hund ein Stück Hähnchenbrust fixiert, das auf dem Küchentisch liegt. Jetzt kann zweierlei geschehen: Entweder er holt sich den Leckerbissen mit einem großen Satz, oder er dreht sich um, um nachzusehen, ob Sie ihn beobachten. Seien Sie bereit, sofort ein strafendes „Pfui!" auszustoßen, falls er zum Sprung ansetzt, aber belohnen Sie ihn ganz schnell, falls er sich zurückhält.

Wirksam korrigieren

Am besten halten Sie Ihren Liebling auf dem Pfad der Tugend, wenn Sie ihn mit Lob statt mit Tadel korrigieren: Sie kommen in die Küche, während er gerade den Inhalt des Mülleimers erforscht. Bevor er noch richtig merkt, daß Sie da sind, rufen Sie seinen Namen, dann: »Sitz!«. Er folgt. Was für ein braver Hund. Dann sagen Sie: »Komm!«. Und er läuft Ihnen entgegen. Loben Sie ihn ausgiebig. Ist er nicht ein schöner, kluger, gutererzogener Hund? Streicheln Sie ihn, und spielen Sie mit ihm. Er hat es verdient. Und er hat gelernt, daß immer etwas Schönes passiert, wenn er Ihnen gehorcht. Und der Müll? Den haben wir doch längst vergessen …

Lob ist das A und O der Hundeerziehung. »Wenn Ihr Welpe einen Befehl ausführt, loben Sie ihn sofort mit freudiger Stimme«, rät Dr. Hunthausen. »Positive Bestätigung macht Ihrem Hund klar, daß er das Richtige getan hat, und das stärkt das Vertrauen zwischen ihm und Ihnen.« Finden Sie heraus, was Ihrem Hund Spaß macht – Kauspielzeug, Quietschknochen, Tennisball, Streicheln und so weiter, und setzen Sie es gezielt ein. Tut Ihr Hund jedoch etwas Unerlaubtes, wirkt schon allein das Wörtchen »Nein« Wunder.

Wenn Sie Ihren vierbeinigen Freund in flagranti ertappen, erschrecken Sie ihn durch ein scharfes »Pfui!« oder ein schrilles Geräusch, etwa den Ton einer Trillerpfeife. Der akustische Reiz unterbricht ihn in seinem Verhalten und gibt ihm die Chance, sich zu besinnen.

Einige Formen von Fehlverhalten bekämpft man am besten durch Ignorieren. Schnappt sich

Verstehen Hunde ihren Namen?

Obwohl viele Herrchen und Frauchen tage- oder sogar wochenlang nach einem passenden Namen für ihren vierbeinigen Hausgenossen suchen, ist es doch eher unwahrscheinlich, daß Hunde ihren Namen tatsächlich erkennen – zumindest nicht in demselben Maße, wie wir Menschen das tun.

»Hunde haben ein anderes Selbst-Bewußtsein als Menschen«, erläutert der Veterinärmediziner Dr. Wayne Hunthausen.

Aber weil sie ihren Namen täglich mehrfach hören – »Annabelle, Abendessen!« oder »Sonja, bring den Ball!« – lernen sie rasch, daß der Klang ihres Namens etwas Positives erwarten läßt. Als erstes bekommen sie Aufmerksamkeit, und das allein ist schon mal nicht übel. »Hunde, gleich welchen Alters, lernen in höchstens drei Tagen, auf ihren Namen zu reagieren«, meint die Verhaltensforscherin Dr. Deena Case-Pall.

Wie sie darauf reagieren, hängt allerdings ganz wesentlich von der Tonlage ab, in der sie gerufen werden. Zwischen einem fröhlichen »Sonja, komm her!« und einem strengen »Sonja, hast du den Schinken vom Teller geklaut?« besteht nämlich ein himmelweiter Unterschied.

Auf jeden Fall weiß Ihr Hund, daß Sie sich bemühen, seine Aufmerksamkeit zu gewinnen, wenn Sie ihn rufen. Und mehr wollen Sie doch auch gar nicht.

Bei der Erziehung kommt es auf klare Kommandos an. Der Hund muß genau wissen, was von ihm erwartet wird. Auf jede Aktion folgt sofort Lob oder Tadel.

Ihr Hund z. B. einen Schuh, und Sie jagen ihn anschließend – vielleicht auch noch lachend – durch die Wohnung, glaubt er ein herrliches, neues Spiel erfunden zu haben. Ignorieren Sie ihn hingegen, wird ihm die Sache bald langweilig.

Schimpfen Sie ihn nicht, wenn Sie nach Hause kommen und entdecken, daß ein Schuh rettungslos zerkaut ist. Zu verstehen, warum Sie auf ihn böse sind, liegt jenseits seiner Möglichkeiten, und schließlich ist es Ihre Sache, nicht als Spielzeug Gedachtes außer Reichweite zu verstauen.

Vermeiden Sie harte Strafen. Mit körperlicher Züchtigung zerstören Sie nur die Bindung zwischen sich und Ihrem Hund. Ihn zu schlagen, egal ob mit einem Gegenstand oder mit der Hand, ihn anzuschreien oder ihm die Nase in übelriechende Substanzen zu stecken kann sogar zu bleibenden Charakterveränderungen führen. Harte Strafen können einem Hund derartig Angst einjagen, daß er verstört und schreckhaft wird. Es gibt bessere und zuverlässigere Methoden, Fehlverhalten zu korrigieren.

Rudelführer

In der Hundwelt gibt es nur zwei Möglichkeiten: Entweder man ist Rudelchef oder man ist Gefolgsmann. Diese Rollenverteilung haben die Hunde von ihren Vorfahren, den Wölfen, übernommen. Wölfe leben im Rudel, und sie sind auf ihren Anführer angewiesen, um in der Wildnis zu überleben. Jeder Wolf hat seinen Platz in der Befehlskette. Beim Hund ist das nicht anders. Dabei spielt es keine Rolle, ob er als Einzelhund mit einem Single lebt oder ob er sich ein Haus mit anderen Vierbeinern und einem großen »Menschenrudel« teilt. Seinem Instinkt bleibt es überlassen herauszufinden, an welcher Position er in der Hierachie steht, und stets wird er nach Wegen suchen, seinen Rang zu verbessern.

Wer ist der Chef?

Zufall ist es nicht, wenn Ihnen Ihr Hund auf der Nase herumtanzt, wenn er nicht kommt, wenn Sie ihn rufen, oder mürrisch zu brummen anfängt, sollten Sie es wagen, ihn vom Sofa schieben zu wollen. Er will Ihnen damit zeigen, daß er der Boss ist.

»Dies sind die ersten Anzeichen von Dominanzverhalten«, erläutert Aiken. »Ein Hund wird immer versuchen, den Anführer zu spielen. Gelingt ihm dies nicht, ordnet er sich jedoch willig unter; denn er ist von Natur aus ein Herdentier und sieht sich als Mitglied einer Gruppengemeinschaft.«

Sie müssen freilich von Anfang an klarstellen, daß Sie derjenige sind, der in Ihrem Haushalt das Sagen hat. Tun Sie das nicht, wird Ihr Hund sehr bald die Macht an sich reißen und Sie zu seinem dienstbaren Geist degradieren.

Inkonsequenz zweibeiniger Rudelmitglieder fördert diese Verhaltensform. »Ist einen Tag der Halter in der Führungsposition, überläßt sie aber am nächsten Tag seinem Hund, sind Dominanzspannungen programmiert«, stellt der renommierte Hundeausbilder Steve Lindsay fest. Ignoriert ein normalerweise folgsamer Hund plötzlich Ihren Befehl, sich zu setzen, und läuft statt dessen aus dem Zimmer, müssen Sie sofort einschreiten.

Sofern Sie ihm nicht feste Grenzen stecken, wird Ihr Hund so lange seine Macht austesten, bis er an der Spitze der Hierarchie des »Rudels« angelangt ist. Wenn Sie also nicht auf dem Boden sitzen wollen, während er bequem auf der Couch lümmelt, müssen Sie ihm von Anfang an klarmachen, wer der Herr im Hause ist.

Vom ersten Bellen an

Tun sie es nicht, versteht er es als einen Hinweis darauf, daß Ihre Führungsposition angreifbar geworden ist. Verweisen Sie ihn dann in entschiedenem Ton auf seinen Platz. Aber nehmen Sie sein Verhalten nicht persönlich. Er tut es nicht aus Berechnung oder gar aus bösem Willen, sondern weil er von Natur aus programmiert ist, seinen Rang in der Hierarchie von Zeit zu Zeit auszutesten. Sie dürfen es ihm eben nur nicht durchgehen lassen. Am besten verhalten Sie sich wie der Chef des Wolfsrudels, der die Macht über das Futter hat, und füttern Sie Ihren Hund erst, wenn Sie selbst gegessen haben. Warten Sie, bis er gehorsam sitzt, bevor Sie ihn anleinen, um Gassi zu gehen.

»Es gibt auch Hunde, die nicht gerne eine Führungsposition übernehmen, sondern vollkommen zufrieden sind, die dritte oder vierte Geige zu spielen, solange sie nur wissen, wo ihr Platz ist«, meint Professor Dr. Nicholas Dodman, Verfasser mehrere Fachbücher zum Thema. Festigen Sie diese Stellung, indem Sie als Halter mehrerer Hunde jedem Tier gewisse Privilegien zugestehen. »Gleichgültig um welches Privileg es sich handelt – der Hundehalter muß derjenige sein, der entscheidet, wer was bekommt.«

Grenzen abstecken

Ein hoher Rang bringt Privilegien mit sich, aber auch Verantwortung und Verpflichtungen. Einem Anführer sagt niemand, was er zu tun hat. Andererseits müssen Sie als Rudelchef vom ersten Tag an feste Spielregeln aufstellen, damit Ihr Hund weiß, wie der Hase läuft. Hunde sind Gewohnheitstiere, die gerne wissen, was sie erwartet. Ihnen (in angemessenem Rahmen) Grenzen zu stecken und an diesen festzuhalten, ist das Beste, was Sie ihnen tun können. Wenn der Hund weiß, wie weit er gehen kann, fühlt er sich sicher.

Schoßhündchen als Chef

Niedliche, kleine Hündchen sehen aus wie lebendige Stofftiere. Sie trippeln neben Ihnen her, springen an Ihnen hoch, wenn sie aufgeregt sind, stecken ihren Kopf unter Ihre Jacke, wenn sie Angst haben, oder verkriechen sich unters Sofa, wenn ein Unbekannter das Zimmer betritt. Aber ganz gleich, wie putzig Ihnen dieses Verhalten auch vorkommt, es ist ein Zeichen von Dominanz und muß korrigiert werden. Aufgrund der geringen Körpergröße denken viele Hundehalter, daß sie einen kleinen Hund beschützen müßten. Anstatt sein Dominanzverhalten zu tadeln, nehmen sie ihn auf den Arm und knuddeln ihn. Das ist genau, was Schoßhündchen bezweckt. Es ist vielleicht das kleinste Familienmitglied, aber es bestimmt, was Sache ist.

Lassen Sie einem kleinen Hund nichts durchgehen, was Sie bei einem großen nicht auch dulden würden. Wenn er Sie anspringt oder pausenlos kläfft, nehmen Sie ihn nicht auf den Arm. Sondern geben Sie statt dessen den Befehl: »Platz!«.

Hunde, die zu streng bestraft werden, aber auch solche, denen man zu viele Freiheiten läßt, bekommen Probleme.

Geben Sie Ihrem Hund nur einmal nach, wird er sich stets daran erinnern. Wie ist das, wenn Sie Besuch bekommen? Ihr Hund bellt und macht sich wichtig, und anstatt dieses Fehlverhalten – wie üblich – zu korrigieren, geben Sie ihm einen Knabberknochen, damit er möglichst schnell ruhig ist. Ihr Hund merkt sich sehr schnell, daß er nur zu bellen braucht, wenn es an der Tür klingelt, und er bekommt ein Leckerchen.

Die meisten Menschen lassen ihrem Hund zuviel durchgehen. Er rennt Sie fast über den Haufen, verspeist die Hälfte Ihres Mitternachtssnacks und blockiert den Weg ins Bad. Dabei liegt es nur an Ihnen festzulegen, was er darf und was zu weit geht. Stecken Sie die Grenzen ab und sorgen Sie dafür, daß sie eingehalten werden.

Sie sind es, der die Regeln vorgibt. Ihr Hund wird glücklich sein, Sie zufriedenzustellen und Ihren Anweisungen zu gehorchen. Aber Sie müssen ihm klarmachen, was Sie von ihm wollen.

Die Herrschaft zurückgewinnen

Stehen Sie bereits unter dem Pantoffel, wird es Zeit, nach der Leine zu greifen und die Herrschaft zurückzugewinnen. Fast immer reichen einige wenige Maßnahmen aus, um den Vierbeiner auf seinen Platz zu verweisen. Das »Nein« muß nur wirklich immer klar und energisch genug ausfallen. Springt Ihr Hund zum Beispiel regelmäßig an Ihnen hoch, wenn Sie sein Futter herrichten, lassen Sie ihn von jetzt an »Sitz« machen und warten, bis Sie seinen Namen rufen. Seien Sie konsequent und tun Sie es jeden Tag, bei jeder Mahlzeit –, und Sie haben sehr bald einen wohlerzogenen Esser. Ihr Hund wird schnell verstanden haben, daß er sein Futter nur bekommt, wenn er Ihren Kommandos folgt.

Anfangsschwierigkeiten

Die meisten Erst-Hundebesitzer tun sich schwer, das richtige Maß an Korrekturen abzuschätzen. Sind Sie zu nachgiebig, wird Ihr Hund Sie bald untergebuttert haben. Sind Sie zu kritisch, könnte er dagegen überängstlich werden und das notwendige Vertrauen zu Ihnen verlieren. In diesem Punkt das richtige Gespür zu entwickeln ist auch eine Frage der Übung, also geben Sie nicht auf. Sie werden bestimmt einen Mittelweg finden.

Überlegen Sie sich im voraus, welche Anforderungen Ihr Hund erfüllen kann und wann Sie ihn korrigieren oder beide Augen zudrücken wollen. Stecken Sie Ihre Erwartungen nicht zu hoch und seien Sie stets konsequent. Sagen Sie immer klar, was Sie wollen, und stehen Sie hinter diesem Kommando. Ein Hund ordnet sich einem souveränen Anführer gern unter. Entschiedenes Auftreten ihm gegenüber vermittelt ihm das wichtige Gefühl von Sicherheit und Zugehörigkeit zum »Rudel«.

Lob und Tadel

Stellen Sie sich vor, Sie gehen gerade Ihrer Lieblingsbeschäftigung nach, und jemand sagt Ihnen, Sie sollen sofort damit aufhören und sich ruhig hinsetzen. »Nicht mit mir!« werden Sie sich denken. Bietet Ihnen derselbe Mensch dafür aber eine größere Summe in bar an, sitzen Sie garantiert sehr schnell in Ihrem Sessel. Genauso einfach – und viel billiger – können Sie Ihren Hund zum Gehorsam bringen. Sie müssen nur die richtige Belohnung herausfinden, sei es ein Leckerbissen, ein Spielzeug oder ein aus vollem Herzen kommendes »Braver Junge!« (respektive »Braves Mädchen!«).

Essen
Führt der Weg zum Herzen Ihres Hundes über den Freßnapf – und das tut er bei den meisten Hunden – dann nutzen Sie dies für seine Erziehung aus. Soll er beispielsweise sofort stillstehen, fesseln Sie seine Aufmerksamkeit mit einem Leckerbissen. Das muß kein saftiges Steak sein, ein paar trockene Leckerli tun es genauso.

Schnappt er sich das nächste Mal Ihren linken Schuh, dann jagen Sie nicht hinter ihm her, sondern legen Sie einen Hundekuchen in seinen Napf, klappern Sie damit und rufen Sie ihn. Er wird augenblicklich den Schuh fallen lassen und angeschossen kommen, wenn er weiß, daß die Leckerbissen auf ihn warten.

»Wenn beide, Hund und Halter, erreichen, was Sie wollen, ist die Situation optimal«, erläutert Dr. Wright. »Das schafft eine lockere und fröhliche Trainingsatmosphäre.«

Spielzeug
Interessiert sich Ihr Vierbeiner weniger fürs Futter, können Sie seine Aufmerksamkeit mit interessantem Spielzeug gewinnen. Quietschbälle, Gummiknochen, Wurf- und Kauspielzeug, aber auch einfache Pappkartons und Holzstückchen sind geeignet. Probieren Sie aus, was ihm gefällt.

Geben Sie einem begeisterten Kauer, der Ihrem »Platz« gehorcht hat, gleich nachdem Sie ihn wieder haben aufstehen lassen etwas zum Zerbeißen. Hat Ihr Hund auf Ihr »Nein« gehört und ist im Park nicht zu den anderen Vierbeinern hingelaufen, holen Sie ein Spielzeug heraus, das Sie in der Jackentasche versteckt hatten, und zeigen Sie es ihm. »Liebt Ihr Hund Bälle, wirkt ein kurzes Spiel nach Befolgen eines Gehorsamsbefehls wahre Wunder«, weiß die erfahrene Ausbilderin Jill Jorey.

Lob und Anerkennung
Anderen Hunden liegt mehr an einem Lob ihres Besitzers als an Leckerlis oder einem Spiel. Für sie ist ein »So ein braver Hund!« die schönste Belohnung. Und dafür wird Ihr Liebling dann auch den verführerisch duftenden Knochen im Mülleimer ignorieren oder beim Kämmen oder Krallenschneiden stillhalten.

»Loben Sie Ihren Hund, wenn er Ihren Wünschen entsprochen hat, so als sei dieses Verhalten seine eigene Idee gewesen«, rät Dr. Wright. Für liebevolle Streicheleinheiten oder ein sanftes Kraulen an der richtigen Stelle – hinter den Ohren, an der Brust oder der Schwanzwurzel – wird Ihr Hund fast alles für Sie tun.

Die Hohe Kunst der Zurechtweisung

Mit Futter, Spielzeug und liebevoller Aufmerksamkeit wird es auch Ihnen gelingen, Ihren Hund wunschgemäß zu erziehen. Warten Sie einfach ab, bis Ihr Hund ein bestimmtes Verhalten zeigt, und reagieren Sie unmittelbar darauf. Wenn Sie ihn im selben Augenblick tadeln und Ihren Kommentar knapp, präzise und positiv formulieren, weiß Ihr Hund sofort, was er falsch gemacht hat. Eine Bestrafung soll eine unangenehme Überraschung für den Hund sein, darf ihn aber keinesfalls ängstigen. Wenden Sie keine harten Strafen wie Schlagen, Anschreien oder Reißen am Würgehalsband an. Solche Methoden machen nur das Vertrauensverhältnis zwischen Ihnen und Ihrem Hund zunichte.

Zehn richtige Erziehungsmaßnahmen

1. Schaffen Sie Vertrauen, bevor Sie strafen.
2. Verwenden Sie ein Würgehalsband; so gewinnen Sie schnell die Aufmerksamkeit des Hundes.
3. Arbeiten Sie mit positiver Verstärkung.
4. Strafen Sie den Hund nur in dem Augenblick, in dem er Fehlverhalten zeigt.
5. Belohnen Sie mit Futter, Spielzeug und Lob, wenn Ihr Hund folgsam war.
6. Bleiben Sie konsequent, was Erziehung und Kommandos betrifft.
7. Setzen Sie Ihren Hund nach einer Bestrafung wieder derselben Situation aus und belohnen Sie ihn sofort, wenn er sich diesmal korrekt verhält.
8. Lenken Sie ihn mit einem Geräusch ab oder senken Sie die Stimme, wenn er etwas Verbotenes im Sinn hat.
9. Verwenden Sie beim Training im Freien immer Halsband und Leine.
10. Scheuen Sie sich nicht, Fehlverhalten auch in Anwesenheit anderer zu tadeln.

Zehn falsche Erziehungsmaßnahmen

1. Schlagen Sie nie Ihren Hund – weder mit der Hand noch mit einem Gegenstand, etwa einer zusammengerollten Zeitung oder einem Schuh, den er zerkaut hat.
2. Schreien Sie Ihren Hund nicht an, wenn er ein Kommando nicht befolgt hat.
3. Jagen Sie niemals hinter Ihrem Hund her.
4. Drängen Sie ihn niemals in die Ecke.
5. Reißen Sie niemals die Leine hoch. Das kann zu Genickverletzungen führen.
6. Sperren Sie Ihren Hund niemals in einen kleinen, dunklen Raum.
7. Bestrafen Sie Ihren Hund nie für etwas, das Sie ihn nicht im selben Augenblick haben tun sehen.
8. Entziehen Sie Ihrem Hund niemals sein Futter oder gar sein Wasser.
9. Tun Sie niemals etwas, das Ihnen ein anderer geraten hat, wenn Sie nicht voll dahinterstehen.
10. Reiben Sie dem Hund nie die Nase in Unrat.

Vom ersten Bellen an

Mit dem Hund reden

Flüstern Sie den Namen Ihres Hundes und beobachten Sie, wie er die Ohren spitzt, wenn er ihn erkennt. Abgesehen von seinem Namen wird ihm jedoch fast alles, was Sie sagen, spanisch vorkommen – zumindest so lange, bis Sie ihm beigebracht haben, bestimmten Worten eine bestimmte Bedeutung zuzuordnen. Sofern Sie Ihre Befehle an sein Sprachverständnis anpassen, weiß er dann, was von ihm erwartet wird, und kommt Ihren Kommandos – zumal sie freundlich, aber bestimmt erteilt werden – gerne nach.

Einstellung

Wichtigste Grundvoraussetzung für ein erfolgreiches Training ist, daß Sie zuversichtlich und mit der Überzeugung an die Sache herangehen, das Richtige für sich und Ihren Hund zu tun. »Er wird Sie weitestmöglich nachahmen wollen, und wenn Sie positiv eingestellt sind, färbt das wesentlich auf ihn ab«, erklärt Myers. Erteilen Sie einen Tadel nur, wenn Sie wirklich dahinterstehen. Sonst spürt Ihr Hund Ihre Unentschlossenheit. Denn »wenn Sie sich nicht sicher sind, was Sie von ihm erwarten, kann er es erst recht nicht wissen.«

Stimmlage

Die Tonlage Ihrer Stimme spielt eine wesentliche Rolle bei der Hundeerziehung. Nicht was Sie sagen zählt, sondern wie Sie es sagen. Wenn Sie aufgeregt sind und ihn mit hoher, fröhlicher Stimme loben, erinnert ihn das an die fiependen Töne, die ein Hund von sich gibt, wenn er freudig erregt ist. Kommandos können Sie ruhig »bellen«, denn das versteht Ihr Hund richtig: Es klingt autoritär. Ist Tadel fällig, sind möglichst tiefe Töne von Vorteil, die einem Knurren ähneln.

Gefühle

Emotionen sind bei der Ausbildung fehl am Platz. Wenn Sie sich freuen, weil Ihr Hund etwas richtig gemacht hat, dürfen Sie das ruhig zeigen; aber das ist auch die einzige Ausnahme. Negative Gefühle machen jede Übungsstunde unproduktiv. Reagiert der Hund nicht auf Ihren Befehl, hat es keinen Sinn, ärgerlich zu werden. Anschreien und Schimpfen verunsichert ihn nur und macht ihn schreckhaft. Da er nicht weiß, warum Sie böse auf ihn sind, wiederholt er das Fehlverhalten möglicherweise sogar, oder er zieht sich ganz zurück und reagiert nicht mehr.

Gesten

Ihr Hund lauscht Ihnen nicht nur, er behält Sie auch ständig im Auge und beobachtet Ihre Körpersprache, Ihre Mimik und Gestik. So kann er abschätzen, was als nächstes geschehen wird. Bei der Ausbildung ist besonders wichtig, wie Sie sich im Verhältnis zu Ihrem Hund bewegen. Wenn Sie sagen »Bleib!«, dabei aber vorwärts gehen, wird Ihr Hund höchstwahrscheinlich ebenfalls weiterlaufen. Bleiben Sie aber selbst stehen, erkennt er, welches Verhalten von ihm erwartet wird. Der Schlüssel zum Erfolg liegt darin, daß sämtliche Hilfsmittel – Körpersprache, Stimmlage und Einstellung – in Einklang mit den korrekten Befehlen stehen.

Lernbereitschaft

Theoretisch sind Hunde jeden Alters erziehbar, doch die besten Erfolge zeigen sich erwartungsgemäß bei Welpen. Beginnen Sie mit der Erziehung sofort nach Ankunft des Hundes in Ihrem Heim. Hunde brauchen feste Regeln und sind von Natur aus bestrebt, Ihren Besitzern Freude zu machen. Sie dürfen also auf echte Lernbereitschaft rechnen. Vergessen Sie aber nicht, daß jede Ausbildung Geduld und Konsequenz erfordert.

Welpen erziehen

Welpen lernen unentwegt. Mit sieben oder acht Wochen können sie zwar vielleicht noch nicht perfekt bei Fuß gehen, aber »Sitz« sollten sie problemlos lernen.

Schwierigkeiten könnte es allenfalls bei der Koordination ihrer Körperteile geben. Welpen sind in diesem Alter noch nicht besonders geschickt. Beschränken Sie sich also auf spielerisches Training. Nutzen Sie die natürliche Neugier des kleinen Kerls aus. Sind Sie beispielsweise zusammen im Garten, und ein Windstoß läßt ein Blatt über den Rasen tanzen, wird Ihr Welpe automatisch hinterherspringen. Sagen Sie jetzt: »Fang!«, und wenn er es erwischt hat, loben Sie ihn: »Braver Hund!« So haben Sie seinem natürlichen Jagdtrieb einen Namen gegeben und können später beim Apportiertraining darauf zurückgreifen.

Auch »Komm« können Sie Ihrem Welpen beibringen, noch ehe er vier Monate alt ist. Rufen Sie jedesmal, wenn Sie seinen Freßnapf hinstellen, mit fröhlicher Stimme seinen Namen. Nach wenigen Malen wird er angetrabt kommen, sobald er den bekannten Ruf vernimmt.

Wichtig ist, daß Sie den kleinen Kerl nicht überfordern. Halten Sie die Lektionen kurz, vielleicht mehrmals täglich fünf Minuten. Machen Sie die Lektionen zu einem vergnüglichen Ereignis, auf das Ihr Welpe sich freut.

Der ältere Hund

Glauben Sie nicht dem Sprichwort, man könne einem älteren Hund keine neuen Kunststücke mehr beibringen. Dr. Crowell-Davis, Dozentin für Veterinärmedizin, zufolge besteht die einzige Schwierigkeit bei der Ausbildung älterer Hunde darin, ihnen anerzogenes Fehlverhalten wieder abzugewöhnen. Mit sechs oder sieben Jahren, bei größeren Rassen etwas früher, ist ein Hund auf dem Gipfel seiner Leistungsfähigkeit und besonders aufnahmefähig.

Ab einem Alter von etwa acht Jahren reagieren manche Hunde weniger rasch auf Kommandos. Sie sind zwar lernwillig, aber es mangelt ihnen an Kraft. Ihre Reaktionen werden langsamer, und auch das Gedächtnis kann nachlassen. Handelt es sich bei Ihrem neuen Hausgenossen um einen Senior, sollten Sie ihn vor Beginn einer Ausbildung vom Tierarzt untersuchen lassen.

Trainingsmethoden für jedes Alter

Erziehungstechniken sind unabhängig vom Alter des Schülers. Hunde lernen bereitwillig, weil sie ihrem Besitzer Freude machen und eine Belohnung bekommen wollen.

Wer einen Hund ausbilden will, braucht viel Geduld. Bedenken Sie, daß Hunde – wie Menschen – unterschiedliche Stärken und Schwächen haben.

Unterschiedliche Aufnahmefähigkeit
Jede Hunderasse wurde und wird auf ein bestimmtes Ziel hin gezüchtet, und davon hängen auch Aufnahmefähigkeit und Lernbereitschaft Ihres Vierbeiners ab. »Nach Körperbau, den fünf Sinnen und dem natürlichen Motivationsniveau unterscheiden sich die verschiedenen Hunderassen beträchtlich«, erklärt Dr. Crowell-Davis. Windhunde wie der Saluki sind extrem schnell und haben ein bemerkenswertes Sehvermögen. Einem solchen Hund fällt es schwer, lange an einer Stelle liegen zu bleiben, aber wenn Sie ihn hinter etwas herjagen lassen, ist er in seinem Element. Ruhigere Rassen wie Berner Sennenhund, Labrador oder Golden Retriever führen Übungen wie Liegenbleiben – »Platz« in aller Regel sehr viel leichter und lieber durch.

Wer auf rasche Erfolgserlebnisse Wert legt, muß für die jeweilige Rasse die richtigen Aufgaben wählen. Ein Golden Retriever ist als Apportierhund gezüchtet, deshalb wird er Ihnen mit größter Begeisterung Bälle zurückbringen. Ersparen Sie sich und ihm den Frust, ihn zum Schlittenhund ausbilden zu wollen. Eine echte Herausforderung wäre es umgekehrt, einem Chow-Chow, dessen Ahnen Wachhunde waren, das Apportieren beizubringen.

Musterschüler

Um herauszufinden, welche Hunde am einfachsten auszubilden sind, führten Dr. Benjamin Hart, Professor für Anatomie und Physiologie, und die Soziologin Dr. Lynette Hart eine Studie mit den 56 bekanntesten und beliebtesten Rassen durch.

Shetland Sheepdog, Shih-Tzu, Zwerg- und Großpudel, Bichon frisé, English Springer-Spaniel und Welsh Corgi zählten zu den Musterschülern der Hundeschule.

Labrador und Golden Retriever, Ungarischer Kuvasz, Breton, Deutsch Kurzhaar, Neufundländer, Chesapeake-Bay-Retriever, Keeshond, Collies und Australische Schäferhunde zeigten sich ebenfalls sehr lerneifrig, reagierten aber etwas langsamer als die zuvorgenannten. Eine dritte Gruppe mittel- bis sehr lernfähiger vierbeiniger Schüler umfaßt den Deutschen Schäferhund, Akita, Dobermann und Rottweiler.

6 SAUBERKEIT

Ganz gleich, ob er erst wenige Wochen alt oder ein ausgewachsener Hund in den besten Jahren ist – Ihr neuer Hausgenosse muß vom ersten Tag an lernen, daß er sein Geschäft im Freien zu verrichten hat. Da Hunde von Natur aus sauber sind, wird er, sobald er verstanden hat, worum es geht, nur zu gerne gehorchen.

Sauberkeitserziehung für Welpen
Seiten 97–101
Welpen lernen von der Mutter, und da Sie nun einmal deren Rolle übernommen haben, müssen Sie einspringen.

Sauberkeitserziehung für Erwachsene
Seiten 102–103
Falls Sie einen erwachsenen Hund zur Stubenreinheit erziehen müssen – gehen Sie vor wie beim Welpen und haben Sie Geduld!

SAUBERKEIT

Sauberkeitserziehung für Welpen

Mit Ihrem neuen Liebling kommt viel Freude ins Haus, aber auch ein gewisses Quantum an Putzarbeit auf Sie zu, das gerade Erst-Hundebesitzer nicht unterschätzen sollten. Stubenreinheit steht gewöhnlich ganz oben auf der Erziehungsliste für Welpen, und es kann zu einer Herausforderung werden, dem Kleinen klarzumachen, daß Ihre Parkettböden und Perserbrücken ursprünglich nicht als Hundetoilette gedacht waren. Mit Geduld und viel Liebe gelingt dies jedoch meist schneller als anfangs befürchtet.

Sauberkeitsinstinkt
Hunde sind von Natur aus sauber und deshalb bestrebt, ihren Eß- und Schlafbereich nicht zu verunreinigen. Jede gute Hundemutter erzieht ihren Wurf vom ersten Tag an zur Sauberkeit – und zwar nicht nur hinter den Ohren.

»Wenn Sie diesen angeborenen Instinkt zur Sauberkeit unterstützen, sobald der Welpe ins Haus kommt, kann er schon innerhalb von 48 Stunden stubenrein werden«, meint der Verhaltensforscher Dr. Dennis Fetko. In der Praxis geht es selten so schnell. In jedem Fall müssen Sie mit dem Kleinen intensiv arbeiten.

Sofort anfangen
Wenn Sie von Anfang an auf Präventivmaßnahmen setzen, werden Ihre Bemühungen, den Welpen stubenrein zu bekommen, sehr viel schneller Früchte tragen. Mit acht Wochen ist ein junger Hund in der Lage zu lernen, daß es für alles einen festen Ort und eine bestimmte Zeit gibt. Das ist das optimale Alter, einen Hund zur Stubenreinheit zu erziehen. Ihr Welpe möchte Ihnen Freude machen, und selbst wenn hie und da noch ein Mißgeschick passiert, wird er sich sehr bemühen, sich an seine zweibeinigen Besitzer anzupassen, die schließlich auch nicht von Geburt an wußten, wie man auf den Topf geht.

Hundetoilette
Am einfachsten machen Sie es sich und Ihrem Hund, wenn Sie ihm einen festen Toilettenplatz zuweisen. Dies kann eine Ecke im Garten sein oder ein Platz in nächster Umgebung, an dem Ihre Mitmenschen nicht durch die Verunreinigung gestört werden. Für Wohnungshunde wird an einem bestimmten Platz dick Zeitungspapier ausgebreitet.

Hunde setzen mit Urin und Kot Pheromone frei, Duftstoffe, die bei späterem Wiederriechen im Hund den Reflex auslösen, sich erneut zu erleichtern. Deshalb empfiehlt es sich, Ihren Welpen jedesmal an dieselbe Stelle zu führen. Zugleich sagt der Geruch anderen Hunden: Dieser Platz ist vergeben!

Damit dieser Platzanspruch erhalten bleibt, wird Ihr Hund seine Duftmarke ständig neu setzen. Deshalb ist es auch für den Halter wünschenswert, diese Routine beizubehalten.

Routinegeschäft
Das Geheimnis der Stubenreinheit liegt in Ihrer Fähigkeit, rechtzeitig zu erkennen, wann Ihr Welpe aufs Klo muß. Das ist in aller Regel in fol-

genden Situationen der Fall: wenn er geschlafen hat, nach einer Mahlzeit und nach dem Spielen. Machen Sie es sich zur Regel, frühmorgens als erstes und abends als letztes mit ihm an seinen Toilettenplatz zu gehen, und behalten Sie ihn zu den genannten Zeiten besonders im Auge. Dann werden Sie schnell merken, wann es ihn »drückt«.

Leckt er sich im Anschluß an sein Abendessen das Mäulchen, ist also Zeit für einen Besuch auf dem Hundeklo. Gehen Sie mit ihm zu dem Platz, den Sie dafür vorgesehen haben. Ist dieser Ort im

Freien, müssen Sie mit hinaus, auch wenn es eisig kalt ist. Nur so können Sie sichergehen, daß das Geschäft, das Sie beide nach draußen geführt hat, auch wirklich erledigt wird.

Am Toilettenplatz angekommen, wird Ihr Welpe vielleicht nicht sofort zur Tat schreiten. Denn schließlich locken draußen jede Menge Gerüche und Geräusche, so daß der Kleine möglicherweise vor lauter Neugier den eigentlichen Anlaß des Ausflugs vergißt. Wenn Sie nicht aufpassen, kann es passieren, daß der Kleine eine Stunde draußen ist, und in dem Moment, in dem Sie beide wieder ins Haus kommen, auf den Küchenboden macht.

Erfahrene Hundeausbilder empfehlen deshalb, den Welpen an eine kurze Leine zu nehmen, bevor Sie mit ihm ins Freie gehen, und ihn dort mit einem »Mach schnell!« zur Eile anzutreiben. Da das Schnüffeln an ein und demselben Platz rasch langweilig wird, wird sich der Kleine bald erleichtern. Danach können Sie dann die Leine losmachen und ihn noch etwas toben oder forschen lassen.

Hat der Welpe sein Geschäft brav erledigt, loben Sie ihn mit Streicheln und lieben Worten. Belohnen Sie ihn dafür aber nie mit Futter.

Hat sich Ihr Welpe nach einer Stunde noch nicht erleichtert, bringen Sie ihn wieder zurück ins Haus, aber lassen Sie ihn dort nicht frei herumlaufen, sondern schicken Sie ihn auf sein Bett oder stecken Sie ihn in seine Box. Beides wird er nicht verunreinigen.

Gewöhnung an die Box

In aller Regel ist es überflüssig, für den Hund eine Drahtbox als Aufenthaltsort in der Wohnung anzuschaffen. Aber so grausam, wie es auf den ersten Blick aussieht, ist es gar nicht. In Wahrheit ist die Box, wenn der Hund von Kindesbeinen

Tips für Berufstätige

Wer voll berufstätig ist, hat natürlich weniger Zeit, seinen Hund zur Stubenreinheit zu erziehen, als jemand, der sich seine Zeit frei einteilen kann. Deshalb ist es in jedem Fall sinnvoll, mit dem Tag der Ankunft des Welpen einen größeren Teil des Jahresurlaubs anzutreten. Innerhalb von drei oder vier Wochen werden Sie die Sauberkeitserziehung in jedem Fall bewältigt haben.

Stehen Sie morgens früher auf als sonst, damit Sie mit Ihrem Liebling ein oder zweimal hinausgehen können, bevor Sie zur Arbeit müssen. Reden Sie mit Ihrem Arbeitgeber. Einen geeigneten Job vorausgesetzt, dürfen Sie den Hund vielleicht sogar ins Büro mitbringen.

Wenn nicht, muß bei einem jungen Hund unter sechs Monaten mittags jemand vorbeikommen, um ihn zu füttern und anschließend Gassi zu gehen. Kinder in der Nachbarschaft übernehmen solche Arbeiten meistens gern.

SAUBERKEIT

daran gewöhnt ist, ein Ort der Geborgenheit, wo er sich sicher fühlt, schläft, seine Ruhe hat – und nichts anstellen kann.

Sollte dieses letzte Argument für Sie eine wesentliche Rolle spielen – weil Sie vielleicht zu Hause ein Gewerbe betreiben, das für den Hund Gefahren birgt oder dessen Ablauf er empfindlich stören könnte – sollten Sie die Anschaffung einer Box in Erwägung ziehen. Für einen normalen Familienhund hingegen ist dieses nicht ganz billige Zubehör vollkommen überflüssig. Sorgen Sie lieber dafür, daß der Hund an einem ruhigen Platz des Hauses oder der Wohnung sein Bett erhält – ein ausgepolstertes Körbchen für den Kleinen, eine mit waschbarem Überzug versehene Matratze für den großen Hund. Dorthin wird er sich zurückziehen, wenn ihm der Trubel zuviel wird. Dort wird er schlafen, und dort wird er sich auch geborgen fühlen.

Denken Sie daran: Ihr Hund ist kein Kanarienvogel, sondern ein Kamerad, der sein Leben mit Ihnen teilen will und soll. Deshalb gehört er an Ihre Seite und nicht in den Käfig.

Sollten Sie aber aus irgendwelchen Gründen eine Box für unvermeidlich halten, gewöhnen Sie Ihren Welpen wenigstens langsam daran. Locken Sie ihn mit ein paar Hundekuchen hinein und lassen ihn dann darin herumschnüffeln.

Loben Sie ihn, wenn er drinnen frißt, aber machen Sie nicht gleich die Tür zu. Rufen Sie den Kleinen zurück, loben Sie ihn, werfen Sie dann einen weiteren Hundekuchen hinein, und loben Sie ihn erneut, wenn er sich diesen holt. Wiederholen Sie die Übung so lange, bis der Welpe von selbst in die Box läuft und wieder herauskommt. Schließen Sie die Tür kurzzeitig, wenn Sie den Hund partout nicht brauchen können, aber sperren Sie ihn niemals für längere Zeit darin ein.

> ## Pfui!
>
> Auch wenn man es immer wieder hört: Einem Hund die Nase in seine Fäkalien zu stecken ist ebenso grausam wie sinnlos. Sie reiben einem Baby ja auch nicht seine dreckigen Windeln ins Gesicht. Zwar wird der Kleine erkennen, daß es sich um seine eigene Ausscheidung handelt, aber er versteht nicht, daß er sie am falschen Platz abgesetzt hat. Ein »Pfui« verdiente in diesem Fall nur der Besitzer.
>
> Bestrafen Sie das Fehlverhalten, nicht den Hund! Studien haben bewiesen, daß schon drei Sekunden Verzögerung zwischen Mißgeschick und Tadel letzteren unwirksam machen. Wenn Sie Ihren Hund dabei erwischen, daß er sich in der Wohnung erleichtert, ist es wirkungsvoller, ihn sofort zu seinem Toilettenplatz zu führen und ihn dort zu loben.

Wenn nicht besondere Umstände dafür sprechen – sparen Sie sich den Käfig für den Hund!

Zeitungstoilette

Gesetzt den Fall, in der ersten Woche, die Ihr neuer Hausgenosse bei Ihnen verbringt, tobt draußen ein mörderischer Schneesturm. Oder er ist ein sehr kleiner Hund, der sich öfter erleichtern muß als ein großer. Oder Sie haben sich für einen Hund entschieden, obwohl Sie in einem Hochhaus wohnen und nicht jedesmal, wenn Ihr Vierbeiner einen Drang verspürt, die fünfzehn Etagen mit dem Lift ins Erdgeschoß rasen können. Dann – und nur dann – ist es angebracht, Ihren Liebling an eine Zeitungstoilette zu gewöhnen.

Das funktioniert, weil Ihr neuer Hausgenosse dadurch lernt, daß es einen bestimmten Platz in der Wohnung gibt, den er als Toilette benutzen kann, wenn das Gassigehen einmal ausfallen muß.

Um ihm beizubringen, wo dieser Platz ist, breiten Sie am ausgewählten Ort, der einen pflegeleichten Stein- oder Kunststoffboden aufweisen sollte, ein größeres Stück Plastikfolie aus und legen mehrere Lagen Zeitungspapier darüber. Plazieren Sie zwischen die Zeitungen ein Stück bereits benutztes »Hundeklopapier«, damit der Kleine erschnüffeln kann, wohin er sein Geschäft machen soll. Mit der Zeit können Sie die Zeitungsfläche verkleinern. Wenn Sie ihn dann an einen Toilettenplatz im Freien gewöhnen wollen, nehmen Sie die ersten ein bis zwei Tage etwas »duftendes« Zeitungspapier mit hinaus. Es kann eine Weile dauern, bis er die neue Umgebung akzeptiert, und der vertraute Geruch erleichtert ihm die Umstellung.

Wenn Ihnen ein Zeitungsklo zu unappetitlich erscheint – die meisten kleinen Hunde akzeptieren auch eine flache Kunststoffwanne mit Katzenstreu. Das ist teurer, aber auch hygienischer.

Sie sollten auf die Zeitungs-Methode nur ausweichen, wenn es sein muß. Es ist immer nur eine Notlösung. Und wenn Sie den Hund anfangs dafür belohnen, sein Geschäft im Haus zu erledigen, müssen Sie ihm später dennoch beibringen, dazu ins Freie zu gehen. Bringen Sie den Kleinen deshalb unbedingt von Anfang an täglich ein- oder zweimal zu seinem Freiland-Toilettenplatz.

Die Zeitungstoilette ist immer nur eine vorübergehende Notlösung. Hygienischer wird es, wenn Sie dem Hund eine flache Wanne mit Katzenstreu anbieten.

SAUBERKEIT

Tips zur Fleckentfernung

Hat Ihr Welpe sich in der Wohnung vergessen, ist das eine Sache. Eine andere ist es, die Flecken aus dem neuen Teppich herauszubekommen. Das verwendete Reinigungsmittel muß geruchsneutralisierende Stoffe enthalten. Besonders gut wirken Produkte aus konzentrierter Orangenschale. Ein anderes bewährtes Hausmittel: $1/4$ Tasse Weißweinessig und einige Teelöffel Flüssigwaschpulver mit einem halben Liter warmem Wasser mischen. Den Fleck damit einsprühen, ein paar Sekunden einziehen lassen und dann vorsichtig einrubbeln. Mit einem Handtuch trockenreiben.

Mißgeschicken vorbeugen

Behalten Sie Ihren Welpen auch in der Wohnung stets im Auge. So minimieren Sie die Gefahr, daß der Kleine unerwünschte Angewohnheiten entwickelt. Beseitigen Sie eventuelle Mißgeschicke sofort; dadurch lernt Ihr Hund, daß Sauberkeit Vorrang hat. Die meisten Hunde laufen übrigens genauso ungern durch ihren eigenen Dreck wie Menschen! Wenn Sie ihn nicht ständig im Auge behalten können, ist es besser, ihn an einen sicheren Platz zu stecken, etwa in den Wirtschaftsraum oder, wenn's denn sein muß, in seine Box.

Überfüttern Sie Ihren Liebling nicht. Je mehr flüssige und feste Nahrung der Kleine zu sich nimmt, desto mehr muß er ausscheiden. Geben Sie ihm täglich drei Mahlzeiten aus ausgewogenem Futter und bieten Sie ihm fünfmal täglich frisches Trinkwasser an. Das reguliert Appetit und Verdauung des Hundes. Lassen Sie den Freßnapf niemals den ganzen Tag über stehen. Geben Sie ihm abgemessene Portionen zu festen Zeiten und lassen Sie ihm jeweils einige Minuten Zeit, um zu fressen. Was er übrigläßt, wird weggeworfen.

Auf frischer Tat

Ertappen Sie Ihren Welpen in flagranti, erschrecken Sie ihn am besten mit einem Geräusch, das ihm im Gedächtnis bleibt: lautes Händeklatschen, Aufstampfen oder Rasseln mit dem Schlüsselbund. Nehmen Sie ihn anschließend hoch und tragen Sie ihn an die dafür vorgesehene Stelle. Hat er dort sein Geschäft fertig erledigt, wird er ausgiebigst gelobt. Auf keinen Fall dürfen Sie den Kleinen anschreien oder gar schlagen, weder mit der Hand noch mit einer Zeitung. Das würde ihn nur lehren, daß er sein Geschäft künftig besser hinter Ihrem Rücken erledigt.

Häufige Probleme

Allen guten Vorsätzen zum Trotz kann sich Ihr Welpe einmal in der Wohnung vergessen. Wiederholen Sie in diesem Fall einfach das Gelernte; er wird sich gleich daran erinnern. Am besten geben Sie dem Kleinen erst gar keine Gelegenheit, Unheil anzurichten.

Verhaltensforscher empfehlen, einen Welpen, der regelmäßig in der Wohnung am falschen Platz uriniert – etwa im Schlafzimmer, auf der Treppe oder auf den Wohnzimmerteppich –, an eben diesem Platz zu füttern. Hunde achten nämlich penibel darauf, ihren Eßplatz nicht zu beschmutzen.

Auch andere vierbeinige Mitbewohner, ein neues Baby oder Besuch können sich auf die Blase Ihres Kleinen auswirken. Dies ist ein Zeichen von Verunsicherung und läßt sich dadurch verhindern, daß man dem Welpen in dieser Zeit besonders viel Zuwendung schenkt.

Sauberkeitserziehung für Erwachsene

Haben Sie einen ausgewachsenen Hund aufgenommen, der nie richtig zur Stubenreinheit erzogen wurde, sollten Sie keinesfalls mit der Zeitungstoilette beginnen, sondern den neuen Hausgenossen vom ersten Tag an ins Freie führen. Üben Sie mit ihm genauso wie mit einem Welpen – Routine und Vorbeugung sind der Schlüssel zum Erfolg. Der einzige Unterschied zwischen einem nicht ausgewachsenen Hund und einem Welpen besteht in diesem Punkt darin, daß ein erwachsener Hund den Urin länger halten kann.

Führen Sie den Hund jeden Morgen und Abend sowie nach den Mahlzeiten an denselben Toilettenplatz und warten Sie dort, bis er sein Geschäft erledigt hat. Behalten Sie ihn in der Wohnung nach Möglichkeit stets im Auge. Fängt er plötzlich an, herumzuschnüffeln oder setzt zum Urinieren an, lenken Sie ihn mit einem lauten Geräusch ab und führen Sie ihn nach draußen. In diesem Fall ist es besonders wichtig, daß Sie in den ersten Wochen immer Zeit für ihn haben.

Neues Heim, alte Gerüche
Wenn Sie einen neuen ausgewachsenen Hund bei sich aufnehmen und vorher einen – alten – Hund hatten, ist nicht auszuschließen, daß dieser unbemerkt hin und wieder einige Tropfen Urin auf dem Teppich verloren hat. Allen Erziehungsanstrengungen zum Trotz kann es dann passieren, daß sich Ihr neuer Hausgenosse zu diesem »Duft«, den nur er wahrnimmt, hingezogen fühlt und glaubt, es sei in Ordnung, den Wohnzimmerteppich als Toilette zu benutzen. Preiswerte UV-Lampen, wie sie in Haushaltswarengeschäften erhältlich sind, helfen Urinflecken zu entdecken, die Sie nicht sehen, die Ihr Hund aber riechen kann: Unter UV-Licht leuchten sie hellgrün. Lassen Sie Ihren neuen Hund erst in das betreffende

Geben Sie Ihrem neuen ausgewachsenen Hund Gelegenheit, seine neue Umgebung zu inspizieren, und gehen Sie mindestens viermal täglich mit ihm Gassi. So lernt er, seine Geschäftchen im Freien zu erledigen.

SAUBERKEIT

Warum heben Rüden das Bein?

Bäume, Wände, Autoreifen und Zaunpfosten sind nur einige der Marksteine, an denen Rüden spritzend ihre Duftmarken setzen. Und wenn Sie zehn Kilometer laufen: an jedem höheren Objekt wird er fröhlich sein Bein heben.

Testosteronspiegelbedingt markieren manche Rüden häufiger als andere, aber ganz abgewöhnen läßt es sich keiner. »Es ist Teil ihres Wesens«, erklärt die Veterinärmedizinerin Karen Martin. »Sie sind Männchen, die anderen Männchen imponieren wollen, und das Markieren ist ihre Art zu sagen: ›Das gehört mir! Die ganze Straße ist mein Revier!‹ Es ist eine Art Hunde-Graffiti.«

Das Bein zu heben ist ein sowohl erlerntes als auch instinktives Verhalten. Häufig sehen Welpen erwachsene Hunde das Bein heben und imitieren diese Haltung; aber selbst männliche Welpen, die nie einen anderen Hund dabei beobachtet haben, spritzen mit erhobenem Bein. Selbst bei kastrierten Hündinnen wird man dieses Markierungsverhalten gelegentlich beobachten.

Zimmer, nachdem der Teppich gründlich, am besten dampfgereinigt ist und damit alle Duftmarken entfernt sind. Antirutschmatten unter Brücken etc. sollten erneuert werden.

Umzugsprobleme

Der Umzug in ein neues Heim kann gerade ältere Hunde so konfus machen, daß sie glauben, das neue Territorium markieren zu müssen, und an allen möglichen und unmöglichen Stellen Duftmarken setzen. Kommt dies öfter vor, füttern Sie ihn an den am schlimmsten betroffenen Stellen. Hunde verunreinigen ihren Eßplatz nicht.

Gelegentliches Mißgeschick

Bisweilen kommt es vor, daß ein langjähriger vierbeiniger Gefährte sich in der Wohnung vergißt. Vielleicht war er beim letzten Spaziergang einfach zu aufgeregt, um sich zu erleichtern. Vielleicht wollte er schnellstmöglich wieder heim, weil er Hunger hatte oder einen lieben Besuch begrüßen wollte. Passiert es nur einmal, vergessen Sie es einfach. Wiederholt sich das Mißgeschick, verfahren Sie nach derselben Methode wie bei der Sauberkeitserziehung des Welpen.

Kommt ein anderer Hund zu Besuch, kann dies zu einem Markierungswettstreit im Haus ausarten. Verlegen Sie die Spielstunde möglichst ins Freie und lassen Sie einen fremden Hund nur dann in die Wohnung, wenn Sie beide Tiere ständig beaufsichtigen können.

Ältere Hunde

Hinterläßt Ihr vierpfötiger Senior ab und zu eine Pfütze im Haus, hängt das in aller Regel mit einer altersbedingten Blasenschwäche zusammen. Wie Menschen leiden auch viele Hunde im Alter unter Inkontinenz und können das Wasser nicht mehr richtig halten. Wischen Sie in einem solchen Fall stillschweigend auf und vereinbaren Sie einen Termin beim Tierarzt. Wenn Ihr Liebling könnte, würde er sein Heim nicht beschmutzen, also tadeln Sie ihn keinesfalls dafür.

7 GRUND- AUSBILDUNG

Jeder Hund muß gute Manieren, d. h. einige grundlegende Kommandos lernen. Das ist nicht nur zu seiner eigenen Sicherheit nötig, sondern sorgt auch für geordnete Verhältnisse im Haus und auf der Straße.

Neue Tricks für alte Hunde
Seite 118
Kein Grund zur Panik: Auch einem alten Hund kann man Manieren beibringen.

Die ersten Schritte
Seiten 105–107
Sie sind es, der die Regeln vorgibt. Aber Sie müssen sie dem Hund verständlich machen.

Leckere Belohnung
Seite 111
Leckerbissen sichern die Aufmerksamkeit des Hundes; aber zunehmen darf er nicht.

Der Therapie-Hund
Seite 119
Ein braver Hund kann bei kranken und älteren Menschen wahre Wunder wirken.

Leinenführigkeit
Seiten 108–110
Halsband und Leine machen Ausflüge sicherer und erleichtern das Gehen bei Fuß.

Die Grundkommandos
Seiten 112–117
Auf diesen fünf Befehlen, die sofort geübt werden können, basiert jede Ausbildung.

In der Hundeschule
Seiten 120–121
Suchen Sie ruhig professionelle Hilfe, wenn Sie alleine nicht weiterkommen.

GRUNDAUSBILDUNG

Die ersten Schritte

Wenn Sie mit Ihrem Hund spazierengehen, und er läuft selbstbewußt, aber gehorsam bei Fuß und macht auf Ihr Kommando hin »Sitz!« und »Platz!«, werden Sie viele bewundernde Blicke ernten. Einen solchen Hund können Sie überallhin mitnehmen. Er geht problemlos zum Krallenschneiden und in die Tierarztpraxis, springt nach Aufforderung ins Auto, und selbst Begegnungen mit anderen Hunden verlaufen ohne lästiges Leinenzerren und Gekläffe. Schließlich wollen Sie Freude an Ihrem Gefährten haben, und ein aufgeweckter, wohlerzogener Vierbeiner ist der beste Weg dazu. Ein Hund, der nicht unter Kontrolle zu halten ist, kann hingegen eine wenig erfreuliche Herausforderung darstellen.

Wie schön wäre es, hätten alle Hunde schon von Geburt an gute Manieren. Aber genau wie ein Mensch muß auch jeder Hund lernen, was sich gehört und was nicht. Er braucht eine Erziehung, und Sie als sein Besitzer sind dafür zuständig.

Die Benimmregeln für Hunde sind einfach: Sie sollten sich ruhig verhalten, nicht jaulen oder heulen und bekannte Personen nicht anbellen. Sie sollten geduldig warten und ankommende Besucher nicht freudig sabbernd anspringen. Auch Respekt fremdem Eigentum (zum Beispiel Frauchens Schuhen) gegenüber ist wünschenswert. Ein gut erzogener Hund bleibt auf Befehl sitzen und kommt, wenn man ihn ruft. Selbst bei offener Haustür beobachtet er nur das Geschehen, ohne auf die Straße zu rennen. Und während des Abendessens liegt er zufrieden neben seinem Herrn, anstatt zu betteln. Einen Hund zu erziehen ist einfach und lohnt die Mühe. Dazu braucht es weder raffinierte Tricks noch einen Superhund. Arbeiten Sie einfach regelmäßig mit Ihrem Hund und geben Sie nicht auf, wenn es nicht auf Anhieb klappt, sondern üben Sie geduldig weiter, bis er genau das tut, was von ihm erwartet wird.

Wann anfangen?
Machen Sie Ihren neuen Hausgenossen mit den Regeln Ihres Haushalts vertraut, bevor er eigene aufstellt. Die Erziehung sollte in dem Augenblick

---

Das Ziel ist der verkehrssichere Begleithund

Wenn Sie nicht gerade auf einer Einöde wohnen, müssen Sie dafür sorgen, daß Ihr Hund mit den täglichen Erfordernissen einer hochtechnisierten Umwelt zurechtkommt. Der Weg dazu führt über eine sachgerechte Erziehung. Gerade Anfänger sind damit oft überfordert. Zum Glück gibt es genügend Hundesportvereine, die ihre Hilfe anbieten. Dort lernen Sie unter Anleitung erfahrener Ausbilder in einer Gruppe Gleichgesinnter, wie man seinen Hund richtig erzieht. Oft müssen Sie dazu nicht einmal dem Verein beitreten. Gegen eine geringe Gebühr können Sie an den meist wöchentlichen Übungsstunden teilnehmen, und wenn Sie meinen, es sei genug, hören Sie einfach wieder damit auf. Auch bei Vereinen für Rassehunde sind vielfach Gäste anderer Rassen willkommen.

beginnen, in dem er zum ersten Mal eine Pfote über die Schwelle setzt.

Handelt es sich um einen ausgewachsenen Hund, kennt er vielleicht bereits die Befehle »Sitz« und »Platz«. Aber er ist mit Sicherheit kein Meister im Gedankenlesen, und Sie müssen ihm klar und deutlich sagen, was von ihm erwartet wird. Und wenn Sie beide Lust und Zeit haben, können Sie auch weitergehende Gehorsamsübungen wie Apportieren und Pfötchengeben üben.

Schon mit sieben bis acht Wochen können Welpen die wichtigsten Regeln lernen. Warum sollte man erst schlechte Gewohnheiten einreißen lassen, wenn man ihnen von Anfang an vorbeugen kann?

Wie oft üben?
Konsequenz ist das A und O bei jeder Erziehung, und Sie sollten wirklich jeden Tag üben, auch wenn es nur wenige Minuten sind. Daß ein Hund, der täglich ein gewisses Training absolviert, dessen überdrüssig wird, ist ein Ammenmärchen – sofern Sie die Lektionen unterhaltsam gestalten, nicht unnötig in die Länge ziehen und Ihren Vierbeiner nach jeder korrekt ausgeführten Übung loben und belohnen.

Tägliches Training fördert Lernbereitschaft und Aufnahmefähigkeit und festigt durch ständiges Wiederholen das Gelernte. Auch außerhalb der Übungsstunden gibt es immer wieder Gelegenheiten, Übungen in den Alltag zu integrieren. Lassen Sie den Schüler beispielsweise »Sitz« machen, bevor er sein Futter bekommt, oder üben Sie beim Gassigehen die Leinenführigkeit. So wird neu erlerntes Verhalten bald zur Gewohnheit. Ihr Hund freut sich darauf, das Erlernte vorzuführen und sich dafür seine Belohnung zu holen.

Welpen können sich nur kurze Zeit auf eine Aufgabe konzentrieren. Trainieren Sie nie, wenn der kleine Hund müde oder unaufmerksam ist.

Wie lange trainieren?
Die Lektionen sollten kurz und vor allem kurzweilig sein. Zehn bis zwanzig Minuten freudiges Lernen bringen mehr Erfolg als langwieriges Einbleuen. Bei Welpen, die sich noch nicht so lange konzentrieren können, sind mehrmals täglich drei- bis fünfminütige Übungszeiten optimal; zwischen den einzelnen Lektionen sollten mindestens halbstündige Pausen eingelegt werden.

Verhaltensforscher weisen darauf hin, daß man mit häufigem, kurzem Training die besten Erfolge erzielt. Einmal in der Woche drei Stunden am Stück bringt wenig, da ein Hund nach maximal dreißig Minuten ermüdet. Kürzere, aber häufigere Lektionen lassen sich meist auch besser in den normalen Tagesablauf integrieren. Haben Sie beispielsweise zwischendurch einmal zehn Minuten Zeit, können Sie diese wunderbar als extra Trainingsstunde mit Ihrem Hund nutzen.

Da Hunde unterschiedlich rasch lernen, kann es vorkommen, daß Ihr Liebling die Grundkommandos schon nach jeweils nur einer Lektion beherrscht. Ein anderer Hund braucht vielleicht mehrere Tage mit jeweils drei bis vier Lektionen, bevor er verstanden hat. Seien Sie flexibel und verlieren Sie nicht den Mut. Schließlich soll Ihr Hund sich auf die Übungsstunden freuen!

GRUNDAUSBILDUNG

Wo trainieren?

Suchen Sie zum Einüben der Kommandos »Sitz« und »Platz« einen Raum, an dem Sie möglichst wenig gestört werden, und sagen Sie den anderen Familienmitgliedern, daß Sie beide jetzt in Ruhe arbeiten müssen. Zum Üben der Leinenführigkeit brauchen Sie naturgemäß mehr Platz; hierfür eignen sich der Garten oder eine Wiese im Park.

Später, wenn die Befehle im Haus bereits sitzen, können Sie Ihren Hund nach und nach an belebtere Orte mitnehmen und dort üben. Diese Ablenkung ist wichtig. Lassen Sie sich aber nicht aus dem Konzept bringen, wenn sich der Hund anfangs so verhält, als hätte er alles vergessen. Es kann eine Weile dauern, bis er fähig ist, die neue Umgebung zu ignorieren und sich ganz auf Sie zu konzentrieren. Also haben Sie Geduld. Führt er die Kommandos dann auch hier untadelig aus, können Sie die Lektionen an immer neue Lokalitäten verlegen, zum Beispiel in ein Einkaufszentrum oder auf einen belebten Bürgersteig.

Wer trainiert?

Beim Autofahren kann immer nur einer hinter dem Lenkrad sitzen. Dasselbe gilt für die Ausbildung eines Hundes. Das Familienmitglied, das mit dem Vierbeiner die meiste Zeit verbringen wird und dem er deshalb besonders gut folgen muß, sollte auch die Verantwortung für die Erziehung übernehmen. Der Betreffende kann dann den anderen Familienmitgliedern vorführen, welche Fortschritte der Schüler gemacht hat, und ihnen die entsprechenden Kommandos erklären.

Kinder unter etwa zehn Jahren können an der Erziehung teilnehmen, sollten aber nie mit dem Hund alleingelassen werden. Dagegen kann ein sachkundiger Jugendlicher ohne weiteres als Erzieher des Hundes auftreten. Ein gut erzogener Hund weiß genau, daß dasjenige Familienmitglied, das mit ihm arbeitet, sein Rudelchef ist, dessen Befehle jederzeit befolgt werden müssen. Er weiß aber auch, daß die anderen Familienmitglieder im Rang über ihm stehen und ihm gegenüber sozusagen weisungsbefugt sind. Es ist daher sehr nützlich, wenn auch die anderen Familienmitglieder regelmäßig mit dem Hund üben. Entscheidend für den Erfolg ist, daß Kommandos und Gesten einheitlich gehandhabt werden.

Unterrichtsende

Überlegen Sie sich ein Wort, an dem Ihr Hund erkennt, daß die Unterrichtsstunde zu Ende ist und er nach Lust und Laune herumtollen darf. Dieses magische Wort, auf das sich Ihr Hund die ganze Lektion über freuen wird, bedeutet soviel wie: »Entspann dich, du hast gute Arbeit geleistet und kannst dir jetzt deine Belohnung abholen.«

Dieses Wort muß nichts besonderes aussagen. Die meisten Hundeausbilder benutzen dafür ein gewöhnliches »Okay« oder »In Ordnung«, was aber auch Nachteile hat. Denn solche Worte werden im normalen Sprachgebrauch so häufig verwendet, daß Ihr Hund sie möglicherweise gar nicht als etwas Besonderes erkennt. Ein anderer beliebiger Begriff wie »Banane« tut es genausogut, wenn nicht sogar besser. Hauptsache ist, Sie und Ihr Hund wissen, was gemeint ist. Entscheidend für das Verständnis ist auch der Übergang vom entschiedenen Kommandoton auf eine sanftere Tonart.

Leinenführigkeit

Jeder Hund reagiert anders, wenn er zum ersten Mal ein Halsband umgelegt bekommt und das leichte Ziehen der Leine spürt. Einige lassen sich bereitwillig führen, während andere unter keinen Umständen einsehen können, warum sie zwar in eine Richtung gehen wollen, ihr Hals aber in eine andere gezogen wird. Niemand liebt es, irgendwohin gezerrt zu werden – auch Ihr Hund nicht. Sofern Sie ihn aber richtig erziehen, wird er binnen kürzester Zeit gerne und munter an der Leine neben ihnen her marschieren.

Das richtige Halsband

Zunächst brauchen Sie ein bequemes Halsband für Ihren Kleinen, das er im Haus trägt. Als Erstausstattung hat sich ein leichtes Nylon- oder Lederhalsband bewährt.

Das Halsband sollte gut sitzen, nicht zu locker sein, aber das Tier natürlich auch nicht würgen. Kaufen Sie kein Halsband »zum Reinwachsen«;

denn mit einem zu großen Halsband kann der Hund leicht irgendwo hängenbleiben.

Am besten nehmen Sie Ihren Liebling mit in ein Fachgeschäft für Haustierbedarf und probieren dort verschiedene Modelle an. Die Größe ist richtig, wenn zwei Finger bequem zwischen Hals und Halsband Platz haben.

Machen Sie sich beim ersten Halsbandanlegen auf einiges gefaßt. Die meisten Welpen jaulen, wälzen oder schütteln sich oder versuchen, sich durch Kratzen von dem lästigen Ding zu befreien. Aber haben Sie keine Angst – es tut ihm nicht weh! Es ist nur einfach neu und ungewohnt. Geben Sie ihm etwas Zeit, sich daran zu gewöhnen, und er wird es bald als Selbstverständlichkeit ansehen.

Gewöhnung an Halsband und Leine

Für die ersten Lektionen mit Ihrem Welpen reicht ein normales Halsband aus, aber wenn er sechs bis acht Monate alt ist, sollten Sie ein spezielles Trainingshalsband anschaffen, das sogenannte Würgehalsband.

Ein Würgehalsband besteht aus einer Kette mit großen Metallringen am Ende. Führen Sie die Kette durch einen Ring und streifen Sie Ihrem Hund die Schlaufe um den Hals. Der Ring, an dem der Haken der Leine befestigt wird, muß im Nacken des Hundes liegen. Besser für den Hund sind Würgehalsbänder mit Stopring. Sie können

Große Hunde wie dieser Labrador-Retriever wachsen im Laufe ihrer Kindheit aus mehreren Halsbändern heraus. Kontrollieren Sie das Halsband auf lockeren Sitz.

GRUNDAUSBILDUNG

Würgehalsband – das Für und Wider

Manche Leute halten Würgehalsbänder für Folterinstrumente und wundern sich, daß sie nicht verboten sind und von Hundeausbildern sogar empfohlen werden. In Wahrheit ist ein Würgehalsband – trotz des abschreckenden Namens – ein sehr humanes und, sofern richtig angelegt und eingesetzt, ausgesprochen wirkungsvolles Hilfsmittel zur Verhaltenskorrektur. Viele Ausbilder finden es besser, die Aufmerksamkeit eines Hundes gleich beim ersten Mal auf sich zu lenken, als ein dutzendmal an einem normalen Halsband zu zerren.

Ein Hund ist am Hals sehr empfindlich und läßt sich durch dort ausgeübten Druck gut kontrollieren. Während ein normales Leder- oder Nylonhalsband das Richtige für den Alltag ist, reicht es für die Trainingsstunden nicht aus, da Ihr Hund eventuell nötige Korrekturen damit nicht oder nicht ausreichend spürt.

Ein Würgehalsband erlaubt die exakte Dosierung des Drucks. Zum Beispiel können Sie den Hund mit sanftem Ziehen in die richtige Richtung lenken; müssen Sie ihn am Springen hindern, ist ein kurzer Ruck fällig, der das Halsband für einen Augenblick enger zieht, dann aber sofort wieder lockert. Damit das Würgehalsband richtig funktioniert, muß der Ring, an dem die Leine eingehakt ist, über dem Nacken des Hundes liegen, keinesfalls vorne an der Kehle. Lassen Sie einen Hund, der ein Würgehalsband trägt, niemals aus den Augen. Er könnte irgendwo hängenbleiben und sich verletzen oder gar strangulieren. Verzichten Sie bei Hunden mit empfindlicher Luftröhre ganz auf ein Würgehalsband.

Ein Kettenwürger ermöglicht verschiedene Stufen von Druckausübung.

sich nur bis zu einem bestimmten Punkt zuziehen. Damit bleibt der positive Aspekt des Würgers erhalten: Der an der Leine gehende Hund kann nicht mit dem Kopf aus dem Halsband schlüpfen. Gleichzeitig ist aber ausgeschlossen, daß er durch übermäßiges Zuziehen Schaden leidet. Gönnen Sie Ihrem Hund also zumindest für den Alltag ein Würgehalsband mit Stopring oder ein Halsband mit begrenztem Zug, das von einer durch die Endringe geführten Kette zugezogen wird.

Gegenüber dieser Frage ist jene nach dem Material zweitrangig. Halsbänder können aus Leder, Metall oder Nylon bestehen. Hier können Sie entsprechend Ihren Vorlieben frei wählen. Bedenken Sie aber, daß Metall auf hellem Fell unschöne dunkle Verfärbungen hinterlassen kann. Darüber hinaus wirkt manche Kette wie eine Kuhglocke.

Außerdem sollte das Halsband natürlich zum Hundetyp passen. Steht einem Pudel auch ein knallbuntes Nylonhalsband ganz gut zu Gesicht, so ist für einen gestandenen Bernhardiner oder Schweizer Sennenhund das gediegene Leder geradezu Pflicht.

110 • ERZIEHUNG

Ob Halsband oder Leine – an beides muß sich ein Welpe erst gewöhnen. Lassen Sie ihm also ausreichend Zeit, ehe Sie mit ernsthaften Übungen beginnen.

Hundeausbilder empfehlen für die Trainingsstunden eine etwa zwei Meter lange Leine, die gut in der Hand liegt. Bei kleinen Hunden reicht eine schmale Gurt- oder Lederleine, für größere, kräftigere Vierbeiner brauchen Sie ein entsprechend breiteres Modell.

Beim Training hält sich der Herr rechts vom Hund und hält die Leine in der rechten Hand. So ist die Linke frei für eventuelle Unterstützungsgriffe bzw. zum Streicheln und Loben.

Bringen Sie Ihren Hund langsam dazu, sich an normales Schrittempo zu gewöhnen. Hat er das verstanden und läuft in dieselbe Richtung wie Sie, bleiben Sie stehen und loben ihn. Wiederholen Sie diese Übung immer wieder und achten Sie dabei darauf, seine volle Aufmerksamkeit zu haben. Wandern seine Gedanken sichtlich ab, geben Sie der Leine einen kurzen Ruck. Ihr Welpe wird schnell verstehen, daß er, wann immer es an der Leine nach draußen geht, neben Ihnen

Arbeit mit der Leine

Genau wie an das Halsband muß Ihr Liebling sich auch an die Leine erst gewöhnen. Fangen Sie damit an, daß Sie ihm das Trainingshalsband umlegen und daran dann die Leine befestigen. Nehmen Sie das Alltagshalsband immer ab, bevor Sie das Trainingshalsband benutzen!

Gehen Sie nicht sofort mit ihm hinaus, sondern lassen Sie ihn die Leine zuerst eine Weile in der Wohnung herumschleifen, damit er sich an das Gefühl gewöhnt. Behalten Sie ihn dabei aber unbedingt stets im Auge, damit er nicht irgendwo hängenbleibt.

Folgen Sie ihm und nehmen Sie die Leine alle paar Minuten in die Hand und rufen Sie ihn mit lockender Stimme. Folgt er, wird er ausgiebig gelobt. Sobald er, die Leine am Halsband eingeklickt, neben ihnen steht, können Sie mit den Übungsschritten beginnen.

zu bleiben hat. Zerrt er an der Leine, wird er mit einem Ruck zurückgerufen. Wechseln Sie immer wieder die Richtung. Schon nach einigen überraschenden Wendungen wird Ihr Hund anfangen, Sie im Auge zu behalten. Tut er das nicht, geben Sie ihm mit der Leine einen kurzen Ruck, ohne etwas zu sagen.

GRUNDAUSBILDUNG

Leckere Belohnung

Leckerbissen sind eine ausgezeichnete Belohnung für folgsame Hunde. Die meisten Vierbeiner sind ganz verrückt danach, und der Erfolg zeigt sich sofort. Generationenlange Erfahrung zeigt, daß nichts den Lerneifer ähnlich ansport wie Leckerbissen.

Der Hund richtet seine volle Aufmerksamkeit darauf, und besonders wirkungsvoll ist es, wenn Sie den Happen mit verbalem Lob verbinden. Da die meisten Hunde fürchterlich verfressen sind, wirkt ein Leckerbissen als Anreiz recht zuverlässig.

Dosiert belohnen

Hat Ihr Hund bei einer Übung verstanden, was von ihm erwartet wird, sollten Sie ihn dafür nicht weiterhin mit Leckerbissen belohnen. Ein Hund, der weiß, daß er für jede Kleinigkeit Futter bekommt, wird irgendwann das anerzogene Verhalten überspringen und nurmehr auf der Belohnung bestehen. »Sobald ich merke, daß ein Welpe nur wegen des Futters die Kommandos befolgt, reduziere ich die Belohnung«, sagt die erfahrene Verhaltenstherapeutin und Hundeausbilderin Sandy Myers. »Ein Hund sollte immer abwarten und auf einen Leckerbissen hoffen. Schränken Sie die Futterbelohnungen ein, das hält das Interesse Ihres Hundes wach.«

Wechseln Sie verbales Lob und Leckerbissen ab, geben Sie ihm den Happen einmal mit der rechten und einmal mit der linken Hand und bewahren Sie das Futter auch nicht immer in derselben Tasche auf, sondern holen Sie es mal aus der

Verführerische Leckereien

Die meisten Hunde lieben Leber, Schinken, Rindfleisch-, Putenfleisch- und Hähnchenstücke. Aber wer mag schon mit rohen Fleischbrocken in der Jackentasche spazierengehen?

Besser bewährt hat sich Trockenfutter, das es in einer Vielfalt von Sorten gibt. Große Tierhandlungen führen auch ein offenes Sortiment, so daß Sie leicht ausprobieren können, was Ihrem Liebling am besten schmeckt. Belohnungen müssen klein sein, sonst müssen Sie sich auf längere Freßpausen einstellen.

Salzhaltige und gewürzte Leckerbissen wie Würstchen oder Käse sollten gemieden werden.

Hosentasche, mal aus dem Mantel. Halten Sie ihm die Brocken direkt unter die Schnauze, damit er sie vorsichtig aufnehmen kann. Beschränken Sie die Futterbelohnung nach einer Weile auf jedes zweite oder dritte Mal und lassen sie schließlich ganz ausfallen.

Nicht überfüttern

Wenn Sie bei der Ausbildung mit Futterbelohnung arbeiten, müssen Sie darauf achten, daß Ihr Hund nicht zu dick wird. Rechnen Sie aus, wieviel von seiner täglichen Ration als Leckerbissen verabreicht wird, und ziehen Sie die entsprechende Menge von seinen normalen Mahlzeiten ab. Das heißt nicht, daß Sie jetzt Kalorien zählen sollen, aber Übergewicht ist auch für Hunde ungesund.

Die Grundkommandos

Um sich in die Familie einzufügen, sollte jeder Hund zumindest fünf Grundbefehle befolgen. Sitzen bildet die Basis jeder Hundeerziehung. Darauf bauen alle anderen Gehorsamsübungen auf. Fangen Sie also damit an, ihrem Hund »Sitz!« beizubringen. Als nächstes lernt er dann, sich auf »Platz!« hinzulegen. Anschließend folgen »Bleib!«, »Hier!« und »Fuß!«. Beherrscht Ihr Hausgenosse diese fünf Kommandos, können Sie ihm praktisch alles beibringen.

Arbeiten Sie stets mit positiver Verstärkung und belohnen Sie den vierbeinigen Schüler mit viel Lob und Streicheleinheiten, wenn er seine Sache richtig gemacht hat. Sie können auch Leckerbissen und Spielzeug als Belohnung einsetzen. Denken Sie daran, immer nur kurz und dafür lieber öfter zu trainieren. Beenden Sie jede Lektion in freundlichem Ton, damit er sich auf die nächste Übungsstunde freut. Liebe, Geduld und Ausdauer bringen mit Sicherheit Erfolg, und Sie haben in kurzer Zeit einen wohlerzogenen, folgsamen Hund.

Jeder Hund kann die fünf Grundkommandos »Sitz!«, »Platz!«, »Bleib!«, »Hier!« und »Fuß!« lernen. Die Erziehung erfordert Geduld und Ausdauer, kann aber auch viel Spaß machen. Vergessen Sie nie, Ihren Hund mit Leckerbissen, Streicheleinheiten und vielen lobenden Worten zu belohnen, damit er die Lektionen als etwas Erfreuliches ansieht.

GRUNDAUSBILDUNG   113

Der Befehl »Sitz!«

Es gibt zwei Möglichkeiten, Ihrem Hund das Sitzen beizubringen. Bei der einen bringen Sie ihn mit Hilfe Ihrer Hände in die gewünschte Position, die andere funktioniert mit einem Leckerbissen. Beide Methoden sind vielfach bewährt, doch für schreckhafte oder sehr aktive Welpen eignet sich besonders der Futteranreiz. Sie dürfen nicht mit Lob sparen. Die meisten Hunde lernen »Sitz!« sehr schnell, aber Sie müssen den Befehl immer wieder üben, bis er dem Hund wirklich in Fleisch und Blut übergeht.

Methode 1

1 Hocken oder knien Sie sich neben den Welpen. Legen Sie eine Hand auf die Rückseite seiner Hinterbeine, die andere um seine Brust.

2 Sagen Sie seinen Namen und »Sitz!«. Gleichzeitig drücken Sie mit einer Hand seine Brust nach hinten und schieben mit der anderen sein Hinterteil unter den Körper, so daß er sich in den Knien beugt. Sobald er die gewünschte Position erreicht, sofort loben.

Methode 2

1 Stellen Sie sich vor den Welpen und halten Sie ihm einen Leckerbissen vor die Nase. Sagen Sie seinen Namen, gefolgt von dem Kommando »Sitz!«.

2 Heben Sie die Hand langsam über seinen Kopf. Sein Blick wird Ihrer Hand folgen, dabei hebt er automatisch den Kopf und setzt sich. Sobald er diese Position erreicht hat, erhält er die Futterbelohnung und wird gelobt.

Der Befehl »Platz!«

Sich bequem hinzulegen, gehört zu den nützlichsten Übungen, die man einem Hund beibringen kann. Wenn Sie unterwegs einem Bekannten begegnen und kurz mit ihm sprechen wollen, ist es wesentlich angenehmer für alle Beteiligten, wenn sich Ihr Hund hinlegt, anstatt an der Leine zu zerren, weil er weiter will. Bevor er »Platz!« lernen kann, muß der Hund »Sitz« beherrschen. Auch hier gibt es zwei Methoden, die beide häufig trainiert werden müssen, damit er Befehl und Verhalten verbindet. Eine fortgeschrittene Form ist der in der Jagdhundausbildung gebräuchliche Befehl »Down!«.

Methode 1

1 Geben Sie den Befehl »Sitz!« und knien Sie sich dann direkt hinter den Hund. Bleibt er nicht von selbst in dieser Position, legen Sie ihm eine Hand auf den Kopf.

2 Fassen Sie seine Vorderbeine. Sagen Sie in bestimmtem Ton »Platz!« und drücken Sie gleichzeitig seinen Rücken nach unten. Diese Position wird dem Hund anfangs vermutlich wenig gefallen. Loben Sie ihn deshalb ganz besonders, sobald er liegt.

Methode 2

1 Befehlen Sie Ihrem Hund »Sitz!« und knien Sie sich dann vor ihn. Halten Sie ihm ein kleines Stück Futter vor die Nase.

2 Gleichzeitig mit dem Kommando »Platz!« bewegen Sie die Hand mit dem Leckerbissen langsam in Richtung Boden. Die Hundenase folgt. Legt er sich nicht gleich ganz hin, helfen Sie mit sanftem Druck auf seine Schultern nach. Sobald er liegt, wird er ganz außerordentlich gelobt und erhält die Futterbelohnung.

GRUNDAUSBILDUNG 115

Der Befehl »Bleib!«

Dieses Kommando bedeutet: »Ganz gleich, was passiert – rühr dich nicht vom Fleck, bevor ich es dir erlaube.« Zum Üben dieses Befehls brauchen Sie eine Leine, und der Hund sollte sein Trainingshalsband tragen. Lassen Sie ihn anfangs nur ein paar Sekunden lang »bleiben« und steigern die Zeitspanne dann ganz allmählich auf eine Minute. Wird er unruhig, setzen Sie das zeitliche Limit wieder zurück und üben von neuem.

1 Sie stehen vor dem sitzenden Hund und halten die Leine in der rechten Hand auf Hüfthöhe. Heben Sie die linke Hand, so daß Ihre Handfläche zum Hund weist. Schauen Sie ihn an und sagen Sie »Bleib!«.

2 Gehen Sie langsam rückwärts, halten die ganze Zeit über aber Blickkontakt und wiederholen den Befehl »Bleib!«.

3 Am Ende der Leine angekommen, lassen Sie sie fallen und stellen den Fuß darauf. Versucht er davonzulaufen, bevor Sie es ihm erlauben, hält ihn die Leine zurück. Loben Sie ihn, solange er sitzen bleibt. Beenden Sie die Übung nach etwa fünf Sekunden und belohnen Sie ihn mit einem Leckerbissen.

Der Befehl »Hier!«

Natürlich können Sie sich mit Ihrem Hund auch auf »Komm!« einigen, aber in der »offiziellen« Hundeausbildung lautet das Kommando »Hier!«. Dieser Befehl bedeutet, daß der Hund nicht nur irgendwie hinter Ihnen hertrottet, sondern sozusagen vor Sie hintritt. Zum Üben brauchen Sie eine mindestens zwei Meter lange Leine. Es kann Wochen oder Monate dauern, bis der Hund den Befehl wirklich zuverlässig befolgt. Bevor es soweit ist, sollten Sie ihn aber niemals ohne Leine ins Freie lassen.

1 Gehen Sie, die Leine in der rechten Hand, langsam rückwärts und rufen Sie Ihrem Welpen aufmunternd zu »Hier!«. Folgt er dem Befehl, laufen Sie weiter rückwärts und loben ihn. Was für ein braver, guter, intelligenter Hund!

2 Bleiben Sie nach einigen Metern stehen und rufen ihn. Gehen Sie in die Hocke und breiten die Arme aus, um ihn herzlich willkommen zu heißen.

3 Sobald er direkt vor Ihnen ist, loben Sie ihn ausgiebig. Danach wird die Übung wiederholt.

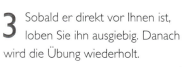

GRUNDAUSBILDUNG 117

Der Befehl »Fuß!«

»Fuß« heißt soviel wie: »Bleib beim Spazierengehen immer eng an meiner linken Seite!« Einige Hunde gehen von Natur aus gerne bei Fuß, während andere sehr lange brauchen, um diese Gehorsamsübung mit Bravour zu absolvieren. Arbeiten Sie mit Trainingshalsband und einer gut zwei Meter langen Leine und machen Sie sich auf viel frische Luft gefaßt, denn dieses Kommando kann man nur im Freien üben.

1 Der Hund läuft links von Ihnen an lockerer Leine. Halten Sie die Leine in der rechten Hand, so daß sie vor Ihrem Körper vorbeiführt. Ihr rechter Daumen liegt in der Schlaufe der Leine, die Hand befindet sich in Taillenhöhe.

2 Sagen Sie beim Losgehen den Namen Ihres Hundes und den Befehl »Fuß!«. Ist er unaufmerksam und folgt nicht sofort, fassen Sie mit der linken Hand an die Leine und geben einen kurzen Ruck.

3 Zieht Ihr Hund an der Leine oder bleibt er zurück, legen Sie Ihre linke Hand auf die rechte und machen Sie abrupt kehrt. Stoßen Sie dabei mit ihm zusammen, entschuldigen Sie sich nicht. Es ist seine Aufgabe, Ihnen aus dem Weg zu gehen. Er wird rasch merken, daß es angenehmer ist, Sie immer im Auge zu behalten.

4 Läuft Ihr Hund folgsam neben Ihnen, schauen Sie ihn an und loben Sie ihn mit freudiger Stimme. Sie können sich auch hinunterbeugen und ihn streicheln.

Neue Tricks für alte Hunde

Einen erwachsenen Hund aufzunehmen, ist eine gewisse Herausforderung für beide Seiten. Möglicherweise wurde er nie zur Stubenreinheit erzogen und war in seiner früheren Umgebung ganz andere Sitten gewöhnt. Bei Ihnen wird er sich nun sicher vorkommen wie im Hundehimmel. Nur wird ihn selbst das nicht daran hindern, eine Menge inakzeptabler Dinge anzustellen – Möbel anzunagen, den Garten umzugraben oder die Nachbarn anzukläffen, um nur ein paar gängige Unsitten zu nennen. Alles kein Grund zum Verzweifeln: Ein Hund ist nie zu alt, um neue Verhaltensregeln zu lernen. Es braucht nur seine Zeit und viel Geduld Ihrerseits, um seinen Denkapparat entsprechend umzuprogrammieren.

Schlechte Gewohnheiten ablegen
Beugen Sie vorhersehbaren Problemen möglichst vor. Führen Sie ihn die ersten paar Tage auch im Haus ständig an der Leine mit sich. So lernen Sie beide sich von Anfang an richtig kennen. Wenn Sie fernsehen, kann Ihr Hund neben Ihnen sitzen, und wenn Sie von einem Zimmer ins nächste gehen, läuft er mit. Diese Methode schließt ein Durchforsten des Mülleimers auf eigene Pfote ebenso aus wie Forschungsexpeditionen in andere Teile des Hauses. Sie haben Ihren neuen Gefährten vollkommen unter Kontrolle.

Plötzlicher Verhaltenswechsel
Lebt Ihr Hund bereits längere Zeit bei Ihnen und fängt plötzlich an, Unarten zu entwickeln, liegen die Dinge anders. Hunde ändern normalerweise nicht grundlos ihr Verhalten. Irgend etwas ist los, was den Hund stört oder verunsichert, und er will Ihre Aufmerksamkeit auf sich lenken.

Überlegen Sie, was vorgefallen ist. Ist jemand krank, oder wurde viel und laut gestritten? Stehen irgendwo Koffer herum, die eine Reise befürchten lassen? Haben Sie Handwerker, und das Mobiliar wurde umgestellt? Hunde sind sensibel und bekommen Angst, wenn ihre Welt nicht mehr in Ordnung ist. Wie manche Menschen auch, sind Hunde Gewohnheitstiere. Geschieht etwas Ungewohntes, werden sie verstört und äußern ihr Mißbehagen, indem sie im Haus urinieren, handscheu werden, Möbel anknabbern oder andere, bislang nie vorgekommene Unsitten zeigen. All das ist in Wahrheit ein stummer Hilfeschrei.

Unarten korrigieren
Entwickelt Ihr ausgewachsener Hund schlechte Angewohnheiten, behandeln Sie ihn wie einen Welpen. Begrüßen Sie ihn stets freudig, aber sperren Sie ihn in einen überschaubaren Raum, wenn Sie ihn nicht beobachten können. Nehmen Sie ihn möglichst immer mit, wenn Sie das Haus verlassen. Zu Hause braucht er viel Zuwendung – spielen Sie mit ihm oder kämmen Sie ihn ausgiebig (wenn er das mag). Er freut sich über die extra Portion Liebe.

Auch viel frische Luft kann Ihren Vierbeiner auf andere Gedanken bringen. Gehen Sie mit ihm einmal in einen anderen Park oder besuchen Sie tierliebe Freunde. Tapetenwechsel gibt gelangweilten und müden Hunden neuen Auftrieb.

Grundausbildung

Der Therapie-Hund

Jeder Hund ist der ganze Stolz seines Besitzers und in dessen Augen der liebste, klügste und beste Vierbeiner überhaupt. Tiere sind aber auch die Freude vieler Menschen, die alt, krank, hilflos oder einsam sind. In angelsächsischen Ländern gibt es aus diesem Grund sogenannte Therapiehunde. Das sind Tiere, die von ihren Besitzern dazu erzogen werden, fremden Menschen freundlich zu begegnen, sich streicheln und schmusen zu lassen und auf diese Weise auch anderen, bedürftigen Menschen Freude und neuen Lebensmut zu geben. Sie machen Besuche im Krankenhaus, in Alten- und Pflegeheimen sowie bei älteren oder behinderten Mitbürgern, die kein eigenes Tier (mehr) halten können. Diese Aktivitäten sind hierzulande – noch – ungebräuchlich, aber auf privater Ebene können Sie viel Positives bewirken, wenn Sie bereit sind, die Liebe Ihres Hundes mit anderen Menschen zu teilen.

Ein Therapie-Hund braucht keine ausgefallenen Kunststückchen zu beherrschen. Der einzige Unterschied zu einem normalen Familienhund besteht darin, daß er auch noch mit anderen Menschen zusammenkommt und deshalb sehr gutmütig und wohlerzogen sein sollte. Neben den fünf Grundkommandos »Sitz!«, »Platz!«, »Bleib!«, »Komm!« und »Fuß!« muß er nur noch lernen, sich von Fremden streicheln und lieben zu lassen. Ihr Hund muß Menschen mögen, ein sanftes und ausgeglichenes Wesen haben, ungewohnte Geräusche und Gerüche vertragen und darf keinesfalls schreckhaft sein. Und natürlich muß er sich gerne anfassen und hätscheln lassen. Ein Therapie-Hund muß in der Lage sein, lange Zeit ruhig dazusitzen, während ein Patient ihm langsam über das Fell streicht oder ein kleines Kind nach ihm grabscht, um ihm unvermittelt um den Hals zu fallen.

Wenn Ihnen die Idee gefällt und Ihr Liebling die nötige Ruhe zum Therapie-Hund aufbringt, werden Sie sicher einen hilfsbedürftigen Menschen finden, dem Besuche Ihres Hundes neuen Lebensmut geben.

Ein freundlicher Hund, der sich gern streicheln läßt, kann kranken Menschen neuen Lebensmut geben.

In der Hundeschule

Manchmal mangelt es Hundebesitzern an den nötigen Kenntnissen, oder sie trauen es sich einfach nicht zu, ihren Vierbeiner selbst auszubilden. Zuweilen fehlt auch einfach die Zeit, oder jemand ist körperlich nicht in der Lage dazu. Für solche Fälle gibt es spezielle Hundeschulen, denen Sie Ihren Liebling anvertrauen können. Informieren Sie sich frühzeitig über die (häufig unterschiedlichen) Ausbildungsmethoden verschiedener Schulen, denn Ihr Hund sollte auf jeden Fall Spaß am Unterricht haben. Wenn er auf dem Weg zur zweiten Lektion die Ohren spitzt und mit der Rute wedelt, können Sie sicher sein, die richtige »Bildungsanstalt« gewählt zu haben.

Eine gute Hundeschule beurteilt jeden Hund und empfiehlt dem Besitzer eine bestimmte Ausbildungsmethode. Viele Schulen bieten sowohl Privatunterricht – einzeln und in der Gruppe – als auch »Internatsaufenthalte« an, bei denen Ihr Hund über einen bestimmten Zeitraum bleibt.

Typische Angebote umfassen einen Grunderziehungskurs in kleinen Gruppen, bei dem der Hundehalter unter fachkundiger Anleitung mit seinem Hund die fünf Grundkommandos einübt. Das Training umfaßt auch Übungen an öffentlichen Plätzen, damit der Hundehalter sichergehen kann, daß sein Hund das Erlernte auch im Alltag sicher beherrscht. Ein solcher Grundkurs dauert in der Regel eine Woche bis zehn Tage, und wenn Sie in der Hundeerziehung noch völlig unerfahren sind, ist das Geld dafür bestimmt gut angelegt. Betrachten Sie einen solchen Kurs einfach als Urlaub mit dem Hund.

Für und Wider der Fremdausbildung
Selbstverständlich können Sie Ihren Hund für die Grundausbildung auch »ins Internat« stecken. In wirklich guten Hundeschulen wird er für diese Zeit – meist einen Zeitraum von etwa sechs Wochen – in die Familie des Ausbilders aufgenommen. Wenn Sie ihn zurückbekommen, haben Sie einen Hund, der fit für alle Situationen ist, die im Hundeleben üblicherweise auftreten. Das klingt verlockend, hat aber zwei Seiten. Die Vorteile einer professionellen Ausbildung liegen auf der Hand: Der Trainer kennt sich mit Hunden aus, erzielt wesentlich schneller Erfolge als Sie selbst und wird Ihnen wertvolle Tips

Wenn Sie Ihrem Hund die Unterordnung in einer Hundeschule beibringen, ist der Erfolg sicher, und Ihr Liebling lernt soziales Verhalten in der Gruppe.

GRUNDAUSBILDUNG

Gibt es hoffnungslose Fälle?

Nach dem x-ten Tadel sind Sie vielleicht der Verzweiflung nahe und glauben, Ihr Hund werde niemals aufhören, den Mülleimer zu durchforsten, oder lernen, ordentlich an der Leine zu gehen. Das stimmt nicht. Zwar tun sich einige leichter als andere, doch grundsätzlich ist jeder Hund in der Lage, gewisse Regeln einzuhalten.

Probieren Sie solange verschiedene Korrekturmaßnahmen aus, bis Sie eine finden, die funktioniert. Ausdauer und Konsequenz vorausgesetzt, läßt sich so gut wie jeder Hund ausbilden.

Aber auch wenn Ihr Vierbeiner nicht zu den Musterschülern zählt, ist er deswegen nicht weniger liebenswert. Die meisten Hundebesitzer stufen ein freundliches Wesen und Anhänglichkeit wesentlich höher ein als unbedingten Gehorsam.

zum weiteren Umgang mit Ihrem Vierbeiner geben. Außerdem können Sie Ihrem Liebling spezielle »Tricks« beibringen lassen, wie zum Beispiel »Such verloren!«.

Der Nachteil besteht darin, daß zwischen Hund und Ausbilder automatisch eine gewisse Bindung entsteht. Es kann passieren, daß Ihr Liebling dem Trainer aufs Wort folgt, von Ihnen kommende Befehle aber geflissentlich ignoriert. Zudem wird sich nicht jeder die nicht gerade geringen Kosten eines kompletten individuellen Gehorsamstrainings leisten können. Deshalb wird man Ihnen in einer guten Hundeschule auch immer zunächst zum Gruppenunterricht raten, in dem Sie lernen, Ihren Hund richtig zu führen und den Hund selbst trainieren. Auf diese Weise bleiben Sie die ausschließliche Bezugsperson.

Einzelunterricht

Wenn Sie über die Grundausbildung hinaus weiteren Ehrgeiz entwickeln, können Sie in guten Hundeschulen auch Einzelunterricht mit dem Hund nehmen. Dabei können Sie Ihren Hund Ihren Bedürfnissen entsprechend zum Schutzhund, Blindenhund oder Jagdhund ausbilden bzw. ausbilden lassen – und sich selbst zum sachkundigen Führer eines solchen Hundes.

Und sollte in Ihrem Leben der Tag kommen, an dem Sie nicht mehr weiter wissen, weil Ihr Hund partout nicht das tut, was er soll, sondern verstört, aggressiv oder unberechenbar reagiert, finden Sie dort Sonderkurse, in denen »Problemhunde« meist wieder geradegebogen werden können. Seien Sie sich aber dessen bewußt, daß in fast allen Fällen nicht der Hund das Problem ist, sondern Sie.

Die richtige Schule

Haben Sie sich entschlossen, die Erziehung Ihres Lieblings einem Profi anzuvertrauen, gilt es, die richtige Schule zu finden. Erkundigen Sie sich beim Züchter und bei anderen Hundebesitzern oder fragen Sie Ihren Tierarzt, ob er Ihnen eine spezielle Ausbildungsstätte empfehlen kann. Nehmen Sie sich Zeit, verschiedene Anstalten zu besichtigen und dort auch einen Blick hinter die Kulissen zu werfen. Wie sieht der Hundesportplatz aus? Wenn Ihr Hund beim Auftakt zur zweiten Lektion Anzeichen von Freude zeigt, können Sie ziemlich sicher sein, daß Sie richtig sind.

8 FORTGESCHRITTENEN-TRAINING

Nachdem Ihr Hund nun die Basis-Kommandos beherrscht, haben Sie beide vielleicht Lust bekommen, noch weitere Befehle und Kunststückchen einzuüben. Viel Spaß dabei!

Höhere Bildung
Seiten 123–125

Wenn Sie beide Spaß am Lernen haben – machen Sie doch weiter!

Arbeiten mit Experten
Seite 126

Holen Sie sich für die aufbauende Erziehung Ihres Hundes Rat beim Fachmann.

Auf Ausstellungen
Seiten 127–128

Bei Hundeausstellungen können Sie zeigen, was in Ihnen steckt.

Spurensuche
Seiten 129–130

Bringen Sie ihm bei, einer Duftspur zu folgen – das wird Ihnen beiden Spaß machen.

Kunststückchen und Spiele
Seiten 131–135

Schwer zu sagen, wer sich besser amüsiert, wenn Sie mit Ihrem Hund Spiele einüben.

FORTGESCHRITTENENTRAINING

Höhere Bildung

Das gemeinsame Training, das Sie beide zum Erlernen der Grundkommandos benötigten, hat eine besonders enge Bindung zwischen Ihnen und Ihrem Liebling geschaffen. Sie beide haben hart gearbeitet, aber es hat Spaß gemacht! Beherrscht Ihr Hund nun sämtliche Grundbefehle ohne Trainingshalsband und Leine, haben Sie möglicherweise Lust bekommen, noch weiterzumachen. Und Sie werden bald merken: Je mehr Sie Ihrem Vierbeiner beibringen, desto rascher lernt er.

Da Sie bisher allein mit positiver Verstärkung gearbeitet haben, wird auch Ihr Hund einer Fortsetzung der Lektionen freudig gespannt entgegensehen. An seinem ganzen Verhalten erkennen Sie, wie stolz und willig er die bereits erlernten Kommandos ausführt. Seine Ohren sind gespitzt, die Augen glänzen, und selbstbewußt und erwartungsvoll hält er den Kopf hoch. Wüßten Sie einen Grund, warum Sie die gemeinsamen Trainingsstunden jetzt einstellen sollten?

Kapriolen und Kunststückchen
Das Spektrum der Befehle jenseits von »Sitz!« und »Bleib!« ist unendlich groß. Obwohl natürlich je nach Rasse gewisse Grenzen gesetzt sind, kann Ihr Hund doch alles mögliche lernen: einen Gegenstand zu apportieren, ohne ihn zu beschädigen, in einem vollen Saal mit kleinen Kindern für ein Photo zu posieren, über Hürden oder durch einen Reifen zu springen, Schafe zu hüten, und und und ...

Sobald die Grundlagen sitzen, haben Sie beide ganz die Qual der Wahl, welche Aufgaben zuerst erlernt werden sollen. Und da es jede Menge Hunde mitsamt Herrchen oder Frauchen gibt, die Freude am Trainieren haben, können Sie und Ihr Liebling auch außerhalb des eigenen Gartens voller Stolz vorführen, was Sie beide alles beherrschen.

»Ausgebildete Hunde können zu Lande und zu Wasser Leben retten, behinderten Mitbürgern helfen, Türen öffnen oder schließen, die Post bringen und verlorene Gegenstände suchen«, erklärt Hundeschulleiter Bob Jervis. Andere ersetzen die Augen oder Ohren Ihres Besitzers. Sie machen Schwerhörige oder Taube durch lautes

Nicht jeder wünscht sich einen Vierbeiner, der die Kühlschranktür öffnen kann, aber das Frauchen dieses Labrador-Retrievers findet es toll. Ein um den Griff gebundenes Handtuch erleichtert ihm die Aufgabe.

Bellen auf Tür- oder Telephonklingeln aufmerksam oder geleiten Sehbehinderte sicher durch den Straßenverkehr.

Berühmte Hunde und ihre Tricks
Im Laufe der Jahre sind eine Reihe sehr gut ausgebildeter Hunde regelrechte Film- und Fernsehstars geworden. Einer der berühmtesten vierbeiniger Schauspieler war ein Collie, der als »Lassie« seit den fünfziger Jahren weltweit Kinderherzen im Sturm eroberte. Wann immer Lassies junges Herrchen in Schwierigkeiten geriet (und das passierte in jeder Folge mindestens einmal), befahl er Lassie »Hol Hilfe!«. Auf dieses Stichwort rannte der Hund nach Hause, machte durch lautstarkes Bellen einen Erwachsenen auf sich aufmerksam und lotste diesen dann zu der Stelle zurück, wo der Bub ungeduldig ausharrte.

Das schauspielerische »Talent« der Vierbeiner ist gänzlich unabhängig von der Rasse. Ein 150

Wie viele Kommandos kann ein Hund lernen?

Häufig hört man die Frage, wieviel ein Hund nun tatsächlich verstehen kann. Mehr als man erwartet, meint Psychologieprofessor und Hundespezialist Prof. Dr. Stanley Coren. Seine beiden Hunde, ein Cairn-Terrier und ein King-Charles-Spaniel, reagieren auf über 60 verschiedene Befehle. Rechnet man dazu noch Handzeichen und andere körpersprachliche Signale, die Ihr Hund erkennen lernen kann, bleibt nicht mehr viel, was Sie vor ihm verheimlichen können …

Pfund schwerer Französischer Mastiff namens »Huutsch« verkörperte in dem Spielfilm »Scott & Huutsch« einen Detektiv, während ein ganzes Bernhardinerteam den Ruhm für »Ein Hund namens Beethoven« unter sich aufteilte. Einer der maßgeblichen Schauspieler dieses Publikumshits war speziell dafür ausgebildet, auf Befehl zu graben und einen Picknicktisch umzustoßen.

Der Jack-Russell-Terrier »Moose« übernahm in der amerikanischen Comedy-Serie »Frasier« die Rolle des Eddie, der (für den Zuschauer unsichtbar, auf einem Trampolin) unentwegt hochspringt

Der Apportierinstinkt ist bei bestimmten Rassen sehr ausgeprägt. Golden Retrievern etwa braucht man lediglich beizubringen, was sie holen sollen und den entsprechenden Gegenstand vorsichtig zu greifen.

und den Hauptdarsteller ständig anstiert. Und Millionen amüsieren sich, wenn »Kommissar Rex« die Kühlschranktür öffnet, ein Wurstpaket herausholt, ein aufgeschnittenes Brötchen sorgfältig mit Wurst belegt, zuklappt und genüßlich verspeist – eine sehr artgerechte Form, einen Hund abzurichten. Daneben bedient dieser überaus begabte Schäferhund nach Laune des Regisseurs auch virtuos die elektrischen Fensterheber von Autotüren und die Fernbedienung des Fernsehers.

Der bis heute wohl anspruchsvollste Hundefilm war Walt Disneys »101 Dalmatiner«, in dem über 300 Dalmatinerwelpen und mehrere ausgewachsene Hunde auftreten. Kleine Gruppen von sechs Wochen alten Hundekindern lernten dafür auf Befehl loszurennen, sich zu setzen, in einer Gruppe beisammenzubleiben und in einen Heuhaufen abzutauchen. Einem Dalmatiner brachte man bei, auf die Küchentheke zu springen und die Kaffeemaschine anzuschalten

Ausbildung für Film und Fernsehen

Auf Bildschirm oder Leinwand wirkt alles furchtbar einfach, aber Hunde, die als Schauspieler auftreten können, gehören schon einem ganz besonderen Schlag an. Sie brauchen immens viel Training, um ohne Halsband und Leine zu agieren und dabei auch noch glücklich und ganz natürlich zu wirken – für die Ausbilder, die diese Tiere betreuen, ein echter Full-time-Job, der darüber hinaus sehr viel Geduld und Einfühlungsvermögen erfordert.

»Für die meisten Filmrollen brauchen wir 14 bis 16 Wochen mit acht Stunden Training täglich«, erläutert Tierabrichterin Mary Kay Snyder, die unter anderem die Dalmatinerwelpen für »101 Dalmatiner« ausgebildet hat.

Neben den Grundbefehlen »Sitz!«, »Bleib!«, »Platz!« und »Komm!« müssen vierbeinige Schauspieler am Set auf viele weitere Kommandos sowie auf stumme Handsignale reagieren. Sie müssen perfekt apportieren, sich schlafend stellen und auf Befehl bellen können. Zudem wird von ihnen verlangt, neben einem Schauspieler, den sie vorher nie oder nur kurz gesehen haben, herzulaufen.

»Jedes Skript stellt andere Anforderungen, deshalb

müssen wir die Lernmuster in sehr kleine Einheiten unterteilen, die dann nach Bedarf kombiniert werden«, erklärt Snyder. Das Erfolgsgeheimnis heißt auch hier: Geduld, positive Verstärkung, Belohnung und noch einmal Geduld. »Häufig verwenden wir auch Spielzeug, wenn ein Hund nicht auf Futterbelohnung reagiert«, fügt sie hinzu. Vierbeinige Schauspieler dürfen sich auch durch ungewohnte Geräusche nicht aus dem Konzept bringen lassen. Deshalb nimmt Snyder ihre Schüler ständig überallhin mit, damit sie Lärm tolerieren.

Arbeiten mit Experten

Einem Hund schwierigere Aufgaben bzw. Kunststückchen beizubringen, ist nicht so einfach aus Büchern zu lernen. Wer seinen vierbeinigen Hausgenossen wirklich perfekt ausbilden möchte, sollte deshalb professionelle Hilfe in Anspruch nehmen. Wenden Sie sich an den örtlichen Hundesportverein oder erkundigen Sie sich bei Ihrem Tierarzt, befreundeten Hundebesitzern oder Züchtern nach einer guten Hundeschule.

Hundeschulen

Die Zahl der Hundeschulen und mehr oder weniger professionellen Trainer ist groß und das Angebotsspektrum breit. Einige Institute sind auf bestimmte Bereiche spezialisiert, etwa die Abrichtung zum Blinden- oder Hütehund, Gehorsamstraining, Agility- oder Jagdhundeausbildung. Andere vermitteln von allem etwas.

Eine gute Schule hilft Ihnen bei der Ausbildung oder übernimmt die Erziehung des Tiers in Abwesenheit des Besitzers. Als erstes muß Ihr Liebling eine Art Einstufungstest absolvieren, der zeigt, ob er die Grundbefehle »Sitz!«, »Bleib!«, »Platz!«, »Fuß!« und »Hier!« ohne Leine beherrscht. Für Kandidaten, die dies (noch) nicht tun, wird gewöhnlich ein Auffrischungskurs empfohlen. Ein erfahrener Hundeausbilder wird Ihnen darüber hinaus ehrlich sagen, ob Ihr Vierbeiner für die Art der Ausbildung, die Sie im Sinn haben, geeignet ist. Ein Greyhound beispielsweise (eine Rasse, die Wasser von Natur aus verabscheut) wird sich in aller Regel kaum dazu überreden lassen, Menschen vor dem Ertrinken zu retten.

Privatlehrer zu Hause

Manche Hundeausbilder kommen auch zu ihren Schülern ins Haus. Das ist zwar teurer als der Besuch einer Hundeschule, aber dafür bekommen Sie und Ihr Vierbeiner Einzelunterricht.

Bevor Sie einen Privatlehrer anheuern, sollten Sie sich genau über seine Ausbildung informieren und sich erkundigen, ob er oder sie bereits Erfahrung mit dieser speziellen Rasse hat. Fragen Sie, welche Lehrmethode er bevorzugt. Am besten ist natürlich, wenn Sie Gelegenheit haben, bei einer Unterrichtsstunde des betreffenden Lehrers zuzuschauen, bevor Sie einen Vertrag abschließen.

Ein guter Ausbilder vermittelt Ihnen das nötige Selbstvertrauen, um mit Ihrem Hund allein weiterarbeiten zu können.

Auf Ausstellungen

Hundeausstellungen sind keine Glamour-Shows wie Mißwahlen. Ausstellungen dienen in erster Linie dazu, den Züchtern Gelegenheit zu geben, ihre Zuchtleistungen zu vergleichen und an den Standards anderer Züchter zu messen. Dadurch dienen die Ausstellungen auch der stetigen Verbesserung der Hunderassen.

Inzwischen sind Hundeausstellungen zu regelrechten Massenveranstaltungen geworden. Und was für den Züchter harte Arbeit bedeutet, ist für Sie als interessierten Besucher ein reines Vergnügen. Wenn Sie sich mit dem Gedanken tragen, einen Rassehund anzuschaffen, kann Ihnen der Besuch von Ausstellungen nur dringend empfohlen werden – besonders großer internationaler, wie sie im Frühjahr zum Beispiel in München und Berlin, aber auch in kleineren Städten wie Oldenburg stattfinden. Dort finden Sie Rassen, die Sie vielleicht noch nie bewußt wahrgenommen haben, dort finden Sie sicher auch Paradeexemplare der von Ihnen bevorzugten Rasse.

Ausstellungen sind also eine gute Gelegenheit, das eigene Auge zu schulen und zu lernen, Qualität zu erkennen. Ausstellungen bieten aber auch die Chance, mit Gleichgesinnten in Kontakt zu treten, mit Züchtern ins Gespräch zu kommen und auf diese Weise vielleicht den idealen Hund zu finden.

Und wenn Sie bereits Hundebesitzer sind? Auch dann sollten Sie Ausstellungen besuchen, um zu beurteilen, inwieweit Ihr eigener Hund dem Ideal der jeweiligen Rasse entspricht und um zu entscheiden, ob Sie vielleicht sogar selbst ausstellen wollen. Auch wenn Sie vor der Entscheidung stehen, ob Sie mit Ihrem Hund selbst züchten wollen, ist der Besuch von Ausstellungen nützlich. Es hilft bei der Entscheidung, und wenn diese positiv ausfällt, bei der Suche nach einem geeigneten Partner.

Wertung und Maßstab

Auf Hundeausstellungen werden die einzelnen Tiere von erfahrenen Richtern begutachtet und bewertet. Dabei steht nicht ein Detail im Vordergrund, sondern die Gesamterscheinung, die rasse- und geschlechtstypisch sein muß, sowie das Wesen. Die Klassen und Titel sind international nicht einheitlich. Im deutschsprachigen Raum

Ein Akita mit seinem stolzen Herrchen bei einer Hundeausstellung in New York City. Ambitionierte Hundebesitzer reisen mit ihren Vierbeinern zu größeren Veranstaltungen auch ins Ausland.

»Agility« nennt sich eine Hundesportart, die, aus den USA kommend, auch bei uns immer mehr Freunde findet. Dabei müssen Hund und Herr einen hindernisbewehrten Parcours möglichst rasch durchlaufen.

werden Jugendklasse (9 bis 18 Monate), Offene Klasse (ab 15 Monate), Siegerklasse (Hunde, die bereits einen nationalen oder internationalen Schönheitspreis gewonnen haben) und Gebrauchshundeklasse (Hunde verschiedener Rassen, die entsprechende Leistungsprüfungen abgelegt haben) nach Geschlechtern getrennt beurteilt. Die Einstufung erfolgt nach fünf Bewertungen, die in einem schriftlichen Richterbericht näher erläutert werden müssen:

Vorzüglich (v.) Hunde, die dem Rassestandard in vollkommener Weise entsprechen, in allen Formen größte Vollkommenheit aufweisen und dem Idealtypus am nächsten kommen.

Sehr gut (sg.) Hunde, die den Rassekennzeichen in hohem Grade entsprechen und deren anatomischer Bau als nahezu fehlerfrei angesprochen werden kann, die jedoch trotz edler und beachtenswerter Formen nicht an die höchste Qualifikation heranreichen.

Gut (g.) Hunde, die im allgemeinen dem Rassestandard hinreichend entsprechen, jedoch kleinere Mängel aufweisen.

Genügend (gen.) Hunde, die den Rassekennzeichen noch entsprechen.

Ungenügend (ung.) Hunde, die dem Standard nicht entsprechen oder mit groben Wesensfehlern behaftet sind.

Mehrfache Ausstellungssieger können um den begehrten Titel eines »Nationalen Schönheitssiegers« oder, noch besser, des »Internationalen Schönheitschampions« in Wettbewerb treten – Titel, die, wie man sich denken kann, die Preise für Siegerwelpen bzw. die Decktaxen für Champion-Vaterschaften in entsprechende Höhen treiben. Für den Titel des VDH-Champions (Sieger des Verbandes für das Deutsche Hundewesen) etwa sind vier erste Preise innerhalb von zwölf Monaten erforderlich.

Grämen Sie sich nicht, wenn Ihr Hund nicht das Zeug zum VDH-Champion hat. Selbst wenn er »im allgemeinen dem Rassestandard nur hinreichend« entspricht – für Sie bleibt er der schönste, der liebste und der beste.

FORTGESCHRITTENENTRAINING

Spurensuche

Manche Hunde haben eine natürliche Begabung zum Fährtenlesen, andere müssen diese Fertigkeit mehr oder weniger mühsam lernen. Dabei ist die Fährtenarbeit eine ausgesprochen nützliche Übung, die sich im Alltag immer wieder bewährt. Jagdhunde folgen der Fährte eines verletzten Stückes Wild, Rettungshunde spüren vermißte Kinder auf, Polizeihunde verfolgen verdächtige Personen, und gut ausgebildete Haushunde helfen ihrem Besitzer, verlorene Gegenstände wiederzufinden.

Ihren Vierbeiner an etwas schnüffeln zu lassen, das den Geruch einer anderen Person trägt, und ihn dann auf die Suche danach zu schicken, ist eine unterhaltsame und lehrreiche Beschäftigung für Sie und Ihren vierbeinigen Freund.

Einer Fährte folgen lernen

Um eine Fährte verfolgen zu können, muß Ihr Hund in ausgezeichnetem körperlichem Zustand sein, die Grundkommandos »Sitz!«, »Bleib!«, »Platz!«, »Fuß!« und »Hier!« beherrschen und Gegenstände apportieren können. Besorgen Sie ein spezielles Geschirr für den Hund und eine lange Leine (sechs bis zwölf Meter). Um auf einer Wiese oder einem offenen Feld ein Areal abzustecken, brauchen Sie zudem einige Wimpel. Zum Fährtenlegen dienen ein Paar alte, frisch gewaschene Socken, die »beduftet« werden.

Ziel und Zweck der Übung ist, Ihren Hund exakt den Weg verfolgen zu lassen, den eine beliebige Person querfeldein gegangen ist. Bitten Sie denjenigen, dessen Spur der Hund folgen soll, eine Socke ein paar Minuten lang unter sein Hemd zu stecken. Nehmen Sie dann die »beduftete« Socke und geben Sie diese Ihrem Hund ein paar Sekunden ins Maul, damit er den Geruch des Fährtenlegers aufnimmt. Danach loben Sie ihn und belohnen ihn mit einem Leckerbissen. Wiederholen Sie diese Übung einige Male.

Sobald Sie das Gefühl haben, daß Ihr Hund mit dem Geruch des Fährtenlegers vertraut ist, befehlen Sie ihm »Sitz!« und »Bleib!« und legen dieselbe Socke etwa zwei Meter vor ihm ins Gras.

Von Ihrem Hund wird erwartet, daß er in der Lage ist, die gelegte Spur zu finden. Rassen wie Bluthunde, Bassets, Beagles und Weimaraner haben eine angeborene Begabung für diese Fertigkeit, anderen Hunden muß sie oft mühsam beigebracht werden.

Ihr Hund soll exakt den Weg verfolgen, den der Fährtenleger gegangen ist. Manche Rassen, etwa Fuchs- und Bluthunde, Bassets, Beagles und Weimaraner, sind von Natur aus exzellente Fährtenleser. Andere brauchen viele Lektionen, bis sie diese Kunst beherrschen.

Geben Sie nun das Kommando zum Apportieren. Folgt der Hund, wird er belohnt. Wiederholen Sie die Übung mehrere Male, bevor Sie die Socke in etwa zehn Meter Entfernung plazieren. Legen Sie ihm Halsband und Leine an, geben Sie Befehl zum Apportieren und folgen Sie ihm an der Leine. Beherrscht er diese Übung, bitten Sie jemand anderen, sich vor die Socke zu stellen, um von deren Duft abzulenken. Das ist eine Herausforderung, die bald gemeistert werden wird.

Als nächsten Schritt legen Sie eine zweite »beduftete« Socke ein Stück weiter entfernt aus, und zwar so, daß ein rechter Winkel in der Fährte verläuft, damit auch die Windrichtung wechselt. Nach erfolgreichem Absolvieren können Sie die Aufgabe durch Aufstellen von Futternäpfen oder anderen »duftenden« Ablenkungsobjekten entlang der Fährte erschweren. Erweitern Sie mit der Zeit das Areal und dehnen Sie es auch auf komplexere Geländeformen aus.

Die Fährtenhundprüfung

Wenn Sie glauben, in Ihrem Vierbeiner einen ganz besonders talentierten Spürhund zu besitzen, können Sie ihn zu entsprechenden Prüfungen anmelden. Als Voraussetzung für die Zulassung muß er zuvor entweder die VB-Prüfung (Verkehrssicherer Begleithund) oder die Schutzhundprüfung 1 abgelegt haben. Wenn Sie also vorhaben, Ihrem Liebling so anspruchsvolle Aufgaben zu stellen, sollten Sie sich in jedem Fall einem Hundesportverein anschließen.

Rekordverdächtige Spürhunde

Der schwarze Labrador-Retriever Kelly bekommt seit einiger Zeit Unterricht im Laufen auf schwankenden Brettern, im Erklimmen von Leitern und im geduckten Vorwärtsrobben – sämtlich Übungen, die die Hündin auf gefahrvolle Einsätze vorbereiten sollen. Kelly steckt mitten in der Ausbildung zum Rettungshund. Diese dauert zwei Jahre, nach denen Kelly ein Zertifikat erhält, das sie zum Einsatz bei der Suche nach Opfern von Erdbeben, Muren, Lawinen oder Bombenexplosionen berechtigt. Vor Ort wird sie dort Witterung von Menschen aufnehmen und an der Stelle, wo deren Geruch am stärksten ist, so lange bellen, bis ein menschlicher Helfer herbeieilt und weitere Rettungsmaßnahmen einleitet.

»Dieser Hund kann ein 1000-qm-Gebäude binnen kürzester Zeit absuchen und genau anzeigen, wo man mit den Grabungsarbeiten beginnen muß«, erklärt stolz Kellys Besitzer, Captain Gary Smith.

Captain Smith und Kelly trainieren täglich mindestens eine halbe Stunde Handzeichen, verbale Kommandos sowie Stehenbleiben und Lautgeben, wenn (und nur wenn!) sie den Geruch eines Menschen wittert. Und um sie gegen Ablenkung am Unglücksort zu wappnen, üben die beiden inmitten dichter Menschenmassen, bei heulenden Sirenen und stampfendem Preßlufthammerlärm.

Kelly ist bereits der zweite Hund, den Captain Smith zum Rettungshund ausbildet. Sein erster, ein Deutscher Schäferhund namens Eric, mußte einmal im Gebirge nach einem Buben suchen, der sich verlaufen hatte. Eric schnüffelte kurz an einem Kleidungsstück des Jungen und spürte ihn nur wenige Stunden später wohlbehalten auf.

FORTGESCHRITTENENTRAINING 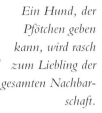 131

Dieser Boxer streckt sich wohlig, nachdem er dem Befehl nachgekommen ist, sich auf den Rücken zu rollen.

Ein Hund, der Pfötchen geben kann, wird rasch zum Liebling der gesamten Nachbarschaft.

Kunststückchen und Spiele

Nur Hundebesitzer wissen, wieviel Freude es macht, mit einem Vierbeiner ausgelassen herumzutollen. Mit ihm zu spielen und ihm neue Kunststückchen beizubringen ist ein ausgesprochen vergnüglicher Zeitvertreib für Herr und Hund. Sie merken schnell, was Ihrem Liebling Spaß macht und was er weniger mag, und lernen ihn besser verstehen. Zusätzlich bringen solche Spielstunden geistige Anregung und natürlich körperliche Ertüchtigung für Sie beide.

Bringen Sie Ihrem Liebling bei, durch einen Reifen zu springen und nützliche Dinge zu apportieren. Das macht ihm Spaß und Ihnen Freude.

Apportieren

Manche Hunde jagen von sich aus hinter Gegenständen her und bringen sie ihrem Besitzer, andere müssen diese Übung erst lernen. Beherrscht Ihr Liebling das Apportieren, ist dies eine wunderbare Methode, ihm gesunde Bewegung zu verschaffen.

1 Schwenken Sie ein Spielzeug vor der Nase des Hundes. Sobald er sich darauf konzentriert, werfen Sie es ein Stück weit weg und geben den Befehl: »Bring!«

2 Springt der Hund hinterher, bestärken Sie ihn darin, das Spielzeug aufzunehmen, und rufen dann »Hier!«. Erwarten Sie Ihren Vierbeiner mit weit geöffneten Armen und loben Sie ihn, wenn er wieder bei Ihnen ist.

3 Damit Ihr Hund den apportierten Gegenstand losläßt, legen Sie Ihre rechte Hand unter sein Maul und sagen: »Aus!« Gibt er das Spielzeug nicht von selbst her, wiederholen Sie das Kommando und nehmen ihm den Gegenstand mit der Linken aus dem Fang. In dem Augenblick, in dem er losläßt, wird er intensiv gelobt. Wiederholen Sie die Übung mehrmals hintereinander.

FORTGESCHRITTENENTRAINING **133**

Auf den Rücken rollen

Wenn Ihr Hund sich auf Befehl wälzt, wirkt das wie ein tolles Kunststück, gehört aber zu den einfachsten Übungen, die Sie Ihrem Liebling beibringen können. Alle Hunde können es lernen, allerdings tun sich kleinere Rassen leichter. Beherrscht Ihr Hausgenosse diese Übung perfekt, können Sie ihm mittels Handzeichen bedeuten, über welche Seite er aufstehen soll.

1 Befehlen Sie Ihrem Hund »Platz!«. Knien Sie sich neben ihn und legen eine Hand auf den ihnen abgewandten Oberschenkel und die andere auf die Ihnen zugewandte Schulter.

2 Rollen Sie ihn sanft über den Rücken auf die andere Seite und sagen Sie dabei in bestimmtem Ton: »Und rum!« oder geben Sie einen beliebigen anderen Befehl.

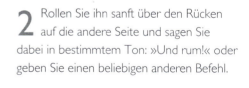

3 Springt er nach dem Wälzen wieder auf die Pfoten, hat er sich ein gewaltiges Lob verdient. Wiederholen Sie die Übung mehrmals täglich, bis Ihr Hund sie auch ohne manuelle Hilfe beherrscht.

Durch einen Reifen springen

Ein einfaches Kunststückchen, das allen Hunden Spaß macht – vor allem, wenn sie hinterher ausgiebigst gelobt werden. Gut auch als Vorübung für das Benutzen einer Hundetür.

| Klemmen Sie den Reifen, der auf dem Boden aufliegen muß, in einen Türstock. Locken Sie Ihren Liebling mit aufmunternden Worten ins angrenzende Zimmer.

Pfötchengeben

Ein beliebtes Kunststück, das vor allem Kinder begeistert. Gerade große Hunde flößen manchen Menschen Angst ein, aber wenn Ihr Liebling dann sein Pfötchen hebt und »winkt«, erkennen selbst Fremde, daß er ein ganz besonders lieber und gutmütiger Kerl ist.

| Setzen Sie sich vor Ihren Hund und ergreifen Sie liebevoll eine Pfote.

FORTGESCHRITTENENTRAINING **135**

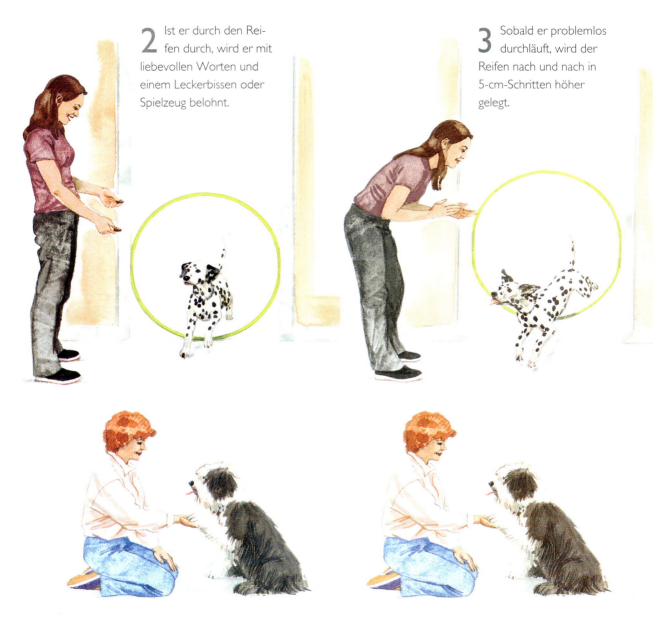

2 Ist er durch den Reifen durch, wird er mit liebevollen Worten und einem Leckerbissen oder Spielzeug belohnt.

3 Sobald er problemlos durchläuft, wird der Reifen nach und nach in 5-cm-Schritten höher gelegt.

2 Sobald er das Pfötchen hebt, nehmen Sie es in die Hand. Halten Sie es ein oder zwei Sekunden lang auf Brusthöhe.

3 Sagen Sie dazu »Pfötchen!« und lassen Sie seine Pfote los. Ihr Hund wird das Kommando mit dem angehobenen Vorderfuß in Verbindung bringen. Loben Sie ihn, geben Sie ihm einen Leckerbissen.

9 SCHLECHTE ANGEWOHNHEITEN KORRIGIEREN

Entwickelt Ihr Vierbeiner schlechte Manieren, ist das kein Grund zum Verzweifeln. Mit Konsequenz lassen sich so gut wie alle unerwünschten Untugenden ausmerzen. Besser noch ist es freilich, Unsitten gar nicht erst einreißen zu lassen und Ihrem Liebling feste Grenzen zu setzen, sobald er zu Ihnen ins Haus kommt.

- Vorbeugen ist besser 137
- Aggressives Verhalten 138
- Bellen 143
- Betteln 145
- Hetzjagd auf Autos 146
- Anknabbern von Gegenständen 148
- »Besetzen« von Möbeln 151
- Graben 152
- Kotfressen und Wälzen in Kot 153
- Angst 155

- Handscheu 158
- Hyperaktivität 159
- Anspringen 160
- Ablecken 161
- Übersteigerter Wachtrieb 162
- Verteidigen von Spielzeug 163
- Trennungsangst 164
- Stehlen 165
- Unerwünschtes Schnüffeln 166
- Jaulen 167

Vorbeugen ist besser

Über die meisten Eigenheiten Ihres vierbeinigen Hausgenossen werden Sie lachend hinwegsehen, manches jedoch ist inakzeptabel. Jeder Hund leistet sich ab und an eine Unsitte, springt zum Beispiel an Gästen hoch oder knabbert Ihre nagelneuen Schuhe an – all das ist nur natürlich. Häufen sich solche Unarten, vergeht einem aber meist das Lachen.

Richtig reagieren

Es gibt viele Möglichkeiten, Ihrem Hausgenossen klarzumachen, daß sich wohlerzogenes Verhalten auszahlt. Eine ganz einfache Lösung für viele Verhaltensprobleme bei Hunden besteht darin, die eigene Körpersprache bewußt einzusetzen.

Da Ihr Liebling Ihnen Freude machen will, beobachtet er genau, wie Sie auf seine Streiche reagieren. Wenn Sie sein Verhalten amüsant finden und darüber lachen, wird er es wieder tun. Lassen Sie ihn hingegen unmißverständlich wissen, daß Sie ein bestimmtes Verhalten nicht gutheißen, wird er es sich in Zukunft zweimal überlegen. Bei manchen Hunden reicht schon ein gestrenger Blick oder ein entschlossenes »Nein!« völlig aus.

Unsitten von vornherein unterbinden

Am besten ist freilich, man läßt unerwünschte Verhaltensweisen erst gar nicht aufkommen. Nun ist es natürlich unmöglich, die Gedanken Ihres Lieblings zu lesen, aber Sie können versuchen zu erraten, wann er Unsinn im Kopf hat und in welche Richtung seine Gedanken dann gehen. Versetzen Sie sich einfach in Ihren Vierbeiner hinein:

Wenn er gerne Dinge anknabbert – sind dann nicht die neuen, sündteuren italienischen Schuhe, die selbst für Menschennasen richtig appetitlich riechen, eine unwiderstehliche Versuchung? Können Sie es ihm verdenken, daß er sich darüber hermacht, sobald Sie aus dem Zimmer sind? Beugen Sie vor und führen Sie ihn nicht in Versuchung: Räumen Sie derartige Dinge einfach immer auf.

Bellt Ihr Hund schon in Ihrer Anwesenheit gerne, wird er noch mehr kläffen, sobald Sie weg sind. Lassen Sie Hunde nicht zwölf Stunden lang allein, raten erfahrene Ausbilder. Wenn Sie selbst nicht genügend Zeit für ihn haben, müssen Sie jemanden finden, der vorbeikommt und mindestens eine Stunde lang mit ihm spielt. Hunde brauchen Gesellschaft und Zuwendung genauso wie Menschen – wenn nicht sogar mehr.

Warum tut er das?

Der Schlüssel zum Erfolg besteht darin, die Motivation für das Fehlverhalten zu ermitteln. Hat Ihr Hund nicht genügend Spielzeug und Beschäftigung, dann sucht er sich selbst etwas – doch ob diese Aktivität Ihnen gefällt, ist eher fraglich.

Hunde sind nicht gern allein, und am liebsten verbringen sie möglichst viel Zeit mit Herrchen oder Frauchen. Einige Hunde brauchen mehr Zuwendung als andere, und wenn Ihr Vierbeiner jede Menge Unsinn anstellt, kann es durchaus sein, daß er es nur tut, um Ihre Aufmerksamkeit zu gewinnen. Haben Sie einmal in Erfahrung gebracht, wieviel Zeit Ihr Liebling braucht, und beschäftigen Sie sich entsprechend lange mit ihm, wird er wesentlich weniger Unfug anstellen.

Aggressives Verhalten

Ein liebenswürdiger Hund macht sehr viel Freude, aber ein Hund, der knurrt und schnappt und aggressives Verhalten an den Tag legt, ist eine Gefahr für jeden, der mit ihm in Kontakt kommt. Zählt Ihr Hausgenosse zu letzterer Sorte, kann dies viele Ursachen haben – doch zum Familienhund eignet sich ein bissiger Zeitgenosse in keinem Fall.

Frühe Sozialisation
Die beste Methode, aggressivem Verhalten vorzubeugen, ist gute Sozialisation des Hundes. Wenn ein Welpe das erste Mal Bekanntschaft mit der großen weiten Welt macht, kann dies eine wunderschöne und aufregende, aber auch eine höchst furchteinflößende Erfahrung sein. Es hängt ganz davon ab, wie geborgen er sich fühlt. Wurde er viel angefaßt und hat von Kindespfoten an viele verschiedene Orte und Menschen kennengelernt, wird er zuversichtlich ins Leben gehen. War dies nicht der Fall, dürfte er allem Neuen voller Furcht und Mißtrauen begegnen. Ein allzu behütetes Zuhause bereitet einen Hund nicht auf Straßenlärm und die Begegnung mit anderen Vierbeinern oder fremden Menschen vor.

Hat ein Hund Angst, versucht er häufig, sich dadurch zu schützen, daß er den Starken spielt. Doch hinter dem aggressiven Knurren und Zähnefletschen verbirgt sich in aller Regel ein Charakter, der in frühester Kindheit keine Sicherheit und Geborgenheit erfahren hat. Daher weiß er als Erwachsener nicht, wie man sich »in Gesellschaft« benimmt. Stärken Sie das Selbstvertrauen Ihres neuen Hausgenossen, indem Sie vom ersten Tag

Dieser Golden-Retriever-Welpe läßt sich vertrauensvoll auf den Rücken rollen und den Bauch knuddeln. Eine zu unterwürfige Geste kann auf einen furchtsamen und damit potentiell aggressiven Charakter hinweisen.

an mit ihm Gehorsamstraining üben. Welpen unter drei Monaten sollten nicht auf die Straße oder in öffentliche Parks, weil ihr Immunsystem noch nicht ausreichend funktioniert, um ansteckende Krankheiten abzuwehren. Verlassen Sie mit Ihrem Welpen das Grundstück also erst, nachdem er alle wichtigen Impfungen erhalten hat.

Welpen sind süß, und viele Passanten werden Ihren Liebling streicheln wollen. Ein selbstbewußter, gesunder junger Hund geht freundlich auf Fremde zu und wird ihnen sogar die Hand lecken, während sich weniger selbstsichere Kerlchen zwischen Ihren Beinen verstecken wollen.

Schlechte Angewohnheiten korrigieren

Erschrickt Ihr Hund während eines Spazierganges, nehmen Sie ihn auf keinen Fall hoch oder reden beruhigend auf ihn ein. Er muß lernen, selbstbewußt auf Unbekanntes zuzugehen und sich nicht auf Herrchens oder Frauchens Arm zu verstecken. Besonders bei Begegnungen mit anderen Hunden ist dies wichtig. Sie müssen auch keineswegs um Ihren Welpen fürchten, wenn ein großer Hund auf ihn zuläuft. Bei jedem psychisch intakten Hund genießt er Welpenschutz.

Aggression zügeln

Um Aggressionen von vornherein vorzubeugen, müssen Sie Ihrem Hund beibringen, welches Verhalten akzeptabel ist und welches nicht. Wenn er zum ersten Mal einen freundlichen Artgenossen anknurrt, müssen Sie ihn mit einem energischen »Nein!« tadeln. Reagieren Sie in solchen Fällen schnellstmöglich, am besten, wenn das Knurren noch gar nicht über seine Lefzen gekommen ist. Je rascher Sie handeln, desto eher versteht er, daß der geplante Wutanfall nicht geduldet wird.

Eine weitere Möglichkeit, Aggressivität zu zügeln, besteht darin, potentielle »Gefahren«-Situationen zu meiden. Wenn Sie wissen, daß Ihr Rüde andere Rüden schlecht toleriert, lassen Sie ihn keinen direkt beschnuppern.

Falls Ihr Liebling auf kleine Kinder nervös reagiert, besuchen Sie mit ihm einen Kinderspielplatz und lassen Sie ihn dort in der Nähe »Sitz!«

Die ersten Warnzeichen

Hunde tragen ihr Herz auf dem Pelz. Ihre Gefühle zeigen sich durch Körpersprache – gleichgültig ob freudige Erwartung und Spiellust oder Angst, Schmerz und Enttäuschung. Und diese Hundesprache ist länder- und rasseübergreifend.

Wichtigste Indizien seiner Stimmung und seines Charakters sind Schwanz, Augen, Ohren, Maul und Körperhaltung. Ein dominanter Hund, der zum Angriff übergehen will, steht in aller Regel steifbeinig und etwas nach vorn geneigt. Er hat die Lefzen hochgezogen, fletscht die Zähne und stellt die Ohren auf. Der Schwanz steht senkrecht nach oben, und im Nacken und entlang der Wirbelsäule sträubt sich das Fell wie ein Kamm.

Achten Sie aber auch auf weniger auffällige Anzeichen. Auch ein sich duckender Hund mit ängstlichem Blick ist potentiell aggressiv und deshalb unter Umständen gefährlich. Seine Augen vermitteln die Botschaft: »Tu mir nichts, sonst muß ich dir was tun.« Ein steifer, zaudernd-zögerlicher Gang oder absolut unbewegliches Stillstehen weisen ebenfalls auf möglicherweise drohende Reizbarkeit hin.

Umgang mit einem aggressiven Hund

Nur weil er mit dem Schwanz wedelt, heißt das noch nicht, daß ein Hund freundlich gesinnt ist. Achten Sie bei jeder Begegnung mit einem fremden Hund auf Zeichen von Aggression. Wenn Sie bei einem Vierbeiner aggressive Neigungen befürchten, gehen Sie keinesfalls auf ihn zu. »Sie dürfen ihn unter keinen Umständen konfrontieren«, sagt Tierpsychologin Dr. Susan Anderson. Vermeiden Sie direkten Blickkontakt, vor allem, wenn der Hund furchtsam wirkt. In der Hundesprache bedeutet das nämlich eine Aufforderung zur Auseinandersetzung. Schauen Sie besser einfach weg.

Geht ein angriffslustiger Hund auf Sie los, lassen Sie Kopf und Schultern hängen und bewegen Sie sich langsam rückwärts. »Spielen Sie Baum und warten Sie, bis sich der Hund abwendet«, rät Dr. Anderson. Und kommt ein wütender, knurrender Hund auf Sie zu, wechseln Sie am besten sofort auf die andere Straßenseite.

»Versuchen Sie immer, dominantes Verhalten von seiten des Hundes rechtzeitig zu unterbinden«, empfiehlt Dr. Anderson. »Rempelt ein Hund Sie regelmäßig an oder rennt Sie gar über den Haufen, dann geschieht das nicht zufällig.«

Auch Anspringen ist ein Zeichen von Dominanz. Zeigt ein Hund derartiges Verhalten, bitten Sie seinen Besitzer, ihn mit »Sitz!« oder »Platz!« zur Ordnung zu rufen, oder tun Sie es notfalls selbst.

---

machen und den Kleinen beim Spielen zuschauen. Wiederholen Sie dies so oft, bis er sich daran gewöhnt hat und somit keine Gefahr mehr darstellt.

Aggressives Spielverhalten

Im Alter zwischen drei und sechs Monaten zahnen kleine Hunde, das heißt ihre Milchzähne werden durch das bleibende Gebiß ersetzt. In dieselbe Entwicklungsphase fällt ein ausgeprägter Spieltrieb und verstärkter Bezug zum Menschen.

Spielerisches Knabbern ist natürlich keineswegs aggressiv, kann sich jedoch zu festerem Zwicken und Beißen steigern. Auch andere Spiele wie Tauziehen und Herumbalgen können in Aggression ausarten. Um dem vorzubeugen, raten Fachleute,

Um Aggressivität bereits im Keim zu ersticken, vermeiden Sie Spiele, bei denen es Sieger und Verlierer gibt – wie bei diesem Tauziehen zweier Bulldoggen-Welpen. Genau wie kleine Kinder werden auch junge Hunde häufig aggressiv, wenn sie verlieren, und das Spiel kann leicht ausarten.

alle Spiele mit Welpen zu meiden, bei denen es um Kräftemessen geht. Wenn Ihnen das schwerfällt, müssen Sie dafür Sorge tragen, daß Sie Sieger bleiben, ohne daß der Hund aufmuckt.

Schlechte Angewohnheiten korrigieren

Führen Sie einen aggressiven Hund immer an der Leine Gassi und bleiben Sie ruhig, wenn Sie Artgenossen begegnen. Wirkt er reizbar, bringen Sie ihn mit einem Leinenruck zur Räson.

Hundebegegnungen

Begegnen sich zwei Hunde zum ersten Mal, wird sofort die Rangordnung geklärt. Signalisiert einer der beiden seine Autorität und der andere reagiert unterwürfig, ist die Ordnung damit hergestellt. Ärger ist jedoch programmiert, wenn beide die Führungsposition für sich beanspruchen.

Führen Sie Ihren Hund beim Spazierengehen immer an einer lockeren Leine. Sieht er einen Artgenossen und will auf ihn zurennen, können Sie sein Verhalten mit einem Leinenruck so wirksamer korrigieren. Reagiert er auf fremde Hunde aggressiv, versuchen Sie Begegnungen zu vermeiden oder ihn dadurch von dem anderen abzulenken, daß Sie das Tempo wechseln oder mehrmals überraschend die Richtung ändern. Wenn Sie zu spät merken, daß er einen anderen Hund gesehen hat, dürfen Sie weder die Leine verkürzen noch nervös werden. Ihr Hund würde daraus schließen, daß irgend etwas nicht stimmt, und sich auf eine drohende Gefahr vorbereiten. Bleiben Sie also ruhig, und auch Ihr Vierbeiner wird entspannter sein. Meist ist es jedoch ratsamer, solche Situationen überhaupt zu meiden. Kommt ein fremder Hund in Ihr Heim, leinen Sie zunächst beide Vierbeiner an und lassen Sie sich beschnüffeln. Befehlen Sie dann beiden »Platz!«, damit beide merken, daß Sie der Rudelchef sind. Lassen Sie sie einige Minuten lang liegen, bis sie sich entspannen; dann können Sie beide laufenlassen.

Hundekämpfe

Zwei Hunden beim Spielen zuzuschauen, ist immer ein Vergnügen. Balgereien, Versteck- und Fangspiele können beide stundenlang beschäftigen. Zwei Hunde, die zusammenleben, entwickeln in aller Regel rasch ein stillschweigendes Abkommen, wer was darf, und solange sich beide in der Rolle des Jägers und Gejagten abwechseln, dienen solche Herumtollereien der geistigen und körperlichen Ertüchtigung.

Kommt jedoch ein neuer Hund hinzu, oder einer der beiden wird zu erregt, müssen Sie aufpassen. Balgereien und Fangspiele können nämlich rasch außer Kontrolle geraten.

Woran erkennt man, ob die beiden kämpfen oder nur spielen? Falls einer den anderen ständig im Genick packt und ihn zu Boden wirft oder so kräftig kneift, daß dieser jault, ist es kein Spiel mehr. Auch wenn ein Hund kleiner oder jünger ist als der andere, ist Vorsicht geboten, denn er kann durch das unbeabsichtigt grobe Verhalten des größeren furchtsam werden.

Beugen Sie Hundekämpfen rechtzeitig vor: Stehen sich zwei Hunde auf den Hinterbeinen gegenüber und schnappen nacheinander, ist es allerhöchste Zeit einzugreifen. Am anfälligsten für

Hundekämpfe sind sehr dominante sowie ängstliche Tiere, aber auch Vierbeiner, die bereits mehrmals von Artgenossen angegriffen wurden.

Kämpfende Hunde trennen
Wenn es bereits zu spät und Ihr Liebling in einen pfotenfesten Kampf mit einem anderen Hund verwickelt ist, packen Sie ihn keinesfalls am Halsband. Im Eifer des Gefechts wird er Ihre Hand für einen Teil seines Feindes halten und mit großer Wahrscheinlichkeit zubeißen. Da Hunde empfindlich auf laute Geräusche reagieren, schlagen

Geraten große, kräftige Hunde gleichen Geschlechts aneinander, wird sofort die Rangordnung ausgetestet. Solange sich einer der beiden unterwürfig zeigt, wird es jedoch kaum zu einem Kampf kommen. Zwischen den Geschlechtern gibt es kaum Aggressivität.

Sie besser zwei Metallgegenstände gegeneinander und brüllen Sie die beiden Kampfhähne ruhig an. Die Wirkung ist allerdings fraglich.

Mit Rücksicht auf die eigene Gesundheit sollte man sich nicht in Hundekämpfe einmischen. Kämpfe unter Rüden sind häufiger, haben eher sportlichen Charakter und verlaufen meistens glimpflich. Ernster wird es, wenn zwei Hündinnen in Streit geraten. Sie kämpfen nicht selten bis aufs Messer, und schwere Verletzungen können die Folge sein. Dagegen werden Rüde und Hündin kaum in Streit geraten. Der Rüde ist Kavalier und wird das Dominanzgebaren einer frechen Hündin mit freundlicher Duldsamkeit ertragen.

Platzhirsch

Manche Hunde neigen dazu, Haus und Garten derart als ihren Besitz zu betrachten, daß sie jeden, der ihr Revier betritt, bedrohen. Sobald sie das Gefühl haben, jemand kommt ihnen zu nahe, gehen sie aggressiv auf den »Eindringling« los und halten ihn mit wütendem Knurren und Zähnefletschen in Schach. Gehen Sie mit einem solchen Hund täglich dieselbe Runde, wird er auch diesen Weg als sein Revier ansehen, das es gegen Fremde zu verteidigen gilt. Zahlreichen Hunden – vor allem Gebrauchsrassen – ist ein solcher Besitzanspruch regelrecht angeboren. Sie sind exzellente Wachhunde. Ihnen übertriebenen Schutz- und Revierinstinkt abzugewöhnen, ist sehr schwierig.

Bellen

Machen wir uns nichts vor: Jeder Hund bellt. Bellen ist die verbale Form der Hundesprache, und Sie werden Ihrem Liebling ja wohl kaum das Maul verbieten wollen. Und wenn Sie abends von der Arbeit heimkommen und werden mit freudigem Bellen begrüßt, ist das ein wunderschönes Geräusch. Entwickelt sich Ihr Hund jedoch zu einem notorischen Kläffer, führt das schnell zu Problemen mit der Nachbarschaft.

Warum bellen Hunde?

Ein Hund bellt aus vielerlei Gründen. Es kann heißen, daß er sich freut, aber auch Zeichen von Angst oder Einsamkeit sein. Und er kann Sie damit vor Gefahr oder der Ankunft eines Fremden warnen wollen.

Der Klang des Bellens hängt vom Anlaß ab. Ein panischer oder ängstlicher Hund bellt in einem Ton und Lautmuster, aus dem wir Verzweiflung heraushören und das uns sofort zu ihm eilen läßt.

Doch während die meisten Hunde bellen, um uns etwas mitzuteilen, tun es andere einfach aus Freude an der Sache oder aus reiner Gewohnheit. Solch chronisches Dauergebell kann sich über Stunden erstrecken und zu einem nervenaufreibenden Störfaktor werden.

Gegenmaßnahmen

Um exzessives Lautgeben Ihres Vierbeiners dauerhaft zu unterbinden, müssen Sie zunächst herausfinden, was ihn dazu veranlaßt. Das ist gar nicht so schwer. Hören Sie einfach genau hin und beobachten Sie ihn. Wenn er Sie anschaut und ohne ersichtlichen Grund bellt, sucht er wohl lediglich

Ein unentwegt kläffender Hund kann zu einer echten Belastungsprobe für gutnachbarschaftliche Beziehungen werden. Meist ist Langeweile daran schuld; sorgen Sie für ausreichend Beschäftigung.

Ihre Aufmerksamkeit. Vielleicht hat er Hunger, oder er möchte spielen.

Lenken Sie die Energie, die er sonst zum Bellen braucht, in andere Geleise. Ein langer Spaziergang jeden Tag tut Ihnen beiden gut, und er hat dadurch Beschäftigung. Besonders schön kann man ihn beschäftigen, wenn sich in der Nähe ein Hundeübungsplatz befindet, auf dem er sich mit Apportieren, Springen und Wandklettern so richtig austoben kann.

Wenn Sie feststellen, daß Ihr Hund Sie nur anbellt, um Ihre Aufmerksamkeit zu erregen, greifen Sie zu Halsband und Leine, gehen Sie mit ihm vor die Tür und machen Sie ein paar Unterordnungsübungen. Ein paarmal »Sitz!« und »Platz!«, und er wird vergessen haben, warum er Sie zuvor angekläfft hat.

Hunde sind Rudeltiere und sollten niemals längere Zeit allein bleiben müssen. Falls es sich wirklich nicht vermeiden läßt, lassen Sie wenigstens Radio oder Fernseher laufen, wenn Sie aus dem Haus gehen. Viele Hunde verbinden dieses Geräusch mit der Anwesenheit Ihres Herrchens oder Frauchens und sind dann ruhiger und zufriedener.

Oder Sie probieren »Puzzle«-Leckerbissen wie beispielsweise einen mit Weichkäse gefüllten Hohlknochen oder einen Ball mit kleinen Hundekuchen, womit er spielen kann, solange Sie weg sind. Die Bemühung, das Futter herauszubekommen, wird ihn einige Stunden beschäftigen und zugleich so ermüden, daß er danach vermutlich den Rest der Zeit verschläft.

Bellt Ihr Hund jeden Fremden an, sorgen Sie für einen so hohen Zaun, daß er nicht darüberschauen kann. Streicheln Sie ihn nicht und sagen Sie ihm nicht, daß ja alles in Ordnung ist. Wenn Sie das tun, glaubt er, Sie loben ihn für seine Tapferkeit. Genausowenig dürfen Sie ihn schimpfen – sonst wird er denken, Sie stimmen damit in seine Alarmrufe ein.

Ein Spielwürfel mit Trockenfutter ist ein herrlicher Zeitvertreib für einen Hund, der lange alleingelassen wird. Er stellt sofort das Bellen ein und stupst den Ball mit Nase und Pfoten so lange, bis dieser sich dreht und ein Hundebiskuit herausfällt.

Warum bellen Hunde den Briefträger an?

Eigentlich sollte man erwarten, daß Ihr Hund den Briefträger kennt, der ja schließlich jeden Tag zur selben Zeit ins Haus kommt. Daß er ihn trotzdem wie einen Fremden mit wütendem Gebell empfängt, hat jedoch seinen guten Grund.

Versetzen Sie sich einmal an die Stelle Ihres Hundes: Wenn er den Postboten zum ersten Mal sieht, will er sein Heim gegen einen Fremden schützen. Nach wenigen energischen Bellern geht der Briefträger wieder, und Ihr Hund ist sehr stolz, daß er ihn vertrieben hat. Sein Verhalten hat funktioniert, und er denkt, daß es auch weiterhin Wirkung zeigen wird. Und das tut es ja auch – der Postbote dreht sich jedesmal um und geht!

Bellt Ihr Liebling, weil er vor etwas Angst hat (z. B. vor dem Staubsauger oder dem Rasenmäher), versuchen Sie ihn an das betreffende Objekt zu gewöhnen. Füttern Sie ihn bei laufendem Staubsauger oder neben dem Rasenmäher – dann wird er mit der Zeit vielleicht sogar positive Assoziationen damit verbinden. Und wenn es Ihnen gelingt, ihm die Angst vor furchteinflößenden Gegenständen zu nehmen, stärkt das auch sein Selbstvertrauen.

Oder Sie unterbrechen sein Gebell mit einem überraschenden Geräusch, das mindestens doppelt so laut sein muß wie sein Kläffen.

Betteln

Nur wenige Hundebesitzer können den flehenden Blicken ihres Lieblings widerstehen, wenn dieser beim Abendessen bettelnd zu ihnen aufschaut. Aber wenn Sie nur ein einziges Mal weich werden und Ihrem Vierbeiner auch nur das kleinste Bröckchen vom Tisch füttern, werden Sie nie wieder eine Mahlzeit allein einnehmen. Ihr Hund wird jedesmal, wenn Sie sich zu Tisch setzen, so tun, als sei er halb verhungert, und die stummen Bettelblicke werden zu Sabbern, Jaulen, Hochspringen und frenetischer Jagd, sobald irgend etwas Eßbares versehentlich zu Boden fällt.

Warum Betteln schlecht ist
Haben Sie einmal angefangen, die Mahlzeiten mit ihm zu teilen, können Sie nicht nur nie mehr in Ruhe essen – Ihr Hund wird darüber hinaus auch zunehmen. Neben seinem normalen Hundefutter bekommt er schließlich hier eine halbe Buttersemmel, dort ein Stück Roulade, Nudelreste, etwas übriggebliebene Geburtstagstorte … was immer er Ihnen eben abbetteln kann.

Da das Verdauungssystem eines Hundes anders funktioniert als das des Menschen, kann Ihr Liebling von »Menschenfutter« regelrecht krank werden. Sie empfinden es vielleicht als Liebe, wenn Sie ihm panierte Schnitzel oder Süßigkeiten geben, aber wahre Liebe besteht darin, ihn gesund und artgerecht zu ernähren.

Falls Sie ihm Essensreste füttern, sollten dies ausschließlich rohes oder gekochtes Gemüse, Reis, Magerquark oder etwas Obst sein. Ein kleines Stück Hähnchenbrust (ohne Haut!) kann als besondere Belohnung aufbewahrt werden. Geben Sie die Essensreste zusammen mit seinem normalen Futter in seinen Napf – aber erst am nächsten Tag.

Alles, was Ihr Liebling will, ist ein winziges Bröckchen. Das Problem ist nur, daß Sie damit eine (ungesunde) Unsitte einreißen lassen und nie mehr in Ruhe werden essen können.

Selbsthilfe gegen Bettler

1. Füttern Sie Ihren Hund niemals und unter keinen Umständen vom Tisch.
2. Bitten Sie Besucher, dem Hund nichts zu geben. Ist das nicht möglich, müssen Sie ihn während der Mahlzeiten aus dem Eßzimmer verbannen.
3. Ignorieren Sie sein Betteln. Ist er ruhig und läßt Sie in Ruhe essen, loben Sie ihn und geben ihm (nach dem Essen) einen Leckerbissen.
4. Springt Ihr Hund während der Mahlzeiten an Ihnen hoch oder bellt, befehlen Sie ihm »Platz!« und »Bleib!«.
5. Geben Sie ihm ein Kauspielzeug oder einen mit Futter gefüllten Ball oder Knochen, damit er während der Mahlzeiten abgelenkt ist.
6. Füttern Sie Ihren Hund vor dem Essen. Mit vollem Magen wird er weniger betteln.
7. Lassen Sie ihn sich richtig müde tollen, bevor Sie sich zum Essen hinsetzen.
8. Eventuelle Essensreste immer erst am nächsten Tag füttern – im Napf mit seinem Futter.

Hetzjagd auf Autos

Egal was es ist: Wenn es sich bewegt, hetzt Ihr Hund hinterher. Ein Ball, ein Stöckchen, hochgewirbelte Blätter – die Zahl der Gegenstände, die Hunde mit unglaublichem Elan und Begeisterung jagen, ist schier unendlich. Vor allem junge Hunde lieben diese Herausforderung. Beobachten Sie einmal einen Welpen bei dem Versuch, am Fenster eine Fliege zu erwischen, oder beim Erforschen eines Stückchens Seidenpapier, das der Wind im Garten herumträgt. Ist die Beute »erlegt« und bewegt sich nicht mehr, erlischt das Interesse fast augenblicklich.

Mit dem Erwachsenwerden entwickeln viele Hunde Territorialverhalten, das heißt, sie halten es für ihre Pflicht, ihr Zuhause gegen Feinde zu verteidigen. Nun ist das Jagdspiel nicht mehr so lustig, denn es steigert sich zu Bellen und wütendem Hin- und Herrennen, das mögliche Eindringlinge fernhalten soll. Ein solcher Hund geht mit derselben Aggression auf Katzen, Eichhörnchen, skateboardfahrende Kinder und Radler los.

Gelingt es Ihrem Hund, durch Bellen und Hinterherhetzen etwas oder jemand erfolgreich in die Flucht zu schlagen, ist er immens stolz auf sich – und will seine Fähigkeiten bei nächster Gelegen-

Bevor Sie Ihren Hund frei ohne Leine herumtollen lassen, müssen Sie absolut sicher sein, daß er auf Ihr Kommando »Hier!« reagiert. Laufen Sie nie hinter ihm her, wenn er vor Ihnen davonrennt.

heit erneut unter Beweis stellen. Fängt er jedoch an, selbst Autos zu hetzen, ist dies ein Zeichen übertriebener Aggression und zudem für Ihren Liebling lebensgefährlich.

Gegenmaßnahmen

Lassen Sie es gar nicht erst soweit kommen. Unterstützen Sie sein Jagdverhalten nicht. Stiehlt Ihr Hund etwas oder kommt nicht auf Ihr Rufen, rennen Sie keinesfalls hinter ihm her. Rufen Sie ihn stattdessen mit »Hier!« zu sich und belohnen Sie ihn, wenn er folgt. Intensives Gehorsamstraining ist ausgesprochen nützlich, damit Befehle wie »Hier!« wirklich sitzen. Hat Ihr Vierbeiner bereits angefangen, Autos zu hetzen, müssen Sie ihn außerhalb des (sicher umzäunten) Gartens stets an der Leine führen.

Viel Auslauf kann den Hetztrieb mindern. Üben Sie mit ihm Apportieren und verbringen Sie dann viel Zeit mit Bälle- oder Stöckchenwerfen, hinter denen er herjagen kann und die er anschließend zurückbringt. Mit etwas Glück

SCHLECHTE ANGEWOHNHEITEN KORRIGIEREN 147

Jagen manche Rassen mehr als andere?

Nahezu allen Hunden macht es Spaß, hinter etwas herzuhetzen. Die meisten Rassen wurden sogar für diesen Zweck gezüchtet. Terrier wurden zur Jagd auf kleines Raubwild abgerichtet, und Afghanen, Salukis und Greyhound wurden bei der Jagd wegen ihrer Geschwindigkeit und ihrer ausgezeichneten Sicht geschätzt.

Gebrauchshunde wie den Dobermann hat man zur Verfolgung Krimineller gezüchtet, während Neufundländer hinter Menschen herschwammen und sie aus eiskaltem Wasser retteten. Spaniel, Pointer und Retriever sind seit Jahrhunderten treue Gefährten des Jägers und im Hetzen und Apportieren von Federwild oder anderen kleinen Tieren geübt.

Hof- und Hütehunde wie Schweizer Sennenhund, Hovawart und Leonberger hatten Haustiere zu schützen. Ihr Jagdtrieb ist so wenig ausgeprägt, daß sie oft nicht einmal Katzen jagen.

das Eichhörnchen oder den Radfahrer zu hetzen, hat er sich ein dickes Lob und einen Leckerbissen verdient.

Macht er immer noch Jagd auf Autos, bitten Sie einen Freund, mit seinem Wagen ganz langsam an Ihrem Grundstück vorbeizufahren. Zuvor nehmen Sie den Hund an die Leine. Rennt er hinterher, lassen Sie ihn ein paar Meter laufen und geben dann der Leine einen kurzen Ruck, lassen aber sofort wieder locker. Gleichzeitig muß das scharfe Kommando »Nein!« erfolgen. Vorsicht, daß er sich mit dem Trainingshalsband nicht erwürgt! Wiederholen Sie diese Übung, bis er verstanden hat, worum es geht.

Wenn Sie Ihrem Hund einen echten Gefallen erweisen wollen, lassen Sie ihn bei einem Ballspiel im Park oder an einem anderen Ort so richtig toben. Dieser Mischling zum Beispiel ist ein begeisterter Tennisspieler.

ermüdet ihn dieses Spiel. Lassen Sie ihn nie hinter etwas herrennen, das er nicht apportieren kann oder soll.

Damit Ihr Hund beim Spazierengehen nicht hinter allem möglichen herhetzt, sollten Sie ihn stets an der Leine führen und ihn mit Befehlen sowie durch überraschende Richtungswechsel beschäftigen. Setzt er zur Jagd auf irgend etwas an, machen Sie abrupt kehrt. Folgt er Ihnen, anstatt

Anknabbern von Gegenständen

Nennen Sie es Kauen, Knabbern, Beißen oder Nagen – es läuft immer aus dasselbe hinaus: Jeder Hund benutzt gerne sein Gebiß. Doch wenn kräftige Hundezähne auf etwas Weiches, Biegsames treffen, ist Zerstörung programmiert. Gegenstände mit interessantem Geruch oder faszinierender Textur sind immer verlockend, und je mehr Sie etwas schätzen, desto attraktiver erscheint es auch Ihrem vierbeinigen Hausgenossen. Nach ein paar Schnüfflern und Probebissen wird er Ihr Lieblingsstück in möglichst viele Einzelteile zerlegen und sodann die Überreste dekorativ in der ganzen Wohnung verteilen.

Die häufigsten Ursachen

Manche Welpen nagen nur während des Zahnens, andere hören erst Jahre später damit auf – und wieder andere nie. Dinge anzuknabbern ist ein natürlicher Instinkt, macht Hunden Spaß und verschafft ihnen Befriedigung. Schauen Sie zu, wie Ihr Welpe ein Kissen zerfleddert, und Sie sehen, mit welcher Begeisterung er bei der Sache ist. Spielzeug, Schuhe, Möbel, eine Teppichecke und selbst Gips-Stukkaturen können ihn stundenlang beschäftigen.

Manchmal scheint es, als knabbere ein Hund vorsätzlich, doch ist es stets eine spontane Handlung. Hunde beißen aus Angst, aus Langeweile oder weil sie einfach überschüssige Energie haben. Hindern Sie Ihren Liebling nicht daran. Lenken Sie nur seinen Kautrieb auf Gegenstände, die er kaputtbeißen darf.

Kontrollieren, was er zerbeißt

Geben Sie Ihrem Vierbeiner möglichst viel Kauspielzeug wie Bälle, Seilstücke und Gummiknochen. Beobachten Sie, welches Spielzeug er am liebsten mag und geben Sie diesem einen Namen. So kann er reagieren, wenn Sie zum Beispiel fragen: »Wo ist dein Balli?« Und wenn er ihn findet und daran herumzukauen beginnt, wird er gelobt.

Unter keinen Umständen dürfen Sie ihm jedoch alte Schuhe oder Socken zum Spielen geben. Er kann nicht zwischen alt und neu unterscheiden und wird daraus nur den Schluß ziehen, daß es in Ordnung ist, alles, was Ihnen gehört, zu zerbeißen. Ertappen Sie ihn auf frischer Tat, schelten Sie ihn mit einem energischen »Nein!« und bieten

Ein junger Hund erforscht Geschmack und Beschaffenheit seiner Umwelt durch intensives Beknabbern. Es ist Ihre Aufgabe ihm zu vermitteln, was er zerbeißen darf und was nicht.

Schlechte Angewohnheiten korrigieren

Warum sind Schuhe so begehrt?

Man möchte meinen, daß der intensive Geruch getragener Schuhe Hunde abschreckt – aber genau das Gegenteil ist der Fall. Die meisten Vierbeiner fühlen sich zu Schuhwerk hingezogen, weil es nach ihrem Besitzer »duftet« und ihnen, gerade wenn sie allein und deshalb gestreßt sind, das Gefühl menschlicher Nähe gibt. Zusätzlich mag die Konsistenz eine Rolle spielen; die meisten Schuhe sind aus geschmeidigen Materialien wie Leder gefertigt, die genau den richtigen Widerstand für die Zähne Ihres Lieblings bieten.

In erster Linie aber fallen Schuhe der Beißwut zum Opfer, weil der Hund regelrecht mit der Nase darauf stößt. Da Schuhe meist auf dem Fußboden liegen, sind sie leichte Beute.

Vergessen Sie nie, Gegenstände wegzuräumen, die zwar zum Kauen verlocken, aber nicht dafür gedacht sind. Für Hunde gilt das Motto: Aus den Augen, aus dem (Beiß-) Sinn. Hat er eine Vorliebe für das Bein des Küchentischs entwickelt, dürfen Sie ihn in diesem Teil des Hauses keinesfalls aus den Augen lassen. Ist das nicht möglich, gehört er an einen anderen sicheren Ort.

Wenn er aber unter keinen Umständen von Ihren Lieblingsmöbeln lassen will, gibt es eine höchst wirksame Roßkur, ihm das Herumkauen auf Möbeln abzugewöhnen: Bestreichen Sie das Objekt seiner Begierde mit Tabasco, Sambal olek oder einer anderen scharfen Pfeffersauce. Anschließend können Sie sich unbesorgt im Sessel zurücklehnen. Sie sollten dem Delinquenten aber nach einiger Zeit frisches Wasser reichen.

ihm stattdessen eine seiner Lieblingsspielsachen an. Wenn Sie den Ball oder Knochen zwischen den Händen reiben, nimmt er Ihren Geruch an und wird damit attraktiver für ihn.

Kaut Ihr Hund aus Langeweile, ist es an der Zeit, kreativ zu werden und ihm möglichst viel unterschiedliche (und unschädliche) Knabbersachen anzubieten. Junge Hunde lieben Pappschachteln, Milchkartons, das feste Innenteil von Küchenpapierrollen u.ä.m. Solche Alternativ-Kauspielzeuge kosten nichts und eignen sich wunderbar zum Abreagieren von überschüssiger Energie. Geben Sie Ihrem Liebling jedesmal ein anderes Stück, dann glaubt er, etwas Neues zu bekommen.

Orale Fixiertheit

Die Auswahl an Kauspielzeug, das Sie für Ihren Liebling kaufen können, ist schier unerschöpflich und reicht von Gummiknochen und Plastikringen über Wurfbälle und Schweinsohren bis hin zu quietschenden Stofftieren.

Genauso beliebt sind jedoch Spielsachen, die Sie ganz billig selber herstellen können: Lassen Sie aus einem altem Fußball soviel Luft, bis er für ein Hundemaul gut greifbar ist, drehen oder flechten Sie dicke Baumwollkordeln zu einem »Knochen« oder geben Sie ihm (leere!) Milch- oder Obstsafttüten oder Pappschachteln zum Anknabbern. Metallklammern müssen Sie aber unbedingt entfernen, da sie sehr gefährlich sein können.

Der Befehl »Aus!«

Wenn Sie Ihren Hund dabei ertappen, daß er Ihre Kreditkarte oder ein Manuskript benagt, das Sie auf dem Schreibtisch liegen hatten, darf dies nicht Anfang einer (lustigen) Hetzjagd durchs halbe Haus werden. Und selbst wenn Sie ihn zu fassen bekommen, werden Sie sich schwertun, ihm seine Beute wieder abzunehmen. Hat er jedoch das Kommando »Aus!« gelernt, ist dies kein Problem. Dieser Befehl ist auch nützlich, wenn er etwas Gefährliches oder auch verdorbenes Futter im Fang hat.

1 Lassen Sie Ihren Hund »Sitz!« machen. Geben Sie ihm einen Gegenstand, den er im Fang halten kann, der aber zugleich groß genug ist, daß Sie ihn gleichzeitig mit der Hand festhalten können.

2 Hält der Hund den Gegenstand im Fang, erteilen Sie den Befehl »Halt fest!« und loben Sie ihn.

3 Halten Sie die Leine 60 cm vom Halsband entfernt und geben Sie ihr einen kurzen Ruck nach unten. Gleichzeitig erfolgt das Kommando »Aus!«. Sie greifen mit der anderen Hand den Gegenstand, ziehen ihn ihm aber nicht aus dem Fang. Er soll ihn selbst loslassen.

4 Gibt er den Gegenstand frei, hat er sich eine Belohnung verdient. Möglicherweise braucht es ein paar Anläufe, bis es funktioniert. Üben Sie mit verschiedenen Gegenständen und loben Sie ihn immer, wenn er seine Sache gut gemacht hat.

»Besetzen« von Möbeln

Irgendwann wird jeder Hund versuchen, einen Platz auf dem Sofa zu ergattern. Und warum auch nicht? Dort ist es nicht nur bequem und warm, sondern man genießt auch einen gewissen Überblick, der vom Fußboden aus nicht gewährleistet ist. Noch reizvoller wird es, wenn Sofa oder Sessel in Fensternähe stehen und den Ausblick auf die Straße ermöglichen.

Wenn Sie Ihren Hund auch nur ein einziges Mal neben sich auf die Couch locken, wird er glauben, er soll sich dort ständig aufhalten. Und falls Sie sein erstes Erklimmen der Sofa-Nordwand ignorieren oder ihm gar sagen, wie dekorativ er sich darauf macht, kommt er mit großer Wahrscheinlichkeit zu dem gleichen Schluß. Das Ganze ist kein Problem, sofern Sie nichts dagegen haben, die Liegestatt auf Dauer mit ihm zu teilen. Sollten Sie ihn aber irgendwann dort nicht haben wollen, stehen Sie vor der schwierigen Aufgabe, ihm irgendwie klarzumachen, daß das Möbel gar nicht so bequem ist, wie es bislang den Anschein hatte. Deshalb ist es besser, von Anfang an feste Regeln aufzustellen.

Gegenmaßnahmen

Um Ihrem Hausgenossen das Besetzen von Möbelstücken zu verleiden, legen Sie ein Stück harte Plastikfolie auf das Sofa. Beim nächsten Hinaufspringen wird er durch das Geräusch und das ungewohnte, ungemütliche Gefühl erschrecken und die Couch sofort wieder verlassen. Manchen Hunden reicht es, diese Erfahrung einmal zu machen, andere aber erkennen die Folie und meiden die Liegestatt nur, solange diese darauf liegt.

Gehört Ihr Liebling zu dieser cleveren Sorte, breiten Sie ein Bettuch über die Folie und lassen Sie es ständig dort liegen. Dann raschelt es auch unter einer vermeintlich unverfänglichen Decke.

Ausgesprochen wirksam sind auch Kunststoffmausefallen, die ebenfalls unter einem Laken oder einer Wolldecke versteckt werden und beim Hochspringen ein lautes Klappgeräusch verursachen. Kunststoffallen sind für Ihren Hund ungefährlich, da sie keine Metallteile besitzen. Denselben Zweck erfüllen an den Sofakissen befestigte Luftballons, die beim Draufspringen platzen und dem Coucheroberer einen Schrecken einjagen.

Warum Ihr Lieblingssessel auch sein Lieblingssessel ist

Ihr Hund schätzt Ihren Lehnstuhl aus demselben Grund wie Sie: Weil er vermutlich das bequemste Möbelstück im ganzen Haus ist. Er ist an den richtigen Stellen ausgesessen, und vielleicht gibt es sogar Kissen oder eine Decke für zusätzlichen Komfort. Sie haben ihn an eine Stelle gerückt, an der es nicht zieht; steht er in Fensternähe, kommt noch ein interessanter Ausblick hinzu, während eine stille Ecke ungestörte Ruhe bietet. Auch eine Keksdose in Griffnähe wirkt nicht gerade abstoßend.

Am wichtigsten aber ist, daß Ihr Hausgenosse auf Ihrem Lieblingsplatz das Gefühl hat, Ihnen nahe zu sein, vor allem wenn Sie nicht zu Hause sind und er sich ein wenig einsam fühlt.

Graben

Erdarbeiten machen den meisten Hunden einen Mordsspaß. Sie buddeln mit Begeisterung, und wenn der Dreck in alle Himmelsrichtungen fliegt und sie sich selber bis über beide Vorderpfoten eingesaut haben, ist es erst so richtig schön. Manche Rassen graben nur als Welpen, andere ihr ganzes Leben lang.

Warum graben Hunde?
Ein Hund, der ansonsten nicht viel Beschäftigung hat, empfindet Graben als wunderbaren Zeitvertreib. Zudem hat Erde einen ganz besonderen Geruch, dem er gerne näher auf den Grund geht. Vielleicht hat ein Nager nicht allzutief einen Tunnel gegraben, und Ihr Hund versucht nun, ihm auf die Spur zu kommen. Das ist vor allem bei Terriern der Fall, die generationenlang zur Jagd auf kleine Raubtiere gezüchtet wurden.

Möglicherweise hat Ihr Hund Sie bei der Gartenarbeit beobachtet und bemüht sich nun, Ihnen nachzueifern. Auch neue Pflanzen riechen ungewohnt und müssen deshalb – zumindest nach Ansicht vieler Vierbeiner – genauestens inspiziert werden. An heißen Tagen schafft er sich durch Graben eine kühle Liegekuhle, bei Kälte hingegen kann der Boden noch Wärme ausstrahlen. Und trächtige oder scheinträchtige Hündinnen wollen ein sicheres Nest für ihren Nachwuchs ausheben.

Gegenmaßnahmen
Zeigen Sie Ihrem Liebling, daß seine Graberei unerwünscht ist. Weisen Sie ihn, sobald er dazu ansetzt, mit einem scharfen »Nein!« zurecht und geben Sie ihm ein Spielzeug als Ablenkung. Wahrscheinlich müssen Sie ihn mehrmals tadeln, bevor er ein für allemal verstanden hat, daß Buddeln »pfui« ist. Ein ausgelasteter Hund neigt weniger zum Graben, also nehmen Sie ihn zum Joggen mit – dabei verbraucht er die Energie, die er sonst wahrscheinlich dazu nutzen würde, sich in Richtung Erdmittelpunkt vorzuarbeiten. Schützen Sie besonders gefährdete Gartenzonen und Pflanzen mit Maschendraht. Hilft das alles nichts, müssen Sie ihm zuletzt seinen eigenen »Sandkasten« einrichten, in dem er nach Lust und Laune nach verborgenen Schätzen – Spielzeug, Knochen – wühlen kann.

Teilen Sie einem begeisterten Buddler sein eigenes Stück Garten zu. Damit er weiß, wo sein Revier liegt, hat der Besitzer dieses Boxers dort einiges Lieblingsspielzeug vergraben.

Kotfressen und Wälzen in Kot

Die meisten Hundehalter verwenden viel Mühe und Liebe auf die Zubereitung der Mahlzeiten und auf die Fellpflege ihres Vierbeiners. So empfinden sie es häufig als Schock, wenn dieser eine Vorliebe für Kot zeigt und sich in diesem nicht nur wälzt, sondern ihn gar verspeist. Dieser Unsitte ist schwer beizukommen. Hat er einmal Geschmack am Unaussprechlichen gefunden, verschlingt er es schneller, als Sie »Nein!« rufen können – häufig um anschließend zu Ihnen zu eilen und Ihnen ein Bussi zu geben. Dabei reicht schon der Geruch aus, um Übelkeit zu erregen.

Hunde wälzen sich mit Begeisterung im Gras, und liegt dort etwas Übelriechendes, um so besser. Sie lieben den Geruch von Kot, und wenn wir Menschen darüber die Nase rümpfen, ist das unser Problem.

Gründe für dieses Verhalten

Die Ursachen für Kotfressen können unterschiedlicher Art sein. Möglicherweise enthält dieser Nähr-, Mineral- oder Ballaststoffe, die dem Hund in seinem täglichen Futter fehlen. Oder er hat einen anderen Hund dabei beobachtet und ahmt diesen nach. Ist Ihr Liebling ein Labrador oder Golden Retriever, liegt es ihm einfach im Blut, alles Mögliche und eben auch Unmögliche in den Fang zu nehmen.

Das Wälzen in Fäkalien ist ein Relikt aus der Zeit vor der Domestizierung. Um ihren eigenen Geruch zu überdecken und Feinde von ihrer Spur abzulenken, bedeckten sich Wölfe mit übelriechenden Substanzen.

Gegenmaßnahmen

Nimmt Ihr Hund beim Spaziergehen Kot auf, geben Sie sofort den Befehl »Pfui!«. Dieser Befehl muß natürlich vorher eingeübt werden. Im eigenen Garten sollte Kot schnellstmöglich beseitigt werden. Denn was nicht da ist, kann er nicht fressen. Versucht er trotzdem weiterhin, seinen Kot zu fressen, können Sie Sprays probieren, die Geruchssubstanzen enthalten, die jedem Vierbeiner das leckerste Mahl verderben.

Auch beim Wälzen ist Vorbeugen besser als (Teppich-)Reinigen, also halten Sie Ihren Garten möglichst rein. Läßt er sich beim Gassigehen nicht davon abhalten, müssen Sie ihn eben anleinen. Sehen Sie draußen eine mögliche Problemgegend, rufen Sie Ihren Hund sofort zu sich und lenken Sie ihn mit einem Spiel oder ein paar Gehorsamsübungen ab. Und wenn Sie ihn frei laufen lassen – behalten Sie ihn ständig im Auge, um bereits den Ansatz zum Wälzen mit einem wütenden »Pfui!« abzufangen.

Falls das Fressen von Unrat aber auf Nährstoffmangel zurückzuführen ist, hilft vielleicht eine Ernährungsumstellung. Reduzieren Sie den Fleischanteil in der Nahrung Ihres Hundes. Geben Sie dafür mehr Getreideflocken und frisches, fein geriebenes Gemüse.

Der Befehl »Pfui!«

Dieses Kommando bedeutet Ihrem Hund, etwas Interessantes schlichtweg zu ignorieren. Geht es darum, sich von Kot oder ähnlich Faszinierendem fernzuhalten, ist dies natürlich extrem schwierig. Üben Sie deshalb zunächst im Haus, wo ihn nichts ablenkt. Im Idealfall ignoriert Ihr Hund denjenigen Gegenstand, der sein Interesse geweckt hat, in dem Moment, in dem dieser Befehl ertönt.

1 Lassen Sie Ihren Hund mit Trainingshalsband und -leine vor sich »Sitz!« machen. Zeigen Sie ihm einen Leckerbissen und geben Sie dazu den Befehl »Pfui!«.

2 Verkürzen Sie die Leine und werfen Sie den Leckerbissen auf kurze Entfernung. Wiederholen Sie dabei ständig das Kommando »Pfui!«.

3 Versucht Ihr Hund hinterherzuspringen, geben Sie der Leine einen kurzen Ruck. Bleibt er an Ihrer Seite, wird er sehr gelobt und erhält ein Leckerchen. Wiederholen Sie die Übung so lange, bis er verstanden hat, worum es geht. Arbeiten Sie mit immer verführerischeren Leckerbissen, bevor Sie das Training ins Freie verlegen.

Angst

Versteht ein Hund etwas nicht oder wird er mit einer unbekannten Situation konfrontiert, kann er Angst bekommen. Selbstsichere Vierbeiner, die von Kindesbeinen an mit vielen verschiedenen Menschen und ungewohnten Dingen vertraut gemacht wurden, sind dafür weit weniger anfällig. Ein Hund, der als Welpe oft allein gelassen wurde, wird hingegen viel eher Probleme mit der Angst bekommen.

Der ängstliche Hund

Ein Hund, der auf alles mögliche – fremde Menschen und Tiere, laute Geräusche wie Donnern oder den Staubsauger – nervös reagiert, muß als ängstlich bezeichnet werden. Solche Tiere vermuten hinter allem Unbekannten Gefahr und versuchen daher, dem vorzubeugen. Dieses Verhalten heißt übrigens nicht, daß sie jemals körperlich mißhandelt wurden, sie leiden nur einfach unter mangelndem Selbstbewußtsein.

Ein Hund, der so verängstigt ist, daß er beim nichtigsten Anlaß in Panik gerät und sich durch nichts beruhigen läßt, kann ganz unterschiedlich reagieren: knurren, zittern oder

versuchen wegzulaufen und sich zu verstecken. Gelingt es nicht, das Problem rechtzeitig in den Griff zu bekommen, kann die Furcht in Aggression und Angstbeißen umschlagen.

Gegenmaßnahmen

Einem ängstlichen Hund die Furcht zu nehmen und ihm Selbstsicherheit zu geben, ist ein schwieriges Unterfangen und kann lange dauern – lohnt die Mühe aber in jedem Fall. Versuchen Sie nicht, ihn dadurch zu beruhigen, daß Sie ihn in den Arm nehmen oder ihm gut zureden: »Ist ja alles in Ordnung.« Das ist es eben nicht, und er weiß es. Vielleicht hat er sogar solche Angst, daß er nach Ihnen schnappt.

Reagieren Sie möglichst ruhig – dann wird Ihr Hund es Ihnen vermutlich nachtun. Wenn Sie lachen und mit fröhlicher Stimme auf ihn einreden, während er dem Tierarzt zu entkommen versucht, färbt diese Hochstimmung höchstwahrscheinlich auf ihn ab. Ruhiges Streicheln bei furchtsamer Erregtheit ist erlaubt, aber machen Sie um das, was ihn aufregt, möglichst wenig Aufhebens. Wichtig für furchtsame Hunde ist

Furchtsamkeit resultiert keineswegs immer aus schlechter Behandlung. Ihr Liebling kann von Natur aus ängstlich veranlagt sein und braucht deshalb besonders viel Liebe und Zuwendung. Gehorsamsübungen sind ein guter erster Schritt, um sein Selbstwertgefühl zu stärken.

Unterordnungskurse bauen nicht nur das Selbstbewußtsein Ihres Lieblings auf, sondern bieten auch Gelegenheit, neue Bekanntschaften (zwei- wie vierbeinige) zu schließen – und Sie erhalten Rat von erfahrenen Ausbildern.

eine frühzeitige Sozialisation. Nehmen Sie Ihren Hund möglichst überallhin mit, stecken Sie Hundekuchen ein und bitten Sie Freunde und Bekannte, Ihrem Hund ein Stück zu geben. Mit der Zeit wird er sich daran gewöhnen, auch von anderen Menschen Gutes anzunehmen und sich vielleicht sogar darauf freuen, neue Bekanntschaften zu machen.

Auch häufiger Körperkontakt ist hilfreich. Streicheln Sie ihn viel und oft. Zudem hat sich der Besuch einer Hundeschule bewährt, wo Ihr Liebling gemeinsam mit Ihnen die fünf Grundbefehle »Sitz!«, »Platz!«, »Bleib!«, »Fuß!« und »Hier!« lernt. Das stärkt nicht nur sein Selbstwertgefühl, sondern hilft Ihnen auch, mögliche Angstanfälle besser in den Griff zu bekommen. Jedenfalls wird er Sie als seinen Rudelchef ansehen und bei drohender Gefahr bei Ihnen Zuflucht suchen.

Angst vor lauten Geräuschen

Fürchtet sich ein Hund vor lauten Geräuschen, hat er dazu guten Grund. Das Gehör eines Hundes ist hundertmal besser als unseres, deshalb hört er alles so viel lauter als wir. Wundern Sie sich also nicht, wenn Ihr Liebling verschreckt davonstiebt, wenn Sie einen Teller fallenlassen oder die Alarmanlage losgeht.

Als Gegenmaßnahme helfen lautstarke Spiele. Klappern Sie mit Töpfen und Pfannen, während er frißt, oder drehen Sie die Stereoanlage auf, während Sie ihn mit Leckerbissen füttern. Er wird schnell lernen, daß Lautstärke allein kein Grund zum Fürchten ist.

Angst vor Gegenständen

Niemand vermag vorherzusagen, was einen Welpen erschreckt. Vielleicht ist es eine große Bodenvase, eine Mülltonne oder der Autoreifen, den Sie ihm zum Spielen in den Garten gelegt haben. Bevor er sich daran gewöhnt hat, wird der Kleine vermutlich alle neuen Gegenstände als unbekannte »Monster« ansehen, sie erst anstarren und dann bellend zurückweichen. Nähert er sich dem Objekt in geduckter Haltung, stören Sie ihn nicht.

Gewöhnen Sie Ihren Liebling an neue Gegenstände, indem Sie zu diesen hingehen und sich daneben setzen. Sprechen Sie derweil mit Ihrem Hund und sagen Sie ihm, daß dies etwas ganz Fei-

Schlechte Angewohnheiten korrigieren

Warum haben Hunde Angst vor Donner?

Stellen Sie sich vor, über Ihnen kracht es derart, daß Sie meinen, der Himmel stürzt jeden Moment ein. So empfindet Ihr Liebling ganz normalen Donner. Da Hunde über ein superfeines Gehör verfügen, fangen viele bei Gewitter zu zittern an und verkriechen sich unters Sofa.

Nehmen Sie beim nächsten Gewitter lauten Donner auf Kassette auf und lassen Sie das Band (leise) laufen, wenn Sie den Hund füttern. Erhöhen Sie mit der Zeit die Lautstärke und wiederholen Sie die Übung so lange, bis er sich daran gewöhnt hat. Beim nächsten richtigen Donnergrollen wird er dann eher auf seinen Futternapf warten als hinter der Vitrine Deckung zu suchen.

Hilfreich ist auch Ablenkung. Spielen Sie mit Ihrem Liebling, wenn es draußen blitzt und donnert.

nes, Ungefährliches, sehr Hübsches ist. Streichen Sie mit der Hand darüber. Sieht Ihr Hund, daß es Sie nicht angreift, wird er mit der Zeit seine Angst davor verlieren.

Angst vor Fremden

Manche Menschen wirken – ganz unabsichtlich – furchteinflößend. Vielleicht klingt allein schon ihr Schritt bedrohlich, oder der große Hut, den sie aufhaben, jagt dem kleinen Hund, der ja noch nicht viel von der Welt gesehen hat, einen Mordsschrecken ein. Und einige Hunde werden sogar in Gegenwart aller Zweibeiner nervös, die nicht zur Familie gehören.

Hat Ihr Liebling Angst vor Fremden, besuchen Sie mit ihm einen Freund. Bitten Sie diesen, neben Ihrem Hund in die Hocke zu gehen und ihm einen Leckerbissen anzubieten. Sie selbst bleiben ganz ruhig daneben stehen. Reißen Sie nicht an seiner Leine, wenn er zurückzuweichen versucht. Nimmt er den Hundekuchen nicht, kann Ihr Bekannter ihn ihm zuwerfen. Es mag eine Weile dauern, bis sich Ihr Vierbeiner in Gegenwart anderer Menschen wohlfühlt. Also haben Sie Geduld. Mit Drängen jedenfalls erreichen Sie höchstens das Gegenteil.

Sobald er Fortschritte macht, bitten Sie fremde Leute, seine Leine zu halten, während Sie daneben stehen. So lernt er, daß Sie die Führung vorübergehend abgeben können. Mit ausreichend Übung wird Ihr Hund bald über genügend Selbstvertrauen verfügen, um interessiert auf Fremde zuzugehen.

Zeigt Ihr Hund Furcht vor Fremden, bitten Sie einen Freund um Hilfe. Er soll in die Hocke gehen und Ihrem Liebling einen Leckerbissen anbieten oder notfalls zuwerfen. Solche freundlichen Gesten stärken das Selbstwertgefühl Ihres Vierbeiners. Aber Sie brauchen viel Geduld!

Handscheu

Je mehr zärtliche Berührung ein Welpe erfährt, desto vetrauter im Umgang mit Menschen ist er.

Ihr Hund hat nichts dagegen sich streicheln zu lassen – aber sobald Sie nach seiner Pfote greifen, um ihm die Krallen zu feilen, entzieht er sich Ihrem Griff. Wahrscheinlich wird er es auch kaum dulden, daß man ihm in die Ohren schaut oder die Zähne kontrolliert. Ein solcher Hund läßt sich nur mühsam kämmen, und jeder Besuch beim Tierarzt erweist sich als Theater.

Haben Welpen nicht von Geburt an häufig Körperkontakt mit Menschen, bleibt Berührung etwas Fremdes für sie. Da sie nicht wissen, was mit ihnen geschieht, wenn Sie sie streicheln, schauen sie sich ständig nach Ihrer Hand um. Manche Hündinnen lassen sich nicht gerne am Hinterteil berühren, vor allem während oder kurz vor der Läufigkeit. Auch junge Rüden können in der Pubertät etwas empfindlich sein. Andererseits gibt es auch Hunde, die als Kinder viel Streicheleinheiten bekamen, aber trotzdem Körperkontakt nicht besonders mögen, weil sie sehr eigenwillig sind. »Es kann in solchen Fällen auch ein Dominanzproblem vorliegen«, meint der Verhaltensforscher Dr. Peter Borchelt.

Mit viel Gefühl

Einen Hund festzuhalten, der sich dagegen wehrt, ist gar nicht so einfach. Er kann Sie nämlich mit seinen Krallen verletzen und sogar nach Ihren Händen schnappen. Ahnden Sie solche Versuche sofort mit einem strengen »Pfui!«. Halten Sie ihn weiter fest und loben Sie ihn, wenn er stillhält. Gewöhnen Sie Ihren Welpen frühzeitig an Berührungen. Reden Sie beruhigend auf ihn ein, während Sie sanft den ganzen Hundekörper streicheln. Massieren Sie ihn anfangs nur ganz zart; gefällt es ihm, wird er den Druck von sich aus verstärken, indem er sich gegen Ihre Finger stemmt.

Älteren (Problem-)Hunden sollten Sie Halsband und Leine anlegen. Halten Sie die Leine in der einen Hand und streicheln Sie den Hund vorsichtig mit der anderen, während Sie leise mit ihm sprechen. Streichen Sie ganz langsam über seinen Körper und sagen Sie ihm immer wieder, was er doch für ein feiner, schöner, lieber und braver Hund ist. Mag er es nicht, wenn man seine Pfoten berührt, geben Sie ihm ein Leckerli, während Sie eine Pfote sanft berühren. Duldet er es, wird er gelobt. Sträubt er sich, erhält er einen kurzen Leinenruck und ein entschiedenes, aber nicht strenges »Nein!«. Berühren Sie nacheinander die übrigen Pfoten. Ziel des Ganzen ist, daß er mehr Selbstvertrauen bekommt und gleichzeitig Ihre Autorität akzeptieren lernt.

Hyperaktivität

Junge Hunde sind von Natur aus aktiv und ständig auf den Beinen. Ist dies nicht der Fall, stimmt etwas nicht. Aber ein ausgewachsener Hund, der so viel überschüssige Energie besitzt, daß er nicht stillsitzen kann, gilt als hyperaktiv. Haben Sie einen solchen hyperaktiven Vierbeiner, liegt die Schuld daran bei seinen Ahnen. Diese waren dazu gezüchtet, den lieben langen Tag als Hüte- oder Jagdhunde unterwegs zu sein, ohne zu ermüden. Wird ein Hund mit solchen Anlagen acht Stunden am Tag im Haus oder einem kleinen Garten gehalten, ist es kein Wunder, wenn er regelrechte Aktivitätsanfälle bekommt, sobald Sie zu Hause sind. Rennt er ziellos von Raum zu Raum, ohne zur Ruhe zu kommen, ist dies ein Zeichen, daß er eine Aufgabe braucht.

Beschäftigungstherapie

Besitzer eines hyperaktiven Hundes müssen etwas (er-)finden, das es ihrem Liebling ermöglicht, seine überschüssige Energie abzureagieren, ohne sich oder anderen zu schaden. Ihn schimpfen hilft nichts. Ihr Hund fühlt Ihren Zorn und wird eher noch erregter. Am besten hilft viel körperliche Bewegung. Gehen Sie mit ihm Joggen oder Radfahren. Müssen Sie ihn während der Arbeit allein lassen, heuern Sie jemanden an, der untertags vorbeikommt und mit ihm einen langen Spaziergang macht oder ihn eine gute Stunde lang apportieren läßt. Und stehen Sie morgens eine Stunde früher auf und laufen Sie mit ihm – das tut auch Ihnen gut!

Ebenso wichtig wie körperliche Beschäftigung ist auch geistige. Er braucht eine Aufgabe, auf die er sich konzentrieren kann. Besonders bewährt haben sich regelmäßige Unterordnungsübungen. Sie können in Ihrem Garten auch einen kleinen Parcours mit Hindernissen aufbauen. Hyperaktive Hunde müssen ständig beschäftigt werden, damit ihr Energiepegel nicht zu stark ansteigt. Planen Sie deshalb ein hohes Maß an täglicher (!) Bewegung ein.

Wer nicht in der Lage ist, seinem Hund reichlich Bewegung zu verschaffen, sollte eine Rasse wählen, die eher zur Trägheit neigt.

Futter und Energie

Häufig hört man, kalorien- und zuckerreiche Ernährung würde das Energieniveau eines Hundes erhöhen. Diese These wird wissenschaftlich jedoch nicht bestätigt.

Hunde, die wie dieser Collie-Mischling als Hütehunde gezüchtet wurden, brauchen viel Bewegung und interessante Beschäftigung, um sich nicht zu langweilen.

Anspringen

Aus lauter Liebe springt Ihr Hund zur Begrüßung an Ihnen hoch, um Ihnen direkt in die Augen zu blicken oder gar das Gesicht abzulecken. Natürlich lieben auch Sie Ihren Hausgenossen. Aber wenn Sie schick angezogen sind oder ein Glas in der Hand halten, wäre Ihnen wahrscheinlich lieber, er würde seine Zuneigung auf andere Art zum Ausdruck bringen. Und begrüßt er auch Fremde mit Anspringen, kann dies besondere Probleme hervorrufen, da sich keineswegs jeder darüber freut und gerade Kinder und ältere Menschen häufig Angst bekommen.

Als Welpe war es ja sooo süß, wenn er sich an Ihren Beinen aufzurichten versuchte. Damals reichte er Ihnen gerade bis zum Knie und wog nur wenige Pfund. Wer hätte dem schon widerstehen können? Aber wenn er Sie heute anspringt, reichen seine Pfoten vielleicht bis auf Ihre Schultern. Hunde einer gewissen Größe können selbst Erwachsene leicht umwerfen.

Gegenmaßnahmen
Damit Ihr Hund sich das Anspringen abgewöhnt, müssen Sie ihn wirklich jedesmal dafür tadeln. Wenn Sie es beim Spielen am Wochenende dulden, ihn ein andermal aber dafür schimpfen, versteht er die Welt nicht mehr. Ein energisches »Nein!« oder »Aus!« muß in diesem Fall immer eindeutig kommen. Achten Sie darauf, daß die ganze Familie mitmacht. Für den Hund wäre es höchst verwirrend, wenn er manche Personen anspringen darf und andere nicht.

Springt Ihr Hund an Ihnen hoch, dürfen Sie ihn keinesfalls streicheln. Er kann seine Begrüßungsliebkosung mindestens genausogut in Empfang nehmen, wenn er alle vier Pfoten fest auf der Erde hat. Dasselbe gilt, wenn Sie auf dem Sofa sitzen und er versucht, auf Ihren Schoß zu steigen.

Zeigt sich das (unerwünschte) Verhalten nur oder besonders zu bestimmten Zeiten, etwa wenn jemand zur Haustür hereinkommt, nehmen Sie ihn vor dem Türaufmachen kurzzeitig an die Leine. Bitten Sie einen Freund zum Üben in Ihre Wohnung. Setzt Ihr Hund zum Hochspringen an, treten Sie kurz auf die Leine und geben den Befehl »Nein!«, dem sofort als weiteres Kommando »Sitz!« folgen sollte. Sobald er sitzt, wird er gelobt. Er wird bald merken, daß er die angestrebte Aufmerksamkeit nur erhält, wenn er brav dasitzt und darauf wartet.

Neigt Ihr Hund dazu, Fremde anzuspringen, sollten Sie auf Spaziergängen eine mit Kieseln gefüllte Getränkedose mitführen, die Sie in seine Richtung werfen, wenn er auf »Nein« nicht reagiert. Das Geräusch soll ihn erschrecken.

Solche Liebesbezeugungen eines großen Hundes können gefährlich sein und sollten nicht geduldet werden.

Ablecken

Manche Menschen kichern und sagen, es kitzelt, während es andere regelrecht widerlich finden, von einer nassen, weichen Hundezunge abgeleckt zu werden. Wie auch immer: Schleckt Ihr Hund Ihnen die Hand oder gar das Gesicht ab, ist dies immer ein Zeichen großer Zuneigung. Das Ablecken ist eine Form der Begrüßung, wissen Verhaltensforscher. Diese Verhaltensweise stammt aus der Wolfsvergangenheit und ist zugleich eine Unterwürfigkeitsgeste rangmäßig Höherstehenden gegenüber.

Nun ertragen es einige Hundehalter, in dieser Weise von ihrem Liebling »abgeküßt« zu werden, andere aber nicht. Zuviel aber ist zuviel, und wenn ein Vierbeiner Ihnen in inniger Liebe unentwegt mit seiner Schlabberzunge über das ganze Gesicht fährt, müssen Sie einen Riegel vorschieben. Das heißt aber nicht, daß Sie ihn einfach lachend wegschieben und »Igitt« sagen, denn dann wird er begeistert nachrücken und mit der Liebkosung fortfahren.

Wer nicht zu einem menschlichen Lolli werden möchte, muß seinem Hund autoritär klarmachen, daß Ablecken ein unerwünschtes Verhalten ist und nicht geduldet wird. Legen Sie ihm Halsband und Leine an und geben Sie den Befehl »Nein!«. Hört er nicht darauf, bekommt er einen kurzen Leinenruck.

Lenken Sie den Lecktrieb eines Hundes in andere Bahnen. Verbringen Sie mehr Zeit mit Spielen und/oder Unterordnungsübungen oder geben Sie ihm ein neues Kauspielzeug, damit sein Maul beschäftigt ist.

> ### Kindheitserfahrung
>
> Die erste Leck-Erfahrung macht ein junger Hund gleich nach seiner Geburt, wenn seine Mutter ihn putzt und durch Lecken seine Körperfunktionen stimuliert. Durch dieses Ablecken weist sie sich auch als seine Mutter aus. Ein Hund wird seine Mutter am Geruch ihres Speichels stets wiedererkennen. Eine Hündin leckt ihr eigenes Gesäuge, um den Welpen eine Duftspur zu ihrer Nahrungsquelle zu legen.

Diese Golden-Retriever-Welpen beweisen sich durch Ablecken ihre Liebe.

Übersteigerter Wachtrieb

Es ist wunderbar, einen Hund an der Seite zu haben, der einen beschützt und einem das Gefühl von Sicherheit vermittelt. Beginnt Ihr Liebling jedoch, Sie eifersüchtig zu bewachen und als sein Eigentum zu betrachten, ist das weniger schön. Denn ein besitzergreifender Hund kann rasch aggressiv werden.

Knurrt er schon, nur weil jemand zu Besuch kommt und neben Ihnen Platz nehmen will, oder fängt er an, die ganze Familie mit Drohgebell und dominantem Verhalten zu terrorisieren, wird sich Ihr Geborgenheitsgefühl schnell in Angst verwandeln. Hunde, die nicht verstehen, daß Sie der Chef sind, können zu einem echten Problem werden. Und merkt ein Hund, daß jemand vor ihm Angst hat, wird er Sie nur noch eifersüchtiger bewachen. Haben Sie einen Hütehund, versucht er möglicherweise sogar, den »Angreifer« in eine Ecke zu drängen.

Gegenmaßnahmen

Übersteigerter Wachtrieb kommt nicht nur bei großen oder dominanten Hunden vor, sondern kann bei jeder Rasse auftreten. Wirken Sie dieser Verhaltensstörung entgegen. Sagen Sie nicht: »Ist ja alles gut«, wenn er jemanden anknurrt; das würde die Drohgebärde nur rechtfertigen. Beginnen Sie statt dessen möglichst bald mit Unterordnungsübungen. Wenn Sie Ihren Hund »Sitz!« machen lassen, ist er erstens beschäftigt und zweitens weniger aggressiv, falls jemand auf Sie zukommt.

Um klarzustellen, daß Sie das Sagen haben, dürfen Sie – zumindest für eine Weile – Ihren Liebling auch nicht auf Bett oder Sofa neben sich dulden. Sobald er gelernt hat, sich unterzuordnen, können Sie diese Regelung ja wieder rückgängig machen.

Die Ursachen für übersteigerten Wachtrieb sind vielfältig. Auf jeden Fall müssen Sie diese potentielle Gefahrensituation unverzüglich in den Griff bekommen.

Gewöhnen Sie Ihren »Beschützer« daran, Fremde an Sie heranzulassen. Bitten Sie Bekannte, ihm einen Leckerbissen zu geben, während Sie ihn an der Leine halten.

Verteidigen von Spielzeug

Hat Ihr Hund ein neues Spielzeug, wird er es sorgfältig bewachen, damit es ihm niemand stehlen kann. Er wird seinen Schatz an einen sicheren Ort tragen und ihn dort zwischen den Pfoten halten, ablecken und genüßlich darauf herumkauen. Und nähert sich jemand, knurrt er diese Person automatisch an.

Gegenmaßnahmen
Manche Hunde legen einen derartigen Besitztrieb an den Tag, daß sie sogar schnappen, wenn jemand ihnen ihr Spielzeug wegnehmen will. Dieses aggressive Verhalten dürfen Sie nicht tolerieren, da es – zumal für Kinder und andere Haustiere – sehr gefährlich werden kann.

Bringen Sie Ihrem Hund wie einem Kind das Teilen bei. Legen Sie ihm Halsband und Leine an, werfen Sie ihm ein neues Spielzeug hin, warten Sie, bis er es aufgenommen hat, und geben Sie sofort den Befehl »Aus!«. Folgt er, wird er mit einem Leckerbissen belohnt.

Gehorcht er nicht, ignorieren Sie das Spielzeug und lassen Sie ihn mehrmals »Sitz!« und »Platz!« machen. Diese Unterodnungsübungen erinnern ihn daran, daß Sie der Rudelchef sind und als sol-

Üben Sie mit Ihrem Hund spielerisch das Geben und Wegnehmen von Spielzeug: Läßt er auf »Aus!« einen Gegenstand fallen, bekommt er dafür einen anderen.

cher auch darüber entscheiden, wer welches Spielzeug haben darf. Schließen Sie die Lektion damit ab, daß Sie ihm das Objekt der Begierde wegnehmen.

Eine andere Möglichkeit besteht darin, ihm eine Futterbelohnung oder ein Alternativspielzeug im Tausch gegen den Gegenstand anzubieten, mit dem er gerade spielt. Befehlen Sie »Aus!«, und sobald er den Gegenstand fallen läßt, bekommt er das neue Spielzeug. Geben Sie ihm aber nach wenigen Minuten das ursprüngliche Spielzeug wieder. Wiederholen Sie die Übung mehrere Male.

Durch spielerisches Geben und Wegnehmen lernt der Hund, Ihnen zu vertrauen. Bald wird er das, was er im Fang hat, automatisch fallen lassen, sobald er Sie mit etwas anderem in der Hand näherkommen sieht.

Hat Ihr Liebling einen echten Fleischknochen ergattert, wird er diesen vermutlich gegen nichts auf der Welt eintauschen wollen. Wenn er auch in diesem Fall auf »Aus!« gehorcht, hat er seine Lektion gelernt. In diesem Fall lassen Sie ihn getrost eine Weile darauf herumkauen und nehmen ihm das köstliche Stück nach einer Weile weg.

Trennungsangst

Hunde sind gesellige Wesen und halten sich am liebsten neben Herrchen oder Frauchen auf. Müssen Sie also das Haus ohne Ihren Liebling verlassen, wird er Ihnen wahrscheinlich höchst unglücklich nachschauen.

Die meisten Vierbeiner akzeptieren das Kommen und Gehen Ihres Halters mit einem leisen Seufzen, manche jedoch verstehen einfach nicht, warum sie plötzlich allein gelassen werden. Sie machen sich Sorgen, ob Sie wohl je wieder zurückkommen. Solche Hunde bellen, jaulen oder winseln oft stundenlang vor Angst und können auch destruktive Neigungen entwickeln – Möbel annagen, ihre Sauberkeitserziehung vergessen, die Nahrung verweigern oder versuchen, aus Haus oder Garten zu entkommen.

Angst um Herrchen

Die Ursachen von Trennungsangst sind vielfältig. Sehr häufig handelt es sich um Tiere, die bereits einmal ihren Herrn verloren haben und nun befürchten, daß auch das neue Herrchen oder Frauchen sie wieder im Stich lassen könnte.

Verlustangst kann auch durch gravierende Veränderungen ausgelöst werden, etwa einen Umzug oder plötzliche Streßsituationen im Haushalt. Auch Hunde, die an ständige Anwesenheit ihres Herrn gewöhnt sind (weil er etwa zu Hause arbeitet), haben oft Probleme, wenn dieser aus dringendem Grund einmal ohne sie weg muß.

Gegenmaßnahmen

Es gibt zahlreiche Möglichkeiten, Ihrem Hund ein Gefühl von Sicherheit zu geben, wenn Sie das Haus ohne ihn verlassen müssen. Versuchen Sie ihn auf sein Bett zu verbannen, solange Sie unterwegs sind. Viele ängstliche Hunde fühlen sich dort sicher und entspannt und vermeiden es, allein durch das große, leere Haus zulaufen. Auf diese Weise können sie dort auch keinen Unfug anrichten.

Besonders bewährt hat sich, den Hund richtig zu ermüden. Laufen oder radeln Sie mit ihm zwanzig bis dreißig Minuten, bevor Sie ihn allein lassen, dann wird er die Zeit ohne Sie vermutlich verschlafen. Außerdem stärken Unterordnungsübungen das Vertrauen Ihres Hundes in Sie, und er wird sich weniger Sorgen um Sie machen.

Eine weitere Möglichkeit besteht im »Abhärten«. Gewöhnen Sie das Tier an häufiges Kommen und Gehen. Verlassen Sie das Haus anfangs – möglichst immer mit Hut und Mantel und auffälligem Schlüsselrasseln – nur für wenige Sekunden. Vermeiden Sie bei der Rückkehr aufwendige Begrüßungszeremonien; schließlich soll Ihre Abwesenheit etwas ganz Alltägliches darstellen. Hat sich der Hund während Ihrer Abwesenheit ruhig verhalten, wird er ausgiebig gelobt.

Sobald sich Ihr Liebling einmal daran gewöhnt, verlängern Sie Ihre Auswärtsaufenthalte ganz allmählich. Zunächst zwei Minuten, dann drei, vier oder fünf Minuten am Stück. Üben Sie das mehrmals täglich. Es kann bisweilen Wochen oder Monate dauern, bis Ihr Hund die Trennung von Ihnen einigermaßen erträgt, aber die Geduld und der Aufwand lohnen sich, denn er wird weniger nervös reagieren, wenn Sie ihn wirklich einmal allein lassen müssen.

Stehlen

Diebstähle können jederzeit und überall passieren: Der ofenwarme Kalbsbraten, die neuen italienischen Schuhe, Ihre Brieftasche und die Knochen aus dem Müll – alles war vor einer Minute noch da und ist jetzt weg. Ein kluger Hundedieb wartet einen Augenblick ab, in dem Sie wegschauen, springt dann auf Küchentisch oder Garderobe oder taucht in den Mülleimer, sichert sich seine Beute und rennt dann blitzschnell damit davon.

Ertappen Sie Ihren Liebling auf frischer Tat, ist der erste Impuls, ihn anzuschreien und hinter ihm herzujagen. Aber genau das ist falsch, denn je lauter Sie schimpfen, desto schneller rennt er, und Stehlen wird bald zu einem wunderbaren Spiel für ihn, das ihm jederzeit Ihre ungeteilte Aufmerksamkeit sichert.

Gegenmaßnahmen
Am besten korrigiert man einen vierbeinigen Dieb natürlich in flagranti mit einem lauten Geräusch, das ihn erschreckt. Da Sie aber nicht immer anwesend sein können, wenn er lange Zähne macht, sollten Sie ihm »Fallen« stellen. Binden Sie ein langes Stück dünne Schnur an einen verlockenden Fleischbrocken. An das andere Ende knüpfen Sie eine leere Blechdose, in die Sie zuvor einige Kiesel gefüllt haben. Legen Sie das Fleisch auf den Rand des Küchentischs und verlassen Sie den Raum. Schnappt sich Ihr Liebling den Brocken, erlebt er eine unangenehme, lautstarke Überraschung, und es wird nicht lange dauern, bis er – ohne die Beute – aus der Küche geschossen kommt. Bei besonders cleveren Hunden, die diese Methode schon kennen, müssen Sie die Dose mit einem Küchentuch abdecken. Das »Fallenstellen« funktioniert mit allem, was Ihr Hund gerne klaut: Papiere auf dem Schreibtisch, Schuhe im Regal etc. etc.

Eine andere Methode besteht darin, die Objekte der Begierde mit Tabascosauce zu beträufeln oder mit übelschmeckendem Spray einzusprühen. Allerdings mögen es manche Vierbeiner scharf, und das Spray riecht auch für Menschennasen nicht gerade verführerisch gut.

Gibt es in Ihrem Heim ein bestimmtes Areal, das Sie vor den langen Pfoten Ihres Lieblings schützen wollen, etwa Küche oder Speisekammer, überlegen Sie die Anschaffung von Kinderschutzgittern oder fragen Sie Ihren Tierarzt oder andere Hundebesitzer um Rat. Sofern Sie erfinderisch genug sind und konsequent bleiben, wird Ihr diebischer Vierbeiner auf Dauer sicher irgendwann zu dem Schluß gelangen, daß sich Verbrechen nicht auszahlen.

Machen Sie diesem Dobermann keinen Vorwurf daraus, daß er die Köstlichkeiten unwiderstehlich findet. Es ist Teil seines Wolfserbes, zu verschlingen, was ihm vor die Nase kommt.

Unerwünschtes Schnüffeln

Begegnen sich zwei Hunde, werden sie sich zuerst einmal mehrere Minuten lang gegenseitig am Hinterteil beschnuppern. Durch Schnüffeln bringen Hunde alles für sie Wissenswerte über das andere Tier in Erfahrung. Da Hunde über einen ausgezeichneten Geruchssinn verfügen, können sie allein mit der Nase feststellen, ob es sich bei dem anderen um ein Männchen oder Weibchen handelt und ob dieses kürzlich mit anderen Tieren Kontakt hatte oder nicht.

Folglich ist es ganz natürlich, daß Ihr Liebling auch Zweibeiner mit Schnüffeln begrüßen möchte. Mit allergrößter Wahrscheinlichkeit denkt sich Ihr Hund überhaupt nichts dabei, wenn er einer Frau unter den Rock schaut und bei Männern am Hosenschlitz schnuppert. Doch dieses Benehmen stößt bei Menschen auf wenig Gegenliebe und Verständnis und sollte deshalb unterbunden werden. Bringen Sie Ihrem Liebling statt dessen bei, menschliche Bekannte auf angemessenere Weise zu begrüßen.

Gegenmaßnahmen

Damit Ihr Hund andere Personen nicht durch unziemliches Schnüffeln in Verlegenheit bringt, legen Sie ihm Halsband und Leine an, wenn Sie Gäste erwarten. Versucht er sich zu unziemlichen Stellen vorzuschnuppern, korrigieren Sie sein Verhalten mit dem Befehl »Nein!« und einem leichten Leinenruck, gefolgt von »Sitz!« oder »Platz!«, damit Sie ihn ausgiebig loben können, wenn er gefolgt hat.

Beschnüffelt Ihr Hund Sie auf gleiche Weise, dürfen Sie keinesfalls ausweichen. Dies würde er als Unterwürfigkeitsverhalten ansehen. Bringen Sie ihn vielmehr dazu, rückwärts zu gehen, indem Sie sich vorwärts bewegen und energisch »Nein!« sagen. Vielleicht haben Sie auch ein Spielzeug zur Hand, mit dem Sie ihn kurzfristig ablenken und belohnen können, wenn er Sie in Ruhe läßt.

Wird (exzessives) Schnüffeln auch beim Spaziergehen zum Problem, hilft wieder das Kommando »Nein!«, gegebenenfalls kombiniert mit einem kurzen Leinenruck. So lernt der Hund, daß er nicht jeden Duft erforschen darf.

Mit seinem ausgeprägten Geruchssinn holt Ihr Hund jede Menge faszinierende Informationen über seine Artgenossen ein. Er muß jedoch lernen, daß dasselbe Verhalten zur Begrüßung zweibeiniger Bekannter nicht den guten Sitten entspricht.

Schlechte Angewohnheiten korrigieren

Jaulen

Jaulende Hunde, vor allem solche, die aus Gewohnheit heulen, sind echte Nervensägen. Jault oder winselt Ihr Hausgenosse laut und beständig, kann dies ein Zeichen dafür sein, daß er unter Streß oder Übererregtheit leidet. Vielleicht will er etwas, wozu er menschliche Hilfe benötigt: Futter oder Gassi gehen. Heulen kann auch bedeuten, daß er zu erregt ist, um sich von selbst wieder zu beruhigen.

Gegenmaßnahmen
Unterbinden Sie dieses Verhalten nicht rechtzeitig, kann es vorkommen, daß Ihr Hund irgendwann glaubt, alles erreichen zu können, indem er lange und lautstark jault. Versuchen Sie nicht, ihn durch gutes Zureden, Streicheln oder In-den-Arm-Nehmen zum Schweigen zu bringen. Ignorieren Sie ihn statt dessen. Erst wenn er von sich aus verstummt, bekommt er die gewünschte Aufmerksamkeit. So lernt er, daß er dafür belohnt wird, wenn er nicht jault – und nicht umgekehrt.

Besser noch ist es, wenn Sie ihn rechtzeitig ablenken. Ignorieren Sie sein Heulen und geben Sie den Befehl »Sitz!« oder »Platz!« und »Bleib!«. Schon nach wenigen Unterordnungsübungen haben die meisten Hunde vergessen, warum sie ursprünglich jaulen wollten.

Sie können auch versuchen, ihn mit dem Befehl »Ruhig!« zu korrigieren. Sprechen Sie mit fester, aber ruhiger Stimme, da ein ärgerlicher Ton seine Nervosität nur noch steigern würde. Verstummt er daraufhin, hat er sich ein Lob verdient. Auf Befehle zu reagieren und dafür gelobt zu werden, steigert das Selbstwertgefühl eines jeden Hundes.

Hunde heulen mit Sirenen

Wie ihre Wolfsvorfahren stößt eine Hundemutter kurz nach der Geburt ihrer Jungen einen Heulton aus, um die anderen Rudelmitglieder auf ihren Aufenthaltsort aufmerksam zu machen. Jaulen bedeutet in der Hundesprache: »Ich bin hier!«, »Ich höre Euch da draußen!« oder »Das ist mein Revier!«

Leider gleicht der Heulton vieler Sirenen entfernt dem von Wölfen. Deshalb kann es vorkommen, daß Ihr Hund auf eine Feuerwehr- oder Luftschutzsirene mit lautstarkem Jaulen reagiert. Dagegen unternimmt man am besten – nichts. Schließlich folgt er damit nur dem Ruf der Wildnis.

Dieser Basset tut etwas ganz Natürliches, wenn er auf das Heulen einer Sirene mit lautem Jaulen antwortet. Loben Sie ihn, wenn er lernt, auf Befehl zu schweigen.

DRITTER TEIL

Praktische Fürsorge

Sich hingebungsvoll um den Hund zu kümmern, bereitet Hundebesitzern Freude und Befriedigung. Sinnvolle Beschäftigung und Spiele gehören ebenso dazu wie die Sorge um sein Wohlergehen.

10 · SPIELEND FIT BLEIBEN

Seiten 170–183

Ob groß oder klein, jung oder alt – Hunde lieben Sport und Spiele. So bleibt der Hund fit, gesund und glücklich.

11 · NÜTZLICHES HUNDEZUBEHÖR

Seiten 184–191

Hier finden Sie alles, was der gut gekleidete und an liebevolle Zuwendungen gewöhnte Hund braucht.

12 · GUT VERSORGTE SCHLÜSSELHUNDE

Seiten 192–197

Wie Sie dafür sorgen können, daß der Hund sich nicht einsam und verlassen fühlt, wenn er den Tag allein zu Hause verbringen muß.

13 · REISEN MIT KOMFORT

Seiten 198–209

Tagesausflüge oder Urlaubsreisen auf vier Rädern oder im Flieger: Empfehlungen für unterwegs mit dem Vierbeiner.

10 SPIELEND FIT BLEIBEN

Ob groß oder klein, jeder Hund muß täglich bewegt und beschäftigt werden. Das kann durch Spazierengehen, Joggen oder Schwimmen geschehen – oder in der Wohnung durch Zieh- und Bringspiele. Solche Übungen wirken erzieherisch, machen Spaß und erhalten den Hund bei guter Gesundheit.

Warum Üben so wichtig ist
Seiten 171–172
Durch regelmäßige Übungen gewinnt der Hund Kraft und Ausdauer.

Trainingsempfehlungen
Seiten 177–179
Körperliche Betätigung richtet sich nach Alter und natürlichen Fähigkeiten.

Zuviel des Guten schadet nur
Seite 182
Wann das Maß voll ist und auf welche Anzeichen man achten muß.

Grundregeln des Trainings
Seiten 173–176
Selbst von Natur aus sportlich veranlagte Hunde brauchen Fitneßtraining.

Beliebte Hundesportarten
Seiten 180–181
Entdecken Sie die Spiele, die Ihrem Hund die meiste Freude machen.

Organisierter Hundesport
Seite 183
Wenn alle Spiele langweilig werden, sorgt Hundesport für interessante Abwechslung.

Warum Üben so wichtig ist

Hundebesitzer wissen, wie sehr sich ihre vierbeinigen Freunde darüber freuen, spazierengehen oder im Park hinter einem Ball herjagen zu können. Aber Auslauf und sportliche Betätigungen sind mehr als nur ein lustiges Spiel – sie sind wichtig für das allgemeine Wohlbefinden des Hundes. Bekommt der Hund ausreichend Gelegenheit, sich zu bewegen, bleibt er schlank und ist weniger anfällig für Herzerkrankungen, Atembeschwerden und Probleme mit den Gelenken. Regelmäßige Übungen mit dem Hund kräftigen seine Lungen und fördern Herztätigkeit und Kreislauf. Er bleibt körperlich fit und ausdauernd.

Ein Hund, der sich viel bewegt, kennt weder Langeweile noch Rastlosigkeit, ist ausgeglichen und verfällt nicht in lästige Gewohnheiten wie Buddeln im Garten, Kläffen und Lecken.

Bewegung jeglicher Art setzt Endorphine – körpereigene Peptide des Zentralnervensystems – im Gehirn frei, deren opiatartige Wirkung dem Tier ein anhaltendes Gefühl des Wohlbefindens vermittelt. Kaum eine andere natürliche Methode ist auf Dauer nützlicher für das Allgemeinbefinden.

So bleibt der Hund fit

Körperliche Betätigung macht Spaß und hält fit. Aber es ist nicht damit getan, den Hund an die Leine zu nehmen und ihn im Schneckentempo fünf Minuten lang die Straße entlang zu führen. Ihr Liebling braucht viel mehr Bewegung, um Muskeln und Kreislauf zu trainieren, damit Beine, Herz und Lungen richtig funktionieren. Es bedarf eines wohldurchdachten Programms, und wenn Sie sich schon die Mühe machen, sich mit ihm zu beschäftigen, dann sollte dabei auch etwas Sinnvolles herauskommen. Wenn Sie es richtig anstellen, verhelfen Sie dem Hund zu Kraft und Ausdauer und sorgen dafür, daß sein Leben artgerecht verläuft. Sie werden sogar feststellen, daß auch Sie sich körperlich und seelisch besser fühlen.

Zu einem ausgewogenen Trainingsprogramm für Hunde gehören Übungen zur Unterstützung des Kreislaufs, der Gelenke, der Muskeln und des Bewegungsapparats sowie auch zur Vermeidung von Übergewicht. Hunde brauchen sehr kräftige Muskeln, damit sie ihren Körper in allen Situationen richtig einsetzen können. Diese Energie ist z. B. erforderlich, um aus dem Stand heraus rasch zu beschleunigen und im Laufen, Springen und

Kinder sind zünftige Kameraden für den sportlichen Hund. Nach dem Rollerblade-Turnier wird dieser Golden Retriever mit dem Einschlafen keine Schwierigkeiten haben.

Hunde, die zu Übergewicht neigen, wie dieser Beagle, müssen Sport treiben, um in Form zu bleiben.

Spielen blitzschnell zu reagieren. Mit diesen Fähigkeiten lassen sich Verletzungen vermeiden, und die Gelenke bleiben funktionstüchtig.

Übungen, die die Ausdauer fördern, helfen dem Hund, über lange Zeit hinweg fit zu bleiben. Das ist besonders wichtig, wenn der Hund gern weite Strecken läuft, Freude am Hundesport hat oder an Trainingskursen teilnehmen soll. Sportliche Aktivitäten sind eine der besten Vorsorgemaßnahmen, das Gewicht des Hundes normal zu halten. Gibt man dem Hund weniger zu fressen, wird er zwar auch schlanker, aber regelmäßige Bewegung bewirkt darüber hinaus, daß überschüssige Kalorien abgebaut werden. Um den Hund fit zu halten, muß man täglich mit ihm trainieren, und um einen träge gewordenen Hund wieder auf Vordermann zu bringen, braucht es viel Zeit. Aber das ist keine vertane Zeit, denn wenn Sie mit dem Hund ausgehen und gemeinsam miteinander Spaß haben, kann er überschüssige Energie abarbeiten, bleibt lange gesund und glücklich.

Langsam an die Sache herangehen
Wenn Ihnen diese Vorteile einleuchten und Sie den Wunsch verspüren, die Joggingschuhe anzuziehen und den Hund auf einen ausgedehnten Lauf mitzunehmen, dann lassen Sie sich nicht abhalten. Aber übertreiben Sie bei den ersten

Warum sich manche Hunde im Kreis drehen

Es ist still und friedlich im Wohnzimmer – da richtet sich der Hund auf und beginnt sich wie ein tanzender Derwisch im Kreis zu drehen. Nachdem er sich ausgetobt hat, kehrt er zu seinem Ruheplatz zurück und rollt sich wieder zusammen. Er hat nichts anderes getan, als Dampf abzulassen. Dasselbe tun Kinder, wenn sie wie wild umherlaufen oder sich balgen. Dreht sich der Hund öfter als zweimal pro Abend im Kreis, braucht er möglicherweise mehr Auslauf. Dehnen Sie die Spaziergänge aus, oder treiben Sie Sport mit ihm. Obwohl die meisten Hunde damit aufhören, wenn sie etwa drei Jahre alt sind, gibt es welche, besonders Terrier, die noch lange so weitermachen.

Ausflügen nicht. Bevor Sie mit dem Hund ein Trainingsprogramm beginnen, empfiehlt es sich, das Tier gründlich untersuchen zu lassen. Der Tierarzt wird Ihnen sagen, in welcher körperlichen Verfassung Ihr Hund sich befindet, ob sein Herz gesund ist, ob er Diabetes hat oder Hüftgelenksdysplasie, was bedeuten würde, daß das Tier bei bestimmten Übungen Probleme bekommt.

Aber auch wenn der Hund nicht beschwerdefrei ist, braucht er Auslauf und körperliche Betätigung. Ihr Tierarzt wird Ihnen sagen, was Sie dem Hund zumuten können, damit er bei Kräften bleibt.

Grundregeln des Trainings

Es ist wichtig, ein Trainingsprogramm zusammenzustellen, das dem Hund nicht schadet. Beginnen Sie mit leichten Übungen, und seien Sie dabei konsequent und geduldig. Sobald das Tier zu erkennen gibt, daß es den Anforderungen gewachsen ist, können Sie das Tempo steigern. Bei Junghunden müssen Sie besonders behutsam vorgehen. Welpen haben eine schwächere Kondition als ausgewachsene Hunde. Die Muskeln haben sich nicht voll entwickelt, und die Knochen sind noch weich. Auch Hitze und Kälte setzen ihnen stärker zu. Mit einem sportlich anspruchsvollen Training für Welpen sollte man erst ab dem 14. Monat beginnen. Dann ist die Knochensubstanz fest genug, um die Belastung auszuhalten.

Aufwärmen
Aerobics, Joggen, Turnen – falls Sie es jemals gemacht haben, wissen Sie, daß Sie den Körper erst mit leichten Übungen aufwärmen müssen. Damit schützen Sie sich am besten vor Muskelzerrungen und anderen schmerzhaften Beschwerden. Beim Hund ist das nicht anders. Beginnen Sie alle Übungen mit einem fünf- bis zehnminütigen Aufwärmen. Dadurch vermeiden Sie Verletzungen durch Überbeanspruchung der Bänder und Sehnen und sorgen für die ausreichende Durchblutung von Muskel- und Nervenfasern. Gehen Sie die ersten paar Minuten mit dem Hund gemächlich und entspannt. Danach folgen einige Streckübungen. Bei Hundetrainern ist es üblich, den Hund aufzuwärmen, indem man seine Läufe einzeln mehrmals beugt und streckt.

Sie haben wahrscheinlich schon beobachtet, wie Ihr Hund in spielerischer Weise den Rücken krümmt und streckt. Solche Bewegungen tun dem Tier gut. Es hat sich in der Praxis als sehr nützlich erwiesen, den Hund schon vom Welpenalter an zu belohnen, wenn er diese Bewegungen macht. Wenn Sie das beizeiten mit einem Befehl verbinden, gewöhnt sich der Hund daran, und er besorgt das Beugen und Strecken sozusagen auf Kommando selbst.

Der Besitzer dieses Foxterriers beugt und streckt behutsam die Vorderläufe seines Vierbeiners, um ihn auf das Trainingsprogramm vorzubereiten. Einige Minuten Aufwärmen vor den eigentlichen Übungen verhindern Muskel- und Sehnenzerrungen. Genauso wichtig sind Entspannungsübungen zum Abkühlen nach einem anstrengenden Training.

Entspanntes Laufen bringt den Organismus auf Touren. Man beginnt langsam und steigert das Tempo allmählich.

Herz-Kreislauf-Training

Nach dem Aufwärmen geht die Sache erst richtig los. Um Herz, Kreislauf und Lungenfunktion anzuregen, gibt es nichts Besseres als flottes Gehen. Beginnen Sie gemächlich, und erhöhen Sie das Tempo und die Länge der Wegstrecke ganz allmählich. Wenn Sie und der Hund schneller und weiter gehen, ohne zu schnaufen und nach Luft zu japsen, können Sie anfangen zu laufen oder zu joggen. Legen Sie hin und wieder zwischendurch einen kurzen Sprint ein. Durch den Tempowechsel werden unterschiedliche Bereiche der Muskulatur beansprucht.

Muskeltraining

Hügeliges Gelände ist gut für den Hund; Treppen sind es auch. Nehmen Sie sich einen Hügel als Ziel, wenn Sie mit dem Hund ausgehen. Zu Hause stürmen Sie die Treppe hinauf. Das kräftigt die Muskeln. Veranlassen Sie jemanden dazu, oben an der Treppe einen Leckerbissen zu verstecken. Führen Sie den Hund die ersten paar Male hinauf. Bald wird er aus eigenem Antrieb hinauflaufen, um seine Belohnung zu bekommen. Wenn Sie mit dem Hund Fangen spielen, dann lieber auf einem Hang als auf ebenem Terrain. Apportiert der Hund gern, werfen Sie den Ball oder Stock hangaufwärts.

Anfangs wechseln Sie die Spiele häufiger, damit sie dem Hund nicht langweilig werden. Allmählich können Sie dazu übergehen, eine Übung länger durchzuhalten.

Geschwindigkeitstraining

Es ist einfach, den Hund an schnelles Laufen zu gewöhnen, und er wird mit Begeisterung bei der Sache sein. Wählen Sie flaches Gelände zum Werfen von Spielzeug, Bällen oder Frisbees, damit der Hundekörper sich beim Hinterherjagen völlig strecken kann und die Muskeln gedehnt werden.

Ist Ihr Hund noch nicht ans Apportieren gewöhnt, bringen Sie es ihm bei. Lassen Sie ihn am Ball schnuppern, und werfen Sie diesen so, daß er sieht, was Sie tun. Anfangs werfen Sie ihm den Ball knapp vor die Füße. Zeigt der Hund Interesse daran, loben Sie ihn und werfen den Ball erneut. Wiederholen Sie das Spiel nicht zu häufig,

Dieser Welpe entdeckt die Freuden des Bringspiels, ohne zu ahnen, daß er sich im Training befindet. Man beendet das Spiel, solange er noch mit Begeisterung dabei ist.

sonst könnte er dessen überdrüssig werden. Sobald er zu erkennen gibt, daß es ihm Spaß macht, lassen Sie sich von seinem Verhalten leiten. Beenden Sie das Spiel, solange er noch eifrig mitmacht, damit er es in guter Erinnerung behält.

Falls ihn das Rollen oder Werfen des Balls nicht mehr interessiert, geben Sie ihm durch Zuruf aus einiger Entfernung zu verstehen, daß er mit hohem Tempo auf Sie zulaufen soll. Solange der Hund den Befehl »Bleib!« nicht sicher beherrscht, brauchen Sie dazu jemanden, der den Hund festhält, während Sie sich entfernen. Drehen Sie sich zum Hund um, breiten Sie die Arme aus und rufen Sie ihn. Seien Sie auf dem Sprung, um schnell auszuweichen zu können, wenn er herangeschossen kommt.

Verfolgungsjagden mit plötzlichen Spurts und Hakenschlagen sind eine weitere Möglichkeit, den Hund an schnelles Laufen zu gewöhnen. Achten Sie aber darauf, daß am Ende nicht Sie selbst auf der Strecke bleiben.

Abkühlen

Gemächliches Trotten mit Stretchingeinlagen sind hervorragend geeignet, das Spiel zu beenden und dem Hund Gelegenheit zu geben, sich zu entspannen. Intensives Training darf niemals schlagartig abgebrochen werden. Abkühlen danach ist genauso wichtig wie Aufwärmen davor.

Aerobic-Übungen beim Schwimmen

Manche Hunde glauben, Wasser sei nur zum Trinken da. Aber es gibt auch welche, die sich gern naß machen, und für diese ist Schwimmen die ideale Methode, Aerobic-Übungen auszuführen, ohne vom Gewicht des Körpers zu sehr belastet zu werden. Das kräftigt Muskeln, Herz und Lungen, ohne Knochen und Gelenke übermäßig zu beanspruchen – also ein ausgezeichnetes Training für Hunde mit Hüftgelenksdysplasie

Schwimmen ist eine ausgezeichnete Sportart zur Kräftigung der Muskeln bei schonender Behandlung der Gelenke.

Bequem laufen

Auslauf in natürlichem Gelände ist das Beste, was Sie Ihrem Hund bieten können. Bei der Domestizierung der Hunde gab es noch keine harten Betonplatten. Menschen schützen sich vor den Erschütterungen beim Laufen durch bequemes Schuhwerk, aber der Hund hat nur seine Pfotenballen. Es gibt für den Hund nichts Angenehmeres als frisch gemähten Rasen unter den Pfoten. Das Gras ist auf natürliche Weise elastisch, schont Pfotenballen und Gelenke, Sehnen und Bänder. Kurze Spaziergänge und leichter Trab können auch auf Straßenbelägen stattfinden, sofern die Sonne sie nicht zu stark aufgeheizt hat.

oder anderen Gelenkschäden. Außerdem bietet Schwimmen das beste Training für den Hund an heißen Sommertagen. Beim Schwimmen setzt der Hund alle Muskeln ein. Die Herztätigkeit beschleunigt sich, der Kreislauf wird angeregt.

Damit sich Ihr Hund ans kühle Naß gewöhnt, bringen Sie ihm frühzeitig das Schwimmen bei. Tragen Sie ihn einige Meter in den See hinaus, drehen Sie sich zum Ufer um, lassen Sie den Hund vorsichtig ins Wasser und loben Sie ihn die ganze Zeit, während er ans Ufer paddelt.

Manche Hunde sind geborene Schwimmer, andere bleiben stets eingefleischte Landratten. Es kann eine Weile dauern, bis der Hund begreift, daß er beim Schwimmen neben den Vorderläufen auch die Hinterläufe einsetzen muß. Das kann man ihm aber beibringen. Heben Sie das Hinterteil des Welpen hoch, indem Sie ihm die Hand von hinten zwischen die Beine legen. Dann merkt er am besten, daß er schneller vorankommt, wenn mit vier Beinen paddelt. Wichtig ist auch hier, daß Sie es ihm spielerisch beibringen.

Nachdem aus Ihrem Hund ein Meisterschwimmer geworden ist, achten Sie darauf, daß er sich nicht verausgabt.

Benutzen Sie Spiele als Training. Dieser Boston-Terrier hat nicht das Gefühl, herumkommandiert zu werden.

Gemeinsames Training

Auf sich allein gestellt, wird der Hund niemals genügend Bewegung bekommen. Wenn Sie ihn draußen an die Kette legen, engen Sie seinen Bewegungsspielraum ein. Er kommt nicht richtig in Fahrt, wenn er laufen will. Wenn Sie Ihren Hund schon an die Kette legen müssen, richten Sie es so ein, daß diese an einer über den Garten gespannten Trosse mitläuft. Das löst einige Probleme und gibt dem Hund mehr Freiraum zum Laufen.

Sofern Sie nicht fernab vom Straßenverkehr leben, wäre es sträflicher Leichtsinn, den Hund unbeaufsichtigt frei laufen zu lassen, solange Sie ihn nicht sicher beherrschen.

Eine Menge von Gefahren lauern auf den frei laufenden Hund. In ein Auto zu rennen, ist nur eine davon. Sie sollten ihn anleinen, wenn Sie beide nicht mehr allein auf weiter Flur sind.

Warum laufen Hunde hinter Bällen her?

Windhunde jagen auf der Rennbahn hinter einem künstlichen, mechanisch bewegten Köder her, der nur entfernt einem Hasen gleicht. Andere Hunde verfolgen alles, was vor ihnen wegläuft — Katze, Eichhörnchen, Hase — und auch einen hüpfenden Gummiball.

Die wilden Vorfahren unseres Haushunds lebten von ihrem ausgeprägten Jagdinstinkt. Heute ist das keine Frage des Überlebens mehr, und der Hund konzentriert sich auf den Gummiball, den Sie im Park oder Garten für ihn werfen. Er jagt wie der Blitz hinter dem Spielzeug her und fängt es, so als wäre es eine Beute.

SPIELEND FIT BLEIBEN

Trainingsempfehlungen

Jeder gesunde Hund braucht täglich 30 bis 45 Minuten sportliche Betätigung. Es gibt genügend Übungen, die Hunden Spaß machen. Mit kleinen Hunden übt man zu Hause. Für mittelgroße bis hochläufige Hunde empfiehlt sich ein Ausgang von zwei- bis dreitausend Metern bei zügigem Tempo oder lebhaftes Spiel im eingezäunten Park oder Garten.

Die angemessene Vorgehensweise

Wenn Sie wissen wollen, wieviel und welche Art von Training Ihr Hund braucht, rufen Sie sich die Besonderheiten seiner Rasse in Erinnerung oder studieren seinen Körperbau. Dadurch erhalten Sie Aufschlüsse darüber, wozu er fähig ist und was ihm Spaß machen könnte. Ein Hund in Ihrer Gesellschaft verhält sich naturgemäß anders als ein Wolf in seinem Rudel, aber je besser das Trainingsprogramm seinen rassetypischen Gewohnheiten entspricht, desto besser wirkt es und desto größer ist die Bereitschaft des Hundes zur Mitarbeit. Und denken Sie immer ans Aufwärmen vor den Übungen und ans Abkühlen und Entspannen danach.

Spaniels wurden gezüchtet, um sie ins Wasser zu schicken. Sie mußten für ihre Herren erlegte Vögel apportieren, egal wohin sie fielen.

Promenadenmischung

Um ein maßgeschneidertes Trainingsprogramm für einen Mischling zusammenzustellen, berücksichtigen Sie seine Größe und alle Beschäftigungen, die das Tier am liebsten hat. Ist es ein mittelgroßer oder hochläufiger Hund, beginnen Sie mit zwanzigminütigem Laufen oder Joggen zweimal am Tag, gefolgt von zehn Minuten Spielen oder Schwimmen, je nachdem, was der Hund gern tut. Kleine Mischlinge behandeln Sie genauso wie ihre reinrassigen Entsprechungen.

Der Sportler

Sportliche Hunderassen wie Spaniel, Pointer, Setter und Retriever sowie Viszla und Weimaraner lieben es, draußen herumzutoben. Auch anspruchsvolle Beschäftigungen machen ihnen Spaß. Zwanzig Minuten Laufen oder Joggen mit anschließendem zehnminütigem, aktionsreichem Spiel bringen den sportlichen Hund richtig in

Fahrt. Das Ganze wird später am Tag wiederholt, oder man geht schwimmen, sofern der Hund Wasser mag.

Der Jäger
Jagende Hunde wurden ursprünglich dazu erzogen, hinter der flüchtigen Beute herzulaufen. Das ideale Fitneßprogramm für sie könnte beispielsweise aus 20 Minuten Laufen oder Joggen bestehen und fünf bis zehn Minuten freiem Auslauf in einem umzäunten Areal. Steht ein solches nicht zur Verfügung, gehen Sie mit dem Hund eine halbe Stunde bei flotter Gangart spazieren. Danach können Sie mit dem Hund noch eine Weile Fangen spielen.

Schweißhunde laufen nicht so schnell, weil sie die Nase immer am Boden haben müssen. Wenn Sie einen Hund dieses Typs haben, laufen oder joggen Sie mit ihm 20 bis 25 Minuten täglich, es sei denn, Sie bringen ihn dazu, während dieser Zeit eine Weile mit Ihnen Ball oder Fangen zu spielen. Alle Hunde mit der Namenserweiterung »Retriever«, also Apportierhunde, laufen mit Vorliebe hinter geworfenen Gegenständen her und schwimmen gern. Das tun auch die meisten Spaniels. Der Dackel ist zwar klein genug, um mit ihm in der Wohnung spielen zu können, braucht aber trotzdem einen morgendlichen Spaziergang von 15 Minuten. Welche Art von Auslauf es auch sein mag, wiederholen Sie ihn am Abend.

Terrier
Terrier sind umtriebige Burschen. Ständig jagen sie hinter etwas her und suchen nach Beute. Große Terrier brauchen 20 bis 30 Minuten lebhafte Bewegung morgens oder einen kürzeren Ausflug mit anschließendem Spiel im Garten, wobei es durchaus ruppig zugehen kann. Tun Sie es noch einmal am Abend. Der kleinere oder weniger aktive Terrier begnügt sich mit 15 Minuten morgens und abends, vor-

Wenn Sie es zuließen, würde Ihnen dieser muntere kleine Jack-Russel-Terrier unermüdlich den Stock bringen, bis Ihnen der Arm abfällt. Aber legen Sie zwischendurch eine Pause ein, damit Sie ihn nicht überfordern.

SPIELEND FIT BLEIBEN

ausgesetzt Sie spielen mit ihm täglich in der Wohnung. Terrier jagen gern, manche apportieren auch, und wieder andere beuteln gern ihre Spielsachen. Den meisten kann man beibringen, daß Sie Verstecken oder Fangen spielen.

Schoßhund

Von allen Hundearten bewegen sich die Schoßhunde wahrscheinlich am wenigsten. Ein fünfzehnminütiger Spaziergang morgens und abends reicht für die meisten kleinen Hunde aus, sofern man mit ihnen in der Wohnung spielt. Wenn Sie schlecht zu Fuß sind, bringen Sie ihm bei, den Ball zu apportieren, den Sie von der Gartenterrasse aus werfen. Viele Zwergrassen haben einen ausgeprägten Jagdinstinkt und machen gern mit, wenn der Ball nicht zu groß für sie ist.

Der unsportliche Typ

Das ist ein ziemlich gemischter Verein, dem man allerdings auch nicht nachsagen kann, er sei besonders träge. Sehen Sie sich Größe und Körperbau des Hundes an, bevor Sie ein Trainingsprogramm zusammenstellen. Kleinere Tiere wie beispielsweise Boston-Terrier, Schipperke und Bichon frisé brauchen genauso viel Bewegung wie kleine Terrier. Mit Königspudel, Lappenspitz und Dalmatiner sollte man jedoch verfahren wie mit Sportlern und Arbeitern, während behäbige, schwere Rassen wie Bernhardiner, Sennenhunde und Leonberger eher als Ausdauersportler denn als Sprinter eingesetzt werden können.

Hütehund

Diese Hunde sind sehr ausdauernd. Beginnen Sie den Tag mit zwanzig bis dreißig Minuten Auslauf und Gelegenheit zum Herumtollen. Man kann das Programm am Abend wiederholen oder mit dem Hund schwimmen gehen. Mit ihrem Tatendrang und ihrer Intelligenz finden Hunde dieses Typs anspruchsvolle Spiele wie Verstecken besonders attraktiv.

Maßgeschneiderte Konditionierung

Sie kennen Ihren Hund besser als jeder andere Mensch und sind somit der ideale Trainer. Wenn Sie ein auf seine Bedürfnisse zugeschnittenes Trainingsprogramm zusammenstellen, gilt es einiges mehr zu beachten als Typ und Körperbau.

Wirkt der Hund nach dem Auslauf oder Spiel erschöpft, braucht er mehr Ruhe. Ändert sich die positive Einstellung Ihres Hund zu den Übungen und wird er schnell müde, könnte er krank sein und sollte zum Tierarzt gebracht werden. Ist der Hund laut oder aggressiv, liegt das möglicherweise daran, daß Sie sich zu wenig mit ihm beschäftigen. Gönnen Sie ihm mehr Auslauf.

Kurznasige Rassen wie Bulldogge und Mops haben oft Beschwerden beim Atmen. Bedenken Sie das beim Training, wenn Sie einen solchen Hund haben. An schwülen Tagen müssen Sie besonders vorsichtig sein, um Herzversagen vorzubeugen. Verlegen Sie anstrengende Tätigkeiten in den frühen Morgen oder späten Abend.

Übergewichtige Hunde und solche mit ungenügender Kondition sollte man nie von Anfang an das gesamte Trainingsprogramm absolvieren lassen. In den ersten zwei Wochen reduziert man die dafür vorgesehene Zeit auf ein Viertel. In den jeweils nächsten zwei Wochen erhöht man das Limit auf die Hälfte und drei Viertel der Zeit. Nach sechs Wochen dürfte der Hund dann so weit sein, daß er das ganze Pensum schafft.

Mit alternden Hunden geht man schonend um, ohne das Training ganz abzusetzen. Auch sie brauchen etwas körperliche Betätigung.

Beliebte Hundesportarten

Als der Hund noch nicht domestiziert war, lernten die Welpen beim gemeinsamen Herumtollen, was sie wissen mußten. Alle Welpen balgen gern, springen auf Quietschtiere oder beuteln ihre Spielsachen.

Hunde sind von Natur aus neugierig und beobachten alles, was um sie herum vorgeht. Sie freuen sich über Ausflüge, auf denen sie Neuland erkunden können. Das ist nicht nur gut für die körperliche Verfassung, es hält auch den Verstand wach und ermöglicht den Erfahrungsaustausch mit Artgenossen.

Daneben gibt es Beschäftigungen für den anspruchsvolleren Hund. Wie Menschen, die eine Vorliebe für bestimmte Dinge haben wie Tennis, Wassersport, Musik oder Kunst, haben auch Hunde die meiste Freude an rassetypischen Unternehmungen.

Jagdspiele

Wenn Ihr Hund gern mit Volldampf durchs Gelände jagt, besorgen Sie sich eine Angelrute und hängen eine weiße Plastiktüte daran. Dann brauchen Sie die Rute mit der Tüte nur im Kreis herumzuschwenken und in kurzen Abständen die Richtung zu wechseln, und der Hund hetzt hinterher. Lassen Sie ihn ab und zu den weißen »Hasen« erwischen und zerfetzen, damit er das Gefühl hat, Sieger zu sein.

Bringspiele

Viele Hunde apportieren gern und laufen hinter Gegenständen her, die man wirft, wie Stöcke, Bälle und Frisbees. Freudig bringen Sie die Sachen zu ihrem Besitzer zurück und warten auf den nächsten Wurf. Wenn Ihr Hund gern schwimmt, können Sie – schwimmfähige – Gegenstände auch ins Wasser werfen.

Dieser gut trainierte Australische Schäferhund holt die Frisbee-Scheibe im Sprung aus der Luft.

Nach Frisbees schnappen

Für manche Hunde sind Frisbees das Tollste, was es an Spielsachen gibt. Sie vollführen die ausgefallensten Verrenkungen, wenn sie nach den Flugscheiben schnappen. Anfangs lassen Sie die Scheiben nur über den Boden rollen, und mit der Zeit entwickelt sich Ihr Hund zum artistischen Luftakrobaten.

Versteckspiele

Verstecken bringen Sie dem Hund am einfachsten bei, indem Sie mit einem Nachbarskind zusammenarbeiten, das der Hund mag. Das Kind versteckt sich mit einem Leckerbissen in der Abstellkammer, deren Tür

Wie zu Hause fühlt sich dieser Hund im Wasser und folgt seinem sportlichen Herrn mutig ins kühle Naß.

Warum apportieren manche Hunde nicht?

Sie werfen den Ball so weit Sie nur können, und der Hund hetzt hinterher. Aber anstatt Ihnen den Ball zurückzubringen, legt er sich ins Gras, den Ball zwischen den Pfoten, und schaut sie erwartungsvoll an. Sie sollen wieder werfen, aber bringen wird er den Ball nicht. Kein Zweifel, er hat den Sinn des Bringspiels noch nicht kapiert.

Vielen Hunden, insbesondere Jagdhunden, ist das Apportieren angeboren. Aber Rassen wie Hütehunde und Spürhunde haben andere rassespezifische Eigenschaften. Sie sind zum Beispiel für die Nasenarbeit geeignet oder halten eine Schafherde zusammen. Einen Ball zu apportieren, liegt ihnen weniger.

Trotzdem kann man jedem Hund das Apportieren einigermaßen beibringen. Bei Hunden mit unentwickeltem Jagdtrieb wie Schweizer Sennenhunden kann es Ihnen aber passieren, daß Ihr Partner schon nach dem zweiten Wurf aufgibt.

einen Spalt offen bleibt. Dann befehlen Sie dem Hund, das Kind zu suchen. Hat er es gefunden, bekommt er seine Belohnung und reichlich Lob. Stöbert der Hund zu lange herum, kann das Kind ihn rufen.

Schwimmen

So erfrischend ein kühles Bad an einem heißen Tag sein mag, manche Hunde wollen partout nicht ins Wasser. Zeigt Ihr Hund jedoch keine Scheu vor dem Wasser, können Sie aus ihm einen begeisterten Schwimmer machen. Lassen Sie ihn stets vom Ufer ins Wasser gehen und werfen Sie ihn nie aus einem Boot; denn Sie kriegen das triefende und strampelnde Fellbündel nicht wieder hinein.

Quietschpuppen schütteln

Das »Erledigen« von Quietschtieren mag Ihnen als eine grausames Spiel vorkommen, aber für Welpen gibt es nichts Spaßigeres. Auch ausgewachsene Hund tun es mit Begeisterung. Das kommt ihrem Jagdinstinkt entgegen, und selbst abgeklärte Stadthunde flippen förmlich aus, wenn sie eine Quietschpuppe erwischen.

Nehmen Sie die Puppe und lassen Sie sie quietschen. Dann werfen Sie sie. Wenn der Hund hinterherjagt, das Spielzeug packt und wie wild schüttelt, haben Sie eines seiner Lieblingsspiele entdeckt. Lassen Sie den Hund mit einer solchen Puppe nie unbeaufsichtigt. Er könnte sie zerfetzen und den Quietschkörper verschlucken.

Zuviel des Guten schadet nur

Bei fortgesetztem Training wird Ihr Hund eines nicht fernen Tages schneller laufen, mehr leisten und größere Strecken zurücklegen, als Sie es schaffen. Möglicherweise übertreibt er dabei und geht über die Grenze des Leistungsvermögens hinaus, nur weil er glaubt, Ihnen einen Gefallen tun zu müssen. Es ist Ihre Aufgabe, das zu verhindern, auf Zeichen von Erschöpfung und Atemnot zu achten.

Herzversagen

Hunde haben nur eingeschränkte Möglichkeiten, die Körpertemperatur normal zu halten, und bei heißem Wetter besteht die Gefahr, daß ihr Herz plötzlich versagt. Meiden Sie zu anstrengende Beschäftigung bei hohen Tagestemperaturen, insbesondere bei anhaltend heißem Wetter. Stellen Sie Anzeichen fest, die auf einen drohenden Hitzschlag hinweisen – zum Beispiel heftiges Atmen oder Zittern – befolgen Sie die Regeln unter »Hitzschlag« auf Seite 374.

Probleme mit den Pfotenballen

Hundepfoten halten viel aus, aber sie bieten keinen Schutz vor Dingen, die Ihnen mit Ihrem Schuhwerk gar nicht auffallen. Trainieren Sie Ihren Hund bei extremer Sommerhitze nur während der kühlen Morgenstunden und prüfen Sie die Temperatur des Straßenbelags mit der Hand, bevor Sie mit ihm ins Freie gehen. Wenn es zu heiß ist und er sich die Pfotenballen verbrennen könnte, bleiben Sie daheim.

Auch im Winter ist Vorsicht angebracht. Anders als Kochsalz kann Streusalz die Pfoten verletzen. Wenn der Hund an den Pfoten knabbert, kann es sogar die Mundschleimhäute verätzen. Splitt ist nicht besser. Die scharfkantigen Steinchen können die Pfoten ebenfalls schädigen. Um Verletzungen vorzubeugen, reiben Sie nach dem Spaziergang Brust, Bauch und Pfoten mit dem Handtuch ab. Damit entfernen Sie Schnee und Salzkörner zwischen den Zehen.

Achten Sie nach der Rückkehr auf aufgesprungene Fußballen. Sie trocknen im Winter aus, genauso wie Ihre ungeschützten Hände, und eine tägliche Behandlung mit Vaseline kann sich als sehr hilfreich erweisen.

Die günstigste Trainingszeit

Ausgehen macht Hund und Besitzer Spaß, und Sie können es zu jeder Tageszeit tun, soweit es Ihre Verpflichtungen und die Witterungsverhältnisse erlauben.

Im Sommer verlegen Sie die Spaziergänge in die frühen Morgenstunden und in den Abend, wenn es abkühlt und die Luftfeuchtigkeit am niedrigsten ist.

Anstrengendes Training mit vollem Magen ist für den Hund genauso ungesund wie für Sie, ja sogar gefährlich (Magendrehung!). Füttern Sie also den Hund nicht unmittelbar davor und danach, und lassen Sie ihn auch keine großen Mengen Wasser saufen. Zwischendurch und während des Abkühlens darf er aber ruhig etwas trinken.

Organisierter Hundesport

Wenn Ihnen und Ihrem Hund die ewig gleichen Ausflüge zum Hals heraushängen und Ballwerfen seinen Reiz verloren hat, könnten Sie ja Hundesport im Verein ins Auge fassen. Auf dieser Seite erfahren Sie einiges, was dabei geboten wird.

Agility

Dieses Geschicklichkeitstraining kommt bei den meisten Hunden gut an. Dabei müssen Sie den Hund innerhalb einer festgelegten Zeit über einen Hindernisparcours mit lustigen, bunten Aufbauten wie Laufbalken, Wippen, Schrägwänden und Tunnels leiten. Das Überwinden dieser Hindernisse bietet eine zuverlässige Garantie, daß Ihr Vierbeiner körperlich topfit ist. Adressen von Vereinen und Clubs mit Agilityparcours erhalten Sie über den Verband für das Deutsche Hundewesen in Dortmund sowie vom Österreichischen Kynologenverband in Wien und von der Schweizerischen Kynologischen Gesellschaft in Bern.

Unterordnung

Auf der niedrigsten Schwierigkeitsstufe dieses Gehorsamstrainings wird der Hund danach beurteilt, wie er auf Kommandorufe seines Besitzers reagiert und gehorcht. Fortgeschrittene Schwierigkeitsgrade umfassen das Apportieren über Hindernisse, Gehorchen auf Handzeichen, Nasenarbeit und vieles mehr. Manche Vereine lassen nur Rassehunde zu, bei anderen darf jeder mitmachen. Auch ohne Abschlußprüfung lohnen sich solche Gehorsamswettbewerbe, denn sie festigen das Verhältnis zwischen Hund und seinem Besitzer. Selbst aufmüpfige Hunde lernen hier, wie man sich gut benimmt und Herrchen oder Frauchen keine Schande macht.

Hürdenlauf

Mit dem angeleinten oder freifolgenden Hund sind drei je 50 Zentimeter hohe Hürden auf einer Strecke von 50 Metern zu überwinden. Der Lauf besteht aus zwei Durchgängen.

Slalom

Der Hundeführer durchläuft mit dem angeleinten oder freifolgenden Hund einen Zickzack-Kurs von 75 Metern Länge mit Toren am Start und Ziel sowie fünf weiteren dazwischen.

Agility-Sportarten sind für alle Hunde geeignet. Die verstellbaren Geräte werden der Größe des Hundes angepaßt.

Hindernislauf

Der Hund ist angeleint oder läuft freifolgend. Auf 75 Metern sind acht verschiedene Hindernisse für den Hund verteilt. Der Hundeführer begleitet ihn auf der Parallelstrecke zur Hindernisbahn. Die Hindernisse bestehen aus Hürde, Treppe, Tunnel, Laufplanke, Tonne, Reifen, Hoch-Weitsprung und einer weiteren Hürde am Ende.

11 NÜTZLICHES HUNDEZUBEHÖR

Es gibt eine Anzahl von Dingen, die Ihnen und Ihrem Hund das Leben erleichtern und bequemer machen. Das sind zumeist keine überflüssigen Accessoires, auf die man genausogut verzichten könnte, sondern sie gehören dazu, um den Hund glücklich zu machen und gesund zu erhalten.

Das braucht der Hund
Seiten 185–186
Einige Dinge braucht der Hund – zum Fressen, Schlafen, Spielen und um gut auszusehen.

Die Personalien des Hundes
Seiten 187–188
Riskieren Sie nicht, daß der Hund wegläuft und Sie ihn nicht mehr zurückbekommen.

Picobello unterwegs
Seiten 189–191
Was der Hund zum Ausgehen braucht und worauf er keinen Wert legt.

Nützliches Hundezubehör

Das braucht der Hund

Sie werden für Ihren Hund keinen Schrank voll modischer Halsbänder und raffinierter Spielsachen anschaffen wollen. Aber einige Dinge sind erforderlich, damit er gesund bleibt, sich anständig benimmt und sich rundherum wohl fühlt. Neben dem Lager sind das Schüsseln und Näpfe, Spielsachen, Fellpflegeutensilien, ein Anhänger mit seiner Adresse und wenigstens ein Halsband mit Leine. Je nach Rasse und dem Klima am Wohnort braucht er gegebenenfalls eine warme Jacke, einen Regenumhang und vielleicht sogar Schuhe. Und als umweltbewußter, rücksichtsvoller Hundebesitzer sollten Sie sich Besen und Schaufel zulegen, um seine Hinterlassenschaften wegzuräumen – jedenfalls in der Stadt.

Schüsseln und Näpfe

Ihr Hund braucht mindestens zwei Näpfe, einen fürs Futter, den anderen fürs Wasser. Weil es häufig vorkommt, daß Hunde die Schüsseln samt Inhalt umwerfen, empfiehlt es sich, solche mit beschwertem Boden zu kaufen. Diese sind unten breiter als oben, es gibt sie in Kunststoff und Edelstahl.

Lange Hundeohren haben den Nachteil, daß sie bis zum Futter und Wasser herabhängen. Damit keine Futterreste daran kleben bleiben und sie nicht naß werden, benutzt man hohe, schmale Näpfe, so daß der Hund zwar mit der Schnauze hineinkommt, die Ohren aber draußen bleiben.

Falls der Hund gern im Korb schläft, muß er sich der Länge nach darin ausstrecken können. Diese Labrador-Hündin muß sich das Bett mit ihren Welpen teilen.

Ein gemütliches Bett

Ihr Hund braucht einen Platz, an dem er nach einem anstrengenden Tag sein müdes Haupt zur Ruhe betten kann. Vielleicht entscheiden Sie sich für eine Kiste, besonders wenn es sich um einen Welpen handelt, der noch nicht völlig stubenrein ist. Legen Sie den Boden mit alten Zeitungen aus, damit Sie schneller saubermachen können, wenn er sich gehenläßt. Sobald er sich besser unter Kontrolle hat, können Sie ihm ein Polster oder ein Stück

Beschwerte, rutschfeste Näpfe

Sicheres Spielzeug

Spielsachen sind keine Extras, sondern gehören zur Ausstattung. Alle Hunde brauchen etwas, worauf sie kauen können, und Sie sollten immer einige Kauknochen vorrätig haben. Zoofachgeschäfte führen eine Auswahl von Kauspielzeug aus verschiedenen Materialien mit unterschiedlichem Geschmack. Büffelhautknochen eignen sich für erwachsene Hunde, aber Sie müssen im Haus sein, wenn er sich damit beschäftigt. Für Welpen könnten sie gefährlich werden, wenn sie ein Stück davon verschlucken.

Wurfring

Bringholz

Ziehring

Teppich hineinlegen. Sorgen Sie dafür, daß er ein Kauspielzeug bekommt und eine alte Decke zum Hineinkuscheln, falls er tagsüber Lust auf ein Nickerchen hat.

Vielleicht ist auch ein Korb mit Matratze oder Decke mehr nach seinem Geschmack. Für große Rassen haben sich Matratzen mit abnehmbarem, waschbarem Bezug am besten bewährt.

Fellpflegeartikel

Jeder Hund braucht zumindest eine Bürste. Sein Felltyp entscheidet darüber, was für die Pflege des Haarkleids außerdem benötigt wird.

Fragen Sie die Verkäufer in Zoofachgeschäften, welche Art von Fellpflegeartikeln Ihr Hund braucht. Die gleichen Kämme und Bürsten eignen sich nicht für jeden Felltyp. Auch die Größe der Bürsten sollte der Größe des Hundes angepaßt sein. Waschen Sie Ihren Hund, wenn er ein Bad nötig hat. Dazu verwenden Sie Markenshampoo mit einem pH-Wert für Hunde. Nehmen Sie kein für Menschen bestimmtes Shampoo, weil es das Haarkleid zu stark austrocknet und für den Hund unangenehm riecht. Ein Conditioner gegen verfilztes Haar hilft bei den meisten langhaarigen Hunden, ist aber bei zu fettigem Haar nicht zu empfehlen.

Bürste

Kamm

Trimmschere

Zahnpflegeartikel

Zahnpflege für den Hund ist hierzulande immer noch eher die Ausnahme als die Regel. Zahnbürsten speziell für Hunde gibt es in verschiedenen Größen. Es gibt Zahnbürsten, die man auf den Finger steckt und die das Zähneputzen erleichtern. Und natürlich gibt es für den Hund auch eine eigene Zahnpasta.

Die Personalien des Hundes

Es ist in Ihrem Interesse, daß der Hund eine Art Personalausweis bei sich trägt, damit jeder, der ihm begegnet, weiß, wer er ist und wem er gehört. Er braucht ein Halsband und eine Identifizierungsmarke, die allerdings nicht viel nützt, wenn er einem Hundefänger in die Hände fällt. Um ganz sicher zu gehen, kann man eine Tätowierung am Ohr anbringen und seine Daten in einer Datenbank erfassen lassen.

Halsbänder

Flache Leder- oder Textilriemen mit Metallschließe genügen für die meisten Hunde. Für langhaarige und rauhhaarige Hunde sind runde Halsbänder mit Schließe besser geeignet, weil das Fell am Hals nicht so schnell verfilzt wie bei flachen Riemen. In Zoofachgeschäften werden Halsbänder in verschiedenen Ausführungen, Längen und Farben angeboten. Es gibt sogar mit bunten Schmucksteinen aus Kunststoff besetzte Halsbänder für besonders festliche Anlässe. Verstellbare Textilhalsbänder mit Kunststoffschließen taugen nur für kleine und besonders brave Hunde. Die Beanspruchung durch große Hunde, die heftig an der Leine ziehen, halten sie nicht allzu lange aus. Wenn Sie einen Welpen besitzen, überprüfen Sie wöchentlich den Sitz des Halsbands. Die kleinen Racker wachsen erstaunlich rasch, und das Halsband wird schnell zu eng. Enge Halsbänder sind nicht nur ungemütlich, sie sind auch gefährlich.

Manche Hundehalsbänder sind als Erziehungshilfsmittel konzipiert. Wenn Ihr Hund an einem Trainingskurs teilnimmt, kaufen Sie ihm ein vom Trainer empfohlenes, speziell für diesen Zweck vorgesehenes Halsband. Manche Hundeerzieher benutzen bei ihrer Arbeit mit dem Hund Kettenhalsbänder mit begrenzter oder unbegrenzter Zugwirkung, andere bevorzugen runde Textilhalsbänder mit begrenzter Zugwirkung oder flache mit Schließen. Stachelhalsbänder sind verpönt. Um Verletzungen vorzubeugen, entfernt man das Spezialhalsband nach dem Training.

Hundemarken

Der Hund sollte mindestens die Steuermarke an seinem normalen Halsband tragen. Sie können natürlich auch eine weitere Marke prägen lassen, auf der Ihr Name mit Adresse und Telefonnummer steht. Einfacher und billiger ist eine Metallkartusche, die mit einem Zettel gefüllt wird, der die gleichen Daten enthält – möglichst als sauberer Ausdruck.

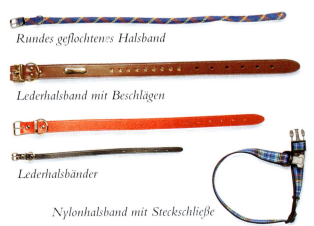

Rundes geflochtenes Halsband

Lederhalsband mit Beschlägen

Lederhalsbänder

Nylonhalsband mit Steckschließe

Hundemarke

Tätowierungen

Anders als die Hundemarken am Halsband, die verlorengehen oder von Fremden entfernt werden können, bleibt die Tätowierung des Hundes sein Leben lang unauslöschlich erhalten. Wenn Sie sich fürs Tätowieren entschließen, warten Sie damit, bis der Hund ausgewachsen ist, sonst werden die Ziffern infolge des Wachstums unleserlich. Tierärzte und ihre Mitarbeiter, mitunter auch Züchter, Trainer und viele Hundecoiffeure, können die Tätowierung ausführen. Lassen Sie sich von Ihrem Tierarzt eine Adresse empfehlen.

Die Tätowierung wird am Innenohr oder an der Innenseite des Oberschenkels angebracht. Es kann sich um eine vom Computer generierte Identifikationsnummer handeln, oder Sie lassen die Nummer Ihres Ausweises oder Reisepasses eintragen. Das Tätowieren tut nicht weh, und die meisten Hunde lassen es gnädig über sich ergehen, obwohl das Schnarren der Schermaschine und die Vibrationen der Tätowiernadel manche nervös machen. Wird die Tätowierung von einem Fachmann ausgeführt, ist die Sache nach ein bis zwei Minuten ausgestanden. Für die Erfassung der Nummer in einer Datenbank ist eine einmalige geringe Gebühr zu entrichten. Der Aufwand lohnt sich, denn in 95 Prozent der Fälle konnten vermißte Hunde ihren Eigentümern zurückgegeben werden.

Wie dieser Chesapeake-Bay-Retriever sollte auch Ihr Hund immer seine Steuermarke tragen, anhand derer er identifiziert werden kann.

Wichtig ist, daß Sie Ihren Hund registrieren lassen. Die Tätowierung oder der Mikrochip haben dieselben Aufgaben wie die Kennzeichen eines Kraftfahrzeugs. Nur wenn auf die Daten zugegriffen werden kann, erfüllen sie ihren Zweck.

Mikrochips

Eine weitere unauslöschliche Identifizierungshilfe ist der Mikrochip mit Zahlencode. Diese Methode ist in den USA bereits ziemlich verbreitet und beginnt sich nun auch in Europa durchzusetzen. Der Chip ist etwa so groß wie ein ungekochtes Reiskorn und steckt in einer Kapsel, die im Körper keine Irritationen hervorruft. Er wird vom Tierarzt zwischen den Schulterblättern des Hundes unter die Haut injiziert. Der Eingriff erfordert keine Betäubung oder Beruhigungsmittel, und der Hund reagiert darauf genauso wie auf eine Schutzimpfung. Schon sechs Wochen alte Welpen können einen Mikrochip eingesetzt bekommen und sind danach zeitlebens in der Datenbank registriert.

Wird ein herrenloser Hund aufgegriffen, kommt er zunächst ins Tierheim und wird nach einer Tätowierung oder mit dem Scanner nach einem Mikrochip abgesucht. Mit Hilfe des Erkennungscodes wird in der Datenbank der Hundebesitzer ermittelt.

Bis vor kurzem konnten Scanner nur Mikrochips vom gleichen Hersteller lesen, aber inzwischen gibt es für alle Mikrochips kompatible Lesegeräte. Falls Sie mehr über diese High-Tech-Erkennungsmethode erfahren wollen, fragen Sie Ihren Tierarzt. Es gibt mehrere Betreiber von Datenbanken, bei denen Sie die Daten Ihres Hundes speichern lassen können. Adressen erhalten Sie beim Verband für das Deutsche Hundewesen e. V. (siehe Anhang).

Nützliches Hundezubehör

Picobello unterwegs

Ihr Hund wird viel unterwegs sein, sei es beim täglichen Spaziergang und Auslauf, beim Unterordnungstraining oder wenn Sie Freunde und Bekannte besuchen. Wann immer er sich in der Öffentlichkeit zeigt, braucht er eine Leine, und zumindest in der Stadt müssen Sie etwas dabei haben, um die Spuren seiner Notdurft zu beseitigen. Je nach der Rasse Ihres Hundes werden Sie möglicherweise die Anschaffung einer Jacke oder eines Regenumhangs in Erwägung ziehen.

Hundeleinen

Leinen zum Führen des Hundes gibt es in verschiedenen Längen, Breiten und Ausführungen. Sie müssen auf die Größe des Hundes abgestimmt sein und sich in Ihrer Hand bequem anfühlen. Sofern Sie nicht dem Leder den Vorzug geben, sind moderne Leinen aus Nylon wegen ihrer Unverwüstlichkeit die beste Wahl.

Wenn Sie nur einen kleinen Schoßhund vor die Tür führen wollen, genügt die Einfachleine vollkommen. Sie sollte so stark sein, daß sie nicht reißen kann, wenn der Hund daran zerrt, und lang genug, um dem Hund beim Spaziergang so viel Bewegungsfreiheit zu geben, daß er nach Lust und Laune schnuppern kann.

Wenn Sie mit einem Hund mittlerer Größe oder einer großen Rasse arbeiten wollen, genügt die Einfachleine nur für das Welpenalter. Später brauchen Sie eine kräftige, längenverstellbare Leine von mindestens zwei Metern Länge. Diese mitunter auch als Dressur- oder Jagdleinen bezeichneten Leinen bestehen heute vorwiegend aus geflochtenem Nylonmaterial. Sie weisen an jedem Ende Karabiner auf, die in verschiedene Ringe eingehängt werden können.

Die Handhabung einer solchen Leine ist einfach: Nachdem Sie den

Nylonleinen

Kopfhalter aus Nylon

Automatikleine

Beißkorb aus Leder

190 • Praktische Fürsorge

Die rote Mütze dieses Airedale-Mischlings erfüllt keine besondere Aufgabe beim Spiel oder Training. Sie dient lediglich der Belustigung seines Besitzers und scheint den Hund nicht zu stören. Grundsätzlich sind Kleidung und Kopfbedeckungen für einen Hund mit normalem Fell in gemäßigten Klimazonen vollkommen überflüssig.

Karabiner in den Ring gehängt haben, der der gewünschten Länge entspricht, nehmen Sie die Schlaufe der Leine in die rechte Hand. Legen Sie die Schlaufe um Ihr Handgelenk und halten Sie sie mit der Hand zusammen. Auf diese Weise haben Sie auch einen stark ziehenden Hund sicher im Griff, und sollte Sie der Hund umwerfen, können Sie die Leine notfalls durch bloßes Öffnen der Hand freigeben. Da der Hund bei der Arbeit links von Ihnen zu gehen hat, übernimmt die linke Hand die eigentliche Führung.

Für den gut ausgebildeten großen Hund gibt es kurze Handschlaufen mit Karabiner. Sie sind angebracht, wenn Sie Ihren Liebling nur gelegentlich, etwa zum Überqueren einer Straße, anleinen.

Die bunt gemusterte Weste gehört zu den vielen überflüssigen Zubehörteilen für den Hund, die, von Ausnahmen abgesehen, nur dem Hersteller nützen.

Neben in der Länge verstellbaren Leinen werden auch Abroll- oder Automatikleinen angeboten, die beim Ausführen des Hundes im Freien große Vorteile haben. Sie lassen sich bis zu zehn Meter ausziehen und auf Knopfdruck wieder ein-

Nützliches Hundezubehör

Der Besitzer dieses Rottweilers hat den grimmigen Blick seines Vierbeiners hinter einer Brille versteckt, um seine Freunde nicht zu erschrecken. Für ein Foto zum Karneval ein witziger Gag ohne praktischen Nutzen.

rollen. Der Hund hat genügend Bewegungsspielraum, um alles im Umkreis zu erkunden, und bleibt trotzdem unter Ihrer Kontrolle. Solche Leinen haben ihre Vorteile, wenn Sie einen kleineren Hund haben, dessen Folgsamkeit Sie nicht sicher sind. Der Nachteil besteht darin, daß Sie einen großen Plastikkasten mit sich herumschleppen.

Maulschlaufe und Maulkorb
Die meisten Hunde kommen ohne dieses Erziehungshilfsmittel aus. Sollten Sie jedoch einen Maulkorb brauchen – etwa bei Tollwutsperre –, kaufen Sie einen aus Nylonfasern, der dem Hund beim Fressen und Saufen genügend Spielraum läßt und ihn trotzdem am Beißen hindert.

Der modebewußte Hund
Die schönste Kleidung für den Hund ist das eigene Fell. Nur wenn er keines hat, ist Schutzkleidung angebracht. Seien Sie sicher, daß Ihr Bedürfnis nach eleganter Garderobe von Ihrem Liebling nicht geteilt wird.

Für Kothaufen auf dem Rasen

Zum Sauberhalten von Gehwegen

Tragen Hunde gerne Jacketts?
Sie dürfen sicher sein, daß die überwältigende Mehrheit aller Hunde diese Frage mit einem entschiedenen »Nein« beantworten wird. Für einen gesunden Hund mit natürlichem, dichtem Fell ist im europäischen Klima jede Form von Bekleidung überflüssig und eine Tierquälerei. Auch wenn Sie Schottenmuster auf schwarzem Pelz oder Baseballmützen über Schlappohren chic finden, wird Ihr Hund an Ihrer Begeisterung wenig Anteil nehmen. Ihm ist das ganze Zeug nur lästig. Es behindert seine Beweglichkeit und kann sogar gefährlich werden, wenn sich nach ausgiebigem Spiel unter der regendichten Hundejacke ein Hitzestau bildet.

Es gibt aber auch Ausnahmen von dieser Regel. Bei Nackthunden oder besonders frostempfindlichen Rassen oder bei Hunden, deren natürlicher Wetterschutz der Schere zum Opfer gefallen ist, kann im Winter Schutzkleidung angebracht sein.

Ansonsten gilt: Finger weg von derartigem Schnickschnack. Und wenn sich jemand bemüßigt fühlt, Ihnen für Ihren wetterfesten Hovawart ein modisches Jäckchen oder gar Winterstiefelchen zu schenken – sagen Sie höflich »Danke« und schmeißen den Krempel weg.

Reinigungsgeräte
Vorrichtungen zur Beseitigung von Hundehaufen auf Gehsteigen und Rasenflächen gibt es in verschiedenen Ausführungen – ein sinnvolles Zubehör für den Stadthund.

12 GUT VERSORGTE SCHLÜSSELHUNDE

Sie gönnen Ihrem Hund ein glückliches, sorgenfreies Leben, aber die traurige Wahrheit ist, daß Hundefutter nicht vom Himmel fällt. Sie können nicht ständig zu Hause sein, aber Sie können ihm das Alleinsein erträglicher machen.

Allein zu Hause
Seiten 193–194
Wie man den Hund vor Langeweile bewahrt, während man unterwegs ist.

Drinnen oder draußen?
Seiten 195–196
Wo immer Sie den Hund lassen – er braucht Anregung und das Gefühl von Sicherheit.

Fürsorgliche Helfer
Seite 197
Überlassen Sie es nicht dem Hund, sich allein zu beschäftigen. Bestellen Sie einen Hundesitter.

GUT VERSORGTE SCHLÜSSELHUNDE

Allein zu Hause

Wie wunderbar wäre es doch, wenn Sie stets den ganzen Tag mit Ihrem Liebling verbringen könnten. Aber leider gibt es nur wenige Glückspilze, denen ein Leben in Muße vergönnt ist. Schließlich muß jemand da sein, der genug Geld verdient, damit es fürs Futter im Napf, für die Decke im Körbchen und für Spielsachen unter dem Christbaum reicht.

Hunde sind sehr soziale Tiere. Sie brauchen Gesellschaft und Anregung. Während Sie in der Arbeit sind, hängt Ihr Hund zu Hause herum und versucht sich die Langweile zu vertreiben, bis Sie wieder heimkommen. Jeder Hund tut das auf seine Weise. Manche werden mit der Situation leicht fertig, andere grämen sich darüber, oft allein gelassen zu werden. Die gute Nachricht ist, daß Sie einiges veranlassen können, damit er sich nicht einsam fühlt.

Für Unterhaltung sorgen

Manche Leute können es nicht erwarten, von Zeit zu Zeit allein zu sein, um Dinge zu erledigen, für die sonst keine Zeit bleibt. Zum Beispiel neue Kochrezepte auswählen, eine interessante Fernsehsendung anschauen, Näharbeiten verrichten oder einem Hobby frönen.

Offensichtlich interessieren sich Hunde nicht für Hobbys, aber das Alleinsein mögen sie auch nicht. Hunde sind von Natur aus Tiere, die im Rudel leben, und wenn sie keine Gesellschaft haben, fühlen sie sich einsam und gelangweilt, stehen unter Streß, bekommen Angst und werden frustriert. Der Hund kann einfach nicht anders, als so zu reagieren. Er hängt an der Familie, und deshalb ist er auch ein so liebenswertes Haustier.

Unglücklicherweise leidet er darunter, wenn diese Voraussetzungen fehlen und niemand aus der Familie zu Hause ist. Wie kann man dem Hund also helfen, damit er sich auch dann glücklich fühlt, wenn er auf sich selbst gestellt ist?

Schenken Sie ihm Fürsorge und Aufmerksamkeit, wenn Sie zu Hause sind. Ein paar gemeinsam

Nachdem der Hund überschüssige Energie verbraucht hat, schläft er ruhig, während Sie unterwegs sind. Und wer schläft, stiftet bekanntlich keinen Unfug.

verbrachte Stunden pro Woche sind einfach nicht genug, wenn der Hund die meiste Zeit allein gelassen wird. Wenn Hunde gezwungen sind, viel Zeit allein zu verbringen, sollte man sich zumindest in den verbleibenden Stunden auch entsprechend viel Zeit für sie nehmen.

Gehen Sie viel mit ihm aus. Hundetrainer raten zu einem regelmäßig durchgeführten Übungsprogramm für Hunde, die tagsüber viel allein sind. Machen Sie morgens und abends Unterordnungsübungen mit dem Hund und spielen Sie mit ihm.

Sorgen Sie in den Stunden, die Ihr Hund nun einmal allein verbringen muß, dafür, daß er etwas zu tun hat. Das kann dadurch geschehen, daß man dem Hund Spielsachen gibt, die Hundeleckerli, Käse oder anderes Futter enthalten. Der Hund wird Stunden damit verbringen, das Futter herauszuholen.

Was treiben Hunde so am Tag?

Nein, die Speisekammer durchsucht er nicht, und auch die »Sesamstraße« läßt ihn kalt. Wenn der Besitzer acht Stunden am Tag in der Arbeit ist, schläft der Hund die meiste Zeit. Aber nicht alle Hunde sind so genügsam – manche halten die Einsamkeit nicht aus. Sie zerlegen das Sofa, graben den Garten um oder kläffen und heulen in einem fort. Gehört Ihr Hund zu der Sorte, die nicht allein sein kann, sollten Sie einen Hundesitter anstellen oder ihn tagsüber in Pflege geben.

Berücksichtigung der Rasse

Jeder Hund hat sein eigenes Temperament und Wesen, aber die Rassezugehörigkeit gibt den Ausschlag, wie er die Welt sieht. Manche Rassen finden sich leichter damit ab, den ganzen Tag über allein gelassen zu werden, als andere, weil das entsprechende Temperament ein Teil ihres rassetypischen Erbgutes ist. Hunde, die dazu erzogen wurden, allein zu arbeiten, wie zum Beispiel Terrier und Dackel, ertragen Zeiten der Einsamkeit besser, weil sie selbständiger und nicht so sehr auf die Aufmerksamkeit ihrer Besitzer angewiesen sind. Hingegen sind Arbeitshunde wie der Deutsche Schäferhund und der Hovawart oder Jagdhunde wie der Golden Retriever für die enge Zusammenarbeit mit Menschen gezüchtet und keine so guten Kandidaten für ein Leben als Einsiedler. Man muß sich Klarheit über die Persönlichkeit des Hundes verschaffen, bevor man ihm zumutet, häufig allein zu sein.

Das Nickerchen in der Sonne nach einem anstrengenden Ausflug macht den Hund zu einem zufriedenen Haustier. Muß der Hund zu Hause bleiben, während Sie zur Arbeit gehen, müssen Sie ihm davor und danach viel Zeit gönnen. Nicht nur die täglichen Übungen sind wichtig, sondern auch das Gefühl der Kameradschaft in Ihrer Nähe.

Drinnen oder draußen?

Wenn der Hund zu Hause bleibt, während Herrchen oder Frauchen dem täglichen Broterwerb nachgeht, kann er sich sowohl drinnen als auch draußen aufhalten. Beides hat Vor- und Nachteile. Sie müssen selbst herausfinden, welche Option die vorteilhaftere ist.

Das Leben im Freien

Ihre erste Reaktion könnte sein, den Hund im Garten zu lassen, wenn Sie zu den Glücklichen zählen, die einen solchen besitzen. Da hat er ausreichend Gelegenheit, seine Notdurft zu verrichten. Passanten durch den Zaun zu beobachten, sorgt für Ablenkung. Er bekommt reichlich frische Luft, kann hinter Vögeln herjagen und Katzen und Eichhörnchen verscheuchen.

Klingt vielversprechend, aber die Sache hat einen Haken. Man geht Risiken ein, wenn man außer Haus ist und den Hund den ganzen Tag lang draußen läßt. Aus reiner Langeweile sucht sich der Hund ein Schlupfloch, jemand könnte ihn mitnehmen, oder Kinder necken und reizen ihn durch den Zaun.

Auch können sich Verhaltensstörungen ausbilden. Manche Hunde neigen zu übermäßiger Aggressivität, wenn Sie den ganzen Tag allein draußen verbringen. Der Anblick von Menschen, die vorbeigehen, erhöht ihren Frust. Sie bekommen Angst, wenn sie größere Hunde sehen, lärmende Autos hören oder ein Gewitter heraufzieht. Der Hund gerät in Panik, läuft weg, und Sie sehen Ihn nie wieder.

Privateingang für den Hund

Sollten Sie sich nicht zwischen draußen oder drinnen entscheiden können, brauchen Sie eine Hundetür. Das ist eine Klappe in der Haus- oder Terrassentür, durch die der Hund hinaus und hinein gelangen kann, wann ihm danach zumute ist. Zum Beispiel um sich zu erleichtern, frische Luft zu schnappen oder einem Gewitter auszuweichen.

Hundetüren gibt es in verschiedenen Ausführungen. Sinnvoll sind sie aber nur für sehr kleine Rassen – wer hat schon Lust, einen quadratmetergroßen Ausschnitt in seine Edelholztüren zu sägen?

Wenn Sie sich aber dazu entschlossen haben, es auf einen Streit mit dem Vermieter ankommen zu lassen, müssen Sie sich auch die Mühe machen, den Hund an seinen Privateingang zu gewöhnen, denn manche Vierbeiner fürchten sich davor. Dabei helfen Leckerbissen, die Hundeleine, viel Aufmunterung und Zuspruch, dazu ausgiebiges Lob.

Dieser Zwergspitz muß nicht bellen oder kratzen, um ins Haus zu gelangen, denn er hat einen Privateingang. Sinnvoll konstruierte Hundetüren sind mit einer Sperre ausgestattet, damit der Hund draußen bleibt, wenn der Aufenthalt drinnen nicht erwünscht ist.

196 • PRAKTISCHE **F**ÜRSORGE

Hinter verschlossenen Türen

In den meisten Fällen ist der Hund im Haus besser aufgehoben. Geräusche, die ihm im Freien Angst machen, dringen nur gedämpft herein. Und wenn er bellt, stört er nicht die Nachbarn. Hinzu kommt, daß der Hund im Haus ein wirksamerer Wächter ist als im Garten. Denn im Fall des Falles läßt sich ein Wachhund, der hinter dem Zaun die Zähne fletscht, leichter ausschalten als der wütende Wächter hinter der Haustür.

Der Nachteil eines Aufenthalts in geschlossenen Räumen liegt darin, daß der Hund keine Gelegenheit hat, Darm und Blase zu erleichtern. Außerdem ist die Ablenkung drinnen erheblich kleiner als draußen, und häufig wird der Frust an Möbeln und Teppichen ausgelassen.

Vorkehrungen und Abhilfe

Falls Sie sich für draußen entscheiden, müssen Sie einige Vorsorgemaßnahmen zum Schutz Ihres Hundes treffen. Der Zaun muß robust, hoch und dicht genug sein, um Streuner in beiden Richtungen abhalten zu können. Gegen Regen und heftigen Wind ist ein fester Unterschlupf zu errichten. Es muß für frisches Trinkwasser gesorgt werden wie auch für einen Behälter, den der Hund nicht umstoßen kann. Meist genügt eine schwere Keramikschüssel. Auch im Haus braucht der Hund frisches Wasser, dazu Spielzeug, mit dem er sich beschäftigen kann.

Ob drinnen oder draußen: Lassen Sie den Hund nie mit einem Würgehalsband allein. Er könnte sich damit verfangen und qualvoll verenden.

Das Leben in der Hundehütte

Hält sich der Hund lange draußen auf, müssen Sie ihm ein sicheres, gemütliches Heim im Garten errichten, wo er in Ruhe schlafen kann und bei schlechtem Wetter Unterschlupf findet. Hundehütten, die Sie selbst zusammenbauen können, gibt es im Zoofachhandel und in Baumärkten.

Die Hütte muß genügend Raum bieten, damit sich der Hund darin ausstrecken kann. Ist sie zu groß, wird es dem Hund zu kalt, weil seine Körpertemperatur nicht ausreicht, den Raum so aufzuwärmen, daß es drinnen gemütlich wird. Auch auf ausreichende Wärmedämmung ist zu achten, sonst liegt der Hund im Sommer im Treibhaus und im Winter im Eiskeller. Auf keinen Fall stellt man die Hundehütte unmittelbar auf den Erdboden oder das Terrassenpflaster, sondern erhöht auf Ziegelsteine oder Kantholzklötze. Sonst zieht die Bodenfeuchtigkeit von unten herauf, und drinnen wird es ungemütlich.

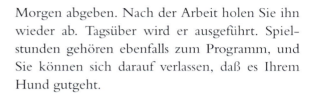

Fürsorgliche Helfer

Noch bis vor wenigen Jahren hatten Hunde, deren Besitzer zur Arbeit gingen, keine andere Wahl, als zu Hause zu bleiben und die Zeit totzuschlagen. Heute gibt es Leute und Einrichtungen, die sich um solche Fälle kümmern. Tagespflegestätten und Ausführ-Service sorgen dafür, daß Hunde sich nicht einsam fühlen müssen. In der Gesellschaft von Menschen und Artgenossen findet der Hund Abwechslung und Unterhaltung, während Sie außer Haus sind.

Dem Hund zu Diensten

Hundesitter sind für ihren Beruf ausgebildet und kommen zu Ihnen ins Haus. Sie gehen mit dem Hund spazieren, füttern ihn, geben ihm frisches Wasser und vertreiben ihm die Zeit.

Tagespflegestätten für Hunde finden zunehmend Zuspruch. Hier können Sie den Hund am Morgen abgeben. Nach der Arbeit holen Sie ihn wieder ab. Tagsüber wird er ausgeführt. Spielstunden gehören ebenfalls zum Programm, und Sie können sich darauf verlassen, daß es Ihrem Hund gutgeht.

Der »Pflegehund«

Dienstleistungen dieser Art werden freilich nur vereinzelt angeboten, und auf Ihre Chancen, in Kleinkleckersdorf einen ausgebildeten Pet-Sitter zu bekommen, sollten Sie keine allzu hohen Summen verwetten. Dafür gibt es in ländlichen Regionen etwas, das in den Städten mittlerweile schon fast Seltenheitswert hat, nämlich Kinder. Viele größere Kinder wünschen sich nichts sehnlicher als einen Hund, und viele dieser Wünsche bleiben unerfüllt – wegen der Kosten, wegen des Drecks, wegen irgendwelcher Allergien oder weil die Eltern einfach nicht wollen.

Fragen Sie die Kinder in Ihrer Nachbarschaft, ob sie – gegen eine kleine Aufbesserung des Taschengelds, versteht sich –, bereit sind, Ihrem Hund nach der Schule zwei Stunden ihrer Zeit zu widmen, mit ihm spazierenzugehen, zu spielen und zu schmusen. Sie werden sich wundern, wie schnell Sie fündig werden. Diese Form des »Dog sharing« nützt allen – Ihnen, dem Kind und dem Hund.

Manche Leute stocken die Haushaltskasse auf, indem sie Hunde spazierenführen. Je mehr gut erzogene Hunde dabei mitmachen, desto lustiger wird es.

13 Reisen mit Komfort

Die Urlaubszeit ist gekommen, und alle packen und bereiten sich auf die Ferien vor – Hund inklusive. Wenn Sie im voraus richtig planen, kann der Urlaub mit dem Hund viel Spaß machen.

Im Auto unterwegs
Seiten 199–203
Wie man den Hund auf die Reise im Auto vorbereitet.

Hoch hinaus
Seiten 206–207
Der Hund als Flugpassagier – und was dabei zu beachten ist.

Reisezubehör
Seiten 204–205
Was der weitgereiste Hund in seinem Koffer mitnimmt, wenn er Ferien macht.

Der Hund als Gast
Seiten 208–209
Der Hund im Hotel und auf dem Campingplatz oder in der Hundepension, falls er nicht mitfahren darf.

Im Auto unterwegs

Wenn Sie Ihren Hund im Wagen mitnehmen, kann schon die Fahrt zum Urlaubsziel zum Vergnügen werden. Wechselnde Landschaften machen ihm fast genausoviel Freude wie Ihnen, und er begegnet womöglich anderen Hunden, die wie er unterwegs sind. Damit die Reise für den Vierbeiner wie auch für den Rest der Familie angenehm verläuft, sollten Sie ihn rechtzeitig auf die Fahrt und die neuen Eindrücke vorbereiten.

Das richtige Auto

Wenn Sie mit zwei Kindern und Ihrem Bernhardiner im Polo von Castrop-Rauxel an die Biscaya fahren wollen, haben Sie ein Problem. In diesem Fall stehen Sie vor der Alternative, sich ein geeignetes Auto anzuschaffen oder Urlaub auf Balkonien zu machen. Vergewissern Sie sich also vor Antritt einer Reise, daß Ihr fahrbarer Untersatz groß genug ist, allen Passagieren, dem Hund und dem Gepäck ausreichend Platz zu bieten.

Das gegebene Fahrzeug für Reisen mit dem Hund ist ein Kombi, und sein Platz ist auf der Ladefläche. Diese wird mit einer geeigneten Unterlage bequem ausgepolstert. Idealerweise ist der Laderaum mit einem stabilen Netz gegen den Passagierraum abgeschlossen. Ein solches Netz dient in erster Linie Ihrer eigenen Sicherheit. Denn es verhindert, daß der Hund während der Fahrt versucht, es sich auf dem Schoß des Fahrers bequem zu machen, und es verhindert auch, daß er im Falle eines Auffahrunfalls wie ein Geschoß nach vorn geflogen kommt.

Wenn in jeder Kurve Taschen und Koffer auf ihn niederprasseln, wird dies das Reisevergnügen Ihres Hundes nicht fördern. Ein großer Hund in einem kleinen Kombi wird die gesamte Ladefläche beanspruchen. Läßt ein kleiner Hund in einem großen Kombi genügend Platz für Gepäck, muß dieses ausreichend gesichert werden, damit es ihn nicht verletzt. Ansonsten gibt es für das Gepäck nur einen guten Platz: die Dachbox.

Auch der Minivan ist ein ideales Gefährt für die Urlaubsreise mit Hund, sofern der Gepäckraum hinter der letzten Sitzbank Ihrem Liebling genügend Platz bietet.

Und wenn Sie weder Kombi noch Minivan haben? Allein oder zu zweit kann man mit dem Hund auch in der Kompaktklasse glücklich werden. Entscheidend ist, daß jeder Mitreisende einschließlich des Hundes genügend Platz hat. Wenn die Liegefläche des Hundes aus den Oberschenkeln der Kinder besteht, hört das Vergnügen nach längstens zwanzig Kilometern auf.

Den Hund in Stimmung bringen

Einige Wochen vor der Abreise beginnen Sie damit, den Hund auf das neuartige Erlebnis einzustimmen. Wenn es seine erste große Reise ist, müssen Sie dafür sorgen, daß der Streß möglichst gering bleibt, und ihn mit Dingen vertraut machen, die neu für ihn sind.

Visuelle Eindrücke

Konzentrieren Sie sich zuerst auf den Faktor Mensch. Gehen Sie mit dem Hund wiederholt in belebter städtischer Umgebung spazieren. Dort

Wenn Sie mit dem Auto verreisen, ist Sicherheit für Sie, Ihre Mitreisenden und den Hund oberstes Gebot. Sorgen Sie mit einem Netz oder Gitter hinten im Wagen dafür, daß der Vierbeiner Ihnen während der Fahrt nicht auf den Schoß springt oder über die Schulter schaut. Diese beiden braven Hunde haben den Gepäckraum des Kombis ganz für sich und fliegen nicht über die Rücksitzlehne, sollte es zu einer Notbremsung kommen.

begegnet er den unterschiedlichsten Leuten – jungen und älteren, hageren und beleibten, glattrasierten und bärtigen, kurzhaarigen und langmähnigen, Brillenträgern ... Er gewöhnt sich an diese äußeren Unterschiede und reagiert gelassen, wenn er am Urlaubsort fremden Menschen begegnet. Machen Sie ihn auch mit seinen Artgenossen und anderen Tieren wie Pferden oder Katzen vertraut, wenn dieser Anblick neu für ihn ist.

Fremdartige Umgebung und Geräusche

Sich auf ungewohntem Terrain zu bewegen, macht den Hund nervös. Überall, wohin Sie ihn führen, stößt er auf Dinge, die er nicht kennt und vor denen er Angst hat: Gitter über Lüftungsschächten, Aufzüge und Rolltreppen.

Wichtig ist, daß der Reisehund mit dem Verkehrslärm zurechtkommt, auch wenn Sie nicht vorhaben, mit ihm entlang der Stadtautobahn bummeln zu gehen. Fahren Sie mit ihm schon zu Hause durch verkehrsreiche Straßen, lassen Sie das Fenster offen, so daß die Geräusche ungehindert zu ihm dringen können.

Ungewohnte Nahrung

Möglicherweise hat Ihr Hund Lust, die exotische Küche am Urlaubsort auszuprobieren – mit der Folge, daß er Durchfall bekommt. Wenn Sie also unterwegs sind, achten Sie darauf, was er frißt. Den wenigsten Ärger haben Sie, wenn Sie ihm sein gewohntes Futter geben. Auf keinen Fall dürfen Sie zulassen, daß fremde Leute ihm etwas zustecken.

Auf Kurzreisen können Sie ihn mit mitgebrachtem Dosen- und Trockenfutter ernähren. Ist der Urlaub länger geplant, nehmen Sie ebenfalls Futter von zu Hause mit und strecken es am Urlaubsort ganz allmählich mit dazugekauftem. Und

REISEN MIT KOMFORT

wenn Sie Futter einer großen internationalen Marke füttern, werden Sie es wahrscheinlich auch am Urlaubsort erhalten. Für das Wasser gilt dasselbe. Nehmen Sie einige Flaschen vom gewohnten Wasser mit. Nach 24 Stunden am Urlaubsort mischen Sie es mit dem dortigen Wasser.

Reisekrankheit vermeiden

Nicht nur Menschen wird im Auto übel. Hat Ihr Hund einen nervösen Magen, sollten Sie vor der Abreise den Innenraum des Autos vor unangenehmen Überraschungen schützen. Wirksamen Schutz vor Verschmutzung bietet ein abwaschbares Tischtuch. Die aufgerauhte Unterseite haftet auf den Rücksitzen oder dem Teppich der Ladefläche, die kunststoffbeschichtete Oberseite läßt sich abwischen, sollte ein Malheur passieren.

Der Verunreinigung des Innenraums läßt sich am wirkungsvollsten vorbeugen, wenn man den Hund in einer Transportbox mitnimmt. Sofern Sie noch keine besitzen, müssen Sie den Hund einen Monat vor der Abreise daran gewöhnen. Das geschieht unter anderem dadurch, daß Sie ihm zu Hause sein Futter hineinstellen. Eine solche Box schützt den Hund auch vor lose herumfliegenden Gepäckstücken.

Wenn Ihr Hund bekanntermaßen zu Reisekrankheit neigt, besorgen Sie sich bei Ihrem Tierarzt ein entsprechendes Medikament.

Vorbeugemaßnahmen

Ein probates Mittel gegen Reiskrankheit ist Fasten. Wenigstens acht Stunden vor der Abreise

Führen Sie den Hund in fremder Umgebung immer an der Leine, denn er könnte weglaufen und nicht mehr zu Ihnen zurückfinden. Befestigen Sie einen Anhänger mit Wohnanschrift und Urlaubsadresse an seinem Halsband.

Sicherheit geht vor

Machen Sie unterwegs gern einen Abstecher zu einem empfohlenen Restaurant oder zu einer besonderen Sehenswürdigkeit? Reisen Sie in Begleitung Ihres Hundes, können Sie solche Pläne begraben – oder Sie nehmen ihn mit.

Es gibt wahrscheinlich nichts Gefährlicheres, als den Hund im Auto zu lassen, während Sie ein Restaurant besuchen oder einen Bummel durch die romantische Altstadt machen. An heißen Tagen steigt die Temperatur im Innenraum sehr schnell auf gesundheitsgefährdende Werte an. Das Risiko ist groß, daß Ihr Hund einen Hitzschlag erleidet, auch wenn die Fenster halb geöffnet sind und für Trinkwasser im Wagen gesorgt ist.

Es gibt weitere Gründe, warum es leichtsinnig wäre, den Hund unbeaufsichtigt im Auto zurückzulassen. Im Auto erwacht sein Instinkt, sein Revier verteidigen zu müssen, und sollte jemand zu dicht herankommen, könnte er gebissen werden. Außerdem ist es schon vorgekommen, daß Hunde aus Autos gestohlen wurden.

geben Sie dem Hund nichts mehr zu fressen. Zwar läßt sich durch einen leeren Magen nicht verhindern, daß dem Hund trotzdem übel wird, aber es kommt wenigstens nichts heraus.

Zwei Stunden vor Reiseantritt sollte der Hund auch nichts mehr trinken. Unterwegs können Sie ihm kleine Mengen Wasser geben.

Pausen einlegen

Alle zwei bis drei Stunden sollten Sie einen Parkplatz anfahren, um dem Hund Gelegenheit zu geben, seine Notdurft zu verrichten und etwas Wasser zu trinken. Am besten sind Parkplätze, die einen kleinen Spaziergang in die Umgebung erlauben.

Die Krönung: Urlaub mit dem Wohnmobil

Das Wohnmobil ist die ideale Form, mit dem Hund Urlaub zu machen. In dem großen Fahrzeug hat er genügend Bewegungsfreiheit und ist doch stets in Ihrer Nähe. Im Campingführer steht, auf welchen Campingplätzen Sie Hunde mitbringen dürfen. Die Akzeptanz von Hunden ist von Land zu Land unterschiedlich. Während in Italien nur wenige Plätze für Hunde geöffnet sind, sind sie in Frankreich fast überall willkommen.

Reise-Checkliste

- Näpfe für Futter und Wasser
- Halsband und Leine
- Anhänger mit ständigem Wohnsitz und Urlaubsadresse sowie den Telefonnummern
- Notapotheke für den Hund, falls erforderlich (Name und Dosierung der Medikamente aufschreiben, falls nachgekauft werden muß)
- Plastiktüten oder alte Zeitungen zum Entfernen von »Hinterlassenschaften«
- Vorrat an Dosenfutter und Wasser
- Dosenöffner
- Einige Lieblingsspielsachen
- Hundebett oder Kuscheldecke
- Fellbürste
- Pumpspray gegen Flöhe und Zecken
- Zeckenzange zum Entfernen von Zecken

Warum strecken Hunde den Kopf aus dem Autofenster?

Wer hat nicht schon ein Auto vorbeifahren gesehen, aus dessen Fenster mit flatterndem Bart und freudiger Miene ein Hundekopf ragte? Niemand kann mit Sicherheit sagen, warum Hunde das tun, aber man darf raten. Larry Lachmann, Tierpsychologe in Laguna Hills, Kalifornien, vermutet, daß sie es wegen ihres sehr empfindlichen Geruchssinns tun. Manche Hunde finden den mit Gerüchen aller Art angereicherten Fahrtwind vermutlich unwiderstehlich.

Mögen die Düfte noch so süß und verlockend sein, der Wind, der sie trägt, ist Gift für die Augen. Auch auf die Gefahr hin, dem Hund den Spaß zu verderben: Halten Sie die Fenster während der Fahrt geschlossen.

Hinweise für Reisen mit dem Hund

Wann immer Ihr Hund die ihm vertraute Umgebung verläßt, besteht Gefahr, daß er durch Parasiten und Infektionen erkrankt. Hundebesitzern wird deshalb empfohlen, sich vor Reiseantritt zu informieren, mit welchen Risiken am Zielort zu rechnen ist, beispielsweise mit Tollwutgefahr. Ansprechpartner sind in der Regel die Amtstierärzte. Große Gefahr geht auch von Zecken aus, vor denen in manchen Landstrichen und zu bestimmten Jahreszeiten gewarnt wird. Bakterielle Haut-, Hirnhaut- und Gelenksentzündung sowie Babesien, die Zerstörung roter Blutkörperchen, werden von Zecken ausgelöst. Schon der Biß einer einzigen Zecke kann ausreichen, die Krankheitserreger zu übertragen. Als wirksames Mittel gegen Befall durch Flöhe und Zecken empfehlen Tierärzte das Medikament Frontline®. Untersuchen Sie den Hund täglich auf Zecken und entfernen Sie diese.

Achten Sie bei dieser Gelegenheit auch auf Kletten, Dornen und andere Fremdkörper, die der Hund sich eingefangen haben könnte. Diese können zu lästigen Beschwerden führen, wenn sie sich zwischen den Krallen, Fußballen oder in den Ohren festsetzen.

Wenn Sie im Urlaub gern wandern und viel Zeit in der freien Natur verbringen, trinkt Ihr Hund vielleicht aus einem Bach oder Tümpel. Ist das Gewässer mit *Giardia enterica*, dem Erreger der Dünndarminfektion Lambiasis, verseucht, bekommt der Hund Durchfall. Nehmen Sie deshalb auf Ausflüge frisches Wasser mit und verhindern Sie, daß der Hund aus stehenden oder fließenden Gewässern trinkt.

Auch von Pilzinfektionen droht Ihrem Hund Gefahr. Der Erreger der Histoplasmose, *Histoplasma capsulatum*, gelangt durch Staubinhalation in den Körper und löst Lungenerkrankung oder schwere Allgemeinerkrankung, zum Beispiel des Verdauungstraktes, aus. In manchen Gebieten kann Kokzidioidomykose zu einem Befall der Atemwege mit grippeartigem Verlauf führen.

Die Gefahr einer Ansteckung läßt sich nicht vermeiden, aber die Folgen können behandelt werden. Wenn Sie also Wochen oder gar Monate nach der Ferienreise feststellen, daß der Hund gesundheitlich nicht ganz auf dem Posten ist, gehen Sie mit ihm zum Tierarzt.

Machen Sie es sich zur Gewohnheit, das Fell des Hundes täglich nach Zecken abzusuchen und die Parasiten unverzüglich zu entfernen.

Reise-
zubehör

Es gibt eine Fülle von Artikeln zu kaufen, welche die Urlaubsreise mit dem Hund angenehm und erfreulich machen. Zum Beispiel zusammenklappbare Wassernäpfe für lange Autofahrten und Wanderungen durch die Natur. Falls der Hund mit Ihnen segeln geht, braucht er eine Schwimmweste. Auf Ausflüge mit

REISEN MIT KOMFORT

der Familie kann der Hund seinen eigenen Rucksack mitnehmen und einen Teil des Gepäcks tragen. Auch ein solider Metallpflock mit Öse kann sehr nützlich sein. Wenn Sie ihn in die Erde einschlagen, können Sie den Hund auf dem Campingplatz oder beim Picknick daran festbinden.

Für die sichere und entspannte Reise bietet sich ein Sicherheitsgurt an, der den Hund bei Unfällen oder Notbremsungen sicher hält, wenn er auf dem Rücksitz des PKW reist. Sie finden alle diese nützlichen Helfer in Zoofachgeschäften oder in Versandhauskatalogen für Hundebedarf.

Eine sinnvolle Vorrichtung zum Anbinden des Hundes im Freien

Der Packhund auf der Abbildung links außen trägt einen Teil der Campingausrüstung seines Besitzers. Mit einem der Anatomie des Hundes angepaßten Rucksack kann Ihr Vierbeiner Ihnen zumindest die Last des Futters und Wassers abnehmen. Falls ein Bootsausflug geplant ist, braucht der Hund eine Schwimmweste (Abbildung links). Im Stadtverkehr am Urlaubsort schützt man den Hund auf dem Rücksitz mit einem speziellen Sitzgurt vor den Folgen von Vollbremsungen oder Auffahrunfällen (Abbildung rechts).

Hoch hinaus

Als mutiger Himmelsstürmer hat sich noch kein Hund groß hervorgetan. Statt mit nahezu Schallgeschwindigkeit durch die Lüfte zu düsen, genügt es ihm, in weiten Sprüngen durch den Park zu jagen und im Tiefflug über einen Bach zu setzen. Manchen Hunden geht selbst das schon zu weit.

Hunde sind am glücklichsten, wenn sie auf vier Pfoten sichere Bodenhaftung haben. Flugreisen sind ihnen zu aufregend. Wenn Ihr Hund im Laderaum mitfliegen muß, was meistens der Fall ist, haben Sie keinen Zugang zu ihm und können ihn nicht trösten, wenn ihm die Sache mulmig wird. Sorgen Sie wenigstens dafür, daß er seine vertraute Kuscheldecke dabei hat.

Tiermediziner und Verhaltensforscher raten dringend davon ab, Hunde auf Flugreisen mitzunehmen. Wenn es aber gar nicht anders geht, müssen Sie ihn auf die bevorstehenden Unbequemlichkeiten vorbereiten.

Transportboxen
Für Flugreisen zugelassene Transportboxen sind unerläßlich für fliegende Hunde. Machen Sie Ihren Hund mindestens vier Wochen vor Reiseantritt mit diesem ungewohnten Aufenthaltsort vertraut. Sofern er nicht schon daran gewöhnt ist, geben Sie ihm sein Futter in der Transportbox und halten Sie ihn dazu an, in der Box zu schlafen.

Gesundheits-Check
Vor Reiseantritt müssen Sie den Hund zum Tierarzt bringen, damit er ihn untersucht und Ihnen eine Unbedenklichkeitsbescheinung ausstellt. Diese Zertifikate brauchen alle Hunde, die im Flugzeug mitgenommen werden wollen. In den meisten Fällen gelten sie für dreißig Tage auf Inlandsflügen und für zehn Tage auf Auslandsflügen. Wenn Sie eine Flugreise ins Ausland planen, erkundigen Sie sich beim Konsulat des betreffenden Landes, welche Schutzimpfungen erforderlich sind und ob der Hund in Quarantäne muß.

Gewöhnen Sie den Hund allmählich an eine von den Fluggesellschaften akzeptierte Transportbox. Fangen Sie möglichst lange vor dem Abflug damit an, damit er sich in der engen Behausung nicht eingesperrt fühlt.

REISEN MIT KOMFORT

bevor er einreisen darf. Überlegen Sie auch, ob es zweckmäßig ist, dem Hund ein Beruhigungsmittel zu geben, denn solche Präparate beeinträchtigen die Anpassungsfähigkeit des Hundes an Temperaturunterschiede.

Flugticket

Bedenken Sie, daß eine Flugreise mit einem großen Hund sehr teuer kommen kann. Der Hund wird vor dem Abflug mit der Transportbox gewogen. Jedes Kilo, das über Ihrem zulässigen Freigepäck liegt, müssen Sie mit einem Prozent des Flugpreises der Ersten Klasse bezahlen.

Denken Sie auch daran, den Flug mit dem Hund rechtzeitig zu reservieren. Ein Vorteil des Buchens lange im voraus besteht darin, daß ein kleiner Hund möglicherweise bei Ihnen in der Kabine mitfliegen kann. Bei Inlandsflügen dürfen Hunde bis fünf Kilogramm als Handgepäck mit in den Passagierraum genommen werden. Erkundigen Sie sich bei der betreffenden Fluggesellschaft nach den einschlägigen Bestimmungen. Oft sind nur ein oder zwei Hunde in der Kabine erlaubt, und je früher Sie buchen, desto besser sind die Aussichten, daß Ihr Liebling dabei ist.

Veranlassen Sie, daß Ihr Vierbeiner in derselben Maschine fliegt wie Sie. Schicken Sie ihn nicht voraus, und lassen Sie ihn nicht mit dem nächsten Flug nachkommen.

Im Flugzeug

Acht Stunden vor Abflug geben Sie dem Hund nichts mehr zu fressen, und zwei Stunden davor darf er zum letzten Mal trinken. Seien Sie früh-

Dieser Vierbeiner geht mit Frauchen zum Einchecken. Hunde reisen zumeist im Laderaum und müssen frühzeitig abgefertigt werden. Sorgen Sie dafür, daß sich jemand um ihn kümmert, falls sich der Abflug verzögert.

zeitig in der Abfertigungshalle. Hunde reisen gewöhnlich als Luftfracht, was bedeutet, daß Sie zwei Stunden vor Abflug einchecken müssen. Legen Sie ihm seine Lieblingsdecke in die Box. Beschriften Sie die Box mit Ihrer Wohnanschrift und der Adresse am Bestimmungsort, für den Fall, daß es eine Verwechslung gibt.

An Bord sollten Sie der Stewardeß mitteilen, daß ein Hund im Laderaum mitfliegt. Bitten Sie das Kabinenpersonal, auch den Kapitän davon zu unterrichten, damit er entsprechende Schritte zur Versorgung des Hundes veranlassen kann, falls sich der Abflug aus irgendwelchen Gründen verzögert.

Der Hund als Gast

Wie jedes Mitglied Ihrer Familie braucht auch der Hund ein Plätzchen, um sich zur Ruhe zu legen, wenn der Tag zu Ende geht. Erkundigen Sie sich vor der Abreise in die Ferien, wo der Hund am Urlaubsort untergebracht werden kann oder, wenn er zu Hause bleiben muß, wer ihn aufnehmen kann.

Niemals ohne Leine

Hunde sind begeisterte Camper, aber nicht alle Camper mögen Hunde. Informieren Sie sich, ob auf dem vorgesehenen Campingplatz Hunde zugelassen sind. Im Campingführer finden sich die entsprechenden Hinweise. Hunde baden auch gern im Meer. Aber es gibt nicht mehr viele Strände, an die Sie den Hund mitbringen dürfen. Ob auf dem Campingplatz oder am Strand – der Hund muß immer angeleint sein.

Hundefreundliche Hotels

In manchen Hotels sind Hunde willkommen, in anderen sind sie unerwünscht. Informieren Sie sich, bevor Sie buchen, und auch für den Fall, daß Sie auf der Reise einen Zwischenstop einlegen wollen. Fahren Sie nicht einfach ins Blaue, in der Hoffnung, man wird Sie mit Ihrem Hund schon aufnehmen. So mancher Hundehalter hat die Nacht im Wagen verbringen müssen.

Reiseführer für Hundebesitzer

In guten Reise- und Hotelführern finden Sie auch Hinweise darauf, wo Sie mit Ihrem Hund willkommen sind und wo nicht. Weitere Quellen, sich über hundefreundliche Unterkünfte zu informieren, sind die Ferienkataloge von Reiseveranstaltern, die Mitarbeiter in Reisebüros sowie Kurverwaltungen und Fremdenverkehrsämtern. Auch Automobilclubs informieren ihre Mitglieder kostenlos, wohin sie mit ihrem Vierbeiner reisen können. In privat geführten Pensionen und Landgasthöfen sind Hunde in der Regel erlaubt. Hundefreundliche Ferienziele finden Sie auch im Kleinanzeigenteil von kynologischen Fachzeitschriften, z. B. »Unser Rassehund«.

Gast mit guten Manieren

Auch im Urlaub darf der wohlerzogene Hund seine gute Kinderstube nicht vergessen. Es liegt an Ihnen, dafür zu sorgen, daß er sich von seiner besten Seite zeigt. Hunde sind meist gern gesehen, wenn ihre Besitzer wissen, wie sie sie zu behandeln haben. Es bedarf also einiger Vorkehrungen, damit der Hund andere Gäste nicht belästigt oder die Einrichtung demoliert.

Begehen Sie niemals den Leichtsinn, Ihren Hund im Hotelzimmer allein zu lassen. Bekommt er es mit der Angst zu tun, demoliert er im Handumdrehen den Raum samt Einrichtung. Sollten Sie sich für kurze Zeit von ihm trennen müssen, stecken Sie ihn in die Transportbox. Geben Sie an der Rezeption Bescheid und sagen Sie es dem Zimmermädchen, damit es keinen Schreck bekommt, wenn es die Betten machen möchte.

Falls Ihr Hund bei ihm unbekannten Geräuschen anschlägt, lassen Sie sich ein Zimmer am Ende des Flurs geben, wo kaum jemand entlang-

REISEN MIT KOMFORT

Erkundigen Sie sich schon bei der Zimmerreservierung, ob das Mitbringen von Hunden erlaubt ist.

geht. Und wenn er es gewohnt ist, bei Ihnen im Bett zu schlafen, nehmen Sie ein Laken zum Unterlegen mit. Niemand mag Hundehaare auf der Bettwäsche.

Ist Ihr Hund nicht stubenrein oder besteht Grund, an seinem Verhalten zu zweifeln, gehört er nicht ins Hotel. Gehen Sie mit ihm lieber campen.

Hundepensionen und Tierheime

Häufig ist es weder möglich noch sinnvoll, den Hund auf eine Reise mitzunehmen. Allein zu Hause lassen können Sie ihn aber auch nicht, es sei denn, jemand hütet das Haus, während Sie unterwegs sind, und paßt auf den Hund auf. Ist auch das nicht machbar, bleibt nur das Tierheim.

Es gibt heute ausreichend Möglichkeiten, Ihren Hund in Pflege zu geben, während Sie verreist sind. Aber liefern Sie Ihren Hund nicht an jedem x-beliebigen Zwinger ab, an dem Sie zufällig vorbeifahren. Überzeugen Sie sich persönlich und im voraus davon, wie die Pension oder der Zwinger geführt werden, damit Ihr Hund so versorgt wird, wie er es bei Ihnen zu Hause gewöhnt ist. Mitunter wird Ihnen auch der Züchter angeboten haben, den Hund in Pflege zu nehmen. Machen Sie von solchen Angeboten Gebrauch. Denn fast immer besteht eine emotionale Beziehung zwischen dem Züchter und »seinen« Hunden, so daß Sie Ihren Liebling bei Freunden wissen.

Die richtige Wahl

Fragen Sie Hundehalter aus Ihrem Freundes- oder Bekanntenkreis, ob sie etwas empfehlen können, oder schlagen Sie in den Gelben Seiten unter Hundepensionen und Tierheimen nach. Rufen Sie den Besitzer des Zwingers an, ob er Platz für Ihren Hund hat. Vereinbaren Sie einen Besuch, um sich ein Bild von der Einrichtung zu machen. Nur nach persönlichem Augenschein können Sie entscheiden, ob Ihr Hund gut aufgehoben ist.

Mit dem Hund den Urlaub planen

Eine Pension oder ein Tierheim mag noch so gut geführt sein – Ihr Hund leidet, wenn er von Ihnen getrennt ist. Deshalb sind Sie es ihm schuldig, die Wochen, in denen Sie am meisten Zeit haben, mit ihm zu verbringen. Es gibt genügend verlockende Reiseziele, die mit dem Hund zu erreichen sind, und selbst drei Wochen Barbados verlieren ihren Reiz, wenn Sie ständig daran denken müssen, ob es Ihrem Liebling gutgeht. Ein Hundeleben ist kurz – und nach Barbados können Sie immer noch …

VIERTER TEIL

Futter, feines Futter

Das Lieblingsthema eines jeden Vierbeiners, mit dem Sie sich garantiert seine Aufmerksamkeit sichern. Die Frage: »Was gibt's heute zum Abendessen?« beschäftigt Ihren Hausgenossen vom Aufwachen bis zu dem Moment, wo Sie ihm seinen Napf hinstellen. Zum Glück gibt es jede Menge ebenso schmack- wie nahrhaftes Futter.

14 GESUNDE ERNÄHRUNG

Seiten 212–227

Die Ernährung eines Hundes sollte zwei Kriterien erfüllen: Es muß schmecken, und es muß gesund sein. Ausgewogenes, hochwertiges Futter sorgt dafür, daß Ihr Liebling gesund, vital und schlank bleibt.

15 HUNDEKÜCHE

Seiten 228–239

Liebe geht durch den Hundemagen. Zeigen Sie Ihrem vierbeinigen Gefährten, wieviel er Ihnen bedeutet, und servieren Sie ihm leckere und bekömmliche Kost. Bleibt die Wahl zwischen Dosen- oder Trockenfutter, Snack oder voller Mahlzeit, fertig gekauft oder selber zubereitet. Hier finden Sie einige Entscheidungshilfen.

14 GESUNDE ERNÄHRUNG

Wenn es ans Essen geht, ist Ihr Vierbeiner gänzlich auf Sie angewiesen. Er kann nicht viel mehr dazu beitragen, als schon in Richtung Küche zu traben, wenn er nur die Kühlschranktür hört. An Ihnen ist es, dafür zu sorgen, daß das, was in den Napf kommt, ausgewogen und ganz auf seine individuellen Bedürfnisse abgestimmt ist.

Was braucht Ihr Hund?
Seiten 213–216
Um richtig wählen zu können, müssen Sie wissen, welche Nährstoffe Ihr Hund braucht.

Besondere Bedürfnisse
Seiten 217–222
Welpen, Hundemütter, Senioren – sie alle haben spezielle Bedürfnisse.

Ein voller Wassernapf
Seite 223
Wichtig für die Gesundheit Ihres Lieblings ist, daß er stets frisches Trinkwasser hat.

Wieviel Futter ist genug?
Seiten 224–225
Ein Leitfaden zum Abschätzen des ständig wechselnden Nährstoffbedarfs Ihres Hundes.

Freßstörungen
Seiten 226–227
Sowohl unersättliche als auch mäkelige Fresser lassen sich kurieren.

GESUNDE ERNÄHRUNG

Was braucht Ihr Hund?

Ihr Hund braucht eine Reihe bestimmter Nährstoffe. Sie fördern das Wachstum und halten sein Immunsystem in Schwung, so daß er gesund und fit bleibt. Die sechs Grundnährstoffe, die jedes Lebewesen benötigt, sind: sauberes Wasser, Proteine, Kohlenhydrate, Mineralstoffe, Fette und Vitamine.

Der individuelle Nährstoffbedarf Ihres vierbeinigen Hausgenossen, das heißt wieviel von diesen Nährstoffen er benötigt, hängt ganz wesentlich von seiner Lebensweise ab. Ist er aktiv oder eher der gemütlich-ruhige Typ? Ist er jung oder alt? Handelt es sich um einen Gebrauchshund, der mit auf die Jagd geht, Schafe hütet oder Rennen läuft? Leidet er an einer chronischen oder akuten Erkrankung? Ist die Hündin trächtig oder stillt sie einen Wurf?

Um seinen individuellen Nährstoffbedarf zu decken, muß der Hund die richtige Menge der richtigen Nährstoffe zu sich nehmen. Nach dem Fressen wird das Futter in seine Bestandteile aufgespaltet, so daß die vielen einzelnen Körperzellen des Hundes das erhalten, was sie brauchen.

Wasser

Dieser Baustein allen Lebens zählt zu den wichtigsten Bestandteilen der Ernährung. Ein Hund kann längere Zeit ohne Futter auskommen, würde ohne Wasser aber bald austrocknen und einen Herzinfarkt oder eine andere schwere Erkrankung erleiden. Bei einem erwachsenen Hund bestehen fünfzig bis sechzig Prozent des Körpers aus Was-

Dieser Deutsche Schäferhund kann mehr als einen halben Liter Wasser pro Tag aufschlabbern. Füllen Sie seinen Napf also mehrmals täglich nach.

ser, bei einem Welpen sind es sogar achtzig Prozent. Da Hunde nicht immer sagen können, wenn sie Durst haben, und sogar Lassie Schwierigkeiten haben dürfte, den Hahn aufzudrehen, muß Ihrem Liebling ständig ein Napf mit frischem Wasser zur Verfügung stehen. Ein mittelgroßer Hund, der primär mit Trockenfutter ernährt wird, trinkt bis zu einem halben Liter pro Tag.

Proteine (Eiweißstoffe)

Hunde brauchen keine Proteine als solche, sondern die Aminosäuren, aus denen diese zusammengesetzt sind. Einige Aminosäuren produziert der Organismus selbst, aber die restlichen – zehn

214 • Futter, feines Futter

Füttern Sie besonders aktive Hunde wie diesen Irischen Setter ruhig eiweißreicher als Vierbeiner, die einen ruhigeren Lebensstil pflegen.

sogenannte unentbehrliche oder essentielle Aminosäuren – müssen ihm mit der Nahrung, vorwiegend in Form von proteinhaltigen tierischen oder pflanzlichen Produkten, zugeführt werden.

Tierisches Eiweiß, wie es in Eiern, Fleisch und Fisch enthalten ist, ist besonders hochwertig und »vollständig«, während pflanzliches Eiweiß (aus Getreide und Gemüse) nur einen Teil der essentiellen Aminosäuren enthält. Nun könnte man denken, je mehr »vollständiges« Eiweiß Ihr Hund bekommt, desto besser. Aber so einfach ist das nicht. Ihr Hund braucht beide Arten, da sie bei der Zellbildung, Blutgerinnung, Infektionsbekämpfung und unzähligen anderen lebenswichtigen Körperfunktionen ergänzend zusammenwirken.

Ist Ihr Liebling gesund und nicht übermäßig aktiv, kommt er mit relativ geringen Mengen Protein aus. Die einzige Ausnahme bilden Welpen, trächtige oder säugende Hündinnen sowie hart arbeitende Hunde, die generell Futter mit höherem Eiweißgehalt benötigen. Junge und aktive Hunde brauchen mehr Protein in ihrem Futter – junge Hunde wegen des Wachstums und aktive Hunde, weil sie ständig mehr Gewebe – Muskelgewebe und rote Blutkörperchen etwa – verbrau-

chen, das ersetzt werden muß. Dazu benötigen sie tierisches Eiweiß.

Kohlenhydrate

Es gibt einfache Kohlenhydrate wie Zucker und höhermolekulare wie Stärke und Zellulose (Ballaststoffe). Sie dienen als Energielieferanten und sind wichtig für die Darmfunktion, die dafür sorgt, daß überschüssige Nahrung ordnungsgemäß ausgeschieden wird.

Ballast- oder Faserstoffe sind häufig in erhöhtem Maß Bestandteil von Futter, das Ihren Hund beim Abnehmen unterstützen soll, da sie ein gewisses Sättigungsgefühl vermitteln, ohne zuviel Kalorien zu enthalten. Übergewichtige Vierbeiner bekommen seit jeher ballaststoffreiche Schlankheitskost verordnet.

Bei den meisten Fertigfutterarten wird der Kohlenhydratgehalt durch Sojabohnen gedeckt, gefolgt von Mais und Weizen. Seit einiger Zeit erfreut sich Reis wachsender Beliebtheit, vor allem in Futtermischungen für Hunde, die andere Getreidearten nicht vertragen. Kohlenhydrate sind ein wichtiger Bestandteil der Ernährung Ihres Hundes, sollten bei ausgewogener Kost allerdings nicht mehr als fünfzig Prozent ausmachen.

Fette

Wir Menschen reagieren auf das Wort Fett recht empfindlich, sollten dieses Gefühl aber nicht auf unsere Haustiere übertragen. Natürlich begünstigt zu fette Ernährung auch bei Hunden Übergewichtigkeit, was aber nicht heißt, daß auf jegliches

GESUNDE ERNÄHRUNG

Fett verzichtet werden darf. Vielmehr sollten Fette, die wichtig für die Gesundheit und eine hervorragende Energiequelle sind, im richtigen Verhältnis zu den anderen Nährstoffen stehen.

Wer seinem Hund die richtige Menge einer ausgewogenen Kost füttert, gibt ihm auch eine gesunde Menge Fett. Am ehesten läßt sich beginnendes Übergewicht dadurch bekämpfen, daß man Leckereien reduziert oder ganz darauf verzichtet. Zu viele Kalorien sind häufig die Folge von zuviel Fett – zu vielen Hundekuchen, zu vielen vom Tisch erbettelten Leckerbissen.

Sehr aktive und Gebrauchshunde können mitunter freilich eine wesentlich fett- und proteinhaltigere Kost benötigen als ihre ruhigeren Artgenossen. Schlittenhunde zum Beispiel vertragen bis zu vierzig Prozent der Trockensubstanz ihrer Nahrung in Form von Fett – eine Menge, bei der jeder andere Vierbeiner bald genauso breit wie lang wäre.

Mineralstoffe

Sind Sie beim Lesen der Inhaltsstoffe einer Futterdose jemals über den Begriffe »Rohasche« gestolpert? Keine Angst – die Futtermittelproduzenten strecken das Essen Ihres Lieblings nicht mit Asche. Der Begriff bezieht sich vielmehr auf ein Labor-Testverfahren, mit dem der gesamte Mineralstoffgehalt eines Futters bestimmt wird.

Mineralstoffe lösen entweder chemische Reaktionen im Körper aus oder dienen als Baustoffe für bestimmte Körpersysteme wie etwa Nervengewebe (Magnesium), Haut und Enzyme (Zink) oder Herz und Nieren (Kalium).

Im großen und ganzen benötigt Ihr Hund nicht viel Mineralstoffe. Zum Beispiel wird die Menge an Eisen, die er für seine roten Blutkörperchen braucht, in Millionstel Gramm gemessen. An anderen Mineralstoffen wie Kalzium und Phosphor (sie sorgen für gesunde Knochen) ist der Bedarf etwas höher. »Bekommt ein Hund eine ausgewogene Vollkost, besteht kein Grund, ihm zusätzliche Mineralstoffe zu verabreichen«, sagt Ernährungsexperte und Tierarzt Dr. Kallfelz. »Im besten Fall ist es wirkungslos, im schlimmsten schadet es sogar.« Die meisten Fertigfuttermittel versorgen Ihren Hund mit allen nötigen Mineralstoffen.

Vitamine

Genauso wie Mineralstoffe braucht Ihr Hund auch Vitamine, die unter anderem für den Stoffwechsel nötig sind. Seine Nahrung muß dieselben Vitamine enthalten wie unsere, allerdings ohne Vitamin C, das Hunde, anders als wir Menschen, selbst in der Leber herstellen können.

Man unterscheidet zwei Gruppen von Vitaminen: wasserlösliche und fettlösliche. Vitamine der B-Gruppe, die für den gesamten Stoffwechsel eine wesentliche Rolle spielen, sind wasserlöslich und müssen deshalb täglich zugeführt werden. Even-

Hunde schätzen eine gewisse Routine. Füttern Sie Ihren Liebling also täglich zur selben Zeit, morgens oder abends – wie es am besten in Ihren Tagesablauf paßt.

tuell überschüssige Mengen scheidet der Hund mit dem Urin aus.

Fettlösliche Vitamine wie A, E, K und D halten sich im Körper etwas länger, was auch gut so ist, da Mangelerscheinungen ernste Erkrankungen auslösen können. Andererseits sind vor allem bei Vitamin A und D auch Störungen und Vergiftungen durch Überdosierung bekannt.

Dennoch sollte die richtige Dosierung kein Problem darstellen, da handelsübliche Hundenahrung alle diese Stoffe in ausreichender Menge enthält. Vitamin-Ergänzungspräparate, wie sie für Tiere in nahezu der gleichen Vielfalt angeboten werden wie für Menschen, können höchstens dann sinnvoll sein, wenn Sie Ihren Hund sehr einseitig und vorwiegend mit Selbstgekochtem füttern. Erkundigen Sie sich in diesem Fall bei Ihrem Tierarzt, welche Vitamine fehlen könnten.

Fütterungszeiten

Den meisten erwachsenen Hunden reicht eine Mahlzeit pro Tag. Sie können die gleiche Futtermenge natürlich auch auf zwei Mahlzeiten verteilen. Richten Sie es aber so ein, daß der Hund sein Futter immer zur selben Zeit bekommt – morgens und/oder abends, wann es Ihnen am besten paßt. Sind alle Familienmitglieder vormittags in der Arbeit oder Schule, empfiehlt sich die abendliche Fütterung, da Ihr Vierbeiner nach dem Essen eine Runde Gassigehen braucht. Ist andererseits immer jemand daheim, bietet es sich an, ihm seine Mahlzeit vormittags zu geben.

Premium-Qualität zu Premium-Preisen?

Es ist nicht schwer, für die Ernährung Ihres Lieblings fast genausoviel auszugeben wie für Ihr eigenes Essen. Sogenannte Premium-Futtermittel gibt es mittlerweile von allen möglichen Herstellern, wobei sich das Wort »Premium« in aller Regel als besonders proteinhaltig übersetzen läßt. Die Frage ist nur: Was bekommen Sie für Ihr Geld, und braucht Ihr Hund das auch?

Alle handelsüblichen Futtermittel unterliegen einer strengen Kontrolle, aber sie sind dennoch keinesfalls gleichwertig. Dosennahrung mit hohem Frischfleischanteil ist zwangsläufig teurer als Produkte mit hohem Anteil an Fleischmehl und billigem Soja. Pflanzliche Eiweißstoffe werden weniger rasch vom Organismus aufgenommen. Bei hohem Ballaststoffanteil kann es zudem vorkommen, daß Sie, um eine ausreichende Proteinversorgung sicherzustellen, mehr füttern müssen. Dies soll natürlich nicht heißen, daß pflanzliches Eiweiß nicht gesund wäre. Bei Kombination passender Proteine, etwa Reis und Soja, erhält Ihr Liebling alle lebenswichtigen Aminosäuren. Derartige Futtermittel empfehlen sich vor allem, wenn Ihr Hund Probleme hat, seine schlanke Linie zu halten. Der hohe Ballaststoffanteil bewirkt trotz reduzierter Kalorienzufuhr ein Sättigungsgefühl.

Wenn Sie beim Kauf von Fertigfutter ein Qualitätsprodukt mit sehr hohem Frischfleischanteil wählen und mit Getreide- und Gemüseflocken sowie reichlich frischem Obst und Gemüse anreichern, bieten Sie Ihrem Hund eine optimale Ernährung. Dabei können Sie das Verhältnis von tierischem Eiweiß und Ballaststoffen nach dem aktuellen Gewicht des Hundes regulieren.

GESUNDE ERNÄHRUNG

Besondere Bedürfnisse

Alle Hunde brauchen ausreichend Nährstoffe – die erforderliche Menge hängt jedoch wesentlich vom Alter, Gesundheitszustand und Bewegungsquantum ab. Heute ist es relativ einfach, speziell für Welpen zusammengestelltes Futter aus dem Regal zu kaufen, aufwendiger gestaltet sich die sorgfältige und bewußte Ernährung eines zuckerkranken Lieblings. Wenn Sie sich nicht sicher sind, ob Ihr Hund eine spezielle Diät benötigt, sprechen Sie mit Ihrem Tierarzt darüber.

Welpen
Jeder, der einmal miterlebt hat, wie ein Welpe zum Hund heranwächst, weiß, wie unglaublich schnell sich so ein knuddeliges Fellknäuel in einen erwachsen aussehenden Kerl verwandelt, der voller Übermut herumtollt und den ganzen Haushalt auf den Kopf stellt.

Deshalb ist es eigentlich kein Wunder, daß Welpen mehr Kalorien benötigen als ausgewachsene Hunde. Schließlich macht Ihr Vierbeiner in diesem ersten Jahr den größten Wachstumsschub seines ganzes Lebens durch.

Ganz junge Welpen brauchen bis zu dreimal mehr Energie und ausgewogene Nährstoffe als erwachsene Hunde. Der Bedarf geht bereits nach etwa vier Monaten zurück, bleibt jedoch über dem eines erwachsenen Hundes, bis der Welpe – je nach Rasse mit zehn bis vierundzwanzig Monaten – voll ausgewachsen ist.

Welpen benötigen zudem mehr tierisches Eiweiß, wie es auch in Eiern, Milch, Quark und

Welpen wie diese Jack-Russell-Terrier brauchen viele Kalorien, um im ersten Lebensjahr richtig wachsen zu können. Füttern Sie mehrere Mahlzeiten pro Tag.

Hüttenkäse enthalten ist. Diese Nahrungsmittel sind schmackhaft und zugleich leicht verdaulich. Natürlich können Sie auch auf – bitte nur hochwertiges – Fertigfutter für Welpen zurückgreifen, dessen Zusammensetzung speziell auf die Bedürfnisse junger Hunde ausgerichtet ist.

Nicht übertreiben
Die meisten Welpen werden mit sechs bis acht Wochen entwöhnt, das heißt, daß Ihr kleiner Liebling bereits feste Nahrung zu sich nimmt, wenn Sie ihn nach Hause holen. Füttern Sie ihn entsprechend den Richtlinien, die Ihnen der Züchter mit auf den Weg geben wird, aber überfüttern Sie ihn nicht. Auch wenn er Wachstumsschübe macht, sollten Sie ihm nur die empfohlene Menge geben, die er für eine gleichmäßige Entwicklung braucht. Leider glauben viele Leute,

Vorsicht Zwiebel!

Hunde sind in aller Regel verfressen. Folglich gibt es nur sehr wenige vierbeinige Feinschmecker, die nicht automatisch alles verschlingen, was – absichtlich oder unabsichtlich – vom Tisch auf den Boden fällt. Fast immer beschränkt sich das Risiko darauf, daß Ihr Liebling sich etwas Übergewicht anfuttert. Fällt jedoch einmal eine Zwiebel hinunter und wird vertilgt, ist ernsthaft Gefahr im Verzug.

Zwiebeln können hämolytische Anämie verursachen, einen Zustand, bei dem die roten Blutkörperchen zerstört werden.

Die schädliche Wirkung von Zwiebeln scheint mit der Körpergröße zu tun zu haben, da kleine Hunde wesentlich schlimmer betroffen sind als große. Der Tierarzt Dr. Michel erinnert sich: »Wir hatten einen West-Highland-Terrier in Behandlung, der etwas in eine Sauce eingerührte Päckchen-Zwiebelsuppe gefressen hatte. Der Zwiebelgehalt war wirklich gering, aber er reichte aus, um den Hund ernstlich krank werden zu lassen.«

Passen Sie also nicht nur beim Zwiebelschälen und -hacken auf, daß nichts auf den Boden fällt, sondern sichern Sie auch Ihren Abfalleimer.

---

ein Welpe müsse richtig rundlich sein. Tierärzte sind anderer Ansicht. Vor allem große und schwere Rassen müssen zurückhaltend gefüttert werden, da Übergewicht die noch unausgebildeten Gelenke überbeansprucht und die Folgen angeborener Skelettschäden wie Ellenbogen- oder Hüftgelenksdysplasie verschlimmert. Ein bißchen zu dünn ist allemal gesünder als zu fett.

Welpen großer Rassen sind besonders anfällig für Krankheiten des Bewegungsapparates, wenn sie zu schnell wachsen. »Welpen, die später mehr als vierzig Kilo auf die Waage bringen, haben eine andere Wachstumskurve, die sich über einen längeren Zeitraum erstreckt, und müssen deshalb entsprechend gefüttert werden«, erklärt der Tierarzt Dr. Churchill. »Bei Hunden, die von Kindesbeinen an schlank gehalten wurden, werden bedeutend weniger orthopädische Probleme beobachtet.«

Bei solchen Welpen ist es auch wichtig, den Kalziumspiegel niedrig zu halten. Zuviel Kalzium

kann die normale Knochen- und Knorpelentwicklung stören. Bei großen Rassen sollte Kalzium höchstens 1,1 Prozent der Trockensubstanz ausmachen. Bei Qualitätsprodukten finden Sie alle erforderlichen Informationen auf der Dosenbeschriftung. Sie sollten sich die Mühe machen, diese zu lesen und zu vergleichen. Ebenso wichtig ist es, den Proteingehalt der Nahrung zu begrenzen. Wenn Sie also Welpennahrung mit hohem Proteingehalt füttern, sollten Sie diese nicht mit proteinhaltigem Flockenfutter mischen, sondern mit einfachen Getreide- und Gemüseflocken ohne Proteinbeigabe. Beachten Sie aber, daß Getreideflocken aufgeschlossen bzw. gekocht sein müssen. Sonst kann sie der Welpe nicht verdauen und bekommt Durchfall.

Welpen kleinerer Rassen sind nicht so anfällig für diese Art orthopädischer Erkrankungen. Bei ihnen findet man hingegen häufiger niedrigen Blutzucker und ähnliche Probleme.

Solche Welpen sollten, solange sie klein sind,

Gesunde Ernährung

mindestens viermal täglich kleine Mahlzeiten erhalten. Mit zehn bis zwölf Wochen reicht dann dreimal täglich, und ab etwa vier Monaten sind zwei Mahlzeiten pro Tag ausreichend.

Im Gegensatz zu den Futtermittelherstellern sind erfahrene Züchter der Auffassung, daß der Hund gerade im Welpenalter auch Frischfleisch erhalten sollte. Frisches Muskelfleisch enthält die wertvollsten Proteine, und schließlich bildet es in der Natur die Ernährungsgrundlage aller Fleischfresser, zu denen auch der Hund zählt. Gut sortierte Fachgeschäfte bieten portioniertes und hundegerecht zerkleinertes Frischfleisch tiefgefroren an, so daß die Handhabung kaum aufwendiger ist als beim Füttern von Fertigfutter.

Wie lange Welpenfutter?

Im Wachstum begriffene Welpen haben im Verhältnis einen wesentlich höheren Kalorien- und Nährstoffbedarf als ihre ausgewachsenen Artgenossen. Sobald die Wachstumsrate jedoch merklich nachläßt, ist es an der Zeit, sie an Erwachsenenernährung zu gewöhnen. Als Faustregel gilt: Wenn ein Hund 75 bis 80 Prozent seiner späteren Größe erreicht hat, kann man von Welpen- auf Erwachsenenkost umstellen.

Der genaue Zeitpunkt ist natürlich von Hund zu Hund ganz verschieden. Wir sprechen hier schließlich über die vielfältigste Spezies auf unserem Planeten – es gibt ausgewachsene Hunde, die ein Kilo wiegen, aber auch solche, die hundert Kilo auf die Waage bringen. In aller Regel werden Hunde um so schneller »erwachsen«, je kleiner sie sind.

Verbindliche Aussagen sind in Anbetracht der immensen Rassenvielfalt allerdings schwierig. Wenden Sie sich deshalb an Ihren Tierarzt. Beobachten Sie das Freßverhalten Ihres Lieblings und behalten Sie das Durchschnittsgewicht seiner Rasse im Auge. Bei Mischlings-Welpen können Sie nach der Vier-Monats-Regel vorgehen: Über den Daumen gepeilt hat ein Welpe mit vier Monaten etwa die Hälfte seiner späteren Größe erreicht. Diese Regel ist zwar keineswegs wissenschaftlich fundiert, aber durchaus hilfreich, wenn es darum geht, eine exotische Promenadenmischung einzuordnen.

Häufige Mahlzeiten

Welpenbäuchlein sind so klein, daß sie nicht genug Nahrung für einen vollen Tag fassen können. Wenn Ihr neuer Gefährte mit etwa zehn Wochen ins Haus kommt, müssen Sie ihn noch etwa zwei weitere Wochen fünfmal täglich füttern. Bis zum siebten Monat erhält er drei Mahlzeiten am Tag, dann zwei, bis er ausgewachsen ist. Sollten Sie Welpen-Trockenfutter verwenden, müssen Sie es ausreichend lang in warmem Wasser einweichen.

Diese Collie-Dame sollte – solange sie säugt – soviel zu fressen bekommen, wie sie mag. Während der Entwöhnung muß die Ration allmählich reduziert werden.

Trächtige und säugende Hündinnen

Während der Trächtigkeit dürfen Sie Ihren Liebling so richtig verwöhnen – was aber nicht überfüttern bedeutet. Vor dem letzten Schwangerschaftsdrittel (ab der siebten Woche) besteht kein Grund, ihre tägliche Ration zu erhöhen, und auch dann braucht sie nur zehn bis zwanzig Prozent mehr. Ein echter Mehrbedarf besteht erst nach der Geburt. Überfüttern während der Trächtigkeit und zu wenig Futter während der Stillzeit sind häufige Fehler. Denn wenn die Hündin während der Schwangerschaft zuviel zunimmt, kann sie Probleme bei der Geburt bekommen.

Sind die Welpen auf der Welt, sollten Sie die Tagesration Ihrer Hündin verdoppeln. Die Milchleistung einer Hündin ist gewaltig, und die Nährstoffe, die ihr durch das Säugen entzogen werden, müssen wieder zugeführt werden. Spätestens von der dritten Woche danach an geben Sie ihr so viel zu fressen, wie sie mag. Mindestens drei Mahlzeiten täglich sollten ihr angeboten werden. Erfahrene Züchter raten sogar, in den ersten fünf Wochen der Stillzeit immer frisches Futter im Napf stehenzulassen und nicht nach einem bestimmten Zeitplan zu füttern. Die Hündin weiß in dieser Zeit selbst am besten, wieviel Nahrung sie braucht, und das stets bereitstehende Futter hat noch einen weiteren Vorteil: Mit etwa drei Wochen fangen die Welpen an herumzuschnuppern und sich für das Futter ihrer Mutter zu interessieren. Sie sind so leichter an feste Nahrung zu gewöhnen.

Säugende Hündinnen haben einen sehr hohen Nährstoffbedarf, bis zum Drei- bis Vierfachen des normalen. Sie sollten spezielle Aufbaunahrung bekommen, z. B. Welpenmilch, dazu Kalzium- und Phosphatgaben. Normales Futter ist häufig nicht kalorien- und nährstoffreich genug. Spätestens ab der sechsten Woche werden die Futtermengen wieder reduziert, um die Milchproduktion zu drosseln und das Entwöhnen zu erleichtern. Sobald die Welpen entwöhnt sind, muß die Hündin umgehend auf die normale Ration zurückgestuft werden.

Dieser 13jährige Mischling apportiert noch immer gerne. Er ist jetzt vielleicht etwas langsamer, aber Bewegung und hochwertige Nahrung sind im Alter besonders wichtig.

Ältere Hunde

Die Ernährung von Senioren gleicht in vielem der wenig aktiver Hunde. Es spielt weniger das Alter eine Rolle als die veränderte Lebensweise. Doch auch wenn Ihr Liebling nun vielleicht nur mehr drei Viertel der früher benötigten Kalorien braucht, weil er jetzt lieber spazierentrottet als -rennt, kann sein Bedarf an essentiellen Aminosäuren sogar gestiegen sein.

Ältere Hunde benötigen sehr hochwertiges Eiweiß. Nebenprodukte wie Fell und Hufe – oft in Fertigfutter minderer Qualität enthalten – sind zwar auch Protein, aber von minderer Qualität. Eier dagegen liefern das hochwertigste Eiweiß.

Kaufen Sie Futter erster Qualität mit hohem Frischfleischanteil. Viele Hersteller bieten auch auf den älteren Hund abgestimmte Nahrung.

Überfüttern Sie ältere Hunde nicht. Zuviel Nahrung bei zu wenig Bewegung kann leicht zu extra Pfunden führen, die andere Gesundheitsprobleme nach sich ziehen. Übergewicht ist die Krankheit Nummer eins bei Hunden, betonen Tierärzte. Ältere Hunde sind dafür besonders anfällig, da der Appetit trotz geringerer Bewegung gleichbleibt. Kalorienreduzierte Kost kann hier helfen.

Gebrauchshunde

Ausgelassenes Herumtollen im Garten mag Ihnen als volles Trainingsprogramm erscheinen, ist für Sie aber wahrscheinlich anstrengender als für Ihren Hund. Echte Gebrauchshunde sind jene Rassen, die Schafe hüten, Schlittenrennen absolvieren oder mit ihren entenjagenden Herrchen Stunden in kalten Sumpfgebieten zubringen. Sie brauchen, um ihre Kondition zu halten, eine Kost, die reich an hochwertigem Eiweiß und Fett ist.

Hunde unterscheiden sich vom Menschen in vielerlei Hinsicht. Sie haben im Vergleich zu uns

Zurück zur Natur

Ursprünglich waren Hunde reine Fleischfresser. Aus dem Fleisch, den Knochen und Innereien ihrer Beute bezogen sie hochwertige Proteine und Mineralstoffe, aus deren Mageninhalt Kohlenhydrate, Vitamine und pflanzliches Eiweiß, und das unverdauliche Fell oder die Federn dienten als Ballaststoffe.

Sofern Sie nicht in der afrikanischen Savanne leben und Ihr vierbeiniger Liebling regelmäßig ein Gnu erlegt, müssen Sie für eine artgerechte Ernährung sorgen, die diesem Vorbild am besten entspricht. Dies ist mit Fertigfutter relativ einfach zu bewerkstelligen. Achten Sie aber auf einen hohen Gehalt an tierischem Eiweiß sowie ausgewogene Mengen der anderen lebenswichtigen Nährstoffe und kaufen Sie nur qualitativ hochwertiges Futter, das den Bedürfnissen Ihres Hundes entspricht. Auf der Packung steht, wie viele Nährstoffe Ihr Hund mit jeder Mahlzeit erhält.

Alternativ dazu können Sie auch selber Zurück-zur-Natur-Kost zubereiten. Manche Hundehalter füttern deshalb Knochen, rohes Fleisch und kurz gekochtes Gemüse, was dem halbverdauten Mageninhalt des Beutetiers entsprechen soll. Befürworter dieser Ernährungsweise behaupten, ihre Hunde seien gesünder und glücklicher. Aber viele Tierärzte meinen, man könne es mit der Natürlichkeit auch übertreiben.

Rohes oder gedünstetes Gemüse ist natürlich völlig in Ordnung, aber manche Hundehalter scheuen sich, einem Hund Knochen oder rohes Fleisch oder Eier zu geben. Solche Bedenken sind angesichts der Strenge europäischer Lebensmittelgesetze unbegründet. Rohes Fleisch aus unbedenklicher Quelle – vom Metzger, vom Bauern oder aus dem Zoogeschäft – können Sie Ihrem Hund bedenkenlos füttern. So wissen Sie genau, welche Art Eiweiß – tierisches oder pflanzliches – in seinem Futternapf landet, und können auch sicher sein, daß er keine Konservierungsstoffe mitfrißt.

Ein Kompromiß besteht darin, für Ihren Hund zu kochen – was natürlich Zeit kostet, und seinem natürlichen Speiseplan weit weniger entspricht. Besprechen Sie die »Rezepte« mit Ihrem Tierarzt, damit Ihr Liebling auch wirklich alles Nötige im richtigen Verhältnis bekommt.

Diese schwer arbeitenden Schlittenhunde brauchen eine Sportlerdiät, die viel hochwertiges tierisches Protein und tierische Fette enthält. Denn weil sie sich meist bei großer Kälte im Freien aufhalten, haben sie einen hohen Kalorienbedarf.

mehr Herz- und Muskelgewebe, und ihr Herz- und Atmungssystem ist unserem überlegen. Außerdem schwitzen Hunde anders als Menschen, und je nach Rasse sind auch Durchhaltevermögen und Lungenkapazität größer.

Diese Unterschiede werden dann wichtig, wenn Sie einen Gebrauchshund so füttern müssen, daß er seine optimale Leistungsfähigkeit behält.

Schwer arbeitende Gebrauchshunde sind am gesündesten, wenn sie tierisches Eiweiß und tierische Fette erhalten. Getreide, Gemüse und Kohlenhydrate spielen im Energiehaushalt des Hundes nur eine untergeordnete Rolle, und ein erhöhter Anteil an Ballaststoffen zur Gewichtskontrolle ist beim Gebrauchshund nicht erforderlich. Kaufen Sie deshalb nur Futter mit hochwertigem tierischen Eiweiß, kein Billigfutter mit hohem Anteil an Mais oder Soja.

Körperlich geforderte Hunde profitieren von zwei Mahlzeiten pro Tag, aber füttern Sie nie direkt vor oder nach größeren Anstrengungen, weil dies Erbrechen oder Durchfall zur Folge haben kann. Dasselbe gilt auch für das Wasser. Lassen Sie Ihrem Hund nach dem Trinken mindestens dreißig Minuten Zeit, ehe Sie ihn wieder voll fordern.

Ein weiterer wichtiger Aspekt bei der Ernährung eines Gebrauchshundes ist die Zeit, die er bei kaltem Wetter im Freien verbringt. Als Faustregel gilt: Erhöhen Sie die Kalorienzufuhr pro 5 °C Temperaturabfall um 7,5 Prozent.

Einem Gebrauchshund unter der Arbeit ab und zu einen leichten Snack zu geben, ist eine gute Methode, sein Energieniveau zu halten. Viele Gebrauchshunde sind allerdings so abgelenkt, daß sie während der Arbeit jegliche Futteraufnahme verweigern. Deshalb ist eine fett- und nährstoffreiche Ernährung für sehr aktive Hunde häufig die beste Lösung.

Ernährungstips für chronische Probleme und Rekonvaleszenz

Wurde bei Ihrem Hund eine Erkrankung diagnostiziert, ist es wichtig, mit dem Tierarzt ein Ernährungsprogramm abzusprechen, das speziell auf die Probleme Ihres Lieblings abgestimmt ist. In vielen Fällen lassen sich mit bestimmter Schonkost Beschwerden ganz wesentlich lindern, und man kann einer möglichen Verschlimmerung vorbeugen. Leidet Ihr Hund beispielsweise an einer Nierenerkrankung, könnte er eine eiweiß-, phosphor- und salzreduzierte Diät verordnet bekommen, die aber mehr Kalorien enthält.

Mittlerweile gibt es eine ganze Reihe von Fertigfuttermitteln, die speziell auf bestimmte Krankheitsbilder abgestimmt sind. Sollten Sie glauben, Ihr Hund bräuchte etwas Derartiges, wird Ihr Tierarzt Sie gerne beraten.

Ein voller Wassernapf

Hunde lieben Wasser. Und obwohl sie natürlich jede Menge Nährstoffe benötigen, ist sauberes, frisches Wasser doch das allerwichtigste. Hunde können überraschend lange ohne feste Nahrung überleben, ohne Wasser jedoch gehen sie innerhalb weniger Tage elend zugrunde.

Sorgen Sie dafür, daß Ihr Liebling stets Zugang zu frischem Wasser hat. Ist das Wasser nicht frisch, trinken manche Hunde nur widerwillig bzw. wenn sie sehr durstig sind. Säubern Sie die Schüssel jeden Morgen sorgfältig und füllen Sie gegebenenfalls mehrmals täglich Wasser nach. Das ist besonders bei heißem Wetter wichtig oder wenn Ihr Hund viel Zeit im Freien verbringt.

Für werdende oder stillende Hundemütter ist der ständige Zugang zu frischem Wasser von allergrößter Bedeutung. Wasser transportiert Nährstoffe zu den Föten und schwemmt Gift- und Abfallstoffe aus dem Organismus der Mutter. In der Stillzeit, wenn sie Milch für ihre Jungen produzieren muß, braucht sie besonders viel.

Lassen Sie Ihren Hund trinken, wann immer und soviel er will – ausgenommen unmittelbar vor oder nach anstrengenden Aktivitäten. Zuviel kann ein Hund eigentlich gar nicht trinken. Konsultieren Sie jedoch den Tierarzt, falls Ihr Liebling plötzlich deutlich mehr Wasser schlabbert als gewohnt. Diabetes, Nierenversagen und andere Erkrankungen äußern sich durch verstärkten Durst.

Perrier für Gourmets

(Stilles) Mineralwasser für einen Hund, der auch aus Dreckpfützen schlabbert? Ist qualitativ hochwertiges Wasser nur ein reiner Werbetrick? Nicht unbedingt. Wenn Sie kein Leitungswasser trinken mögen, warum sollte es dann Ihr Hund? Möglicherweise rümpft er die Nase über seinem frisch gefüllten Napf und säuft lieber aus einer Pfütze, weil das Wasser dort nicht so streng nach Chemikalien riecht.

Qualität und Geschmack des Leitungswassers schwanken regional sehr stark. Vielerorts kommt wirklich gutes Wasser aus dem Hahn, das auch wunderbar schmeckt. Andererseits gibt es Gegenden, die ebenfalls trinkbares Wasser haben, das aber einen unangenehmen Beigeschmack hat. Ihr Hund braucht ausreichend Wasser, um gesund zu bleiben. Verweigert er die Aufnahme von Leitungswasser und trinkt nur Mineralwasser, dann müssen Sie es ihm eben kaufen.

Einige Mineralwasserarten enthalten Geschmacksstoffe, die viele Hunde nicht mögen. Stellen Sie Ihrem vierbeinigen Liebling also zum Ausprobieren verschiedene Marken hin (selbstverständlich nur solche ohne Kohlensäure) und überlassen Sie ihm die Qual der Wahl. Vergessen Sie aber nicht, die Näpfe zu markieren, sonst müssen Sie das Experiment wiederholen. Häufig bewirkt aber auch ein Schuß Milch, daß das Leitungswasser für den Hund erträglich schmeckt.

Wieviel Futter ist genug?

Fressen ist eine der absoluten Lieblingsbeschäftigungen, und die meisten Hunde schlecken ihren Napf restlos leer und bitten dann mit flehendem Blick um Nachschlag. Allerdings wissen die meisten Vierbeiner nicht, wann sie genug haben, und deshalb müssen Sie als Besitzer die richtige Futtermenge festlegen.

Individuelle Bedürfnisse
Wieviel Futter ein Hund braucht, hängt von vielerlei Faktoren ab. Zwar sind auf jeder Verpackung Fütterungshinweise angegeben, die jedoch immer für einen »durchschnittlich großen Hund« gelten – und wer weiß schon, wie ein solcher Durchschnittshund aussieht, geschweige denn, wie viele und welche Nährstoffe er benötigt.

Selbst bei gleicher Rasse und gleichem Gewicht gibt es Unterschiede. Sie haben unterschiedlich viel Bewegung, sind nicht im selben Alter, der Stoffwechsel funktioniert anders – und deshalb unterscheidet sich auch ihr Nährstoffbedarf. Nehmen Sie die Fütterungsanweisungen auf den Packungen als Ausgangsbasis, konzentrieren Sie sich dann aber auf die individuellen Bedürfnisse Ihres schließlich ganz und gar nicht durchschnittlichen Hundelieblings.

Nützliche Tips
Sie können den Nährstoffbedarf Ihres Hundes abschätzen, indem Sie seinen Allgemeinzustand einstufen und dann die Futtermenge entsprechend anpassen. Viele Tierärzte empfehlen eine Fünf-Punkte-Skala zur Bestimmung des Ernährungszustands, aus der sich errechnen läßt, wieviel Futter Ihr Vierbeiner täglich bekommen sollte.

Schauen Sie Ihren Hund von hinten und oben genau an. Wirkt er schlank oder kräftig? Legen Sie ihm dann die Hände um den Brustkorb und fühlen, ob die Rippen vorstehen oder mit einer mehr oder weniger dicken Fettschicht bedeckt sind. Mit Hilfe dieser Informationen und der Tabelle (rechts) können Sie abschätzen, in welchem Ernährungszustand sich Ihr Liebling befindet, und dann die Nahrungsmenge entsprechend erhöhen oder reduzieren bzw. gleich lassen.

Ziel ist der Idealzustand (3 Punkte). Stellt sich bei der Bewertung heraus, daß Ihr Liebling eher in Richtung fettleibig tendiert, sollten Sie ihm weniger zu fressen geben. Ist er dagegen untergewichtig, braucht er mehr Futter.

In vier Schritten zum Erfolg
Die richtige Futtermenge für Ihren Hund zu finden, ist gar nicht so schwierig, wenn Sie nach folgender Methode vorgehen:
1. Kaufen Sie das ausgewogenste und beste Hundefutter, das Sie finden können oder bereiten Sie das Futter aus Frischfleisch, Getreideflocken und Gemüse selbst zu.
2. Befolgen Sie die Fütterungshinweise auf der Packung, wenn Sie Fertigfutter füttern.
3. Bestimmen Sie alle zwei Wochen den Körperzustand Ihres Hundes.
4. Ändern Sie die tägliche Futterration entsprechend – aber immer ganz allmählich –, bis der Hund dem Idealzustand (rechts) entspricht.

Gesunde Ernährung

In welchem Ernährungszustand befindet sich Ihr Hund?

Stellen Sie anhand dieser Tabelle fest, ob Ihr Hund mager, untergewichtig, ideal, übergewichtig oder fettleibig ist. Ändern Sie dann ggf. die Futterration, bis der »Idealzustand« erreicht ist.

1. Stufe **Mager**	*Rippen* *Schwanzansatz* *Bauch*	Leicht zu fühlen, keine Fettschicht. Stark vorstehende Knochen, keine Fettschicht unter dem Fell. Sehr stark eingezogene Bauchlinie.	
2. Stufe **Untergewicht**	*Rippen* *Schwanzansatz* *Bauch*	Leicht zu fühlen, minimale Fettschicht. Vorstehende Knochen, kaum Fettschicht unter dem Fell. Stark eingezogene Bauchlinie.	
3. Stufe **Idealgewicht**	*Rippen* *Schwanzansatz* *Bauch*	Fühlbar mit mäßiger Fettschicht. Entweder gerader Verlauf oder leichte Verdickung; Knochen unter einer dünnen Fettschicht spürbar. Wohlproportionierte Taille.	
4. Stufe **Übergewicht**	*Rippen* *Schwanzansatz* *Bauch*	Schwer zu fühlen, mittlere Fettschicht. Leichte Verdickung; Knochen gerade noch spürbar. Keine »Taille«, Hüftgegend leicht verbreitert.	
5. Stufe **Fett**	*Rippen* *Schwanzansatz* *Bauch*	Kaum zu fühlen, mit dicker Fettschicht. Wirkt verdickt; Knochen nur mit großer Mühe spürbar. Dicker Hängebauch ohne »Taille«; Hüftgegend deutlich verbreitert.	

Freßstörungen

Man tut es gerne als nebensächlich ab, wenn ein Hund ein paar Pfund über seinem Idealgewicht liegt. Bedenken Sie aber, daß ein zwölf Kilo schwerer Dackel einem Mann entspricht, der anstelle eines Normalgewichts von 80 satte 110 Kilo auf die Waage bringt! Und während viele Hunde nie wissen, wann es Zeit ist aufzuhören, gibt es andere, die bei allem, was man ihnen vorsetzt, mäkelig die Nase rümpfen. Für beide Probleme gibt es eine Lösung.

Übergewichtige Hunde

Fettleibigkeit ist heute die Zivilisationskrankheit Nummer eins bei Haustieren, berichten Tierärzte. Zu hohe Kalorienzufuhr bei zu wenig Bewegung ist die Ursache. Übergewichtige Hunde sind anfällig für eine ganze Reihe von Krankheiten. Sie haben in aller Regel eine geringere Lebenserwartung und meistens auch eine deutlich verminderte Lebensqualität.

Übergewicht ist genetisch, ernährungstechnisch oder hormonell bedingt. Der weitaus häufigste Grund, mit dem wir uns hier auch befassen wollen, ist die schiere Völlerei. Bevor Sie Ihren Vierbeiner jetzt aber auf Radikaldiät setzen, lassen Sie ihn vom Tierarzt durchchecken, um eventuelle krankheitsbedingte Ursachen zuverlässig ausschließen zu können.

Kalorien zählen

Als erstes müssen Sie herausfinden, warum Ihr Hund übergewichtig ist. Listen Sie dazu ein paar Tage lang exakt alles auf, was er zu sich nimmt. Auf diese Weise können Sie feststellen, woher die ganzen Kalorien kommen. Geht der Hund ans Katzenfutter? Geben Ihre Kinder ihm vom Teller, was sie selber nicht essen wollen? Steckt der Nachbar ihm Leckerchen zu? Hat er Zugang zu irgendeinem Mülleimer?

Haben Sie einmal herausgefunden, woher die Kalorien kommen, ist die erste Hürde genommen. Als nächstes müssen Sie dem Hund den Zugang zu allem »unerlaubten« Futter versperren. Das kann heißen, daß Sie die Katze hinter verschlossenen Türen füttern und den Hund während der Mahlzeiten aus dem Eßzimmer verbannen. Und vergessen Sie nicht, sich selbst genau zu beobachten. Werfen Sie ihm während des Kochens nicht gelegentlich einen Happen zu? »Hilft« er Ihnen selbstlos beim zweiten Frühstück? Ziehen Sie solche Extras wenigstens von seiner täglichen Ration ab, wenn Sie ohne Ihren Hund nicht kochen oder frühstücken können.

Ist Ihr Hund trotz eliminierter Zusatzsnacks noch immer zu dick, müssen Sie die Futtermenge einschränken.

Hie und da ein Happen vom Tisch – das summiert sich rasch, und Ihr Hund wird fett. Bei Tisch oder im Napf – irgendwo müssen Sie sparen.

Ziel einer Diät sollte es sein, das Körperfett abzubauen, das Muskelgewebe aber zu erhalten. Kaufen Sie kalorienreduziertes und besonders ballaststoffreiches Futter, bei dem der Faseranteil bis zu 25 Prozent beträgt. So hat ihr Hund etwas im Magen, ohne zu viele Nährstoffe aufzunehmen. Auch der Fettgehalt ist geringer, aber Protein, Vitamine und Mineralstoffe sind in ausreichender Menge vorhanden, so daß Muskeln und Knochen nicht darunter leiden. Wenn Sie das Futter selbst zubereiten, verringern Sie den Fleischanteil und erhöhen den Gemüseanteil bei gleicher Gesamtmenge.

Und hier noch einige andere Tips, Ihren Liebling von seinen Fettpolstern zu befreien:
- Vermeiden Sie kalorienhaltige Leckereien.
- Der Hund sollte ausschließlich von einer Person gefüttert werden, die genau weiß, was, wann und wieviel er frißt.
- Verbinden Sie eine kalorienreduzierte Kost mit mehr Bewegung.
- Füttern Sie Ihren Hund regelmäßig und pünktlich, damit er keinen Heißhunger bekommt und glaubt, sich aus Müllcontainern selbst bedienen zu müssen.
- Ersetzen Sie Belohnungshäppchen durch Streicheln, Aufmerksamkeit und Spielen.

Mäkelige Esser

Es gibt kaum etwas Deprimierenderes als einen heiklen Esser. Sie geben viel Geld für angeblich superleckeres, hochwertiges Premium-Hundefutter aus, und Ihr Liebling wendet sich mit vorwurfsvollem Blick von seinem Napf ab. Wem wäre da nicht nach Knurren?

Wie wird ein Hund zum mäkeligen Esser? Fast immer sind Sie – der Halter – selber schuld. Wenn Sie häufig das Futter wechseln, erziehen Sie Ihren

Wenn Sie jeder Futterlaune Ihres Lieblings nachgeben, ziehen Sie sich schnell einen mäkeligen Esser heran, der stets darauf wartet, ob nicht noch etwas Besseres kommt.

Hund regelrecht dazu, abzuwarten, ob nicht noch etwas Besseres nachkommt. Auch Füttern von Essensresten – ganz gleich ob direkt oder über einen gleichermaßen mäkeligen Fünfjährigen – macht Ihren Vierbeiner darauf aufmerksam, daß es noch etwas Schmackhafteres als Hundefutter gibt. Abfälle vom Tisch schmecken vielen Hunden wesentlich besser als ihr eigenes Futter. Und gerade kleine Hunde, die besonders verwöhnungsanfällig sind, werden sehr schnell sehr wählerisch.

Wenn Sie ausschließlich Trockenfutter füttern, mischen Sie es mit einem wachsenden Anteil Feuchtfutter. Auch Anfeuchten von Trockenfutter kann den Appetit anregen. Wenn Sie Dosenfutter etwas anwärmen, erinnert es den Hund vielleicht ein wenig an die begehrten Menschengerichte. Und wenn Sie die Zeit dazu haben, können Sie natürlich auch ausprobieren, wie Ihr heikler Vierbeiner auf hausgemachtes Hundefutter reagiert – meist positiv, wenn es Frischfleisch enthält. Und dann sind da natürlich noch die Hunde, die bestimmte Marken bevorzugen – in aller Regel das teuerste Produkt…

15 HUNDEKÜCHE

Abgesehen von der Liebe und Aufmerksamkeit, die er von Ihnen bekommt, ist Futter wahrscheinlich die größte Freude im Leben Ihres vierbeinigen Hausgenossen. Doch nicht allein das – es ist zugleich Grundlage seiner Gesundheit und seines Wohlbefindens. Kaufen Sie deshalb nicht das billigste Produkt im Supermarkt, sondern wägen Sie ab und besorgen Sie das Futter, das am besten für Ihren Liebling ist.

Welches Futter ist das richtige?
Seiten 229–233

So viele verschiedene Marken, Packungen und Geschmacksrichtungen. Die Auswahl ist immens. Hier einige Entscheidungshilfen.

Freßnäpfe
Seiten 236–237

Manchmal sind spezielle Bedürfnisse zu erfüllen, manchmal ist es aber auch einfach nur eine Frage des persönlichen Geschmacks.

Leckerbissen
Seiten 234–235

Von einem schnellen Leckerbissen zwischendurch bis hin zu tollen Belohnungen.

Besonderes Futter für besondere Hunde
Seiten 238–239

Bei jedem Gesundheitsproblem sollte zuerst überprüft werden, ob die Ernährung stimmt.

Welches Futter ist das richtige?

Schon beim Gang durch die Haustierabteilung des Supermarktes kann einem richtig schwindelig werden. Da gibt es Dosenfutter und Trockenfutter, Gourmetfutter, Naturkostfutter und Billigfutter und Futter in allen erdenklichen Geschmacksrichtungen – von Rind und Huhn bis hin zu ausgefallenen Sorten wie Truthahn, Fasan, Reh und Fisch. Die Auswahl ist immens, und natürlich wollen Sie für Ihren Liebling nur das Allerbeste kaufen.

Wenn sie sich an bekannte Markenprodukte halten, die ausgewogene Nährstoffe anbieten und tierärztlich getestet sind, können Sie eigentlich nichts verkehrt machen. Und ob Sie Dosen- oder Trockenfutter wählen, ist primär eine Frage des persönlichen Geschmacks (Ihres und natürlich Ihres Hundes). Jedes hat Vor- und Nachteile.

Dosenfutter

Pfote aufs Herz: Dosenfutter steht auf der Feinschmeckerliste der meisten Vierbeiner ganz oben. Auch wenn wir Menschen beim Öffnen nicht selten unwillkürlich die Nase rümpfen, lieben die allermeisten Hunde den Geruch. Die Schmackhaftigkeit von Dosenfutter macht es auch zur idealen Kost für kleine Hunde, die häufig recht verwöhnt sind, für Hunde, die eher an Gewicht zulegen müssen, sowie für ältere Hunde, deren Zähne nicht mehr im besten Zustand sind.

Allerdings ist Dosenfutter teuer, wenn man bedenkt, daß Wasser bis zu 75 Prozent des Nettogewichts ausmacht. Außerdem verdirbt es recht rasch, so daß Sie es nicht den ganzen Tag über stehenlassen können.

Bei angebrochenen Dosen sollten Sie den Restinhalt in einen Plastikbeutel füllen, die Luft soweit wie möglich herausdrücken und die Tüte dicht verschließen. So hält es im Kühlschrank zwei bis drei Tage.

Wenn Ihr Hund es mag und Sie nichts gegen den Geruch und den Kühlaufwand haben, ist qualitativ hochwertiges Dosenfutter sicher keine schlechte Wahl.

Halbfeuchtfutter

Auch Halbfeuchtfutter wird generell gerne genommen. Es enthält um die 25 Prozent Wasser. Wie Dosenfutter schmeckt es gut, macht aber weniger Dreck und verdirbt auch weniger rasch. Nach dem Öffnen muß es nicht gekühlt aufbewahrt werden, und die Packungen sind häufig genau für eine Mahlzeit portioniert, was herrlich praktisch ist, wenn man es eilig hat.

Halbfeuchtfutter ist deshalb so lange haltbar, weil es viel Zucker und Konservierungsstoffe enthält – womit wir auch bereits die Nachteile ange-

Dosenfutter *Halbfeuchtfutter*

sprochen hätten. Einem gesunden Hund schadet Halbfeuchtfutter nicht. Aber Hunde mit bestimmten Krankheiten wie zum Beispiel Diabetes sollten besser Dosen- oder Trockenfutter bekommen.

Halbtrocken- und Trockenfutter

Wenn Sie Ihrem Hund ausreichend Nährstoffe zukommen lassen wollen, ohne ein tiefes Loch in Ihren Geldbeutel zu reißen, ist Halbtrocken- oder Trockenfutter der beste Weg. Bei Halbtrockenfutter liegt der Wassergehalt bei 20 Prozent, bei Trockenfutter bei 10 Prozent. Die Übergänge sind fließend. Trockenfutter ist knackig, bleibt also weniger zwischen den Zähnen kleben und beugt Zahnstein und Plaque vor. Und es enthält ganz genausoviel Nährstoffe wie Dosenfutter. Dieses sieht zwar eher nach Fleisch aus, ist aber im allgemeinen nicht nahrhafter als aus Fleischmehl und anderen tierischen Rohstoffen hergestelltes Trockenfutter. Dieses hat zudem den Vorteil, daß Sie es den ganzen Tag über stehenlassen können.

Ein alternativer Mittelweg besteht darin, das Trockenfutter Ihres verwöhnten Lieblings mit etwas Dosenfutter zu mischen, das als Geschmacksverstärker dient. Die Kosten sind geringer als bei reiner Dosenfütterung, aber Ihr Hund wird sich begeistert die Lefzen lecken.

Premium-, Marken- oder Billigfutter?

Gleichgültig, was Sie Ihrem Hund füttern, es sollte immer qualitativ hochwertig sein. Wie aber stellt man das fest? Soll man ausschließlich teures Premium-Futter aus dem Fachhandel kaufen, oder decken Markenprodukte oder sogar No-Name-Billigprodukte den Nährstoffbedarf Ihres Lieblings nicht ebenso? Was das angeht, streiten sich die Tierärzte noch, aber worauf es wirklich ankommt, sind die individuellen Bedürfnisse Ihres Hundes. Es gibt kein Wunderfutter, das jedem Vierbeiner optimale Ernährung garantiert.

Die erste Wahl

Papier ist geduldig, und jeder Krämer preist seine Ware. Tatsache ist, daß das Vokabular der Werbung für die Qualität eines Hundefutters wenig aussagefähig ist. Tatsache ist aber auch, daß alle in Deutschland angebotenen Futtermittel den Vorschriften des deutschen Futtermittelgesetzes genügen müssen, und dieses gilt als das weltweit schärfste seiner Art.

Bei Importprodukten allerdings lohnt es sich, nach dem Begriff »Premium« Ausschau zu halten. Premium-Futter ist in den USA das Fünf-Sterne-Menü der Hundeküche. Es enthält in aller Regel mehr tierische als pflanzliche Eiweißstoffe, und die Hersteller verwenden andere – zunehmend auch gar keine – Farb- und Konservierungsstoffe. Hinzu kommen die teils recht ausgefallenen Zutaten sprich Geschmacksrichtungen. Der Hauptunterschied zwischen Premium-Futter und seinen bescheideneren Verwandten in der Hundefutterabteilung ist jedoch die Volumendichte an Nährstoffen. Ein Kaffeelöffel Premium-Futter enthält höchstwahrscheinlich mehr wertvolle Nährstoffe als ein Eßlöffel Non-Premium-Futter. Ihr verwöhnter Liebling braucht also weniger Premium-Futter, um seinen Nahrungsbedarf zu decken; von Non-Premium-Futter müßte er mehr fressen. »Da Premium-Futter besser verdaulich ist, kann der

Trockenfutter

Mögen Hunde Katzenfutter?

Katzenfutter lockt Hunde aus genau demselben Grund wie Hundefutter, Müllcontainer und der Würstchengrill des Nachbarn: Sie können dem wundervollen Duft nicht widerstehen. Und Katzenfutter riecht besonders verführerisch.

Denn Katzen sind wesentlich heiklere Esser als Hunde und rühren ihr Futter nur an, wenn es ihrer empfindlichen Nase zusagt. Deshalb sorgen die Hersteller von Katzenfutter immer für einen ausgesprochen appetitlichen Geruch.

Hund die Nährstoffe leichter aufnehmen«, erklärt die amerikanische Veterinärmedizinerin Dr. Margaret Duxbury, deren Artikel regelmäßig in Fachzeitschriften erscheinen. Soll Ihr Liebling also etwas zunehmen, weil er rekonvaleszent oder ein mäkeliger Esser ist, ist Premium-Futter mit Sicherheit besonders empfehlenswert.

Jenseits des großen Teichs schwören die Experten auf Premium-Qualität: Die höheren Kosten von Premium-Produkten werden durch den höheren Nährwert – und den entsprechend geringeren Kotabsatz – wettgemacht. Wenn Sie einen großen Hund haben und ihm Premium-Dosen füttern, müssen Sie weniger kaufen, und am hinteren Ende kommt auch deutlich weniger heraus. Der Kot riecht weniger und ist gewöhnlich auch fester und damit leichter zu beseitigen – für Stadthunde ein erwägenswertes Argument.

Markenfutter

Markenfutter, das man im Zoofachhandel oder im Supermarkt erhält, kann ebenfalls Premium-Qualität aufweisen, auch wenn mit diesem Begriff nicht geworben wird. Der entscheidende Indikator, ob ein Produkt besonders hochwertig ist, ist dabei immer noch der Preis. Der wichtigste Unterschied zu billigeren Sorten liegt in der Qualität der verwendeten Proteinträger. Billige Sorten decken den Eiweißbedarf des Hundes zu einem größeren Teil mit billigerem pflanzlichem Eiweiß aus Sojabohnen, Mais oder Weizen als hochwertige. Spitzenqualitäten hingegen verzichten auch vollständig auf die Verwendung ebenfalls billigen Fleischmehls und bestreiten den Fleischanteil ausschließlich mit Frischfleisch, dessen Proteine für den Hund am hochwertigsten sind. So enthalten die Dosen der von vielen Züchtern empfohlenen und meist nur im Fachhandel erhältlichen Marke »Rinti« weder Farbstoffe noch Soja noch Formfleisch oder gar Fleischmehl, sondern richtige Fleischstücke.

Manchmal enthalten Premium-Futter oder gleichwertige Qualitäten auch ausgefallenere Zutaten wie etwa Getreide aus kontrolliert biologischem Anbau oder seltenere Fleischarten wie Lamm

Für Hunde mit langen Schlappohren sollten Sie einen Napf wählen, bei dem die Ohren nicht ins Futter hängen. Sonst müssen Sie ihm nach jeder Mahlzeit die Ohren saubermachen.

oder Wild, so daß Sie dem Hund auch geschmacklich einige Abwechslung bieten können.

Da Premium- oder vergleichbare Qualitäten eine höhere Nährstoffdichte aufweisen als Billigware, braucht der Hund weniger davon, um seinen Proteinbedarf zu decken. Das bedeutet, daß Sie solche Futtermittel problemlos mit ballaststoffreichen Futtermitteln wie Getreide- und Gemüseflocken oder – rohen und gekochten, aber niemals scharf gewürzten – Gemüseresten aus Ihrer Küche mischen können. Zur Gewichtsreduzierung sollten Sie also stets erste Qualität verwenden.

Am besten treffen Sie Ihre Wahl nicht anhand vollmundiger Werbeaussagen, sondern anhand des »Kleingedruckten« auf der Verpackung. Auch bei Futtermitteln müssen die Hersteller den Inhalt offenlegen, und erfahrungsgemäß rühren Hersteller, deren Inhaltsliste Spitzenqualität signalisiert, die Werbetrommel weniger schrill als die Produzenten von Massenware. Nach Untersuchungen der amerikanischen National Academy of Sciences sollte gesundes Hundefutter folgende Inhaltsstoffe aufweisen:

Rohproteine: Minimum 22,0 %
Rohfett: Minimum 5,0 %
Kalzium: Minimum 1,1 %
Phosphor: Minimum 0,9 %
Kohlenhydrate: Maximum 50 %

Erfahrene Hundehalter handhaben die Futterfrage eher pragmatisch: Entscheiden Sie sich für eine Marke, die Ihr Hund gern frißt, und bleiben Sie dabei. Ein Futter ist in Ordnung, wenn das Fell Ihres Hundes glänzt, er keine Probleme mit der Verdauung hat, sein Gewicht hält, und über soviel Energie verfügt, daß er nach Herzenslust herumtollt.

Was reizt Hunde am Mülleimer?

Kennen Sie das auch: Noch keine halbe Stunde, nachdem er sein Futter bekommen hat, finden Sie Ihren Liebling glücklich den Mülleimer durchforstend, an Fleischresten knabbernd und Eiscremeverpackungen ableckend. Was veranlaßt einen gut genährten Hund, solches Zeug zu fressen? Er kann doch unmöglich schon wieder Hunger haben.

Es hat auch tatsächlich nichts mit seinem Appetit zu tun, sondern hängt mit seinem ausgeprägten Geruchssinn und einem Instinkt zusammen, der noch aus der Zeit stammt, als Hunde Wildtiere waren und nicht wußten, wann sie ihre nächste Mahlzeit aufstöbern würden. Zwar sind Hunde schon sehr lange domestiziert, aber dieser Jagdinstinkt schlägt durch, wann immer der Wind seiner Nase einen interessanten Geruch zuträgt. Und für ihn riecht Müll nun mal mindestens so verlockend wie ein Napf voll Hundekuchen.

Selbstgemachtes Hundefutter

Für Hunde mit bestimmten Gesundheitsproblemen, speziellem Nährstoffbedarf oder einer Allergie gegen gewisse Futtermittel, Farb- oder Konservierungsstoffe kann selbstgemachte Schonkost ideal sein. Leidet der Hund beispielsweise an einer Nierenerkrankung oder einem Hautproblem, sind Frauchens oder Herrchens Kochkünste gefragt. Hausgemachte Schonkost wie gekochter Reis, Suppenhuhn oder Hackfleischklöße hat sich auch

Diese Bulldogge muß keineswegs hungrig sein, um fasziniert zu erschnüffeln, welch verlockendes Aroma dem Mülleimer entströmt.

bei akuten Beschwerden wie Magenverstimmung, Erbrechen oder Durchfall bewährt.

Wer sein Hundefutter selber zubereiten will, braucht viel Zeit, ein wenig Erfahrung und den guten Rat des Züchters oder Tierarztes. Glauben Sie niemandem, der Ihnen weismachen will, rohes Fleisch schade dem Hund oder mache ihn aggressiv. Es ist vielmehr seine natürliche Nahrungsgrundlage. Füttern Sie Fleisch, Kohlenhydrate und Gemüse bzw. Obst in ausgeglichenem Verhältnis, und Ihr Hund wird mindestens so gut gedeihen wie bei der Fütterung von Fertignahrung. Durch Variation der Zusammensetzung können Sie auch das Gewicht Ihres Lieblings sehr gut steuern. Lassen Sie sich allerdings nicht dazu verleiten, Ihre Essensreste unter das Hundefutter zu mischen – von Ausnahmen wie ungesalzenem Reis und Kartoffeln abgesehen. Das einzige Argument, das gegen selbstgemachtes Futter spricht, ist der Kostenfaktor: Wenn Sie nicht über eine sehr günstige Fleischquelle verfügen, kommt Fertigfutter billiger. Stellen Sie das Menü zusammen aus Muskelfleisch (Rind oder Pferd, Schwein höchstens gekocht), das Sie in mundgerechte Happen schneiden. Als Kohlenhydratquellen bieten sich Getreideflocken, Reis und Kartoffeln an. Ein Apfel, eine Karotte, beides gerieben, oder kleingeschnittener Salat, dazu ein Teelöffel Keimöl, und fertig ist eine gesunde Mahlzeit, die schmeckt.

Karotten-Käse-Muffins

 Käse und Karotten sind ganz nach dem Geschmack fast jedes Hundes. Dieses Rezept kombiniert diese beiden Zutaten. Ihr Hund wird die herzhaften, gesunden Leckerbissen lieben.

1 Tasse Weizenmehl
1 Tasse Vollkornmehl
1 Eßlöffel Backpulver
1 Tasse Reibkäse
1 Tasse gehobelte Karotten
2 große Eier
1 Tasse Milch
¼ Tasse Pflanzenöl

Den Herd auf 175 °C vorheizen. Ein Muffinblech fetten oder die Mulden mit Backpapier auskleiden. Mehl und Backpulver gut mischen. Käse und Karotten hinzugeben und mit den Händen alles gut verkneten. In einer anderen Schüssel die Eier schlagen. Dann Milch und Pflanzenöl einrühren. Die Masse über die Mehlmischung gießen und vorsichtig vermengen.

Die Muffinmulden zu drei Viertel mit dem Teig füllen. 20–25 Minuten backen und abkühlen lassen. Mittelgroße bis große Hunde bekommen ein ganzes Muffin als Snack, Schoß- und kleine Hunde ein halbes.

Leckerbissen

Futterbelohnungen eignen sich hervorragend, Ihrem Hund neue Kunststückchen beizubringen. Sie können aber auch einfach Ausdruck Ihrer Liebe zu dem besten Vierbeiner der Welt sein. Leider wirken sich zu viele Leckereien meist sehr schnell auf die Linie aus, und sie sollten deshalb – wie alle guten Dinge im Leben – nur in Maßen gegeben werden (vor allem, wenn der Hund bereits übergewichtig ist oder Gesundheitsprobleme hat).

Es gibt alle möglichen Snacks, sogar kalorienreduzierte für Hunde, die abnehmen müssen. Muß Ihr Hund aus medizinischen Gründen Diät halten, fragen Sie Ihren Tierarzt, welche Art Leckerbissen für ihn geeignet sind. Die Wahl des Leckerbissens hängt natürlich immer davon ab, warum er ihn bekommt, und was er mag.

Hundekuchen sind wunderbar knusprig und gut für die Zähne. Kleinere Hundekekse oder Biskuits eignen sich als Belohnung während der Trainingsstunden. Auch Feuchtfutter-Brocken sind beliebte Futterbelohnungen. Vergessen Sie aber nicht, daß sie eine Menge Zucker und Konservierungsstoffe enthalten, und gehen Sie entsprechend sparsam damit um.

Kau- und Knabber-Snacks zeigen Ihrem Liebling »einfach so«, daß er der liebste und beste Hund unter der Sonne ist. Stundenlang beschäftigen kann ihn auch ein Gummi- oder Kunststoffknochen mit einer Höhlung, in die Sie Frisch- oder Schmelzkäse oder kleine Stückchen Feuchtfutter füllen können.

Und dann gibt es natürlich Hundekekse in allen möglichen Geschmacksrichtungen, die häufig viele gesunde Zutaten wie etwa Vollkornmehl enthalten. Was aber bitte nicht heißt, daß Sie sie händeweise verfüttern sollen. Kalorien sind schließlich Kalorien.

Auch »Menschenessen« kann eine Belohnung sein, solange Sie sich an bestimmte Regeln halten. Speisereste vom Tisch, Knochen, Hühnerhaut, Puteninne-

Hundekuchen

Zahnpflegebiskuits

Knabbersticks

Knabberbällchen

kleine Hundekuchen

Leckerlis

Kauknochen

reien, der Fettrand vom Steak – all das sind keine Snacks für Ihren Hund. Snacks sollen gesund sein. Das bedeutet: Ich kriege die Kartoffelchips, die Schokolade und Popcorn mit viel Butter und Salz; meine Hunde bekommen Karotten und in Streifen geschnittenes gekochtes mageres Fleisch.

Es gibt Vierbeiner, die mit Begeisterung Brokkoli und rohe Tomaten fressen. Auch Apfel-, Bananen- und Avocadostückchen, Trauben, Erd- und andere Beeren sowie geschälte, in Segmente geteilte Orangen sind wunderbare und gesunde Leckerbissen für Ihren Hund. Waschen Sie Obst und Gemüse aber immer gründlich.

Dieser Weimaraner weiß, daß er brav gewesen ist – er hat einen Hundekuchen als Beweis. In Maßen gegeben, sind solche Snacks ausgezeichnet: Er hat etwas Leckeres, das auch noch gut gegen Zahnstein ist.

Leckerli – die Auswahl ist groß

Darf Ihr Hund Knochen bekommen?

Natürlich ist es naheliegend, einen Vierbeiner mit einem dicken, saftigen Fleischknochen zu belohnen, wenn er besonders brav war, aber dabei ist Vorsicht geboten. Er kann sich daran im wahrsten Sinne des Wortes die Zähne ausbeißen. Manchmal verklemmen sich Knochensplitter auch im Hals oder zwischen den Zähnen.

Ein Markknochen vom Rind ist für den Hund allerdings ein Leckerbissen, und es ist die einzige Knochenart, die zu geben vertretbar ist. Dagegen sind Knochen vom Schwein, vor allem aber die Röhrenknochen von Geflügel, streng verboten.

Auch wenn Sie Ihrem Hund hin und wieder einen Kalbs- oder Rindsknochen geben, sollten Sie ihm diesen nach spätestens einer halben Stunde wieder wegnehmen. Er sollte nicht zuviel davon fressen. Denn Knochen führen zu Stuhlverhärtung und Verstopfung.

Es gibt eine Menge andere Dinge, die einem Hund dasselbe bieten wie ein Knochen – Kauvergnügen, Geschmack und Spielmöglichkeit –, die aber wesentlich ungefährlicher sind.

Freßnäpfe

Ihr Hund braucht zum Essen weder Messer noch Gabel, aber funktionell geformte Futter- und Wassernäpfe erhöhen seine Freude an den Mahlzeiten und sparen Ihnen viel (Putz-) Arbeit. Gute Näpfe sind rutsch- und standfest, einfach zu säubern, kippen nicht und bieten genügend Platz für seine Schnauze. Halten Sie die Näpfe immer peinlich sauber (regelmäßig auswaschen), damit kein Futter antrocknet, das Bakterien und Ungeziefer anlockt.

Die besten Näpfe

Hundenäpfe gibt es aus Edelstahl, Kunststoff und Keramik, und jeder Hund braucht unbedingt zwei: einen fürs Futter und einen für Trinkwasser. Metall- und Kunststoffnäpfe haben den Vorteil, daß sie preiswert, leicht, einfach sauberzuhalten und unzerbrechlich sind, während Keramiknäpfe vor allem wegen ihres Dekorationswerts gekauft werden. Sie sind aber auch schwerer und deshalb weniger rutsch- und kippgefährdet. Achten Sie bei Keramiknäpfen unbedingt auf hochwertige Qualität und Herstellernachweis. Billigprodukte können Blei enthalten und Ihren Liebling auf Dauer vergiften.

Haben Sie einen großen Hund oder einen Welpen, der einmal ein solcher zu werden verspricht, sollten Sie in ein höhenverstellbares Futterset investieren. Die Hunde haben es bequemer und schlucken beim Fressen weniger Luft, als wenn sie sich dabei stark nach unten beugen müssen, was Blähungen verursachen kann. Auch ältere, arthritisgeplagte Vierbeiner schätzen es, wenn sie keine schmerzhaften Verrenkungen machen müssen, um an ihr Futter zu gelangen.

Weitere Spezialformen sind etwa Welpennäpfe, aus denen alle hungrigen Mäuler eines Wurfs gleichzeitig mampfen können, Näpfe mit »Wassergraben«, der den ständig im Freien fressenden Hund vor ungebetenen Gästen wie Ameisen

Edelstahlnapf für einen Hund mit schmaler Schnauze

Edelstahlnapf für einen Hund mit breiter Schnauze

Kunststoffnapf mit »Wassergraben« gegen Ameisen und andere Insekten

Keramiknapf

HUNDEKÜCHE

Wenn alle auf einmal futtern, läßt sich schwer sagen, ob auch wirklich jeder seinen gerechten Teil bekommt. Deshalb ist es besser, wenn jeder Hund einen eigenen Napf hat und auf seinen individuellen Bedarf abgestimmte Kost erhält.

schützt – sofern die Wasserrinne immer gefüllt ist –, und Langohrnäpfe, bei denen selbst lange Schlappohren nicht ins Futter oder Wasser hängen. Viele Modelle haben praktischerweise auch einen Gummirand, der sie am Verrutschen hindert.

Wasser- und Futterautomaten

Hunde sind Gewohnheitstiere und fressen gern jeden Tag um dieselbe Zeit. Leider halten Termine oder ein Stau Herrchen oder Frauchen manchmal so lange auf, daß der Liebling lange auf sein heißersehntes Abendessen warten muß. Kommt dies bei Ihnen öfter vor, könnte ein Futterautomat die Lösung sein. Es gibt Futternäpfe mit Timer, die sich zu der eingestellten Zeit öffnen und entweder mit Trockenfutter oder – falls Sie bereit sind, mehr Geld für ein Modell mit Kühlvorrichtung auszugeben – auch mit Dosenfutter gefüllt werden können. Für ständig frisches Wasser sorgt eine automatische Wassertränke. Bedenken Sie aber, daß kein noch so perfekter Automat Herrchen und Frauchen ersetzen kann.

Bei diesem Futterautomat öffnet sich die Klappe jeweils zur eingestellten Zeit – ausgesprochen praktisch, wenn Sie ausnahmsweise einmal nicht pünktlich zum Abendessen nach Hause kommen können. Der Afghane rechts hat einen Halter, der »mitdenkt«: Ein Wollkragen hält die Ohren vom Futter fern, der erhöhte Napf schont den Rücken.

Besonderes Futter für besondere Hunde

Nicht nur für Menschen gibt es spezielle Schon- und Diätkost, die bestimmte Beschwerden lindern oder sogar völlig beseitigen kann. Auch Hunde profitieren von den modernen wissenschaftlichen Erkenntnissen über Ernährung und dem breiten Angebot an hochwertigen Nahrungsmitteln. Hersteller von Tierfutter haben heute eine ganze Reihe von Spezialprodukten im Sortiment – von vegetarischen Mahlzeiten bis hin zu Diäten für Hunde, die an einer Allergie, Nierenerkrankung, gravierendem Übergewicht oder anderen Problemen leiden. Neuerdings beschäftigen sich Wissenschaftler auch mit der Frage, welche Rolle die Ernährung bei krebskranken Hunden spielt.

Falls Sie sich nicht sicher sind, ob Ihrem Liebling eine spezielle Kost guttun würde, konsultieren Sie Ihren Tierarzt. Im Falle von Fettleibigkeit etwa kann die Gewichtszunahme auch krankheitsbedingt sein. Fragen Sie also immer einen Veterinärmediziner, bevor Sie Ihren Liebling auf »FdH« setzen oder seine Ernährung umstellen. Viele Diätfuttermittel sind zudem nur über den Tierarzt erhältlich.

Vegetarische Kost – ja oder nein?

Stellen Sie Ihrem Hund einen Napf mit Bohnen, Karotten, Naturreis und vegetarischem Fleischersatz vor die Nase, dann wird er es vermutlich hinunterschlingen – aber nicht, weil er vielleicht eine Schwäche für vegetarische Kost hat, sondern weil es sich dabei um Futter handelt und er eben verfressen ist. Aber ist eine solche Mahlzeit tatsächlich auch gesund für ihn?

Hunde sind von Natur aus Fleischfresser, und ihre Lebenserwartung ist niedrig genug, die gesundheitlichen Probleme, die Fleischgenuß bei manchen Menschen hervorruft, gar nicht erst auftreten zu lassen. Anders als Katzen können Hunde zwar rein vegetarisch ernährt werden, sofern man sorgfältig auf die richtigen Zutaten achtet, aber vom tiermedizinischen Standpunkt aus gibt es kei-

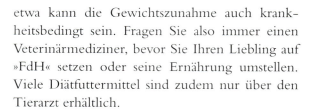

Wenn es ans Fressen geht, kennt kaum ein Hund das Wörtchen »nein danke«. Fettleibigkeit ist vermutlich der häufigste Grund, weshalb Haustiere auf kalorienreduzierte, ballaststoffreiche Diät gesetzt werden. Vielleicht erscheint Ihnen das Übergewicht nicht dramatisch, aber es kann unter anderem Herz- und Gelenkserkrankungen fördern.

HUNDEKÜCHE

Mögen Hunde Knoblauch?

Knoblauch soll blutsaugende Vampire und Flöhe abhalten. Vielleicht ist er deshalb Bestandteil so vieler Hunde-Snacks und sogar mancher regulärer Futtermittel – damit kein Vampir (oder Floh) je auf die Idee kommt, sich an Ihrem Liebling zu vergreifen. Aber im Ernst: Die meisten Hunde lieben Knoblauch und neigen dazu, alles zu verschlingen, was nur im entferntesten danach riecht.

Zuviel Knoblauch kann allerdings auch bei Ihrem vierbeinigen Hausgenossen Mundgeruch verursachen – und den müssen Sie dann ertragen. Bei hohen Dosen besteht zudem die Möglichkeit gesundheitlicher Schäden, da Knoblauch im Verdacht steht, beim Hund die roten Blutkörperchen anzugreifen. Ein bißchen Knoblauch als Würzmittel zu verwenden, ist in Ordnung – und wer verfüttert ihn schon knollenweise?

nen vernünftigen Grund, einem Hund Fleisch vorzuenthalten.

Sind Sie aus ethischen Gründen selbst Vegetarier und wollen Ihren Hund zu einem ebensolchen erziehen, werden Sie sich schwertun. Sie werden ihn auch mit viel Überredung nicht dazu bringen, Fleisch zu meiden, und mit großer Wahrscheinlichkeit werden Ihrem Hund bei fleischloser Kost einige wichtige Nährstoffe fehlen, die seinen Allgemeinzustand verschlechtern und seine Gesundheit beeinträchtigen können.

Diät

Als Hundehalter ist es beruhigend zu wissen, daß die veterinärmedizinische Betreuung heutzutage ausgezeichnet ist und daß es eine Vielzahl von Diätnahrungsmitteln gibt, die Hunden mit unterschiedlichsten Problemen das Dasein ganz wesentlich erleichtern.

Es gibt Futter speziell für Welpen, erwachsene Hunde, Gebrauchshunde, ältere Hunde und Hunde mit speziellen Gesundheitsproblemen. Mit Hilfe Ihres Tierarztes finden Sie bestimmt auch die richtige Kost für Ihren Liebling.

Die am häufigsten benötigte Spezialdiät ist die gegen Übergewicht. Dazu gehören spezielle Hundefuttersorten mit reduziertem Nährwert bei gleichzeitig erhöhtem Ballaststoffgehalt, so daß der Hund dieselbe Menge fressen kann, dabei aber weniger Kalorien zu sich nimmt. Auch bei Diabetes kann sich ein hoher Faseranteil positiv auswirken. Sie erzielen aber den gleichen Effekt, wenn Sie normales Futter mit ballaststoffhaltigem Gemüse oder Gemüseflocken strecken.

Allergie-Diäten können Vierbeinern mit Hautproblemen helfen. Solche Futtermittel enthalten häufig für Hunde ungewöhnliche Eiweiß- und Kohlenhydratquellen wie Fisch und Kartoffeln.

Rekonvaleszente Hunde bekommen oft leicht verdauliche Schonkost verordnet, die den Magen-Darm-Trakt nicht belastet. Und wurde bei Ihrem Liebling eine Nierenerkrankung diagnostiziert, wird der Tierarzt vermutlich eine Diät mit niedrigem Proteingehalt empfehlen.

Relativ neu auf dem Markt sind Futtermittel speziell für vierbeinige Senioren. Aber oft haben diese reduzierten Eiweißgehalt, was bei gesunden älteren Hunden völlig unangebracht ist. Daß Ihr Hund jetzt sieben oder älter ist, ist absolut kein Grund, seine Ernährung umzustellen.

FÜNFTER TEIL

Gesundheit und Wohlbefinden

Den Hund gesund zu erhalten bedeutet mehr als die jährliche Routineuntersuchung beim Tierarzt. Die Verantwortung liegt allein bei Ihnen.

16   VORBEUGEMASSNAHMEN

Seiten 242–263
Eine sorgfältige häusliche Pflege ist die beste Gesundheitsvorsorge für Ihren Hund.

17   KASTRATION

Seiten 264–269
Kastrieren oder nicht? Ihr Hund lebt glücklicher ohne unerfüllte Liebessehnsüchte.

18   DIE GEBURT

Seiten 270–279
Ob Sie nun züchten wollen oder nicht – Welpen sind ein wunderbares Erlebnis.

19   PFLEGE DES ALTERNDEN HUNDES

Seiten 280–287
Sorgen Sie dafür, daß für Ihren Hund auch das Alter zu einer lebenswerten Phase wird.

16 VORBEUGEMASSNAHMEN

Alles, was der Hund benötigt, können Sie ihm geben. Sie müssen nur lernen, wie man die Zeichen erkennt, daß etwas nicht in Ordnung ist. Sorgen Sie dafür, daß er seine Schutzimpfungen erhält, und bringen Sie den Hund zum Tierarzt, wenn er ärztlichen Beistand braucht.

Wahl des Tierarztes
Seiten 253–256
Suchen Sie sich einen Tierarzt aus, dem Sie und Ihr Hund vertrauen.

Vorsorge beginnt zu Hause
Seite 243
Beobachten Sie Ihren Hund und erkennen Sie Krankheitszeichen rechtzeitig.

Kein Grund zur Sorge
Seiten 248–250
Viele Reaktionen des Hundes sind ganz natürlich und brauchen Sie nicht zu beunruhigen.

Wirksame Vorbeuge
Seiten 257–259
Das richtige Impfprogramm für Ihren Hund ist der sicherste Weg, lebensbedrohliche Krankheiten zu vermeiden.

Gesundheits-Check
Seiten 244–247
Vertrauen ist wichtig. Sie werden erkennen lernen, wann es dem Hund nicht gutgeht.

Allgemeine Probleme
Seiten 251–252
Viele leichte Beschwerden des Hundes lassen sich ohne großen Aufwand zu Hause behandeln.

Versorgung im Krankheitsfall
Seiten 260–263
Wie man Medikamente verabreicht und dafür sorgt, daß der Hund sie schluckt.

VORBEUGEMASSNAHMEN 243

Vorsorge beginnt zu Hause

 Hin und wieder werden Sie den Rat eines Tierarztes einholen oder seine Dienste in Anspruch nehmen, aber für die Gesundheit Ihres Hundes sind in erster Linie Sie zuständig. Die Art und Weise, wie Sie zu Hause für sein Allgemeinbefinden sorgen – angefangen vom regelmäßigen monatlichen Verabreichen eines Wurmmittels bis hin zu einer gründlichen Untersuchung – ist ausschlaggebend für das gesundheitliche Wohlergehen des Tieres.

Sie brauchen nicht zu befürchten, daß der Tierarzt dabei zu kurz kommen könnte, denn Sie werden ihn eines Tages bestimmt brauchen. Aber es besteht kein Grund, jedesmal in die Praxis zu fahren, wenn das Tier sich kratzt, schnieft oder niest.

Auf Probleme achten

Ihr Hund wird wahrscheinlich etwa zwei Stunden im Jahr beim Tierarzt verbringen und rund 8700 Stunden bei Ihnen. Das sind sieben Tage pro Woche, 52 Wochen im Jahr. Sie wissen, was er am liebsten frißt, wieviel Auslauf er braucht, wo er seinen Lederknochen versteckt und wie er Sie begrüßt, wenn Sie spät nach Hause kommen. Nur Sie haben die Erfahrung, wie das Tier aussieht, wie es sich fühlt und benimmt, wenn alles mit ihm in Ordnung ist. Deshalb sind Sie der erste, der erkennt, daß sich das Tier ungewöhnlich verhält.

Nehmen wir an, Ihnen fällt auf, daß der Hund nach dem Spielen im Garten leicht hinkt. Oder Sie spüren eine Verdickung unter dem Fell, die vergangene Woche noch nicht da war. Wenn Sie solche Veränderungen rechtzeitig feststellen, können Sie Schritte unternehmen, bevor sich der Zustand verschlimmert. Deshalb empfehlen viele Tierärzte eine wöchentliche gründliche Untersuchung des Tieres.

Alarmsignale
Es gibt eine Reihe eindeutiger Hinweise wie beispielsweise Appetitlosigkeit oder Veränderungen im Bewegungsverhalten, die Ihnen verraten, daß sich Ihr Hund nicht wohl fühlt. Wenn es dem Hund nicht gutgeht, frißt er häufig gar nicht oder zumindest nicht die übliche Menge, und er schränkt mit Sicherheit auch seinen gewohnten Auslauf ein. Normalerweise sind das zwei Dinge, die der Hund am liebsten tut, und wenn er keine Lust mehr dazu verspürt, ist das ein sicheres Zeichen, daß etwas mit Ihrem Hund nicht stimmt.

Einmal die Woche sollte man gründlich untersuchen, zum Beispiel beim Schmusen, ob mit der Gesundheit des Hundes alles in Ordnung ist.

Gesundheits-Check

Für die Gesundheit Ihres Hundes sorgen Sie am besten, indem Sie Veränderungen erkennen, bevor sie zum Problem werden. Das geschieht zweckmäßigerweise wöchentlich im Zuge einer gründlichen Untersuchung. Dabei fallen Ihnen eventuelle kleine Veränderungen auf, die anzeigen, daß etwas nicht so ist, wie es sein sollte.

Untersuchen Sie den Hund am ganzen Körper. Prüfen Sie die Funktionen von Herz und Lunge. Dazu brauchen Sie sich kein Stethoskop umzuhängen. Sie brauchen auch keine aufwendigen Apparaturen, um den Puls des Hundes zu messen, die Atmung und den Kreislauf zu kontrollieren und ob er genügend Flüssigkeit aufnimmt.

Puls messen

Der Puls gibt Auskunft über die Herztätigkeit. Bei normalem Puls geht es dem Tier blendend. Ein beschleunigter oder verlangsamter Pulsschlag ist ein Zeichen, daß etwas im Argen liegt.

Seien Sie freundlich zu Ihrem Hund, wenn Sie den Puls abfühlen. Sie müssen die Oberschenkel-Arterie finden, wo der Puls am stärksten ist. Sie liegt an der Innenseite des Oberschenkels (an den Hinterläufen), und Sie ertasten sie am besten, wenn das Tier steht oder mit ausgestreckten Läufen auf dem Rücken liegt. Gewöhnlich springt die Pulsarterie merklich vor. Legen Sie einen oder zwei Finger darauf und zählen Sie 15 Sekunden lang die Pulsschläge. Multiplizieren Sie die Zahl mit 4, um die Anzahl der Schläge pro Minute zu

Zum Messen der Pulsfrequenz ertastet man mit den Fingern die Oberschenkel-Arterie an der Innenseite des Hinterlaufs. Zählen Sie die Pulsschläge in 15 Sekunden und multiplizieren Sie die Zahl mit 4, um die Frequenz pro Minute zu erhalten.

erhalten. Die Pulsfrequenz richtet sich nach Größe und Alter des Tieres.

Der normale Puls eines Hundes ist je nach Rasse unterschiedlich. Allgemein ist die Frequenz bei größeren Tieren langsamer als bei kleineren. Bei Hunden von mittlerer Größe liegt sie zwischen 60 und 150 Schlägen pro Minute. Erkundigen Sie sich beim Tierarzt nach der Pulsfrequenz Ihres Hundes, und denken Sie daran, daß die Schläge gleichmäßig stark und regelmäßig sein sollten.

VORBEUGEMASSNAHMEN

Die Übertragung des Herzschlags läßt sich ebenfalls messen, indem Sie die Hand auf die Brust hinter dem linken Ellbogen legen. Das bietet sich an, wenn Sie die Pulsarterie nicht finden. Beim Klopfen des Herzens entstehen zwei Töne, die Sie als Schwingungen spüren; danach folgt eine kleine Pause vor dem nächsten Schlag.

Atmung

Auf das Befinden des Hundes läßt sich auch aus der Atemtätigkeit schließen. Man zählt die Atemzüge pro Minute, erkennbar am Heben und Senken des Brustkorbs. Je nach Rasse atmet der Hund pro Minute 10- bis 30mal ein und aus. Wenn das Tier kurzatmig ist oder die Atmung im Ruhezustand zu schnell ist, gehen Sie mit ihm zum Arzt. Die Atemkontrolle ist gewöhnlich unkompliziert, kann aber schwierig werden, wenn das Tier zur Gruppe der Hechler, Schnaufer oder Keucher gehört. Manchmal gelingt es, das Tier mit einem Spielzeug abzulenken, so daß sich die Atmung beruhigt.

Kreislauf

Mit dem Schlagen des Herzens allein ist es nicht getan; es erfüllt seine Aufgabe nur dann richtig, wenn es das Blut in alle Teile des Körpers transportiert. Ob der Kreislauf normal funktioniert, können Sie selbst feststellen, indem Sie eine Methode anwenden, die von Veterinären als Prüfung der Kapillarfüllung bezeichnet wird. Heben Sie die seitliche Lefze an und drücken Sie den Finger fest, aber sanft auf das Zahnfleisch über dem Fangzahn. Wenn Sie den Finger wegnehmen, muß ein weißer Fleck zurückbleiben, der sich innerhalb von zwei Sekunden wieder rötet. Hält die Blässe länger als zwei Sekunden an, liegt eine Aorteninsuffizienz vor.

Flüssigkeitsspiegel

Ein wichtiger Punkt ist die Kontrolle des Flüssigkeitsspiegels (Turgorprüfung). Wenn Hunde austrocknen – zum Beispiel durch Überhitzung – kann es zu einem Schock kommen, einer Notfallsituation. Um gegen Austrocknung rechtzeitig Vorsorge treffen zu können, packt man das Fell über der Schulter des Tieres, zieht behutsam daran und dreht es leicht, bevor man es wieder losläßt. Ist der Wasser- und Elektrolythaushalt gestört, bleibt eine Falte im Fell zurück, und es dauert eine Weile, bis es sich wieder strafft.

So messen Sie die Temperatur Ihres Hundes

Wenn Sie den Eindruck haben, Ihrem Hund gehe es nicht gut, dann messen Sie seine Temperatur. Aber kommen Sie nicht auf den Gedanken, ihm das Thermometer in die Achselhöhle zu stecken oder unter die Zunge. Sie benötigen dazu ein Rektal-Thermometer, und zwar eins nur für den Hund.
Die Temperatur des Hundes zu messen ist einfach. Streichen Sie etwas Vaseline auf die Spitze des Thermometers. Dann stellen oder knien Sie sich in entgegengesetzter Richtung neben das Tier, heben den Schwanz an und schieben das Thermometer unter Drehen drei bis vier Zentimeter in den After. Mit einem Digital-Thermometer geht es schneller. Die Normaltemperatur eines Hundes liegt zwischen 38 und 39 °C. Übersteigt sie 39 °C, hat der Hund Fieber.
Falls Ihnen diese Prozedur nicht zusagt, können Sie ein Aural-Thermometer kaufen, das zwar etwas teurer ist, mit dem Sie aber die Temperatur im Gehörgang messen können.

Die gründliche Untersuchung

Untersuchen Sie den Körper Ihres Hundes in regelmäßigem Turnus. Auf diese Weise lernen Sie den Normalzustand des Tieres kennen und bemerken rechtzeitig Veränderungen im Organismus. Folgende Punkte sind dabei zu beachten.

Wenn Sie das Rückgrat abfühlen, darf der Hund keine Anzeichen von Schmerz von sich geben. Treten die Rippen zu stark hervor, könnte das an Unterernährung liegen. Falls sich die Rippen nicht ertasten lassen, frißt der Hund vermutlich zuviel.

Achten Sie auf verfilztes Haar am After sowie auf Hundebandwürmer, die Reiskörnern ähneln. Versichern Sie sich, daß in der Aftergegend keine Schwellungen vorhanden sind.

Achten Sie am Hinterteil auf Anzeichen von Flöhen. Dabei kann es sich um die Parasiten selbst handeln, die im Fell umherkriechen, oder um ihre Ausscheidungen, die wie braune oder schwarze Kommas aussehen. Wenn Sie sanften Druck auf die Hüften ausüben, darf der Hund keinen Schmerz verspüren.

Heben Sie die Läufe einen nach dem anderen an, um zu prüfen, ob die Bewegung schmerzhaft ist oder die Glieder steif sind.

Tasten Sie den Bauch behutsam nach schmerzenden Stellen ab. Achten Sie auf Ausschlag in den Achselhöhlen und in der Leistengegend.

VORBEUGEMASSNAHMEN

Die Gehörgänge sollten sauber, nicht entzündet sein und keinen unangenehmen Geruch absondern. Die Ohrmuscheln dürfen keine Rötung aufweisen.

Die Augen des Hundes sollten klar, hell und wach sein. Sekret oder Rötung sind Anzeichen einer Störung.

Die Nase sollte feucht und nie trocken und rissig sein. Es darf kein Nasensekret austreten, und die Pigmentation sollte gleichmäßig dunkel sein.

Ein Blick in den Rachen verrät Ihnen, ob Schwellungen vorhanden sind. Wenn Sie über dem Schlüsselbein sanft gegen die Kehle drücken und die Luftröhre abfühlen, darf das Tier nicht husten.

Schauen Sie dem Hund ins Maul, ob Zähne abgebrochen oder ausgefallen sind und ob sich Zahnstein gebildet hat. Der Atem sollte frisch riechen, das Zahnfleisch muß fest und rosafarben sein. Rötung oder Blutungen sind Alarmsignale. Drücken Sie mit dem Finger fest aufs Zahnfleisch und lassen Sie wieder los: Die Farbe sollte binnen zwei Sekunden zurückkehren.

Das Fell sollte gut gepflegt und nicht verfilzt sein. Schieben Sie die Fellhaare beiseite, um zu prüfen, ob die Haut glatt, sauber und von gleichmäßiger Färbung ist.

Beobachten Sie das Heben und Senken des Brustkorbs, ob die Atmung normal ist oder dem Tier Mühe bereitet.

Sehen Sie sich die Pfoten an. Achten Sie auf Schwellungen, verfilztes Haar, Kletten und Zecken zwischen den Zehen. Untersuchen Sie die Fußballen auf Risse oder Schnittwunden. Prüfen Sie, ob die Krallen geschnitten werden müssen.

Kein Grund zur Sorge

Hunde verhalten sich anders als Menschen. Sie weisen besondere Eigenschaften auf, die Ihnen bei einer Gesundheitsüberprüfung auffallen werden, und obwohl sie auf den ersten Blick wie besorgniserregende Krankheitszeichen aussehen, sind sie völlig normal. Sie werden sich rasch an diese hundetypischen Eigenheiten gewöhnen und sich nach dem Grund fragen, wenn sie fehlen – ganz zu Recht.

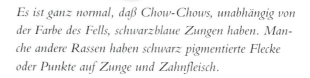

Es ist ganz normal, daß Chow-Chows, unabhängig von der Farbe des Fells, schwarzblaue Zungen haben. Manche andere Rassen haben schwarz pigmentierte Flecke oder Punkte auf Zunge und Zahnfleisch.

Das dritte Augenlid
Nicht daß Sie glauben, mit Hilfe dieser zusätzlichen Einrichtung der Natur könne der Hund in die Zukunft sehen. Alle Hunde haben ein Ober- und ein Unterlid und dazu noch ein weiteres, das dritte Augenlid, in der Tiermedizin auch Nickhaut genannt. Die dritte Lidhaut schiebt sich diagonal von der Innenseite des Unterlids zur Außenseite des Oberlids über den Augapfel. Sie funktioniert auf diese Weise ähnlich wie der Scheibenwischer beim Auto, indem sie Fremdkörperpartikel von der Hornhaut wischt. Das dritte Lid schützt das Auge nicht nur, es sondert auch Tränenflüssigkeit ab, die das Auge feucht und gleitfähig hält. Man kann das dritte Augenlid sehr gut am inneren Augenwinkel erkennen. Bei kranken Hunden, insbesondere wenn das Tier unter Austrocknung leidet, steht es meist etwas stärker vor als gewöhnlich.

Zähne im Doppelpack
Wie der Mensch hat auch der junge Hund ein Milchgebiß, das vom bleibenden Gebiß ersetzt wird. Aber die Milchzähne des Welpen fallen nicht immer aus, bevor die endgültigen Zähne nachwachsen. Es kann also vorkommen, daß Sie zwei dicht nebeneinanderstehende Zähne sehen, was im Fall der Fangzähne besonders häufig auftritt. Wenn Sie die Lefzen des Welpen anheben, erkennen Sie den gebogenen Milchzahn unmittelbar neben dem geraden bleibenden Zahn.

Das braucht Sie nicht zu beunruhigen. Meistens fällt der Milchzahn von selbst aus. Wenn Sie mit

VORBEUGEMASSNAHMEN

dem sechs Monate alten Welpen zum erstenmal zur Gebißkontrolle gehen, wird der Veterinär das Wachstum der bleibenden Zähne überprüfen und Ihnen sagen, was Sie gegen Milchzähne unternehmen müssen, die nicht ausfallen wollen.

Schwarze Zunge

Das klingt übel und sieht auch so aus, wenn man nicht daran gewöhnt ist. Aber es ist nur eine natürliche Pigmentation, die bei einigen Rassen vorkommt, besonders beim Chow-Chow. Bei anderen Hunderassen können zumindest einige dunkle Flecke auftreten. Das ist jedoch völlig normal und kein Grund zur Beunruhigung.

Nabel

Auch Ihr Hund hat einen Nabel. Das ist die eingezogene Narbe an der Bauchwand, wo nach der Geburt die Nabelschnur durchgeschnitten wurde. Sie können sie in der Bauchmitte unterhalb des Brustkorbs ertasten. Statt einer Vertiefung kann es sich auch um eine kegelförmige Erhebung handeln, die etwas Flüssigkeit, schlimmstenfalls Darmschlingen enthalten.

Sollte Ihr Welpe ein solches »Bauchknöpfchen« haben, kann es sich um einen Nabelbruch handeln. Aber keine Angst; der Tierarzt wird Ihnen erklären, was dagegen zu unternehmen ist, und den Schaden bei einem der nächsten Besuche beheben – häufig im Zuge der Kastration.

Schwielen

Schwielen sind haarlose, verhornte Verdickungen der oberen Hautschichten. Wenn Sie einen großen Hund haben, der sich beim Hinlegen mit einem Plumps fallen läßt, können Schwielen an den Ellbogen auftreten. Bei kleinen Hunden wie Dackeln, die gern auf dem Bauch kriechen, können sich Schwielen über dem Brustbein bilden. Ursache ist die ständige Beanspruchung mit der daraus folgenden Verhärtung der Hautschichten. Auch Sie bekommen rauhe Ellbogen, wenn Sie sie häufig aufstützen. Es handelt sich also um eine natürliche Verschleißerscheinung, keineswegs um eine organische Störung, es sei denn, die Schwielen entzünden sich.

Sollte Ihr großer Hund zu rauhen Ellbogen neigen, die Sie als unschön empfinden, können Sie die betroffenen Stellen mit einem Polster schützen. Kriecht Ihr kleiner Liebling mit Vorliebe auf dem Bauch, halten Sie ihn dazu an, ausschließlich die Beine als Fortbewegungsmittel zu benutzen.

Wolfskrallen

Wolfs- oder Afterkrallen sind die unnützen kleinen Krallen an der Innenseite der Läufe. In ein paar Jahrtausenden werden sie sich im Zuge der Evolution vermutlich ganz zurückbilden, aber bis dahin ist noch lange Zeit, und die meisten Rassen haben diese Gliedmaßen. Normalerweise stellen sie kein Problem dar, aber weil sie nicht bis zum Boden reichen, nutzen sich die Krallen nicht ab. Wolfskrallen müssen regelmäßig geschnitten werden, damit sie nicht zu lang werden oder sich einrollen und ins Fleisch wachsen. Und es besteht die Gefahr, daß sie sich – wie auch die übrigen Krallen – irgendwo verfangen, einreißen und dann zu bluten beginnen.

Wolfskrallen sind die degenerierten kleinen Zehen des Hundes aus grauer Vorzeit. Bei manchen Rassen werden sie kurz nach der Geburt entfernt.

Bei einigen Hunderassen zählt das Entfernen der Wolfskrallen zu den unverzichtbaren Statussymbolen. Es wird vom Tierarzt wenige Tage nach der Geburt der Welpen vorgenommen.

Brustwarzen

Ihre Hündin hat zwei Reihen Brustwarzen zwischen Brust und Bauch. Die Natur hat den Hund mit einem so üppigen Gesäuge ausgestattet, damit alle Welpen eines Wurfes ernährt werden können, und ein Wurf kann über zwölf Junge umfassen, die alle Hunger haben. Bei Rüden und kastrierten Hündinnen bleiben die Brustwarzen klein. Nur wenn das Tier trächtig ist und während der Säugeperiode schwellen sie an.

Penis

Das Fortpflanzungsorgan des Rüden ist ungewöhnlich. Sein Penis ist ständig teilweise erigiert, denn anstelle von Schwellkörpern hat der Hund einen Penisknochen (*Os penis*). Dieser Zustand ist also keine Folge des Frühlingserwachens, sondern angeboren. Bei Rüden mit vollständig erigiertem Penis kann man die rosa Eichel aus der Vorhaut ragen sehen und an der Wurzel eine Verdickung.

Letztere dient als »Kontaktverschluß« und sorgt dafür, daß Rüde und Hündin beim Paaren etwa eine halbe Stunde aneinanderhängen, damit der Deckakt erfolgreich vollzogen und die Hündin trächtig wird. Die Penisverdickung mag Ihnen ein wenig seltsam vorkommen, aber es hat alles seine Richtigkeit.

Haarausfall

Bei manchen Hunden, besonders bei nicht kastrierten Rüden, bildet sich ein ovaler kahler Fleck am Ende des Rückens vor dem Schwanzansatz. Manchmal wird die Haut schuppig oder fettig. Es handelt sich möglicherweise um eine hormonelle Alopezie, weil Hormongaben das Problem zu verstärken scheinen. Aber die Sache ist halb so schlimm und normalerweise ungefährlich. Nur wenn sich die Stelle entzündet, müssen Sie Ihren Vierbeiner zum Tierarzt bringen.

Die kalte Hundeschnauze – und was sie bedeutet

Im Volksmund gilt die kalte, feuchte Nase als Zeichen, daß der Hund gesund ist. Tierärzte sehen jedoch in der kalten Schnauze kein Thermometer, an dem sich der Gesundheitszustand des Tiers ablesen läßt. Sie kann, muß aber nicht auf eine gute Verfassung hinweisen. Auch kranke Hunde können eine kalte Schnauze haben, genauso wie völlig gesunde Tiere mit einer heißen Schnauze herumlaufen.

Ob die Schnauze trocken oder feucht, warm oder kalt ist, hängt von Faktoren wie Luftfeuchtigkeit, Körpertemperatur und Tränenfluß durch die Nasengänge ab. Ein Abfühlen der Schnauze zu Diagnosezwecken erübrigt sich demzufolge, denn es gibt keinen Aufschluß über den Gesundheitszustand des Tieres.

VORBEUGEMASSNAHMEN

Allgemeine Probleme

Gewöhnlich hat man mit Hunden keine ausgefallenen Probleme. Staupe, Räude und Hüftgelenksdysplasie sind weit verbreitet, stehen aber beileibe nicht an oberster Stelle auf der Sorgenliste. Es sind vielmehr die alltäglichen kleinen Probleme, die Sie auf Trab halten werden: Zahnfleischerkrankungen, Erbrechen oder Durchfall, Würmer und Flöhe sowie Fragen im Zusammenhang mit der Erziehung. Wie bei den meisten Alltagsproblemen sind vorbeugende Maßnahmen die beste Garantie für Gesundheit und Wohlergehen Ihres Hundes.

Zahnfleischerkrankungen

Daß Hunde keine Zähne putzen, ist eine Binsenweisheit, aber keine Entschuldigung für unterlassene Zahnpflege. Unsere Vorfahren haben sich die Zähne auch nicht geputzt, und man kann nur raten, wieviel sie davon im Alter noch im Mund hatten. Es ist eine Tatsache, daß über 85 Prozent aller vier Jahre alten Hunde infolge mangelhafter Zahnpflege an entzündetem Zahnfleisch leiden. Die Folge sind Gebißschäden bis hin zum Zahnausfall. Machen Sie also die Zahnpflege zu einem wesentlichen Teil der allgemeinen Vorsorge, Hygiene und Pflege Ihres Hundes. Nähere Informationen finden Sie unter »Blitzblanke Zähne« auf Seite 408.

Verdauungsstörungen

Spätestens wenn Sie auf Erbrochenes oder flüssigen Stuhl stoßen, wird Ihnen bewußt, daß Ihr Liebling sich den Magen verdorben hat. Und selbst wenn Sie noch so vorsichtig sind, es gibt immer irgend jemanden, der Ihrem Hund ein Stück Pizza gönnen möchte, oder das Tier findet einen offenen Mülleimer und wühlt darin herum. Kein Hund kann der Versuchung widerstehen, etwas zu fressen, das gar so gut riecht, und Sie müssen sich auf gelegentliche Verdauungsbeschwerden einrichten. Weitere Informationen zur Behandlung eines verdorbenen Hundemagens finden Sie auf Seite 306.

Würmer und Flöhe

Ein weiteres häufiges, wenn auch vermeidbares Problem bei Hunden ist der Wurmbefall. Wird der Welpe regelmäßig entwurmt, ist es nur eine Frage der Zeit, bis das Tier völlig frei von diesen Parasiten ist. Eine Entwurmungskur nützt am

Flöhe sind so verbreitet wie Hunde. Achten Sie bei der wöchentlichen Untersuchung auf diese Parasiten. Sie halten sich mit Vorliebe im Schwanzbereich auf.

nachhaltigsten bei jungen Hunden, wenn das Tier zwischen zwei und 20 Wochen alt ist. Gehen Sie erst nach einigen Monaten gegen diese ungebetenen Gäste vor, haben sie sich bereits auf Lebenszeit eingenistet. Trotz scheinbar erfolgreicher Behandlung überleben Wurmeier und -larven und beginnen ihr Unwesen von neuem, sobald Ihr Liebling unter körperlicher Belastung steht, zum Beispiel mit einem Wurf Welpen beschäftigt ist. Und so setzt sich der Kreislauf fort.

Wenn Sie einen Welpen haben, müssen Sie davon ausgehen, daß er Würmer hat. Untersuchungen haben gezeigt, daß 75 Prozent aller Jungtiere von Würmern befallen sind. Bei einem Routine-Test fällt das nicht auf. Genauere Auskünfte, wie Sie diese unerwünschten Gäste wieder loswerden, bekommen Sie unter »Würmer« auf Seite 348.

Was die Flöhe angeht, so ärgern die uns seit Millionen von Jahren, und auch in Zukunft besteht kaum Aussicht, daß wir von dieser Plage erlöst werden. Aber Fortschritte in der Parasitenbekämpfung geben Ihnen Mittel zur Hand, um im Abwehrgefecht siegreich zu bleiben. Mehr darüber unter »Flöhe« auf Seite 310.

Der Gang zum Tierarzt

Es gibt genügend Möglichkeiten, zu Hause für die gute Gesundheit Ihres Hundes zu sorgen. Wenn ihm aber etwas Ernsthaftes zustößt, ist der Tierarzt für ihn da, der dazu ausgebildet ist, Symptome zu erkennen und das Tier zu behandeln. Zögern Sie also nicht, ihn zu Rate zu ziehen, wenn eine der folgenden Unregelmäßigkeiten auftritt:

- Nebenwirkung von Impfungen oder Medikamenten.
- Der Hund könnte Gift oder eine giftige Pflanze gefressen haben.
- Nach einem Verkehrsunfall oder einer anderen Art von Trauma.
- Bei hohem Fieber über 39 °C.
- Bei Schmerzen, vor allem im Bauchbereich.
- Bei Erbrechen oder Durchfall, die länger als 24 Stunden anhalten.
- Bei aggressivem Verhalten gegenüber Familienmitgliedern oder Gästen.
- Bei Orientierungslosigkeit.
- Bei Auftreten von Anfällen oder Zuckungen.

Dieser junge Rottweiler muß behutsam, aber mit Nachdruck dazu erzogen werden, die Sachen seines Besitzers in Ruhe zu lassen, bevor es zu schlimmeren Schäden kommt.

Ärger vermeiden

Sie werden es nicht glauben, aber Verhaltensprobleme sind der Hauptgrund, warum Leute mit Ihrem Liebling zum Tierarzt gehen. Dabei ließe sich dieser Ärger durch geeignete Maßnahmen zu Hause leicht vermeiden, und die Ausgaben für den Tierarzt und teure Medikamente könnte man sich sparen. Beginnen Sie mit der Erziehung Ihres Hundes so frühzeitig wie möglich. Auf diese Weise sorgen Sie dafür, daß das Problem gar nicht erst entsteht. Eine gründliche Erziehung ist das wichtigste Element der Präventivtherapie.

VORBEUGEMASSNAHMEN 253

Die Wahl des Tierarztes

Eine der wichtigsten Entscheidungen im Interesse der Gesundheit Ihres Hundes ist die Wahl des Tierarztes, dem Sie und der Hund vertrauen. Lassen Sie sich also Zeit und hören Sie sich um. Die Auswahl ist nicht immer leicht. Der eine Arzt mag zwar auf medizinischem Gebiet kompetent sein, läßt Sie aber trotz all seines Wissens im Unklaren, der andere scheint technisch nicht auf dem neuesten Stand zu sein, versteht es aber hervorragend, mit Tieren umzugehen. An wen sollen Sie sich nun wenden?

Sich in guten Händen fühlen

Bei der Wahl des Tierarztes kommt es nicht auf die vielen Diplome an der Wand oder auf die Anzahl der Hunde im Wartezimmer an, sondern auf das Gefühl, das Sie haben, wenn Sie sich in seiner Praxis aufhalten – und natürlich darauf, wie Ihr Hund reagiert.

Es sollte möglich sein, dem Arzt alle Fragen über den Zustand Ihres Lieblings zu stellen, die Sie auf dem Herzen haben. Ein Veterinär, zu dem Sie Vertrauen fassen können, ist jemand, der Ihnen alles so erklärt, daß Sie es auch verstehen. Der Tierarzt sollte dazu fähig sein, medizinisches Wissen allgemeinverständlich zu vermitteln, und Ihnen das Gefühl geben, daß Sie mit Ihren Fragen an der richtigen Adresse sind.

Die Suche nach dem Veterinär

Wenn Sie einen Tierarzt brauchen, fragen Sie zunächst Ihre Freunde und Bekannten, zu welchem Arzt sie gehen. Auch wenn deren Ansprüche sich von den Ihren unterscheiden, erfahren Sie auf diesem Weg zumindest, welchen Tierarzt andere bevorzugen und aus welchem Grund. Tritt dann eines Tages bei Ihnen der Ernstfall ein, haben Sie eine Liste von Namen, aus der Sie wählen können.

Der nächste Schritt ist ein Anruf in der Praxis, um allgemeine Informationen einzuholen. Sie erkundigen sich nach den Ordinationszeiten und an welchen Tagen die Praxis geöffnet ist. Kann man auch spät abends kommen, und wie verhält es sich an Samstagen und Feiertagen? Sind Besuche nur nach vorheriger Vereinbarung möglich? Und was ist bei einem Notfall, wenn man gleich kommen möchte?

Wenn Sie auf Ihre Fragen zufriedenstellende Antworten bekommen, legen Sie einen Besuchstermin fest. Es bestehen gute Aussichten, daß Sie mit Ihrer Wahl zufrieden sein werden.

Fragen an den Tierarzt

Hundertprozentige Sicherheit bei der Wahl des Tierarztes gibt es nicht, aber treffen Sie Ihre Entscheidung so objektiv wie möglich. Es bleibt Ihnen immer die Möglichkeit eines Wechsels. Beim ersten Besuch können Sie sich ein Bild davon machen, wie die Praxis eingerichtet ist, und einige der Mitarbeiter kennenlernen. Denken Sie darüber nach, ob Ihnen die Einrichtung zusagt und ob die Mitarbeiter freundlich und hilfsbereit sind. Außerdem können Sie Fragen stellen und aus den Antworten schließen, ob Sie richtig gewählt haben.

Durch welche Leistungen zeichnet sich die betreffende Praxis aus?

Es kann sich um eine allgemeine Tierarztpraxis handeln oder um eine Klinik mit einem umfangreichen Angebot an Dienstleistungen wie Notfallversorgung, fachärztliche Betreuung, Unterbringung und Tierpflege bis hin zur Beratung über Erziehung und Abrichtung. Wie immer das Angebot aussehen mag – Grundversorgung oder umfassende Betreuung –, ausschlaggebend ist der tatsächliche Vorteil, den Sie und Ihr Hund davon haben werden.

An wen wendet man sich außerhalb der Praxis-Öffnungszeiten?

Die meisten Praxen und Kliniken haben von acht oder neun Uhr morgens und bis sechs oder sieben Uhr abends geöffnet. In Notfallkliniken beginnt der Dienst, wenn die anderen schließen. Auch Tierärzte brauchen ihren Schlaf und können sich nicht um jeden Notfall zu jeder Tages- oder Nachtzeit kümmern. Gewöhnlich wird man Sie an eine Notfallklinik verweisen. Am nächsten Tag können Sie dann den vierbeinigen Patienten zu Ihrem regulären Tierarzt bringen. Wichtig ist, daß Sie erfahren, wie Ihr Tierarzt sich in Notsituationen verhält, damit Sie wissen, mit wem Sie es zu tun haben, wenn mitten in der Nacht Probleme auftreten sollten.

Welche Fachärzte für Tiermedizin gibt es in der Umgebung, und wie funktioniert die Überweisung?

Mit dieser Frage wollen Sie sich Klarheit darüber verschaffen, wie Ihr Tierarzt reagiert, wenn die Hinzuziehung eines Spezialisten angeraten erscheint. Sie brauchen einen Tierarzt, der sich über seine Schwächen und Stärken im klaren ist, und der nicht glaubt, alles selbst erledigen zu können. Es kann immer wieder einmal vorkommen, daß Ihr Liebling von einem Fachtierarzt behandelt werden muß – sei es ein Herzspezialist oder ein Dermatologe. Von Ihrem Hausarzt erwarten Sie ja auch nicht, daß er sich auf Gehirnchirurgie oder Augenkrankheiten versteht, und es gibt keinen Grund, warum es sich beim Tierarzt anders verhalten sollte.

Wer ist für was zuständig? Diese Frage stellt sich bei Klinikärzten und in Gemeinschaftspraxen.

Es ist sehr hilfreich, das Spezialgebiet des Sie betreuenden Tierarztes zu kennen und daneben auch die seiner Kollegen. Tierärzte tauschen Informationen über ihre Fälle aus und helfen sich gegenseitig bei der Suche nach der richtigen Lösung. Sollte Ihr Liebling ein bestimmtes Gebrechen haben – beispielsweise Hüftgelenksdysplasie –, wird es für Sie kein geringer Trost sein zu wissen, daß einer der Ärzte ausgebildeter Orthopäde und mit dieser Disziplin bestens vertraut ist.

Wie steht es mit Ausbildung und Praxiserfahrung?

Daß Ihr Tierarzt Veterinärmedizin studiert und seinen Doktor der Tiermedizin gemacht hat, kann als selbstverständlich vorausgesetzt werden. Das Jahr des Abschlusses gibt in der Regel Auskunft darüber, wie lange er schon praktiziert, erst als Assistent, dann als selbständiger niedergelassener Tierarzt mit Kleintierpraxis.

VORBEUGEMASSNAHMEN

Dieser kleine Vierbeiner scheint mit der Wahl der Tierärztin zufrieden zu sein. Als Hundebesitzer müssen Sie das Gefühl haben, den Tierarzt alles fragen zu können und Antworten zu bekommen, die Sie verstehen.

Wie erfolgt die Liquidation bei krankenversicherten Tieren?

Wenn Sie eine Tierkrankenversicherung abgeschlossen haben, müssen Sie einen Tierarzt finden, der den Krankenschein akzeptiert.

Welche Impfungen werden für notwendig erachtet, und wie sieht der Zeitplan aus?

Manche Hundebesitzer haben eine sehr prinzipielle Einstellung zu Schutzimpfungen. Wenn Sie zu dieser Gruppe gehören, sollten Sie sich einen Tierarzt aussuchen, dessen Ansichten mit den Ihren übereinstimmen. Ein übervorsichtiger Tierarzt, der gegen alles impft, könnte für Sie der richtige sein, weil Sie selbst kein Risiko hinsichtlich der Gesundheit Ihres Hundes eingehen wollen. Andererseits könnte ein umsichtiger Tierarzt Ihren Hund nur gegen solche Krankheiten impfen wollen, die in der Umgebung häufig vorkommen und mit denen sich das Tier anstecken könnte. Sollten Sie sich also Gedanken um mögliche Nebenwirkungen zu vieler Impfungen machen, käme dieser Arzt für Sie eher in Frage.

Welche Erbschäden können bei meinem Hund auftreten?

Bei bestimmten Hunderassen ist das Risiko ganz bestimmter Erkrankungen höher als bei anderen. Vergewissern Sie sich, daß Ihr Tierarzt über den neuesten Stand der Forschung informiert ist und weiß, worauf er in Zukunft zu achten hat.

Was empfiehlt der Tierarzt als Ausstattung der Notapotheke?

Als Antwort können Sie alles mögliche zu hören bekommen, von »Ich halte nichts von Hausapotheken für Tiere« bis »Hier haben Sie eine Liste mit allem was Sie brauchen«. Wenn Ihnen beim Anblick von Blut flau im Magen wird, sollten Sie den ersten Rat beherzigen und diesem Arzt Ihr Vertrauen schenken. Sollten Sie jedoch mit Erster Hilfe Erfahrungen haben, wäre der Tierarzt mit der Liste die bessere Wahl.

Welche Art medizinischer Versorgung kann man zu Hause vornehmen?

Die meisten Tierärzte sind dagegen, daß Sie Ihren Hund ohne ärztliche Beratung medikamentös behandeln. Nur wenn der Arzt das Tier selbst untersucht hat, kann er sagen, was ihm fehlt und was es braucht.

Wann geht man zum Tierarzt?

Haben Sie den Tierarzt gefunden, der Ihren Erwartungen entspricht, verhalten Sie sich nicht wie ein Fremder. Wenn Sie einen Welpen haben, werden Sie die Praxis verhältnismäßig häufig aufsuchen. Später braucht der Tierarzt in der Regel nur noch einmal jährlich in Anspruch genommen zu werden, sofern keine gravierenden Störungen auftreten.

Gegen Krankheit versichern?

Die Behandlung Ihres Hundes durch den Tierarzt kann ins Geld gehen, und seit etwa 10 Jahren gibt es auch in Deutschland Versicherungsunternehmen, die Tier-Krankenvollversicherung oder Operationskostenversicherung für Hunde und Katzen anbieten.

Als versicherungsfähig gelten alle gesunden Tiere ab Beginn des vierten Lebensmonats. Die Versicherungsfähigkeit endet zwar mit dem fünften Lebensjahr, aber für Tiere, die schon vor dieser Altersgrenze versichert waren, kann der Versicherungsschutz verlängert werden.

Der Versicherer kann vom Tierhalter verlangen, daß er ein tierärztliches Gutachten oder sonstige Nachweise über den Gesundheitszustand des Tieres beibringt.

Zu den versicherten Gefahren und Kosten zählen unter anderem: ambulante und/oder stationäre Behandlung einschließlich chirurgischer Eingriffe, Arzneimittel und Labor- und Röntgendiagnostik, Unterbringungsaufwendungen bei Klinikaufenthalten, Impfungen und Wurmkuren.

Nicht versichert sind unter anderem Kosten, die durch Transporte zum Tierarzt, Ergänzungsfuttermittel und Diätfutter, Diagnose und Behandlung von Leptospirose, infektiöser Hepatitis, Staupe, Parvovirose und Tollwut entstehen. Auch die Kastration Ihres Hundes müssen Sie in jedem Fall selbst bezahlen.

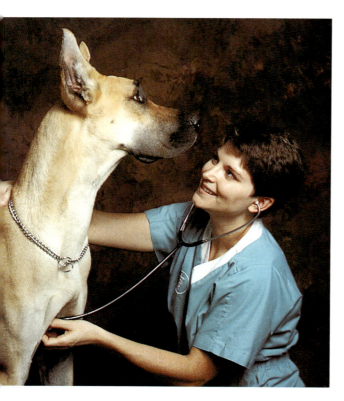

Die meisten Veterinäre verstehen es, mit ihren vierbeinigen Patienten gut zurechtzukommen. Bei dieser Riesendogge wird gerade das Herz untersucht.

Vorbeugemassnahmen

Wirksam vorbeugen

Es gibt Krankheiten, für die alle Hunde anfällig sind. Gegen einige können Sie Ihren Hund immunisieren, indem Sie ihn impfen lassen. Neben oraler medikamentöser Behandlung zur Verhütung der Herzwurmkrankheit erhalten Hunde schon als Welpen eine Reihe von Grundimmunisierungen, auf die jährliche Auffrischungsimpfungen folgen.

Grundimmunisierung

Vakzine können Ihren Hund vor vielen allgemeinen wie auch weniger häufig auftretenden Krankheiten schützen, aber manche Tierärzte sind der Ansicht, daß man sich dabei auf das absolut Notwendige beschränken sollte, um das Immunsystem des Tieres nicht übermäßig zu belasten, wodurch die Anfälligkeit für Erkrankungen nicht geringer, sondern im Gegenteil größer würde.

Einige Schutzimpfungen wie gegen Tollwut sind unverzichtbar, bei anderen hat man die freie Wahl. Wofür man sich entscheidet, hängt von den Gegebenheiten im Einzelfall ab und ob Ihr Tier häufigen Kontakt mit anderen Hunden hat. Ihr Tierarzt wird Ihnen bei der Aufstellung eines auf die Bedürfnisse Ihres Hundes zugeschnittenen Impfplans helfen. Hier sind die häufigsten Impfungen aufgeführt.

Tollwut

Sie sollten Ihren Hund unbedingt gegen Tollwut impfen lassen, denn diese Viruserkrankung ist für Mensch und Tier tödlich. Es besteht zwar kein gesetzlich vorgeschriebener Impfzwang, aber bei Grenzübertritt müssen Sie den Impfpaß vorlegen, sonst läßt man Sie mit dem Hund nicht einreisen. Auch müssen nicht geimpfte Tiere bei Kontakt mit Tollwut getötet werden.

Parvovirose

Diese ebenfalls durch ein Virus verursachte Krankheit bei Hunden kann schlimme Folgen haben. Sie schädigt die Schleimhäute des Darms, und die Behandlung ist belastend und kostspielig. Ihr Hund sollte unbedingt dagegen geimpft werden. In Tierpensionen z. B. wird man ihn nur aufnehmen, wenn er gegen Parvovirose geimpft ist.

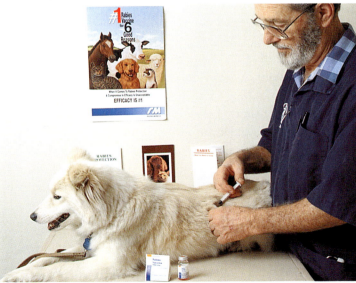

Sie müssen Ihren Hund gegen Tollwut impfen lassen und es von Zeit zu Zeit auch belegen können. Dies dient Ihrem eigenen Schutz, dem des Hundes und der ganzen Gemeinde.

Staupe

Das Staupevirus befällt unter anderem Organe und Zellen des Atmungs-, Verdauungs- und Nervensystems. Die Krankheit ist ansteckend und wird von Hund zu Hund übertragen. Zwar tritt sie nur selten auf, kann aber zum Tod führen.

Hunde-Hepatitis

Dank erfolgreicher Schutzmaßnahmen tritt diese Viruserkrankung der Leber heute nur noch selten auf. Eine Impfung ist deshalb nicht unbedingt erforderlich, aber das Heilserum ist dennoch in den meisten handelsüblichen Mehrfach-Impfpräparaten enthalten.

Coronavirose

Wie das Parvovirus ist auch das Coronavirus ein Durchfallerreger. Es ist zwar nicht ganz so gefährlich, aber Welpen leiden sehr darunter. Das Virus wird durch Kontakt übertragen, und wenn Ihr Hund häufig mit anderen Hunden zusammen ist, ein vorübergehender Zwingeraufenthalt erforderlich wird oder der Besuch einer Hundeschau bevorsteht, sollte er dagegen geimpft werden.

Parainfluenza

Diese Virusinfektion ist der Hauptgrund, warum Ihr Hund hustet. Tierpensionen und Tierkliniken verlangen in der Regel, daß das Tier dagegen geimpft ist, sonst verweigern sie die Aufnahme. Die Impfung erfolgt im Rahmen der jährlichen Auffrischung.

Leptospirose

Der Erreger wird hauptsächlich von Ratten und Mäusen übertragen und schädigt Leber und Nieren. Die Krankheit ist für Menschen ansteckend, und der Hund sollte dagegen geimpft werden.

Zwingerhusten

Diese Krankheit entspricht einer Grippe beim Menschen. Der Reizhusten hält mehrere Wochen an und ist ansteckend. Obwohl sich der Begriff Zwingerhusten seit Jahrzehnten eingebürgert hat, sind Bestrebungen im Gange, ihn abzuschaffen, weil er zu falschen Schlüssen führt. Zwar erkranken Hunde auch in Zwingern an Husten, aber dasselbe ist der Fall auf Hundeschauen, in Hundesalons, Tierpensionen, Zoohandlungen und selbst in Tierarztpraxen.

Die Anfälligkeit gegen Husten ist eine Folge von Virusinfektionen, unter anderem Parainfluenza, die eine bakterielle Infektion namens Bordatella bronchiseptica nach sich ziehen. Das Bordatellose-Vakzin wird dem Hund in die Nase gesprüht und schützt ihn vor der Ansteckung. Tierpensionen verlangen, daß der Hund geimpft ist.

Borreliose

Die Infektionskrankheit (auch Lyme Disease genannt) wird durch Rotwild-Zecken übertragen und kann zu starken Gelenkschmerzen und anderen Symptomen führen. Eine Schutzimpfung ist nur erforderlich, wenn Sie sich in einem von Zecken verseuchten Gebiet aufhalten.

Vorbeuge gegen Herzwurmkrankheit

Diese potentiell tödliche, von Stechmücken verbreitete Infektion ist mit einfachen Mitteln zu verhüten. Glücklicherweise tritt die Herzwurmkrankheit in Deutschland nicht auf, und nur wenn Sie sich mit Ihrem Hund zur Stechmückenzeit im Mittelmeerraum aufhalten, kann gegebenenfalls die Gefahr einer Ansteckung bestehen.

Bevor Sie Ihren Hund gegen Herzwurm behandeln lassen, wird der Tierarzt einen Bluttest vornehmen, um festzustellen, ob das Tier möglicherweise schon infiziert ist. Ist es bei guter Gesundheit, kann mit der Einnahme der Tabletten begonnen werden.

Es gibt zwei Therapieformen gegen die Herzwurmkrankheit. Bei der ersten werden tägliche Dosen von Diethylcarbamazin-Citrat gegeben. Praktischer ist die Behandlung im Monatsrhythmus etwa mit Ivermectin oder Milbemycinoxim. Die Wirkstoffe haben den Vorteil, daß Sie den Zeitplan nicht genau einzuhalten brauchen. Sollte Ihr Hunde kein Ivermectin vertragen, verschreibt Ihnen der Tierarzt etwas anderes.

Ob die Therapie nun tägliche oder monatliche Einnahme vorschreibt, wichtig ist, daß von Zeit zu Zeit ein Test vorgenommen wird. Bei täglichen Gaben erfolgt die Untersuchung einmal im Jahr. Wird über sechs Monate hinweg monatlich eine Gabe verabreicht, ist ebenfalls eine jährliche Untersuchung erforderlich. Erstreckt sich die Behandlung über acht Monate im Jahr (entsprechend dem Lebenszyklus der Stechmücken in der Region), wird der Test alle zwei bis drei Jahre vorgenommen.

Beginn der Vorbeuge

Vor Jahren empfahlen die Tierärzte allgemein, mit den Vorbeugemaßnahmen einen Monat vor Einsetzen der Stechmückensaison zu beginnen und sie bis einen Monat danach fortzusetzen. Damals war tägliche Einnahme die Regel, und man mußte

Die auch im Mittelmeerraum verbreitete, lebensbedrohende Herzwurmkrankheit wird durch Stechmücken übertragen. Beginnen Sie rechtzeitig mit der täglichen oder monatlichen Verhütungstherapie.

sich genau an den Zeitplan halten. Seit Einführung der monatlichen Verhütungstherapie errechnen Computer den Zeitpunkt der ersten und letzten Dosis. Setzen Sie sich mit Ihrem Tierarzt in Verbindung, damit er Ihnen sagt, wann Sie mit der Behandlung Ihres Hundes beginnen können. Und wenn alles andere nichts nützt, hält man sich an die bewährte Faustregel: einen Monat vor bis einen Monat nach der Mückensaison.

Willkommene Nebenwirkungen

Sie wollen vermeiden, daß Ihr Hund vom Herzwurm befallen wird, und deshalb werden Sie auch dafür sorgen, daß er seine Arznei regelmäßig bekommt. Aber eine gründliche Therapie gegen Herzwurm hat noch den zusätzlichen Vorteil, daß mit dem monatlich verabreichten Medikament auch die Darmflora gepflegt wird.

Medikamente, die Fenbendazol enthalten (wie Fenbendazol-Tab®), schützen gegen Rundwürmer, Hakenwürmer und Peitschenwürmer. Ist der Wirkstoff Pyrantel (wie in Banminth®) vorhanden, werden Rundwürmer und Hakenwürmer abgewehrt. Lufenuron (wie in Program®) hilft gegen Flöhe – eine Tablette gegen viele Parasiten.

Versorgung im Krankheitsfall

Dann und wann kann es erforderlich werden, Ihren Hund medikamentös zu behandeln. In bestimmten Fällen muß die Injektion vom Tierarzt vorgenommen werden, aber meistens kann man die Medikamente zu Hause verabreichen. Damit die Behandlung Wirkung zeigt, müssen Sie sich an die ärztlichen Vorgaben halten und die Therapie bis zur letzten Pille durchhalten, auch wenn sich bald eine Besserung einstellt. Wenn Sie nicht die gesamte verschriebene Arzneimittelmenge aufbrauchen, verfehlt die Behandlung die erwünschte Wirkung.

Medikamente verabreichen

Es bringt nichts, wenn Sie Ihrem Hund sagen, er soll die Pille nehmen, weil sie ihm hilft. Solche Sprüche kennt er zur Genüge. Außerdem hat er bereits den Geruch des Medikaments in der Nase und ist alles andere als davon begeistert.

Sie müssen sich schon mit den Grundregeln der Krankenpflege vertraut machen. Ist der Hund gut erzogen und gewohnt zu gehorchen, erleichtert das die Behandlung beträchtlich. Aber selbst der besterzogene Hund wird die Pille nicht mit Begeisterung schlucken. Hier einige Ratschläge, was Sie tun können, damit er die Arznei nimmt.

Tabletten und Kapseln

Manche Heilmittel für den inneren Gebrauch schmecken so gut, daß Ihr Hund darum betteln wird. Aber viel häufiger werden Sie eine Tablette oder Kapsel geben müssen, die weder schmeckt noch verlockend aussieht, und das unter Umständen mehrmals am Tag. Und es muß klappen.

Ein Trick, wie man Hunden Tabletten gibt: Schnauze nach oben drücken und Unterkiefer herabziehen. Die Tablette ganz hinten auf die Zunge legen und das Maul zuklappen. Halten Sie es zu und massieren Sie dem Hund die Kehle, bis er die Pille geschluckt hat.

Vorbeugemassnahmen

Wählen Sie möglichst den einfachsten Weg. Wenn Sie die Arznei als Leckerbissen kaschieren, indem Sie sie etwa in einem Brocken Käse oder einem Cocktailwürstchen verstecken oder mit Erdnußbutter umhüllen, schlingt der Hund sie unbesehen hinunter, und Sie haben gewonnen.

Ist der Hund jedoch mißtrauisch oder Ihnen auf die Schliche gekommen, bleibt Ihnen noch die Methode der kürzesten Entfernung zwischen zwei Punkten, nämlich zwischen Ihrer Hand und seinem Magen. Es ist nicht schwierig, dem Hund die Pille in den Rachen zu schnipsen, aber etwas Übung braucht es schon.

Tierärzte raten meistens dazu, die Schnauze des Hundes nach oben zu drücken und mit der Hand festzuhalten. Mit der anderen Hand ziehen Sie den Unterkiefer herab und schnipsen ihm die Pille genau in den Rachen. Die meisten Tierärzte schieben noch zwei Finger hinterher, um damit beim Hund ein Würgen und den Schluckreflex auszulösen. Aber zartbesaiteten Gemütern ist es lieber, dem Hund das Maul nur zuzudrücken.

Nachdem die Pille im Rachen steckt, halten Sie die Schnauze weiterhin nach oben gerichtet und massieren die Kehle, bis Sie an der Nackenbewegung des Hundes feststellen, daß er geschluckt hat. Lassen Sie sich aber nicht hinters Licht führen. Mancher Hund täuscht die Schluckbewegung nur vor und spuckt Ihnen die Pille hinters Sofa, sobald Sie ihn aus den Augen lassen. Achten Sie also genau darauf, daß das Medikament tatsächlich geschluckt wird.

Flüssige Medizin

Damit bei der Verabreichung flüssiger Heilmittel nichts daneben geht, verwenden Sie eine Pipette oder Einwegspritze ohne Nadel. Gegen Löffel haben sie meisten Hunde etwas. Drücken Sie die

Flüssige Medizin zieht man in eine Pipette oder Spritze ohne Nadel. Schieben Sie die Spitze von der Seite ins Maul und drücken Sie die Flüssigkeit hinein. Aber langsam, denn der Hund braucht Zeit zum Schlucken.

Schnauze mit der Hand nach oben und halten Sie sie fest. Schieben Sie die Pipette oder Spritze seitlich hinter die Lefzen und drücken Sie die Flüssigkeit langsam heraus. Lassen Sie dem Hund Zeit zum Schlucken. Die Hauruckmethode wie bei Tabletten oder Kapseln ist in diesem Fall ungeeignet. Sie dürfen die Flüssigkeit nicht zu schnell einführen, sonst könnte sie in die Luftröhre und in die Lungen geraten.

Augentropfen

Sie können sich darauf verlassen, daß Ihr Hund Augentropfen nicht mögen wird. Werden sie jedoch benötigt, dann häufig mehrmals am Tag, manchmal sogar alle drei bis vier Stunden. Das ist eine Sache für zwei Personen, falls Sie jemanden haben, der Ihnen hilft. Der eine drückt den Kopf des sitzenden Hundes mit liebevoller, aber eiserner Umarmung fest an die Brust, der andere übernimmt die Aufgabe, das Oberlid zurückzuschieben und die Tropfen ins Auge zu träufeln.

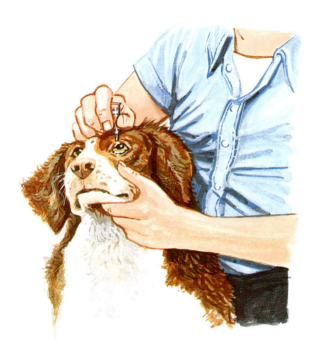

So einfach geht es selten. Meist müssen Sie den Hund mit eisernem Griff umarmen und seinen Kopf fest an die Brust drücken, während ein Helfer das Medikament ins Auge träufelt.

Wenn Sie die Prozedur allein durchziehen – und damit ist zu rechnen –, müssen Sie Ihren Hund gut im Griff haben. Befehlen Sie ihm, sich zu setzen, treten Sie von vorn an ihn heran, schieben Sie mit dem Daumen das Oberlid sanft zurück und träufeln Sie die Tropfen mit der anderen Hand ein.

Klappt es nicht im Stehen, müssen Sie sich neben ihn knien. Legen sie den Arm um seinen Hals, als wollten Sie ihn in den Schwitzkasten nehmen, aber mit viel Gefühl, legen Sie die Handfläche unter das Kinn und drücken Sie den Kopf nach oben. Mit der anderen Hand verabreichen Sie die entsprechende Menge Tropfen.

Ohrentropfen

Wenn Sie mit Tabletten, Flüssigmedizin und Augentropfen keine Schwierigkeiten haben, sind Ohrentropfen ein Klacks. Aber achten Sie darauf, was Sie dem Hund ins Ohr geben. Ohrentropfen sind nicht ganz ungefährlich, besonders wenn eine weitere, nicht diagnostizierte Beschwerde vorliegen sollte, zum Beispiel ein perforiertes Trommelfell. Manche Wirkstoffe in handelsüblichen Medikamenten können Taubheit herbeiführen, wenn sie ins Innenohr geraten. In jedem Fall empfiehlt es sich, den Tierarzt zu fragen, bevor Sie

Bei der Verabreichung von Ohrentropfen sitzt der Hund, Sie knien neben ihm. Heben Sie das Ohr an und geben Sie die erforderliche Menge Flüssigkeit direkt in den Gehörgang. Klappen Sie das Ohr herunter und massieren Sie die Tropfen sanft ein.

Ihrem Hund etwas stärkeres als mildes Salzwasser ins Ohr geben.

Zum Einträufeln fassen Sie ihn sanft an den Ohren und geben die Tropfen in den Gehörgang. Klappen Sie das Ohr herunter und massieren Sie es liebevoll. Ist der Gehörgang durch Absonderungen verunreinigt, fragen Sie den Tierarzt, wie Sie vorgehen sollen, denn durch verstopfte Kanäle gelangt auch die beste Medizin nicht dorthin, wo sie ihre Wirkung entfalten kann.

Berücksichtigen Sie bitte auch, daß manche Ohrentropfen Alkohol enthalten. Wenn der Hund wunde Stellen im äußeren Gehörgang hat, geht er vor Schmerz an die Decke. Das ist nicht nur kontraproduktiv, sondern der Hund wird »kopfscheu« und läßt Sie vermutlich nicht mehr an seine Ohren heran. Also besondere Vorsicht bei den sehr empfindlichen Hundeohren.

Diät für den kranken Hund

Häufig braucht ein kranker Hund anderes Futter, bis es ihm wieder besser geht. Wenn er an Erbrechen oder Durchfall leidet, dauert es eine Weile, bis er sich davon erholt hat. In den meisten Fällen bedeutet das sechs bis zwölf Stunden Fasten. Wichtig ist ausreichende Flüssigkeitsaufnahme, außer bei Erbrechen. Danach geben Sie ihm leichte Kost wie gekochtes Huhn oder Rindfleisch mit Reis, bis die Symptome abklingen.

Aber nicht nur Verdauungsbeschwerden erfordern eine Nahrungsumstellung. Herzkranke Hunde müssen salzarm ernährt werden. Bei Nierenerkrankungen wäre eiweißreiche Fleischnahrung Gift für das Tier. Lassen Sie sich von Ihrem Tierarzt die geeignete Diät für so unterschiedliche Probleme wie Fettsucht und Zahnfleischerkrankung sowie ernstere Schäden wie Nierensteine und selbst Krebs verschreiben.

Krankenblatt für den Hund

Die Krankengeschichte Ihres Hundes in einem Notizbuch festzuhalten, braucht keine große schriftstellerische Leistung zu sein, kann sich aber im Krankheitsfall als sehr nützlich erweisen. Sie erinnern sich leichter an vorangegangene ähnliche Fälle und Symptome und was Sie dagegen unternommen haben. Damit tragen Sie zu einer rascheren Genesung Ihres Hundes bei.

Von vielen Tierärzten bekommen Sie einen Impfpaß. Er enthält wichtige Informationen, die Sie brauchen, wenn Sie den Hund in Pflege geben wollen oder auf eine Hundeschau gehen. Aber lassen Sie es dabei nicht bewenden. Wenn Sie noch weitere Haustiere haben, legen Sie für jedes ein Beschwerdenbüchlein an. Schreiben Sie den Namen des Hundes auf den Umschlag. Seite eins betiteln Sie mit »Beschwerdenliste« und halten hier alle Krankheiten fest, dazu den Tag des ersten Auftretens der Symptome und wann sich Besserung einstellte. Das ist die Krankengeschichte Ihres Lieblings in Kurzfassung und enthält die wichtigsten Daten, an die Sie sich erinnern oder die Sie gegebenenfalls weitergeben müssen, falls Sie den Tierarzt wechseln, einen Spezialisten aufsuchen, zur Notfallklinik fahren und auch wenn Sie den Hund in andere Hände geben.

Die übrigen Seiten des Notizbuches sind für Tierarztbesuche und Anmerkungen über den Krankheitsverlauf bestimmt. Unterschätzen Sie nicht den Wert dieser scheinbar nebensächlichen Informationen. Nehmen wir beispielsweise an, Ihr Hund kratzt sich, und sie sehen im Büchlein nach und stellen fest, daß er im vergangenen Jahr etwa zur selben Zeit damit angefangen hat, dann kann es durchaus sein, daß Sie einer Pollenallergie auf die Spur gekommen sind.

17 KASTRATION

Sie lieben Ihren Hund. Aber wie stehen Sie zu einem Gewusel vieler kleiner Hunde, für die Sie eine Bleibe finden müssen? Hunde, die nicht für Nachwuchs sorgen müssen, sind glücklicher und zufriedener, wenn ihnen dieses Gerangel erspart bleibt. Zwar hört man immer wieder, daß kastrierte Hunde fett und faul werden oder verhaltensgestört sind. Auch die Kosten eines Eingriffs sind zu bedenken, aber es gibt viele vernünftige Gründe für die Kastration. In diesem Kapitel wollen wir uns an die Tatsachen halten und die Vorteile in den Vordergrund stellen, um Ihnen zu zeigen, daß dieser einfache und unsentimentale Schritt für Sie und Ihren Hund die beste Lösung ist.

Familienplanung
Seiten 265–266
Was bedeutet Kastration – Gründe, Zeitpunkt und Vorgehensweise ... und ob es einem später leid tut.

Vorteile der Kastration
Seiten 267–269
Im Interesse der Gesundheit und des Wohlergehens Ihres Hundes wie auch zu Ihrer eigenen Beruhigung.

Familienplanung

Es kommt der Tag im Leben eines jeden Hundehalters, an dem er entscheiden muß, ob er seinem Haustier Elternfreuden gönnen soll oder nicht. Überließe man diese Entscheidung dem Hund, würde er der Natur ihren Lauf lassen, und früher als Sie denken, würden Sie auf ein Loch im Zaun stoßen.

Ihr Hund würde die meiste Zeit und Energie außerhalb Ihres Heims auf der Suche nach einem Partner verschwenden, und schon bei der geringsten Gelegenheit käme es zur Paarung. Wenn Ihre Hündin Sie dann fast alle sechs Monate mit einem Wurf von einem bis zwölf Welpen beglückt, haben Sie alle Hände voll zu tun.

Im Interesse Ihres Hundes wie auch in Ihrem eigenen müssen Sie sorgfältig überlegen, wie Sie zur Frage der Kastration stehen. Viel Zeit dazu bleibt Ihnen nicht, denn Ihr vierbeiniger Don Juan steht schon auf dem Sprung.

Was bedeutet Kastration?
Der dazu erforderliche Eingriff ist ungefährlich und erfolgt unter Narkose. Bei der Kastration werden beim Rüden die Hoden entfernt und bei der Hündin Gebärmutter, Eileiter und Eierstöcke. Diese Organe erzeugen die Geschlechtshormone: Östrogen bei der Hündin, Testosteron beim Rüden, die Triebfedern der Paarung.

Nach dem Eingriff ist die Sturm-und-Drang-Zeit Ihres Hundes vorüber, und vier bis sechs Wochen später hat er kein Verlangen mehr nach Paarung. Das Ausbüchsen auf der Suche nach der

Ob Mischling oder Rassehund, er ist ein Teil Ihrer Familie. Er wird anhänglicher und zutraulicher sein, wenn der Fortpflanzungstrieb ihn nicht mehr auf Trab hält. Es wird auch weniger Ärger geben, weil das Streunen aufhört.

Freundin hört auf, und die Kapriolen Ihrer läufigen Hündin gehören ebenfalls der Vergangenheit an. Das bedeutet: kein Suchen mehr nach dem Streuner, keine schlaflosen Nächte – ganz zu schweigen vom Liebeskummer Ihres Hundes.

Wann wird es Zeit?
Gewöhnlich werden Hunde mit etwa sechs Monaten kastriert. Bei der Hündin erfolgt der Eingriff kurz vor oder kurz nach der ersten Läufigkeit. Hier gehen die Meinungen über den optimalen Zeitpunkt auseinander. Im erstgenannten Fall wird verhindert, daß es zur Anregung der Brustdrüsenbildung durch Östrogen kommt, und sich später Tumore im Brustgewebe bilden.

Rüden werden kastriert, wenn sie zwischen sechs Monaten und einem Jahr alt sind. Das hat sich so eingebürgert, und meistens nennt einem der Tierarzt einen Zeitpunkt, an dem man den Eingriff vornehmen lassen sollte. Es ist nie zu spät, Ihren Hund kastrieren zu lassen. Aber je jünger der Hund, desto günstiger der Zeitpunkt der Kastration und desto geringer das Risiko von Komplikationen.

Die Kosten

Wie teuer die Kastration sein wird, hängt von mehreren Faktoren ab – unter anderem auch davon, ob Sie in der Stadt leben oder auf dem Land, in einer vornehmen Gegend oder in einer preiswerteren Siedlung. Auch die Größe des Hundes spielt eine Rolle. In der Regel verlangt der Tierarzt für einen großen Hund etwas mehr. Für die Kastration eines Rüden ist mit etwa 300 bis 400 Mark zu rechnen. Bei Hündinnen müssen Sie zwischen 400 und 800 Mark einkalkulieren. Ähnlich verhält es sich mit älteren und nicht völlig gesunden Hunden, weil hier Diagnoseuntersuchungen erforderlich sein könnten. Damit soll sichergestellt werden, daß der Eingriff problemlos verläuft und keine Komplikationen auftreten.

Die Kastration ist eine Investition in die Zukunft. Sie trägt dazu bei, daß Ihr Hund glücklich und gesund bleibt, und das sollte Ihnen den finanziellen Aufwand wert sein.

Muß der Hund leiden?

Die Kastration ist ein chirurgischer Eingriff – mit Spritzen, Narkose und kurzer stationärer Behandlung. Meist wird Ihnen der Tierarzt den Hund aber am Operationstag wieder überlassen. Dennoch kein Grund zum Jubeln für den Hund, der alles über sich ergehen lassen muß. Aber Ihr Tier-

arzt wird sich um ihn kümmern und zuverlässig dafür sorgen, daß Ihr Liebling die Geschichte gut übersteht.

Während des Eingriffs spürt der Hund nichts. Er liegt in Narkose, so daß ihm die Operation keine Schmerzen bereitet. Daß dabei etwas schiefgehen könnte, ist so gut wie ausgeschlossen. Schließlich handelt es sich um einen Routineeingriff, und die meisten Kleintierpraxen sind nach dem modernsten Stand der Technik eingerichtet.

Nach der Kastration wird Ihr Liebling wegen der Narkose etwas wacklig auf den Beinen sein. Das gehört mit zum normalen Genesungsprozeß und dauert nicht lang. Gegen Wundschmerzen kann ihm der Tierarzt etwas geben.

Fett und faul

Viele Leute machen sich Sorgen, daß ihr Hund den Antrieb verlieren könnte, wenn sie ihn kastrieren lassen. Aber Trägheit und Freßsucht sind keine Folgen einer Kastration. Natürlich kann der Eingriff eine leichte Veränderung des Stoffwechsels nach sich ziehen, die jedoch altersbedingt ist und sowieso eintreten würde. Nach einem Jahr beginnt für den Junghund das Stadium des Erwachsenen, und der Stoffwechsel verlangsamt sich.

Die Gewichtszunahme, die einige Monate nach der Kastration von vielen Hundehaltern festgestellt wird, ist einfach die Folge des Erwachsenwerdens des Hundes. Er wird ruhiger, hat einen gesunden Appetit und frißt mehr. Wenn Sie sich also wegen des Gewichts Ihres Hundes Gedanken machen müssen, dann überfüttern Sie ihn nicht und gehen Sie häufiger mit ihm spazieren.

K A S T R A T I O N

Vorteile der Kastration

Das Sinnen und Trachten eines nicht kastrierten Hundes ist auf Paarung und Fortpflanzung ausgerichtet. Entweder ist er frustriert oder auf Brautschau unterwegs – was unerfreuliche Folgen haben kann. Das bedeutet auch, daß Sie nicht mehr der Mittelpunkt seines Lebens sind. Er wird Ihnen entwischen und sich stundenlang, tagelang draußen herumtreiben.

Wenn Sie eine Hündin haben, und sie wird läufig, kann es geschehen, daß sie trotz Ihrer Wachsamkeit plötzlich trächtig ist. Junge Hunde sind süß und putzig, und einen ganzen Wurf davon im Haus zu haben, sorgt für Abwechslung. Aber sie müssen geimpft werden, brauchen besondere Nahrung, und die Kosten summieren sich.

Und was noch mehr zählt: Jeder Welpe braucht eine dauerhafte Bleibe bei zuverlässigen Menschen. Beides ist nicht leicht zu finden, zumal auch in Tierheimen kein Mangel an jungen Hunden herrscht.

Die Kastration kostet Geld, aber ein Korb voll Welpen ist auch nicht gerade billig, ganz zu schweigen von einem Gehege, das Sie errichten müssen, damit die kleinen Quirle nicht überall herumpurzeln.

Nicht kastrierte Hund sind darüber hinaus anfällig für eine Reihe von Krankheiten, die kastrierten nichts anhaben. Kastrierte Hunde leben gesünder und länger. Sie sind auch die besseren Kameraden.

Wenn Sie also einen Mischling haben oder einen Rassehund, mit dem Sie sicher niemals züchten wollen, sollten Sie Ihr Haustier unbedingt kastrieren lassen.

Der Gesundheit wegen

Streunende Hunde treffen unweigerlich auf Artgenossen, und die Gefahr, daß sie sich dabei mit einer Krankheit infizieren, ist groß. Sie plündern Mülltonnen, fressen Frostschutzmittel und schlingen alles in sich hinein, was ihre Geschmackszäpfchen reizt und von dem sie irrtümlich glauben, daß ihr Magen schon damit zurechtkommt. Sie könnten angefahren oder von anderen Tieren angegriffen werden.

Wenn Ihr Hund unbeaufsichtigt draußen herumläuft, jemanden beißt oder über andere Tiere herfällt, kann Ihnen das jede Menge Ärger einbringen, und man wird Sie für den entstandenen Schaden haftbar machen. Auf dem Land kann es passieren, daß wildernde Hunde erschossen werden. Die Erfahrung hat gezeigt, daß Streuner eine geringere Lebenserwartung haben.

Außer Rand und Band geratene Hormone ziehen einige Gesund-

Kein Zaun ist zu hoch für diesen Boxer, der sich wie Superman in die Lüfte hebt, wenn ihm sein Geruchssinn sagt, daß Nachbars Hündin läufig ist.

Hundezucht als Geschäft

Rassehunde zu züchten mag verlockend erscheinen, um einen gewissen Ausgleich für den finanziellen Aufwand zu erzielen, den die Hundehaltung mit sich bringt. In Wirklichkeit jedoch wird an der Zucht nur wenig verdient. Und wenn man es nicht richtig versteht, zahlt man sogar drauf.

Die Kosten für Pflege, Untersuchungen und Ernährung der trächtigen Hündin allein sind nicht unbeträchtlich, dazu kommen die Aufwendungen für die Fütterung und tiermedizinische Betreuung der Welpen, bevor Sie sie verkaufen. Und manchmal lassen sich nur schwer Käufer finden, wenn es sich nicht gerade um eine »Moderasse« handelt.

Verantwortungsvolle Züchter betrachten das Züchten von Hunden als Hobby und verfolgen das Ziel, das Erbgut der jeweiligen Rasse im Hinblick auf Gesundheit, Prägung und körperliche Eigenschaften zu verbessern. Meistens suchen sie bereits vor der Geburt der Welpen nach neuen Besitzern. Und sie tun es nicht, um daran zu verdienen, sondern sie stecken den Erlös in die gute Pflege und Haltung der Hunde.

heitsprobleme nach sich, von denen der kastrierte Hund verschont bleibt. Kastrierte Rüden bekommen zum Beispiel keinen Hodenkrebs und leiden seltener unter Prostatabeschwerden. Bei Hündinnen ist die Situation noch günstiger, denn die Kastration verringert bzw. schaltet das Risiko von Brustkrebs und Unterleibskrebs aus. Auch Gebärmutterentzündungen können nicht mehr auftreten. Und nicht zu vergessen die Risiken, die mit einer Geburt verbunden sind. Indem Sie Ihren Hund kastrieren lassen, ersparen Sie ihm eine

Menge hormonell bedingter Schwierigkeiten. Er bleibt im Haus, wo Sie ihn im Auge behalten und dafür sorgen können, daß seine Welt in Ordnung ist.

Gutes Benehmen

Wenn Ihr Hund nicht kastriert ist, werden Sie Tage mit ihm erleben, an denen Sie ihn am liebsten verprügeln würden. Nach der Kastration ist er die Liebenswürdigkeit in Person.

Der Grund liegt nicht darin, daß sich sein Wesen verändert hat. Auch wird er nicht schlagartig zum Angsthasen, Langweiler und Faulpelz. Allein seine Aggressivität gegen Artgenossen läßt nach, und andere Hunde werden ihn weniger oft angreifen. Schließlich besteht kein Grund mehr, ein Revier zu verteidigen oder erobern zu wollen, sich wegen einer läufigen Hündin in die Haare zu geraten. Also weniger Raufereien und Gekläffe in der Nachbarschaft. Er wird auch nicht mehr blutverklebt auf der Türmatte liegen und sich mürrisch-beleidigt die Wunden lecken.

Sein Sinn wird auch nicht mehr nach dem großen Ausbruch stehen – kein Buddeln unter dem Gartenzaun, kein Entwischen durch die Haustür bei jeder Gelegenheit. Sie werden wahrscheinlich auch feststellen, daß sich sein angeberisches Verhalten beim Urinieren gebessert hat. Nicht kastrierte Rüden fühlen sich dazu aufgefordert, so oft wie möglich und an jeder Ecke Duftmarken zu setzen. Der kastrierte Hund hingegen hat andere, viel wichtigere Dinge im Kopf, Sie zum Beispiel.

Bei den Hundedamen verhält es sich nicht viel anders. Sie haben den Sieg über ihre Hormone davongetragen. Und die Meute hechelnder Verehrer, die alle sechs Monate in eindeutiger Absicht vor Ihrem Haus herumlungerte, wird sich nicht

Kastration

Ein Rüde wie diese Englische Bulldogge wird ständig das Bein heben, um sein vermeintliches Revier mit Duftmarken abzustecken. Der kastrierte Rüde wird das auch tun, aber nur noch aus Gewohnheit.

mehr blicken lassen. Sie brauchen sich keine Gedanken mehr zu machen, wie Sie Ihre Hündin am besten drinnen und die lüsterne Schar draußen halten können. Wenn all das nicht mehr wie ein Damoklesschwert über Ihnen schwebt, wird das Leben für Sie und Ihre Hündin sehr viel entspannter. Und sie wird auch anhänglicher sein.

Der Umgang mit kastrierten Hunden ist allgemein viel unproblematischer. Es liegt in seiner Natur, daß der nicht kastrierte Hund den größten Teil seiner Energie für die Erhaltung der Art verwendet. Befreien Sie ihn von diesem Zwang, wird seine Beziehung zu Ihnen enger.

Auch die Pflege wird einfacher. Eine Untersuchung hat ergeben, daß Leute, die ihren Hund ins Tierheim gaben, dies meist deshalb taten, weil er ihnen zuviel Arbeit machte. Und es stellte sich heraus, daß die meisten der ins Heim gegebenen Tiere nicht kastriert waren. Das ist nicht verwunderlich, denn kastrierte Hunde sind pflegeleichter und werden nicht so schnell weggegeben.

Muß Nachwuchs sein?

Die Vorstellung, daß es ungerecht sei, dem Hund die Möglichkeit zur Fortpflanzung zu nehmen, entbehrt jeglicher Grundlage, weil der Hund nicht glücklicher ist, wenn man sie ihm läßt.

Viele Menschen gehen hier von falschen Voraussetzungen aus. Wenn Sie im Elternglück die Erfüllung Ihres Lebens sehen, heißt das noch lange nicht, daß Ihr Hund genauso fühlt. Richtig ist, daß Hunde leicht darauf verzichten und trotzdem glückliche, liebevolle Haustiere sein können. Mehr noch: Kastrierte Hunde sind meistens zufriedener als nicht kastrierte, weil Ihnen die Frustration erspart bleibt, sich nicht paaren zu können, wenn ihr Trieb sie dazu drängt. Ohne dem regelmäßig wiederkehrenden, frustrierenden Zwang ausgesetzt zu sein, sich vermehren zu müssen, sind Hunde viel glücklicher.

Das traurige Problem der Hunde-Überbevölkerung

Auch Sie haben wahrscheinlich schon herrenlose, umherstreunende Hunde gesehen und Kinder, die vor dem Supermarkt Welpen verschenken.

Was Ihnen glücklicherweise meist erspart bleibt, ist das Wissen um die große Zahl der jedes Jahr auf sanfte Weise zu Tode gebrachten Hunde, die weder Besitzer noch Bleibe haben. Allein in den Vereinigten Staaten von Amerika werden jährlich zwei bis vier Millionen unerwünschte Hunde eingeschläfert. Das ist eine erschreckende Anzahl. Vor allem durch Kastration kann diese Zahl verringert werden. Es ist deshalb auch ein Zeichen von Verantwortungsbewußtsein für die gesamte domestizierte Hundepopulation, wenn Sie Ihr Tier kastrieren lassen.

18 DIE GEBURT

Die Geburt eines Wurfs Welpen ist ein wunderbares Ereignis der Natur. Für die Fürsorge während der acht- bis neunwöchigen Trächtigkeit, bei der Geburt der Welpen und auch danach wird Ihnen Ihre Hündin dankbar sein. Kümmern Sie sich um sie, trösten Sie sie und seien Sie da, wenn sie Sie braucht.

Fürsorge für die werdende Mutter
Seiten 271-273
Es gibt eine Menge, was Sie für Ihre trächtige Hündin tun können – vor und nach der Geburt.

Das freudige Ereignis
Seiten 274-276
Womit während der Geburt zu rechnen ist und wie man der Hündin beisteht. Außerdem einige Ratschläge, wann der Tierarzt aufzusuchen ist.

Der große Wurf
Seiten 277-279
Die junge Mutter wird sich rührend um ihre Welpen kümmern und dankbar sein, wenn Sie ihr dabei helfen.

Fürsorge für die werdende Mutter

Vielleicht war es geplant, vielleicht war sie am falschen Tag draußen oder ihr geheimer Verehrer drinnen. Wie dem auch sei, der dicke Bauch ist nicht zu übersehen. Seit es Hunde gibt, haben sie ihre Jungen ohne Hilfe des Menschen zur Welt gebracht, und auch Ihre Hündin braucht keine Hebamme. Es kann jedoch nicht schaden, wenn Sie mit ihr für einen Gesundheits-Check zum Tierarzt gehen. Er wird feststellen, wie lange sie schon trächtig ist. Und ein Gespräch mit dem Tierarzt wird Ihnen die Sicherheit geben, die Anforderungen, die demnächst auf Sie zukommen, bewältigen zu können. Er wird Ihnen auch sagen, wie Sie sich im Fall von Komplikationen zu verhalten haben. Es gibt viele Dinge, die Sie für die werdende Mutter tun und für den Tag des freudigen Ereignisses vorbereiten können.

Verräterische Zeichen
Die Hunde-Schwangerschaft dauert 57 bis 63 Tage oder acht bis neun Wochen, aber vor der fünften Woche läßt sich nicht mit Gewißheit feststellen, ob die Hündin trächtig ist. Im Idealfall sollte die Hündin mindestens zwei Jahre alt, gesund und geimpft sein. Trägt die Hündin zum erstenmal, zeigt sich das nicht immer an einem dicken Bauch. Nur die Brustwarzen schwellen an. Möglicherweise bringt Sie etwas mehr Gewicht auf die Waage und benimmt sich mäkliger und anspruchsvoller als sonst.

Eine Ultraschalluntersuchung ist teuer, aber wenn Sie Gewißheit haben wollen, ob sie trächtig ist, gehen Sie mit Ihrer Hündin zum Tierarzt. Er sagt Ihnen auch, wieviel Welpen Sie erwarten können, und weist auf Medikamente hin, die für die Welpen gesundheitschädlich sein könnten und während der Schwangerschaft abgesetzt werden sollten.

Falls Sie berufstätig sind, werden Sie sich überlegen müssen, ob es nicht ratsam wäre, in der Zeit des großen Ereignisses Urlaub zu nehmen.

Der durchhängende Bauch und das vergrößerte Gesäuge sind deutliche Zeichen, daß sich diese Bull-Terrier-Hündin im letzten Stadium der Schwangerschaft befindet. Sie braucht ein gewisses Maß an Bewegung und stellt höhere Ansprüche. Achten Sie darauf, daß ihre Nahrung alles enthält, was sie und die ungeborenen Welpen brauchen.

Mit fortschreitender Trächtigkeit bildet sich das Gesäuge der Hündin kräftig aus. In den letzten sieben bis zehn Tagen wird sie nach einem bequemen, ungestörten Plätzchen als Lager für den Wurf suchen. Das ist die richtige Zeit, sie mit der Wurfkiste vertraut zu machen, die Sie schon vorbereitet und mit alten Zeitungen ausgelegt haben. Die Hündin wird sich wahrscheinlich darin solange im Kreis drehen und die Zeitungen zerfetzen, bis sie mit dem Lager zufrieden ist.

Eine junge Hündin wird sich sehr besorgt geben, ohne wirklich zu wissen, warum. Um ihr die Sache zu erleichtern, stellen Sie die Kiste an einen Ort abseits vom täglichen Getriebe, wo die Hündin ihre Ruhe hat und nicht gestört wird.

Nahrung für zwei, fünf oder zehn

Anders als bei Menschen wird die werdende Hundemutter nicht mitten in der Nacht Heißhunger auf Eiscreme bekommen. Wenn Sie sie bisher gesund ernährt haben, brauchen Sie den Speiseplan während der ersten drei bis sechs Schwangerschaftswochen nicht umzustellen. Erst gegen Ende der Trächtigkeit päppeln Sie sie mit »Kraftfutter«, wie es zum Beispiel Leistungshunde bekommen, oder Welpennahrung auf, um ihr die wichtigen Nährstoffe zuzuführen, die sie an die Welpen weitergegeben hat. Fragen Sie Ihren Tierarzt, was er Ihnen für diesen Zweck empfiehlt, und füttern Sie die Hündin damit auch während der Säugezeit. In den letzten zwei Wochen geben Sie Ihrer Hündin

Die Wurfkiste

Etwa zwei Wochen vor der Geburt bereiten Sie ein bequemes, sicheres Lager für die Hündin vor. Ein Kinderplanschbecken aus Kunststoff wäre ideal. Die Wände sind niedrig genug, daß die Hündin mühelos hinaus und hineinkann, aber hoch genug für die Welpen. Auch läßt es sich leicht sauberhalten. Für kleine Hunde genügt eine Obstkiste. Man kann ein Handtuch darüberlegen, und die Hündin hat ihre Ruhe. Oder man zimmert eine Wurfkiste. Sie muß so groß sein, daß sich die Hündin der Länge nach strecken kann, und auch noch genügend Platz für die Welpen bleibt. Vermeiden Sie scharfe Kanten, und verwenden Sie zum Streichen keine Bleifarben, sonst verderben sich die Jungen beim Knabbern den Magen.

Um die Kiste besonders welpenfreundlich zu machen, ziehen Sie eine etwa zehn Zentimeter breite Holzleiste in zehn Zentimeter Abstand vom Boden rund um die Innenwand. Damit verhüten Sie, daß die Mutter ein Junges versehentlich gegen die Bretter drückt – es rutscht unter die Leiste, wo es sicher ist. Eine Kistenwand muß niedrig sein, um Aus- und Einsteigen zu ermöglichen.

Stellen Sie die Kiste an einen ungestörten Ort. Legen Sie sie mit alten Zeitungen aus, um Schmutz leichter entfernen zu können, und darauf die Lieblingsdecke Ihrer Hündin. Zeigen Sie ihr die Kiste mindestens eine Woche vor der Niederkunft, damit sie sich daran gewöhnt und weiß, wofür sie da ist.

DIE GEBURT

Haben Hunde Bauchknöpfchen?

Wenn Sie nicht sehr genau hinschauen, werden Sie nie einen Hundenabel sehen. Aber er ist da, irgendwo unterhalb der Stelle, wo sie Ihrem Liebling gewöhnlich den Bauch kraulen.

Wie beim Menschen ist das die Narbe, wo nach der Geburt die Nabelschnur abgetrennt wurde. Bei manchen Hunden ist es allerdings keine Vertiefung, sondern eine kegelförmige Erhebung – ein Bauchknöpfchen sozusagen.

das Futter in drei bis vier kleinen Portionen, denn neben den Welpen ist nicht mehr viel Platz in ihrem Bauch.

Ergänzungsfuttermittel sollte man meiden, besonders Kalzium und andere Mineralstoffe. Sie könnten zu Mißbildungen bei den Welpen führen oder infolge des Säugens zu Kalziummangel im Blut.

Ein Teeaufguß aus Blättern der roten Johannisbeere in den letzten Schwangerschaftstagen wirkt streßlindernd und beruhigend, raten Tierärzte. Auch die Geburt wird dadurch erleichtert. Man kann dazu selbst getrocknete Johannisbeerblätter nehmen oder Teebeutel, die es in Reformhäusern gibt. Gießen Sie zwei Teelöffel Blätter oder einen Teebeutel mit zwei Tassen kochenden Wassers auf und lassen Sie das Ganze 10–15 Minuten ziehen. Geben Sie den abgekühlten Tee Ihrer Hündin zu trinken oder mischen Sie ihn unter das Futter.

Aktiv bleiben

Aktivität ist wichtig für die tragende Hündin. Das nutzt dem Muskeltonus, was wiederum während der Wehen hilft. Führen Sie sie regelmäßig aus und lassen Sie sie herumtoben, bis sie keine Lust mehr dazu hat. Ist sie an Leistungs- und Geschicklichkeitssport gewöhnt, lassen Sie ihr den Spaß, solange sie sich dabei wohl fühlt. Alles ist besser, als träge herumzuliegen. Auch gegen Ende der Schwangerschaft können Sie sie einmal am Tag ein bis zwei Runden im Garten drehen lassen.

Die äußere Erscheinung nicht vernachlässigen

Ein bißchen in die Breite gegangen? Kein Grund, nicht prächtig auszusehen. Geben Sie ihr also die gewohnte Pflege und baden Sie sie, wenn nötig. An die kalte Luft darf sie allerdings erst, wenn das Fell absolut trocken ist. Wenn Sie sie in den letzten zwei oder drei Wochen baden müssen, seien Sie sehr behutsam, damit Sie den Welpen nicht schaden oder ihre Lage verändern.

Diese tragende Hündin vom Stamm Bearded Collie hat noch viel Spaß am Spielen und Herumtollen. Vernachlässigen Sie die Fellpflege nicht, aber gehen Sie behutsam vor, besonders an den empfindlichen Stellen.

Das freudige Ereignis

Könnte Ihre Hündin sprechen, würde sie Ihnen wahrscheinlich sagen, daß sie die Mischpoche am liebsten heute statt morgen draußen sähe. An die neue Wurfkiste hat sie sich bereits gewöhnt, und seit einigen Tagen werkelt sie darin herum und macht Schnipsel aus den Zeitungen. Alles deutet darauf hin, daß der Tag der Niederkunft vor der Tür steht.

Worauf zu achten ist

Zwei oder drei Wochen vor der Geburt kann es vorkommen, daß die Hündin ihren Appetit verliert und farbloser, dicklicher Ausfluß aus der Scheide tritt. Während der letzten Wochen ist es ratsam, ihre Temperatur zweimal täglich zu messen. Sinkt sie unter 38 °C, kommen die Welpen möglicherweise binnen 24 Stunden zur Welt.

Veranlassen Sie, daß Sie während der Geburt jemanden haben, der Ihnen hilft, falls Probleme auftreten sollten und Sie Hebamme spielen müssen. Ihre Hündin mag Sie noch so lieben, aber wenn sie Schmerzen hat, könnte sie zuschnappen, und dann ist es gut, wenn jemand sie festhält. Man sollte in dieser Situation niemals auf sich selbst angewiesen sein.

Erstes Stadium

Anzeichen einsetzender Wehen sind Hecheln, Zittern und Unruhe. Es kann auch zum Erbrechen kommen. Wenn sich die Welpen in die Geburtsposition begeben, beginnt der Bauch der Hündin durchzuhängen. Es kann sein, daß sie rastlos umhergeht, weil sie keine Ruhe findet. Wenn sie sich an Sie wendet, trösten Sie sie ausgiebig. Dieses Stadium kann sechs bis zwölf Stunden dauern. Jede Hündin reagiert anders.

Zweites Stadium

Die Wehen halten an, und die Hündin läßt sich endlich nieder und beginnt zu pressen. Wenn die Wehen stärker werden, legt sie sich wahrscheinlich auf die Seite, hechelt, wimmert und stöhnt. Behalten Sie einen kühlen Kopf, sprechen Sie zu ihr und streicheln Sie sie liebevoll.

Sie erleichtern ihr die Sache, wenn nicht die ganze Familie dabei zuschaut, denn das würde sie nur ablenken und stören. Wenn die Fruchtblase erscheint, hat die Stunde der Geburt geschlagen.

Die Samojed-Hündin steht kurz vor der Niederkunft. Sie hechelt, während die Wehen stärker werden, und legt sich hin, um im Liegen zu werfen.

Die Geburt

Willkommen auf der Welt

Die Geburt erfolgt im Stehen oder Liegen. Zieht die Hündin es vor zu stehen, müssen Sie die Welpen auffangen. Ist der Welpe draußen, zerreißt die Hündin die Fruchtblase, und frißt sie auf. Danach beginnt der Welpe zu atmen. Die Mutter beißt die Nabelschnur durch und frißt wahrscheinlich auch die Nachgeburt, die wenige Minuten danach austritt. Dann leckt Sie das Junge trocken, um Durchblutung und Atmung anzuregen.

Zählen Sie die Nachgeburten. Wenn nicht auf jedes Junge die Nachgeburt folgt, heißt das, daß eine Plazenta in der Gebärmutter zurückgeblieben ist. Die muß vom Tierarzt entfernt werden, damit keine Entzündung eintritt. Reißt die Hündin nicht innerhalb von fünf Minuten die Fruchtblase auf, oder versäumt sie es, die Nabelschnur durchzubeißen, müssen Sie ebenfalls eingreifen. Drücken Sie den Kopf des Jungen nieder und saugen Sie mit einem kleinen Schlauch den Schleim aus dem Maul, der sich angesammelt haben könnte. Drücken Sie die Nabelschnur zusammen und schneiden Sie sie mit der Schere durch. Binden Sie das Ende mit ungewachster Zahnseide oder Faden zu und geben Sie Jod auf die Stelle. Rub-

Anruf beim Tierarzt

Die Geburt ist ein natürlicher Vorgang. In der Regel geht alles glatt, und die Hündin schafft es aus eigener Kraft. Hin und wieder können aber Komplikationen auftreten. Wenn das geschieht, zögern Sie nicht, den Tierarzt anzurufen. Im folgenden sind einige Komplikationen aufgelistet.

- Der normale Ausfluß einige Tage vor der Geburt ist nicht farblos, sondern grünlich. In diesem Fall hat sich zumindest eine Plazenta von der Gebärmutterwand abgelöst.
- 24 Stunden nach dem Temperaturabfall hat die Geburt noch nicht eingesetzt.
- Obwohl die Preßwehen schon 20 Minuten andauern, ist noch kein Welpe erschienen.
- Die Unfähigkeit der Hündin, die Welpen herauszupressen, kann lebensbedrohend sein – nicht nur für die Jungen, auch für die Mutter.
- Wenn die Hündin schnauft und sich benimmt, als würden die Wehen einsetzen, aber es tut sich nichts, und wenn die Wehen zwar einsetzen und dann länger als drei Stunden ausbleiben. Beides sind Anzeichen dafür, daß ein Kaiserschnitt notwendig sein könnte.

Wird man als Hundebesitzer zum erstenmal Zeuge einer Geburt, ist das ein aufregendes, mit Unsicherheit und Zweifel verbundenes Erlebnis. Wenn Sie sich also Sorgen zu machen beginnen, zögern Sie nicht lange, sich an den Tierarzt um Hilfe zu wenden.

Ein Junges ist durch den Geburtskanal herausgekommen. Die Mutter leckt den Welpen, um ihn zu trocknen, zu wärmen und um die Atmungstätigkeit anzuregen. Sollte die Hündin dies aus irgendeinem Grund nicht selbst besorgen, müssen Sie eingreifen.

beln Sie den Welpen mit einem sauberen Handtuch kräftig ab. Er soll ruhig schreien.

Die Jungen können im Abstand von wenigen Minuten erscheinen, oder die Hündin legt sich hin und ruht eine Stunde bis zum nächsten Schub. Sind alle Welpen draußen, wird Ihnen ein dunkelroter oder brauner Ausfluß auffallen. Diese geruchlose Flüssigkeit ist Bestandteil des natürlichen Reinigungsprozesses und kann mehrere Wochen lang auftreten. Grund zur Besorgnis besteht nicht, es sei denn, der Ausfluß beginnt zu riechen, was auf Infektion hindeutet. Dann ist der Tierarzt gefordert.

Wann es einzugreifen gilt

Während die Geburt im Gange ist, behalten Sie die Uhr im Auge und notieren Beginn und Ende jedes Vorgangs. Sollten nämlich die Wehen heftiger werden und die Hündin keuchen und pressen und sich übermäßig anstrengen, könnte sich ein Welpe vor dem Geburtskanal quergelegt haben. Kommt das Junge bei starken Wehen nicht innerhalb von 20 Minuten zum Vorschein, rufen Sie den Tierarzt an und fragen ihn um Rat. Vielleicht erklärt er Ihnen, wie Sie das Junge drehen müssen, oder er bestellt Sie mit der Hündin in die Praxis.

Querlagen sind ein häufiges Problem. Das erste Junge dehnt zwar den Muttermund, aber nicht weit genug. Manchmal bleibt keine Zeit für den Tierarzt. Dann müssen Sie Geburtshilfe leisten.

Als Hunde-Hebamme vom Dienst schieben Sie die Finger in den Muttermund (die Hände müssen sauber, die Nägel kurz geschnitten sein), um die Lage des Jungen abzufühlen. Die meisten Welpen kommen mit dem Kopf voraus, Bauch unten heraus. Erfolgt der Austritt in der Hinterendlage, ist das auch in Ordnung. Fassen Sie den Körper – nicht die Beine oder den Kopf – mit festem, aber sanftem Griff, und überlassen Sie es der Hündin, das Junge rauszuschieben. Bedenken Sie, daß die Hündin verängstigt ist und Schmerzen hat und jemand bei Ihnen sein sollte, der ihr den Kopf festhält, damit sie nicht nach Ihnen schnappt.

Pflege nach der Geburt

Versichern Sie sich, daß die Welpen herzhaft nuckeln und jeder eine Zitze gefunden hat. Die Ernährung mit Muttermilch während der ersten drei Tage ist für die Entwicklung des Welpen lebenswichtig. Das Kolostrum, die sogenannte Vormilch, versorgt die Jungen mit Antikörpern, die sie vor Erkrankungen schützen, bis sie geimpft werden können.

In der ersten Woche wiegen Sie die Welpen alle zwölf Stunden und notieren ihr Gewicht, um Gewißheit zu haben, daß sie zunehmen. Verwenden Sie dazu eine Waage mit Grammeinteilung, um genaue Werte zu bekommen. Das ist die einfachste Art, ihr Wachstum zu kontrollieren. Geht es nicht voran, müssen Sie Welpenmilch mit dem Fläschchen zufüttern.

Die Waage zeigt an, daß dieser drei Wochen alte Welpe gute Fortschritte macht. Regelmäßiges Wiegen ist die einfachste Möglichkeit, um festzustellen, ob die Jungen genügend Nährstoffe bekommen.

Der große Wurf

Nachdem die Welpen das Licht der Welt erblickt haben, brauchen sie viel Wärme und Ruhe. Hängen Sie gegebenenfalls einen Heizstrahler anderthalb Meter über die Wurfkiste. Dieser Abstand ist notwendig, damit die Welpen keine zu starke Hitze abbekommen oder austrocknen.

Pflege der jungen Mutter

Sicherlich ist Ihnen daran gelegen, für das Wohlergehen der jungen Mutter nach der Geburt sorgen zu können. Falls sie nicht sofort Lust auf feste Nahrung hat, gibt man statt dessen Welpenmilch dreimal täglich, bis der Appetit zurückkehrt.

Beobachten Sie in den Tagen nach der Niederkunft das Verhalten der Hündin genau. Ist sie schwach auf den Beinen, zittrig oder bricht Sie plötzlich zusammen, müssen Sie unverzüglich zum Tierarzt gehen. Sie könnte wegen zu starker Milchproduktion und Nährstoffmangels eine Kalziumspritze brauchen. Messen Sie täglich die Temperatur. Übersteigt sie 39 °C, ist ein Gesundheits-Check fällig. (Die Normaltemperatur liegt zwischen 38 und 39 °C.) Auch eine Gebärmutterentzündung kann der Anlaß sein und muß sofort behandelt werden. Überzeugen Sie sich durch Abfühlen des Gesäuges, ob es gefüllt und warm ist. Kommt es Ihnen heiß oder zu hart vor, ist der Tierarzt aufzusuchen.

Ruhe und Geborgenheit

Bewahren Sie die Hündin und ihre Welpen vor Kinderlärm und neugierigen Nachbarn. Nach einigen Tagen heben Sie die Welpen nacheinander aus der Kiste und nehmen sie eine Weile auf den Arm, damit sie sich an die Gegenwart und den Geruch von Menschen gewöhnen. Schneiden Sie ihnen die Krallen, damit sie sich nicht gegenseitig oder das Gesäuge der Hündin verletzen.

In den ersten zwei Wochen leben die Welpen – blind und taub geboren – in einer geräuschlosen, dunklen Welt und verbringen die Zeit mit Schlafen, Trinken und Wachsen. Aber auch im Schlaf sollten die jungen Hunde lebhaft sein und mit den kleinen Pfoten um sich schlagen. Sehen und hören können sie nach sechs bis vierzehn Tagen.

Diese eine Woche alten Épagneul-Breton-Welpen sehen noch nichts. Erst in einigen Tagen werden sich ihre Augen öffnen. Aber sie merken es, wenn sie berührt und hochgehoben werden. Tun Sie das mehrmals am Tag, damit sie sich an Menschen gewöhnen.

Die Wochen verstreichen

Halten Sie die Wurfkiste sauber, reinigen Sie sie täglich. Nach etwa dreieinhalb Wochen ist es an der Zeit, die Welpen an feste Nahrung zu gewöhnen. Das hat nachteilige Folgen für die Mutter, und der Tierarzt wird Ihnen vermutlich raten, ihr ein mildes Abführmittel zu geben, um den Druck des Milchstaus zu lindern. Füttern Sie die Hündin nach der Entwöhnung weniger üppig.

Inzwischen haben sich Augen und Ohren der Welpen geöffnet. (Sollten Sie Flüssigkeitsabsonderungen in den Augen bemerken, fragen Sie den Tierarzt. Es könnte sich um einen bakteriellen Infekt handeln.) Die Welpen krabbeln nun munter umher, purzeln übereinander und lernen miteinander zurechtzukommen. Nun dürfen auch Familienmitglieder die Welpen herausnehmen, streicheln und mit ihnen spielen, aber der Rest der Welt sollte tunlichst draußen bleiben, zumindest noch vier bis sechs Wochen. Auf jeden Fall sollten Sie wählerisch sein und nicht jedermann an die Welpen heranlassen. Achten Sie bei den Auserwählten auf saubere Hände.

Im Alter von vier Wochen bringen Sie die Welpen zum Tierarzt zum ersten Entwurmen. Verwenden Sie als Transportmittel eine Obstkiste oder einen Wäschekorb. Die Wurmkur ist mit acht und zwölf Wochen zu wiederholen. Mit sechs bis acht Wochen beginnen die Impfungen.

Auszug aus dem Gelobten Land

Bald wird es Zeit für die jungen Hunde, in eine neue Bleibe umzuziehen. Im Alter zwischen sieben und neun Wochen können sie von der Mutter getrennt werden. Bei manchen Hunderassen, insbesondere kleinwüchsigen, ist es jedoch häufig besser, damit etwa bis zur zehnten Woche zu warten, weil es Probleme mit dem Blutzucker geben könnte, ausgelöst durch den Trennungsstreß.

Viele Hundezüchter geben die Welpen zu früh aus dem Haus, zu einer Zeit, wenn die Welpen noch von der Mutter lernen müssen, wie man ein

Mit der Flasche füttern

Manchmal bekommen Welpen keine Muttermilch, weil sie zu schwach sind, die Mutter sie zurückweist oder weil sie Frühwaisen sind. Dann müssen Sie sie aus der Flasche ernähren. Kuhmilch enthält nicht die Nährstoffe, die der Welpe braucht, deshalb müssen Sie Welpenmilch kaufen, beim Tierarzt oder im Zoogeschäft. Lesen Sie die Gebrauchsanweisung und machen Sie das Loch im Schnuller groß genug, damit genügend Milch herausfließt.

Beim Füttern aus der Flasche legen Sie den Welpen nicht auf den Rücken, sondern stützen Sie ihn mit einer Hand und halten ihn in einem Winkel von etwa 30 Grad aufrecht, so wie er stehen würde, wenn er am Gesäuge der Mutter nuckeln dürfte. Heben Sie den Kopf etwas an, wenn Sie den Schnuller ins Maul stecken. Klappt es nicht, hilft Ihnen der Tierarzt.

Die Geburt

Ist die Hundemutter traurig, wenn das Junge weggeht?

Hunde empfinden Glück, Furcht und Trauer. Es überrascht also nicht, daß die Hundemutter traurig ist, wenn ihre Jungen sie verlassen. Hat die Hündin nicht miterlebt, wie das Junge das Haus verläßt, sucht sie nach ihm. Wenn Sie ihr den Abschied erleichtern wollen, stecken Sie sie nicht ins Nebenzimmer, wo sie nichts mitbekommt. Denn sobald Sie sie herauslassen, wird sie das fehlende Junge suchen. Lassen Sie sie zusehen, wenn der neue Besitzer kommt und den Welpen abholt. Sie wird zwar trotzdem wimmern und sich grämen, aber zumindest weiß sie, was sich zugetragen hat, und wird nicht im Ungewissen gehalten.

anständiger, sozialisierter Hund wird. Dieser Lernprozeß wie auch der Umgang, das Spielen mit den Geschwistern sind für die weitere Entwicklung eines Hundes ausschlaggebend. Wenn man diesen Vorgang vorzeitig abbricht, kann dies später zu unerwünschen Verhaltensweisen gegenüber anderen Hunden führen. Können die jungen Hunde länger bei der Mutter und unter sich bleiben, werden sie sanftmütiger, selbstbewußter, reifer und umgänglicher.

Unterdrücken Sie den Wunsch, Ihre Hundefamilie vorzuführen. Während die Welpen von Tag zu Tag größer werden und die Mutter ihre Kräfte erneuert, brauchen sie viel Ruhe. Besucherandrang würde dabei nur stören.

Die Rolle des Vaters

 Sollte der Vater der Welpen zur Familie gehören, fällt ihm eine wichtige Rolle im Leben seiner Nachkommen zu. Er dient ihnen als Vorbild, lehrt sie, wie man sich benimmt, sich im Umgang mit Artgenossen verhält und was es mit der Hierarchie im Rudel auf sich hat. Er bringt ihnen das Spielen bei und hilft vielleicht sogar der Mutter beim Saubermachen. Sie werden erkennen, wie die Welpen sich am Verhalten des Vaters orientieren und alles nachmachen, was er vorführt.

Andererseits werden Sie ebenfalls registrieren, daß die Hündin ihn lieber gehen als kommen sieht, zumindest während der ersten vier Wochen. Es ist so, als spüre sie, daß er sich tollpatschig anstellen wird. Mutter sollte unbedingt das Sagen haben, aber man darf es Vater nicht zu deutlich machen, sonst läßt er seine Eifersucht an den Welpen aus.

Am besten nehmen Sie die Welpen heraus und zeigen sie dem Rüden. Oder Sie halten die Hündin zurück, wenn er zu Besuch ins Kinderzimmer kommt. Sind die Jungen entwöhnt, lassen Sie Vater mit den Jungen spielen, aber nur in Ihrer Gegenwart, damit Sie einschreiten können, falls er grob wird.

19 PFLEGE DES ALTEN HUNDES

Ihr Hund ist ein Glückspilz. Er hat Sie, einen liebevollen, einfühlsamen Besitzer, der sich um sein Wohlergehen kümmert. Mit Hilfe des Tierarztes können Sie ihm seine goldenen Jahre so angenehm und gemütlich machen, wie er sie sich wünscht.

Die Zeit verrinnt
Seiten 281–284
Wenn er in die Jahre kommt, achten Sie auf Anzeichen von Veränderungen.

Ihm das Leben leichter machen
Seiten 285–286
Was Sie tun können, um ihn gut zu pflegen und ihm das tägliche Leben leichter zu machen.

Wenn es Abschied nehmen heißt
Seite 287
Überlegen Sie, was das Beste für ihn ist, wenn der Moment des Abschieds näherrückt.

Die Zeit verrinnt

Es fängt an, wenn Sie kleine Veränderungen im Verhalten Ihres Hundes feststellen. Nichts Auffälliges, aber Sie kennen ihn gut und merken, daß etwas im Gange ist. Wenn er von seinem Nickerchen aufsteht, sind die Glieder etwas steifer als früher. Beim täglichen Spaziergang im Park wird klar, daß er im Wettlauf mit den Eichhörnchen das Nachsehen hat. Und niemals vorher mußten Sie ihn so häufig »Gassi führen«.

Dies sind die Begleiterscheinungen des Alterns. Wie der Mensch hat auch der Hund weniger vom Leben, wenn er älter wird. Gegen manche Alterserscheinungen kann der Tierarzt etwas unternehmen. Auch Sie können einen Beitrag dazu leisten. Indem Sie sich an die veränderte Verhaltensweise anpassen, ersparen Sie ihm Streß und machen ihm seine alten Tage angenehmer.

Alterserscheinungen

Der graue Bart sagt alles. Ihr Hund ist in die Jahre gekommen. Es gibt noch einige weitere Anzeichen, auf die zu achten ist. Neben dem allmählichen Ergrauen sind es die Langsamkeit der Bewegungen und die Gewichtszunahme. Beim Menschen ist das nicht anders.

Aber in einem Punkt unterscheiden sich Mensch und Hund. Viele ältere Hunde bekommen trübe Augen. In seltenen Fällen ist die Ursache eine Schrumpfung der Augenlinse durch Wasserverlust, die Umwandlung des Nucleus lentis zum »Alterskarn«, wie die Mediziner dazu sagen. Dadurch werden die Augen trüb, ähnlich wie beim Grauen Star, obwohl es sich um etwas ganz anderes handelt. Der Graue Star beeinträchtigt die Sehfähigkeit und muß behandelt werden. Bei Linsensklerose ist das nicht der Fall, aber wenn Sie merken, daß Ihr Hund trübe Augen bekommt, lassen Sie ihn vom Tierarzt untersuchen.

Allgemeine Altersbeschwerden

Wenn die Jahre dahingehen, wird Ihr treuer Kamerad langsamer in seinen Bewegungen und anfälliger für Krankheiten. Mediziner stehen aber auf dem Standpunkt, daß viele Gesundheitsprobleme, für die wir das Altern verantwortlich machen, in Wirklichkeit Beschwerden sind, die sich mit Erfolg behandeln lassen. Alter ist keine Krankheit – sagen die Ärzte – und Hundebesitzer sollten nicht zusehen, wie Ihr Hund langsamer wird, und sagen: »Nun ja, er wird eben alt.« Meistens steckt eine Krankheit dahinter, und dagegen kann man etwas tun.

Fortschritte in der Veterinärmedizin haben Tierärzte in die Lage versetzt, viele Beschwerden alternder Hunde zu lindern und zu heilen. Für sie hat die medizinische Versorgung alter Hunde einen genauso hohen Stellenwert wie die allgemeine Vorsorge. Mit der Folge, daß Hunde gesünder und länger leben. Sie tun gut daran, mit Ihrem alten Hund zum Tierarzt zu gehen, wann immer das Tier sich anders verhält als gewöhnlich. Schildern Sie dem Arzt Krankheitszeichen und Veränderungen im Verhalten, die Ihnen seit dem letzten Besuch aufgefallen sind. Auf diese Informationen sind Tierärzte angewiesen, um Krankheiten bei älteren Hunden diagnostizieren zu können.

Arthritis

Die steifen Bewegungen, die Ihnen in letzter Zeit aufgefallen sind, sehen nicht nur so aus, als täten sie dem Hund weh, sie bereiten ihm tatsächlich Schmerzen. Arthritis ist eine im Alter verbreitete, zumeist degenerative Gelenksentzündung, die die Bewegungsfähigkeit beeinträchtigt. Sie ist das Ergebnis von Jahren der Beanspruchung der Gelenke. Sie werden nicht mehr richtig geschmiert, der Knorpel ist geschädigt, oder es gibt andere Probleme mit den Knochen. Arthritis kann zum Beispiel auch auftreten, wenn der Hund schon seit Jahren mit einem leicht deformierten Gelenk herumläuft. Das ist jedoch kein Grund, daß er von nun an nur noch humpelt. Es gibt inzwischen Therapien, mit denen man dem alten Hund Schmerzen ersparen kann. Viele in den vergangenen Jahren zugelassene Medikamente verlangsamen den Verschleißvorgang und lindern den Schmerz. Kommt also Ihr Hund steifbeinig dahergestakst, bringen Sie ihn zum Tierarzt. Handeln Sie, bevor das Problem irreparabel wird.

Zahnerkrankungen

Es gab Zeiten, da hat er sie angegrinst, und die gefletschten Zähne waren schneeweiß. Heute sind sie gelblich ... oder sind sie braun? Und wie er aus dem Mund riecht! Das verschlägt Ihnen glatt den Atem. Schlechte Zähne, übler Mundgeruch – das eine bedingt das andere. Schuld daran ist nicht das viele Hundefutter, das er seit Jahren frißt. Nein, es ist der Anfang einer Zahnerkrankung.

Die Beschwerde beschränkt sich aber nicht nur auf ein gelbes Gebiß und schlechten Mundgeruch, sie kann der Beginn von etwas sehr viel Schlimmerem sein. Zahnerkrankungen bei älteren Hunden sind nämlich Auslöser von Herz- und Nierenschäden infolge der Ansammlung von Krankheitserregern am Zahnfleischsaum. Dagegen hilft vor allem gründliches Zähneputzen. Wie beim Menschen gehört die Mundpflege auch beim Hund zur täglichen Hygiene. Versäumt man sie, setzen sich Bakterien, Plaque und Zahnstein fest und führen zu Zahnausfall.

Er muß mal und merkt es nicht

Als Sie das letzte Mal auf eine Pfütze im Haus stießen, war er ein Welpe. Jetzt wischen Sie wieder hinter ihm her. Das ist lästig, aber viele ältere Hunde leiden unter Inkontinenz. Wenn sie in die Jahre kommen, fällt es ihnen schwer, die Körperausscheidungen zurückzuhalten. Und manchmal passiert ein Malheur.

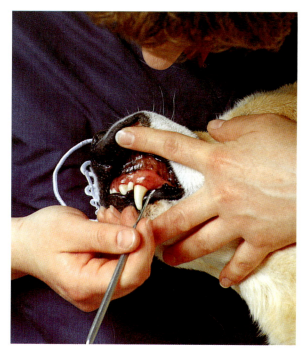

Die meisten Tierärzte raten zu einer regelmäßigen Gebißkontrolle. Dazu gehört auch die Entfernung des Zahnsteins, die bei örtlicher Betäubung erfolgt.

Schämt sich der Hund?

In einschlägigen Geschäften gibt es Windeln für Hunde zu kaufen, mit denen man Pfützen oder Haufen auf dem Teppich vorbeugen kann. Angenommen, es passiert trotzdem ein Malheur – wird der Hund sich dann hinkauern, die Pfoten vor die Augen legen und sich schämen?

Scham und Betroffenheit sind wichtige Bestandteile des sozialen Verhaltens von Menschen, doch es ist zu bezweifeln, ob Hunde genauso empfinden. Aber wenn der Hund älter wird, hängt er sehr an seinen Gewohnheiten, und wenn dann Probleme auftauchen, mit denen er nicht gerechnet hat, empfindet er das durchaus als eine Belastung.

Übergewicht

Wenn der Hund älter wird, verlangsamen sich die Körperfunktionen und Stoffwechselvorgänge. Er nimmt also schneller zu als unter normalen Umständen. Alternde Hunde haben häufig Gewichtsprobleme, aber dagegen läßt sich leicht etwas unternehmen. Der Körper stellt andere Anforderungen als bei einem jungen Hund, und die Nahrung muß darauf abgestimmt werden. Auch die körperliche Betätigung darf nicht vernachlässigt werden.

Wiegen Sie Ihren Hund regelmäßig. Dadurch verhüten Sie, daß er zuviel frißt oder sich zuwenig bewegt.

Wenn die Beschwerde nur leicht ist, läßt sie sich wahrscheinlich durch häufigeres »Gassigehen« in den Griff bekommen. Fragen Sie auch Ihren Tierarzt. Sollte es sich um eine Schließmuskelschwäche handeln, helfen häufig Medikamente. Allerdings muß vorher abgeklärt werden, ob nicht eine Infektion der Harnwege oder eine andere organische oder Stoffwechselstörung als Ursache in Frage kommen.

Wenn Medikamente nichts bewirken, muß darauf geachtet werden, daß Inkontinenz nicht zu anderen Erkrankungen führt. Wichtig ist, daß Sie Ihren Hund trocken und sauber halten. Urin reizt die Haut, und Kot ist eine Brutstätte für Parasiten. Wechseln Sie die Decke oder das Kissen seines Lagers häufig.

Husten

Diese Beschwerde kann zu einem wirklichen Problem werden, besonders bei kleinen Hunden, deren dünne Atemwege schnell blockiert sind. Alle Hunde in fortgeschrittenen Jahren können Husten bekommen, aber die kleineren sind davon am stärksten betroffen. Die Luftwege in den Lungen sondern mehr Schleim ab, und es entwickelt sich eine Bronchitis. Das ist belastend für das Tier und irritierend für Sie. Wenn Ihr Hund zu husten beginnt, gehen Sie mit ihm gleich zum Tierarzt. Er verschreibt Ihnen Medikamente, damit der Husten aufhört oder zumindest gelindert wird.

Augen und Ohren

Bei Hunden im Seniorenalter kann es vorkommen, daß Sehkraft und Gehör allmählich nachlassen. Das ist jedoch kein Grund zur Besorgnis.

Trotzdem sollten Sie zum Tierarzt gehen, damit er den Prozeß gegebenenfalls umkehrt oder anhält. Auch wenn das nicht gelingt, entstehen daraus für den Hund keine gravierenden Nachteile. Mit Liebe und Unterstützung durch seinen Herren kann sich der Hund an körperliche Behinderungen leichter anpassen, als Sie vermuten würden.

Worauf außerdem zu achten ist
Es gibt noch mehr Probleme, die im Alter auf den Hund zukommen. Dazu zählen Herzerkrankungen, Diabetes, Beschwerden der Leber und der Nieren, Kreislaufstörungen und Krebs. Aber im Zusammenwirken mit Ihrem Tierarzt werden sich Lösungen finden lassen.

Die Lebenserwartung des Hundes

Schaut man sich einen Chihuahua an und danach einen Bernhardiner, fällt es schwer zu glauben, daß beide zur gleichen Tierfamilie gehören. Mit eines der erstaunlichsten Dinge beim Hund ist die Vielfalt der Arten und Rassen. Das betrifft nicht nur das äußere Erscheinungsbild, sondern auch Persönlichkeit und Verhalten. Und natürlich die Lebenserwartung.

Tatsache ist, daß manche Hunde älter werden als andere, und das scheint vor allem an der Größe zu liegen. Große Hunde werden zwischen sieben und zehn Jahre alt und haben damit die geringste Lebenserwartung. Diese nimmt mit abnehmender Größe zu. Hunde wie der West Highland White Terrier, Beagle und Dackel können 15 Jahre und länger leben. Niemand weiß genau, warum die Größe diesen Unterschied bewirkt, obwohl einige Gründe bekannt sind, die zur relativen Kurzlebigkeit der größeren Rassen beitragen. Zum Beispiel kommen Übergewicht und bestimmte Herzerkrankungen bei großen Hunden häufiger vor als bei kleinen.

Und wie verhält es sich bei Mischlingen? Deren Lebenserwartung zu schätzen, ist erheblich schwieriger. Auch hier spielt die Größe eine Rolle, aber im allgemeinen gibt es keine Kriterien, die eine zuverlässige Vorhersage ermöglichen würden.

Selbst wenn Ihr Hund zu den Großen zählt, bedeutet das nicht viel. Man muß sich darüber im klaren sein, daß die angenommene Lebenserwartung nur ein Schätzwert ist. Es gibt viele Gründe, warum ein Hund länger oder kürzer lebt, als man erwarten durfte.

Bernhardiner
Sehr große Rassen
Lebenserwartung
7–10 Jahre

Berner Sennenhund
Große Rassen
Lebenserwartung
8–12 Jahre

Épagneul Breton
Mittelgroße Rassen
Lebenserwartung
12–15 Jahre

West-Highland-Terrier
Kleinwüchsige Rassen
Lebenserwartung
bis 15 Jahre

Ihm das Leben leichter machen

Außer mit Ihrem Hund zum Tierarzt zu gehen, wenn er die Last der Jahre zu spüren beginnt, gibt es noch eine Reihe weiterer Dinge, die Sie tun können, damit es ihm auf seine alten Tage gutgeht. Es genügen einige einfache Umstellungen in seinem Lebensbereich und im täglichen Geschehen.

Maßnahmen gegen Inkontinenz

Alle Hunde lieben es, draußen zu sein und das Gras zwischen den Zehen zu spüren. Aber ältere Hunde mit schwacher Blase müssen noch häufiger ins Freie gelassen werden. Schaffen Sie eine Möglichkeit, damit er jederzeit hinaus kann, oder richten Sie ein Plätzchen ein, wo er Blase und Darm entleeren kann. Sie können dem an Inkontinenz leidenden Hund auch helfen, indem Sie eine Änderung seiner Lebensumstände herbeiführen, zum Beispiel sein Lager an einen geschützten Ort im Freien verlegen. Vorausgesetzt, die klimatischen Verhältnisse lassen das zu, wäre dies eine ausgezeichnete Lösung, wenn die medikamentöse Behandlung erfolglos bleibt.

In Form bleiben

Wenn Ihr Hund etwas langsamer wird, heißt das nicht, daß er keinen Auslauf mehr braucht. Die Folge wäre eine Gewichtszunahme. Um sicherzugehen, daß sein Körper stramm und funktionsfähig bleibt, müssen Sie ihn monatlich wiegen und auf Veränderungen achten. Gegen Übergewicht können Sie Vorsorge treffen, indem Sie ihm »Seniorenfutter« geben, dessen Zusammensetzung auf die Bedürfnisse von sieben oder acht Jahre alten Hunden zugeschnitten ist. Diese Hundenahrung ist allgemein weniger reich an Fett und Kalorien, enthält aber mehr Ballaststoffe. Hunde mit Nierenleiden oder Diabetes benötigen allerdings eine besondere Diät, die der Tierarzt verschreibt. Sehr empfehlenswert sind regelmäßige Spaziergänge mit dem Hund, damit er fit bleibt. Er wird zwar nicht mehr durchs Gelände preschen, wie er es früher zu tun pflegte, aber es ist wichtig, ihn in Bewegung zu halten. Sollte Ihr Hund zum Stubenhocker geworden sein, lassen Sie ihn vom Tierarzt untersuchen, bevor Sie ihn zu ungewohnter sportlicher Betätigung anhalten.

Was tun gegen Erblinden?

Wenn Ihr Hund damit anfängt, an Möbeln anzustoßen oder gegen die Wand zu laufen statt durch die Tür, sieht alles danach aus, daß er das Augenlicht verliert. In den meisten Fällen geschieht das nur ganz allmählich, so daß der Hund Zeit hat, sich an den veränderten Zustand zu gewöhnen. Sie können ihm dabei helfen. Nehmen Sie in seiner Umgebung keine Veränderungen vor, indem Sie zum Beispiel die

Graue Schnauze und trübe Augen sind untrügliche Anzeichen, daß dieser Hund in die Jahre kommt.

Möbel umstellen. Wenn es sich nicht vermeiden läßt, halten Sie die Veränderungen so gering wie möglich, damit sich der Hund mit der ungewohnten Situation schneller vertraut machen kann. Sprechen Sie zu ihm, damit er sich am Klang Ihrer Stimme orientieren kann. Zurufe wie »Aufpassen!« oder »Vorsicht!« warnen ihn vor einer Kollision.

Hilfe bei Schwerhörigkeit

Bei Hunden, die ihr Gehör verlieren, verhält es sich ähnlich. Verständigen Sie sich mit ihm durch Zeichen. Mit dem Training, auf Handzeichen zu reagieren, sollte man beginnen, solange der Hund jung ist. Das gilt vor allem für einfache Befehle. Auf diese Weise können Sie zu Ihrem Hund sprechen, auch wenn er Sie nicht mehr hört.

Aber selbst wenn der Hund taub wird, ist das ein vergleichsweise geringes Problem. Bei den meisten Hunden ist das Gehör von Natur aus besser entwickelt als das des Menschen, und wenn es nachläßt, sind die Folgen weniger gravierend.

Schonung der müden alten Knochen

Bei Ihrem Hund zeigen sich die Auswirkungen von Arthritis, Sie haben ihn zum Tierarzt gebracht, und er nimmt seine Tabletten. Darüber hinaus können Sie zu Hause einige kleine Veränderungen vornehmen, die ihm das Leben erleichtern. Legen Sie Läufer oder Matten auf glatte Fußböden, damit er nicht ausrutscht. Stellen Sie die Schüsseln für Futter und Wasser auf einen Schemel, damit er sich nicht so tief bücken muß. Haltevorrichtungen für Tiernäpfe gibt es in Zoogeschäften zu kaufen. Machen Sie ihm ein weiches Lager im Freien und legen Sie ihm ein Polster, vorzugsweise eines speziell für Hunde, an einen warmen, vor Zugluft und Feuchtigkeit geschützten Platz im Haus.

Veränderungen schaffen Unbehagen

Der alternde Hund hat sich an seine Umgebung gewöhnt. Selbst wenn er in guter Verfassung ist, empfiehlt es sich, Veränderungen auf das Allernötigste zu beschränken.

Bedenken Sie dies, wenn Sie Möbel umräumen, neu tapezieren oder Ihren Tagesablauf ändern möchten. Abweichungen von bisherigen Fütterungszeiten oder Spaziergängen vormittags statt nachmittags können ihn durcheinander bringen. Auch Familienzuwachs ist etwas, das den alternden Hund in seinem Befinden stört.

Diabetes bei Hunden

In den späteren Jahren kann der Hund an Altersdiabetes erkranken: Heilung ist zwar nicht möglich, aber man kann etwas dagegen unternehmen, damit der Hund trotzdem Freude am Leben hat. Auch ein an Diabetes leidender Hund ist ein guter Kamerad und verhält sich häufig nicht viel anders als ein gesunder. Die rücksichtsvolle Einstellung des Besitzers kann sehr dazu beitragen.

Auch der Tierarzt wird dafür sorgen, daß die Auswirkungen der Krankheit nicht gravierend werden, und die Behandlung braucht nicht kostspielig zu sein. Aber der Hundebesitzer muß seinen Beitrag dazu leisten und sich von der Vorstellung leiten lassen, daß sein Hund mit zur Familie gehört. Persönliches Engagement ist unerläßlich, denn der Hund braucht regelmäßige Pflege. Die Verabreichung von Insulin oder Tabletten muß nach einem festgelegten Zeitplan erfolgen. Gleiches gilt für die Fütterung. Beanspruchung durch Streß ist auf ein Minimum zu reduzieren. Sie werden also mehr Zeit für Ihren Hund finden müssen, ohne das als Zumutung zu empfinden.

Wenn es Abschied nehmen heißt

Wir lieben unsere Hunde so sehr, daß wir wünschen, sie würden ewig leben. Leider hat es die Natur anders eingerichtet. Wenn die Stunde schlägt, ist es wichtig, daß Sie für ihn da sind und ihm das Sterben erleichtern.

An Einschläferung mag keiner von uns gern denken, aber man sollte darauf vorbereitet sein. Es ist ein einfacher und schmerzloser Vorgang, den der Tierarzt ausführt, wenn Sie die Zeit für gekommen halten. Das Tier schläft friedlich ein und stirbt in Würde. Manche Tierhalter sehen in der Euthanasie eines der größten Geschenke, das wir dem leidenden Tier machen können. Aber es ist auch verständlich, daß den meisten Menschen das Loslassen ungemein schwerfällt.

Den Hund einschläfern zu lassen ist ohne Frage die schwierigste Entscheidung, die ein Hundehalter zu treffen hat. Die meisten von uns wünschen sich, daß der Hund einschläft und nicht mehr aufwacht, weil wir dann die Verantwortung nicht tragen müßten. Unglücklicherweise passiert das nur selten.

Viel häufiger kommt es vor, daß die Lebensqualität des Hundes so stark nachläßt, daß es fast an Tierquälerei grenzt, ließe man ihn in diesem Zustand des fortschreitenden Verfalls weitervegetieren. Wenn dieser Zustand eintritt, wird es höchste Zeit, mit dem Tierarzt über die Einschläferung zu sprechen.

Jeder Hundebesitzer muß sich fragen, ob es noch vertretbar ist, den kranken Hund am Leben zu lassen. Konsultieren Sie den Tierarzt, bevor Sie eine Entscheidung treffen. Sie können das telefonisch tun oder in einem persönlichen Gespräch. Warten Sie damit nicht bis zum letzten Augenblick. Es könnte sich nämlich herausstellen, daß der Gesundheitszustand des Tieres nicht ganz so schlimm ist, wie es zunächst den Anschein hat, und daß die Krankheit möglicherweise sogar heilbar ist.

Hundebesitzer, die vor der Entscheidung stehen, ihr Tier einschläfern zu lassen, sollten sich von verschiedenen Seiten Beistand und Rat holen. Es ist und bleibt jedoch Ihre Entscheidung, und Sie müssen wissen, was gut für Sie und Ihren Hund ist.

Dem Hund das Sterben in Frieden und Würde zu ermöglichen, kann der größte Dienst sein, den Sie Ihrem treuen Weggefährten erweisen.

SECHSTER TEIL

Behandlung der Beschwerden

Sie werden nicht erwarten dürfen, daß Ihr Hund sein ganzes Leben lang kerngesund ist. Hunde sind anfällig für eine ganzes Spektrum von Beschwerden und Krankheiten, angefangen mit Allergien und Arthritis bis hin zu Übergewicht, Würmern und Zahnausfall. Sobald Sie sich in Tiermedizin ein wenig auskennen, können Sie zum Wohl des Hundes viele Probleme zu Hause lösen.

- Allergien, Heuschnupfen 290
- Altersbeschwerden 293
- Analentzündung 296
- Arthritis 299
- Blähungen 301
- Durchfall 303
- Ellbogendysplasie 305
- Erbrechen 306
- Fieber 308
- Flatulenz 309
- Flöhe 310
- Futterallergie und -intoleranz 314
- Haarausfall 316
- Harnabsatzstörungen 317
- Hauterkrankungen 319
- Hot Spots 321
- Hüftgelenksdysplasie 322
- Husten 325
- Juckreiz 326
- Kotfressen 328
- Lecken 329
- Mundgeruch 331
- Ohrenentzündung 333
- Räude 336
- Sabbern 338
- Sehbeschwerden 339
- Sonnenbrand 342
- Übergewicht 344
- Verstopfung 347
- Würmer 348
- Zahnbeschwerden 350
- Zecken 353

Allergien und Heuschnupfen

ALLERGIEN UND HEUSCHNUPFEN

Er kratzt, er leckt, er beißt sich sogar. Kurzum, es juckt. Bevor Sie zum Angriff auf den scheinbar Schuldigen vorgehen und zum Flohspray greifen, sollten Sie nachsehen, ob vielleicht eine Allergie vorliegt.

Allergien kommen bei Hunden häufig vor. In manchen Gebieten leiden Hunde mehr unter Allergien als unter Flöhen und anderen Parasiten.

Erwarten Sie nicht, daß der Hund fortwährend niest und tränende Augen hat. Allergien bei Hunden äußeren sich durch folgende Symptome:
• Der Hund schleckt und knabbert an den Pfoten.
• Achselhöhlen und Leistengegend sind gerötet.
• Der Hund reibt das Gesicht.
• Der Hund kratzt sich am ganzen Körper.
Daß Welpen allergisch reagieren, ist eher ungewöhnlich. Wenn Hunde anfällig für Allergien werden, sind sie mindestens sechs Monate, meistens über ein Jahr alt. Erst ab diesem Alter reagieren Sie auf Substanzen, die Allergene heißen. Das können Pollen, Pilzsporen, Hausstaub oder blühende Grä-

ser sein – alles Auslöser von Inhalationsallergien, von denen auch Menschen betroffen sind.

Ob die Allergie zu einer bestimmten Zeit auftritt oder der Hund sich das ganze Jahr über kratzt hängt davon ab, um welche Art von Allergenen es sich handelt. Ist es Blütenstaub, stellt sich die Allergie im Sommer ein. Wird sie durch Hausstaub verursacht, kratzt sich der Hund wahrscheinlich ständig.

Die Symptome lindern

Sie können eine Menge tun, damit es nicht mehr juckt und Ihr Hund sich nicht mehr kratzen muß. Es gibt pharmazeutische Produkte wie Antihistaminika und Fischöle, die die Symptome lindern und dafür sorgen, daß das Jucken nachläßt.

Einige für die Bekämpfung von Allergien bei Menschen entwickelte Antihistamin-Präparate wirken in etwa einem Drittel der Fälle auch bei Hunden. Diphenhydramin (Benadryl®), Clemastin und Chlorphenoxamin haben bei Hunden heilkräftige Wirkung gezeigt. Lassen Sie sich vom Tierarzt ein Antihistaminikum empfehlen, das für Ihren Hund geeignet ist, und wenden Sie es in der verordneten Dosierung an.

Auch Fischöle haben sich bewährt. Sie werden aus bestimmten Fischarten gewonnen und enthalten entzündungshemmende Wirkstoffe. Bei täglicher Anwendung können allergische Reaktionen bei Hunden in etwa zwanzig Prozent der Fälle gemildert oder beseitigt werden. Wendet man sie in Kombination mit Antihistaminika an, steigt die Erfolgsquote auf über fünfzig Prozent. Es bestehen also gute Aussichten, daß Sie Ihrem Hund bei der Linderung der Symptome helfen können. Gelingt es nicht, muß der Tierarzt weitere Ursachen suchen.

Allergene meiden

Als allgemeine Regel gilt: Bäume blühen im Frühjahr, Gräser im Sommer und Wildkräuter im Herbst. Wenn Ihr Hund zu einer bestimmten Jahreszeit allergische Reaktionen zeigt, ist das ein Hinweis darauf, welche Pollen dafür verantwortlich sein könnten. Hausstaub- und Pilzallergien treten das ganze Jahr über auf, wobei Pilzsporen in Regenperioden, Milben bei hoher Luftfeuchtigkeit besonders stark verbreitet sind. Ein Allergietest durch den Tierarzt verschafft Klarheit in dieser Sache.

BEHANDLUNG DER BESCHWERDEN • 291
Allergien und Heuschnupfen

Warum kratzen sich Hunde, statt zu niesen?

Menschen mit Allergien sind leicht zu erkennen. Das Wasser läuft ihnen aus den Augen, und sie niesen so heftig, daß man glauben könnte, das Dach fliegt davon. Ganz anders bei Hunden. Die kratzen, lecken, knabbern und beißen. Dabei werden die Allergien durch dieselben Reaktionen im Körper ausgelöst. Warum also verhält sich der Hund anders?

Allergische Hunde bilden dieselbe Art von Antikörpern gegen Organismen in der Luft wie unter Allergien leidende Menschen. Die unterschiedlichen Reaktionen, die man bei Mensch und Hund beobachten kann, hängen damit zusammen, daß die Antikörper auf jeweils andere Bereiche des Körpers verteilt sind. Bei Menschen konzentrieren sie sich hauptsächlich in den Atmungsorganen, bei Hunden im Gewebe der Haut. In diesen Bereichen findet die Reaktion statt. Menschen müssen niesen und leiden an tränenden Augen, Hunde kratzen sich das Fell.

Sollte sich herausstellen, daß der eine oder andere Erreger der genannten Gruppe das Problem verursacht, können Sie zu Hause Vorkehrungen treffen, die Ihrem Hund Linderung bringen.

• Vorsicht im Schlafzimmer. Wenn Ihr Hund gegen Hausstaub allergisch ist, lassen Sie ihn nicht in Ihr Schlafzimmer. Das ist der Raum im ganzen Haus, wo die Konzentration an Staubmilben am höchsten ist. Wenn der Hund keinen Zugang dazu hat, leidet er möglicherweise weniger stark unter dieser Form von Allergie.

Sollte dies nicht machbar sein, empfiehlt sich die Anschaffung spezieller Bezüge. Damit überziehen Sie Matratze, Decken und Kopfkissen, damit die Milben nicht überallhin gelangen. Wenden Sie sich an einen Dermatologen, wobei es sich um einen Veterinär oder einen Humanmediziner handeln kann, und erkundigen Sie sich nach einer Einkaufsquelle.

• Allergene auswaschen. Das Waschen von Bettzeug, Überzügen und Decken alle sieben bis zehn Tage in heißem Wasser ist eine weitere Möglichkeit, potentielle Erreger von Allergien im Zaum zu halten. Und

Bevor Sie etwas gegen den Juckreiz unternehmen, müssen Sie die Ursache kennen. Handelt es sich um eine Allergie, müssen Sie Detektiv spielen und den Erreger identifizieren.

Allergien und Heuschnupfen

beim Waschen der Decken und Polster des Hundes beseitigen Sie darüber hinaus Floheier und –larven. Das viele Waschen und Saubermachen wird einen gewissen Teil Ihrer Zeit in Anspruch nehmen, erweist sich jedoch als wirksame Methode, dem Hund das ständige Kratzen zu ersparen.

• Für bessere Luftqualität sorgen. Mit einem leistungsfähigen Luftreinigungsgerät läßt sich der Anteil von Milben, Pilzsporen und Pollen in der Luft im Haus erheblich reduzieren. Halten Sie die Luftfeuchtigkeit in den Räumen bei 50 Prozent oder weniger, und reinigen Sie Gegenstände und Zubehörteile wie Luftfilter, Verdunster und dergleichen, wo sich Pilzsporen bevorzugt ansiedeln.

• Gefahrenstellen im Freien meiden. Lassen Sie den Hund nicht auf kürzlich gemähten Wiesen herumlaufen, wo die Konzentration von Pollen und Pilzsporen besonders groß ist. Wenn Sie zu wissen glauben, daß eine bestimmte Pflanze der Auslöser ist, entfernen Sie sie aus Ihrem Garten und achten Sie darauf, daß der Hund beim Auslauf oder beim Spazierengehen keinen näheren Kontakt dazu findet.

• Schutzanzug anlegen. Versuchen Sie, dem Hund ein T-Shirt oder ein Schlafanzugoberteil überzustreifen, bevor Sie mit ihm ins Freie gehen. Auf diese Weise wird verhütet, daß sich Erreger von Allergien in seinem Fell festsetzen können. Ziehen Sie ihm das Kleidungsstück über den Kopf und stecken Sie die beiden Vorderläufe durch die Ärmel. Nachdem Sie ihm den Schutzanzug über den Rest des Körpers gestreift haben, können Sie ihn nach Herzenslust durchs Gras toben lassen. Bei einem Hund mit sehr empfindlichen Pfoten sollten Sie überlegen, ob Sie ihn dazu bringen könnten, Schuhe zu tragen.

Allergie-Test für Hunde

Wenn Sie an einer Allergie leiden, gehen Sie zum Hautarzt, der mit Hilfe eines Allergie-Tests feststellt, gegen was Sie allergisch sind. Der gleiche Test kann auch bei Ihrem Hund vorgenommen werden. Der Tierarzt injiziert geringe Mengen von Wirkstoffen in die Haut, welche der Grund für die Allergie sein könnten, und sieht sich an, wie die Haut darauf reagiert. Auf diese Weise kann der Tierarzt diejenigen Allergene identifizieren, die bei Ihrem Hund Wirkung zeigen. Der gesamte Test dauert nicht länger als eine Stunde, und die Schmerzen, die das Tier aushalten muß, sind nicht der Rede wert. Für die meisten Hunde ist es das Schlimmste, daß sie während des Versuchs still daliegen müssen.

Der nächste Schritt ist wahrscheinlich eine Immuntherapie. Oder der Hund bekommt Injektionen kleiner Mengen des betreffenden Allergens. Indem man die Dosis allmählich erhöht, stärkt man die Abwehrkräfte. Die Allergie selbst wird dadurch nicht kuriert, aber wenn die Immuntherapie wirkt, wird Ihr Hund nicht mehr überreagieren, das heißt, es werden keine allergischen Symptome mehr auftreten.

Hält der Juckreiz über längere Zeit an, sollten Sie sich die Zeit nehmen, Allergie-Test und Immuntherapie mit Ihrem Tierarzt ausführlich zu besprechen. Vielleicht gibt er Ihnen ein Kortikosteroid-Präparat für kurzzeitige Behandlung, aber ein Allergie-Test mit anschließender Immuntherapie ist nicht nur die erfolgreichste Behandlungsmethode auf lange Sicht, es ist auch die naturgerechteste Vorgehensweise.

Altersbeschwerden

Rasche Linderung

Wenn sich der Hund kratzt und nicht mehr damit aufhört, können Sie ihm helfen, indem Sie ihn baden. Das trägt dazu bei, Pollen, Pilze und Staub aus dem Fell zu entfernen, bevor die Erreger durch die Haut dringen können. Außerdem lindert Wasser den Juckreiz.

Verwenden Sie zum Baden kaltes Wasser, denn warmes macht das Jucken nur schlimmer. Geben Sie einen geeigneten Zusatz zum Badewasser, der reizhemmend wirkt, oder spülen Sie mit einem medizinisch wirksamen Spülmittel, das zum Beispiel Antihistaminika, Hydrokortison oder ein Lokalanästhetikum enthält. Auch der Tierarzt kann Ihnen ein Präparat zum Spülen nach dem Baden empfehlen. Waschen Sie es nicht heraus, sondern lassen Sie es einwirken.

Sie können Ihren Hund natürlich jederzeit baden. Zwischen den Bädern benutzen Sie ein Spray, das die gleichen reizlindernden Eigenschaften hat wie die oben genannten Wirkstoffe.

Ein Bad bringt Ihrem Hund rasche Linderung, wenn ihn Juckreiz plagt. Nehmen Sie kaltes Wasser und waschen Sie damit die Allergene aus dem Fell.

ALTERSBESCHWERDEN

Hunde altern zwar schneller als Menschen, aber viele der sich im Lauf der Jahre ergebenden Veränderungen sind dieselben. Sie bewegen sich etwas langsamer als früher. Und sie werden anfälliger für bestimmte Störungen wie Arthritis, Nierenerkrankungen und Herzbeschwerden.

Auch im Verhalten machen sich Veränderungen bemerkbar, die sich ähnlich auswirken wie Senilität bei Menschen. Es wird Ihnen möglicherweise auffallen, daß ältere Hunde weniger aufmerksam oder verspielt sind, als Sie es gewohnt sind, oder daß sie Befehle vergessen, die sie früher auswendig kannten. Die Reaktion auf optische und akustische Reize wird sich ebenfalls verlangsamen, und Ihr Hund wird seine guten Manieren vergessen und Sie mit Pfützen im Haus überraschen.

Aber mit Ihnen in der Nähe und dem Tierarzt in Reichweite, die dafür sorgen werden, daß der Hund alles bekommt, was er braucht, wird das Haustier gegen die Probleme des Alterns ankämpfen und sich der noch vor ihm liegenden Jahre in Ihrer Gesellschaft erfreuen.

Die Pflege des alternden Hundes

Manchmal wird es nicht leicht sein festzustellen, ob die Anzeichen der Veränderung, die Ihnen bei Ihrem Hund auffallen, die Folge einer organischen Störung, eines Verhaltensproblems oder einer Kombination aus beiden sind. Sie können viel dafür tun, daß Ihr Hund seine Seniorenzeit genießen kann.

• Sie tun gut daran, einige der Veränderungen vorauszusehen.

294 • BEHANDLUNG DER BESCHWERDEN

Altersbeschwerden

Es ist nicht ungewöhnlich, daß ein älterer Hund auf Kommandos langsamer reagiert oder einige schlichtweg vergißt. Denken Sie also nicht, Ihr Hund könnte Sie absichtlich ignorieren, wenn er nicht Ihrem Ruf folgt, oder stur stehen bleibt, wenn Sie ihm befehlen, sich hinzusetzen. Die Pfützen im Haus, mit denen er Sie unangenehm überrascht, könnten auf Muskelschwäche, eine Entzündung oder ein anderes medizinisches Problem zurückzuführen sein. Oder er vergaß, rechtzeitig ins Freie zu gehen. In diesem Fall helfen keine Erziehungsmaßnahmen. Bringen Sie bei nächster Gelegenheit den Hund zum Tierarzt.

• Bleiben Sie in Kontakt mit Ihrem Tierarzt. Bei den meisten Hunden wird einmal im Jahr ein Gesundheits-Check durchgeführt. Nachdem das Tier in die Jahre gekommen ist, sollten Sie in kürzeren

Diese ältere Dame aus der Familie Golden Retriever ist zwar etwas langsam auf den Beinen, freut sich aber über jeden Zuspruch.

Abständen zum Tierarzt gehen, besonders wenn Sie Beobachtungen machen, die Sie beunruhigen.

Teilen Sie ungewöhnliche Veränderungen unverzüglich Ihrem Tierarzt mit. Das gilt für verändertes Verhalten ebenso wie für körperliche Gebrechen. Eine in den USA durchgeführte Untersuchung hat ergeben, daß weniger als 10 Prozent der befragten Hundebesitzer ihren Tierarzt unterrichten, wenn ihr alternder Hund veränderte Verhaltensweisen an den Tag legt, daß aber andererseits über sechzig Prozent zugaben, Probleme mit der Gesundheit ihrer Tiere zu haben. Es ist also wichtig, daß Sie Veränderungen im Verhalten oder im Gesundheitszustand Ihres Hundes nicht

als unvermeidliche Alterserscheinung betrachten. Sie können einiges dagegen unternehmen.

Der Tierarzt wird Ihren Hund gründlich untersuchen und Tests vornehmen, um festzustellen, ob es sich um Unregelmäßigkeiten handelt, die bei älteren Hunden die Regel sind. Sollte eine Krankheit die Ursache für die Veränderungen sein, wird er sie behandeln. Wenn sich herausstellt, daß eine Verhaltensstörung vorliegt, brauchen Sie ebenfalls nicht zu verzweifeln. Es gibt inzwischen Medikamente, welche die weitere Entwicklung hemmen oder sogar zu einer Zustandsverbesserung führen können, zum Beispiel Korvimin®. Ihr Tierarzt wird Ihnen auch Ratschläge geben, was Sie zu Hause tun können, um Ihrem Hund zu helfen.

• Alte Hunde reagieren langsamer. Haben Sie Verständnis für das Nachlassen der Fähigkeit Ihres Hundes, Sinneseindrücke wahrzunehmen. Sein Sehvermögen läßt nach, er hört nicht mehr so gut wie früher, und sogar der Geruchssinn kann beeinträchtigt sein. Der Hund wird sich auf dieses Nachlassen der Kör-

Altersbeschwerden

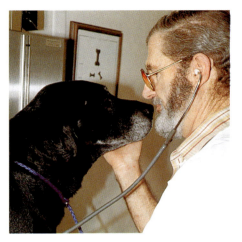

Kommt Ihr Hund in die Jahre, ist es ratsam, ihn häufiger als bisher zum Tierarzt zu bringen. Gemeinsam können Sie planen, wie Sie ihm das Leben erleichtern.

perfunktionen einstellen und sich den Gegebenheiten anpassen, ohne daß es Ihnen zunächst auffällt. Aber seien Sie nachsichtig mit Ihrem alternden Liebling und nehmen Sie Rücksicht auf seine Gewohnheiten.

Alle plötzlichen Veränderungen können belastend sein oder zu Verwirrung führen und sollten nach Möglichkeit vermieden werden. Wenn Sie sich neu einrichten oder die Räume renovieren wollen, und die Sehkraft des Hundes hat nachgelassen, dann überraschen Sie ihn nicht damit, sondern führen Sie ihn durch die Wohnung, damit er sich an die veränderte Umgebung gewöhnt.

Erschrecken Sie ihn nicht mit der Berührung Ihrer Hand, wenn er friedlich schläft, selbst wenn Sie annehmen, er müßte Ihr Kommen bemerkt haben. Zeigen Sie ihm Ihre Gegenwart an, indem Sie sich neben ihn knien und ihn leise beim Namen rufen. Oder klatschen Sie leicht in die Hände, wenn Sie zu der Stelle gehen, wo er ruht.

• Halten Sie den Hund auf Trab. Regelmäßiger Auslauf wird ihm guttun, und er hat nach wie vor seine Freude daran, auch wenn er keine so großen Sprünge mehr macht wie früher. In Jahren gemessen mag der Hund zwar alt sein, aber Sie werden trotzdem alles tun, damit sein Geist jung bleibt. Den Hund auszuführen oder frei laufen zu lassen ist eine ausgezeichnete Methode, für körperliche Beweglichkeit zu sorgen und sein Interesse an der Umgebung wachzuhalten.

• Wenn die Ausdauer nachläßt, ändern Sie den Programmablauf. Gehen Sie öfter mit ihm spazieren, aber nehmen Sie sich kürzere Strecken vor. Dabei hat er auch häufiger Gelegenheit, sein »Geschäft« zu verrichten. Alternde Hunde, die ihre Körperausscheidungen nicht mehr so zuverlässig zurückhalten können, sind dankbar dafür.

Bewegung ist anstrengend, ermüdet die Muskeln und geht in die Knochen. Eine sanfte Massage oder ein warmes Bad wirken Wunder bei altersschwachen Gelenken. Körperliche Betätigung in einem vernünftigen, gesundheitlich vertretbaren Maß hält den Hund gelenkig, unterstützt die Herztätigkeit und sorgt dafür, daß sich keine überflüssigen Pfunde ansetzen. Es gibt kaum etwas Besseres als einen Spaziergang und leichte Spiele, um die Lebensfreude Ihres Hundes wachzuhalten.

• Vernünftiges Füttern ist wichtig. Eine gesunde, ausgewogene Diät ist genau das Richtige für den alternden Hund. Sie müssen nur aufpassen, daß Sie ihn nicht überfüttern, denn weil er weniger aktiv ist als früher, braucht sein Körper weniger Nährstoffe. Achten Sie darauf, daß er nicht übergewichtig wird, denn viele Krankheiten haben hier ihre Ursache.

Es besteht kein Anlaß, das Tier auf Spezialdiät zu setzen, es

Altersbeschwerden

Führen Sie Ihren alternden Hund regelmäßig spazieren, auch wenn er nicht mehr so weit und schnell läuft wie früher.

sei denn, sie wird vom Tierarzt verordnet. Manchen Tieren bekommt eine eiweißarme, an Ballaststoffen reiche Diät, anderen geht es besser, wenn das Futter mehr Eiweiß, weniger Ballaststoffe und reichlich wasserlösliche Vitamine enthält. In bestimmten Fällen wird der Tierarzt raten, den in die Jahre gekommenen Hund mit leicht verdaulicher Welpennahrung zu füttern.

Für die meisten älteren Hunde ist es von Vorteil, wenn man Futterzusätze unter ihr Futter mischt. Diese sind reich an Antioxidantien wie Vitamin C und Vitamin E, mit denen sich die Verfallserscheinungen hemmen lassen, die das Alter mit sich bringt. Außerdem braucht der alte Hund Vitamine der B-Gruppe, welche die Nierenfunktionen unterstützen.

Beobachten Sie Ihren Hund genau, damit Sie wissen, welche individuellen Bedürfnisse er hat und wie es ihm geht. Berücksichtigen Sie stets seinen Zustand, wenn Sie ihn ausführen und füttern. Wenn Sie sorgfältig darauf achten, wird er noch lange glücklich und gesund bleiben.

ANALENTZÜNDUNG

Wenn Sie sehen, daß Ihr Hund schlittenfährt, also auf dem Hinterteil über den Boden rutscht, ist damit zu rechnen, daß er Beschwerden mit den Analbeuteln hat. In den beiden Drüsen links und rechts vom After sammelt sich ein Sekret, das Sie als übelriechend empfinden. Hunden sind sie ein willkommener Duftspender zum Abstecken ihres Reviers und Kommunikationsmittel für den Informationsaustausch mit interessierten Artgenossen.

Meist entleeren sich die Analbeutel, wenn der Hund den Darm erleichtert. Aber manchmal bleiben Reste des Sekrets zurück, dicken ein, und die Analbeutel dehnen sich aus wie kleine Ballons und tun weh.

Bei der Reaktion auf diese Beeinträchtigung hat der Hund die Wahl zwischen zwei klassischen Möglichkeiten. Er fährt Schlitten, indem er mit dem Hinterteil über den Boden rutscht, um die Beutel zu entleeren, oder er beißt und schleckt am Darmausgang unter dem Schwanz. Beide Vorgehensweisen können Schaden anrichten. Vielleicht fällt Ihnen auch auf, daß er vor Schmerz zusammenzuckt, wenn Sie ihn am Hinterteil berühren.

Sobald Sie eine der genannten Reaktionen beobachten, bringen Sie den Hund zum Tierarzt. Er wird den betroffenen Körperbereich untersuchen, um festzustellen, ob es sich um eine relativ harmlose Unpäßlichkeit handelt, oder ob eine Entzündung dazugekommen ist. Danach kann die Behandlung beginnen.

Den Schmerz ausdrücken

Das Gute an Beschwerden mit den Analdrüsen ist, daß man sie

Analentzündung

leicht in den Griff bekommt. Das einfachste Heilverfahren ist, den Inhalt der Drüsen herauszudrücken. Das ist die direkte Methode, die von Tierärzten angewendet wird, bei Laien aber eher unbeliebt ist.

Der Hund wird Ihnen aber diesen Dienst nicht danken, und Ihnen werden vom Gestank die Augen tränen. Wenn Sie sich das nicht antun wollen, bringen Sie den Hund zum Tierarzt. Aber das Problem kann sich wiederholen, denn obwohl es trotz unliebsamer Begleiterscheinungen einfach zu behandeln ist, kann die Heilung schwierig sein. Unter Umständen müssen Sie den Tierarzt häufiger aufsuchen, und dann sollten Sie ihn gegebenenfalls bitten, Ihnen zu zeigen, wie man beim Ausdrücken vorgeht. Lassen Sie sich zunächst in seiner Praxis anweisen. Am Ende werden Sie wahrscheinlich lieber häufiger zum Tierarzt fahren, als selbst Doktor zu spielen.

Sollten Sie sich dies jedoch zutrauen, brauchen Sie jemanden, der Ihnen hilft, den Hund festzuhalten und zu bändigen, wenn Sie sich an ihm zu schaffen machen. Auch müssen Sie ihm die Schnauze zubinden. Auch der friedfertigste Hund schnappt nach seinem Besitzer, wenn Sie ihm weh tun, und das Ausdrücken der Analdrüsen ist eine schmerzhafte Angelegenheit.

Packen Sie den Hund fest am Schwanz und halten Sie ihn hoch, damit Sie genau ins Schwarze schauen können. Mit etwas Erfahrung erkennen Sie die Öffnung der Analsäcke links und rechts am After. Streifen Sie einen Gummihandschuh über die Hand, mit der Sie den Eingriff vornehmen werden. Dann legen Sie den Zeigefinger gegen die eine Seite des Drüsenausgangs und den Daumen gegen die andere. Drücken Sie Daumen und Zeigefinger vorsichtig zusammen, und quetschen Sie mit dieser Bewegung die Drüse aus. Der Druck, den Sie ausüben, muß kräftig genug sein, damit der Drüseninhalt heraus-

Durch Beschnuppern des Hinterteils erfahren Hunde intime Details aus dem Leben ihrer Artgenossen, wie Geschlecht oder gesellschaftlichen Status.

Wenn Sie zu zweit sind, hält einer den Hund fest, Sie heben seinen Schwanz an. Tragen Sie dabei Gummihandschuhe und drücken Sie die Analdrüse mit Daumen und Zeigefinger zusammen. Halten Sie ein dickes Stück Verbandsmull bereit, um das herausfließende, scheußlich riechende Sekret aufzufangen.

Analentzündung

Warum beschnuppern sich Hunde am Hinterteil, wenn sie einander begegnen?

Aufgrund der Art der Begrüßung könnte man annehmen, es handle sich um die dicksten Freunde, die sich endlich mal wiedersehen. Sie treffen sich im Park, und schon versuchen sie, sich gegenseitig in den Hintern zu kriechen. Vielleicht kennen sie sich, vielleicht sind sie sich vollkommen fremd, aber in der Welt der Hunde ist dieses eigenartige Beschnüffeln die allgemein akzeptierte Art der Begrüßung, ein hündisches »Wie geht's, wie steht's?« sozusagen. Auf diese Weise informieren sich Hunde über Geschlecht, gesellschaftlichen Status, ob der andere sympathisch ist und vieles mehr.

Das Sekret in den Analdrüsen sondert einen Geruch ab, von dem man sagen könnte, er wirke wie eine Visitenkarte, wenn zwei Hunde einander begegnen. Mit dem Beschnüffeln des Hinterteils ist es jedoch nicht getan; man sammelt auch Geruchseindrücke am Kopf und an den Geschlechtsteilen, um sich vom Gegenüber ein Bild zu machen. Jeder Hundebesitzer kennt das Begrüßungsritual. Nach dem ersten Blickkontakt umkreisen sie einander und fangen mit dem Beschnüffeln an, das manchmal kein Ende nehmen will. Auf diese Weise erfahren sie alles über den jeweils anderen und wissen, wie sie sich zu verhalten haben.

kommt, aber nicht so stark, daß dadurch die Drüsenwand verletzt wird, einreißt und sich entzündet. Halten Sie Verbandmull oder reichlich Toilettenpapier bereit, um den durchdringend riechenden Inhalt aufzufangen und schnell zu beseitigen. Sie werden es bereuen, wenn Sie diese Art von Abfall in Ihren häuslichen Abfalleimer oder gar den Papierkorb werfen. Am besten ist die Entsorgung über die Toilettenspülung.

Weitere Pflege

Ob das Ausdrücken nun durch Sie erfolgt oder durch den Tierarzt; der Druck geht meist nicht gleich weg. Der Hund hat nach wie vor Schmerzen oder Jucken am Hinterteil, und Sie müssen die Behandlung zu Hause noch etwas fortsetzen. Bringen Sie Ihren Hund dazu, sich in eine Wanne mit Wasser zu setzen, in das Sie 2%ige Wasserstoffsuperoxidlösung oder ein handelsübliches Desinfektionsmittel gegeben haben. Ist der After entzündet, wird Ihnen der Tierarzt geeignete Antibiotika verschreiben.

Sprechen Sie mit dem Arzt auch über die Ernährung, denn schon geringe Umstellungen könnten das erneute Auftreten der Beschwerden verhindern. Weil sich die Analdrüsen normalerweise mit dem Stuhlgang entleeren, bringen zu schlaffe oder schwache Darmbewegungen nicht genügend Druck auf, um das Sekret hinauszupressen. Infolgedessen ist Durchfall eine der häufigsten Ursachen für Unregelmäßigkeiten im Analbereich. Bevor man also weitere Schritte in Erwägung zieht, sollte man dem Hund ein Futter geben, das mehr Ballaststoffe enthält.

BEHANDLUNG DER BESCHWERDEN • 299

Arthritis

Vor oder nach dem Spaziergang massieren Sie die Gelenke des Hundes. Das unterstützt die Blutversorgung und lindert Schmerzen.

drosis (degenerative Knochen-Knorpel-Veränderungen im Gelenkbereich) hatte, muß damit gerechnet werden, daß er auch an Osteoarthritis erkrankt. Abgesehen davon können sich arthritische Beschwerden einstellen, wenn der Hund ins letzte Viertel seiner voraussichtlichen Lebensspanne eintritt, also im Alter von etwa sieben Jahren bei großen und elf bis zwölf Jahren bei kleinen Hunden. Aber viele Hunde bleiben auch verschont.

ARTHRITIS

Steife Knochen und knackende Gelenke gehören bei Hunden zu den Alterserscheinungen wie beim Menschen. Aus tiermedizinischen Untersuchungen geht hervor, daß 20 Prozent der erwachsenen Hunde unter Gelenksentzündungen mit nachfolgender Arthrose leiden, die auch durch die natürliche Abnutzung der Knorpel verursacht sein kann. Auch Rheumatische Gelenksbeschwerden kommen beim Hund vor.

Hunde sind viel häufiger und länger in Bewegung als wir, und die Überbelastung des Bewegungsapparats führt zu Arthritis. Sie ist zwar nicht heilbar, aber es gibt viele Möglichkeiten, dem Hund Erleichterung zu verschaffen.

Worauf man achten muß
Selten läßt sich voraussagen, wann Arthritis auftritt oder ob Ihr Hund sie bekommt, aber es gibt einige Hinweise, die auf eine hohe Wahrscheinlichkeit schließen lassen. Wenn er Hüftgelenksdysplasie, Ellbogendysplasie oder Osteochon-

Massieren Sie mit Handflächen und Fingerspitzen und machen Sie kreisende Bewegungen um die schmerzenden Stellen.

Arthritis

Daß es Ihren Hund erwischt hat, wird Ihnen spätestens dann klar, wenn sie ihn steifbeinig und lahmend daherkommen sehen. Das Aufstehen fällt ihm schwer, besonders nach längerem Liegen. Und Sie hören ihn wahrscheinlich bei jeder größeren Bewegung vor Schmerz wimmern.

Sobald Sie den Verdacht haben, daß es sich um Arthritis handelt, bringen Sie den Hund zum Tierarzt. Der unternimmt Schritte zur Linderung der Beschwerden.

Beschwerden lindern

Gegen Arthritis ist kein Kraut gewachsen, aber Sie können einiges tun, um die Schmerzen zu lindern und die Beweglichkeit der Gelenke zu fördern. Es gibt durchaus eine gute Chance, daß Ihr Hund dann noch viele Jahre glücklich und gesund sein wird.

• Achten Sie auf sein Gewicht. An Gelenksentzündung leidende Hunde dürfen kein Übergewicht haben. Zusätzliche Pfunde erhöhen nur die Belastung der Gelenke, die ohnehin schon stark genug beansprucht sind.

Es besteht jedoch kein Grund, den Hund von heute auf morgen auf Diät zu setzen. Sorgen Sie dafür, daß sein Gewicht allmählich abnimmt, etwa im Lauf der nächsten zwölf Wochen, indem Sie ihm neben den regulären Mahlzeiten nichts geben, keinen Leckerbissen, keine Belohnung. Fettarme, an Ballaststoffen reiche Tiernahrung kann ebenfalls einen Beitrag leisten. Indem man die Belastung der Gelenke reduziert, gelingt es manchmal, Arthritis über Jahre hinauszuschieben.

• Sorgen Sie dafür, daß der Hund sich bewegt. An Arthritis leidende Hunde haben zuwenig Auslauf, weil ihre Besitzer fürchten, sie könnten ihnen zusätzliche Schmerzen zufügen. Auslauf ist nützlich, weil die Gelenke in Bewegung bleiben und nicht einrosten. Bewegung kräftigt die Muskeln, die die Gelenke stützen.

Das beste Mittel ist regelmäßige, aber schonende körperliche

Sind Hunde Simulanten?

Ein humpelnder Hund mit traurigen Augen läßt kein Herz kalt. Aber manchmal haben Sie sich vielleicht gefragt, ob ihm wirklich etwas fehlt, oder ob er nur übertreibt, damit man ihn beachtet.

Obwohl Hunde keine Veranlagung haben, Krankheiten oder Verletzungen vorzutäuschen, ist es durchaus möglich, daß sie mit der Zeit lernen zu simulieren. Schuld daran sind Hundebesitzer, die ihr Tier unnötigerweise belohnen. Der Hund merkt sich das.

Wenn der Hund Schmerzen hat, und Sie verhätscheln ihn, indem Sie ihm einen Leckerbissen geben oder ihn auf Ihrem Bett schlafen lassen, dann lernt er sehr rasch, daß auch vorgetäuschte Schmerzen Vorteile bringen. Er fängt an, Theater zu spielen, weil er weiß, daß er dafür eine Belohnung bekommt.

Es ist richtig, daß Sie sich um den Hund sorgen, wenn es ihm nicht gutgeht. Aber übertreiben Sie nicht, sonst stellen Sie schnell fest, daß Sie einen vierbeinigen Schmierenkomödianten in der Familie haben.

BEHANDLUNG DER BESCHWERDEN • **301**

Blähungen

Betätigung. Statt den Hund auf seine alten Tage ins Rennen zu schicken, begnügen Sie sich damit, ihn gemütlich hinter sich hertrotten zu lassen. Ein gemächlicher Spaziergang von 20 Minuten Dauer zweimal am Tag erfüllt seinen Zweck vollauf.

Auch Schwimmen tut gut, nicht nur bei Arthritis, aber besonders dann, weil die Läufe im Wasser das Gewicht des Körpers nicht tragen müssen. Das besorgt der Auftrieb des Wassers und reduziert auf diese Weise den Druck auf die schmerzhaften Gelenke.

• Benutzen Sie Ihre Hände. Sie wissen doch, was Massagen gegen müde Muskeln und Gelenke bewirken können. Auch Ihrem Hund wird ein behutsames Massieren der betroffenen Körperstellen guttun, besonders nach einem längeren Spaziergang.

Solche Massagen brauchen nicht aufwendig zu sein. Streichen Sie die Handflächen und Fingerspitzen in kreisenden Bewegungen über die schmerzenden Stellen. Dann kneten Sie die umliegenden Bereiche und fangen wieder von vorn an. Dadurch wird die Durchblutung der Muskeln angeregt, und

die Schmerzen lassen vorübergehend nach.

• Schützen Sie Ihren Liebling vor Kälte. Schlechtes Wetter führt bei Arthritis zu einer Zustandsverschlechterung. An kalten und regnerischen Tagen ist es ratsam, den Hund zuzudecken, wenn er sich im Freien aufhält, oder die Decke, auf der er liegt, durch ein Polster zu ersetzen. Eine Massage wärmt zusätzlich auf, und selbst wenn der Hund davon nicht allzu begeistert sein dürfte, wird ihm ein warmes Bad gut bekommen, weil es die Beschwerden lindert und die Schmerzen etwas nachlassen.

Schmerzen erträglich machen

Auch wenn keine Aussicht auf Heilung besteht, gibt es eine Anzahl von Therapien zur Linderung der Schmerzen. Man hat die Wahl zwischen Dutzenden von Medikamenten, aber eines der besten und gleichzeitig eines der ältesten ist Aspirin. Es lindert nicht nur den Schmerz, es wirkt auch entzündungshemmend, was in diesem Fall das Wichtigste ist.

Gegen arthritische Schmerzen empfehlen Tierärzte gewöhnlich eine Vierteltablette

pro zehn Pfund Körpergewicht. Wenn Ihnen diese Faustregel zu vage erscheint, bringen Sie Ihren Hund zum Tierarzt, damit er die genaue Dosis bestimmt. Das gilt nicht nur für Aspirin, sondern für alle anderen Medikamente. Eine weiteres Mittel, das Ihnen der Tierarzt vielleicht verschreibt, ist Carprofen (Rimadyl®), ein verhältnismäßig neues Medikament, in der Wirkung ähnlich wie Aspirin, aber mit geringerer Belastung des Magens. Futterzusätze wie Korvimin Arthro® sollen angeblich ebenfalls gegen Arthritis helfen. Sie enthalten Nährstoffe, welche die Knorpelbildung begünstigen. Aber der wissenschaftlich begründete Beweis, daß diese Zusätze Wirkung zeigen, steht noch aus. Jedenfalls wird der Tierarzt am besten wissen, was Sie Ihrem Hund geben können.

BLÄHUNGEN

Hunde stehen nicht im Ruf, über verfeinerte Eßsitten zu verfügen. Meistens verschlingen sie das Futter und schlabbern die Wasserschüssel leer, als wäre es ihre letzte Mahlzeit. Diese Angewohnheit kann ernste Folgen haben, die mit schlechten Mani-

Blähungen

eren nichts zu tun haben. Tierärzte wissen nicht, warum das so ist, aber beim Fressen schlucken Hunde viel Luft – auch bei anstrengender Körpertätigkeit und unter Streß. Gärungsgase im Darm treiben den Bauch auf wie einen Ballon. Aber damit nicht genug. In manchen Fällen kann dabei eine Magendrehung erfolgen, wobei die Blutzufuhr zum Magen und möglicherweise auch zu anderen Organen unterbunden wird.

Ein Hund mit Blähungen ist oft unruhig und fühlt sich nicht wohl. Auffällig ist der stark aufgetriebene Bauch unterhalb des Brustkorbs. Wenn Sie leicht mit dem Finger dagegenschnippen, klingt es wie ein Schlag auf eine Trommel.

Vorbeugung

Falls Ihr Hund Blähungen bekommt, müssen Sie ihn auf dem schnellsten Weg zum Tierarzt bringen. Aber Sie können noch einiges mehr tun. Im folgenden erfahren Sie, wozu Tierärzte raten.

Beobachten Sie ihn beim Fressen. Häufig treten Blähungen auf, wenn große Mengen Nahrung hastig verschlungen werden. Deshalb ist es besser, ihm mehrere kleine Mahlzeiten am Tag zu geben als eine oder zwei große.

Falls Ihr Hund Trockenfutter bekommt, feuchten Sie es vorher mit etwas Wasser an. Dann quillt das Futter, bevor es in seinen Magen gelangt. Wenn der Hund normales Trockenfutter hinunterschlingt, schluckt er mehr Luft, als wenn es vorher quellen konnte. Deshalb führt Dosennahrung auch seltener zu Blähungen als Trockenfutter. Und sorgen Sie dafür, daß die Wasserschüssel zwar den ganzen Tag über gefüllt ist, der Hund während der Mahlzeiten aber nichts zu trinken bekommt.

Verhindern Sie, daß der Hund schlingt. Sie können dazu beitragen, daß der Hund beim Fressen weniger Luft schluckt, indem Sie seine Eßgewohnheiten ändern. Stellen Sie die Futterschüssel höher, zum Beispiel auf einen Schemel oder Hocker etwa in Kopfhöhe, damit er den Nacken nicht so tief beugen muß. Die Luftaufnahme wird dadurch geringer. Eine weitere Maßnahme gegen Schlingen besteht darin, daß Sie einen kleinen Gummiball in die Futterschüssel legen – dann muß er langsamer fressen. Lassen sie den Hund vor den Mahlzeiten nicht herumtoben. Eine Stunde vor und nach dem Fressen ist Sport verboten.

Wenn sich Hunde angestrengt bewegen, atmen sie viel schneller und bekommen mehr Luft. Der Verdauungsap-

Stellen Sie Futternapf und Wasserschüssel höher, um Blähungen vorzubeugen. Dank dieser Vorsichtsmaßnahme schluckt der Hund beim Fressen und Saufen weniger Luft.

BEHANDLUNG DER BESCHWERDEN • 303

Durchfall

Für Blähungen anfällige Hunderassen

Jeder Hund kann Blähungen bekommen, aber große Hunde mit kräftig ausgebildetem Brustkorb sind am stärksten betroffen. Bei Rassehunden ist die Wahrscheinlichkeit, an Blähungen zu leiden, dreimal größer als bei Mischlingen. Besonders gefährdete Hunderassen sind:

- Boxer
- Gordon-Setter
- Riesendogge
- Irish Setter
- Bernhardiner
- Königspudel
- Weimaraner

Weimaraner

Irish Setter

Königspudel

parat muß Zeit haben, die Nahrung zu verarbeiten, ohne zusätzlich mit Luft belastet zu werden, sei es vor oder nach dem Fressen. Vermeiden Sie auch nach Möglichkeit Streßsituationen. Einen Hund vor Streß zu bewahren ist kein bißchen leichter als bei Menschen. Aber die Vorkehrungen lohnen sich, wenn es bei Ihnen zu Hause unruhig zugeht, denn gestreßte Hunde schlucken viel Luft, was zu Blähungen führen kann. Zu Streß kann es vor allem kommen, wenn der Hund zum Beispiel in eine Hundepension gebracht werden soll, wo ganz andere Verhältnisse herrschen, als er es bei Ihnen zu Hause gewohnt ist. Vermeiden Sie solche Situationen.

DURCHFALL

Zugegeben, das ist kein Gesprächsthema am Eßtisch, aber von Interesse ist es allemal, spätestens dann, wenn Sie die Bescherung auf dem Wohnzimmerteppich entdecken und Ihr Hund schuldbewußt in der Ecke kauert. Gelegentliches Auftreten von Durchfall ist kein

Durchfall

Durchfall ist eine Möglichkeit, wie sich der Hund ungebetener Gäste entledigt. So gesehen ist er eine gute Sache. Das heißt aber nicht, daß Sie und der Hund Freude an den Begleiterscheinungen haben.

Grund, die Sturmglocken zu läuten. Sie können noch so scharf Obacht geben, irgendwann findet der Hund etwas, woran er sich den Magen verdirbt, oder er schnappt beim Artgenossen ein Virus auf.

Es gibt viele unterschiedliche Spielarten von Durchfall. Meistens handelt es sich um den üblichen dünnflüssigen, wäßrigen Stuhl, aber es kann auch schleimiger oder blutiger Stuhlgang auftreten. In den meisten Fällen regelt sich das innerhalb von ein, zwei Tagen von selbst, aber bei virusbedingten Infektionen wie Parvovirose kann es zu Austrocknung und im weiteren Verlauf zur Schädigung der Verdauungsorgane kommen.

Meistens ist kurzzeitiges Fasten die beste Medizin. Gelegentlich kann Durchfall aber das Symptom von etwas Ernsterem sein, und der Tierarzt wird Sie bitten, mit dem Hund in die Praxis zu kommen. Achten Sie sorgfältig darauf, ob Ihr Hund Fieber hat, sich erbricht, an Bauchschmerzen leidet oder einen niedergedrückten Eindruck macht.

Maßnahmen

Durchfall ist eine Möglichkeit, wie sich der Hund ungebetener

Sie werden Ihren Hund nicht immer davon abhalten können, irgendeinen Abfall zu verschlingen. Durchfall kann die Folge sein.

Gäste entledigt. So gesehen ist er eine gute Sache. Das heißt aber nicht, daß Sie und der Hund Freude an den Begleiterscheinungen haben.

Verordnen Sie dem Hund eine Fastenkur. Bei Hunden mit Durchfall raten Tierärzte, eine oder zwei Mahlzeiten ausfallen zu lassen, damit sich der verdorbene Magen erholt.

Wenn der Hund zwei Mahlzeiten übersprungen hat, können Sie ihn wieder füttern, aber der lädierte Magen wird es zu schätzen wissen, wenn Sie sich etwas Besonderes einfallen lassen. Füllen Sie die Schüssel mit magenschonendem Futter wie gekochtem Hackfleisch oder weißem Geflügelfleisch ohne Haut, vermischt mit Reis – ein Teil Fleisch auf zwei Teile Reis. Geben Sie dem Hund diese Diät bis zu vier Tage lang. Sobald der Durchfall vergangen ist, können Sie in den folgenden drei bis vier Tagen die Schonkost allmählich absetzen.

Infolge von Durchfall kann der Hund sehr rasch die lebenswichtigen Körpersäfte verlieren. Sie müssen also dafür sorgen, daß er nicht austrocknet. Füllen Sie die Wasserschüssel immer auf und achten Sie darauf, daß das Tier laufend säuft.

Flüssigkeitsaufnahme muß jedoch auch während des Fastens erfolgen. Wenn der Hund kein Interesse an der Wasserschüssel zeigt, geben Sie ihm Eiswürfel zum Lecken oder Zerbeißen.

Versuchen Sie es auch mit einer handelsüblichen Medizin. Bei leichtem Durchfall können solche Präparate ein- bis zweimal am Tag gegeben werden. Ein Viertel oder die Hälfte der Dosis für ein Kind genügt in der Regel, die Sache wieder in Ordnung zu bringen. Manchmal ist es jedoch ratsamer, der Natur ihren Lauf zu lassen.

Hartnäckiger Durchfall

Selbst wenn es dem Hund gut zu gehen scheint, kann länger als zwei Tage anhaltender Durchfall

Ellbogendysplasie

zum Problem werden, und Sie müssen den Tierarzt hinzuziehen. Nur er kann helfen, wenn Störungen auftreten, die zu chronischem Durchfall führen, wie Futterallergie, Kolitis oder Pankreasbeschwerden.

ELLBOGENDYSPLASIE

Normalerweise stellt man sich den Hund nicht mit Ellenbogen vor, aber nichts anderes sind die Gelenke der Vorderläufe. Die Ellbogen Ihres Hundes müssen kräftig und doch beweglich sein. Das Ellbogengelenk verbindet die Knochen und läßt so viel Bewegungsspielraum, daß der Hund laufen und springen kann.

Bei manchen Hunden ist das Ellbogengelenk nicht so fest zusammengefügt wie es sein sollte. Die einzelnen Gelenkskörper haben etwas »Spiel«, was zu Schmerzen und Lahmheit führen kann, besonders nach starker Belastung wie beim Herumtoben. Diese Wachstumsstörung heißt Ellbogendysplasie. Man nimmt an, daß sie genetisch bedingt ist, und sie kann auftreten, bevor der Hund ein Jahr alt ist. Falls Grund für den Verdacht besteht, Ihr Hund könnte Ellbogendysplasie haben oder bekommen, weil seine Eltern sie auch hatten, wird Ihr Tierarzt vorschlagen, daß sie ihn röntgen lassen. Wird das Gebrechen im Frühstadium erkannt, kann man etwas dagegen unternehmen, um das Ellbogengelenk vor weiteren Schäden zu bewahren. Solange die degenerativen Veränderungen nicht gravierend sind, wird der Tierarzt möglicherweise einen operativen Eingriff vorschlagen.

Gelenkschmerzen lindern
Eine der wirksamsten Methoden, die Schmerzen bei Ellbo-

Hunderassen mit häufig auftretender Ellbogendysplasie

Manche Hunde bekommen Ellbogendysplasie, andere nicht. Die Gründe sind noch nicht genau erforscht, aber die Erbveranlagung spielt gewiß eine Rolle. Am anfälligsten sind folgende Rassen:

- Bearded Collie
- Berner Sennenhund
- Bloodhound
- Bullmastiff
- Chow-Chow
- Deutscher Schäferhund
- Golden Retriever
- Labrador-Retriever
- Mastiff
- Neufundländer
- Rottweiler

Bloodhound

Bearded Collie

Erbrechen

gendysplasie gering zu halten, besteht darin, auf das Gewicht des Hundes zu achten. Wenn er schlank und rank ist, schleppt er weniger Gewicht mit sich herum, und der Druck auf die empfindlichen Gelenke ist geringer.

Weil Kalzium im Ruf steht, schwache Knochen kräftiger zu machen, glauben manche Leute, dem von Gelenksdysplasie geplagten Hund Kalziumpräparate unters Futter mischen zu müssen. Aber das sollte man unterlassen. Statt die Knochen zu stärken, würden diese Futterzusätze das normale Wachstum der Knochen und des Knorpels beeinträchtigen und den Zustand nur noch verschlimmern.

Zur richtigen Therapie gehört auch, daß der Hund regelmäßig und schonend bewegt wird. Das kräftigt Muskulatur, Bänder und Sehnen an den Ellbogengelenken und sorgt für genügend Gelenkschmiere. Mit den Übungen sollte man nicht übertreiben, aber der tägliche Spaziergang kann hilfreich sein.

Vermutungen gibt es genug, aber im Grunde wissen wir nicht, warum der Hund Gras frißt, wie beispielsweise dieser Beagle. Möglicherweise fördert es die Verdauung.

20 Minuten Auslauf pro Tag sind ein vernünftiges Pensum. Versuchen Sie es auch mit Schwimmen, wenn das Wasser nicht zu kalt ist und der Hund danach ins Warme kommt und abgetrocknet wird. Ausführliche Hinweise zu diesem Thema unter »Arthritis« auf Seite 299.

Wenn Ihren Hund die Ellbogen schmerzen, empfiehlt der Tierarzt möglicherweise Medikamente zur Linderung der Schmerzen und Schwellungen. Warme oder kalte Wickel mehrmals am Tag können gute Wirkung zeigen. Außerdem wird der Tierarzt vermutlich zu einem Knorpelschutzmittel raten oder zu Futterzusätzen, um den geschädigten Knorpel zu reparieren.

Weil die Krankheit angeboren ist, wird der Tierarzt Ihnen zudem den Rat geben, den Hund kastrieren zu lassen. Wenn Sie sich für eine Hunderasse entschieden haben, die als besonders anfällig gilt, lassen Sie sich beim Kauf des Welpen vom Züchter bestätigen, daß zumindest in den letzten drei Generationen der Elternfamilien keine Ellbogendysplasie aufgetreten ist.

ERBRECHEN

Es gibt keine unangenehmere Überraschung, als nach Hause zu kommen und das Frühstück des Hundes auf dem Wohnzimmerteppich vorzufinden. Dem Hund macht das nichts aus.

Erbrechen

Warum fressen Hunde Gras?

Man fragt sich, was der Hund an Gras findet. Kaum ist er draußen, sucht er sich ein Grasbüschel und benimmt sich wie ein Schaf. Warum sind fleischfressende Tiere so scharf auf Grünzeug? Zumal gute Aussichten bestehen, daß sie es gleich wieder heraufwürgen.

Die Wahrheit ist, daß niemand es genau sagen kann, obwohl allerlei Vermutungen in Umlauf sind. Eine häufig verbreitete Erklärung besagt, daß der Hund es weiß, wenn er etwas gefressen hat, was er lieber hätte liegenlassen sollen, und er Gras frißt, um das Zeug wieder loszuwerden. Einer anderen Theorie zufolge soll Gras den Hundemagen beruhigen, weshalb Hunde mit verkorkstem Magen Gras fressen, so wie wir säurebindende Präparate schlucken. Und schließlich gibt es Leute, die sagen, Hunde fressen Gras, weil es ihnen schmeckt. Nur fragt man sich in diesem Fall, warum sie es hinterher wieder heraufwürgen. Wohl weil zuviel des Guten selten bekommt.

Hunde erbrechen häufiger als Menschen. Meistens gibt es dafür einen guten Grund, zum Beispiel die Plünderung einer Mülltonne oder hastiges Hinunterschlingen großer Futtermengen. Sollten Sie über den Auslöser im Zweifel sein, nehmen Sie einen Gesundheits-Check vor und messen Sie die Temperatur, bevor sie sich an den Tierarzt wenden.

Wenn der Hund einen kranken Eindruck macht oder das Erbrechen nicht aufhört, sollte man den Tierarzt unverzüglich anrufen. Es könnte Gift oder etwas Toxisches im Spiel sein, und da kommt es auf jede Sekunde an.

Verdorbener Magen

Meistens hört das Erbrechen nach 24 Stunden auf. In der Zwischenzeit können Sie einiges tun, damit sich der Hund besser fühlt.

Z. B. eine Fastenkur einlegen. Nach dem Erbrechen ist es hilfreich, mindestens eine Mahlzeit ausfallen zu lassen. Das entlastet den Magen und trägt dazu bei, den Normalzustand wieder herzustellen. Ist das Problem auf einen Mülltonnenüberfall oder einen Grippeanfall zurückzuführen, erledigt sich die Sache innerhalb eines Tages von selbst. Geben Sie dem Hund in der Zwischenzeit weniger zu fressen – Sie brauchen nicht zu befürchten, daß er deshalb verhungern könnte.

Sorgen Sie aber dafür, daß er trinkt. Es sollen aber nur kleine Mengen sein, weshalb Sie die Wasserschüssel nur teilweise füllen dürfen. Oder Sie geben ihm Eiswürfel zu lutschen. Austrocknen darf er nicht, aber sich den Bauch mit Wasser vollzuschlagen ist genauso ungesund.

Schonkost hilft heilen. Hat Ihr Hund 24 Stunden lang gefastet und erbricht sich nicht mehr, können Sie ihm wieder feste Nahrung geben. Beginnen Sie mit leichter Kost wie Geflügel, Reis und Rindfleischbrühe, bis Sie sicher sein können, daß sich der Magen beruhigt hat und wieder aufnahmefähig ist. Dann geben Sie ihm eine Mischung aus Schonkost und normalem Futter und wenn alles unten bleibt, sein übliches Futter.

308 • Behandlung der Beschwerden

Fieber

Es gibt auch Beruhigungsmittel für die Magennerven. Pepto-Bismol legt einen Schutzfilm über die Magenschleimhäute und bringt dem Hund vorübergehend Erleichterung. Lassen Sie sich vom Tierarzt eine sichere Magenarznei verschreiben und beachten Sie die Gebrauchsanweisungen.

FIEBER

Dem Hund nur die Hand auf die Stirn zu legen, wenn Sie vermuten, daß er Fieber hat, können Sie sich aus dem Kopf schlagen. Greifen Sie statt dessen zum Rektal-Thermometer – was Sie damit zu tun haben, erfahren Sie unter »Fiebermessen beim Hund« auf Seite 245. Die normale Körpertemperatur des Hundes liegt zwischen 38 und 39 °C. Geht sie darüber hinaus, hat der Hund Fieber.

Zu den am häufigsten vorkommenden Auslösern von Fieber zählen Infektionen durch Viren oder Bakterien oder Nebenwirkungen einer medikamentösen Behandlung. Gelegentlich sind überhöhte Temperaturwerte Anzeichen einer ernsteren Krankheit wie Störungen der Immunabwehr oder sogar Krebs, aber in den meisten

Hunde mit leichtem Fieber brauchen Trost und Aufmerksamkeit. Wenn das Fieber steigt oder länger als einen Tag anhält, gehen Sie mit Ihrem Hund zum Tierarzt.

Fällen machen sie Sie nur darauf aufmerksam, daß sich der Hund nicht wohl fühlt und sich schonen muß. Hält das Fieber länger als einen Tag an, oder steigt es über 39,5 °C, sollte man das Tier zum Tierarzt bringen.

Fieber lindern

Wenn Sie feststellen, daß Ihr Hund Fieber hat, besteht kein Grund zur Panik. Verhalten Sie sich so, als wären Sie derjenige, der unter Fieber leidet.

Sie werden also die körperliche Betätigung einschränken. Ein Hund mit erhöhter Temperatur ist nicht in der Stimmung für anstrengende Tätigkeiten. Lassen Sie ihn zu Hause, wo er tun kann, wonach ihm der Sinn steht. Vermutlich sucht er sich eine ruhige Ecke und legt sich schlafen. Danach ist die Sache wahrscheinlich vorbei.

Geben Sie reichlich zu trinken. Füllen Sie die Wasserschüssel immer frisch auf. Fleischbrühe schmeckt dem Hund besser als Wasser, so daß er mehr säuft, und Energie-Drinks für Sportler sind ebenfalls nützlich, weil sie verbrauchte Elektrolyte ersetzen, und manche Hunde lieben ihr Wasser mit einem Schuß Milch.

Verwöhnen Sie ihn ein bißchen. Kümmern Sie sich ein wenig mehr als sonst um Ihren Hund. Jeder möchte ein wenig umsorgt werden, wenn es ihm nicht gutgeht, und Ihr Hund macht dabei keine Ausnahme. Setzen Sie sich zusammen mit ihm vor den Fernseher und schauen Sie sich einen Film an, oder gönnen Sie ihm eine Massage zum Entspannen. Wenn der Hund ausnahmsweise Freude am Baden hat, tun Sie ihm

Flatulenz

den Gefallen und verwenden Sie dazu kaltes bis lauwarmes Wasser, das fiebersenkend wirken kann.

Versuchen Sie es mit einigen handelsüblichen Medikamenten. Aspirin z. B. kann sehr hilfreich sein. Tierärzte empfehlen gewöhnlich ein Viertel einer 325-Milligramm-Tablette ein- oder zweimal am Tag. Um alle Eventualitäten auszuschließen, fragen Sie Ihren Tierarzt um Rat, bevor Sie den Hund mit humanmedizinischen Mitteln behandeln. Messen Sie alle sechs Stunden Fieber, damit Sie sehen, welche Fortschritte der Hund macht. Geht das Fieber zurück, ist das ein gutes Zeichen. Hält es länger als einen Tag an, gehen Sie zum Tierarzt.

FLATULENZ

Wenn Ihr von Winden gepeinigter Hund sich gehenläßt, hilft meist nur noch die Flucht ins Freie. Aber der Abgang übelriechender Darmgase muß kein Dauerzustand sein. Zu Blähsucht kommt es, wenn Darmbakterien bei der Verarbeitung der Nahrung Gase entwickeln.

Mögen die sich ausbreitenden Gerüche auch noch so grausig sein, eine gesundheitliche Beeinträchtigung ist damit nur selten verbunden, und man kann einiges unternehmen, um sie zu vermeiden.

Soja aus dem Futter verbannen. Hundenahrung enthält Zutaten, die mehr oder weniger für die Gasbildung sorgen. Manche Gerüche mögen erbbedingt sein, zum Beispiel bei Dobermann und Boxer, die »windiger« sind als andere Rassen, aber eine Umstellung in der Ernährung des Hundes kann sehr hilfreich sein.

Möglicherweise sind Sojabohnen mit ihrem hohen Gehalt an Eiweiß, das oft schwer im Magen liegt, an der übermäßigen Gasbildung schuld. Streichen Sie also Trockenfutter vom Speiseplan, denn es besteht zu einem großen Teil aus Sojaprodukten, und füttern Sie statt dessen fleischhaltiges Dosenfutter. Oder kaufen Sie Trockenfutter, das weniger Soja enthält.

Fördern Sie die Verdauung. Sie können auch Verdauungsen-

Ihr Hund kann nichts dafür, wenn es stinkt – übelriechende Gärungsgase entwickeln sich bei der Verdauung im Darm. Trotzdem brauchen Sie sich damit nicht abzufinden. Geben Sie ihm ein anderes Futter, wenn Sie die unerwünschte Geruchsbelästigung eindämmen wollen.

Flöhe

zyme unter das Futter mischen, bevor Sie es dem Hund hinstellen. Sie leiten den Verdauungsprozeß ein, bevor das Futter in den Magen gelangt. Und bessere Verdauung bedeutet weniger Gase. Verdauungsenzyme erhalten Sie in Reformhäusern und Apotheken.

Aktivkohle

Wenn Sie dem Hund Aktivkohle unter sein Futter mischen, werden die übelriechenden Gase teilweise »entschärft«, solange sie sich noch im Darm befinden. Aktivkohle gibt es rezeptfrei in allen Apotheken zu kaufen. Verwenden Sie sie aber nur jeweils zwei bis drei Tage hintereinander und lassen Sie sich vom Tierarzt die Dosierung sagen, denn Aktivkohle bindet neben Gas auch Nährstoffe.

Bewegung sorgt für Abgang. Führen Sie Ihren gashaltigen Hund öfter aus. Bei Bewegung gehen die Winde leichter ab. Laufen und Springen fördert auch die Darmentleerung, so

Sprays haben sich im Kampf gegen Flöhe gut bewährt. Manche sind auch für Welpen und trächtige Hündinnen geeignet.

daß sich weniger Gase bilden können. Ganz abgesehen davon, daß die gute Luft im Freien Mensch und Hund gut tut.

FLÖHE

Wenn Ihr Hund Flöhe hat, erfahren Sie es schon nach kurzer Zeit, denn das Kratzen ist nicht zu übersehen, und für jeden Floh, den der Hund vertreibt, hängen 100 weitere in seinem Fell. Aber Besitzer von Hunden mit Flöhen können aufatmen. Neue Entwicklungen in der Tiermedizin ermöglichen eine wirksame Flohbekämpfung ohne Einsatz schädlicher Insektizide.

Flöhe sind hartnäckig

Es bedarf eines hohen Maßes an persönlichem Einsatz und Durchhaltevermögen, um den Flöhen den Garaus zu machen. In den vergangenen Jahrzehnten hat sich die Arzneimittelforschung speziell auf Hundeflöhe konzentriert. Früher war das anders, weil man dem Rattenfloh zuviel Aufmerksamkeit schenkte und den Hundefloh dabei vernachlässigte. Inzwischen ist der Übeltäter jedoch eindeutig identifiziert, und in der Verteidigungsfront klaffen keine Lücken mehr.

Flöhe sind nicht nur blutsaugende Schmarotzer, sie übertragen auch Krankheiten wie Hundebandwurm, Typhus und Tularämie, letztere auch als Nagerpest oder Hasenpest bekannt. Flöhe verursachen Juckreiz und machen dadurch Ihrem

Flöhe

Hund das Leben schwer. Außerdem ist es manchmal nicht leicht, sie zu erkennen. Glauben Sie nur nicht, alles sei in Ordnung, wenn Sie das Fell Ihres kratzenden Hundes untersuchen und keinen Floh entdecken. Es brauchen nur ein paar zu sein, und sie sind Meister im Versteckspielen. Manchmal sind es gar nicht die Flöhe selbst, sondern ihr Speichel, auf den der Hund allergisch reagiert, und einige Bisse reichen aus, den Hund zur Verzweiflung zu treiben.

Behandlung von Flohbefall

Alle Flöhe in einem Aufwasch loswerden zu wollen, ist ein Ding der Unmöglichkeit. Ein solches Präparat gibt es nicht. Aber innerhalb von drei bis vier Wochen – so lange dauert der Lebenszyklus von Flöhen – können Sie die Plage unter Kontrolle haben. Leicht ist es nicht, aber wenn Sie dranbleiben, werden ein flohfreier Hund und ein flohfreier Haushalt die Belohnung sein.

Einmal im Monat sprühen

Rücken Sie ausgewachsenen Flöhen auf den Leib, indem Sie das Fell des Hundes mit einem Insektizid-Spray behandeln. Die Auswahl an dafür geeigneten Mitteln ist groß. Pyrethrine aus Chrysanthemum-Arten wirken auf natürliche Weise insektizid, aber die Wirkung ist begrenzt. Manche synthetischen Pyrethrine wie Permethrin sind etwas besser, scheinen jedoch für andere Tierarten, besonders Katzen, giftig zu sein.

Das Arsenal für die Flohbekämpfung wurde inzwischen um zwei Produkte bereichert, die für Mensch und Tier ungefährlich sind, erwachsenen Flöhen hingegen arg zusetzen und nur einmal im Monat angewendet werden müssen.

Insektizide wie Advantage® enthalten Imidacloprid und beseitigen fast alle Flöhe auf Ihrem Hund binnen 24 Stunden. Produkte mit dem Wirkstoff Fipronil (Frontline®) wirken gegen Flöhe und Zecken und können als Pumpspray bei Welpen wie auch trächtigen Hündinnen gefahrlos angewendet werden. Mit diesen Mitteln brauchen Sie den Rücken Ihres Hundes nur einmal im Monat einzusprühen, und die Flöhe sterben.

Halsbänder gegen Flöhe

Insektizide setzen ausgewachsene Flöhe mit Sicherheit matt,

Flöhe sind hartnäckige kleine Biester, die dem Hund das Leben schwer machen. Glücklicherweise gibt es Mittel zu ihrer Bekämpfung.

aber dem Nachwuchs wie Eiern und Larven können sie nichts anhaben. Sobald Sie nur eine Minute in der Wachsamkeit nachlassen, steht Ihnen eine neue Armee kampferprobter Flöhe gegenüber. Ihre Taktik muß also darauf hinauslaufen, den Nachschub lahmzulegen, indem Sie die Vermehrung unterbinden.

Eine Möglichkeit besteht darin, dem Hund ein Flohhalsband umzulegen, das Insektenwachstumsregulatoren (IGR) wie Pyriproxyfen, Methopren oder Phenoxycarb enthält. Das sind getürkte Flohhormone, die Eier und Larven austrocknen, so daß sie absterben. Ein mit IGR präpariertes Halsband wirkt wie ein Verhütungsmittel für Flöhe. Flohhalsbänder sind ungefähr-

Flöhe

Können Flöhe fliegen?

Sie untersuchen das Fell Ihres Hundes und erkennen einen Floh. Triumphierend quetschen Sie die Fingernägel aufeinander, um ihn zu knacken – und nichts passiert. Er ist weg, spurlos verschwunden. Dabei hätten Sie heilige Eide darauf geschworen, daß Sie ihn erwischt haben. Hat das Biest Flügel?

Hat es nicht. Flöhe sind flügellose Insekten, was sie aber nicht daran hindert, blitzartig beachtliche Strecken zurückzulegen. Flöhe haben zum Springen ausgebildete Hinterbeine, die über einen speziellen Proteinspeicher verfügen. Dieser setzt genügend Energie frei, um dem Floh einen Sprung über eine Distanz zu ermöglichen, die das 150fache seiner Körperlänge beträgt. Auf menschliche Verhältnisse umgerechnet würde das bedeuten, daß ein Weitspringer mit einem Satz 270 Meter weit hüpfen müßte. Dabei wirken auf den Floh Beschleunigungskräfte, die 50mal höher sind als die Beschleunigung beim Start eines Space Shuttle.

lich und reduzieren die Flohpopulation während einer bestimmten Zeitspanne, die auf dem Produkt angegeben ist.

Wählen Sie das Halsband sorgfältig aus. Es gibt sie in großer Auswahl, aber mit unterschiedlicher Wirkung. Die auf traditionelle Weise hergestellten enthalten zwar ein mächtiges insektizides Potential, scheinen aber nicht besonders viel zu helfen, vor allem wenn der Flohbefall sehr stark ist. Einige Schmarotzer werden zwar getötet, aber die Larven und Eier leben munter weiter.

Die Effizienz elektronischer Flohhalsbänder ist nicht erwiesen, statt dessen summen sie dem Hund die Ohren voll. Das Geräusch ist für Sie unhörbar, aber der Hund bekommt es mit. Wozu also gutes Geld ausgeben, um den Hund zur Verzweiflung zu treiben.

Geben Sie dem Hund die Pille. Program® ist ein weiteres Produkt, Floheier und -larven unschädlich zu machen. Es enthält den Chitinsynthese-Hemmer Lufenuron, der den Floh daran hindert, sich einen Panzer zuzulegen. Ohne diesen Körperschutz geht er ein.

Sie bekommen diese Tabletten von Ihren Tierarzt und geben Sie dem Hund einmal im Monat. Lufenuron ist auch in einem Kombinationspräparat gegen die Herzwurmkrankheit, Sentinel® genannt, enthalten.

Die Kräfte bündeln. Um die Flohinvasion in den Griff zu bekommen, müssen Sie gegen die erwachsenen Tiere sowie gegen Eier und Larven gleichzeitig vorgehen. Sie brauchen also zwei Produkte für einen gezielten Rundumschlag: eins gegen die Eier und eins für die Erwachsenen.

Kämmen und nochmal kämmen

Benutzen Sie regelmäßig einen Flohkamm, um einen eventuellen Flohbefall schon im Ansatz zu unterdrücken. Diese Spezialkämme sind nicht teuer, und wenn Sie das Fell des Hundes fünf Minuten am Tag gründlich

Flöhe

damit bearbeiten, treiben Sie die Flöhe in Scharen aus ihren Verstecken. Bevorzugte Aufenthaltsorte sind mittlerer Rücken, Schwanzbereich, Nacken, Achselhöhlen und Lenden.

Tauchen Sie den Kamm zum Reinigen in eine Schale mit Alkohol, dann ertrinken die Flöhe augenblicklich. Sollten Sie keine Flöhe erwischen, dann bemerken Sie vielleicht schmutzige kleine kommaartige Gebilde auf der Haut, die in Wirklichkeit Ausscheidungen der Flöhe sind. Ist der Kamm sehr fein, bleiben welche daran hängen. Gehen Sie zum Kämmen immer ins Freie, denn wenn Sie die Flöhe nicht abfangen, während sie über Bord gehen, ist es besser, sie landen im Gras, als auf Ihrem Teppich.

Baden

Wenn Sie den Hund in die Wanne stecken, ergreifen die Flöhe zwar die Flucht, aber andere rücken nach kurzer Zeit nach. Shampoos töten zwar Flöhe, bieten aber keinen Langzeitschutz. Mit dem Schaum spülen Sie auch die Wirkstoffe in den Ausguß. Waschen Sie Ihren Hund, damit er sauber bleibt, aber gegen Flöhe ist Baden keine dauerhafte Lösung.

Das kurzhaarige Fell des Golden Labrador läßt sich mit einem feinen Flohkamm (rechte Abb.) gut sauberhalten. Damit wird man die Flöhe los, und der Schmutz geht auch weg.

Mit dem Staubsauger arbeiten

Nachdem Sie Ihren Hund behandelt haben, wird es Zeit, sich der Flohgemeinde im Haus anzunehmen. Gehen Sie dagegen mindestens einmal wöchentlich mit dem Staubsauger vor, wobei bevorzugte Aufenthaltsorte des Hundes etwas häufiger abgesaugt werden müssen, zum Beispiel sein Lager. Der Staubsauger saugt die Flöhe mit Sack und Pack aus Teppichen, Ritzen und anderen Tummelplätzen für Flöhe in den Staubbeutel. Nach dem Saugen nehmen Sie ihn heraus, stecken ihn in eine Plastiktüte und binden Sie fest zu. Zumindest diese Flohbande sind Sie für immer los.

Das Staubsaugen hat noch einen Vorteil. Die Schwingungen des Motors treiben die Flöhe aus unzugänglichen Verstecken ins Freie, wo sie den Sprays ausgeliefert sind.

Besprühen Sie die flohträchtigen Zonen mit einem sicheren, ungiftigen Insektizid wie Pyrethrin. Sprühdosen sind am praktischsten, weil man den Strahl gezielt ausrichten kann und damit auch unter Sofas und Betten kommt. Vernebler sind einfach in der Anwendung, man erreicht damit aber nicht alle Flohverstecke. Und die Chemikalien schlagen sich auf Gegenständen wie Kommoden, Tischen und Betten nieder, wo man sie ganz bestimmt nicht haben möchte – Hund hin, Flöhe her.

Futterallergien und -intoleranz

Puder streuen

Polyborat (ein Verwandter des Borax) ist ein Puder für den häuslichen Gebrauch, der je nach Beschaffenheit des Fußbodens die Flöhe bis zu einem Jahr im Zaum hält. Die Anwendung erfolgt am besten durch den Kammerjäger.

Wöchentliche Waschtage

Wachen Sie das Bettzeug Ihres Hundes einmal wöchentlich, um ungebetenen Gäste den Aufenthalt zu vermiesen. Stellen Sie die Waschmaschine auf die höchstmögliche Temperatur ein, die das Material aushält.

Flohbekämpfung im Garten

Flöhe aus dem Garten zu vertreiben ist nicht so aussichtslos, wie Sie vielleicht denken, nicht zuletzt weil Flöhe sich nicht gern im Freien aufhalten. Sie mögen es schattig, feucht und wohltemperiert – Sonnenlicht bringt sie um.

Falls Sie befürchten, im Garten könnten sich Flohburgen befinden, besprühen Sie Wegränder, die Hundehütte und Terrasse mit chemischen Wirkstoffen wie Diazinon, die sich unter Sonneneinstrahlung nicht zersetzen. Oder Sie züchten Würmer.

Ja, Sie haben richtig gelesen. Es gibt heutzutage in Zoofachgeschäften und Gartenzentren mikroskopisch kleine Würmer zu kaufen, sogenannte Fadenwürmer oder Nematoden. Die fallen über die Flohlarven und -puppen her, ohne andere, nützliche Insekten zu schädigen.

FUTTERALLERGIEN UND -INTOLERANZ

Viele Menschen machen keinen Unterschied zwischen Futterallergie und Futterüberempfindlichkeit. Beide lösen beim Hund Gegenindikationen aus, aber das Gleiche sind sie nicht. Ihr Hund hat eine Futterallergie, wenn das Immunsystem auf bestimmte Bestandteile im Futter reagiert, zum Beispiel gegen Sojaeiweiß. Bei Futterüberempfindlichkeit hingegen kommen die Immunzellen überhaupt nicht ins Spiel. Sie tritt vielmehr auf, wenn bestimmte Zutaten in der Nahrung – Milchzucker ist ein heißer Kandidat – zu Störungen im Verdauungstrakt und anderen Organen führen.

Die auslösenden Faktoren sind zwar in beiden Fällen andere, aber die Folgen von Futterallergien und Futterüberempfindlichkeit sind die gleichen –

beide machen dem Hund das Leben schwer.

Gelegentlich ist die Sache einfach: Der Hund schlingt das Futter hinunter und würgt es gleich darauf wieder herauf. Aber meistens sind die Zusammenhänge komplizierter. Die Nahrung kann Hautausschlag, Verdauungsstörungen, asthmaähnliche Symptome, Juckreiz und eine ganze Reihe anderer Beschwerden hervorrufen, die – oberflächlich betrachtet – nicht in den Bereich der Ernährung fallen.

Nehmen wir zum Beispiel an, in der Krankengeschichte Ihres Hundes treten immer wieder Ohrenbeschwerden auf. Es ist nicht auszuschließen, daß eine Futterallergie dahintersteckt. Gegenindikationen bei Nahrungsmitteln lassen sich nicht leicht diagnostizieren, aber im Interesse Ihres Hundes ist es die Sache wert, ihr auf den Grund zu gehen. Dann wissen Sie, womit Sie ihn nicht mehr füttern dürfen, und können die Speisekarte ändern. Ihr Tierarzt wird Sie dabei unterstützen.

Abhilfe bei Futterallergie

Futterallergie und -unverträglichkeit sind nicht heilbar, aber man kann etwas dagegen unter-

Futterallergien und -intoleranz

nehmen, indem man herausfindet, welches Futter dem Hund nicht bekommt. Dabei brauchen Sie die Hilfe des Tierarztes und die Mitarbeit Ihres Hundes, wobei sich letztere auf das Fressen beschränkt. Ach ja, Zeit und Geduld sind auch vonnöten, weil die Diagnose Wochen oder Monate in Anspruch nehmen kann. Aber das Ergebnis ist die Mühe wert.

Schädliches Futter eliminieren

Wenn man genau wissen will, welches Futter dem Hund nicht bekommt, muß man es einen oder zwei Monate absetzen und beobachten, ob es dem Tier danach bessergeht. Aber Hundefutter besteht aus vielen Ingredienzien, und Sie wissen nicht, welches der schädliche Bestandteil ist.

Um das festzustellen, muß man auf alles verzichten, was der Hund normalerweise zu Fressen bekommt, und ihm etwas völlig Neues geben. Das ist die übliche Vorgehensweise bei Allergien. Niemand ist allergisch gegen etwas, das er nie zuvor gegessen hat. Allergien entwickeln sich im Laufe der Zeit.

Wenn sich also der Zustand Ihres Hundes sichtlich bessert und wieder schlimmer wird,

Die Ursachen für Futterallergien und Futterüberempfindlichkeit sind nicht immer leicht zu finden. In den meisten Fällen hilft eine andere Futtermarke.

sobald Sie ihn wie gewöhnlich füttern, wissen Sie, daß der Erreger im Futter steckt, genauer gesagt in seinen Bestandteilen. Produktmarke und Qualität spielen dabei keine Rolle, nur die Nahrungsbestandteile als solche. Ist es eine Allergie gegen Rindfleisch, kommt es nicht darauf an, ob der Hund Lende bekommt oder Rinderhack; beides löst die Symptome aus.

Speiseplan umstellen

Der Tierarzt wird Ihnen eine speziell auf Ihren Hund abgestimmte Allergie-Diät empfehlen. Sie wird vermutlich aus Lamm oder Kaninchen mit Kohlenhydraten wie Reis oder Kartoffeln bestehen. Dabei ist nichts anderes zu beachten, als daß der Hund alle diese Nahrungsmittel zum erstenmal bekommt. Hat Ihr Hund schon früher Lamm gefressen, scheidet es aus, und etwas anderes tritt an seine Stelle.

Ihr Tierarzt wird Ihnen vermutlich zu hausgemachtem Futter raten. Nur so können Sie selbst bestimmen, was der Hund bekommt. Dieses Futter müssen Sie ihm einen Monat lang geben, bevor Sie die Ergebnisse zuverlässig beurteilen können.

Diese Art der Ernährung erfordert viel Aufwand. Andererseits wird der Hund Ihre Bemühungen zu schätzen wissen, denn auch für ihn gibt es nichts Verlockenderes als Hausmannskost. Und wenn sich der Zustand des Hundes dank der Diät bessert, haben Sie die Gewißheit, daß die Wurzel des Übels in der Ernährung liegt.

Geht es dem Hund danach nicht besser, wissen Sie zumindest, daß es nicht am Futter lag.

Haarausfall

Sie können sich, zusammen mit dem Tierarzt, auf die Suche nach anderen Ursachen begeben.

Das Ergebnis testen

Angenommen, die Symptome sind abgeklungen, und Sie wissen, daß es an der Ernährung lag. Nun stellt sich die Frage nach dem spezifischen Nahrungsbestandteil.

Die ist nicht leicht zu beantworten. Um auf des Rätsels Lösung zu kommen, müssen Sie das Ergebnis testen, indem Sie den Hund wieder »normal« ernähren und alle Futtermittel einzeln durchprobieren, um dasjenige zu finden, auf das er allergisch reagiert.

Dabei könnte es sich um Rindfleisch, Geflügel, Soja oder Getreideprodukte handeln. Jeden einzelnen Nahrungsbestandteil müssen Sie fünf bis sieben Tage lang testen. Dasjenige Futter, das die Symptome erneut hervorbringt, enthält den Bestandteil, gegen den der Hund allergisch ist oder den er nicht verträgt, und Sie müssen es vom Speisezettel streichen.

Das richtige Futter finden

Wenn Sie den Erreger gefunden haben, liegt das Schwierigste hinter Ihnen, denn nun können Sie das Problem hundertprozentig lösen, ohne zu Medikamenten greifen zu müssen. Sollte der Hund gegen Soja allergisch sein, kaufen Sie Hundenahrung ohne Sojaprodukte. Lag's am Milchzucker, geben Sie ihm nichts mehr aus Milchprodukten. Es gibt genügend Sorten Hundefutter auf dem Markt, und wenn Sie wissen, worauf zu achten ist, können Sie alles vermeiden, was dem Hund Schwierigkeiten bereitet.

Seien Sie jedoch vorsichtig bei der Hausmannskost. Wenn Sie den Hund weiterhin selbst bekochen wollen, besorgen Sie sich ein gutes Rezept vom Tierarzt, das ausgewogen ist und dem Hund alle benötigten Nährstoffe zuführt. Allergie-Diät ist zu einseitig und kann langfristig zu Mangelerscheinungen führen.

HAARAUSFALL

Haben Sie manchmal den Eindruck, Ihr Hund verliere soviel Haare, daß Sie sich daraus einen Pullover stricken könnten? Hunde haben Haare im Überfluß, und wenn sie welche verlieren, ist das ein völlig normaler Vorgang.

Haarausfall ist ein natürlicher Vorgang im Wachstumszyklus des Hundes. Wie stark der Hund haart, hängt ab von der Beschaffenheit des Fells, seiner Erbveranlagung und Umgebungseinflüssen. Hunde, die viel Zeit im Freien verbringen, haaren besonders stark im Frühjahr, wenn Sie den Winterpelz abwerfen. Ist der Hund jedoch ein Stubenhocker, kommt er wahrscheinlich zu selten an die frische Luft, haart er das ganze Jahr über, weil er die wechselnden Jahreszeiten nicht registriert.

Alle Hunde haaren, die einen mehr, die anderen weniger, es sei denn, es ist einer von den Nackten, die ohnehin nichts zu verlieren haben. Langhaarige Hunde scheinen stärker zu haaren, aber der Eindruck täuscht. Es sieht nur nach mehr aus. Zu denen, die tatsächlich mehr Haare verlieren, gehören unter anderem Collie, Dalmatiner und Schäferhund. Wenn Sie sich einen Hund wünschen, der weniger stark haart, nehmen Sie einen Pudel, Bichon frisé oder einen Old English Sheepdog.

Auch wenn Haarausfall ein völlig normaler Vorgang ist, kann es gelegentlich vorkommen, daß Hunde mehr Haare verlieren als gewöhnlich. Wenn

BEHANDLUNG DER BESCHWERDEN • 317

Harnabsatzstörungen

kahle Stellen durch das Fell zu schimmern beginnen, ist wahrscheinlich etwas nicht in Ordnung, und Sie müssen zum Tierarzt gehen, damit er eine Diagnose erstellt und eine Therapie vorschlägt. Es gibt Krankheiten wie Räude, Gürtelrose, Hautentzündungen, Streß und auch Krebs, die zu starkem Haarausfall führen können. Aber bloß weil Ihr Hund älter wird, heißt das noch lange nicht, daß ihm die Haare ausfallen müssen. In diesem Fall steckt mehr dahinter.

Hilfe bei Haarausfall

Die Natur will es so, daß dem Hund die Haare ausgehen, und Sie können nichts dagegen tun. Verliert Ihr Hund aber übermäßig viele Haare, können Sie dagegen einschreiten. Lassen Sie Medikamente oder Futterzusätze außer acht.

Starken und dadurch lästigen Haarausfall behandelt man am besten damit, daß man die abgestorbenen Haare entfernt, bevor Sie sich auf Ihrer Kleidung, dem Teppich oder unter dem Schrank sammeln.

Bürsten Sie Ihren Hund einmal am Tag, besonders in den kritischen Jahreszeiten, wenn er sich einen neuen Pelz zulegt. Das dafür benötigte Werkzeug bekommen Sie in Zoofachgeschäften. Auch der Tierarzt gibt Ihnen gern einen Tip. Wenn Sie mehr über das Fell Ihres Hundes und seine Pflege erfahren wollen, schlagen Sie nach unter »Fellpflege« auf Seite 390.

Seien Sie nicht überrascht, wenn Sie mit den während der ersten Bürstenaktion ausgefallenen Hundehaaren eine ganze Plastiktüte füllen können. Angesichts der Menge werden Sie sich fragen, wo sich mehr Haare befinden – in der Tüte oder auf Ihrem Hund. Zu Ihrer Beruhigung sei angemerkt, daß sich bei krankheitsbedingtem Haarausfall kahle Stellen zeigen würden. Solange Ihnen keine solchen Stellen auffallen, können Sie nach Herzenslust weiterbürsten, bis das Fell weich und sauber ist.

Zu bestimmten Jahreszeiten haaren manche Hunderassen stark. Bürsten Sie den Hund während dieser Zeit wenigstens einmal am Tag mit einem Naturborstenstriegel.

HARNABSATZ-STÖRUNGEN

Nicht nur Menschen bekommen gelegentlich unerfreuliche Probleme mit dem Harnapparat. Manchmal entzünden sich auch die Harnwege von Hunden. Es kann der Fall eintreten, daß sich »Steine« bilden, und es kommt zu Harninkontinenz. Jede Störung der Harnorgane ist gefährlich und muß vom Tierarzt untersucht werden. Zur Vorbeugung läßt sich aber auch einiges zu Hause unternehmen.

Harnabsatzstörungen

Harnwegsentzündung

Früher ließ sich der Hund den ganzen Tag Zeit, bevor er hinaus wollte, aber seit kurzem steht er alle fünf Minuten an der Tür. Wenn Sie ihn hinauslassen, passiert so gut wie nichts. Das könnte auf eine Harnröhren- oder Blasenentzündung hinweisen. Die sind schmerzhaft und fördern den Drang, häufig zu urinieren, wobei nur geringe Mengen abgehen.

Geben Sie Ihrem Hund reichlich Gelegenheit, die Blase zu entleeren. Achten Sie darauf, daß er viel trinkt. Das spült die Harnwege aus, hilft aber nicht gegen die Entzündung. Erkrankungen der Harnwege müssen vom Tierarzt behandelt werden. Meist helfen Antibiotika und Sulfonamide.

Blasensteine

Bei Menschen kommen die Steine aus den Nieren, bei Hunden häufig aus der Blase. Tiermediziner sagen dazu Harnkonkrement oder Urolith, und die Beschwerde heißt Urolithiasis.

Ihr Tierarzt wird Ihnen helfen, das Problem mit einer Doppelstrategie anzugehen. Die erste Aktion zielt darauf ab, die kristallinen Substanzen in der Blase des Hundes daran zu hindern, Steine zu bilden. Zu diesem Zweck sorgen Sie für reichliche Flüssigkeitsaufnahme und viel Gelegenheit zum Urinieren. Das Wasser schwemmt die Kristallkörper aus, bevor sie sich zu Steinen verdichten. Möglicherweise empfiehlt der Tierarzt auch ein anderes Futter, das die Bildung von Blasensteinen weniger begünstigt.

Das zweite Ziel ist die Auflösung bereits vorhandener Steine. Es gibt verschiedene Arten von Blasensteinen, und bevor man dem Hund helfen kann, muß der Tierarzt feststellen, um welche es sich handelt. Manche Steine lösen sich in saurem Urin, andere in alkalischem Milieu.

Hat Ihr Tierarzt die Zusammensetzung des Konkrements diagnostiziert, wird er vermutlich eine harnalkalisierende Diät oder Zusatzmittel zur Veränderung des pH-Wertes im Urin verordnen, um die Steine aufzulösen.

Harninkontinenz

Es ist ganz normal, wenn Welpen Pfützen hinterlassen, aber wenn das bei älteren Hunden geschieht, ist etwas nicht in Ordnung. Unkontrolliertes Verlieren von Urin, Inkontinenz genannt, ist bei älteren kastrierten Hündinnen verbreitet, wohl weil die Östrogenwerte niedrig sind. Das Hormon Östrogen sorgt dafür, daß die Muskeln des Harnapparats kräftig und funktionsfähig bleiben. Inkontinenz kommt auch bei übergewichtigen Hunden vor, weil der Druck auf die Blase stärker ist, und manchmal als Folge von Aufregung und Streß.

Geben Sie Ihrem Hund immer frisches Wasser und bringen Sie ihn zum Tierarzt, falls sich Probleme beim Harnlassen einstellen.

Hauterkrankungen

Das ist aber nicht dasselbe wie wenn der Hund den Harndrang nicht mehr so lange zurückhalten kann wie früher. Bei Inkontinenz merkt der Hund überhaupt nicht, was vorgeht.

In vielen Fällen läßt sich Inkontinenz mit Hilfe des Tierarztes eindämmen, üblicherweise mit Hormongaben und Arzneien. Zu Hause ist es vor allem wichtig, den Hund wegen seines Fehlverhaltens nicht zu tadeln – er kann nichts dafür. Das Letzte, was Sie erreichen wollen, wäre, daß er sich ängstlich und gestreßt fühlt, weil dadurch die Sache nur noch schlimmer werden würde.

Versuchen Sie statt dessen den Streß zu lindern und mehr Zeit mit ihm im Freien zu verbringen, wo das Tröpfeln keine Rolle spielt. Je öfter der Hund die Blase entleeren kann, desto geringer ist der Druck und die Wahrscheinlichkeit, daß er ihm nachgibt.

Fall Sie das Haus verlassen und mit Sorge an das denken, was Sie bei Ihrer Rückkehr auf dem Teppich vorfinden könnten, binden Sie dem Hund eine Windel um oder schließen Sie ihn im Bad oder in der Waschküche ein, wo Sie leichter saubermachen können. Weitere Informationen finden Sie unter »Altersbeschwerden« auf Seite 293.

HAUTERKRANKUNGEN

Schuppen im Fell mögen Hunde vielleicht gar nicht stören, aber sie bekommen sie ebenso

Häufige Bäder helfen gegen Schuppen bei Hunden, wenn Sie ein geeignetes Shampoo oder Spülmittel verwenden. Der Tierarzt kann die Ursache des Schuppenbefalls feststellen und Ihnen wirksame Gegenmaßnahmen empfehlen.

häufig wie Menschen – und manchmal aus den gleichen Gründen. Meistens sind Schuppen nichts weiter als Abschilferungen der Hornhaut der Oberhaut im Zuge der Regeneration der Haut. Vor allem in den Wintermonaten, wenn die Luft in der beheizten Wohnung trockener ist als zu anderen Jahreszeiten, ist der Schuppenbefall größer. In manchen Fällen können Schuppen auch von Hautmilben oder leichten Entzündungen der Haut stammen. Schuppen sind jedoch keine Krankheit, sondern eine Frage der Ästhetik. Wenn allerdings die Schneeflocken auf dem Hundefell trotz aller Ihrer Bemühungen nicht weggehen, müssen Sie auf Hautausschlag oder juckende Stellen achten und die Symptome vom Tierarzt überprüfen lassen.

Schuppenbefall eindämmen
Alle Hunde, gleich welcher Rasse, können Schuppen haben, aber bei kurzhaarigen wie Dobermann, Pinscher und Viszlas sieht man sie deutlicher. Ganz unterbinden läßt sich der Befall

320 • BEHANDLUNG DER BESCHWERDEN

Hauterkrankungen

nicht; man kann ihn jedoch bekämpfen und weniger auffällig machen.

Aus dem Fell waschen

Wenn Ihr Hund Schuppen hat, müssen Sie ihn baden und nochmals baden. In der Regel schaffen Sie es mit wöchentlich zwei Bädern. Dadurch spülen Sie die Schuppen aus dem Fell.

Bevor Sie den Hund in die Wanne stecken, besorgen Sie sich ein geeignetes Mittel gegen Schuppen. Es ist wichtig, ein Haarwaschmittel zu benutzen, das Schwefel, Salicylsäure und Selendisulfid enthält.

Wenn das Schuppenproblem Ihres Hundes durch Hefepilze ausgelöst ist – Ihr Tierarzt wird Sie darüber aufklären –, brauchen Sie ein Shampoo, das antimykotische Wirkstoffe enthält. Wenden Sie das Mittel reichlich an und massieren Sie es ins Fell ein. Lassen Sie den Schaum einige Minuten einwirken, um den Inhaltsstoffen Zeit zu geben, ihr gutes Werk zu vollbringen. Verwenden Sie zum Spülen kaltes Wasser, das weniger Juckreiz verursacht, und spülen Sie das Shampoo gründlich aus dem Fell.

Diese Behandlung kann einen bis zwei Monate in Anspruch nehmen, bevor Sie das Schuppenproblem im Griff haben, aber ist es einmal soweit, dürfen Sie etwas kürzer treten. Ein Bad alle zwei bis vier Wochen reicht aus, damit das Fell sauber bleibt und glänzt.

Sorgen Sie für elastische Haut. Das viele Wasser beim Baden kann die Haut austrocknen, weshalb es wichtig ist, jeden Waschvorgang mit einer Durchfeuchtungskur abzuschließen, die wasserrückhaltende Substanzen wie Lanolin, Milchsäure, Glycerin und Harnstoff auf die Haut bringt. Diese verbessern den Feuchtigkeitshaushalt der Haut und halten sie geschmeidig und gesund. Solche auch als Natural Moisturising Factors (NMFs) bezeichneten Stoffe, zum Beispiel als Sprays, gibt es in Apotheken und Zoogeschäften zu kaufen. Beachten Sie die Packungsbeilage.

An den Tagen zwischen den Bädern bürsten Sie den Hund gründlich. Das ist eine weitere wirksame Methode, die abgestorbenen Hautzellen und daneben auch ausgefallene Haare im Fell loszuwerden.

Diät gegen Schuppenbefall. Eine leichte Diät kann ebenfalls nicht schaden, weil Schuppen gelegentlich durch Störungen des Fetthaushalts der Haut hervorgerufen werden. Wenn Sie handelsübliche Hundenahrung füttern, ist das Auftreten von Schuppen unwahrscheinlich.

Falls Ihr Hund normalerweise kein hochwertiges Markenhundefutter erhält, könnten der Haut nicht genügend Nährstoffe zugeführt werden. Meistens genügt es, wenn Sie die Ernährung auf qualitätvolles Dosenfutter umstellen, damit die Haut wieder gesund wird.

Fettsäuren zum Futter geben. Ihr Tierarzt wird Ihnen ohnehin raten, das Futter grundsätzlich mit Fettsäure-Zusatzstoffen anzureichern. Was der Hund braucht, ist Linolsäure, die in Leinöl, Sonnenblumenöl und in geringeren Mengen auch in Maisöl enthalten ist. Im Normalfall wird Ihnen der Tierarzt empfehlen, je nach Größe des Hundes einen halben Teelöffel oder einen Eßlöffel Pflanzenöl unter jede Mahlzeit zu mischen.

Wenn Sie Pflanzenöl zum Futter geben, braucht der Hund auch zusätzliches Vitamin E, damit die aufgenommenen Fettsäuren mit dem hauteigenen Vitamin E im Gleichgewicht bleiben. Fragen Sie den Tierarzt nach der richtigen Dosierung für Ihren Hund.

Hot Spots

Als Sie ihn zuletzt sahen, war das Fell Ihres Hundes in Ordnung. Jetzt ist da auf einmal eine kahle Stelle, und die Haut ist gerötet und wund. Schlimmer noch, der Fleck scheint größer zu werden. Was läuft da ab?

Ihr Hund könnte einen »Hot Spot« haben, einen »heißen Fleck«, von Tierärzten als Pyotraumatische Dermatitis bezeichnet. Hot Spots sind blutige bis geschwürige, schmerzhafte Ausschläge, die ohne Vorwarnung am Körper des Hundes erscheinen, meistens hinter den Ohren und um den Schwanzansatz. Sie treten gewöhnlich auf, wenn der Hund sich wegen einer juckenden Allergie oder anderen Reizung kratzt, beißt oder schleckt. Warum das geschieht, ist immer noch ein Geheimnis, Hunde mit dichtem Fell scheinen anfälliger dafür zu sein, besonders bei hoher Luftfeuchtigkeit.

Hot Spots sehen furchterregend aus, aber nur die oberen Hautschichten sind betroffen und heilen ab, ohne Narben zu hinterlassen. Nur selten braucht man sich deswegen Sorgen zu machen. Bis sie jedoch abheilen, können sie sehr unangenehm sein. Je schneller sie wieder verschwinden, desto besser für den Hund.

Hot Spots heilen

Der Tierarzt rät Ihnen unter Umständen zu einer kurzzeitigen Kortisonbehandlung mit Spray oder Gel, um den Juckreiz zu lindern. Meistens braucht man aber nur die Stelle sauberzuhalten und ein schmerzlinderndes Mittel zu geben. Nach dieser Behandlung verheilen die meisten Hot Spots innerhalb einer Woche von selbst.

Das Fell scheren

Die erste Handlung bei Hot Spots ist das Abscheren des Fells um die betroffene Stelle, damit man sie besser sauberhalten kann. Scheren Sie von der wunden Stelle nach außen, bis Sie gesunde Haut erreichen. Hot Spots sind schmerzhaft, und Ihr Hund wird sich wahrscheinlich sträuben.

In die Wanne stecken

Eine kühles Bad mit Bittersalz oder Burowscher Lösung lindert

Damit der Hund die juckende Stelle in Ruhe läßt, bekommt er eine Halskrause umgelegt, bis die wunde Stelle vollständig abgeheilt ist.

Hot Spots

Schmerzen und sorgt dafür, daß der Juckreiz etwas nachläßt – und es macht die betroffene Stelle sauber. Die Bäder können Sie nach Belieben wiederholen.

Wunde Stellen desinfizieren
Nachdem Sie den Hot Spot gesäubert haben, tragen Sie behutsam ein Desinfektionsmittel wie 2%ige Wasserstoffsuperoxidlösung oder Betaisodona auf. Das verhindert die Ausbreitung der Infektion und fördert das Abheilen. Verwenden Sie auf keinen Fall Isopropylalkohol, der in einer offenen Wunde wie Höllenfeuer brennt.

Vermeiden Sie jegliche Art von Salben oder Emulsionen, weil sie die Infektionsherde versiegeln und tiefer in die Haut treiben könnten. Halten Sie sich ausschließlich an wasserlösliche Sprays oder Gels..

Die Wunde offen lassen. Ein der Luft ausgesetzter Hot Spot wird austrocknen und viel besser abheilen. Ein Verband mag sich anbieten, weil er die Wunde vor Verschmutzung schützt und den Hund davon abhält, sich mit der Stelle zu beschäftigen, aber das ist ein Trugschluß.

Wenn Sie alles in Ihrer Macht stehende unternommen haben, die Schmerzen zu lindern, aber der Hund kratzt und beißt nach wie vor an der Stelle, hilft nur noch eine Halskrause. Die trichterartige Vorrichtung wird um den Hals befestigt und verhindert, daß der Hund an den Hot Spot herankommt.

HÜFTGELENKSDYSPLASIE (HD)

Bei vielen Hunderassen treten Mißbildungen der Beckenknochen auf. Die Krankheit ist erblich bedingt und heißt Hüftgelenksdysplasie. Hunde leiden sehr darunter, denn die Hinterläufe werden steif und verursachen Schmerzen. Manche Rassen sind anfälliger als andere.

Die Welpen kommen zwar nicht mit Hüftgelenksdysplasie auf die Welt, aber die Veranlagung dazu ist vorhanden. Die Beschwerden entwickeln sich allmählich und fallen erst auf, wenn das Tier ein bis zwei Jahre alt ist. Im Lauf der Zeit wird das Gelenk ungleichmäßig abgenutzt, und es kommt zu Arthrosebildung

Alle Hunde – nicht nur die großen, wie man immer annahm –, können Hüftgelenks-

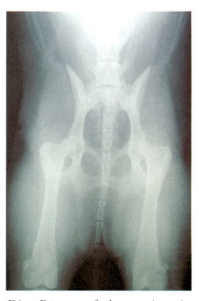 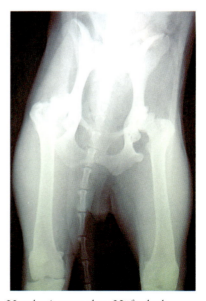

Diese Röntgenaufnahmen zeigen einen Hund mit normalem Hüftgelenk (links) und einen mit Hüftgelenksdysplasie (rechts), bei dem Oberschenkelkopf und Beckenpfanne nicht mehr exakt ineinanderpassen.

Hüftgelenksdysplasie

Rassen mit hoher Anfälligkeit für Hüftgelenksdyspalsie

Jeder Hund kann davon betroffen sein, aber bei manchen Rassen ist das Leiden besonders häufig. Dazu gehören unter anderem:

- Berner Sennenhund
- Dalmatiner
- Dobermann
- English Springer-Spaniel
- Deutscher Schäferhund
- Deutsch Kurzhaar
- Golden Retriever
- Labrador-Retriever
- Pembroke Welsh Corgi
- Königspudel
- Sibirischer Husky

Husky

Deutsch Kurzhaar

Pembroke Welsh Corgi

---

dysplasie bekommen; es erwischt auch die kleinwüchsigen Rassen. Die Behandlung durch den Tierarzt erfolgt oft medikamentös, bisweilen auch durch einen chirurgischen Eingriff. Es gibt jedoch Vorbeugemaßnahmen und einige sehr wirksame Therapien für zu Hause, die Erleichterung bringen können.

Hilfe für die Hüften

Gehört Ihr Hund zu einer Rasse, die für Hüftgelenksdysplasie besonders anfällig ist, müssen Sie einige Vorsichtsmaßregeln beachten. Ob Ihr Hund zu den betroffenen Tieren gehört, läßt sich erst im Alter von etwa einem Jahr durch eine Röntgenuntersuchung zuverlässig feststellen. Bis dahin müssen Sie sich so verhalten, als leide Ihr Hund unter HD. Machen Sie es dem Hund leicht. Füttern Sie den schnell heranwachsenden Welpen gut, aber in der Menge zurückhaltend. Ein für Hüftgelenksdysplasie anfälliger Welpe sollte schlank gehalten werden. Überschüssige Pfunde belasten die Hüftgelenke unnötig.

Füttern Sie dem Welpen mehrmals täglich kleine Mengen. Lassen Sie den gefüllten Napf nicht länger als 15 Minuten stehen, sonst verleiten Sie das Tier dazu, zuviel zu fressen.

Mineralstoffarm füttern

Neigt die Rasse Ihres Hundes zu HD, ist es besser, er erhält nicht zuviel Mineralstoffe. Futtermittel mit einem reduzierten Anteil an Kalzium sind auf Rezept erhältlich. In der Regel wird der Tierarzt ein solches Futter verschreiben, bis der Hund ausgewachsen ist.

Lassen Sie die Finger von Kalzium-Ergänzungsmitteln. Kleine Kinder brauchen Kalzium, damit die Knochen wachsen; deshalb trinken sie viel Milch. Auch Welpen brauchen Kalzium für das Wachstum der Knochen, aber geben Sie ihnen keine Ergänzungsmittel. Auf gar keinen Fall dürfen Sie junge, schnell wachsende, große Hunde wie Dobermann-Pinscher, Dänische Dogge und Retriever damit füttern.

Kalziumhaltige Futterergänzungsmittel sind deswegen abzulehnen, weil sie die normale

Hüftgelenksdysplasie

Entwicklung von Knorpel und Knochen bei großen Hunderassen ungünstig beeinflussen. Welpenfutter enthält bereits große Mengen Kalzium.

Körperliche Betätigung in Maßen

Bewegung ist wichtig für den Hund, weil dadurch die Muskeln gestärkt werden, die die Gelenkkörper zusammenhalten und stabilisieren. Zuviel Bewegung ist jedoch kontraproduktiv, weil dann die mißgebildeten Hüftgelenke überlastet würden.

Beschäftigen Sie den Hund regelmäßig, ohne ihn zu überfordern. Führen Sie ihn an der Leine spazieren, statt ihn durch einen Hindernisparcours zu jagen. Schwimmen ist eine weitere ausgezeichnete Möglichkeit, ihn fit zu halten. Der Auftrieb des Wassers vermindert die Belastung der Gelenke.

Schmerzen eindämmen

Wenn dann die Röntgenuntersuchung bei Ihrem Hund mittlere bis schwere HD (Stufen II bis IV) zeigt, können einige Maßnahmen dazu beitragen, daß der Hund trotzdem relativ lange ein normales, beschwerdefreies Leben führen kann.

Achten Sie vor allem darauf, daß er schlank bleibt, um den Druck auf das Hüftgelenk gering zu halten. Vermeiden Sie anstrengende Bewegung. Zweimal täglich je 20 Minuten spazierengehen wird ihm guttun. Treten Schmerzen auf und lahmt er, gönnen Sie ihm Ruhe. Beides, Bewegung und Ruhe, ist hilfreich.

Es kann sein, daß der Tierarzt Ihnen zu einer schmerzstillenden und entzündungshemmenden Behandlung mit Medikamenten rät. Aspirin kann sich als sehr wirkungsvoll erweisen, desgleichen Carprofen, ein verschreibungspflichtiges Heilmittel mit weniger Nebenwirkungen als Aspirin.

Sorgen Sie zusätzlich dafür, daß das Lager an einem warmen, trockenen Platz steht. Sanfte Massagen im Hüftbereich wirken entspannend.

HD vermeiden

Bevor Sie sich also in ein putziges Wollknäuel von Junghund verlieben, überzeugen Sie sich davon, daß es von Eltern abstammt, in deren Familie seit mindestens drei Generationen kein Fall von Hüftgelenksdysplasie aufgetreten ist.

Seriöse, einem Rassehundzüchterverband angehörende Züchter werden Ihnen eine solche Bestätigung ausstellen. Das ist zwar kein Garantieschein, verringert aber entscheidend das Risiko.

Schwimmen ist eine sehr gesunde Beschäftigung für Hunde mit Hüftproblemen. Die Muskeln bleiben in Bewegung und die Auftriebskräfte des Wassers verringern die Gewichtsbelastung. Trocknen Sie den Hund danach gründlich ab, damit er nicht auskühlt.

Husten

Husten

Bei Menschen ist Husten ein natürlicher Reflex, aber bei Hunden bedeutet es gewöhnlich, daß eine Virusinfektion vorliegt. Hunde sind besonders anfällig für Reizhusten, den sogenannten Zwingerhusten. Er tritt bei einer Virusinfektion der oberen Atemwege, des Rachens und Kehlkopfes auf. Die Organe werden wund, kratzen, und der Hund reagiert darauf mit Husten, der wochenlang andauern kann.

Zwingerhusten ist keine folgenschwere Erkrankung und klingt meistens von selbst ab. In manchen Fällen jedoch macht er den Hund anfällig für andere, gefährlichere Infektionen. Außerdem ist er sehr ansteckend und wird von Hund zu Hund übertragen. Deshalb raten viele Tierärzte zu Vorbeugemaßnahmen gegen Parainfluenza und Bordatellose. Das beste Mittel gegen Zwingerhusten ist die Schutzimpfung.

Es kommt zwar nicht häufig vor, aber Husten kann auch ein Hinweis auf gefährliche Krankheiten wie Bronchitis, Lungenentzündung und Asthma, ja sogar Herzerkrankungen sein. Deshalb ist es so wichtig, daß Sie Ihren Tierarzt hinzuziehen, wenn der Husten länger als zwei Tage andauert oder Ihr Hund fortwährend hustet.

Vorschläge zur Abhilfe

Der Tierarzt kann zumeist etwas gegen die Ursachen des Hustens unternehmen, aber es liegt ebenso bei Ihnen, dem Hund die Beschwerden erträglicher zu machen. Hier einige bewährte Vorschläge.

Die Luft feucht halten. Trockene Luft macht den Schleim im Rachen trocken und klebrig. Das ist der Grund, warum der Hund hustet. Um rasche Abhilfe zu schaffen, stellen Sie einen Luftbefeuchter in die Nähe seines Schlafplatzes. Sorgen Sie aber dafür, daß er ans Kabel nicht herankommt. Eine andere Möglichkeit wäre, ihn

Wenn der Hund Husten hat, kann es ratsam sein, ihm ein Brustgeschirr anzulegen, wie es dieser Mischling trägt. Das normale Halsband könnte ihn zu sehr einschnüren und die Kehle reizen, wodurch er noch schlimmer hustet.

326 • Behandlung der Beschwerden

Juckreiz

Wenn Ihr Hund mit dem Kratzen nicht mehr aufhört, sucht man als erstes nach der Ursache des Juckreizes. Es muß nicht immer ein Floh sein. Es gibt Dutzende von Gründen, warum ein Hund sich blutig kratzt und beißt.

mit ins Badezimmer zu nehmen, wenn Sie duschen oder baden. Die warme feuchte Luft wird Rachen und Atemwege geschmeidig machen und den Hustenreiz lindern.

Hustensaft

Versuchen Sie es mit einem handelsüblichen Hustenmittel. In leichteren Fällen von Husten kann man sie Hunden geben, wenn Sie allzusehr unter den Anfällen leiden. Der in vielen Medikamenten gegen Husten enthaltene Wirkstoff ist Dextromethorphan (Atussin®). Ihr Tierarzt wird Ihnen die richtige Dosis nennen.

Bewegung in Maßen

Sie werden den täglichen Auslauf nicht vollständig unterbinden wollen, aber etwas Zurückhaltung ist angebracht. Wenn der Hund wie üblich über Wiesen und Felder hetzt, kann es sein, daß er auf dem ganzen Heimweg hustet. Kommt es beim Auslauf zu Hustenanfällen, brechen Sie ihn ab. Und seien Sie besonders umsichtig, wenn der Hund ein Halsband trägt, besonders wenn es sich um ein Würge- oder Kettenhalsband handelt, denn die können einem wunden Rachen große Schmerzen zufügen. Führen Sie ihn vorübergehend an einem Brustgeschirr.

Juckreiz

Wenn Sie an Juckreiz und Hautirritationen denken, fallen Ihnen vermutlich zuerst Stechmücken und Brennesseln ein. Zwar bleiben auch Hunde davon nicht verschont, aber es trifft sie seltener als Menschen.

Vor allem kurzhaarige Rassen leiden unter Insektenbissen. Dieser von einem Schwarm Stechmücken angefallene Bullterrier wird vorsichtig mit einem kühlen, feuchten Tuch abgewischt.

Juckreiz

> ### Die schlimmsten Quälgeister
>
> Es gibt Hunderte von möglichen Gründen, warum es Ihren Hund juckt und er sich unablässig kratzt. Hier sind die zehn häufigsten und verbreitetsten aufgeführt.
>
> 1. Flöhe
> 2. In der Luft enthaltene Allergene wie Blütenpollen
> 3. Ohrmilben, Räude und Cheyletiellose (bei Welpen oft als »Milchschorf« fehlinterpretiert)
> 4. Durch Bakterien verursache Hautentzündungen
> 5. Zecken und Läuse
> 6. Futterallergien
> 7. Pilzinfektionen, einschließlich Hefepilzinfektionen
> 8. Seborrhoe
> 9. Kontaktallergien
> 10. Organische Beschwerden wie Lebererkrankungen Stö-, rungen des Immunsystems

Außer Mücken und giftigen Pflanzen gibt es noch ein halbes Tausend anderer Gründe, warum es den Hund juckt. Wenn er sich also ständig kratzt, muß man herausfinden, was ihn quält. Es ist aber nicht immer einfach, die Ursache festzustellen. In einigen Fällen wird man schnell fündig, in anderen muß man Spürsinn entwickeln.

Juckreiz lindern

Ihrem Hund ist es ziemlich egal, was den Juckreiz auslöst. Ihm geht es einzig und allein um sofortige Abhilfe. Hier einige Maßnahmen, zu denen Tierärzte raten.

Regelmäßig baden

Häufige Bäder erfordern zwar einen gewissen Aufwand, zeigen aber am schnellsten Wirkung, wenn Sie Ihrem Hund Erleichterung bringen wollen. Am besten nimmt man kaltes Wasser – warmes macht den Juckreiz nur schlimmer. Geben Sie etwas Bittersalz, kolloidales Hafermehl (Instant-Hafermehl) oder Backpulver zum Badewasser, um die lindernde Wirkung zu verstärken.

Fünf bis zehn Minuten in der Wanne können für Stunden oder Tage Erleichterung verschaffen. Nach dem Bad trocknen Sie den Hund mit einem Tuch ab. Sollten Sie einen Fön verwenden wollen, muß er auf »Kalt« gestellt werden. Wärme würde den Reiz verstärken, und das Kratzen ginge weiter.

Fettsäuren geben

Versuche haben gezeigt, daß bestimmte Fettsäuren, wie sie zum Beispiel in Fischölen und im ätherischen Öl der Nachtkerze enthalten sind, reizmildernde Eigenschaften aufweisen. Die Präparate sind in Zoofachgeschäften erhältlich und müssen gewöhnlich mehrere Wochen lang verabreicht werden, bevor sie dem Hund Linderung bringen. Auf längere Sicht sind sie also sehr, für akute Fälle bedingt hilfreich.

Antihistaminika

Manchmal empfiehlt der Tierarzt gegen starken Juckreiz die Gabe von rezeptfrei erhältlichen Histamin-Rezeptor-Antagonisten.

Kotfressen

Diese Juckreizhemmer wirken sofort und eignen sich für vorübergehend auftretende Beschwerden wie nach einem Insektenstich oder bei einem Anfall von Heuschnupfen. Zu den in Tablettenform erhältlichen Antihistaminika zählen Clemastin, Chlorpheniramin und Diphenhydramin (Benadryl®). Der Tierarzt wird Ihnen sagen, welchen Wirkstoff Sie anwenden sollen.

Schnell handeln

Gelegentlich stellt sich bei Hunden Juckreiz ein, wenn sie mit einer giftigen Pflanze in Kontakt kommen. Die betroffenen Stellen liegen meist am Bauch, wo die Fellbehaarung dünn ist.

Um diese Art von Juckreiz zu beseitigen, wäscht man den Bereich gründlich mit einem milden Hautreinigungsmittel und streicht eine Hydrokortisonsalbe darauf.

Insekten am Beißen und Stechen hindern

Wie Menschen leiden auch Hunde unter Insektenbissen und -stichen. Um den Hund davor zu schützen, empfehlen Tierärzte Mittel mit dem Wirkstoff Diethyltoluamid (Autan®). Halten Sie sich aber genau an die Anweisungen, weil diese Präparate bei falscher Anwendung schädlich sein können.

Ohren und Bauch des Hundes sind durch Insektenbisse und -stiche besonders stark gefährdet. Hautirritationen durch Insektengift behandelt man durch Baden mit kaltem Wasser und mit einem reizlindernden Spray.

KOTFRESSEN

Für diese durch und durch hündische Angewohnheit gibt es weder eine vernünftige Erklärung noch einen Grund, sie zu dulden, besonders wenn es sich um anschmiegsame Hunde handelt. Ein Hund, der diese Unsitte pflegt, hat aber von alledem keine Ahnung und ist oft überrascht, wenn sein Besitzer auf dieses ungebührliche Verhalten heftig reagiert.

Kotfressen – Mediziner sagen dazu Koprophagie – kann in bestimmten Situation ganz normal sein. Die Hundemutter zum Beispiel beseitigt auf diese Weise den Kot der Welpen, bis sie etwa acht Wochen alt sind. Aber warum manche Hunde auch später noch Kot fressen, andere hingegen nicht, ist selbst Tierärzten ein Rätsel. Es könn-

te eine Reihe von Gründen dafür geben, besonders wenn man in Betracht zieht, daß Hunde einen äußerst feinen Geruchssinn haben und von ungewöhnlichen Gerüchen angelockt werden. Bei manchen Hunden mag auch ein Verdauungsproblem vorliegen, oder es fehlen ihnen ganz bestimmte Nährstoffe.

Glücklicherweise führt Kotfressen nur ganz selten zu gesundheitlichen Störungen, aber Sie werden das Problem so schnell wie möglich aus der Welt schaffen wollen, wenn schon nicht im Interesse des Hundes, dann doch in Ihrem eigenen.

Wie man dem Hund hilft, damit aufzuhören

Tatsache ist, daß viele Hunde Kot fressen, wenn auch nur gelegentlich. Sie können etwas unternehmen, um Ihrem Hund die Lust daran zu verderben. Hier einige Anregungen.

Geben Sie Enzyme zum Futter. Tierärzte vermuten, daß kotfressende Hunde ein Verdauungsproblem haben und das aufgenommene Futter nicht restlos verwerten können. Vielleicht wissen die Hunde, daß Kot verdauungsfördernde Substanzen

BEHANDLUNG DER BESCHWERDEN • 329

Lecken

enthält, die ihnen selbst fehlen. In 30 bis 40 Prozent der Fälle bringt das Abhilfe.

Verdauungsenzyme werden nur auf Rezept abgegeben, aber es gibt viele nicht rezeptpflichtige Pflanzenprodukte. Fragen Sie in Zoofachgeschäften, Reformhäusern und Apotheken nach Präparaten mit Inhaltsstoffen wie Chymotrypsin, Papain, Bromelain oder Cellulasen.

Ausgewogen füttern

Manche Hunde mit Verdauungsbeschwerden fressen Kot von Pferden und Katzen, um die Verdauung anzuregen. Achten Sie darauf, daß Ihr Hund hochwertiges Futter von ausgewogener Zusammensetzung bekommt, das alle Vitamine und Nährstoffe enthält, die er zum Wohlbefinden braucht. Mitunter bewährt es sich, mehr Ballaststoffe und Kohlenhydrate und weniger Fleisch zu füttern. Kombinieren Sie zwei Drittel Getreideflocken und Obst oder Gemüse mit einem Drittel hochwertiger Fleischnahrung. Füttern Sie genug, damit er satt wird. Sorgen Sie dafür, daß er einige Kauknochen zum Spielen hat. Mit Geschmacksstoffen angereicherte Kaumittel beschäftigen den Hund Stunden.

Kommen Sie dem Hund zuvor. Beseitigen Sie die Versuchung, wann immer das möglich ist. Wenn Sie eine Katze haben, stellen Sie den Korb mit den Jungen an einen Ort, wohin zwar die Katze gelangt, der Hund aber nicht. Säubern Sie den Garten von Kothaufen, ohne daß der Hund es bemerkt.

Führen Sie den kotfressenden Hund an der Leine, wenn Sie mit ihm ausgehen. Auf diese Weise können Sie ihn an den Hinterlassenschaften anderer Tiere vorbeidirigieren und ihn zurückhalten, wenn er sich über etwas Verbotenes hermachen möchte.

Sorgen Sie dafür, daß der Hund den Befehl »Pfui!« sicher beherrscht. Behalten Sie ihn auf Spaziergängen im Auge und weisen Sie ihn mit einem scharfen »Pfui!« zurecht, sobald er Unrat aufnehmen will. Wenn er merkt, daß Kot grundsätzlich »pfui« ist, wird er seine Unart im Lauf der Zeit wahrscheinlich ganz ablegen.

LECKEN

Um sauber zu bleiben, greifen Menschen zu Waschlappen und Seife; Hunde benutzen dafür die Zunge. Aber manchmal packt

sie der Putzfimmel, und sie schlecken sich stundenlang. Die Folge können Haarausfall, Entzündungen oder eine Schädigung der Haut sein.

Es gibt viele Gründe für übermäßiges Schlecken. Am häufigsten liegt es am Juckreiz oder einer anderen Hautirritation, und der Hund leckt sich das Fell, um die Beschwerden etwas zu lindern. In gewissem Sinn ist Schlecken also eine andere Art von Kratzen. Ein weiterer häufig gegebener Anlaß ist verhaltensbedingt. Steht Ihr Hund unter Streß oder fühlt er sich in seinem Befinden beeinträchtigt, reagiert er darauf, indem er sich schleckt.

Lecken schafft Abhilfe

Wenn Ihr Hund sich zu schlecken oder beißen beginnt, müssen Sie als erstes herausfinden, ob er Schmerzen hat oder ob es ihn nur juckt. Beobachten Sie genau, wo er sich schleckt oder beißt.

Ein Hund, der seine Vorderpfoten schleckt, leidet möglicherweise unter einer Pollenallergie, die bei Menschen als Heuschnupfen zutage tritt. Hat der Hund Flöhe, schleckt oder beißt er sich am Hinterteil, dem bevorzugten Versammlungsort

Lecken

Wann muß der Hund zum Tierarzt?

Es geschieht nicht oft, aber manche Hunde schlecken so lange, bis eine große offene Wunde entsteht, die der Tierarzt Beiß- und Kratzdermatitis oder Leckgranulom nennt. Solche Wunden müssen ernstgenommen werden und können sich entzünden. Wenn sich Ihr Hund häufig kratzt und eine wunde Stelle entsteht, gehen Sie mit ihm sofort zum Tierarzt.

Warum Hunde das tun, ist unbekannt. Manche Tiermediziner vermuten ein Hautproblem als Ursache, andere sehen darin eine Verhaltensstörung, und für wieder andere liegt es an den Nervenenden, so daß der Hund »Phantomschmerzen« empfindet. Gelegentlich empfehlen Tierärzte bei Hunden mit Leckgranulom Halskrausen, damit Sie an die Wunde nicht herankommen. Ist die Wunde verheilt, und Sie entfernen die Halskrause, fängt der Hund oft erneut an zu lecken. Mit bitter schmeckenden Sprays läßt sich dagegen kaum etwas ausrichten, denn der Reiz ist stärker.

Es gibt jedoch eine Anzahl von Medikamenten, die dabei helfen, das Leckgranulom aus der Welt zu schaffen. Welches bei welchem Hund wirkt, kommt auf den Einzelfall an. Manche Hunde sprechen auf eine Langzeit-Antibiotika-Therapie gut an, manche auf Kortison. Es kann eine Weile dauern, bis Ihr Tierarzt die Lösung findet.

Berührung kommt. Der Tierarzt wird Ihnen eine geeignete Therapie vorschlagen.

Wenn Sie dem Hund kurzfristige Erleichterung gönnen wollen, während Sie an einer langfristig angelegten Strategie arbeiten, versuchen Sie es mit kalten Bädern, reizlindernden Hamamelis-Sprays, Hydrokortisonsalbe oder Antihistaminika und fragen Sie den Tierarzt, was er dazu meint. Weitere Informationen zu diesem Thema finden Sie unter »Juckreiz« auf Seite 326.

Maßnahmen gegen Streß

In Streßsituationen neigen manche Hunde dazu, sich durch langanhaltendes Schlecken Erleichterung zu verschaffen.

Nehmen wir an, Sie sind in ein neues Domizil umgezogen, und alles, woran sich der Hund gewöhnt hat, ist plötzlich nicht mehr da. Oder die Familie hat Nachwuchs bekommen, und es bleibt nicht mehr soviel Zeit für den Hund wie früher. Möglicherweise reagiert er darauf, indem er sich schleckt. Von da an kann das Schlecken auch dann auftreten, wenn der Hund gar nicht mehr unter Streß steht, sondern sich allgemein unwohl fühlt. Diese Verhaltensweise

---

von Flöhen. Diese Annahmen ruhen zwar auf keinem wissenschaftlichen Fundament, haben sich aber in den meisten Fällen als zutreffend herausgestellt. Ausnahme von der Regel sind Hunde, die an den Genitalien schlecken.

Gewöhnlich ist es nicht schwer, dem ständigen Schlecken Einhalt zu gebieten, sobald der Tierarzt die Ursache ermittelt hat. Falls Flöhe oder andere

Parasiten als Schuldige ausgemacht sind, brauchen Sie nur noch zum Frontalangriff auf diese Quälgeister zu blasen. Die Bekämpfung von Allergenen oder Futterallergien erfordert mehr Zeit, Aufwand und genaue Beobachtung, aber wenn der Auslöser einmal isoliert ist, können Sie Schritte unternehmen, damit der Hund ihm aus dem Weg geht oder zumindest möglichst wenig damit in

BEHANDLUNG DER BESCHWERDEN • 331

Mundgeruch

sollte man im Keim ersticken, bevor sie dem Hund zur Gewohnheit wird und er ständig an sich herumleckt.

Hilfreiche Mittel gegen Verhaltensstörungen wie Fluoxetin (Prozac) haben hier gute Wirkung gezeigt, aber abgesehen von der vom Tierarzt empfohlenen Behandlungsmethode ist es wichtig, die Ursachen von Streß zu vermeiden. Wenn plötzliche Veränderungen unvermeidlich sind, sollten Sie sich etwas mehr mit dem Hund beschäftigen, ihn beruhigen und ihm zeigen, daß alles in Ordnung ist.

Vielleicht leckt sich der Hund nur aus Langweile. In diesem Fall führen Sie ihn täglich mindestens zweimal aus und spielen Sie mit ihm, damit er auf andere Gedanken kommt und das Schlecken vergißt.

Als letzter Ausweg bietet sich an, ihm den Appetit zu verderben. Besorgen Sie im Zoofachgeschäft einen bitter schmeckenden Spray oder eine abstoßend riechende Salbe und behandeln Sie damit die Stellen, mit denen er sich ständig beschäftigt. Damit verderben Sie dem Hund den Spaß am Schlecken, und er wird beschließen, sein Fell in Ruhe zu lassen.

Das Lecken von Wunden

Der Hund leckt an allen wunden Stellen der Haut, ob sie nun schmerzen oder nicht. Vermutlich handelt es sich um einen Instinkt, die Wunde zu reinigen, zu trocknen und von Parasiten frei zu halten. Auch die Linderung von Schmerzen scheint mit ein Grund zu sein.

Hält sich das Schlecken in Grenzen, kann es durchaus zur Wundheilung beitragen. Neuere Untersuchungen haben ergeben, daß Hundespeichel heilungsfördernde Wirkung hat. Aber er ist kein Ersatz für eine fachgerechte medizinische Versorgung. Übermäßiges Lecken kann das Gegenteil bewirken.

Damit der Hund sich nicht schleckt, bekommt er eine Halskrause umgebunden, die man in Zoofachgeschäften oder beim Tierarzt bekommt. Man kann sie auch selbst basteln (siehe Seite 366).

MUNDGERUCH

Nennen Sie es Halitosis, Foetor ex ore oder einfach schlechten Mundgeruch — wenn er Ihnen in die Nase steigt, kühlt die Zuneigung merklich ab. Leider ist dieses Ärgernis weit verbreitet.

Eine häufige Ursache für schlechten Mundgeruch — bei Hunden wie bei Menschen — ist mit Bakterienrasen übersäter Plaque auf den Zähnen. Anders als Menschen putzen sich Hunde nicht die Zähne, so daß der Plaque samt üblem Geruch nicht weggeht. Schlimmer noch, die Bakterienansammlung kann zu Zahnfleischerkrankungen führen, die den Atem zusätzlich verpesten.

Wie man den Geruch eindämmt

Es gibt keinen Grund, sich mit dem schlechten Mundgeruch des Hundes abzufinden. Umstellungen in der Ernährung und ein Mindestmaß an Mundhygiene werden dafür sorgen, daß Sie sich wieder anhauchen lassen können. Außerdem schützen Sie dadurch Zähne und Zahnfleisch.

Zähne sauber halten

Am schnellsten und einfachsten vergeht der schlechte Mundgeruch, wenn Sie dem Hund täglich die Zähne putzen. In Zoogeschäften gibt es eigens für Hunde entwickelte Zahnbürsten und nach Fleisch schmeckende Zahnpasta. Schreckt Sie dieser Aufwand, dann wickeln

Mundgeruch

Sie sich einen Gazestreifen um den Finger und bearbeiten damit einen Zahn nach dem anderen, um Futterreste und Plaque zu entfernen. Weitere Informationen über perlweiße Hundezähne finden Sie unter »Blitzblanke Zähne« auf Seite 408.

Bleibt Ihnen vom Mundgeruch Ihres Hundes die Luft weg, oder sind die Zähne stark verfärbt, bringen Sie ihn zum Tierarzt oder zu einem Fachtierarzt für Zahnheilkunde, der über die Einrichtungen verfügt, die Hundezähne zu säubern und zu polieren, bevor Sie zu Hause damit weitermachen. Dadurch wird nicht nur der Mundgeruch besser, sondern wenn die Zähne

Ist Mundgeruch bei Hunden normal?

Es gibt kaum einen Hundebesitzer, der nicht über den gelegentlichen schlechten Mundgeruch seines Tieres geklagt hätte. Hunde riechen unangenehm aus dem Mund aus den gleichen Gründen wie Menschen, die nicht regelmäßig die Zähne putzen. Das Phänomen ist also nichts Außergewöhnliches.

Tatsache ist, daß der Mundgeruch des Hundes frischer sein kann als der des Menschen, denn der Genuß von Knoblauch oder Pizza, der Menschen zu einer verräterischen »Fahne« verhilft, gehört nicht zu den Eßgewohnheiten von Hunden. Wenn sich Hunde zweimal täglich gründlich die Zähne putzen würden, wäre der Umgang mit ihnen viel angenehmer als mit manchen Menschen. Oder anders herum ausgedrückt: Wenn wir unsere Zähne so pflegen würden, wie Hunde es tun, wären sie die einzigen, von denen wir noch ein Küßchen erwarten dürften.

Regelmäßiges Zähneputzen und gründliche Mundhygiene machen den Atem auch des Hundes angenehm. Es gibt dafür brauchbare Zahnbürsten und Zahnpasta speziell für Hunde.

einmal gründlich gesäubert wurden, lassen Sie sich auch in Zukunft leichter pflegen.

Nicht zu häufig füttern

Auch eine Umstellung der Ernährung kann Mundgeruch eindämmen. Wenn die Schüssel immer voll ist, und der Hund ständig frißt, wird das Gebiß niemals sauber. Auf den Essensresten zwischen den Zähnen nisten sich Bakterien ein. Füttern Sie Ihren Hund also nur ein- oder zweimal am Tag.

Atmungsaktive Leckerbissen

Wenn Sie Ihrem Hund Reste Ihrer Mahlzeiten geben oder zuviele Süßigkeiten, brauchen Sie sich nicht zu wundern, wenn der Mundgeruch schlimmer wird statt besser. Viel besser sind Möhren, Hundekuchen und Knochen aus Leder und Kunststoff, vor allem solche mit Noppen, die den Plaque von den Zähnen reiben. Und schneller als Sie denken wird Ihnen Frische aus dem Maul des Hundes entgegenschlagen.

BEHANDLUNG DER BESCHWERDEN • 333

Ohrenentzündung

Verdächtige Gerüche
Diabetes kann sich ebenso auf den Mundgeruch auswirken wie Nierenerkrankungen. In beiden Fällen kommen vermehrte Flüssigkeitsaufnahme, häufigeres Urinieren und Gewichtsverlust hinzu. Fragen Sie bei entsprechenden Symptomen den Tierarzt.

OHRENENTZÜNDUNG

Hunde haben zwar auch nur zwei Ohren, aber die Möglichkeiten von Erkrankungen, die daraus resultieren, sind unproportional vielfältig.

Ein kauernder Hund, der sich mit dem Hinterlauf wie verrückt am Ohr kratzt, ist ein vertrauter Anblick. Man kann davon ausgehen, daß er damit versucht, sich ein wenig Erleichterung zu verschaffen, weil ihn etwas stört oder quält. Es könnte sich um eine Milbenkolonie handeln, die sich im Ohr eingenistet hat, es könnte aber auch eine andere Beschwerde sein, die das Jucken verursacht.

Ohrmilben
Diese lästigen Parasiten sind einer der häufigsten Gründe für Ohrenbeschwerden bei Hunden. Sie werden von Hund zu

Küßchen werden zum Alptraum, wenn Ihr Liebling aus dem Maul riecht. Sorgen Sie für regelmäßige Mundhygiene. Sie macht nicht nur den Atem frisch, sondern sorgt dafür, daß Zähne und Zahnfleisch gesund bleiben.

Hund oder von Katzen übertragen, aber auch andere Felltiere sind davon befallen. Die Milben ernähren sich vom Ohrschmalz und anderen Verunreinigungen im Gehörgang, und obwohl sie nicht beißen oder stechen, können sie so starken Juckreiz verursachen, daß sich der Hund das Ohr blutig kratzt. Andererseits ist es für den Tierarzt ein leichtes, Milbenbefall festzustellen. Die weitere Behandlung durch Sie kann zu Hause erfolgen, auch wenn sich die Biester hartnäckig dagegen wehren. Mit etwas Ausdauer schaffen Sie es.

Wenn Verdacht auf Ohrmilben besteht, heben Sie das Ohr des Hundes an und schauen Sie hinein. Ohrmilben sind zwar nicht leicht zu erkennen, aber ihre Hinterlassenschaften – schwarzbraune Ausscheidungen, ähnlich wie Kaffeesatz – sind nicht zu übersehen. Lassen Sie sich Ihre Diagnose vom Tierarzt bestätigen. Er empfiehlt Ihnen auch Tropfen, mit denen Sie dagegen vorgehen müssen. In der Regel dauert die Behandlung vier bis sechs Wochen.

Die Ohrentropfen werden unmittelbar in den Gehörgang

Ohrenentzündung

des Hundes eingeführt, wo sie ihr segensreiches Werk vollbringen. Aber Ohrmilben haben acht Beine und tun damit, was alle Parasiten tun, wenn man ihnen mit Insektengift zu Leibe rückt. Sie ziehen um, vorzugsweise in die Gegend um den Schwanz. Wenn dann nach abgeschlossener Behandlung der Spuk im Gehörgang vorbei ist, kehren sie wieder zurück, als wäre nichts geschehen.

Um diesem Katz-und-Maus-Spiel einen Riegel vorzuschieben, genügt es nicht, nur die Ohren zu behandeln, sondern Sie müssen den ganzen Körper des Hundes mit Flohpuder bestreuen oder mit einem Spray desinfizieren. Die gebräuchlichen Antiparasitika wie Pyrethroide und Pyrethrum-Extrakt, Permethrin, Carbamate, Alkylphosphate und chlorierte Kohlenwasserstoffe vernichten neben Flöhen, Haarlingen und Zecken auch Milben.

Alle Haustiere desinfizieren

Beschränken Sie die Parasitenbekämpfung nicht nur auf den Hund. Ohrmilben werden leicht von Haustier zu Haustier übertragen. Haben Sie mehr als eines, behandeln Sie auch die übrigen (Katze, Meerschweinchen und Kaninchen inbegriffen).

Bleiben Sie hartnäckig. Richten Sie sich darauf ein, daß Sie den Hund bis zu einem Monat lang behandeln müssen. Das ist der Lebenszyklus der Milbe, vom Ei bis zum ausgewachsenen Quälgeist. Brechen Sie die Therapie zu früh ab, geht Ihnen mindestens einer durch die Lappen. Und machen Sie keinen Fehler. Das Ausrotten von Milben kann sehr langwierig sein.

Wenn alle Stränge reißen, empfiehlt Ihnen der Tierarzt ein stärkeres Mittel, möglicherweise sogar eine Injektion, wobei die gesamte Milbenpopulation vernichtet wird.

Entzündete Ohren

Der Gehörgang des Hundes ist anfällig für Infektionen durch Bakterien und Pilzsporen. Wiederholt auftretende Ohrentzündungen werden nicht von anderen Hunden eingefangen. Die Infektionen haben andere Ursachen:

• Die Form der Ohrmuschel, Hängeohren, vor allem ein enger Gehörgang.
• Feuchtigkeit und häufiges Baden.
• Übertriebene Ohrenhygiene, übermäßiges Auszupfen von Haaren, zu intensive Reinigung, reizauslösende Reinigungsmittel oder Ohrentropfen.
• Organische Störungen wie Allergien, Überempfindlichkeit gegen Futtermittel, Hormonstörungen.

Wenn Sie Schmutzpartikel im Gehörhang oder in der Ohrmuschel feststellen oder wenn die Ohren gerötet, heiß oder empfindlich sind, könnte eine Entzündung vorliegen, die der Tierarzt behandeln muß. Wenn der Hund ständig den Kopf schüttelt, kann eine Schädigung des Innenohrs aufgetreten sein. Der Tierarzt wird die Sache untersuchen und eine Therapie bestimmen. Zur Prävention gehört auch das Absuchen der Ohren nach Fremdkörpern, zum Beispiel Grassamen.

Vorbeugende Ohrenpflege

Die wirksamste Methode, Ohrenbeschwerden vorzubeugen, ist eine regelmäßig durchzuführende Ohrenpflege. Beachten Sie die Empfehlungen der Tierärzte.

Erfolgreiche Ohrenpflege beginnt mit regelmäßigen Untersuchungen des Innenohrs. Alle Hundebesitzer sollten es sich zur Gewohnheit machen, während des wöchentlichen Gesund-

Behandlung der Beschwerden

Ohrenentzündung

heits-Checks auch die Ohren zu kontrollieren. Der Gehörgang muß sauber sein, es dürfen keine Anzeichen einer Entzündung vorliegen, der Geruch muß neutral sein, um die Ohrmuscheln darf sich keine Rötung zeigen. Wenn Sie schon dabei sind, achten Sie auf Zecken und natürlich auf Ohrmilben.

Es ist nicht nötig, zu tief in den Gehörgang zu sondieren; eine Kontrolle des vorderen Teils genügt. Riechen Sie am Ohr und schauen Sie hinein, ob Sie etwas sehen.

Ohren sauberhalten

Sie können den Gehörgang des Hundes von Rückständen und Parasiten freihalten, indem Sie ihn säubern. Machen Sie diesen Vorgang zu einem festen Bestandteil Ihres Pflegeprogramms. Bevor Sie jedoch den Gehörgang Ihres Hundes mit Tropfen traktieren, erkundigen Sie sich beim Tierarzt. Denn Ohren sind sehr empfindlich.

Viele Desinfektionsmittel und Antibiotika können zu Taubheit führen, wenn sie ins Innenohr gelangen, was zum Beispiel dann der Fall sein kann, wenn das Trommelfell beschädigt ist.

Nachdem Sie sich versichert haben, daß der Gehörgang frei

Gut durchlüftete Ohren wie bei diesem Schäferhund lassen sich leicht untersuchen und gut reinigen.

von Fremdkörpern ist, tauchen Sie ein Wattestäbchen in eine Reinigungslösung. Säubern Sie das Innere der Ohrmuschel, aber stecken Sie das Stäbchen nicht zu tief in den Gehörgang. Solange Sie die Watte an der Spitze des Stäbchens erkennen können, besteht keine Gefahr. Führen Sie das Wattestäbchen schräg nach unten ins Ohr ein, nicht horizontal in Richtung Trommelfell. Achten Sie auch darauf, daß Sie die Ver-

Schmutz und Ablagerungen im Gehörgang werden mit einem Wattestäbchen entfernt. Auf keinen Fall darf man das Ohrschmalz tiefer ins Ohr hineinschieben.

schmutzung nicht tiefer in den Gehörgang hineinschieben.

Zum Entfernen übermäßigen Ohrschmalzes verwenden Sie ein mit Babyöl getränktes Papiertuch. Weitere Informationen finden Sie unter »Ohren und Augen« auf Seite 405.

Lassen Sie die Haare wachsen

Nur weil dem Hund die Haare büschelweise aus den Ohren wuchern, brauchen Sie nicht gleich zur Pinzette zu greifen. Tierärzte halten nicht viel davon, Hunden die Haare aus den Ohren zu zupfen, wenn sonst alles in Ordnung ist. Davon ausgenommen sind Fälle, in denen die Haare die Anwendung eines Medikaments behindern oder die Verstopfung des Gehörgangs durch Ausscheidungen, z. B.

Räude

Ohrenschmalz, begünstigen. Dann sollte man störende Haare vorsichtig mit den Fingern auszupfen.

RÄUDE

Räudige Hunde bieten einen trostlosen, verwahrlosten Anblick – so als wären sie unter die Motten geraten und hätten den Kürzeren gezogen. Diese Hautkrankheit mit vielen Spielarten verursacht Haarausfall wie Mottenfraß, hinterläßt gerötete offene Wunden, sieht aus wie Schuppen oder juckt fürchterlich. Am verbreitetsten sind Sarkoptesräude, Demodexräude sowie Cheyletiellose. Verursacher sind verschiedene Arten von Milben, darunter auch Ohrmilben, die auf oder in der Haut schmarotzen. Aufgabe des Tierarztes ist es, die Milbenart zu identifizieren, um festzustellen, an welcher Räude Ihr Hund erkrankt ist. Danach richtet sich die jeweilige Therapie.

Sarkoptesräude

Die Milbe Sarcoptes canis juckt am höllischsten. Es sind winzige Parasiten, die sich in die Haut bohren, dort ihre Eier ablegen und den Hund zum Wahnsinn treiben. Oft entwickeln Hunde eine Hautempfindlichkeit gegen Milben, was die Sache noch schlimmer macht. Sarkoptesräude ist ansteckend, und die Milben werden von Hund zu Hund übertragen.

Die Behandlung ist relativ einfach. Oft sind die Hunde schon nach sechs Wochen milbenfrei, und das Jucken läßt, unabhängig vom gewählten Behandlungsmodell, bereits nach zehn bis 14 Tagen nach. Medizinische Bäder und Waschungen beheben das Problem. Wässrige Lösungen mit Kalk oder Schwefel töten nicht nur die Milben ab, sie lindern auch den Juckreiz.

Es kann auch sein, daß der Tierarzt Ihrem Hund eine Reihe von Injektionen gibt, weil sie das beste Mittel sind, die Plage loszuwerden. Manche Flohbekämpfungsmittel sind zwar für diesen Zweck nicht gedacht und auch nicht arzneimittelrechtlich zugelassen, zeigen aber ebenfalls Wirkung.

Auch nachdem Sie Sarkoptesräude erfolgreich behandelt haben, kann sich der Hund erneut anstecken, wenn er sich mit Artgenossen einläßt, die Milben an Bord haben. Sehen Sie sich den Freundeskreis Ihres Hundes genau an und halten Sie ihn von jenen Gesellen fern, die einen verlotterten Eindruck machen oder sich häufig kratzen. Es zahlt sich aus, alle Haustiere zu behandeln, nicht nur das unmittelbar betroffene Tier, denn wenn eines die Räude hat, erwischt es die anderen mit Sicherheit.

Kommen Sie dem Hund nicht zu nahe, wenn er Sarkoptesräude hat, denn sie ist auch auf Menschen übertragbar. Bei direktem Hautkontakt beißen die Milben zu, und Sie bekommen

Wird Ihr Hund von Räudemilben befallen, ist es nicht damit getan, sich im Gras zu wälzen. Räude verursacht starken Juckreiz, aber der Tierarzt kann etwas dagegen unternehmen.

BEHANDLUNG DER BESCHWERDEN • 337

Räude

juckende Stellen zwischen den Fingern oder um die Taille. Glücklicherweise ist Beißen der einzige Schaden, den Milben bei Menschen anrichten.

Sarcoptes canis ist auf Hunde spezialisiert und kann sich auf Menschenhaut nicht fortpflanzen. Nach erfolgreicher Behandlung Ihres Hundes lassen sie auch von Ihnen ab, ohne daß Sie etwas dagegen unternehmen müßten.

Cheyletiellose

Diese Form der Räude wird ausgelöst von einer weißen, krabbenartigen Milbe namens Cheyletiella. Man sieht sie gerade noch mit bloßem Auge und sagt dazu verniedlichend »krabbelnde Schuppen«. Der von ihr verursachte Juckreiz ist zwar weniger stark als bei Sarcoptes canis, aber der Hund kratzt sich trotzdem. Die Krankheit ist unter Hunden ansteckend, und wenn Sie nicht Abstand halten, bekommen auch Sie etwas ab.

Das Behandlungsmodell ist das gleiche wie bei Sarcoptesräude. Entweder Heilbäder einmal die Woche oder Injektionen durch den Tierarzt. Der Spuk ist gewöhnlich innerhalb von zwei bis sechs Wochen vorbei. Aber diese Milbenart kann auch ohne

den Wirt verhältnismäßig lange überleben, so daß es notwendig ist, die Wohnung gründlich zu säubern und das Bettzeug des Hundes heiß zu waschen, damit ihm keine Nachzügler auf die Haut rücken. Als krönenden Abschluß besprühen Sie sein Lager und alles im Haus mit einem Flohbekämpfungsmittel, um ganz sicher zu sein, auch die letzte Milbe erwischt zu haben.

Demodexräude

Demodexräude oder Demodikose wird von kleinen, zigarrenförmigen Milben verursacht, die sich in den Haarfollikeln ansiedeln, weshalb man sie auch Haarbalgmilben nennt. Demodex canis lebt auch normalerweise auf der Haut des Hundes wie des Menschen, so daß die Krankheit nicht ansteckend ist. Solange das Immunsystem des Hundes voll funktionsfähig ist, schadet die Milbe dem Hund nicht. Wenn es aber zu Schäden und Störungen kommt und die Abwehrkräfte geschwächt sind, kann die Sache außer Kontrolle geraten, und die Milbenpopulation im Hundefell explodiert förmlich. Die Milben belagern die Haarwurzeln und lockern sie, so daß es zu Haarausfall und Hautentzündungen kommt.

Zur Beruhigung sei gesagt, daß sich das Milbenproblem in Nichts auflöst, sobald die Immunabwehr des Hundes wieder intakt ist. In etwa 90 Prozent der Fälle und mit etwas Geduld heilt Demodexräude von selbst ab. Bei den restlichen 10 Prozent regeneriert sich das Immunsystem aber nicht ohne Hilfe von außen. Wenn also die Demodexräude nicht nach etwa einem Monat besser wird oder Sie eine Zustandsverschlimmerung feststellen, muß der Tierarzt helfend eingreifen.

Zur Heilung des Hundes können Sie selbst etwas beitragen. Das Immunsystem des Hundes kann sich nicht auf die Abwehr der Milben konzentrieren, wenn es eine Menge anderer Aufgaben zu erfüllen hat. Sorgen Sie dafür, daß Ihr Hund nicht von Endoparasiten befallen ist und gesundes, ausgewogenes Futter bekommt.

Es gibt noch weitere Pflegemaßnahmen mit dem gleichen Ziel. Versuchen Sie die Streßschwelle des Hundes zu senken, indem Sie ihn vor Situationen bewahren, die ihn belasten oder beunruhigen, und gönnen Sie ihm frische Luft und Bewegung.

Häufiges Baden mit einem milden Desinfektionsmittel wie

Sabbern

Chlorhexidin oder Benzoylperoxid zum Ausspülen der Haarbälge kann ebenfalls sehr hilfreich sein. Aber fragen Sie vorher den Tierarzt, damit er Ihnen die richtige Dosierung nennt und Ihnen sagt, wie Sie im einzelnen vorgehen müssen. Bäder mit Amitraz (Mitaban®) zum Beispiel setzen voraus, daß Ihr Hund zwischen den Anwendungen nicht naß werden darf. Bei sachgemäßer Behandlung können Sie mit diesen Präparaten die Milbenplage eindämmen.

SABBERN

Es schmilzt das Herz, wenn der Hund seinen Kopf auf Ihren Schoß legt und treuherzig zu Ihnen aufblickt. Erst wenn er sich bald darauf wieder trollt, entdecken Sie die Speichelpfütze, die er Ihnen hinterlassen hat. Aber was soll's, denken Sie; selbst die Pawlowschen Hunde haben nicht den ganzen Tag lang gesabbert.

Wahrscheinlich speichelt Ihr Hund, weil er zu einer Rasse gehört, deren Lefzen so ausgebildet sind, daß sich der Speichel darin sammelt und, wenn das Reservoir voll ist, ins Maul überfließt. Solche Hunde haben

Das hübsche Lätzchen dieses Australischen Schäferhunds ist nicht nur ein modisches Accessoire, es schützt auch sein Fell vor Sabber.

keinen stärkeren Speichelfluß als andere, auch wenn es schwerfällt, das zu glauben. Sie schlucken ihn nur nicht hinunter. Man ordnet sie in die Gattung der Dauerspeichler ein.

Alle Hunde sabbern, wenn es nach Futter riecht oder Grund zur Aufregung besteht. Das ist ein natürlicher Vorgang und gewiß kein Anlaß zur Sorge. Wenn aber Ihr Hund nicht von Haus aus sabbert und plötzlich ohne ersichtlichen Grund damit anfängt, könnte ein abgebrochener Zahn, eine Insektizidvergiftung oder mehr dahinterstecken. Dann ist es Zeit, dem Tierarzt einen Besuch abzustatten, damit er der Sache auf den Grund geht.

Umgang mit sabbernden Hunden

Gegen Sabbern ist kein Kraut gewachsen. Selbst die Hunde der oberen Zehntausend denken nicht im Traum daran, sich einer Schönheitsoperation zu unterziehen, um das Übel abzustellen. Aber Sie haben es in der Hand, etwas gegen die feuchten Ergüsse zu unternehmen.

Hinterherwischen

Im Umgang mit Speichlern erfahrene Hundebesitzer haben ein Handtuch dabei, wenn sie mit Ihrem Hund ausgehen. Es ist einfach, dem Hund das Maul abzuwischen, wenn er Fäden zu ziehen beginnt. Wenn Ihnen das zuviel Umstände macht, bringen Sie ihn dazu, daß er sich eine Lätzchen umhängen läßt. Das sieht albern aus, erfüllt aber seinen Zweck.

Sets unterlegen

Essenszeit ist Sabberzeit – das gilt für jeden Hund, ganz gleich, wie trocken sein Maul normalerweise ist. Eine Papierunterlage unter dem Futternapf trägt

BEHANDLUNG DER BESCHWERDEN • 339

Sehbeschwerden

dazu bei, den Fußboden trocken zu halten. Und danach steckt man sie in den Müll.

Infektionen rechtzeitig vorbeugen

Weil wir gerade beim Thema sind: Bei bestimmten Hunden sind die Lefzen so geformt, daß Sie Infektionen begünstigen. Manche Hunde, auch wenn sie normalerweise nicht sabbern, haben eine zusätzliche Lippenhaut, die eine Falte in den Lefzen bildet. Sie befindet sich an der unteren Lefze hinter dem Fangzahn. Bei den meistens Spaniels wie Cocker und Springer ist sie besonders stark ausgebildet und dient als Sammelbecken für Bakterien. Entzündungen können die Folge sein. Diese Lippenfalte läßt sich auf operativem Wege verändern, um die Ansiedlung von Bakterien zu unterbinden, aber die meisten Hundebesitzer ziehen es vor, täglich zu reinigen.

Nehmen Sie ein Wattestäbchen und schaben Sie damit den infizierten Geifer aus der Falte. Tauchen Sie ein weiteres Wattestäbchen in Peroxid, Chlorhexidin oder Alkohol (Alkohol nur dann, wenn sich keine offene Wunde an den Lefzen befindet), und reinigen Sie die Falte damit.

SEHBESCHWERDEN

Hunde mit Brille sind eher selten, aber genauso wie Menschen haben auch Hunde Probleme mit den Augen. Allerdings kommen sie besser dabei weg als wir. Schließlich brauchen sie keine Dosen mit Aufschriften in Großdruck, um zu wissen, ob sie Huhn oder Rindfleisch enthalten.

Trübheit der Augen infolge von Schrumpfung der Linse durch Wasserverlust gehört zu den bei Hunden häufigen Altersbeschwerden. Mediziner sagen dazu Linsensklerose. Die Symptome sind ähnlich wie beim Grauen Star (Linsenkatarakt), nur lange nicht so folgenschwer. Es können Schwierigkeiten beim Nahsehen auftreten, die jedoch weniger gravierend sind als beim Menschen, weil von Hunden kaum erwartet wird, daß sie Kleingedrucktes lesen.

Wahrscheinlich fällt es Ihnen überhaupt nicht auf, wenn das Augenlicht Ihres Hundes nachläßt, weil Hunde unglaublich anpassungsfähig sind und diese Schwäche mit Hilfe der anderen Sinne ausgleichen. Vielleicht merken Sie aber, daß der Hund Schwierigkeiten hat, Gegenständen auszuweichen, über Stufen oder Randsteine stolpert und nachts nichts mehr sieht.

Sabbernde Hunderassen

Wenn's ans Sabbern geht, sind diese drei Hunderassen unangefochtene Meister im Hinterlassen weißer Spuren:
- Neufundländer
- Bernhardiner
- Basset

Bernhardiner

Sehbeschwerden

Läßt die Sehfähigkeit nach, bringen Sie Ihren Hund zum Tierarzt, damit er die Ursache diagnostiziert.

Ein weiteres Problem mit den Augen sind Sekrete und Fremdkörper in den Augenwinkeln. Diese werden meist auf natürliche Weise mit der Tränenflüssigkeit ausgespült. Bindehautentzündung (Konjunktivitis) kann unter anderem durch Allergien und Infektionskrankheiten, aber auch durch so unverfängliche Dinge wie ein Sandkorn im Auge ausgelöst werden und führt zu Rötung und quälendem Juckreiz.

Hilfe bei Sehstörungen

Eingeschränktes Sehvermögen und Blindheit sind Behinderungen, mit denen der Hund meistens besser zurechtkommt als der Mensch. Gewöhnlich passen sich die Tiere den veränderten Lebensbedingungen schnell an. Ihre Sehfähigkeit können Sie zwar nicht wiederherstellen, aber es gibt viele Möglichkeiten, Hunden mit kranken Augen das Leben leichter zu machen: Lassen Sie alles so, wie es ist. Hunde, die nicht mehr so gut sehen können wie früher, benutzen ihr Erinnerungsvermögen, um sich im Haus zurechtzufinden. Schieben Sie also die Couch nicht Knall auf Fall an einen anderen Platz, denn der Hund rennt unweigerlich dagegen. Lassen Sie Futternapf und Wasserschüssel dort, wo sie schon immer standen, damit der Hund sie findet.

Wenn Sie die Möbel unbedingt umstellen müssen, führen Sie den Hund durch die Räume, damit er sich mit der neuen Umgebung vertraut machen kann. Sprechen Sie häufiger als sonst mit ihm, damit er sich am

Brauchen Hunde Kontaktlinsen?

Es ist nicht damit zu rechnen, daß Sie Ihrem Hund eine Brille oder Kontaktlinsen besorgen müssen, denn Kleingedrucktes interessiert ihn nicht, und was er genau wissen will, verrät ihm seine Nase. Es gibt jedoch Situationen, wo Kontaktlinsen durchaus sinnvoll sein können – allerdings nicht, um die Sehschärfe zu verbessern. Manchmal verwenden Tierärzte sogenannte hydrophile weiche Kontaktlinsen als eine Art Schutzverband, um Hunden mit Netzhautschäden zu helfen. Von diesen Kontaktlinsen wird angenommen, daß sie das Abheilen unterstützen und die Schmerzen lindern.

Halten Sie Ihrem Hund die Augenwinkel sauber, wo sich Sekret und Fremdkörper sammeln. Wischen Sie dabei mit einem feuchten Wattebausch von außen einwärts.

Klang Ihrer Stimme orientiert und seinen Weg findet.

Schützen Sie ihn vor Fallen. Im Treppenhaus oder in der Küche ist besondere Vorsicht angebracht. Befestigen Sie ein Kinderschutzgitter in Türöffnungen, durch die er ohne Ihre Begleitung nicht laufen soll. Wenn Sie die gleichen Vorkehrungen treffen wie für einen Welpen oder ein Kleinkind, kann ihrem blinden Hund nicht viel zustoßen.

Die Sinneswahrnehmung stimulieren

Daß der Hund die Aussicht nicht mehr genießen kann, heißt noch lange nicht, daß er keinen Wert mehr auf frische Luft und verlockende Gerüche legt, wie sie ihm ein Spaziergang bietet. Er braucht nach wie vor Auslauf, um körperlich fit zu bleiben, aber nun müssen Sie für zwei aufpassen – für sich und das Tier. Sie übernehmen für den Hund das Sehen.

Ein Brustgeschirr wird unter diesen Umständen zweckmäßiger sein als das Halsband, denn Sie müssen ihn besser führen und lenken können. Das läßt sich mit dem Geschirr behutsamer erledigen als mit Leine und Halsband.

Sehtest für den Hund?

Hunde brauchen keine Leseprobetafeln mit verschieden großen Schriftzeichen. Statt dessen verwendet der Tier-Ophthalmologe so lustige Einrichtungen wie Labyrinthe, Hindernisparcours und Ballspiele, um die Sehschärfe des Hundes zu testen. Findet der Hund seinen Weg aus dem Irrgarten oder vorbei an den Hindernissen, ohne irgendwo anzustoßen, weiß der Augenarzt, daß seinen Augen nichts fehlt. Oder er läßt einen Ball an einer Schnur pendeln und beobachtet, ob ihm der Hund mit den Blicken folgt.

Darüber hinaus gibt es Instrumente zum Prüfen der Sehschärfe. Wenn Verdacht auf eine Augenkrankheit wie beispielsweise Grüner Star besteht, wobei der Augeninnendruck steigt, wird der Tierarzt zu einem Instrument greifen, um den Überdruck des Kammerwassers zu messen. Bei Verdacht auf Cornealgeschwüre werden Farblösungen verwendet, und mit Löschpapierstreifen mißt man die Menge der Tränenflüssigkeit.

Ermutigen Sie Ihren Vierbeiner dazu, die anderen Sinne einzusetzen. Quietschendes Spielzeug hebt die Lebensgeister.

Augenreizungen

Augensekret ist harmlos, auch wenn es unappetitlich aussieht. Es genügt, wenn man es einmal am Tag wegwischt. Wenn der Hund Bindehautentzündung hat oder eine andere Infektionskrankheit der Augen, holen Sie sich Rat vom Tierarzt, bevor Sie weitere Schritte unternehmen.

Das Auswaschen von Sekret und Fremdkörpern, die sich in den Augenwinkeln sammeln, ist die beste Methode, Reizungen der Augen zu lindern und Entzündungen zu heilen. Man kann dazu warmes Wasser nehmen oder ein Mittel für Augenwaschungen aus der Apotheke. Verwenden Sie ein sauberes, weiches Tuch, tauchen Sie es in Wasser oder Spülflüssigkeit, wringen Sie es aus und wischen Sie damit vorsichtig um die Augen des Hundes.

Vererbte Augenschäden

Bei manchen Hunderassen können erblich bedingte Augenerkrankungen auftreten. Linsenkatarakt (Grauer Star) ist besonders verbreitet, unter anderem bei Cocker-Spaniel und Dober-

Sonnenbrand

Sehen Hunde farbig oder schwarzweiß?

Haben Sie sich schon mal gefragt, wie die Welt durch die Augen eines Hundes aussehen würde? Ist es wie bei einem alten Film, oder erscheint alles in knallig-buntem Technicolor? Es wird vermutet, daß Hunde das Spektrum von Grün und Gelb nur eingeschränkt unterscheiden können. Wenn es im Park so wunderschön grün grünt, hat zwar auch der Hund etwas davon, aber er wird Mühe haben, ein gelbes Spielzeug im Gras zu finden. Farbe ist jedoch nicht allzu wichtig, und Nahsicht auch nicht – dieses Manko gleicht er durch die Superspürnase aus. Hunde erkennen auch besser, was sich in der Ferne und am Rand des Sehbereichs sowie in der Dämmerung abspielt.

mann-Pinscher. Junge Hunde sind häufiger betroffen als ältere. Falls Sie bei älteren Hunden etwas entdecken, das Ihnen wie Grauer Star vorkommt, dann handelt es sich wahrscheinlich um eine Linsensklerose, eine normale Erscheinung bei fortschreitendem Alter. Wenn die Linse soweit eingetrübt ist, daß die Sehschärfe stark absinkt, läßt sich durch eine Staroperation Abhilfe schaffen.

Verkümmerung der Netzhaut, die sogenannte Progressive Retina-Atrophie (PRA), ist ebenfalls eine Erbkrankheit und führt zur Erblindung. Das Augenlicht schwindet allmählich, so daß es Ihnen zunächst nicht auffällt, daß der Hund davon betroffen ist. Diese Schädigung der Netzhaut ist unheilbar, aber die meisten Hunde kommen damit zurecht.

SONNENBRAND

Hunde wie Menschen – jedenfalls die meisten – lieben schönes Wetter. Sie sind glücklich, wenn sie in der Sonne herumtollen, spielen und ein Nickerchen machen können.

Anders als Menschen bekommen Hunde nur selten einen Sonnenbrand, weil ihr Fell sie gut vor starker UV-Strahlung schützt. Es gibt aber Stellen, die nicht von Fell bedeckt sind. Sehen Sie sich Ihren Hund genau an, damit Sie wissen, wo er mit größter Wahrscheinlichkeit rot anlaufen wird. Es sind Nase, Ohrenspitzen (bei aufrecht stehenden Ohren) und Bauch. Diese spärlich behaarten Körperteile brauchen Sonnenschutz.

Das ist aber noch nicht alles. Hunde mit heller Haut und kurzem Fell müssen zusätzlich vor Sonneneinstrahlung geschützt werden. Das sind unter anderem Dalmatiner, weißer Bullterrier und American Staffordshire-Terrier, dazu Deutscher Kurzhaar-Pointer, weißer Boxer, Whippets und Beagles. Der Australische Schäferhund hat den Sonnenbrand meistens auf seiner hellen Nase.

Durch UV-Strahlung geschädigte Haut ist keine Bagatellsache, und sich wie ein gesottener Hummer zu fühlen ist bei weitem nicht das Schlimmste. Die Gefahr von Hautkrebs ist nicht von der Hand zu weisen, und bei manchen Krankheiten wie Lupus erythematosus verstärkt zu intensive Sonneneinstrahlung die Symptome. Sie brau-

Sonnenbrand

chen die UV-Schutzvorkehrungen nicht zu übertreiben, aber gehen Sie kein Risiko ein, wenn der vierbeinige Sonnenanbeter zur hellhäutigen Sorte gehört.

So wird Sonnenbrand behandelt

Tierärzte raten zu folgenden Schritten, wenn Sie die schmerzende Haut Ihres Hundes pflegen müssen, und wie Sie ihn vor den schädlichen Strahlen der Sonne schützen können:

Besprühen Sie den Hund mit der Sprühflasche. Das Wasser kühlt die brennenden Körperstellen. Mischen Sie etwas Hamamelis-Extrakt darunter,
der die Wirkung erhöht. Oder stecken Sie ihn in eine Badewanne mit kaltem Wasser, in das Sie etwas Backpulver verrührt haben. Das findet der Hund besonders angenehm.

Es gibt auch Sprays zur Linderung von Sonnenbrand zu kaufen. Sie enthalten ein örtlich wirkendes leichtes Betäubungsmittel, die den brennenden Schmerz unterdrückt. Nicht zu vergessen die heilkräftige Wirkung von Aloe vera. Apotheken führen Cremes und Lotionen, die behutsam auf die betroffenen Hautstellen aufgetragen werden. Von frischen Aloe-vera-Pflanzen brechen Sie ein
Blatt ab und drücken das Gel auf die schmerzende Haut.

Sonnenschutzmittel

Sonnenschutzmittel haben viele Vorteile, besonders solche, die wasserresistent sind oder vom Hund nicht abgeschleckt werden können. Sie eignen sich vor allem für Hunde, die durch UV-Strahlung besonders gefährdet sind. Auch bei nicht hellhäutigen Hunden schützt man damit Ohren und Nase, wenn vorauszusehen ist, daß sie sich lange in der Sonne aufhalten werden.

Es gibt keine Regeln, welches Sonnenschutzmittel man nehmen sollte. Verwenden Sie Produkte, bei denen der Sonnenschutzfaktor mindestens bei 15 liegt. Je höher der Faktor ist, desto wirksamer

Um die Tagesmitte sollte man im Schatten bleiben. Zwar hat Ihr Hund ein schützendes Fell, aber bestimmte Körperstellen wie Nase, Ohren und Bauch sind trotzdem anfällig für Sonnenbrand.

Übergewicht

fällt der Schutz aus. Keinesfalls darf das Mittel den Wirkstoff PABA (Para-Aminobenzoesäure) enthalten, denn wenn der Hund es abschleckt, kann PABA schädliche Folgen haben. Für Menschen entwickelte Sonnenschutzmittel leisten gute Dienste, aber es gibt auch welche speziell für Hunde.

Mit Kleidungstücken schützen

Vierbeinigen Sonnenfreunden mit heller Haut und auch solchen, die gern den empfindlichen Bauch in die Sonne hängen, hilft man mit einem alten T-Shirt. Sollte der Hund es Ihnen gestatten, ziehen Sie es ihm über den Kopf, stecken die Vorderläufe durch die Ärmel und streifen ihm das Leibchen über den Körper.

Sorgen Sie für ein schattiges Plätzchen, damit Ihr Hund Schutz vor der Sonne findet. Wenn der Hund den ganzen Tag über im Freien gehalten wird, sollte man die Hundehütte in den Schatten stellen.

Denken Sie auch daran, an heißen Sommertagen den Hund ins Haus zu holen, wenn die Sonne am höchsten steht und am heißesten brennt, also ab zehn Uhr vormittags.

ÜBERGEWICHT

Vielleicht verwöhnen wir unsere Hunde zu sehr, denn Übergewicht ist auch bei ihnen zu einem Problem geworden. Bei einer Untersuchung hat sich herausgestellt, daß bei über einem Viertel der Tiere das Gewicht um 15 Prozent über dem Idealgewicht lag. In einigen Fällen hatte das medizinische Gründe, aber in den meisten war es auf zuviel Futter und zuwenig Bewegung zurückzuführen. Was immer auch die Ursache sein mag: Übergewicht ist schädlich für die Befindlichkeit des Hundes und verkürzt die Lebenserwartung.

Hunde fressen gern und – Hand aufs Herz – Fressereien dienen gern und verbreitet als Belohnung. Wenn Hunde zuviel fressen, liegt es nicht daran, daß ihr Verdauungsapparat ihnen kein Zeichen gibt, wenn das Maß voll und die Fettpolster dick genug sind. Das Problem liegt vielmehr darin, daß der Hund unter Fett vermutlich etwas anderes versteht als der Mensch. Aber Sie sind es, der die Futterdose aufmacht, und somit haben Sie die ultimative Macht – und Verantwortung –, die Kalorienmenge zu bestimmen. Ihr Hund frißt nur, was Sie ihm hinstellen. Wenn es also um überschüssige Pfunde geht, sind Sie es, der ihm helfen kann, sie loszuwerden.

Sie tun Ihrem Hund etwas Gutes, wenn Sie ihn abspecken lassen. Und Sie werden feststellen, daß die meisten Hunde gegen ein vernünftiges Ernährungsprogramm nichts einzuwenden haben.

Gewicht reduzieren

Sie brauchen dem Hund kein Abonnement im Fitness-Center zu kaufen. Beherzigen Sie die folgenden Anregungen, dann bleiben Sie und Ihr Hund gesund und glücklich.

Woran erkennt man den übergewichtigen Hund?

Ihr Hund mag kräftig sein, aber nicht übergewichtig. Vielleicht ist er eine Spur zu kräftig – dann hat er Übergewicht. Um genau sagen zu können, ob der Hund für seine Verhältnisse zu schwer ist, muß man sein Idealgewicht kennen.

Über Rassehunde gibt es Bücher, denen man diese Auskunft entnehmen kann. Vergleichen Sie die Werte mit dem Gewicht Ihres Hundes, dann wissen Sie, wo es langgeht.

BEHANDLUNG DER BESCHWERDEN • 345

Übergewicht

Eine vielleicht noch bessere Methode, besonders wenn Sie einen Mischling haben, ist der Rippentest. Fühlen Sie dem Hund die Brust ab. Wenn Sie keine Rippen finden, heißt es abnehmen.

Auf anderes Futter umstellen

Die bisherige Fütterungspraxis bedarf einer Überprüfung. Lassen Sie sich von Ihrem Tierarzt ausrechnen, wieviel Kalorien Ihr Hund am Tag braucht, und vergleichen Sie die Menge mit der, die Sie ihm füttern. Mit weniger reichhaltigem Futter läßt sich das anvisierte Ziel meist problemlos erreichen.

Ein Beispiel: Sie geben Ihrem Hund hochwertiges Futter, eine 800-Gramm-Dose täglich, wodurch er wahrscheinlich zuviel Kalorien erhält, besonders wenn er zu wenig Auslauf hat. Diese Futtersorten sind gewöhnlich reich an tierischem Eiweiß und Fett und für Ihren Hund zu reichhaltig.

In den meisten Fällen kann man den Hund mühelos daran gewöhnen, daß er am Tag nur noch eine halbe Dose erhält. Mit Getreideflocken und geriebenem Gemüse oder Obst füllt man auf die gewohnte Futtermenge auf. Der Hund erhält

Wie man den Hund wiegt

Wenn Sie wissen wollen, ob Ihr Hund sich zum Schwergewicht entwickelt, müssen Sie ihn wiegen. Der Tierarzt besitzt dafür eine besondere Waage. Aber wie stellen Sie es zu Hause an? Es kann Ihnen gelingen, einen kleinen Hund auf der Personenwaage im Bad solange still zu halten, bis Sie das Gewicht abgelesen haben. Oder sie nehmen ihn auf den Arm und wiegen sich zusammen mit ihm. Dann stellen Sie den Hund ab, wiegen nur sich selbst und ziehen Ihr Gewicht vom gemeinsamen Gewicht ab. Wenn Sie sich dabei nicht verrechnen, erfahren Sie, wie schwer Ihr Hund ist.

wesentlich weniger Kalorien, wird trotzdem satt, lebt gesünder und nimmt ab.

Häufiger füttern

Verteilen Sie die Futtermenge auf mehrere kleine Mahlzeiten am Tag, statt einer großen am Morgen oder Abend. Das hält das Hungergefühl im Zaum und den Magen beschäftigt. Öfter füttern heißt, wohlgemerkt, nicht mehr füttern. Bleiben Sie eisern bei der bisherigen täglichen Futtermenge. Teilen Sie diese nur in bis zu vier Portionen auf und stellen Sie sie dem Hund zu verschiedenen Tageszeiten hin.

Mehr Disziplin zwischendurch

Über die Sündhaftigkeit von Zwischenmahlzeiten weiß jeder ein Lied zu singen, der Diät zu halten versucht hat. Aber dem Hund darf man zwischendurch schon mal einen Leckerbissen geben, nur eben nicht jeden. Kekse aus Getreideprodukten sind üblicherweise kalorienreich und scheiden aus. Versuchen Sie es mit Karotten, Obst oder Popcorn – selbstverständlich ohne Salz und Butter. Bewährt haben sich auch Hundekuchen ohne Fleischanteil.

346 • BEHANDLUNG DER BESCHWERDEN

Übergewicht

Hunde, die viel Bewegung brauchen, wie dieser Belgische Schäferhund, müssen auf Trab gehalten werden, damit sie ihre schlanke Linie nicht verlieren.

Der Hund braucht Bewegung

Regelmäßige Beschäftigung ist eine ausgezeichnete Methode, den Hund rank und schlank zu machen. Sie brauchen mit ihm keine Marathonläufe zu veranstalten; ein ausgedehnter Spaziergang oder gemeinsames Joggen zweimal täglich reichen aus, damit das Herz kräftiger schlägt und überschüssige Kalorien verbrennen. Wenn diese Art der Beschäftigung für den Hund

Denken Sie noch einmal über die Ballaststoff-Diät nach. Üblicherweise wird übergewichtigen Hunden eine Diät mit hohem Anteil an Faserstoffen verordnet. Solches nährstoffarmes Futter füllt den Magen und soll schlank machen. Dadurch werden Signale ans Hirn geschickt, das entscheiden muß, ob genügend Nahrung aufgenommen wurde. Sprechen Sie aber immer erst mit Ihrem Tierarzt, bevor Sie dem molligen Hund eine radikale Abmagerungskur verpassen.

Der mollige Hund

Manche Hunde neigen mehr dazu als andere, Gewicht anzusetzen und es nicht mehr loszuwerden – das liegt an den Genen. Sie müssen ganz besonders auf das Gewicht Ihres Hundes achten, wenn er zu einer der folgenden Rassen gehört:

- Basset
- Beagle
- Cocker-Spaniel
- Dackel
- Labrador-Retriever

Basset

Labrador-Retriever

BEHANDLUNG DER BESCHWERDEN • 347

Verstopfung

Warum schleckt der Hund Ihr Gesicht ab?

Ist es nicht herzig, wenn der Hund Sie an der Tür mit einem feuchten Schmatz und wedelndem Schwanz empfängt? Soviel Zuneigung möchte man sich von manchen Menschen wünschen.

Aber der Schlabberkuß auf der Türschwelle bedeutet meistens nicht das, was Sie meinen. Wenn der Hund Ihnen die Zunge übers Gesicht zieht, bettelt er um Futter. Darin sind sich die meisten Tierärzte einig. Dieses Lecken ist offensichtlich ein Rückfall in die frühe Kindheit, als der Welpe seine Mutter oder andere erwachsene Hunde abschleckte, um gefüttert zu werden – Überbleibsel wölfischen Verhaltens. Das mögen Sie bis heute nicht gewußt haben, aber jetzt, da Sie aufgeklärt sind, fallen Sie auf das Betteln nicht herein, sonst machen Sie aus Ihrem schlanken Hund einen watschelnden Fleischberg.

VERSTOPFUNG

Verstopfung kann beim Hund genauso vorkommen wie beim Menschen. Wenn sich im Darm nicht alles so bewegt, wie es sich bewegen sollte, kann das sehr unangenehm werden.

Verstopfung tritt meistens auf, wenn der Hund mit der Entleerung länger als gewöhnlich warten muß, zum Beispiel wenn er den ganzen Tag über nicht ins Freie hinaus konnte, weil niemand zu Hause war. Dann trocknet der Stuhl aus und wird hart. Auch zu geringe Aufnahme von Flüssigkeit und Ballaststoffen und zu wenig Bewegung können zu Verstopfung führen.

Verstopfung heilen
Es ist nicht schwer, Verstopfung zu beseitigen oder es gar nicht dazu kommen zu lassen. Vieles, was der Mensch dagegen unternehmen kann, hilft auch dem Hund.

Sorgen Sie dafür, daß er mehr Auslauf bekommt. Das einfachste Heilmittel gegen Verstopfung sind regelmäßige Spaziergänge. Dabei hat der Hund ausreichend Gelegenheit, sein »Geschäft« zu verrichten. Überdies regt die Bewegung die Darm-

ungewohnt ist, beginnen Sie mit kurzen Ausflügen und erhöhen die Dauer allmählich.

Leckerbissen anderer Art
Hat sich Ihr Hund eine Belohnung verdient, greifen Sie nicht gewohnheitsmäßig in die Tasche nach einem appetitlichen Happen. Belohnen Sie ihn lieber, indem Sie mit ihm spielen, zum Beispiel Tauziehen, oder schwimmen gehen. Sie werden erstaunt sein, wie bereitwillig Ihr Hund solche Vorschläge aufgreift. Zwar frißt der Hund für

sein Leben gern, aber er akzeptiert auch soziale Zuwendungen wie Spiel und Spaß als fairen Ausgleich für entgangene Gaumenfreuden.

Erfolgskontrolle
Ihr Ziel sollte es sein, das Gewicht des Hundes innerhalb von etwa 12 Wochen auf Normal zu reduzieren. Besprechen Sie die Fortschritte regelmäßig mit dem Tierarzt. Sollte das angestrebte Gewicht während dieser Zeit nicht erreicht werden, haben Sie Geduld!

Würmer

tätigkeit an, die auf natürliche Weise dafür sorgt, daß die Dinge in Gang kommen.

Nahrungsumstellung

Wenn der Hund häufig an Verstopfung leidet, empfiehlt der Tierarzt unter anderem ballaststoffreiches Futter. Es bindet Wasser im Darm, vergrößert die Menge des Stuhls, macht ihn weicher und gängiger. Eine Handvoll Getreideflocken im Futter führt dem Hund die erforderlichen Ballaststoffe zu.

Ein weiterer Grund für Verstopfung ist zu geringe Flüssigkeitsaufnahme. Wasser hält den Stuhl feucht und fördert den Verdauungsprozeß. Und wenn Sie dem Hund mehr Ballaststoffe geben, braucht er auch mehr Wasser. Füllen Sie also die Wasserschüssel immer nach, damit er genug zu Trinken bekommt.

Chronische Verstopfung

Abführmittel können Sie vergessen. Wenn der Mensch von getrockneten Pflaumen auf Abführmittel aus der Apotheke umsteigt, ist das seine Sache. Hunde sollte man damit verschonen. Handelsübliche Abführmittel können unter Umständen mehr Schaden anrichten, als sie Nutzen bringen.

In den meisten Fällen läßt sich Verstopfung innerhalb von ein, zwei Tagen beheben. Hält sie länger an, kann eine schwerwiegende Störung vorliegen, möglicherweise eine chronische Darmerkrankung, die der Tierarzt behandeln muß.

Übrigens: Drücken ist nicht immer die Folge einer Verstopfung. Hunde drücken auch, wenn sie Durchfall haben oder sich anstrengen, einen Blasenstein loszuwerden. Wenn Ihr Hund lange drückt und Schmerzen dabei zu haben scheint, bringen Sie ihn zum Tierarzt, um auf Nummer Sicher zu gehen.

WÜRMER

Kein Hundebesitzer hört gern, daß sein Liebling Würmer hat, aber das Problem ist weit verbreitet. Glücklicherweise gibt es heute mehr Möglichkeiten als früher, den Hund von Endoparasiten frei zu halten.

Die am verbreitetsten auftretenden Würmer sind Rundwürmer (Spulwürmer), Hakenwürmer, Peitschenwürmer und Bandwürmer. Die meisten Welpen werden bereits damit geboren oder stecken sich bald nach der Geburt von der Mutter an.

Rundwürmer und Bandwürmer lassen sich im Kot des Hundes wahrnehmen. Sie sehen widerlich aus, richten aber keinen großen Schaden an – meistens nichts Schlimmeres als leichten Durchfall, Erbrechen oder Juckreiz am After.

Haken- und Peitschenwürmer halten sich bedeckt, sind dafür aber lästiger. Manchmal führen Sie zu Blutarmut, Austrocknung und Mangelerscheinungen bei der Ernährung.

Unter dem Strich betrachtet sind alle Würmer böse Würmer, weil sie den Organismus des Hundes belasten, während die Immunabwehr sich mit ihnen beschäftigt. Und sie sind auf Menschen übertragbar – mit all den unangenehmen und bisweilen gefährlichen Folgen.

Würmer unschädlich machen

Es ist ungemein wichtig, zu Ihrer eigenen Sicherheit und der des Hundes, gegen Würmer vorzugehen. Zum Glück ist das nicht schwierig. Sie müssen allerdings nicht nur etwas gegen die Würmer unternehmen, sondern weitergehende Maßnahmen ergreifen und verhindern, daß der Wurmbefall erneut eintritt. Entwurmungsmit-

Würmer

tel sind heute nicht nur sicherer in der Anwendung, sondern auch wirksamer als früher.

Beginnen Sie mit einem Besuch beim Tierarzt. Wenn der Verdacht auf Wurmbefall besteht, muß der Tierarzt den Hund untersuchen, um festzustellen, um welche Würmer es sich handelt. Dann verordnet er ein Präparat, das die Parasiten vernichtet. Verwenden Sie nur das empfohlene Wurmmittel. Manche Präparate enthalten Wirkstoffe, die dem Hund gefährlich werden könnten.

Frühzeitig Vorsorge treffen

Beim Welpen sollten Sie mit der Wurmbehandlung tunlichst mit zwei bis drei Wochen beginnen und die Kur fortsetzen, bis das Tier einige Monate alt ist. Die meisten Welpen sind mit Würmern infiziert, aber diese erscheinen erst nach einigen Wochen oder Monaten im Kot. Zweckmäßigerweise fängt man bei Welpen mit dem Entwurmen an, bevor die ersten Anzeichen eines Befalls auftreten. Dadurch wird man die Parasiten schneller los.

Gleichzeitig die Flöhe verjagen

Der am verbreitetsten auftretende Bandwurm wird von Flöhen übertragen. Verschluckt unser Hund einen infizierten Floh, bekommt er den Bandwurm. Die Bekämpfung von Flöhen hat Priorität, wenn Sie gegen Bandwürmer vorgehen wollen. Weitere Informationen über diese Ektoparasiten finden Sie unter »Flöhe« auf Seite 310.

Umgebung sauberhalten

Wurmbefall beim Hund bekommt man am besten in den Griff, wenn man rigoros für Sauberkeit sorgt. Entfernen Sie den Kot sogleich, damit sich keine Larven in der Umgebung des Hundes entwickeln und er sich nicht erneut ansteckt.

Wurmbefall ist auch bei jungen Hunden weit verbreitet, weil sie ihn von der Mutter übernommen haben. Hat die Hündin Würmer, bekommt sie auch der Welpe. Beginnen Sie mit der Behandlung frühzeitig, etwa wenn der Welpe zwei bis drei Wochen alt ist.

Vorbeugemaßnahmen

Die Verhütung von Wurmbefall ist heute aussichtsreicher als früher, weil einige der neueren Medikamente gegen die Herzwurmerkrankung außerdem Wirkstoffe gegen Würmer im Verdauungstrakt enthalten, zum Beispiel Pyrantel, das Rundwürmer und Hakenwürmer abtötet. Flubendazol (Panacur®) wirkt präventiv gegen Hakenwürmer und therapeutisch gegen Rundwürmer und Peitschenwürmer. Die Bandwür-

Zahnbeschwerden

Die verbreitetsten Würmer bei Hunden

Würmer sind nicht alle gleich, obwohl sie das gleiche Entsetzen hervorrufen, wenn Sie (oder Ihr Tierarzt) sie im Stuhl des Hundes entdecken. Hier die wichtigsten Arten:

Spulwürmer Ausgewachsene Spulwürmer leben im Darm. Der Hund hat etwas gefressen, das mit Larven verseucht war, und jetzt hat er sie selbst. Man kann die Eier im Stuhl erkennen, manchmal auch ein spaghettiähnliches Gewusel. Spulwürmer können bis 15 cm lang werden.

Hakenwürmer Diese Parasiten hängen sich an die Darmwand und saugen große Mengen Blut heraus. Normalerweise sind sie etwa 2 cm lang und haben am einen Ende einen Haken. Manchmal sind die Körper rot von nicht verdautem Blut. Der Hund infiziert sich, wenn er die Larven frißt oder sie sich durch die Haut bohren.

Peitschenwürmer Wenn der Hund die Eier gefressen hat, setzen sich Peitschenwürmer im Dickdarm fest, wo sie für Entzündungen sorgen können. Erst drei Monate nach dem Befall zeigen sich die Eier der Peitschenwürmer im Kot des Wirtes. Die Würmer erreichen eine Länge von 6–8 cm und werden nicht mit dem Stuhl ausgeschieden. Sie haben ihren Namen von der peitschenähnlichen Form. Der Körper ist dünn und fadenartig mit einer Verdickung am Ende, der wie ein Peitschengriff aussieht.

Hundebandwürmer Hunde sind für mehrere Arten von Bandwürmern anfällig. Der am häufigsten auftretende wird von infizierten Flöhen übertragen, die der Hund beim Kratzen versehentlich verschluckt. Bandwürmer sind lang und flach und bestehen aus rechteckigen Gliedern, die Eier enthalten. Ausgewachsene Bandwürmer können 8 m lang werden. Die einzelnen Glieder gelangen in den Stuhl, und man kann sie auf der Haut und im Fell rund um den After erkennen.

---

mer sind resistenter, und es bedarf einer Kombination aus Pyrantel und Praziquantel (Dronkal plus®), die Rundwürmer, Hakenwürmer, Peitschenwürmer und Flöhe bekämpft.

ZAHNBESCHWERDEN

Löcher in Zähnen kommen bei Hunden selten vor. Deshalb bleiben ihnen das Bohren, Füllungen und Extraktionen erspart. Ihre Zahnprobleme äußern sich auf anderem Gebiet.

Der häufigste Grund, warum Hunde zum Zahnarzt gehen müssen, sind Parodontitis und Parodontose. Durch äußere Einflüsse bildet sich eine sogenannte Zahnfleischtasche, die sich entzündet und den Halt des Zahns lockert, so daß er ausfällt. Unter dieser Krankheit leiden 85 Prozent aller Hunde über vier Jahre.

Ist der Hund jünger, fällt Ihnen wahrscheinlich ein harter, bräunlicher Belag der Zähne auf. Das ist Zahnstein aus verhärteten Speichelsalzen, und obwohl er alles andere als attraktiv ist, ist er nicht der unmittelbare Anlaß des Ärgers mit den Zähnen. Der Hauptschuldige, den man jedoch nicht sieht, heißt Plaque und ist ein dünner, klebriger Bakterienrasen auf den Zähnen. Wenn also bei

Zahnbeschwerden

Der Tierarzt wird Ihnen ein Wurmmittel empfehlen, das unschädlich, wirksam und leicht zu verabreichen ist. Hunde mit Würmern brauchen also keine Gefahr für Sie und Ihre Familie zu sein. Dieser Samojed-Welpe erhält gerade seine Medizin, die ihn von den lästigen Schmarotzern befreit.

Ihrem Hund Zahnfleischentzündung und Zahnfleischschwund mit nachfolgendem Zahnausfall auftreten, wird Ihr Tierarzt den Hund in Behandlung nehmen, Zahnstein – und Plaque – entfernen und eventuell sogar vereiterte Zähne ziehen müssen.

Damit dieser Fall gar nicht erst eintritt, halten Sie die Zähne, das Zahnfleisch und den gesamten Rachen – einschließlich des Atems – auf Hochglanz. Das geschieht am sinnvollsten, indem Sie sich eine regelmäßige Zahn- und Mundhygiene für den Hund zur Gewohnheit machen.

Zahnbeschwerden vorbeugen

Zahnerkrankungen lassen sich verhüten, bevor sie Schaden anrichten können, indem Sie zu Hause ein einfaches Vorbeugungsprogramm durchführen.

Tägliche Plaque-Kontrolle

Wenn Sie Ihrem Hund Tag für Tag die Zähne putzen, sorgen Sie für gesundes Zahnfleisch und feste Zähne. Diese tägliche Routine mag zwar lästig sein, aber Plaque bildet sich schnell, und man muß häufig putzen, um ihn unter Kontrolle zu halten. Und weil aus Plaque Zahnstein entsteht, kann es dazu gar nicht kommen, wenn der Plaque entfernt wird. Es ist also wichtig, gegen Plaque vorzugehen, denn Zahnstein ist hart, und nur mit der Zahnbürste bekommt man ihn nicht weg.

Zahnpflege für Hunde

Zur Ausrüstung gehören eine Zahnbürste und Zahnpasta, beides speziell für den Gebrauch bei Hunden vorgesehen. Von Menschen benutzte Zahnpasta enthält mehr Fluor und unter Umständen auch Natrium oder Detergentien. Auf Grund ihrer Zusammensetzung schluckt man sie nicht hinunter, sondern spuckt sie aus. Vom Hund kön-

Zahnbeschwerden

nen Sie das nicht erwarten, und wenn er für Menschen bestimmte Zahnpasta schluckt, kann er Bauchgrimmen bekommen. Verwenden Sie also nur Zahnpasten für Hunde. Es gibt sie in verschiedenen Geschmacksrichtungen: Geflügel, Rindfleisch und mehr, so daß auch für Ihren Hund etwas dabei sein dürfte.

Gehen Sie die Sache langsam an. Das Mundhygiene-Modell wird den größten Erfolg bringen, wenn Sie mit Bedacht und Geduld vorgehen. Ihr Hund

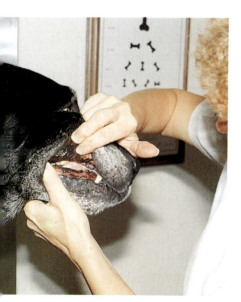

Die jährliche Gebißkontrolle durch den Tierarzt sorgt dafür, daß Mängel und Schäden rechtzeitig aufgedeckt werden.

muß erst lernen, das Zähneputzen als fröhliches Freizeitprogramm zu begreifen, statt als Strafe oder Qual. Fangen Sie an, ihn daran zu gewöhnen, daß Sie sein Maul untersuchen.

Heben Sie etwa eine Minute lang pro Tag die Lefzen an und reiben Sie die Finger gegen die Zähne. Wenn der Hund sich verweigert, geben Sie etwas Leberwurst oder etwas anderes, das gut schmeckt, auf die Finger, und sparen Sie nicht mit Lob. Nach etwa einer Woche hat der Hund Gefallen daran gefunden, und Sie können zu Bürste und Zahnpasta greifen. Lassen Sie den Hund zunächst nur an der Bürste lecken.

Sobald sich der Hund an diesen Vorgang gewöhnt hat, führen Sie die Zahnbürste in kreisenden Bewegungen über die vorderen Zähne. Beziehen Sie nach und nach weitere Bereiche des Kiefers mit ein, bis schließlich das ganze Gebiß gereinigt wird. Bürsten Sie etwa eine Minute, anschließend sagen Sie Ihrem Hund, wie brav er war. Genaue Anleitungen finden Sie auf Seite 408.

Weitere Möglichkeiten

Es ist gar keine Frage: Dem Hund die Zähne zu putzen ist der wichtigste Teil der Zahnpflege, die man zu Hause vornehmen kann. Darüber hinaus gibt es Gele, Mundspülmittel und andere Produkte, die Plaque beseitigen helfen, sowie Hundekuchen zur Reduzierung von Zahnsteinablagerungen. Die meisten Mundspülmittel werden auf den Zahnfleischsaum gesprüht, Gele reibt man auf die Zähne.

Geben Sie dem Hund was zu knabbern

Wenn Sie dem Hund harte, knackige Zwischenmahlzeiten verabreichen und er sich Zeit nimmt, die Stücke zu zerkauen, statt sie ganz hinunterzuschlingen, trägt er dazu bei, die Zähne sauberzuhalten. Die Art der Ernährung für sich betrachtet reicht zwar nicht aus, aber ein Teil des Plaque wird dadurch von den Zähnen mechanisch abgerieben. Wenn der Hund jedoch auch alte Brotkanten verschlingt, ohne sie zu zerkleinern, tut sich an der Abreibefront so gut wie nichts, und Sie werden es mit großen Hundekuchen versuchen müssen.

Das Kauen fördern

Ein hartes Spielzeug zum Kauen, besonders eins mit Rillen

BEHANDLUNG DER BESCHWERDEN • 353

Zecken

oder Noppen, macht dem Hund nicht nur Spaß, es nutzt auch den Zähnen. Das harte Material der getrockneten Kauartikel reibt an den Zähnen und entfernt Plaque und Zahnstein.

Kauartikel aus weichem Gummi sollten Sie jedoch meiden, denn sie können manchmal zu Schäden an den Zähnen führen. Verwenden Sie statt dessen besonders für die Zahnpflege entwickelte Produkte, die es in Zoogeschäften gibt.

Hunde lieben es, an großen Knochen zu nagen und darauf herumzukauen, aber Tierknochen tragen nichts zur Gesundheit der Zähne bei. Sind es sehr harte Knochen, können sie den Zähnen sogar schaden, denn Knochensplitter setzen sich im Maul fest oder führen zu Würgen und Erbrechen. Auch Kauartikel aus getrockneter Tierhaut können hart und spröde sein und sollten ebenfalls nicht als Zahnpflegemittel eingesetzt werden.

Regelmäßig zum Zahnarzt
Bringen Sie Ihren Hund zum Tierarzt, damit er sich das Gebiß und dessen Zustand ansehen kann. Auf diese Weise dürfen Sie sicher sein, daß alles in Ordnung ist und Probleme im Vor-

feld erkannt werden. Bei Welpen sollten die Zähne das erstemal untersucht werden, wenn sie acht bis 16 Wochen alt sind und dann noch einmal mit sechs Monaten, damit Schäden rechtzeitig erkannt und behandelt werden können. Der Vollständigkeit halber sei erwähnt, daß Hunde 30 Milchzähne haben und 42 bleibende Zähne. Das Gebiß setzt sich zusammen aus vier Fangzähnen, zwölf Schneidezähnen, sechzehn Premolaren und zehn Backenzähnen. Die meisten Tierärzte emp-

Der Knochen aus Büffelhaut hilft diesem Dalmatiner, die Zähne sauberzuhalten. Das Kauen kräftigt nicht nur die Kiefer, es entfernt auch Futterreste unter dem Zahnfleisch.

Dieser Irish Setter darf sich glücklich schätzen, hat er doch einen Kunststoffknochen zum Abreiben der Zähne und Massieren des Zahnfleischs.

fehlen eine jährliche Zahninspektion, eventuell anläßlich der Auffrischungsimpfungen. Unter Umständen empfiehlt der Tierarzt eine professionelle Entfernung des Plaque. Danach sind die Zähne wieder perlweiß.

ZECKEN

Zecken sind Parasiten der übelsten Sorte. Die ekligen Biester hängen sich an jedes Stück Haut, das in ihre Reichweite gerät, beißen sich darin fest und beginnen mit dem Blutsaugen. Nachdem sie sich den Bauch

Zecken

vollgeschlagen haben, können sie mehr als das Fünfzigfache ihres normalen Leibesumfangs angenommen haben. Das ist nicht die einzige widerwärtige Eigenschaft. Zecken übertragen auch Krankheiten wie Borreliose, Zeckenbißfieber, Felsengebirgsfieber, Zeckenencephalitis, Afrikanisches Zeckenfieber und eine lebensbedrohende Krankheit namens Hepatozoonose.

Es gibt eine Menge verschiedener Zeckenarten, und nicht alle übertragen dieselbe Krankheit, aber wenn Ihr Hund eine Zecke hat, müssen Sie auf das Schlimmste gefaßt sein. Deshalb ist es unerläßlich, Vorsorge zu treffen, wenn Sie sich in einem von Zecken verseuchten Gebiet aufhalten. Entfernen Sie die Schädlinge so schnell wie möglich, um das Risiko einer Infektion gering zu halten. Die Übertragungszeit dauert 24 bis 72 Stunden, so daß man rechtzeitig handeln kann.

Zeckenbekämpfung

Zeckenbefall ist eine böse Sache, aber es gibt Mittel, die bissigen kleinen Blutsauger loszuwerden. Zecken halten sich vorzugsweise in Wäldern und im Gebüsch auf. Wenn Sie also von einem Waldspaziergang nach Hause kommen, suchen Sie das Fell Ihres Hundes vom Kopf bis zum Schwanz nach Zecken ab. Die Biester versammeln sich mit Vorliebe an den Ohren, zwischen den Zehen, am Kopf und am Hals. Beschränken Sie aber die Suche nicht auf diese Bereiche, sondern sehen Sie am ganzen Körper nach.

Zecken rasch entfernen

Wenn Sie auf einen blutsaugenden Holzbock stoßen, müssen Sie ihn sogleich, aber mit Vorsicht entfernen. Sogleich deswegen, weil die Gefahr einer Infektion zunimmt, je länger die Zecke Blut saugt. Mit Vorsicht, weil Sie die vollständige Zecke – Kopf und Körper – erwischen müssen und nichts in der Haut zurückbleiben darf. Sobald Sie das Biest entfernt haben, stecken Sie es in eine Flasche mit Waschbenzin oder dergleichen, um ihm endgültig den Garaus zu machen.

Dem Problem an die Kehle gehen

Ein Hundehalsband mit Propoxur (Bolfo®) bewirkt, daß die Zecken das Weite suchen. Zecken, die nach einem Wirt Ausschau halten, werden es sich zweimal überlegen, ob sie hier

Diese Zecke ist nur eine von vielen Arten, die warmblütige Tiere befällt, um ihnen das Blut auszusaugen. Obendrein sind Zecken Überträger gefährlicher Krankheiten.

einkehren sollen. Die Schutzwirkung hält bis zu fünf Monate an. Wenn Sie also sichergehen wollen, daß Ihr Hund von Zecken verschont bleibt, hängen Sie ihm ein solches Halsband um. Weil es aber keine wirklich hundertprozentige Sicherheit bietet, ist es ratsam, nach Ausflügen in Zeckengebiete den Körper des Hundes abzusuchen.

Viele Tierärzte empfehlen Insektizide in Sprayform wie Frontline®, die Fipronil enthalten und Zecken innerhalb von 24 Stunden nach dem Befall abtöten. Man sprüht das Mittel einmal im Monat aufs Fell, und während dieses Zeitraums wirkt es gegen Zecken und Flöhe. Der

Behandlung der Beschwerden • 355

Zecken

Wirkstoff Fipronil ist ungefährlich und kann auch bei Welpen und trächtigen Hündinnen angewendet werden.

Zeckenfreie Zone

Die meisten Zecken leben auf Pflanzen. Deshalb ist es ratsam, das Gras zu mähen, Unterholz auszulichten und das Laub zu entfernen, damit die Scheusale im Garten keine Verstecke finden. Um zu überleben, brauchen Zecken Feuchtigkeit, Bodendeckung und Kontakt mit Mäusen oder anderem Kleingetier. Sorgen Sie dafür, daß sie nichts davon bekommen.

Im Grunde ist es nicht erforderlich, im eigenen Garten mit Insektiziden gegen Zecken vorzugehen, aber wenn Sie darauf bestehen und größere Flächen zeckenfrei halten wollen, verwenden Sie Chlorpyrifos.

Vorsicht auch im Haus. Die braune Hundezecke ist die einzige aus der Zeckenfamilie, die sich in Innenräumen und Hundehütten aufhält. Um sie auf Abstand zu halten, entfernt man alles Gerümpel und verstopft alle Ritzen. Sollte sich diese Zecke in Ihrem Haus einnisten wollen, gehen Sie mit Permethrin oder Chlorpyrifos dagegen vor.

Zecken entfernen

 Zecken, die sich festgebissen haben, muß man möglichst schnell wieder loswerden. Dazu ist folgendes zu tun:

1. Tragen Sie Gummihandschuhe oder wickeln Sie sich Plastikfolie um die Hände. Wenn Sie den Blutsauger zu stark drücken, zerquetschen oder den Körper anstechen, riskieren Sie, sich mit der Krankheit anzustecken, die durch die Zecke übertragen wird. Außerdem besteht die Gefahr der Ansteckung durch Hand-Augen-Kontakt.
2. Streichen Sie Alkohol oder ein handelsübliches Zeckenöl (Ipevet®) auf die Zecke. Benzin kommt nicht in Frage, weil es dem Hund auf der Haut brennt. Die vom Alkohol betäubte Zecke wird ihren Griff in der Haut des Hundes lockern und sich auch nicht wieder hineinbohren, wenn Sie sie fassen. So ist es leichter, die Zecke zu entfernen.
3. Packen Sie die Zecke dicht hinter dem Kopf mit einer Pinzette oder Zeckenzange (siehe Abb. unten rechts). Ziehen Sie behutsam, bis Sie merken, daß sich die Zecke löst. Passen Sie auf, daß die Mundwerkzeuge nicht in der Haut zurückbleiben. Wenn der Kopf drinbleibt, ist das Risiko größer, daß der Hund krank wird.
4. Töten Sie die Zecke mit Alkohol ab.
5. Desinfizieren Sie die Bißwunde mit Jod oder Chlorhexidin. Alkohol könnte zu Reizungen führen.
6. Waschen Sie sich die Hände mit Wasser und Seife, damit keine Krankheitserreger zurückbleiben.

Wenn Sie es sich nicht zutrauen, die Zecke per Hand zu entfernen, besprühen Sie sie mit Frontline®, das sie binnen 24 Stunden tötet.

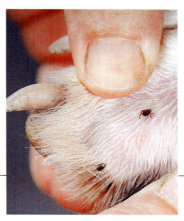

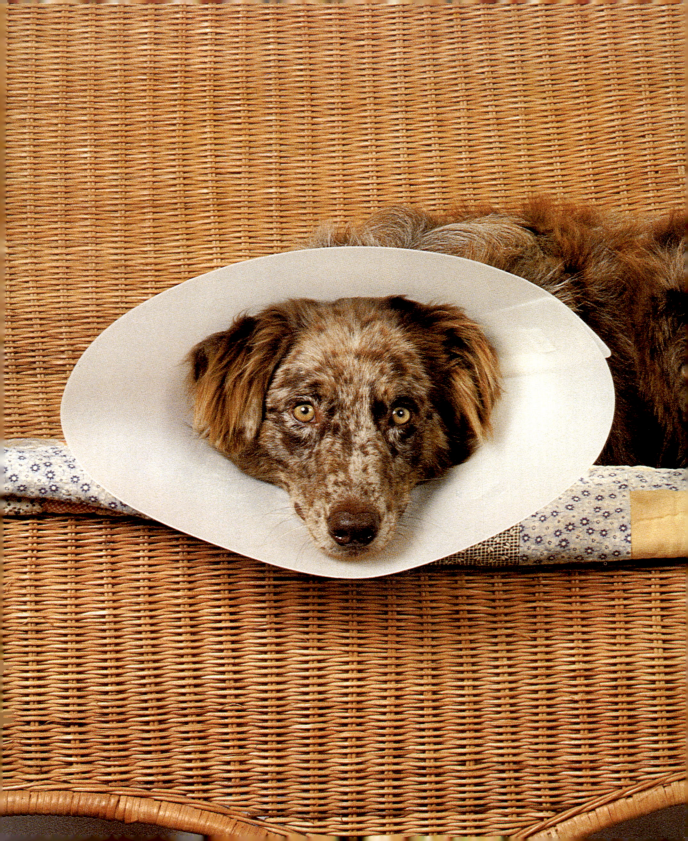

Siebter Teil

Erste Hilfe

Eines Tages geschieht es, daß sich der Hund verletzt, weil er unternehmungslustig und neugierig ist und nicht ständig daran denkt, was zu beachten ist, um Gefahren aus dem Weg zu gehen. Meistens sind die Verletzungen verhältnismäßig leicht, und man kann zu Hause Erste Hilfe leisten. Es gibt aber auch Fälle, in denen man den Hund zum Tierarzt bringen muß, um den Schaden begutachten zu lassen und sich Rat zu holen. Allerdings sind einige Vorkehrungen zu treffen, bevor Sie den Hund ins Auto laden und in die Praxis fahren. Die in diesem Abschnitt beschriebenen Vorsorgemaßnahmen bei häufig vorkommenden Verletzungen sind allgemein verständlich und leicht anzuwenden – auch für zartbesaitete Gemüter unter den Hundebesitzern. Um dem Hund nach einem Unfall gezielt und wirkungsvoll helfen zu können, ist es wichtig, daß Sie das Problem erkennen und die Schritte zu seiner Lösung rasch und effizient unternehmen.

- Verletzungen behandeln 358
- Beinfraktur 362
- Biß- und andere Wunden 364
- Blutungen 367
- Erstickungsgefahr 372
- Hitzschlag 374
- Krallenverletzungen 376
- Schwanzfraktur 377
- Verbrennungen 378
- Vergiftungen 380
- Verkehrsunfälle und Herz-Kreislauf-Stillstand 383
- Übersichtstafel für rasche Hilfe 386

Verletzungen behandeln

Wie man sich unter normalen Verhältnissen benimmt, weiß Ihr Hund. Verletzungen und Schmerzen sind jedoch keine normalen Verhältnisse, und der Hund braucht in solchen Fällen besondere Aufmerksamkeit und Behandlung, um den Schaden in Grenzen zu halten. Darüber hinaus müssen Sie bei Ihren Bemühungen, ihm zu helfen, auf Ihre eigene Gesundheit achten.

Weil der Hund unter Schmerzen leidet und nicht versteht, was mit ihm geschieht, wird er Angst haben. Mag er normalerweise noch so friedfertig und sanft sein, wenn er verletzt ist und Schmerzen hat, kann er bissig werden und unvermutet zuschnappen.

Hat sich der Hund verletzt, müssen Sie ihn so schnell wie möglich in die Tierarztpraxis oder in eine Tierklinik bringen, damit er von Fachleuten behandelt werden kann. Hoffentlich wird das nie der Fall sein, aber sollte es doch einmal notwendig werden, sollten Sie darauf vorbereitet sein. Denn je rascher Sie handeln, desto leichter läßt sich der gesundheitliche Schaden begrenzen, desto früher ist der Hund wieder gesund und kann zu Ihnen zurückkehren.

Bewahren Sie ein Erste-Hilfe-Kästchen an einem Ort auf, wo es leicht zugänglich ist, zum Beispiel in einem Schrank in der Küche oder Diele. Überlegen Sie sich auch, wie Sie den Hund im Notfall auf sichere Weise transportieren können. Dazu gehören Maßnahmen, ihn ruhigzustellen und ihn daran zu hindern, um sich zu beißen.

Sanfte Fesseln

Nach einem Unfall wird der Hund nicht verstehen, daß Sie ihm nur helfen wollen. Das Tier fürchtet vielmehr, daß jegliche Berührung seine Schmerzen noch schlimmer macht. Unter diesem Gesichtspunkt betrachtet will er Sie nur daran hindern, daß Sie ihm noch mehr weh tun. Das tut er nach seiner Auffassung am effektivsten, indem er Sie beißt. Damit es nicht so weit kommt, bindet man ihm die Schnauze zu. Dies ist der erste Schritt, den Sie unternehmen müssen, wenn Sie ihm helfen wollen. Schnauzenbinden gibt es in Zoofachgeschäften zu kaufen, oder Sie improvisieren eine, wenn die Zeit drängt.

Hundebisse können schmerzhaft sein, und das wäre das Letzte, was Sie in einem Notfall brauchen. Das ist außerdem mit vielen Scherereien für den Besitzer und seinen Hund verbunden, und wer meint, ihm die Schnauze zuzubinden sei Tierquälerei, der möge bitte die Folgen bedenken, wenn er es nicht tut, und das Tier beißt zu. Die Binde um die Schnauze sorgt mitunter dafür, daß der Hund seine Verletzungen unter Ihrer Obhut zu Hause auskurieren kann und nicht in einer ungewohnten Umgebung unter fremden Menschen.

Die Binde ist nur dann unangebracht, wenn der Hund im Gesicht verletzt ist oder Atembeschwerden hat. Auch wenn er sich erbricht, muß das Maul offen bleiben. Ist er stark erregt und tritt gleichzeitig Erbrechen auf, versuchen Sie gar nicht erst, ihm die Schnauze zuzubinden oder ihn zu transportieren. Bevor Sie dabei verletzt werden könnten, rufen Sie lieber den Tierarzt an, der für einen sicheren Transport sorgt.

Eine Schnauzenbinde umlegen

Wenn sich Ihr eigener Hund verletzt hat oder Sie jemandem mit einem verunglückten Hund helfen, müssen Sie dem Tier als erstes die Schnauze zubinden. Wenn keine Schnauzenbinde verfügbar ist – und das ist sie selten –, fertigen Sie eine provisorische an. Dazu eignen sich die Hundeleine, ein Paar Strumpfhosen, eine Krawatte oder eine Mullbinde. Wenn alle Stränge reißen, nehmen Sie ein Tischtuch oder T-Shirt.

Eine improvisierte Schnauzenbinde ist absolut ungefährlich. Nur die Nase muß frei bleiben, damit das Tier Luft bekommt.

Strumpfhosen sind besser geeignet als die Hundeleine, weil das gewirkte Material nachgibt, und die Leine brauchen Sie ohnehin, um den Hund besser unter Kontrolle zu haben. Bewahren Sie Ruhe, wenn der Hund versuchen sollte, die Schnauzenbinde herunterzureißen. Sie tut nicht weh und dient nur seinem Wohlergehen.

1 Eine große Schlaufe in die Mitte des Stoffstreifens binden.

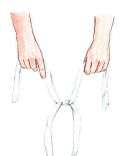

3 Die Enden unter dem Kinn verknoten, an beiden Seiten nach hinten ziehen und hinter den Ohren zusammenbinden.

2 Ruhig von hinten an den Hund herantreten, ihm die Schlaufe um die Schnauze hinter der Nase legen und an beiden Enden ziehen.

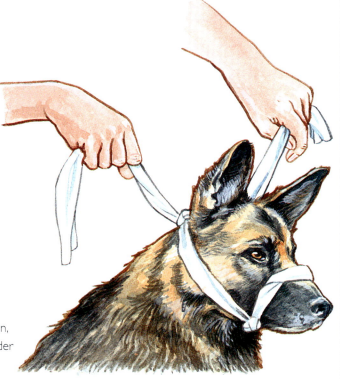

Verbandkasten für Erste Hilfe

Ein Verbandkasten für Ihren Hund kann das Zünglein an der Waage sein, wenn es um Leben oder Tod geht. Warten Sie also nicht, bis der Ernstfall eintritt, sondern tragen Sie Sorge, daß Sie für den Notfall gerüstet sind. Hier eine Aufstellung, was der Verbandkasten für den Hund enthalten sollte.

- Wichtige Adressen und Telefonnummern. Name, Adresse und Telefonnummer des Tierarztes; Adresse, Telefonnummer der nächstgelegenen Tierklinik; Telefonnummer des zuständigen Amtstierarztes
- Handbuch über Erste Hilfe bei Haustieren
- Strumpfhose, Mullbinden oder Ersatz-Hundeleine (für eine provisorische Schnauzenbinde)
- Verbandschere
- Pinzette
- Tropfen zum Reinigen der Augen
- Antibiotika-Salbe oder -Puder
- 2%ige Wasserstoffsuperoxidlösung

- Magnesium-Emulsion
- Rektal-Thermometer
- Sprühpflaster
- Wund- und Brand-Gel
- Verbandmittel:
  eine oder zwei feste Binden
  Verbandmull in verschiedenen Breiten, je nach Größe des Hundes
  Heftpflaster und Pflasterstreifen
- Verbandwatte
- Starkes Klebeband (um ein gebrochenes Glied an einer Schiene zu befestigen)
- Desinfizierende Seife
- Spitzzange
- Badehandtuch, Decke oder dicke Pappe (für eine Trage)

Sicherer Transport

Ein verletzter Hund muß eilends und auf dem kürzesten Weg zum Tierarzt gebracht werden. Vergessen Sie aber in Ihrer Sorge um das Wohlergehen des Tieres nicht, daß es beim Transport nicht nur auf Schnelligkeit ankommt. Man muß sich gut überlegen, wie man es anstellt, daß der Transport so schonend wie möglich vonstatten geht, damit das Tier während der Fahrt möglichst wenig bewegt wird.

Angenommen, Ihr Hund war in einen Verkehrsunfall verwickelt und hat sich dabei einige Knochen gebrochen. Natürlich sind Sie viel zu aufgeregt, um eine vernünftige Diagnose zu stellen, und man wird den Knochenbruch ja auch nicht immer auf den ersten Blick erkennen können. Wenn Sie ihn unter diesen Umständen falsch bewegen, könnte das die Folgen des Bruchs verschlimmern, oder die Bruchstelle bohrt sich durch die Haut. Selbst leichte Bewegungen können in solchen Fällen großen Schaden anrichten und innere Blutungen verstärken.

Wenn Sie den Hund bewegen müssen, sollten Sie darauf achten, daß Sie nur den gesamten Hundekörper bewegen, nicht

VERLETZUNGEN BEHANDELN • 361

1 Den Hund so wenig wie möglich anheben und die Unterlage vorsichtig unter seinen Körper schieben. Dem Hund beruhigend zureden und ihn trösten.

2 Den Hund mit einem Tischtuch, Handtuch oder ähnlichem auf der Unterlage festbinden. Unterlage mit dem Tier zum Auto tragen.

etwa ein einzelnes Bein. Versuchen Sie also stets, ihn zur Lageveränderung am Rumpf anzufassen.

Suchen Sie nach einer geeigneten Unterlage, die stabil und groß genug für den Hund ist. Damit erleichtern Sie sich die Arbeit, und Sie vermeiden mögliche weitere Verletzungen während des Transports. Je nach Größe des Hundes kann es sich dabei um ein Backblech, ein Tablett, ein Stück starke Pappe oder ein Brett handeln. Wichtig ist, daß Sie eine flache Unterlage finden, was die weiteren Schritte erleichtert.

Heben Sie den Hund nur ganz wenig an und schieben Sie die Unterlage unter seinen Körper. Wenn Sie ihn beim Unterschieben der »Tragbahre« anheben müssen, dann geringfügig und vorsichtig erst vorn, dann hinten. Als nächstes binden Sie den Hund auf der Unterlage fest. Das ist genauso wenig Tierquälerei wie das Anlegen der Schnauzenbinde, sondern vielmehr ein Akt der Fürsorge, denn der verletze Hund wird nicht liegen bleiben, auch wenn Sie es ihm noch so nachdrücklich einschärfen.

Verwenden Sie Geschirrtücher, Badetücher, eine alte Jacke oder Streifen aus weichem Material, um ihn behutsam, aber fest auf die Unterlage zu binden. Ihre vertraute Stimme und Ihr sicheres Auftreten werden ihn beruhigen. Wenn er fest auf der Unterlage ruht, heben Sie diese hoch und tragen sie zum Auto, am besten mit einem Helfer.

Sollte eine stabile Unterlage nicht greifbar sein, müssen Sie eine improvisieren. Ein altes Kleidungsstück wie Jacke oder Hemd oder ein Badehandtuch eignen sich gut als Transportmittel, um den Hund zu tragen oder zu ziehen.

Falls keine feste Unterlage aufzutreiben ist und Sie sich mit einer nachgiebigen behelfen müssen, brauchen Sie jemanden, der Ihnen beim Tragen hilft. Kleine oder mittelgroße Hunde lassen sich auch in Pappschachteln transportieren. Heben Sie das Tier mit einer einzigen zügigen Bewegung in die Schachtel und stellen Sie diese ins Auto.

Beinfraktur

Die häufigste Ursache eines Knochenbruchs am Bein ist die Begegnung des Hundes mit einer Blechkiste auf vier Rädern, die sich schneller fortbewegt, als der Hund begreifen kann. Manchmal fällt es gar nicht auf, daß der Hund ein gebrochenes Bein hat. Er ist hart im Nehmen und wimmert nicht, wenn er Schmerzen hat.

Glücklicherweise ist Ihr Liebling sehr erfinderisch, wenn es um die Linderung von Schmerzen geht. Er verlagert das Gewicht so geschickt, daß er das gebrochene Glied nicht mehr belastet, vor allem wenn der Bruch oberhalb des Knies liegt. Neben dem Humpeln deuten noch weitere Anzeichen auf eine Fraktur hin: Schwellung am Bein, leicht verdrehte Pfote, im Vergleich zu den anderen Läufen verformtes Bein.

Alle Brüche müssen früher oder später vom Tierarzt behandelt werden, aber es gibt Notfälle, die ein sofortiges Eingreifen des Arztes erfordern. Hunde mit offenem Bruch müssen unverzüglich in die Praxis gebracht werden. Bei einem offenen oder komplizierten Bruch hat die Bruchstelle die Haut durchbohrt, die Wunde blutet, und es besteht die Gefahr, daß sie sich entzündet.

Beim geschlossenen Bruch bleibt der Weichteilmantel unversehrt, und man kann die Behandlung notfalls auf den folgenden Tag oder bis zum Montag verschieben, falls der Unfall am Wochenende erfolgte. Aber auch dann gilt es zu bedenken, daß Brüche schmerzhaft sind und der Hund sich wesentlich besser fühlt, wenn der Bruch möglichst rasch vom Tierarzt versorgt wird.

Das gebrochene Bein ruhigstellen

Die erste Maßnahme bei Knochenbrüchen – gleichgültig, um was für einen Bruch es sich handelt –, besteht darin, daß man den Hund daran hindert, das verletzte Bein zu bewegen. Dadurch sollen zusätzliche Schäden verhütet werden.

Je nach Art des Bruchs erfolgt das Ruhigstellen, indem man das verletzte Bein schient oder indem man dem Hund die Bewegungsfreiheit ganz nimmt. Sobald dies geschehen ist, bringt man ihn zum Tierarzt, der dafür sorgen wird, daß er schon bald wieder laufen kann.

Fraktur unterhalb des Knies

Ein Knochenbruch am Unterschenkel ist verhältnismäßig leicht zu schienen, weil man ans Knie oberhalb des Bruchs leicht herankommt. Verwenden Sie zum Schienen einen Gegenstand, der zur Größe des Hundes paßt. In den meisten Fällen genügt eine Zeitung, die man um das verletzte Bein rollt und mit Klebeband absichert. Je nach Größe des Hundes lassen sich aus Holzstäben und -leisten, Bleistiften und anderen Gegenständen ebenfalls brauchbare Schienen herstellen. Wenn Sie Stäbe durchbrechen müssen, verkleben Sie das gesplitterte Ende mit Klebeband.

Egal, was Sie nehmen: Die Schiene muß über das Knie und unten über die Pfote hinausreichen. Befestigen Sie die Schiene an dem verletzen Bein mit einer Mullbinde, Heftpflaster oder Streifen von Klebeband. Achten Sie darauf, daß die Schiene nicht zu stramm sitzt und die Durchblutung nicht behindert.

Beinfraktur

Manchmal ist der Hund so unruhig, daß die Schiene gegen das Bein scheuert und wunde Stellen entstehen, die so qualvoll sein können wie der Bruch selbst. Damit das nicht passiert, wickelt man erst ein Handtuch um den verletzten Unterschenkel, bevor man ihn schient.

Fraktur oberhalb des Knies

Ein Oberschenkelbruch ist weit schwieriger zu schienen, weil sich der Beckenbereich (oberhalb der Hinterläufe) oder Schulterbereich (oberhalb der Vorderläufe) nur schwer ruhigstellen läßt. Läßt man das Hüft- oder Schultergelenk oberhalb des Bruchs frei, so daß es sich bewegen kann, entsteht eine gefährliche Situation. Denn der Bruch wird zu stark belastet, was weitere Schäden zu Folge hat. Auch der Weichteilmantel um den Knochen kann dadurch betroffen sein. Man behilft sich hier mit einem Stück starker Pappe. Bei kleinen Hunden reicht meist schon ein Backblech. Legen Sie den Hund mit ausgestreckten Gliedmaßen darauf. Befestigen Sie das gebrochene Bein mit Klebeband und danach den ganzen Hund. Erst wenn dies geschehen ist, dürfen Sie die Unterlage mit dem Tier bewegen.

Offener Bruch

Ragt die Bruchstelle des Knochens durch die Haut, spricht man von einem offenen Bruch. In diesem Fall muß die blutende Wunde versorgt werden. Befeuchten Sie steriles Verbandzeug mit 0,9%iger physiologischer Kochsalzlösung aus der Apotheke und bedecken Sie damit die Wunde. Falls kein Desinfektionsmittel greifbar ist, genügt Leitungswasser. Sollte weder das eine noch das andere noch Verbandmaterial vorhanden sein, wickeln Sie ein sauberes Tuch um die Wunde. So kann zumindest kein Schmutz in die Wunde gelangen.

Schienen Sie die Unterschenkelfraktur, indem Sie eine Zeitung fest um die Gliedmaße wickeln und mit Klebestreifen befestigen.

Eine Oberschenkelfraktur muß über und unter dem Bruch ruhiggestellt werden, bevor Sie den Hund gefahrlos transportieren können. Machen Sie das Tier auf einer flachen Unterlage fest und sichern Sie auch die verletzte Gliedmaße mit Klebestreifen.

Biß- und andere Wunden

Selbst der sanftmütigste Hund gerät mal in eine Rauferei. Angeborene Neugier treibt ihn dazu, alles was riecht oder sich bewegt näher in Augenschein zu nehmen. Das kann schmerzhafte Folgen haben, wenn das Objekt der Neugierde Zähne, Stacheln oder einen spitzen Schnabel hat. Wenn Ihr Hund so tollkühn ist, es mit einem größeren Artgenossen aufnehmen zu wollen, wird er eines Tages mit Wunden nach Hause kommen, und Sie müssen zum Verbandkasten greifen.

Wunden versorgen
Viele Wunden heilen von selbst ab, ohne daß man sie zu behandeln braucht. Manche benötigen jedoch einen Verband, nämlich Schnittwunden an den Fußballen und an Stellen, die leicht schmutzig werden, große offene Wunden und Abschürfungen sowie jede Wunde, an der Ihr Hund außergewöhnlich viel schleckt. Wenn es sich um eine tiefe Wunde handelt, wenn vielleicht Schmutz oder Fremdkörper hineingekommen sind oder sich die Blutung nicht stillen läßt, müssen Sie den Hund sofort zum Tierarzt bringen. Solche Wunden dürfen Sie nicht selbst verbinden.

Vor Anlegen des Verbands ist es wichtig, die Wunde gründlich zu säubern. Behandeln Sie sie so, als wäre es Ihre eigene, und waschen Sie die Verletzung des Hundes mit in warmes Seifenwasser getauchtem Verbandmull. Spülen Sie sie mit warmem Wasser aus, trocknen Sie sie ebenfalls mit Verbandmull. Nehmen Sie dazu keine Watte, denn die Baumwollfasern würden in der Wunde hängen bleiben. Trocknen Sie das umliegende Fell mit einem sauberen Tuch ab. Auf die trockene Wunde tragen Sie Antibiotika-Salbe auf. Muß die Wunde verbunden werden, bedecken Sie sie zuvor mit Verbandmull.

Rückenwunden
Diese sind leicht sauberzuhalten und benötigen selten einen Verband. Um Entzündungen vor-

Bei einer Rückenwunde verwendet man ein großes Stück Tuch, um den Verband zu befestigen. Die Kanten werden eingeschlitzt und die Zipfel unter dem Bauch verknotet.

BISS- UND ANDERE WUNDEN • 365

Dürfen Hunde ihre Wunden lecken?

Man kann oft beobachten, wie der Hund sich selbst Erste Hilfe leistet und mit Hingabe und Ausdauer seine Wunden leckt. Zwar ist das Maul voller Bakterien, und mit der Reinigung ist es nicht weit her – aber trotzdem ist der Vorgang ganz natürlich, weil das Schlecken den Hund beruhigt. Übermäßiges Lecken an der Wunde kann jedoch den Heilvorgang behindern. Aber was ist übermäßig? Wenn der Hund ständig an der Wunde leckt oder daran beißt, und wenn sich dadurch der Zustand der Wunde verschlechtert, ist es höchste Zeit für einen Verband, damit das Schlecken aufhört.

Die wirksamste Methode, den Hund am Lecken der Wunde zu hindern, ist eine Halskrause. Oder man zieht ihm ein Kleidungsstück über den verletzten Körperteil. Für eine Wunde an der Pfote oder einem Lauf nimmt man eine enge Socke. Liegt die Verletzung am Hinterteil, steckt man den Hund entsprechend seiner Größe in eine Knaben- oder Männerunterhose. Den Schwanz läßt man durch den Hosenschlitz heraushängen. Für Wunden an der Brust oder am vorderen Rücken nimmt man ein enganliegendes T-Shirt und steckt die Vorderläufe durch die Ärmel.

1 Eine Wunde im Gehörgang braucht Luft; deshalb müssen Hängeohren auf dem Kopf zusammengebunden werden.

2 Die Schlaufe wird unter das Kinn gelegt und über den Ohren mit Doppelschleife befestigt.

zubeugen und besser an die Wunde heranzukommen, müssen Sie jedoch die Haare darum herum entfernen. Sterilisieren Sie die Verbandschere mit Alkohol und schneiden Sie vorsichtig die Haare um die Wunde ab.

Überprüfen Sie regelmäßig den Zustand der Wunde, reinigen Sie sie und tragen Sie zweimal täglich Antibiotika-Salbe auf. Handelt es sich um eine große Wunde, an der der Hund leckt, legen Sie Verbandmull darauf und befestigen ihn mit einer Binde. Nehmen Sie ein großes Rechtecktuch von der Länge des Hundebauchs. Es sollte breit genug sein, um es ganz um den Körper schlagen zu können. Schneiden Sie die Kanten dreimal tief ein, so daß drei lange Zipfel entstehen. Legen Sie das Tuch so auf den Rücken des Hundes, daß es an beiden Seiten gleich lang herabhängt, ziehen Sie die Zipfel unter dem Bauch zusammen und verknoten Sie sie. Genauso, aber mit oben verknoteten Zipfeln, werden Brust- und Bauchwunden verbunden.

Wunden am Ohr

Solange es sich nicht um schlimme Verletzungen handelt, wer-

Halskrause zum Selbermachen

Die Hundehalskrause erinnert ein wenig an einen Schutenhut, den Frauen in der Biedermeierzeit tragen mußten, wobei nicht überliefert ist, ob er sie vom Lecken von Wunden abhalten sollte. Bei Hunden bewirkt die Halskrause aber genau das. Es gibt sie aus festem Kunststoff fertig zu kaufen, oder man bastelt selbst eine aus einem Stück starken Karton. Mancher Hund mit Halskrause weigert sich zu fressen oder zu saufen. Deshalb nimmt man sie ihm zu diesem Zweck ab.

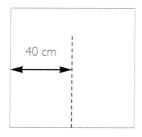

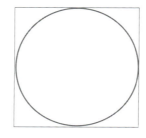

1 Den Halsumfang des Hundes messen und je nach Größe des Hundes 20 bis 40 cm zugeben. Beispiel: Mißt der Halsumfang des Hundes etwa 40 cm, was bei einem großen Labrador der Fall sein kann, beträgt die Zugabe 40 cm. Der Karton muß ein Quadrat von 80 cm Seitenlänge sein.

2 Einen Kreis aus dem Quadrat ausschneiden; Durchmesser = Seitenlänge.

3 In der Kreismitte einen Kreis im Durchmesser des Halsumfangs des Hundes ausschneiden. Kreisfläche von der Außen- bis zur Innenkante V-förmig einschneiden.

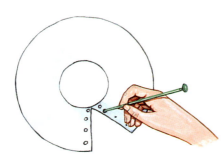

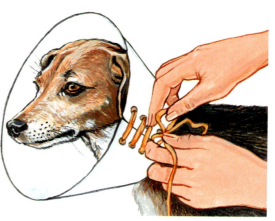

4 Mit einer Stricknadel Löcher in die Ränder des V-Ausschnitts stechen.

5 Den Karton um den Hals des Hundes legen und die Enden mit einem Stück Schnur oder Schuhband verschnüren.

Biss- und andere Wunden • 367

den Wunden an den Ohren selten verbunden. Verletzungen im äußeren Gehörgang benötigen jedoch einen besonderen Verband, damit Luft an die Wunde herankommt. Bei Hunden mit langen, dicht am Kopf anliegenden Hängeohren ist dies besonders wichtig, weil sich die Wunde im warmen, feuchten Milieu des Gehörgangs entzünden kann. Klappen Sie die Ohren über dem Kopf zurück und binden Sie sie mit einem doppelten Knoten auf dem Kopf fest. Achten Sie darauf, daß der Gehörgang offen bleibt und der Hund noch sehen kann.

Wunden an Beinen und Pfoten

Auch wenn nur die Pfote verletzt ist, wird das gesamte Bein bandagiert. Dadurch verhindert man Schwellungen und fördert das Abheilen. Halten Sie den Verbandmull mit der einen Hand fest und wickeln Sie mit der anderen die Binde um den Lauf. Sie beginnen an der Pfote und umwickeln den gesamten Lauf bis oben hin, dürfen die Binde aber nicht eng machen. Befestigen Sie das Ende mit Heftpflaster. Dann nehmen Sie eine große Rolle Heftpflaster und wickeln es von der Pfote ausgehend über die Gazebinde.

Der Verband wird jeden zweiten Tag gewechselt oder häufiger, wenn er naß, schmutzig oder locker wird. Die Wunde wird bei jedem Verbandwechsel behutsam gereinigt, getrocknet und mit Antibiotika-Salbe bestrichen. Achten Sie auf Rötung, Schwellungen, unangenehmen Geruch und Eiter. Das sind Anzeichen einer Entzündung, die vom Tierarzt behandelt werden muß.

Hundebisse

Um ihr Mütchen zu kühlen, raufen Hunde miteinander. Als Folge angeborenen Verhaltens bei der Verteidigung tragen sie meist Bisse im Nacken, Gesicht, in den Ohren und in der Brust davon. Hundebisse sehen zwar nicht schlimm aus, können aber

Den gebissenen Hund mit einem Handtuch oder einer Decke zudecken, damit er keinen Schock erleidet.

großen Schaden anrichten. Lange spitze Zähne verletzen das Gewebe unter der Haut, und die Wunden sind oft tiefer als sie aussehen.

Wenn Ihr Hund in eine Rauferei gerät, müssen Sie versuchen, die beiden Tiere zu trennen. Aber mischen Sie sich auf keinen Fall in den Kampf ein, sonst werden Sie selbst verletzt. Versuchen Sie es lieber mit einem Guß kalten Wassers aus einem möglichst großen Eimer. Haben die Raufbolde von einander abgelassen, sehen Sie sich die Wunde genau an. Schneiden Sie die Fellhaare um die Verletzung ab, reinigen Sie die Wunde gründlich mit warmem Seifenwasser und trocknen Sie sie. Tragen Sie eine Antibiotika-Salbe auf und legen Sie Verbandmull darauf.

Sprechen die Anzeichen für eine Stichwunde oder ist der Biß sehr tief, bringen Sie den Hund zum Tierarzt.

Schlangenbiß

Sagen Sie nicht, in unseren Breiten bestehe diese Gefahr nicht. Schlangenbisse bei Hunden sind nicht nur ein Problem von Globetrottern mit Hundebegleitung. Hunde, die oft in der Natur frei laufen dürfen oder gar streunen, machen öfter die Bekanntschaft einer Kreuzotter, als uns lieb sein kann. Die angeborene Neugier treibt den Hund dazu, das sich auf der Erde windende Stück Schlauch zu untersuchen, und ebenso instinktiv reagiert die Schlange und beißt in Notwehr zu, sobald ihr der Hund zu nahe kommt. Wenn Sie nicht Zeuge des Vorgangs waren, und der Hund kommt nach einem Ausflug in den Wald mit einer geschwollenen, blutenden Wunde am Kopf oder an den Läufen nach Hause, dann besteht Verdacht auf einen Schlangenbiß. Handelte es sich um eine Giftschlange, wirkt das Gift bereits auf den Kreislauf, und es kann passieren, daß der Hund zittert, sabbert, sich erbricht, vergrößerte Pupillen hat und einen Kollaps bekommt.

Läßt sich die Schlange mit absoluter Sicherheit als Kreuzotter – mit anderen Giftschlangen wird der Hund in Europa kaum Bekanntschaft machen – identifizieren, bringt man ihn zum Tierarzt. Besonders kleineren Rassen kann der Biß einer Kreuzotter schon zum Verhängnis werden.

Bei der Behandlung werden zwei Ziele verfolgt: die Ausbreitung des Gifts verlangsamen und den Hund unverzüglich zur Behandlung bringen.

Schneiden Sie die Bißstelle niemals ein, und versuchen Sie auf keinen Fall, das Gift herauszusaugen. Dadurch fließt mehr Blut in die betroffene Körperstelle und verteilt das Gift noch schneller im Organismus. Halten Sie statt dessen den Hund ruhig. Tragen Sie ihn zum Tierarzt, falls das möglich ist, weil dabei der Kreislauf nicht angeregt wird. Reden Sie beruhigend auf das Tier ein. Je ruhiger es bleibt, desto langsamer ist die Herztätigkeit und die Ausbreitung des Gifts im Körper.

Wenn die Katze Sieger bleibt

Als Hundebesitzer sollten Sie sich nichts vormachen: Die Katze ist der liebste Feind des Hundes, aber nur wenige Hunde entwickeln sich auf diesem Gebiet zu Siegertypen. Die meisten Hunde werden nie zu Katzenkillern, weil sie die Kampfkraft der Katze unterschätzen. Tatsächlich ist eine Katze, gemessen an ihrer Größe, entschieden wehrhafter als jeder Hund.

Gerade für unerfahrene Welpen kann eine Auseinandersetzung mit der Katze schlimme Folgen haben. Denn der Zimmertiger kämpft ausgesprochen unfair – jedenfalls aus Sicht des Hundes. Er versucht seinen Gegner nämlich durch Auskratzen eines Auges kampfunfähig zu machen. Zum Glück gelingt ihm das nur selten, weil die Reichweite nur für die lange Hundeschnauze reicht. Die blutigen Striemen genügen meist, um dem Hund klarzumachen, daß Katzen keine leichte Beute sind. Sollte Ihr Liebling aber nach einer Auseinandersetzung mit einer Katze auffällig oft mit der Pfote über ein Auge wischen – bringen Sie ihn bitte sofort zum Tierarzt, selbst wenn für Sie keine Verletzung erkennbar ist. Die spitzen Krallen der Katze können wie Nadeln tief ins Gewebe eindringen. Kratzwunden von Katzenkrallen haben fast immer üble Infektionen zur Folge, die den Hund das Auge kosten, selbst wenn die Verletzung selbst gar nicht so schwerwiegend war. Eine rechtzeitige Behandlung des verletzten Auges mit Antibiotika kann Ihrem Hund in vielen Fällen das Augenlicht retten – und ihn dazu veranlassen, künftig einen großen Bogen um Nachbars Katze zu machen.

Blutungen

Möglicherweise ergeht es Ihnen so wie vielen anderen Menschen: Beim Anblick von Blut wird Ihnen mulmig. Aber wenn der Hund verletzt ist und blutet, sind Sie sein einziger Rettungsanker. Beruhigen Sie den Hund durch den Klang Ihrer vertrauten Stimme – das dämpft auch Ihre Aufregung.

Handeln Sie prompt und entschlossen, wenn der Hund blutet, und noch rascher, wenn das Blut pulsierend herausspritzt, was in der Regel auf eine verletzte Arterie hindeutet, die stärker und heftiger blutet als eine verletzte Vene. Blut aus einer Vene fließt langsam und gleichmäßig.

Es gibt drei Möglichkeiten, eine Blutung zu stoppen, und man sollte sie in dieser Reihenfolge anwenden: Druck direkt auf die Wunde, Unterbrechung der Blutzufuhr durch Abdrücken zwischen Herz und Wunde und Abbinden.

Stillen der Blutung durch Druck

Mit dieser einfach durchzuführenden Maßnahme »steht« die Blutung binnen Minuten. Man legt eine sterile Wundbedeckung direkt auf die Wunde und drückt fest darauf. Anstelle sterilen Verbandmaterials können Sie auch ein sauberes Tuch oder den Finger verwenden, bis jemand mit dem Verbandkasten kommt.

Blutet es durch das Material, nehmen Sie es nicht ab, sondern legen Sie weiteren Verbandmull auf die Wundauflage. So vermeiden Sie es, die Wunde wieder aufzureißen, wenn das Blut bereits zu gerinnen beginnt.

Steht die Blutung, entfernen Sie den Notverband vollständig und ersetzen ihn durch einen frischen aus dem Verbandkasten. Ist die Blutung nach fünf Minuten nicht zum Stehen gekommen, legen Sie einen Verband um die Wundauflage, damit Sie die Hände für den nächsten Schritt frei haben.

Stillen der Blutung durch Abdrücken

Hierbei wird die Arterie abgedrückt, die das Blut vom Herzen zur Wunde transportiert. Am

Um die Blutung zum Stehen zu bringen, drückt man eine sterile Wundauflage aus Verbandmull oder ein sauberes Taschentuch fest auf die Wunde. Entsteht ein Blutfleck, erneuert man den Verband nicht, sondern legt mehr Verbandmaterial darüber.

Körper des Hundes befinden sich fünf Stellen, die sich als Kompressionspunkte besonders gut eignen. Man benutzt jeweils die Stelle, die zwischen Wunde und Herz liegt.

Die Blutung soll zum Stillstand gebracht werden, ohne die Blutzufuhr völlig zu unterbrechen. Deshalb läßt man zwischendurch mit dem Druck etwas nach, damit das Gewebe um die Wunde ausreichend mit Blut versorgt wird.

• Befindet sich die Wunde am Vorderlauf, drückt man die mittleren drei Finger fest gegen die Oberarmarterie unterhalb der Achselhöhle.

• Befindet sich die Wunde am Hinterlauf, drückt man die mittleren drei Finger fest gegen die Oberschenkelarterie an der Schenkelinnenseite.

• Befindet sich die Wunde am Schwanz, drückt man die mittleren drei Finger fest gegen die Stelle unter dem Schwanz, wo er in den Rücken übergeht. Dabei liegt der Daumen auf dem Schwanz.

• Bei einer Halswunde tastet man nach der Schlüsselbeinarterie seitlich von der Luftröhre. Sollte jedoch der Verdacht bestehen, daß der Hund sich zusätzlich am Kopf verletzt hat, weil er benommen und orientierungslos wirkt, dürfen Sie die Schlüsselbeinarterie nicht abdrücken, denn die Unterbrechung der Blutzufuhr zum Ge-

Haben Hunde verschiedene Blutgruppen?

Genauso wie Hunde verschiedene Haarkleider haben, sind auch die Blutgruppen unterschiedlich, die ihnen von ihren Eltern vererbt wurden. Es gibt acht verbreitet vorkommende Blutgruppen beim Hund. Aber nur selten wird der Tierarzt feststellen, welche Blutgruppe Ihr Hund hat.

Das liegt vor allem daran, daß Hunde keine Bluttransfusionen brauchen. Sollte es doch einmal erforderlich werden, haben Hunde einen großen Vorteil gegenüber Menschen. Fast jeder Hund kann als erste Transfusion das Blut irgendeiner Blutgruppe bekommen. Bei der zweiten Transfusion muß dann allerdings auf die entsprechende richtige Blutgruppe geachtet werden. Zwar ziehen Tierärzte es vor, dem Hund schon bei der ersten Transfusion die richtige Blutgruppe zu geben, aber manchmal muß er nehmen, was gerade da ist, und bei Notfällen ist rasche Hilfe vorrangig.

Die Kompressionspunkte beim Hund

- Unter dem Schwanzansatz
- Zwischen Unterkiefer und Ohr
- An den Lenden
- Hinter der Achselhöhle
- Weiche Stelle neben der Luftröhre

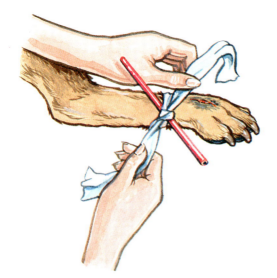 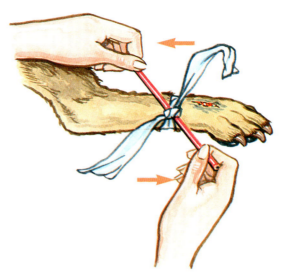

1 Wenn nichts anderes hilft, muß die Wunde abgebunden werden. Man wickelt einen Stoffstreifen zweimal um die verletzte Gliedmaße und verknotet auf der obersten Lage einen Stab.

2 Durch das Drehen des Stabes in einer Richtung wird die Arterie abgebunden und die Blutung gestoppt. Schlinge mehrmals kurzzeitig lockern, um die Blutzufuhr nicht vollständig zu unterbinden.

hirn könnte die Kopfverletzung nur schlimmer machen. Üben Sie in einem solchen Fall lediglich Druck direkt auf die Wunde aus, während Sie den Hund auf dem schnellsten Weg zum Tierarzt bringen.
• Hat der Hund eine offene, stark blutende Wunde am Kopf, suchen Sie unterhalb des Ohrs und hinter dem Unterkiefer nach der Kieferarterie und drücken die drei mittleren Finger fest darauf. Das ist leicht zu finden, denn es ist die gleiche Stelle, an der sich der Hund gern kraulen läßt.

Stillen der Blutung durch Abbinden
Kommt die Blutung nicht innerhalb von zehn Minuten durch Abdrücken zum Stehen, muß die Blutzufuhr zwischen Wunde und Herz abgebunden werden. Abbinden ist die letzte Möglichkeit, den verunglückten Hund vor dem Verbluten zu bewahren, eignet sich aber nur für Wunden an den Läufen und am Schwanz.
Nehmen Sie einen Stoffstreifen – Krawatte, Mullbinde oder Strumpfhose – und wickeln Sie ihn zweimal um das Bein oder den Schwanz oberhalb der Wunde. Verknoten Sie den Streifen nicht. Legen Sie einen festen Stab, zum Beispiel einen Bleistift oder Kochlöffel, auf die oberste Lage des Stoffstreifens und verknoten Sie die beiden Enden über dem Stab. Dann drehen Sie den Stab mit Gefühl, wodurch sich der Streifen spannt, die Arterie abdrückt und die Blutung stoppt.
Die Abbindung muß alle fünf bis zehn Minuten für einige Sekunden gelockert werden, damit das Gewebeteil durchblutet wird.

Erstickungsgefahr

Ein nicht genügend zerkleinerter Bissen kann die Ursache für einen furchtbaren Erstickungsanfall sein. Das liegt an den spezifischen Freßgewohnheiten des Hundes. Man bedenke, daß der Wolf als Vorfahre des Hundes im Rudel lebt, und wer am schnellsten frißt, bekommt dort die meiste Nahrung. Vielleicht ist dem Hund auch ein Spielzeug zu weit in den Rachen gerutscht. Was immer den Erstickungsanfall ausgelöst hat – bleiben Sie ruhig und unternehmen Sie sofort geeignete Schritte, damit das Tier wieder Luft bekommt.

Ein von Atemnot betroffener Hund atmet laut, hustet und japst nach Luft. Damit er nicht erstickt, müssen Sie ihm den Fremdkörper, ohne Zeit zu verlieren, aus dem Maul holen.

Wenn Sie es schaffen, den Hund hochzuheben, legen Sie die Arme dicht vor den Hinterbeinen unter seinen Bauch. Heben Sie den Hund hoch, so daß er kopfüber in Ihren Armen hängt, und schütteln Sie ihn, um den Fremdkörper im Rachen zu lockern. Ist der Hund zu schwer, packen Sie ihn genauso und heben sein Hinterteil an, damit er auf den Vorder-

Ist der Hund schwer, heben Sie die Hinterläufe an, als wollten Sie mit ihm Schubkarren fahren. Schütteln Sie den Körper kräftig, um den Fremdkörper in der Kehle zu lockern.

Für den Heimlich-Handgriff legen Sie dem Hund die Arme fest um den Leib, unmittelbar unter dem Brustkorb. Drücken Sie einmal kräftig zu, um den Fremdkörper durch Überdruck herauszupressen.

pfoten steht, so als wollten Sie mit ihm Schubkarren fahren. Schütteln Sie den Körper kräftig.

Bekommt der Hund nicht genügend Luft, weil ihm etwas im Hals steckt, kann er ohnmächtig werden. Das hat auch eine gute Seite, denn nun können Sie ihm helfen, ohne befürchten zu müssen, daß er sich wehrt.

Verliert der Hund das Bewußtsein, öffnen Sie ihm das Maul und ziehen die Zunge heraus so weit es geht. Sie machen sich die Sache leichter, wenn Sie ein Tuch um die Hand wickeln, damit Ihnen die Zunge nicht entgleitet. Mit der anderen Hand greifen Sie in den Rachen und holen die Ursache des Erstickungsanfalls heraus.

Der Heimlich-Handgriff
Steckt der Fremdkörper schon so tief in der Luftröhre, daß Sie ihn nicht mehr greifen oder herausschütteln können, wird – wie auch bei Erstickungsgefahr bei Menschen – der Heimlich-Handgriff angewendet.

Befindet sich der Hund bei Bewußtsein und steht aus eigenen Kräften, legen Sie ihm in Höhe des unteren Brustkorbs die Arme von hinten um den Bauch. Bei kleinen Hunden benutzen Sie dazu beide Hände. Drücken Sie einmal fest zu, damit im Brustraum Überdruck entsteht und der Fremdkörper ausgestoßen wird, was meistens der Fall ist.

Den bewußtlosen Hund legen Sie auf die Seite und tasten nach der letzten Rippe. Legen Sie beide Handflächen über die Magengrube unterhalb der letzten Rippe und drücken Sie ein paarmal fest auf den Leib des Tieres.

Sollte keine dieser Maßnahmen etwas bewirken, bringen Sie den Hund auf schnellstem Weg zum Tierarzt oder in die Notaufnahme der Tierklinik.

Gefahren im Wasser

Die meisten Hunde sind gute Schwimmer, aber es gibt Ausnahmen. Dann droht Gefahr, wenn der Hund ins Schwimmbecken, in den Teich oder Fluß fällt. Und selbst guten Schwimmern kann es widerfahren, daß Sie zu weit abtreiben und es nicht mehr ans Ufer schaffen. Oder sie brechen auf dünnem Eis ein, oder sie kommen nicht mehr aus eigener Kraft aus dem Schwimmbecken heraus. Wenn Sie Ihren Hund bewußtlos auf dem Wasser treiben sehen, ziehen Sie ihn heraus

und halten ihn an den Hinterläufen hoch, damit der Körper kopfüber herabhängt. Schwenken Sie ihn sanft hin und her, damit das Wasser aus den Lungen läuft. Bei schweren Hunden lassen Sie die Vorderpfoten auf dem Boden, während Sie ihn hinten hochheben. Anschließend legen Sie den Hund auf die Seite und schieben ein Polster unter den hinteren Körperteil, damit der vordere tiefer liegt. So kann weiteres Wasser aus den Lungen abfließen. Bei Atem- oder Herzstillstand müssen Sie das Tier wiederbeleben und sofort zum Tierarzt bringen.

Hitzschlag

Ein Blick auf das Haarkleid des Hundes genügt, um zu begreifen, warum Hunde bei kaltem Wetter leichter warm bleiben als bei heißem Wetter kühl.

Hunde haben zwar Schweißdrüsen an den Pfoten, aber dort sind sie nahezu nutzlos, und der Hund muß sich Kühlung ausschließlich durch Hecheln verschaffen. Man kann sich gut vorstellen, daß dieses Kühlsystem nicht besonders effizient ist. Manche Hunderassen sind in dieser Hinsicht besonders gefährdet. Dazu gehören Hunde mit kurzer Schnauze wie Mops, Bulldogge und Boxer. Denn die verkürzten Atemwege machen es noch schwieriger, über die Schleimhäute Kühlung zu finden. Hunde mit Deckhaar und Unterwolle wie Schäferhund und Old English Sheepdog sind gefährdet, weil sie die Hitze länger speichern als Hunde mit einfachem Fell wie Pudel und Terrier.

Fälle von Hitzschlag kommen zumeist bei Hunden vor, die ins geparkte Auto eingeschlossen wurden. Es ist viel zuwenig bekannt, daß Hunde in dieser Situation selbst bei milden Temperaturen innerhalb weniger Minuten einen Hitzschlag erleiden können. Bereits bei Außentemperaturen um die 25 °C steigt die Temperatur in einem geparkten Auto sehr schnell über 40 °C an, auch wenn ein Fenster einen Spalt offen ist. Sie können sich vorstellen, welche Auswirkungen das auf die Körpertemperatur des Hundes hat.

Auch anstrengende Bewegungen an einem feuchtheißen Tag können beim Hund zu Hitzschlag führen, desgleichen wenn das Tier im Freien gehalten wird und kein Sonnenschutz zur Verfügung steht. Anfällig sind auch übergewichtige Hun-

Sorgen Sie dafür, daß der Hund zu jeder Tageszeit genügend Trinkwasser und Schatten erhält. Hunde mit doppeltem Haarkleid und kurzer Nase wie diese englische Bulldogge sind besonders anfällig für Hitzschlag.

Hitzschlag-Prophylaxe

In den meisten Fällen hätte sich ein Hitzschlag durchaus vermeiden lassen. Folgendes können Sie tun:
- Lassen Sie den Hund zu Hause, wenn Sie Besorgungen mit dem Auto erledigen wollen. Fünf Minuten warten an der Supermarktkasse kann genügen, und das Unheil nimmt seinen Lauf.
- Sorgen Sie dafür, daß der Hund ungehinderten Zugang zu kaltem Wasser hat, nicht nur bei heißem Wetter, sondern jederzeit.
- Überanstrengen Sie den Hund nicht, wenn Sie mit ihm an ungewöhnlich heißen oder schwülen Tagen joggen oder Sport treiben. Fällt er zurück, legen Sie eine Pause ein.
- Lassen Sie ältere Hunde und solche mit Herz- oder Lungenbeschwerden an heißen

Tagen im Haus. Sorgen Sie für gute Durchlüftung und Kühlung der Räume.
- Wird der Hund im Freien gehalten, sorgen Sie für einen schattigen Lagerplatz, der zu allen Tageszeiten Schutz vor der Sonne bietet. Bäume als Schattenspender sind nur bedingt geeignet.

de und solche mit Herz- oder Lungenbeschwerden. Ältere Hunde bekommen schneller einen Hitzschlag als junge.

Hilfe bei Hitzschlag

Das erste Anzeichen eines Hitzschlags ist hastiges, starkes Hecheln, oft begleitet von übermäßigem Speichelfluß. Kurz darauf wird der Hund nach Luft ringen. Die Augen werden glasig, das Zahnfleisch verfärbt sich dunkelrot, er wird schwach und kann kaum mehr stehen. Bei einem fortgeschrittenen Hitzschlag können blutiger Durchfall, Erbrechen oder Krämpfe auftreten.

Sobald Verdacht auf Hitzschlag besteht, müssen Sie dem Hund schnellstmöglich Kühlung verschaffen. Das geschieht am wirkungsvollsten, indem Sie ihn in eine Wanne mit kühlem, aber nicht zu kaltem Wasser stecken.

Ein weitere Möglichkeit ist das Abspritzen mit dem Gartenschlauch. Oder Sie legen dem Hund mit kaltem Wasser getränkte Handtücher auf Kopf, Hals, Brust und Bauch. Nehmen Sie die Handtücher nach jeweils fünf Minuten wieder ab und tauchen Sie sie erneut in kaltes Wasser, denn sie werden schnell warm. Zusätzlich zu den kalten Umschlägen können Sie den Hund vor den Ventilator oder die Klimaanlage legen. Ist er bei Bewußtsein, geben Sie ihm kaltes Wasser zu trinken.

Manchmal führt Hitzschlag zu gesundheitlichen Schäden, die nur der Tierarzt diagnostizieren kann. So können Probleme mit den Nieren, dem Gehirn oder den Lungen auftreten. Bringen Sie den Hund zum Tierarzt, nachdem er abgekühlt ist.

Krallenverletzungen

Häufig passiert es, daß der Hund mit einer verletzten Kralle daherkommt. Zu einer eingerissenen Kralle kann es kommen, wenn der Hund im Teppich hängen bleibt, sich in Ihrer Kleidung verfängt oder während des Spaziergangs in eine Ritze zwischen Gehsteigplatten gerät. Statt stehenzubleiben und die Pfote etwas anzuheben, um die Kralle aus der Verstrickung zu befreien, versucht er sich loszureißen und verletzt sich dabei. Eingerissene Krallen sind überaus schmerzhaft und bluten stark. Verletzungen dieser Art lassen sich teilweise verhindern, indem man die Krallen regelmäßig kürzt, aber auch gut gepflegte Nägel reißen manchmal ein.

Blut an den Zehen ist der erste Hinweis auf eine eingerissene Kralle oder andere Verletzungen an der empfindlichen Pfote. Hundekrallen sind gut durchblutet und bluten nach einer Verletzung schnell und ausgiebig, besonders wenn der Hund Angst bekommt und sich heftig bewegt. Hinzu tritt das Risiko einer Entzündung durch Schmutz in der Wunde.

Behandlung der Kralle

Die Blutung wird gestillt, indem man eine saubere Wundauflage fest daraufdrückt. Wenn die Blutung steht, wäscht man die Pfote gründlich mit warmem Seifenwasser und untersucht die Verletzung.

Sitzt die Kralle noch fest und ist nur beschädigt, braucht sie womöglich nicht entfernt zu werden. Wenn Sie mit dem Kürzen der Krallen Ihres Hundes vertraut sind und genügend Übung haben, können Sie die verletzte Kralle selbst kürzen und die Wunde verbinden, damit sie heilt. Haben Sie jedoch das Kürzen bisher noch nie besorgt, wäre dies der falsche Moment, es lernen zu wollen. Streichen Sie Salbe darauf, verbinden Sie die Wunde und bringen Sie den Hund zum Tierarzt.

Ist die Kralle locker, hat sie sich aus ihrem Bett gelöst und muß entfernt werden, und zwar an der Stelle, wo sie eingerissen ist. Sonst verwächst sie falsch, was für den Hund sehr ungemütliche Folgen haben kann bis hin zum permanenten Hinken. Das Entfernen der verletzten Kralle ist mit enormen Schmerzen verbunden und wird vom Tierarzt bei örtlicher Betäubung vorgenommen. Sie sollten sich damit begnügen, die Blutung zu stillen, die Wunde zu säubern und zu verbinden und den Hund in die Tierarztpraxis zu fahren.

Entzündungen vorbeugen

Unabhängig von der Behandlung der verletzten Kralle müssen Sie dafür Sorge tragen, daß sich die Wunde nicht entzündet. Infektionen können ernste Folgen haben, indem sie beispielsweise auf den Zehenknochen übergreifen, wodurch eine Amputation erforderlich werden könnte, so daß der Hund sein Leben lang hinkt.

Waschen Sie die verletzte Stelle gründlich mit Seifenwasser und streichen Sie Antibiotika-Salbe darauf. Legen Sie einen Verband darum, ziehen Sie dem Hund eine Socke über die verletzte Pfote und befestigen Sie sie vorsorglich mit Heftpflaster. Kontrollieren Sie die Wunde täglich. Wenn sie sich rötet – rasch zum Tierarzt.

Schwanzfraktur

Das Wedeln mit dem Schwanz gehört beim Hund zum Begrüßungszeremoniell. Dummerweise gerät er mit diesem beweglichen Körperteil oft in die Klemme. Irgendwann gerät es versehentlich in die Autotür oder zwischen Tür und Rahmen im Haus. Daß sich der Hund den Schwanz gebrochen hat, erkennen Sie leicht daran, daß er nur noch halbherzig wedelt, nämlich mit dem Teil vor der Bruchstelle. Er tut wahrscheinlich so, als wäre nichts geschehen, aber Ihre Fürsorge braucht er dennoch. Ist auch die Haut verletzt, kommt es zu starker Blutung, besonders wenn der Hund weiterhin mit dem Schwanz wedelt.

Behandlung

Als erstes müssen Sie die Blutung zum Stehen bringen. Fassen Sie die verletzte Schwanzstelle mit Verbandmull oder einem sauberen Tuch. Denken Sie daran, daß der Hund gewiß Schmerzen hat, auch wenn er so tut, als wäre nichts. Wenn Sie ihn zu fest am Schwanz packen, heult selbst der tapferste Hund. Üben Sie sanften, aber festen Druck auf die blutende Stelle aus, um die Blutung zu stillen. Waschen Sie die Wunde mit Seifenwasser. Tragen Sie Antibiotika-Salbe auf, bedecken Sie sie mit Verbandmull, den Sie mit Heftpflaster festmachen.

Je nachdem, wo sich die Fraktur befindet, muß der Schwanz ruhiggestellt werden. Sofern die Bruchstelle nicht am Schwanzansatz liegt, können Sie das zu Hause selbst besorgen. Schienen Sie das verletzte Körperteil mit einem Holzstab oder dergleichen. Dazu umwickeln Sie den Schwanz mit einer fest sitzenden Binde. Beginnen Sie an der Schwanzspitze und lassen Sie die Binde überlappen. Am Schwanzende befestigen Sie sie mit Heftpflaster. Die Schiene hält auch die Wundauflage an ihrem Platz. Nach ein bis zwei Wochen oder sobald der Hund wieder richtig mit dem ganzen Schwanz wedeln kann, können Sie die Schiene entfernen.

Liegt die Bruchstelle aber am Schwanzansatz, brauchen Sie Hilfe durch Ihren Tierarzt. Möglicherweise kann der Hund sein »Geschäft« nicht mehr verrichten, weil ihm das Heben des Schwanzes unmöglich ist. Außerdem können Nerven in Mitleidenschaft gezogen sein, was nur der Tierarzt feststellen kann. Machen Sie es dem Hund bequem und bringen Sie ihn in die Tierarztpraxis, sobald das möglich ist.

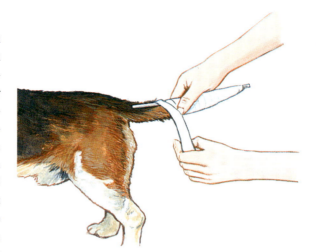

Die Fraktur am Schwanzansatz reinigen und bedecken, dann die Rute schienen. Beginnen Sie mit dem Ruhigstellen an der Schwanzspitze und lassen Sie die Binde überlappen.

Verbrennungen

Ständig auf der Suche nach seinem Leckerbissen, hält sich Ihr Liebling gern in der Küche auf. Meistens passiert dabei nichts, aber manchmal kommt er dem Küchenherd zu nahe und verbrennt sich an spritzendem Fett oder kochendem Wasser.

Eine weitere Gefahrenquelle sind ausgelaufene Haushaltschemikalien, die zu Verätzungen führen. Neugierige Welpen verwechseln Elektrokabel mit Knochen und verbrennen sich das Maul. Was auch der Grund sein mag, es erfordert rasches Handeln, um die Auswirkungen der Verbrennung zu lindern und den Schaden gering zu halten.

Brandwunden
Schnelle Hilfe gegen Brandwunden bringen Eiswürfel oder kaltes Wasser, das man über die Verletzung laufen läßt. Die Kälte verhindert, daß die Hitze in tieferliegendes Gewebe vordringt. Ereignet sich das Unglück im Garten, zum Beispiel beim Grillen, greift man zum Gartenschlauch, ohne den Wasserdruck jedoch so stark zu stellen, daß der Strahl den Hund umwirft. Dann läuft er weg, und Sie können ihm nicht mehr helfen. Auch könnte der starke Strahl bei tiefen Brandwunden und aufgesprungener Haut das Gewebe verletzen oder Brandblasen aufbrechen lassen. Beruhigen Sie den Hund, indem Sie liebevoll auf ihn einreden, und trösten Sie ihn durch Streicheln, während Sie die Wunde kühlen. Für das Kühlen der Wunde mit dem Eisbeutel oder kaltem Wasser sollten Sie sich mindestens 20 Minuten Zeit nehmen. Als nächstes stellen Sie fest, wie gravierend die Verbrennung ist.

Brandverletzungen werden in drei Gruppen eingeteilt: ersten, zweiten und dritten Grades. Bei Verbrennungen ersten Grades ist die Haut gerötet, berührungsempfindlich und möglicherweise geschwollen.

Fließendes Wasser auf der Brandwunde lindert den Schmerz und hindert die Hitze daran, in tiefes Gewebe vorzudringen. Schwere Verbrennungen gehören in tierärztliche Obhut.

Tieferreichende Wunden mit Blasenbildung sind Verbrennungen zweiten Grades. Lebensbedrohliche Verbrennungen dritten Grades erkennt man daran, daß die Haut weiß, verkohlt oder weggebrannt ist.

Verbrennungen ersten und zweiten Grades werden zweimal täglich mit Antibiotika-Salbe behandelt. Bei jedem Auftrag ist genau zu untersuchen, ob der Zustand besser wird oder schlimmer. Beginnt die verbrannte Stelle zu nässen, wird sie größer oder steigert sich der Schmerz bei Berührung, bringen Sie den Hund zum Tierarzt, damit er feststellt, ob eine Entzündung vorliegt.

Verbrennungen dritten Grades müssen sofort ärztlich behandelt werden. Bevor Sie den Hund in die Praxis bringen, legen Sie einen sterilen Verband auf die Wunde und darüber einen Eisbeutel. Auch wenn kein steriles Verbandzeug zur Hand ist, müssen Sie einen Eisbeutel auflegen. Eine Plastiktüte mit Eiswürfeln erfüllt den gleichen Zweck. Gleichzeitig halten Sie den Hund warm, damit er keinen Schock erleidet.

Starke Verbrennungen können beim Hund einen Schockzustand auslösen, wobei sich der Kreislauf verlangsamt. Damit die Körpertemperatur nicht absinkt, wickelt man ihn auf dem Weg zum Tierarzt in eine Decke. Wie bei allen lebensbedrohenden Unfällen ist es ratsam, zu zweit zu fahren, damit man sich um den Hund kümmern kann. Unterwegs halten Sie ihn warm und drücken den Eisbeutel auf die Verletzung.

Verätzungen

Sie benutzen im Haushalt eine Anzahl von Reinigungsmitteln, die beim Hund zu Verätzungen führen können. In einem solchen Fall halten Sie die verletzte Stelle unter fließendes Wasser, um die Chemikalie zu verdünnen. Fahren Sie damit fort, auch wenn die Haut aufspringen sollte, und sparen Sie nicht mit Wasser, um die Chemikalie auszuwaschen und weitere Verätzungen zu verhüten. Anschließend bringen Sie den Hund zum Tierarzt.

Verbrennungen durch Elektrizität

Welpen zerbeißen alles, was ihnen zwischen die Zähne gerät. Auch vor Stromkabeln machen sie nicht Halt. Hat das Tier Glück, verbrennt es sich nur das Maul innen oder außen an den Lefzen. Glücklicherweise erholen sich die meisten Hunde sehr

---

Außer Reichweite

Es gibt viele Dinge im Haushalt, von denen man den Hund fernhalten muß:
- *Waschmittel*
- *Chemikalien zum Reinigen verstopfter Abflüsse*
- *Unkrautvernichter und andere Gartenchemikalien*
- *Farben*
- *Abbeizmittel*
- *Terpentin und Pinselreiniger*
- *Säure aus alten Batterien*
- *Produkte auf Petroleumbasis*

---

schnell von solchen Verletzungen, auch wenn es nach einigen Tagen noch zu Hautabschilferungen kommt.

Wenn Sie nicht selbst beobachtet haben, wie der Hund sich am Elektrokabel zu schaffen machte und sich das Maul versengte, können Sie auf eine solche Verletzung schließen, wenn er nichts mehr frißt, obwohl er Hunger haben müßte. Die Mundschleimhäute sind wund und schmerzen, und Sie können ihm helfen, indem Sie ihm flüssige oder sehr weiche Nahrung hinstellen. Die Folgen eines Stromschlags können aber auch schlimmer sein, so daß Sie den Hund auf dem schnellsten Weg zum Tierarzt bringen müssen.

Vergiftungen

Hunde machen sich keine Gedanken über das, was sie fressen, und es muß auch nicht immer Hundefutter sein. Manchmal erwischen sie eine Schale mit Butterkeksen, ein andermal eine Packung Grippetabletten. Bedenkenlos schlingen sie ein bitter schmeckendes Reinigungsmittel hinunter und machen selbst vor Schneckenkorn nicht halt.

Es besteht Verdacht auf Vergiftung, wenn der Hund schwer atmet, Krämpfe bekommt, sabbert oder Schaum vor dem Maul hat, wenn sich der Herzschlag verlangsamt oder beschleunigt, Mundschleimhäute und Lefzen verätzt sind oder Blut aus After, Mund oder Nase austritt.

Weitere Symptome einer Vergiftung sind Schläfrigkeit, Bewußtseinstrübung und anormales Verhalten. Damit Sie dem Hund helfen können, müssen Sie wissen, wie man ihn soweit bringt, daß er sich erbricht, und wann man zu diesem Mittel greifen darf (siehe Übersicht rechte Seite). Wenn Sie das Gefühl haben, es wäre falsch, ihn erbrechen zu lassen, oder wenn Sie nicht wissen, was er gefressen hat, rufen Sie unverzüglich den Tierarzt an und fragen Sie ihn um Rat. Vergiftungen müssen immer unter ärztlicher Aufsicht behandelt werden, auch wenn es Ihnen gelungen ist, das Tier zum Erbrechen zu bringen. Nehmen Sie das Gift oder Me-

Hunde sind von Natur aus neugierig. Halten Sie deshalb alle Haushaltschemikalien und andere giftige Stoffe und Flüssigkeiten unter Verschluß. Medikamente, Reinigungsmittel, Pflanzendünger, Insektizide und Holzschutzmittel sind nur einige gesundheitsschädliche Produkte, die Hunde als Zwischenmahlzeit lieben.

Wann man beim Hund Erbrechen auslösen sollte

Vergiftung ist eine Notfallsituation und erfordert rasches Eingreifen. Oft hilft man dem Hund am besten, indem man ihn erbrechen läßt, so daß die schädlichen Stoffe ausgeschieden werden. Hat er jedoch ätzende Substanzen geschluckt, würde Erbrechen die Sache verschlimmern. Diese Übersicht zeigt, wann Erbrechen angebracht ist.

GIFTIGE SUBSTANZ	ERBRECHEN AUSLÖSEN?	GIFTIGE SUBSTANZ	ERBRECHEN AUSLÖSEN?
Abflußreiniger	Nein	Metaldehyd	Ja
Arsen (Mäuse- und Rattengift)	Ja	Möbelpolitur	Nein
Aspirin	Ja	Motoröl	Nein
Batteriesäure	Nein	Nagellack	Nein
Benzin, Kerosin	Nein	Pestizide (Organophosphate, Carbamate, chlorierte Kohlenwasserstoffe)	Ja
Blei (in altem Linoleum, Farben, Mauerputz oder Kitt)	Nur bis $1/2$ Stunde nach Einnahme		
		Phenole (siehe Karbolsäure)	
Bleichmittel	Nein	Pinselreiniger	Nein
Düngemittel	Nein	Rattengift (Cumarin, Dicumarol, Cumaphen)	Ja, aber nur gleich nach Einnahme
Farbenverdünner	Nein		
Fensterkitt	Nein	Reinigungsmittel	Nein
Frostschutzmittel	Ja	Schlaftabletten	Ja
Gips, Füllstoffe	Nein	Schneckenkorn (Metaldehyd)	Ja
Haarwaschmittel	Ja	Schuhcreme	Ja
Harzlösungsmittel	Nein	Streichhölzer	Ja
Insektizide (einschließlich Mittel gegen Flöhe und Zecken)	Ja	Streusalz	Nein
		Strychnin (Mäuse- und Rattengift)	Ja
Karbolsäure (Phenole)	Nein	Terpentin	Nein
Klebstoffe, Leim	Nein	Toilettenreiniger	Nein
Kreidestifte	Ja	Trockenspiritus (Metaldehyd)	Ja
Medikamente (Antihistaminika, Tranquilizer, Barbiturate, Amphetamine, Herzmittel, Vitamine)	Ja	Unkrautvernichter	Ja
		Waschmittel	Nein

dikament, das der Hund gefressen hat, sowie eine Probe des Erbrochenen mit in die Praxis.

Erbrechen auslösen
Der Hund erbricht sich am leichtesten, nachdem Sie ihm Wasserstoffsuperoxidlösung gegeben haben. Nehmen Sie einen Teelöffel pro zehn Pfund Körpergewicht und flößen Sie ihm die Flüssigkeit ein. Passiert danach nichts, geben Sie ihm nach 15 bis 20 Minuten dieselbe Menge noch einmal und fahren zum Tierarzt. Sollten Sie zu Hause kein Wasserstoffsuperoxid vorrätig haben, verrühren Sie einen Teelöffel Senf mit einer Tasse Wasser.

Zwar ist das Ziel der Übung, die giftige Substanz aus dem Körper des Hundes herauszubekommen, bevor sie sich im gesamten Organismus verteilt, aber Erbrechen ist nicht in jedem Fall angebracht. Ätzende Substanzen wie Abflußreiniger, Ammoniak oder Salmiak wirken zweimal auf die Schleimhäute: einmal beim Schlucken und ein weiteres Mal beim Erbrechen. Das giftige Zeug muß schnell raus aus dem Magen, aber nur der Tierarzt kann das bewirken, ohne daß zusätzlicher Schaden entsteht.

Deshalb ist es wichtig zu wissen, was der Hund gefressen hat, bevor man etwas unternimmt.

Falls es sich nicht feststellen läßt, gehen Sie sicherheitshalber davon aus, daß es dem Hund beim Hinunterschlucken schadet und beim Heraufholen noch einmal. Schaffen Sie das Tier gleich in die Praxis. Auch bei Atemnot, Krämpfen, verlangsamter Herztätigkeit, Bewußtlosigkeit, aufgeblähtem Bauch darf Erbrechen nicht gefördert werden.

Antidote
Je nach Art der giftigen Substanz, die der Hund gefressen hat, kann der Arzt eine Gegengiftgabe vornehmen. Manchmal genügen Milch oder Wasser; keinesfalls sollten Sie Antidote selbst verabreichen.

Schokolade – wieviel verträgt der Hund?

Für den Hund ist der Geruch von Schokolade fast ebenso verführerisch wie der eines großen, saftigen Steaks. Das merken Sie spätestens, wenn er die Schachtel Pralinen unter dem Christbaum aufreißt oder den Riegel Blockschokolade von der Arbeitsplatte in der Küche klaut.

Obwohl der Hund Schokolade liebt, bekommt sie ihm nicht, weil sie Koffein und eine verwandte Substanz namens Theobromin enthält. Beide wirken anregend auf die Herztätigkeit, leider gelegentlich mit tödlichem Ausgang.

Glücklicherweise verursacht eine Überdosis Schokolade bei den meisten Hunden lediglich eine

Magenverstimmung, begleitet von Erbrechen und Durchfall. Wie groß die Schokoladenmenge sein muß, um tödlich zu wirken, hängt von der Größe des Hundes ab und von der Art der Schokolade, die er stibitzt. Bei kleinen Hunden wie Chihuahua und Zwergpudel genügen 20 bis 30 g Blockschokolade, um zum Tode zu führen. Bei mittelgroßen wie Cocker-Spaniel und Dackel sind es 50 bis 100 g und bei großen wie Collie und Labrador-Retriever 120 bis 250 g. Milchschokolade ist weniger gefährlich. Lebensbedrohend sind 120 bis 300 g bei kleinen Hunden, 500 bis 750 g bei mittelgroßen Hunden und 1000 bis 2500 g bei großen Hunden.

Verkehrsunfälle und Herz-Kreislauf-Stillstand

Wie schnell ist es passiert! Eine offene Gartentür, eine fallen gelassene Leine – ein Sprint über die Straße, Quietschen, dumpfer Aufprall.

Ausmaß der Verletzungen minimieren

Gleich nach dem Unfall müssen Sie sich und Ihren Hund vor dem fließenden Verkehr schützen. Zwar wäre es ideal, das Tier an Ort und Stelle zu versorgen, bevor Sie es transportieren, aber wenn der Unfall auf einer dicht befahrenen Straße geschehen ist, scheidet das aus. Schwenken Sie ein weißes Tuch, um die Verkehrsteilnehmer zu warnen, und bitten Sie einen Passanten, Ihnen zu helfen, den Hund in Sicherheit zu bringen

Auch wenn Ihr Hund Sie niemals absichtlich beißen würde, versucht er es vielleicht im Zustand des Schocks oder unter Schmerzen. Ist das Tier bei Bewußtsein, binden Sie ihm das Maul zu. (Weitere Informationen zu diesem Thema unter »Eine Schnauzenbinde umlegen« auf Seite 359). Packen Sie den Hund mit beiden Händen am Fell im Nacken und ziehen Sie ihn von der Straße. Ziehen Sie gleichmäßig und ohne den Hund anzuheben. Sprechen Sie zu dem Tier, um es zu beruhigen, und behalten Sie einen kühlen Kopf, auch wenn es schwerfällt.

Der Drei-Punkte-Check

Nachdem Sie den Hund von der Fahrbahn gezogen haben, oder wenn die Situation es erlaubt, ihn kurze Zeit an der Unfallstelle liegen zu lassen, müssen Sie drei Dinge in der angegebenen Reihenfolge tun. Erstens: Sehen Sie nach, ob der Hund atmet. Beobachten Sie die Brust, ob sie sich hebt und senkt, und bringen Sie das Ohr dicht an die Nase, ob sich Atemgeräusche vernehmen lassen. Bleiben sie aus, müssen Sie eine Wiederbelebung einleiten. Zweitens: Fühlen Sie den Puls des Hundes. Das geschieht am leichtesten an der Pulsarterie an der Innenseite des Oberschenkels, wo die Oberschenkelschlagader dicht unter der Haut liegt. Zum Fühlen des Pulsschlags legen Sie Zeige- und Mittelfinger auf die Stelle, wo der Oberschenkel in den Körper übergeht. Wenn Sie keinen Puls feststellen, müssen Sie die Wiederbelebung einleiten.

Drittens: Stellen Sie fest, ob der Hund blutet. Sie können das aus einer Wunde austretende Blut zum Stehen bringen, indem Sie Druck unmittelbar auf die Wunde ausüben oder die Arterie zwischen Wunde und Herz abdrücken.

Den Hund zudecken

Häufig befindet sich der Hund nach dem Unfall im Schockzustand, vor allem nach starkem Blutverlust. Kostbare Zeit läßt sich gewinnen, indem man ihn warm hält. Verwenden Sie zum Zudecken eine Jacke, einen Pullover, eine Decke oder ein Handtuch. Decken Sie ihn auch zu, wenn Sie kein Blut sehen. Es könnte ein stumpfes Bauchtrauma vorliegen mit starkem Blutverlust in die Bauchhöhle. Bei Verdacht auf innere Blutungen sofort den Tierarzt aufsuchen.

Lebensrettende Wiederbelebung

Mit dem ABC-Schema der Herz-Lungen-Wiederbelebung (kardiopulmonale Reanimation) kann man ein Unfallopfer ins Leben zurückholen, und auch beim Hund entscheiden Minuten über Leben oder Tod.

Wenn Sie das ABC-Schema beherrschen, bestehen die besten Aussichten, daß das Herz des Hundes nach einem schweren Unfall wieder zu schlagen beginnt und die Atmung erneut einsetzt.

Kann der Hund nicht atmen, und steht das Herz still, führt die unterbrochene Sauerstoffzufuhr zu Schäden im Gehirn. Fünf Minuten ohne Sauerstoff genügen, um das Gehirn unwiderruflich zu schädigen. Weil es in den meisten Fällen länger als fünf Minuten dauert, den Hund zum Tierarzt zu bringen, müssen Sie mit den Wiederbelebungsmaßnahmen am Unfallort beginnen.

ABC-Schema der Herz-Lungen-Wiederbelebung

Um sich an die drei Regeln der kardiopulmonalen Reanimation zu erinnern und sie im Notfall anwenden zu können, brauchen Sie sich nur die Buchstaben A, B und C vor Augen zu halten. Die leicht zu merkenden Buchstaben stehen für die Begriffe: Atemwege freimachen, Beatmen, Zirkulation (Herzmassage).

A: Atemwege freimachen

Vielleicht kann der vom Auto angefahrene Hund nicht atmen, weil die Atemwege verlegt sind. Die Ursache können Blut, Erbrochenes oder Speichel sein. Sehen Sie nach, ob die Nase frei ist. Dann stecken Sie Zeige- und Mittelfinger in den Rachen und entfernen eventuelle Fremdkörper aus dem Rachen.

Möglicherweise ist die Luftröhre durch eine ungünstige Kopfstellung des Unfallopfers abgeschnürt. In diesem Fall legen Sie den Hund vorsichtig auf die Seite, drücken seinen Kopf nach hinten und ziehen ihm die Zunge heraus. Manchmal genügt das, damit das Tier wieder von selbst zu atmen beginnt.

B: Beatmen

Halten Sie dem Hund das Maul zu, legen Sie ihm die Lippen um die Nase und blasen Sie viermal Luft hinein. Sie müssen so fest blasen, daß Sie beobachten können, wie sich der Brustkorb weitet, und daß Sie hören können, wie die Luft in die Lungen strömt.

C: Zirkulation

Betten Sie den Hund auf hartem Untergrund auf die rechte Seite. Legen Sie eine Handfläche auf den Brustkorb über dem Herzen. Die Stelle befindet sich auf der Höhe, wo der angewinkelte Ellbogen des Hundes den Brustkorb berühren würde. Pressen Sie die andere Handfläche auf die erste und drücken Sie.

Der Druck mit dem Handballen muß so kräftig sein, daß der Brustkorb etwa zur Hälfte eingedrückt wird. Wiederholen Sie den Vorgang 15mal, dann beatmen Sie den Hund zweimal durch die Nase. Fahren Sie in dieser Weise fort.

Es wäre ideal, wenn die Herzmassage in einem Rhythmus von 80 bis 100 Bewegungen pro Minuten erfolgen würde. Zählen Sie laut mit: »Eins und zwei, drei und vier« und so fort. Wenn Sie jemanden finden, der Ihnen dabei hilft, übernimmt einer die Herzmassage, der andere beatmet das Tier durch die Nase. Auch auf dem Weg zum Tierarzt sollten Sie die Wiederbelebungsmaßnahmen durchführen, wenn Sie jemand finden, der Sie fährt. Ist der Transport nicht möglich, setzen Sie die Wiederbelebung fort, bis der Hund aus eigener Kraft atmet, andernfalls mindestens 20 Minuten lang.

Verkehrsunfälle und Herz-Kreislauf-Stillstand • 385

1 Machen Sie die Atemwege des Hundes frei, indem Sie ihm mit Zeige- und Mittelfinger den Rachen auswischen. Drücken Sie den Kopf zurück und ziehen Sie die Zunge heraus. Achten Sie darauf, daß die Nasenöffnungen frei sind.

2 Drücken Sie dem Hund das Maul zu und blasen Sie ihm Luft so kräftig in die Nase, daß sich der Brustkorb hebt und weitet.

3 Betten Sie den Hund auf hartem Untergrund auf die rechte Seite. Legen Sie die Handfläche auf die Rippen über dem Herzen und die zweite Hand über die erste. Drücken Sie mit dem Handballen kräftig und in gleichmäßigem Rhythmus etwas 15mal. Beatmen Sie den Hund durch die Nase und setzen Sie die Herzmassage fort.

Erste Hilfe bei Notfällen

NOTFALL	SYMPTOME	WAS MAN DAGEGEN UNTERNIMMT
Beinfraktur	Hund belastet Bein nicht; Beinstellung ist verformt	• Bei offenem Bruch Wunde mit sterilem Verbandmaterial oder sauberem Tuch bedecken • Frakturen unterhalb des Kniegelenks schienen (Zeitung, Lineal), mit Heftpflaster oder Binde umwickeln, Hund zum Tierarzt. • Bei Frakturen oberhalb des Kniegelenks Hund auf flache Unterlage betten, festbinden und zum Tierarzt bringen
Bewußtlosigkeit	Tier bewegt sich nicht, aber das Herz schlägt	• Feststellen, ob der Hund atmet. Ist das nicht der Fall, Fremdkörper aus dem Rachen entfernen, Zunge herausziehen, durch die Nase beatmen (dabei Maul zuhalten) • Auf flache Unterlage betten (bei Frakturen), zum Arzt bringen
Blutungen		• Verbandmaterial oder sauberes Tuch auf die Wunde drücken • Hund warm halten, um Unfallschock zu vermeiden • Wenn Blut durch die Wundauflage sickert, mehr Verbandmaterial auflegen; blutiges Verbandmaterial nicht abnehmen • Wenn Blutung länger als 5 Minuten anhält, Kompressionspunkte abdrücken (Schenkelschlagader, Armschlagader, Halsschlagader, Schlüsselbeinarterie oder Schwanzansatz), zum Tierarzt bringen • Tritt Blut noch nach 10 Minuten aus, auf dem Weg zum Tierarzt Schlagader abbinden und in Intervallen von 5 Min. kurz lockern
Erstickungsanfälle	Hund keucht nach Luft, hustet oder ist bewußtlos	• Fremdkörper aus dem Rachen entfernen • Zunge herausziehen, Kopf nach hinten drücken, um Atemwege freizulegen • Hund an den Hinterläufen packen, hochheben und schütteln, um Fremdkörper zu entfernen (bei großen Hunden Vorderläufe auf dem Boden lassen) • Hund von hinten vor den Schenkeln um den Bauch fassen und fest drücken, um Fremdkörper aus der Lunge zu pressen • Zum Tierarzt schaffen, unterwegs Wiederbelebung einleiten
Ertrinken		• Gegebenenfalls Fremdkörper aus dem Maul entfernen • Zunge herausziehen und Kopf nach hinten drücken, um Atemwege zu öffnen • Hund an den Hinterläufen hochheben und hängen lassen, damit Wasser aus den Lungen läuft • Auf dem Weg zum Tierarzt Wiederbelebung einleiten, falls erforderlich

Übersichtstafel für rasche Hilfe • 387

Notfall	Symptome	Was man dagegen unternimmt
Hitzschlag	Hund hechelt stark, sabbert, hat glasige Augen, erbricht sich, ist bewußtlos	• In kaltes (nicht eisiges) Wasser stecken • Kaltes Wasser saufen lassen, falls Hund bei Bewußtsein ist • An einen kühlen Ort bringen, vor Ventilator legen • Nach Abkühlen zum Tierarzt bringen und untersuchen lassen
Schlangenbiß	Blutende Wunde ; vergrößerte Pupillen; Zittern; Sabbern; Erbrechen; Kollaps	• Hund beruhigen und still halten • Unverzüglich zum Tierarzt bringen • Bißwunde nicht einschneiden, Gift nicht aussaugen
Schock	Allgemeine Schwäche; Haut fühlt sich kalt an; Zahnfleisch fahl oder grau; hastiges Atmen	• Hund warm halten • Bei Schock durch Trauma Blutung zum Stehen bringen • Hunde unter Schock unverzüglich zum Tierarzt schaffen
Schwanzfraktur	Schwanzstück unterhalb des Bruchs bewegt sich nicht	• Bruchstelle nicht am Schwanzansatz: offene Wunde bedecken, ganzen Schwanz bandagieren • Bruchstelle am Schwanzansatz: Hund zum Tierarzt bringen
Verbrennungen Ersten und zweiten Grades Dritten Grades	Rötung, Schwellung, Blasen Rötung, Schwellung, Blasen und verkohlte Haut	• 10 Minuten unter fließendes kaltes Wasser halten oder Eisbeutel auflegen • Antibiotika-Salbe aufstreichen, Wunde bedecken, beobachten • Wunde bedecken und Hund zum Tierarzt bringen • Sofort Eisbeutel auf Wunde legen; Hund warm halten, um Schock vorzubeugen
Vergiftungen	Hund hat Anfälle; Verätzungen im und am Maul; Herztätigkeit schnell oder langsam; Atemnot; Sabbern; Schaum vor dem Maul; Blutung aus After, Mund oder Nase; Bewußtlosigkeit; Verhaltensstörungen	• Falls Ursache genau identifiziert und Erbrechen angebracht ist, Hund erbrechen lassen • Hund zum Tierarzt bringen. Behälter/Verpackung der giftigen Substanz mitnehmen
Verkehrsunfall		• Hund Schnauzenbinde anlegen; Blutung zum Stehen bringen • Herz-Lungen-Funktionen überprüfen; von der Straße ziehen • Falls erforderlich mit der Wiederbelebung beginnen • Auf Unterlage betten und unverzüglich zum Tierarzt bringen
Wunden Oberflächlich Tief	Blutung, Schnitt, Abschürfung Blutung, tiefer Schnitt	• Blutung durch Druck auf die Wunde zum Stehen bringen • Mit Seifenwasser reinigen und Antibiotika-Salbe aufstreichen • Blutung stillen • Auf Anzeichen von Schock achten und Hund zum Tierarzt

ACHTER TEIL

Der gepflegte Hund

Machen Sie sich mit den Pflegeansprüchen Ihres Hundes vertraut. Fellpflege bringt Hund und Besitzer einander näher, auch wenn damit ein gewisses Maß an Aufwand und Arbeit verbunden ist. Als Belohnung für Ihre Mühe im Umgang mit Bürsten, Kämmen, Wattebäuschchen und Wasser bekommen Sie einen glücklichen, gesunden Hund, mit dem das Ausgehen Freude macht.

20 FELLPFLEGE

Seiten 390–409

Hier geht es vor allem um ein attraktives Äußeres. Beginnen Sie mit dem Fell. Danach wenden Sie sich den Augen und Zähnen zu und zum Schluß den Pfoten. Nach kurzer Zeit werden Sie einen wirklich gutaussehenden Hund haben.

21 BADEZEIT

Seiten 410–421

Wenn Sie die Sache richtig vorbereiten und keine Aufmüpfigkeit seitens des Hundes dulden, wird sich der Schmutz im Handumdrehen in Wasser auflösen und der Hund wieder trocken sein. Baden braucht weder für Sie noch für den Hund in Quälerei auszuarten, und Sie werden sehen, wie toll er in seinem sauberen, lockeren Haarkleid aussieht.

20 Fellpflege

Es versteht sich von selbst, daß Ihr Hund nicht nur sauber und gesund sein soll, sondern daß er auch in seiner äußeren Erscheinung, entsprechend seinem Haarkleid, einen hervorragenden Eindruck macht.

Ohren und Augen
Seite 405
Haare in Ohren und Augen sind lästig. Hier erfahren Sie, wie man sie entfernt.

Fellpflege ist wichtig
Seiten 391–394
Fellpflege ist kein Luxus. Der Hund bleibt gesund, und man fühlt sich in seiner Umgebung wohl.

Bürsten und Kämmen
Seiten 398–402
Lernen Sie die richtige Pflegemethode für das Fell Ihres Hundes.

Saubere Pfoten
Seiten 406–407
Hundepfoten müssen viel aushalten. Pflegen Sie sie regelmäßig.

Fellpflege-Handwerkszeug
Seiten 395–397
Verwenden Sie zur Pflege des Haarkleids Ihres Hundes die richtigen Bürsten und Kämme.

Scheren und Trimmen
Seiten 403–404
Haareschneiden ist eine Kunst. Was man selbst tun kann, und was der Fachmann erledigt.

Blitzblanke Zähne
Seiten 408–409
Zähneputzen und Mundpflege nehmen nur einige Minuten pro Tag in Anspruch.

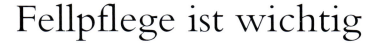

Fellpflege ist wichtig

Ihr vierbeiniger Freund tollt gern munter im Gras umher, schwimmt in Teichen und Tümpeln und wälzt sich im Schlamm. Freude am Leben ist das Höchste im Hundealltag. Aber wenn das ausgelassene Treiben zu Ende ist, zieht es den Hund wieder nach Hause aufs gemütliche Sofa im Kreis der Familie. Das ist die Stunde der Fellpflege.

Wenn Sie dem Hund auf den Pelz rücken, ist es mit einigen Bürstenstrichen nicht getan. Nur regelmäßige Fellpflege hält den Hund sauber und sein Haarkleid attraktiv. Außerdem hält sie das Haaren in Grenzen, und Sie haben Gelegenheit, sich Haut, Zähne, Ohren, Augen und Krallen anzusehen, ob sie gesund sind.

Haaren in Grenzen halten

Es gibt viele gute Gründe, das Fell des Hundes zu pflegen. Einer der wichtigsten besteht darin, die Menge ausgefallener Haare auf Teppichen und Möbeln so gering wie möglich zu halten. Daß der Hund haart, ist ein ganz natürlicher Vorgang, der Sie allerdings auf die Palme treiben kann. Dagegen hilft nur tägliches Bürsten. Jedes Haar, das Sie dem Hund ausbürsten, ist ein Haar weniger auf dem Fußboden und kann Sie nicht mehr ärgern. Schon allein dieser Gedanke sollte Sie dazu beflügeln, das Haarkleid des Hundes täglich zu pflegen, vor allem wenn er seinen Winterpelz abwirft.

Hunde wälzen sich mit Vorliebe im Dreck, um »sauber« zu werden. Dieser Golden Retriever hat ein Schlammbad genommen und scheint sich gar nicht zu schämen.

Wegen der Bedeutung der Fellpflege ist es wichtig, Ihrem Hund frühzeitig beizubringen, daß er sich das gefallen zu lassen hat. Beginnen Sie schon beim Welpen, das Fell zu bürsten. Heben Sie die Pfoten an und beschäftigen Sie sich damit. Wenn das Jungtier lernt, daß Fellpflege zum täglichen Leben gehört, wird es sich als erwachsener Hund nicht dagegen sträuben. Ist Ihr Hund schon älter, bringen Sie ihm das ABC der Fellpflege in täglichen Lektionen bei. Mehr darüber auf Seite 158.

Speziell für die Fellpflege und jede Art von Haarkleid entwickelte Toilettenartikel unterstüt-

Das Haarkleid der Hunde

Weil es so viele verschiedene Hunderassen gibt, ist es nur verständlich, daß auch ihr Haarkleid auffällige Unterschiede aufweist. Eine wirkungsvolle Fellpflege setzt voraus, daß man die Besonderheiten des Fells seines Hundes kennt, um den besonderen Pflegeanforderungen zu genügen. Dies gilt nicht nur für Rassehunde, sondern genauso für Mischlinge, wobei die in der genetischen Zusammensetzung dominante Rasse für die Pflegeweise den Ausschlag gibt.

Kurzhaariges glattes Fell: Kurzhaarige Hunde haben keine Unterwolle. Mops, Basenji (links) und Dobermann sind kurzhaarig.

Rauhhaariges Fell: Bei Hunden mit rauhhaarigem Fell sind die Haare dick und fest. Zu diesem Felltyp gehören Rauhhaardackel (rechts) und die meisten Terrier.

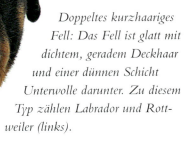

Doppeltes kurzhaariges Fell: Das Fell ist glatt mit dichtem, geradem Deckhaar und einer dünnen Schicht Unterwolle darunter. Zu diesem Typ zählen Labrador und Rottweiler (links).

FELLPFLEGE 393

Kraushaariges Fell: Das Fell ist gelockt, gekräuselt, dick und weich. Pudel (rechts) und Bichon frisé haben kraushaariges Fell.

Langes »Seidenhaar«: Bei diesem Haarkleid aus weichen Deckhaaren fehlt die Unterwolle. Yorkshire, Malteser und Silky Terrier (unten) haben langes, seidiges Haar.

Langes wirrhaariges Fell: Das lange, feste Haar ist mit Wollhaaren durchwachsen. Beispiele für diesen Felltyp sind Shih-Tzu (oben), Lhasa Apso und Tibet-Terrier.

Nackte Haut: Der Chinese Crested (unten), Inca Orchid und Xoloitzcuintli sind Beispiele für haarlose Hunde. Obwohl sie keine oder nur ganz dünne Haare haben, muß die empfindliche Haut regelmäßig gepflegt werden.

Doppeltes langhaariges Fell: Die Decke besteht aus langem, geradem Haar mit einer sehr dicken Schicht Unterwolle am ganzen Körper wie bei Samojede, Chow-Chow (links) und Collie.

zen Sie bei Ihren Bemühungen. Und wie der Mensch legt auch der Hund Wert auf einen eigenen Stil. Die Toilette für den Hund hat in den Industrieländern inzwischen solche Ausmaße erreicht, daß Tausende professioneller Fellpflegeexperten für Hunde ein Auskommen finden.

Verschiedenen Methoden für unterschiedliche Rassen

Für alle Fell- und Haararten, die bei Hunden vorkommen, gibt es eine rassespezifische Pflegeform, die zum Ziel hat, das Haarkleid so zur Wirkung zu bringen, wie es den Eigenarten der jeweiligen Rasse entspricht. Auch wenn Sie keinen Rassehund besitzen, wird eine sorgfältige Fellpflege das Aussehen Ihres Haustiers verbessern.

Die Fellpflege gliedert sich in vier Vorgänge: Bürsten, Kämmen, Scheren und Trimmen. Die Rasse des Hundes bestimmt, welche Pflegemethode Sie anwenden müssen. Zum Beispiel steht beim Pudel das Scheren im Vordergrund, während der Labrador-Retriever mit einer kräftigen Bürstenmassage zufrieden ist.

Bei der Fellpflege unterscheidet man mehrere Fell- und Haartypen: kurz, mittellang, lang, wollig, stockhaarig, rauhhaarig und noch etliche mehr. Jede Fellart bedarf einer anderen Pflege. Kurzhaariges Fell braucht lediglich regelmäßig gebürstet und gebadet zu werden, um ausgefallene Haare zu entfernen und dem gesunden Haar Glanz zu verleihen. Rassen mit Langstockhaar wie der Schäferhund erfordern mehr Aufwand und den Einsatz eines weitgezahnten Kammes.

Bevor Sie bei Ihrem Hund mit der Fellpflege beginnen, informieren Sie sich über sein korrektes rassetypisches Aussehen. Handelt es sich um einen reinrassigen Hund, sehen Sie sich Fotos an, auf denen Sie genau erkennen können, wie der

Bedeutet stumpfes Haar, daß der Hund krank ist?

Das Fell des Hundes ist wie ein Fenster, durch das man in sein Inneres sieht. Glänzendes Haar bedeutet in der Regel gute gesundheitliche Verfassung, stumpfes Haar gilt als Hinweis darauf, daß es dem Tier nicht besonders gutgeht.

Fehlt dem Haarkleid Ihres Hundes Glanz und Schimmer, bringen Sie ihn zum Tierarzt. Eine der möglichen Ursachen könnte Befall durch Endoparasiten sein, und in vielen solchen Fällen hatten die untersuchten Hunde Würmer. Es kann aber auch an einem Mangel an Mineralstoffen oder anderen Nährstoffen liegen. Ein Bluttest kann zeigen, ob es am Stoffwechsel oder am Kalziumspiegel liegt oder ob eine organische Störung dahintersteckt.

Ist der Hund kerngesund, nur das Fell glänzt nicht so wie es sollte, dann geben Sie ihm Saflöröl ins Futter. Wiegt der Hund weniger als 25 kg, genügt ein Teelöffel am Tag zur normalen Futtermenge. Liegt das Gewicht darüber, geben Sie ihm einen Eßlöffel Öl.

Hund auszusehen hat. Sie können auch auf eine Hundeschau gehen und sich am lebenden Beispiel ein Bild machen. Wenn Sie Ihren Hund beim Züchter kaufen, lassen Sie sich über die richtige Fellpflege aufklären. Die meisten Züchter kennen sich auf diesem Gebiet gut aus, und ihr Rat kann sehr hilfreich sein, besonders wenn Sie Wert darauf legen, daß Ihr Hund rassetypisch aussieht.

Fellpflege-Handwerkszeug

Damit Ihr Hund immer gut aussieht und sich von seiner besten Seite zeigen kann, brauchen Sie das richtige Gerät zur kosmetischen Pflege des Fells. Zoogeschäfte halten eine große Auswahl vorrätig. Das spezielle Haarkleid Ihres Hundes und die erforderlichen Pflegemaßnahmen entscheiden über die Auswahl.

Bürsten mit Naturborsten

Diese Art von Bürsten eignet sich gut, um damit die Durchblutung der Haut anzuregen und die von den Talgdrüsen ausgeschiedenen Fettstoffe zu verteilen, um die Haut gesund und das Fell glänzend zu halten. Man verwendet sie hauptsächlich bei kurzhaarigen Hunden, denn für dichtes, langes Haar sind die Borsten zu weich. Gut bewährt haben sich Bürsten, wie sie auch von Menschen bei der Haarpflege verwendet werden, bei denen die Borsten in einer Gummischicht stecken.

Skelettbürsten

Bei dieser Bürste stecken Stahl- oder Messingborsten in einer Gummiunterlage. Die meisten Fabrikate sind oval und werden vorwiegend bei langhaarigen und stockhaarigen Hunden verwendet. Sie leisten auch gute Dienste beim Fönen von Hunden mit langem Haar.

Zupfbürsten

Das ist eine sehr vielseitige Bürstenart, weil man damit unterschiedliche Felltypen pflegen kann. Die gebogenen Stahlborsten dringen bis in die Unterwolle vor. Es gibt sie in verschiedenen Größen und Formen. Hunde, die regelmäßig damit gebürstet werden, haben nur selten verfilztes Haar.

Doppelseitige Bürste mit Naturborsten

Bürste mit Messingborsten

Zupfbürste

396 • Der gepflegte Hund

Weitzinkiger Kamm

Filzkamm

Kämme und Striegel
Hundekämme und -striegel mit oder ohne Holzgriffe gibt es mit Zinken in verschiedenen Längen und Abständen. Das Angebot ist vielseitig und und reicht bis zum Kamm für große langhaarige Hunde wie Neufundländer und Bobtail. Zum Auskämmen der Unterwolle bei Hunden mit langem, dichtem Fell nimmt man einen weitzinkigen Kamm, mit Hundekämmen, die je zur Hälfte grob- und feinzinkig sind, kann man nach dem ersten Auskämmen weitere abgestorbene Haare aus der Unterwolle herauskämmen. Ovale Hundestriegel aus Gummi eignen sich auch für langhaarige Hunde.

Rupfkämme und Trimmesser
Rupfdoppelkämme eignen sich besonders für die Fellpflege bei Terriern und Hunden mit ähnlichem Felltyp. Je nach Hunderasse müssen entsprechende Trimmesser und -techniken verwendet werden, damit die Tiere ihr rassetypisches Aussehen behalten. Die Arbeit mit Trimmesser und Rupfkamm erfordert große Erfahrung und sollte tunlichst von Fachleuten erledigt werden.

Gumminoppenhandschuhe
Manche Hundebesitzer verwenden zur Fellpflege gern spezielle Gummihandschuhe statt Bürsten. Sie werden wie ein Handschuh über die Hand gestreift. Zwischen den Noppen bleiben abgestorbene Haare hängen. Wegen der guten Massagewirkung lassen sich Hunde gern damit behandeln, weil es sich anfühlt, als würde man sie streicheln. Die ausgebürsteten Haare lassen sich leicht auswaschen oder mit den Fingern auszupfen.

Entfilzungsgeräte und Hundeföns
Filzkämme in unterschiedlichen Ausführungen bieten die Möglichkeit, verfilztes Haar ohne große Mühe zu entwirren und für die weitere Pflege-

Zweiseitiger Handschuh

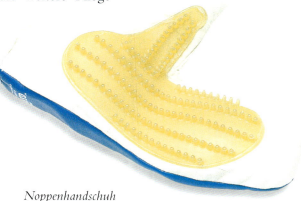

Noppenhandschuh

behandlung vorzubereiten. Dadurch erübrigt sich auch das Herausschneiden verfilzer Stellen. Die fachgerechte Anwendung ist jedoch nicht ganz einfach.

In Hundesalons werden von Hundecoiffeuren zum Trocknen des Fells speziell für diesen Zweck entwickelte Föns benutzt. Die Elektrogeräte sind verhältnismäßig schwer und benötigen einen Ständer. Entsprechend teuer ist die Anschaffung für den privaten Gebrauch. Sie lohnt sich nur dann, wenn man beabsichtigt, die Fellpflege zu Hause ernsthaft zu betreiben.

Kletten und Haarfilz entfernen

Kletten und verfilzte Haarbüschel im Fell lassen sich kaum vermeiden, besonders wenn sich der Hund häufig im Freien aufhält. Wenn er ein begeisterter Schwimmer ist, sind verfilzte Haare das größte Problem, denn im Wasser kleben die Haare zusammen. Als Besitzer eines Hundes mit langem, seidigem Haarkleid oder dicker Unterwolle sind Ihnen Kletten und Filz schon des öfteren begegnet, und Sie werden wissen wollen, wie man sie wieder los wird.

Gegen Kletten und verfilztes Haar sollte man mit Entfilzungskamm und Zupfbürste vorgehen. In der Regel lassen sich Kletten leicht herausbürsten, sobald man die verfilzten Stellen ausgekämmt hat. Der Entfilzungskamm teilt das verfilzte Haar, mit der Bürste werden die Kletten entfernt. Mit einer kleinen Bürste werden die losen Haare nach und nach aus dem verfilzten Büschel entfernt.

In manchen Hundesalons werden Haarfilze und Kletten mit einem Lösungsmittel besprüht und mit Hilfe einer Hautpflegecreme mit den Fingern entfernt. Man läßt den Haarspray etwa 15 bis 30 Minuten einwirken und zupft die Kletten vorsichtig mit den Fingern heraus. Bei verfilztem Haar nimmt man sich nach und nach kleine Büschel vor und zieht die Haare mit den Fingern auseinander. Diese Methode ist zwar zeitraubend, schont aber das Fell des Hundes mehr als Bürsten und Striegeln.

Für welche Vorgehensweise Sie sich auch entscheiden, wichtig ist in allen Fällen, daß Sie den Hund erst nach dem Entfernen verfilzter Haare baden, weil sonst das Haar nur stärker verfilzen würde. Werden verfilzte Haare naß, kleben sie noch fester zusammen und erschweren das Bürsten, Kämmen und Striegeln. Außerdem setzt sich beim Baden das Shampoo im Haarfilz fest und wird nicht gründlich herausgespült. Reizungen der Haut können die Folge sein. Wenn gar nichts hilft, müssen Sie zur Schere greifen. Manche Hunde haben ein so stark verfilztes Fell, daß sich mit normaler Fellpflege nichts mehr dagegen ausrichten läßt und es sinnvoller ist, das Haarkleid zu kürzen. Reichen die Filzmatten bis auf die Haut, ist es gewöhnlich besser, man schert dem Hund das Fell an dieser Stelle ganz ab und läßt es nachwachsen.

Bürsten und Kämmen

Wenn Sie zwischen zwei Besuchen im Hundesalon das Fell Ihres Hundes zu Hause selbst pflegen, sind Sie vom Ergebnis vielleicht enttäuscht. Aber sehen wir die Sache doch nüchtern: Leute, die Hundepflege berufsmäßig betreiben, sind dafür ausgebildet und haben mehr Übung darin. Trotzdem fällt es vielen Hundebesitzern schwer zu begreifen, daß ihr Hund nach dem Besuch im Hundesalon besser aussieht, als wenn sie ihm das Fell zu Hause selber pflegen. Wenn Sie in Sachen Fellpflege nicht besonders talentiert und geübt sind, wird Ihr Hund immer einen besseren Eindruck machen, wenn er aus dem Hundesalon kommt. Im folgenden finden Sie einige Hinweise zur Fellpflege, die Ihnen bei der Arbeit helfen sollen, damit Ihr Hund so aussieht, als käme er gerade von der Schönheitsfarm zurück.

Ein wesentlicher Beitrag zu schönerem Aussehen liefern die richtigen Techniken beim Bürsten und die Verwendung der für den jeweiligen Felltyp am besten geeigneten Bürsten, Striegel und Kämme.

Das Haar wird besonders locker und leicht, wenn man es fönt und während des Fönens kämmt und bürstet. Falls Sie keinen Hundefön besitzen, trocknen Sie das Fell mit dem Handtuch und erledigen den Rest mit Ihrem Haartrockner. Lassen Sie den Hund nicht ins Freie, solange das Fell noch feucht ist, sonst könnte er sich erkälten. Nach dem Trocknen müssen Sie das Haarkleid gründlich bürsten und kämmen. Bei den meisten Hunden, vor allem bei Pudeln, kräuselt sich das Haar, wenn es naß wird, und wenn Sie es nicht während des Trocknens oder gleich danach gründlich bürsten, bleibt es hart.

Kurzhaariges, glattes Fell
Hunde mit diesem Felltyp sind wahrscheinlich am leichtesten zu pflegen. Nehmen Sie eine Bürste mit Naturborsten oder einen Handschuh mit Gumminoppen und bürsten Sie das Fell zunächst gegen den Strich. Damit entfernen Sie die ausgegangenen Haare des Unterfells. Mit den gleichen

Dieser Labrador genießt es sichtlich, von seinem Besitzer gebürstet zu werden. Das kurzhaarige doppelte Fell wird mit der Gummibürste geglättet, was sich wie eine Massage anfühlt, für die der Hund stundenlang still sitzen bleibt.

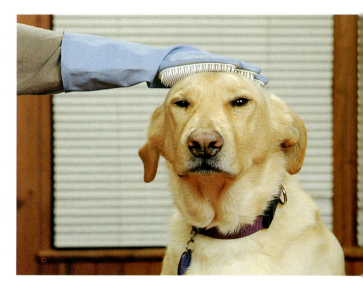

Hilfsmitteln bearbeiten Sie das Fell dann in Wuchsrichtung, um die ausgegangenen Deckhaare auszubürsten. Eine solche »Abreibung« einmal die Woche reicht aus, um Haaren und Haarausfall vorzubeugen.

Kurzes Fell mit Unterwolle

Dieser Felltyp ist anspruchsvoller, weil die Wollhaare der unteren Schicht ständig ausgehen. Durch den natürlichen Haarwechsel im Frühjahr und Herbst wird dieses Problem noch verschärft. Verwenden Sie eine Zupfbürste oder Bürste mit Perlonborsten, nehmen Sie sich kleine Flächen des Fells vor und teilen Sie das Haar mit der Hand, damit Sie die Haut sehen können. Dann bürsten Sie von der Haut nach außen die Wollhaare aus. Das ist die beste Methode, ein Verfilzen der dichten Unterwolle zu verhindern. Am dichtesten wachsen die Wollhaare am Hals und an den Hinterläufen. Hier verwenden Sie am besten die Zupfbürste und ziehen Sie diese durch Deckhaar und Unterwolle.

Nachdem Sie die Wollhaare ausgebürstet haben, gehen Sie mit derselben Bürste über das Deckhaar und bürsten in Wuchsrichtung. Bürsten Sie den Hund zweimal die Woche und etwas häufiger im Frühjahr und Herbst, wenn er das Haarkleid wechselt.

Je nach Verschmutzungsgrad baden Sie den Hund mit kurzem doppeltem Fell, wann es erforderlich ist, aber nicht öfter als einmal im Monat.

Kurzes rauhhaariges Fell (Drahthaar)

Ein Felltyp, wie ihn beispielsweise der Foxterrier aufweist, muß anders behandelt werden als glattes doppeltes Fell. Dazu braucht man eine Zupfbürste, einen Metallkamm mit mittelweiten Zinken und einen Rupfkamm. Als erstes ziehen Sie den

Diesem Foxterrier wird das Haar im Hundesalon getrimmt. Auch weniger privilegierten Hunden sollte man diese Behandlung von Zeit zu Zeit gönnen.

Rupfkamm leicht durch das Rückenhaar des Hundes, um es auszudünnen. Drücken Sie nicht zu fest auf, denn lose Haare können Sie später immer noch ausbürsten, während sich zu stark ausgedünntes Fell nicht mehr ersetzen läßt. Dieses Ausdünnen braucht nicht bei jeder Fellpflege zu erfolgen, sondern nur dann, wenn das Fell ungepflegt wirkt.

Nach dem Ausdünnen bürsten Sie das Fell Bahn für Bahn mit der Zupfbürste gegen den Strich. Auf die gleiche Weise gehen Sie mit dem Metallkamm vor, um abgestorbene Haare zu entfernen.

Hunde mit Drahthaarkleid müssen außerdem regelmäßig getrimmt werden. Beim Trimmen werden die Haare mit einem Trimmesser oder dem Rupfkamm ausgedünnt. Das ist eine zeitraubende Prozedur und erfordert viel Geduld bei Mensch und Hund.

Beim Auszupfen mit der Hand nimmt man die losen Haare zwischen Daumen und Zeigefinger

400 • Der gepflegte Hund

und zieht sie aus dem Fell. Bringen Sie Ihren Hund zum Trimmen oder Zupfen in einen Hundesalon oder zum Züchter, wo man sich in diesen Techniken gut auskennt. Sie können sie zwar mit der Zeit selbst erlernen, aber die ersten Male muß es ein Fachmann erledigen, sonst kann es leicht passieren, daß Ihr Hund wie »gerupft« aussieht und sich schrecklich fühlt.

Nach der Fellpflege können Sie den Hund mit einem Spezialshampoo waschen, das gekräuseltes hartes Haar kräftigt. Fönen Sie das Haar in Wuchsrichtung. Danach wird der Hund noch einmal gebürstet.

Langhaariges doppeltes Fell

Hunde mit diesem Felltyp, der sich durch besonders dichte Unterwolle auszeichnet, haaren am stärksten. Wenn Ihr Hund zu dieser Gruppe gehört, brauchen Sie für die Fellpflege eine Zupfbürste und einen weitzinkigen Kamm oder Striegel. Bearbeiten Sie das Fell des Tieres zuerst mit der Zupfbürste. Teilen Sie die Haarbüschel mit der Hand. Bürsten Sie gegen den Strich, um lose Haare aus der dichten Unterwolle zu entfernen. Dann ziehen Sie den weitzinkigen Kamm mit dem Strich, um noch mehr ausgegangene Wollhaare herauszukämmen. An den Hinterläufen und am Hals müssen Sie gegebenenfalls den Kamm nehmen.

Nach dem Bürsten können Sie den Hund baden. Das Vortrocknen erfolgt mit dem Handtuch, mit dem Fön wird nachgetrocknet.

Langes wirrhaariges Fell

Für die Pflege dieses Felltyps muß man sich viel Zeit nehmen. Die Haare verfilzen leicht, und viele Besitzer solcher Hunde lassen das Fell regelmäßig scheren oder trimmen, um die Pflege zu erleichtern. Sollten Sie auf das Scheren verzichten wollen, müssen Sie sich auf eine zeitraubende und kraftzehrende Prozedur gefaßt machen.

Beginnen Sie mit der Fellpflege, indem Sie dem Hund befehlen, sich auf die Seite zu legen. Entfernen Sie alle verfilzten Stellen, die Sie finden, aber brechen Sie dabei die Haare nicht ab. Das Fell wird mit einer Bürste mit Nylonborsten vorsichtig mit dem Strich gebürstet. Nachdem Sie das gesamte Haarkleid auf diese Weise bearbeitet haben, wiederholen Sie den Vorgang mit einer Bürste mit Naturborsten.

Obwohl Afghanen langes gerades Haar haben, erfolgt die Fellpflege nach denselben Regeln wie bei Hunden mit langhaarigem doppeltem Fell. Das Haarkleid wird geteilt und in Bahnen in Wuchsrichtung gebürstet.

Nach dem Bürsten baden Sie den Hund. Massieren Sie das Shampoo behutsam ins Fell ein, damit die Haare nicht zusammenkleben. Beim Ausspülen des Schaums ist besondere Sorgfalt angebracht, weil Shampooreste im Fell Hautreizungen auslösen können, die den Hund zum Kratzen verleiten und in kurzer Zeit zu Verfilzungen führen.

Dieser Felltyp erfordert nach dem Shampoonieren die Behandlung mit einem milden Conditioner, oder Sie spülen mit kolloidalem Hafermehl. Damit der Hund sein rassetypisches Aussehen erhält, sollte das Nachtrocknen mit einem speziellen Hundeföhn erfolgen.

Langes »Seidenhaar«

Felle mit langem seidigen Haar sind schwer zu pflegen und müssen in der Regel geschnitten werden, weil es mit Bürsten und Kämmen allein zu lange dauern würde. Soll das Seidenhaar Ihres Hundes jedoch lang bleiben, müssen Sie einen erheblichen Zeitaufwand einkalkulieren – wenigstens zwei- oder dreimal die Woche, wenn nicht öfter.

Die größten Probleme bei langem Seidenhaar bereiten die Filzmatten, die häufig im Bereich der Läufe, Ohren, seitlich am Kopf und überall da auftreten, wo das Haar besonders lang ist. Um die verfilzten Stellen zu entwirren, arbeitet man am besten mit der Zupfbürste und bürstet anschließend das gesamte Haarkleid mit dem Strich. Nach Behandlung des Fells wird der Hund gebadet. Benutzen Sie zum Waschen ein Pflegeshampoo und spülen Sie mit kolloidalem Hafermehl. Zum Trocknen benutzen Sie einen Hundeföhn (die Düse nicht zu nah ans Fell halten), danach wird noch einmal gebürstet.

Kraushaariges Fell

Das normale kraus- oder wollhaarige Fell muß regelmäßig gebürstet werden, damit es sauber und lockig bleibt. Auch wenn der Hund teilweise geschoren ist (was am besten im Hundesalon vorgenommen wird), müssen Sie das übrige Fell mit der Bürste gegen den Strich bearbeiten, damit es schön locker bleibt. Sobald das Fell an den geschorenen Stellen nachwächst, müssen Sie erneut zum Scheren gehen. Versuchen Sie es nicht auf eigene Faust, sofern Sie nicht große Erfahrung mit dieser schwierigen Arbeit haben.

Zum Waschen verwenden Sie ein Pflegeshampoo. Trocknen Sie mit dem Fön, damit das Fell locker wird. Während des Fönens wird das Fell gegen den Strich gebürstet. Achten Sie dabei darauf, daß Sie die Bürste nicht zu

Das kraushaarige Fell dieses Bichon frisé wird mit der Zupfbürste gelockert. Zum Waschen verwendet man ein Pflegeshampoo mit haarkräftigenden Zusätzen. Nach dem Fönen wird das Haar gegen den Strich gebürstet, damit es fülliger wirkt.

Kosmetische Fellpflege im Hundesalon

Der Gedanke, ob Sie für die Fellpflege Ihres Hundes in einem Hundesalon Geld ausgeben sollen, ist Ihnen sicher schon gekommen, ganz gleich, welchen Felltyp Ihr Hund aufweist – langhaarig, doppelt oder kraushaarig. Sie ersparen sich damit eine Menge Arbeit, und der Hund sieht danach absolut phantastisch aus. Im Hundesalon wird das Haarkleid Ihres Hundes nicht nur gebürstet, gekämmt, geschnitten und gewaschen, man kümmert sich auch um die Krallen, reinigt die Augen und schneidet die Haare zwischen den Ballen. Hundesalons sind aber nicht ausschließlich dazu da, um Hunde für eine Rassehundeschau herzurichten.

Hier nimmt man sich aller Arten von Hunden an und geht auf alle vernünftigen Wünsche ihrer Besitzer ein. Aber erwarten Sie nicht, daß man eine Promenadenmischung in Lassie verwandelt. Hundecoiffeure können zwar aus einem Zottelbären ein Schmuckstück machen, aber Wunder wirken können sie nicht.

energisch durch die Locken ziehen, sonst tun Sie dem Hund weh.

Haarlose Hunde

Hunde ohne Haarkleid braucht man nicht zu bürsten, sollte sie aber häufig baden. Verwenden Sie ein mildes Pflegeshampoo, vorzugsweise mit einem antibakteriell wirksamen Zusatz, um Hauterkrankungen vorzubeugen, die bei haarlosen Hunden verbreitet sind.

Es wird auch empfohlen, etwa einmal die Woche die Haut beim Shamponieren mit Cosmetic-Pads sanft abzureiben. Das begünstigt die Durchblutung und entfernt abgestorbene Hautzellen. Genauso wie Hunde mit anderen Felltypen müssen auch haarlose Hunde nach dem Shamponieren gründlich abgespült werden, um Shampooreste zu entfernen. Nach dem Baden sind bei haarlosen Hunden meist zusätzliche Pflegemaßnahmen mit Emollientien und Feuchtigkeitsspendern erforderlich, was am besten täglich erfolgen sollte. Auch leiden haarlose Hunde verständlicherweise häufiger an Sonnenbrand als andere und sollten vor jedem Ausgehen vorbeugend mit einer Lotion mit Sonnenschutzfaktor 15 oder höher eingerieben werden.

Nicht alle haarlosen Hunde sind vollkommen nackt. Der Flaum muß regelmäßig abrasiert werden, um dem Rassestandard zu genügen. Haarlose Rassehunde mit Haarbüscheln auf Kopf und Rute sowie an den Läufen, wie beispielsweise der Chinese Crested, müssen an diesen Stellen gebürstet werden.

Scheren und Trimmen

Die hohe Kunst des Scherens und Trimmens beherrschen in der Regel nur Profis, aber auch Ihnen bieten sich Möglichkeiten, mit den dafür erforderlichen Geräten dem Haarkleid Ihres Hundes ein adrettes Aussehen zu verleihen.

Wer braucht einen Haarschnitt?

Pudel müssen am häufigsten geschoren werden. Ob Riese oder Zwerg, das Haarkleid des Pudels schreit förmlich nach der Schere, auch wenn die meisten Pudelhalter ihre Hunde heute nicht mehr so gnadenlos rasieren, wie es der klassische Rassestandard vorschreibt. Das liegt ganz einfach daran, daß das Fell des Pudels ununterbrochen wächst. Bei Pudeln, die auf Hundeschauen vorgeführt werden, ist das Fell an bestimmten Körperstellen bis auf die Haut geschoren und da, wo man es stehen gelassen hat, sorgfältig modelliert. Für die meisten Pudel ist aber die Coiffure für den Laufsteg nicht zweckmäßig, weil es zu aufwendig wäre, das Fell ständig in diesem Zustand zu halten. Dennoch müssen Pudel schon vom Welpenalter an geschoren werden.

Es gibt noch weitere Rassen, deren Fell regelmäßig geschoren wird: Bichon frisé, Bedlington-Terrier, Kerry-Blue-Terrier, Bouvier des Flandres und Airedale-Terrier. Bei ihnen wird zwar kein so großer Aufwand getrieben wie beim Pudel, aber damit man sie als Rassehund erkennt, brauchen sie den richtigen Schnitt.

Ob Pudel oder eine andere Rasse, die geschoren werden muß – der Schnitt sollte so zweckmäßig gehalten sein, daß der Hund zwar gut aussieht, das Scheren aber keine großen Anforderungen an den Laien stellt.

Übung macht den Meister

Wenn Sie den Hund selbst scheren wollen, statt ihn in einen Hundesalon zu bringen, müssen Sie sich von vornherein im klaren darüber sein, daß dazu ein großes Maß an praktischer Erfahrung erforderlich ist, wenn die Arbeit ordentlich erledigt werden soll. Vielleicht sollten Sie sich überlegen, ob Sie nicht einen Kurs in Hundepflege belegen sollten. Solche Veranstaltungen bieten Ihnen reichlich Gelegenheit, das Scheren zu üben, bevor Sie sich über Ihren Hund hermachen.

Falls Sie beabsichtigen, Ihren Hund selbst zu scheren, achten Sie beim Kauf auf die richtigen Scherkämme für die verschiedenen Körperbereiche des Hundes.

Wenn Sie Ihren Hund bisher regelmäßig in den Hundesalon gebracht haben, künftig aber selbst Hand anlegen wollen, sollten Sie einige Male genau bei der Arbeit zusehen. Vielleicht verrät Ihnen der/die Besitzer(in) auch noch ein paar Kniffe.

Beim Scheren kommt es in erster Linie darauf an, daß man in Wuchsrichtung der Haare schneidet, keinesfalls gegen den Strich, weil dadurch die Haut des Hundes verletzt werden könnte.

Schermaschinen

Falls Sie sich dazu entschließen, eine elektrische Kleintierschermaschine anzuschaffen, nehmen Sie am besten ein Qualitätsgerät mit Standard-Scherkamm für 3 mm Schnitthöhe, wie es auch in Hundesalons eingesetzt wird. Diese Modelle eignen sich für alle Rassen, auch Pudel, jedoch nicht für Riesen- und Mittelschnauzer sowie Airdale-Terrier. Dazu gibt es einen Scherkamm für 1 mm Schnitthöhe für das Schneiden der Haare im Gesicht, an den Ohren und Pfoten.

Schermaschinen der Marken Hauptner oder Aeskulap bekommt man im Hundeartikel-Versandhandel und in Zoofachgeschäften. Billige Hundescheren, wie sie bisweilen in Kaufhäusern angeboten werden, sind meist unbrauchbar, denn der Scherkopf ist nur für das saubere Fell von Pudeln geeignet. Schmutziges Haar schneiden sie überhaupt nicht, und das dichte Haar von Cocker-Spaniels und anderen Hunden dieses Felltyps bleibt am Oberkamm hängen.

Fragen Sie in Ihrem Hundesalon, welche Maschinen und Scherkämme man für Ihren Hund empfiehlt. Weitsichtige Hundecoiffeusen bestellen Ihnen lieber das richtige Gerät, als ihre Zeit damit zu verbringen, den von Ihnen mit untauglichem Werkzeug angerichteten Schaden zu reparieren.

Für das Scheren des Fells am Bauch, an den Pfoten, im Gesicht und im Genitalbereich eignet sich der Scherkamm für 1 mm Schnitthöhe, für das übrige Fell nehmen Sie den Standard-Scherkamm. Letzterer läßt sich für viele Hunderassen verwenden, auch für Pudel bis Chow-Chow.

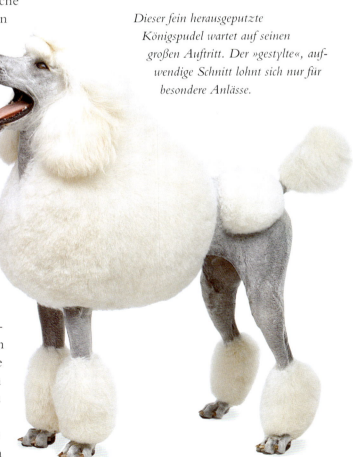

Dieser fein herausgeputzte Königspudel wartet auf seinen großen Auftritt. Der »gestylte«, aufwendige Schnitt lohnt sich nur für besondere Anlässe.

Ohren und Augen

Fellpflege ist nicht nur eine Frage der Ästhetik, sie hat auch eine praktische Seite. Wenn Sie sich das Haarkleid Ihres Hundes vornehmen, haben Sie Gelegenheit, sich seine Ohren und Augen näher anzusehen, um festzustellen, ob alles in Ordnung ist.

Hunde mit haarigem Gesicht haben meistens haarige Ohren, und je haariger die Ohren, desto größer die Gefahr von Entzündungen. Wenn Sie Ihren Liebling in einen Hundesalon bringen, wird man ihm dort übermäßigen Haarwuchs aus den Ohren entfernen. Bei Hunden wie Pudel, Shih-Tzu und Lhasa, die starken Haarwuchs im Gehörgang haben, ergreift man jeweils einige Haare mit den Fingern oder einer Pinzette und zupft sie vorsichtig aus. Die Sache wird weniger schmerzhaft für das Tier, wenn man einen geeigneten Puder verwendet.

Wenn Ihnen das Auszupfen zu grausam erscheint, schneiden Sie die Haare mit einer Schere mit abgerundeten Spitzen ab. Lassen Sie die abgeschnittenen Haare nicht in den Gehörgang fallen. Sollte Ihr Hund nicht lange genug stillsitzen wollen, bringen Sie ihn in den Hundesalon. Sonst könnte es geschehen, daß Sie ihn mit der Schere verletzen.

Hunde mit Hängeohren sind besonders anfällig für Ohrenentzündungen, weil der Gehörgang schlecht belüftet ist. Als Besitzer eines Hovawarts, Berner Sennenhunds, Cocker-Spaniels oder eines anderen Rassehundes oder Mischlings mit Hängeohren müssen Sie beim Reinigen der Ohren

Beginnen Sie schon beim Welpen mit dem regelmäßigen Säubern der Ohren, damit er sich an die Prozedur gewöhnt wie diese junge Bulldogge auf unserem Bild. Mehr als ein Auswischen mit einem in Öl oder Wasser getränkten Wattebausch ist nicht erforderlich.

ganz besonders geschickt und umsichtig vorgehen. Zwar muß der Gehörgang sauber sein, aber es darf nicht das gesamte Ohrenschmalz entfernt werden. Sind die Ohren des Hundes stark verschmutzt, feuchten Sie ein Tuch mit Öl an oder tränken Sie einen Wattebausch mit einem geeigneten Reinigungsmittel und wischen damit die Innenseite der Ohrmuschel aus. Tritt die Verschmutzung nach einer Woche erneut auf, kann eine Ohrenentzündung vorliegen, und es empfiehlt sich, den Hund vom Arzt untersuchen zu lassen.

Saubere Augen
Damit Ihr Hund klare, leuchtende Augen hat, wischen Sie sie ihm mit einem lauwarm angefeuchteten Wattebausch aus. Damit lassen sich Fremdkörper aus den Augenwinkeln entfernen. Falls Ihnen beim Reinigen der Augen etwas Ungewöhnliches auffällt wie Rötung, Trübung, Schwellung und dergleichen, setzen Sie sich mit dem Tierarzt in Verbindung.

Saubere Pfoten

Die Pfoten des Hundes sind wahrscheinlich die am stärksten beanspruchten Körperteile. Beim Laufen über Bürgersteige reiben sich die Fußballen auf dem harten Untergrund ab. Bei sehr heißem Wetter kann sich der Hund auf dem Pflaster Brandblasen an den Pfoten zuziehen, im Winter verletzt er sich an gefrorenen Schneeresten und den scharfen Kanten von Eisplatten. Hunden auf dem Land ergeht es nicht besser. Sie können sich an spitzen Steinen, Holzsplittern und anderen Gegenständen verletzen, die ihnen Mutter Natur auf den Weg streut.

Pfoten schützen

Wie schützt man die empfindlichen Pfoten des Hundes vor Schäden beim Auslauf und Spiel? Zum einen, indem man die Pfoten vor jedem Ausgang und danach mit Vitamin E und Aloevera-Gel einreibt. Auch reine Vaseline oder Melkfett sind zur Pflege der Ballen gut geeignet. Kontrollieren Sie die Pfoten des Hundes nach jedem Spaziergang auf Fremdkörper zwischen den Zehen und eventuelle Verletzungen. Achten Sie auf Blasen und Rötung der Haut zwischen den Zehen. Das sind sehr empfindliche Stellen, und wenn Sie einen Fremdkörper entdecken, entfernen Sie ihn behutsam mit der Pinzette.

Daß mit den Pfoten etwas nicht in Ordnung sein

Manchmal ist das Haar zwischen den Ballen so lang, daß es aussieht, als trage Ihr Hund Hausschuhe. Es empfiehlt sich, diese Schmutzfänger kurz zu halten.

könnte, erkennen sie sofort an der Art, wie der Hund läuft. Schont er ein Bein, könnte er sich die Pfote verletzt haben. Hält die Behinderung an, oder hat das Tier Schmerzen, sollte man mit ihm zum Arzt gehen. Möglicherweise hat sich nur etwas zwischen den Zehen verklemmt, vielleicht ist es aber auch etwas Ernsteres.

Haarwuchs zwischen Zehen entfernen

Es mag Ihnen schon aufgefallen sein, daß die Haare zwischen den Fußballen des Hundes besonders dicht wachsen. Im Hundesalon wird man diesen Haarwuchs kürzen, damit die Pfoten wieder hübsch und adrett aussehen. Sie können das aber auch zu Hause besorgen, vorausgesetzt der Hund macht dabei mit.

Bei Hunden mit mittellangem oder langem Haarkleid ist es wichtig, daß auch die Haare zwischen den Zehen geschnitten werden. Hier sammeln sich nämlich Schmutz, Kletten, Flöhe und anderes Ungeziefer an, und die Haare verfilzen schnell. Die Folge ist, daß Ihr Hund an den Pfo-

ten zu knabbern beginnt, und hat er sich das einmal angewöhnt, ist es schwierig, ihn wieder davon abzubringen. Es ist nicht einfach, die Haare zwischen den Fußballen zu schneiden, aber man sollte sie nicht einfach wachsen lassen, nicht zuletzt weil er Ihnen damit nach jedem Ausflug reichlich Straßenschmutz ins Haus trägt.

Zum Schneiden der Haare zwischen den Fußballen und Zehen verwenden Sie am besten eine Schere, wie sie zum Schneiden der Fingernägel von Kleinkindern benutzt wird. Man hebt die Pfote an, drückt die Fußballen auseinander und schneidet mit der anderen Hand vorsichtig und möglichst tief unten die Haare rund um die Ballen ab. Ist das Fell auf der Oberseite der Pfoten struppig und unordentlich, streift man es nach oben zurück und schneidet jeweils kleine Büschel vorsichtig heraus, um das Fell auszudünnen.

Krallenzange

Pediküre

Stellen Sie sich vor, Sie lassen Ihre Fingernägel ungehindert wachsen. Schon nach wenigen Wochen würden Sie Schwierigkeiten beim Berühren von Gegenständen bekommen, und in spätestens einem Jahr sähen Sie aus wie Struwelpeter. Und jetzt stellen Sie sich vor, Sie müßten auf diesen Händen laufen… Zum Glück sorgen harte Straßenbeläge für eine natürliche Abnutzung der Krallen, so daß das Schneiden vielfach überhaupt nicht erforderlich wird.

Bewegt sich der Hund jedoch überwiegend auf weichem Untergrund, werden die Krallen nicht ausreichend abgeschliffen, und regelmäßige Krallenpflege ist angesagt. Diese ist nicht nur aus ästhetischen Gründen angebracht, sie ist außerordentlich wichtig für Gesundheit und Wohlbefinden.

Blutgefäße nicht verletzen
Das Stutzen der Krallen Ihres Hundes ist nicht so schwierig, wie es scheinen mag, vorausgesetzt der Hund läßt es sich gefallen. Man verwendet eine spezielle Krallenzange oder einen elektrischen Fräser. In beiden Fällen darf die Krallenplatte nur bis zu einem bestimmten Punkt gekürzt werden. Keinesfalls dürfen Sie in die Blutgefäße und Nervenenden der Dermis am Zehenendglied schneiden.

Sind die Krallen Ihres Hundes weiß, ist das Zehenendglied leicht zu finden. Achten Sie auf die rosa Linie, die vom Ansatz bis zur Spitze verläuft. Beim Schneiden müssen Sie außerhalb dieser Markierung bleiben. Bei Hunden mit dunklen Krallen ist die Sache schwieriger. Versuchen Sie die Umrisse des Zehenendglieds unter der Krallenplatte zu erkennen, indem Sie die Kralle mit der Taschenlampe durchleuchten, und merken Sie sich den Verlauf der Linie.

Schneiden Sie nicht zu tief, sonst erwischen Sie die Dermis. Das blutet und tut dem Hund weh, und es könnte das Ende der Pediküre bedeuten. Sicherer ist es, wenn Sie dieses Geschäft dem Tierarzt oder Hundesalon überlassen.

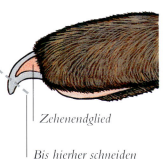

Beim Stutzen der Krallen nicht ins empfindliche Zehenendglied (siehe rechts) schneiden. Das blutet, der Hund erinnert sich an den Schmerz und verweigert die Mitarbeit bei der nächsten Pediküre.

Zehenendglied

Bis hierher schneiden

Blitzblanke Zähne

Was bei der Körperpflege des Hundes häufig übersehen wird, ist das Gebiß. Dabei ist Zähneputzen ungemein wichtig. Saubere Zähne machen das Lächeln Ihres Lieblings freundlicher und verhindern üblen Mundgeruch. Es gibt natürlich noch triftigere Gründe. Vernachlässigung der Mundhygiene kann ernste Erkrankungen der Mundschleimhäute nach sich ziehen und zur Entzündung lebenswichtiger Organe führen.

Zahnverfall vorbeugen

Wenn die Zähne des Hundes nicht regelmäßig gereinigt werden, bildet sich Plaque auf den Zähnen und in den Zahnfleischtaschen. Das ist nicht anders als bei Menschen. Wird der Plaque nicht entfernt, kann es zu einer Bakterieninfektion kommen, zur gefürchteten Parodontitis. Unternimmt man nichts gegen die Infektion, gelangen Krankheitserreger in den Blutkreislauf und greifen Nieren, Leber, Herz oder Gehirn an. Weitere Folgen mangelhafter Mund- und Zahnpflege sind Zahnfisteln, Zahnfleischschwund und Zahnausfall. Außerdem stinken Hunde mit ungepflegten Zähnen und Parodontitis aus dem Maul. 98 Prozent der Hunde mit unangenehmem Mundgeruch leiden an Parodontitis.

Dies alles läßt sich vermeiden, wenn man die Zähne richtig pflegt. Außerdem sollten Sie das Gebiß Ihres Hundes einmal im Jahr vom Tierarzt untersuchen lassen, der Zahnstein entfernt und lockere Zähne zieht.

Zähne richtig pflegen

Wildlebende Wölfe pflegen ihre Zähne, indem sie Knochen knacken. Dadurch wird der Zahnbelag mechanisch entfernt. Diesen natürlichen Zahnreinigungseffekt kann man beim Hund nachvollziehen, indem man ihm regelmäßig harte Hundekuchen gibt oder ihn auf Büffelhautknochen kauen läßt. Meist wird dies zur Zahnpflege genügen.

Tausende von Hundebesitzern sind jedoch schon dazu übergegangen, die Zähne Ihres Lieb-

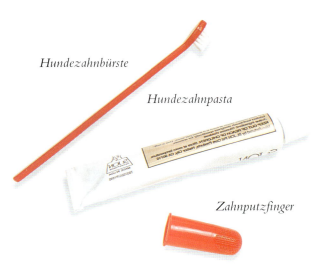

Hundezahnbürste

Hundezahnpasta

Zahnputzfinger

Ihrem Hund die Zähne zu putzen ist einfacher als Sie denken, besonders wenn Sie die richtigen Utensilien (siehe links) besitzen.

Warum brauchen Hunde ihre eigene Zahnpasta?

Zahnpasta für Menschen gibt es in Hülle und Fülle und in jeder nur erdenklichen Zusammensetzung: damit die Zähne blendend weiß werden, extrastark mit Fluor, in unterschiedlichen Geschmacksrichtungen, Farben und chemischen Zusammensetzungen

Nachdem Zahnpasta für Menschen so viele wunderbare Eigenschaften hat, werden Sie sich denken, sollte man sie eigentlich auch für Hunde benutzen können – aber weit gefehlt. Denn Hunde spucken den Schaum im Mund nicht wieder aus, wie das Menschen tun, sondern sie schlucken die Zahnpasta hinunter, was ihrem Magen nicht gut bekommt.

Mag Zahnpasta für Menschen noch so wohlschmeckend sein, für den Verzehr ist sie nicht bestimmt. Wir spülen sie aus dem Mund und spucken sie in den Abfluß. Hunde hingegen schlucken die Zahnpasta hinunter, nachdem man ihnen damit die Zähne geputzt hat – folglich muß sie magenverträglich sein. Auch muß sie dem Hund schmecken, damit er beim Zähneputzen stillhält.

Vielleicht findet er Pfefferminzgeschmack ganz angenehm, aber viel lieber ist ihm eine Zahnpasta, die ihn an Hühnchen oder Rindfleisch erinnert. Probieren Sie einige Hundezahnpasten aus, bis Sie diejenige gefunden haben, die Ihr Hund am liebsten mag.

Putzen Sie die Zähne Ihres Hundes ein- oder zweimal täglich und beginnen Sie mit den oberen Zähnen. Dieser Welsh Corgi hat sich bereits an die Prozedur gewöhnt.

lings täglich zu putzen. Das ist einfacher als Sie denken. Als erstes sorgen Sie für das richtige Gerät. Sie können einen sauberen Lappen um den Finger wickeln und damit dem Hund über die Zähne gehen, oder sie nehmen einen »Zahnputzfinger« aus Gummi mit Noppenbesatz, den Sie auf den Zeigefinger stecken, oder Sie verwenden eine spezielle Hundezahnbürste. Darüber hinaus brauchen Sie Hundezahnpasta – oder Schlämmkreide. Dies alles bekommen Sie in Zoofachgeschäften oder beim Tierarzt.

Heben Sie die Lefze an und putzen Sie in kreisenden Bewegungen wie bei Ihren eigenen Zähnen. Die Zähne hinten im Kiefer müssen Sie besonders gründlich reinigen, denn hier kommt es am häufigsten zu Parodontitis. Beginnen Sie mit den oberen Zähnen, nehmen Sie sich dann den Unterkiefer vor.

Das Zähneputzen ist die beste Art der Zahnpflege für den Hund und sollte nach Möglichkeit ein- oder zweimal täglich erfolgen.

21 BADEZEIT

Wenn der Hund streng zu riechen beginnt und sein Fell nicht mehr so schön glänzt wie gewohnt, ist es an der Zeit, ihn in die Wanne zu stecken. Aber Baden gehört nicht zu seinen Lieblingsbeschäftigungen, obwohl es etwas hilft, wenn man ihn schon in jungen Jahren daran gewöhnt. Trotzdem ist das Ergebnis die Mühe ihrerseits und die Geduld seinerseits wert und kann sich sehen lassen.

Wann ist ein Bad fällig?
Seiten 411–413
Sehen Sie sich das Haarkleid des Hundes an, dann wissen Sie, ob er in die Wanne gehört.

Baden Schritt für Schritt
Seiten 419–420
Das richtige Bad für jedes Haarkleid – kurz, mittel oder lang, mit und ohne Unterfutter.

So macht Baden Spaß
Seiten 414–418
Alles über Einweichen, Einseifen, Spülen und Abtrocknen.

Shampoos und Spülungen
Seite 421
Große Auswahl geeigneter Mittel für Reinheit und Glanz.

Wann ist ein Bad fällig?

Erst die gute Nachricht: Hunde müssen nicht so oft baden wie Menschen. Nun die schlechte: Hunde baden im allgemeinen nicht gern. Aber auch der wasserscheueste Hund muß gelegentlich gebadet werden, wobei die Häufigkeit von Zustand und Beschaffenheit des Haarkleids abhängt.

Ein Hund, der viel Zeit im Freien verbringt, wird schmutziger als einer, der immer zu Hause hockt. Aber auch da gibt es Unterschiede. Sie müssen sich ganz nüchtern, ehrlich und ohne falsche Rücksichtnahme die Frage stellen: Wie dreckig ist mein Hund? Die Zahl der Aufenthalte in der Wanne hängt weniger mit der Rasse oder Größe zusammen, sondern ergibt sich zwangsläufig aus dem Grad der Verschmutzung.

Wann ist die Schmerzgrenze erreicht?

Der Zeitpunkt eines Vollbads wird nicht dadurch bestimmt, ob sich der Hund im Staub suhlt oder makellos sauber hinter den Ohren ist, sondern wie sein Fell aussieht und wie er riecht. Wenn Sie einen kleinen Hund haben, der die meiste Zeit in der Wohnung verbringt und nur selten ins Freie kommt, genügt es in der Regel vollauf, wenn Sie ihn alle paar Monate baden. In der Zwischenzeit beschränkt sich die Fellpflege auf Bürsten und Kämmen.

Anders sieht es aus, wenn Sie in einem Haus an der Peripherie oder auf dem Land leben, wo der Hund häufiger draußen in der Natur ist und entsprechend dreckiger wird. Hunde, die gern schwimmen oder ihr größtes Vergnügen darin

Dieser Hund fühlt sich so pudelwohl, daß er sich vor Freude im Gras wälzt. Wenn auch Ihr Hund Spaß daran hat, sich das Fell schmutzig zu machen, müssen Sie ihn häufiger baden.

sehen, durch frisch gedüngte Wiesen zu toben oder sich auf mehr oder weniger trockenen Kuhfladen zu wälzen, riskieren damit, häufiger in die Wanne gesteckt zu werden. Einmal im Monat ist das Mindeste, ausgemachte Schmutzfinken sind häufiger dran.

Selbstreinigungskräfte der Natur

Zwar braucht Ihr Hund gelegentlich ein Bad, aber manchmal ist es besser, der Natur ihren Lauf zu lassen. Hunde mit kräftigem Fell und dichter Unterwolle wie Samojeden sind pflegeleicht. Regelmäßiges Bürsten reicht normalerweise aus. Dann sind da die Hunde mit wasserdichtem Haarkleid. Pyrenäenhund oder Chesapeake-Bay-Retriever badet man lieber nicht zu häufig, weil es dem schützenden Oberflächenfilm der Haut schadet. Besonders Hunde, die gern schwimmen oder in Gebieten mit verhältnismäßig rauhem Klima leben, brauchen ein wasserabweisendes, wärmedämmendes Fell. Das gilt gleichermaßen für Rassehunde wie für Mischlinge. Wenn Sie nicht wissen, ob Ihr Hund zur wasserdichten Sorte gehört, dann versuchen Sie mal, ihn bis auf die Haut naß zu kriegen. Sie werden bei den genannten Rassen große Mühe haben und viel Geduld brauchen – neben einer großen Flasche Shampoo –, damit das Wasser bis auf die Haut durchdringt.

Allergien mit dem Bad ausschütten
Häufiges Baden des Hundes führt zu weniger Haarausfall und verringert allergische Reaktionen bei Familienmitgliedern. Die wirklich Schuldigen an allergischen Reaktionen sind aber nicht die Hundehaare, sondern winzige Eiweißkörper im Speichel des Hundes. Wenn sich der Hund schleckt, bleiben sie am Fell haften, und wenn der Speichel trocknet, fallen sie ab und mischen sich unter den Hausstaub. Von solchen Allergien können Mensch und Hund betroffen sein.

Den Hund zu baden ist die beste Methode, die Jucken und Niesen verursachenden Reizstoffe gar nicht erst in Umlauf geraten zu lasen. Ein allergischen Anfällen entgegenwirkendes Hundebad wird noch wirksamer, wenn man eine Tasse Weichspüler in einem Eimer Wasser verrührt und das Fell des Hundes nach dem Baden damit spült.

Aber nicht jedesmal, wenn es den Hund irgendwo beißt und juckt, muß man ihn gleich baden. Es genügt auch, wenn man sein Fell mit einem Handtuch, das man in destilliertes Wasser getaucht hat, kräftig abrubbelt.

Viele Gründe sprechen für ein Bad
Jeder Hund sollte wenigstens zwei- oder dreimal im Jahr gebadet werden. Die Haut ist das größte Organ des Hundekörpers, und es ist schon aus gesundheitlichen Gründen wichtig, es sauberzuhalten.

Es bleibt Ihrem Urteilsvermögen überlassen zu entscheiden, ob und wann der Hund ein Bad braucht. Das ist mit großer Wahrscheinlichkeit der Fall, wenn sein Fell schmutzig aussieht und sich rauh und klebrig anfühlt. Mit Sicherheit ist ein Bad unausweichlich, nachdem er sich in Unrat oder anderen unaussprechlichen Dingen gewälzt hat. Und wenn Sie Besuch erwarten und wünschen, daß der Hund sich von seiner besten Seite präsentiert, dann ist auch das ein vernünftiger Grund für ein Vollbad.

Anrüchige Situationen
Wenn der Hund ranzig zu riechen beginnt, muß das nicht unbedingt an seinem Fell liegen. Aber auch in diesem Fall wäre ein Bad nicht immer die beste Lösung. Nehmen Sie hin und wieder Geruchsproben, um die anrüchige Quelle ausfindig zu machen.

• Kontrollieren Sie die Ohren. Hunde mit Hängeohren wie Basset und Cocker-Spaniel riechen manchmal nur deshalb, weil sie schmutzige Ohren

Es gibt viele Ursachen, warum es Ihren Hund juckt und er sich schleckt und beißt. Beim Baden werden Juckreiz auslösende Fremdkörper wie Blütenpollen und Staub aus dem Fell entfernt. Spülen mit frischem kaltem Wasser beruhigt die gereizte Haut zusätzlich.

Er schwimmt so gern – was hat er nur gegen Baden?

Selbst Hunde, die gern schwimmen, lassen sich nur widerwillig baden. Was mag der Grund sein, daß der Hund anstandslos ins trübe Gewässer springt, aber das Weite sucht, wenn Sie die Badewanne hervorholen? Dabei ist das Badewasser doch viel sauberer als das im Tümpel.

Dafür gibt es eine einfache Erklärung. Wenn der Hund schwimmt, tut er es freiwillig. Er hat es so gewollt, und es macht Spaß. Baden hingegen empfindet er als Zumutung. Das ist eine menschliche Erfindung, von der der Hund nichts wissen will.

Das Baden des Hundes erfolgt oft in einer ihm nicht vertrauten Umgebung, und der Kontakt mit dem feuchten Element ist ein ganz anderer als beim Schwimmen im Fluß oder Teich, wo ihm niemand Wasser ins Gesicht, in die Augen und Ohren spritzt. Sie haben bestimmt noch keinen Hund gesehen, der beim Schwimmen taucht; er hält den Kopf immer weit aus dem Wasser.

Natürlich gibt es auch Hunde, die dem Baden nicht ablehnend gegenüberstehen. Sie sind von klein an daran gewöhnt und haben sogar Freude daran. Wenn Sie einen Welpen kaufen, beginnen Sie so früh wie möglich, ihn zu baden. Erzählen Sie ihm, wie schön das ist, und bringen Sie ihm bei, sitzen zu bleiben, während Sie ihn waschen. Tun Sie so, als würden Sie mit ihm spielen. Denn wenn er merkt, daß es Absicht ist, schlägt die Stimmung schnell um.

haben. Das feuchtwarme Milieu hinter den schlappen Lauschern ist die ideale Brutstätte für Pilze und Bakterien. Haben Sie den Schmutz entfernt, hört wahrscheinlich auch die Geruchsbelästigung auf.

- Eine weitere Problemzone ist das Maul. Fauliger Geruch aus dieser Quelle könnte ein Hinweis auf schlechte Zähne sein. Aber versuchen Sie es gar nicht erst mit Mundwasser – hier muß der Tierarzt ran.

- Manches Hundefutter riecht durch das Fell. Geht Unrat rein, kommt Unrat raus, und nicht alles, was der Hund frißt, wird durch den Darm ausgeschieden. Manche Bestandteile des Futters dringen durch die Poren nach außen – man denke nur an Menschen, die Knoblauch gegessen haben. Geben Sie Ihrem Hund nur Markenfutter von guter Qualität, halten Sie ihn von Mülltonnen und Abfall fern und füttern Sie ihn nicht mit Essensresten.

- Viele langhaarige Hunde, deren Fell verfilzt ist, riechen streng, in besonders krassen Fällen sogar modrig oder schimmelig, weil sich Feuchtigkeit in den klebrigen Haarbüscheln festsetzt. Bevor Sie den Hund waschen, müssen Sie den Filz ausdünnen, möglicherweise herausschneiden. Vorbeugen ist in solchen Fällen die beste Lösung. Besonders Hunde mit dichter Unterwolle müssen regelmäßig gekämmt und gebürstet werden, sonst verkleben die Haare des Unterfutters, werden feucht und riechen.

- In den Haaren am Hinterteil des Hundes verfängt sich oft reichlich Schmutz, der unangenehm riecht. Die meisten professionellen Hundecoiffeure empfehlen in solchen Fällen, dieses Körperteil zu rasieren, sofern man den Hund nicht auf einer Schau vorführen möchte. Man erspart sich damit viel Mühe bei der Fellpflege.

So macht Baden Spaß

Wie man beim Baden des Hundes vorgeht, hängt von der Beschaffenheit seines Fells ab. Hunde mit langem Haar müssen anders gebadet und danach gepflegt werden als kurzhaarige. Bei letzteren ist die Sache einfacher. Man braucht ihr Fell nur zu bürsten, damit sich der Schmutz lockert und abgestorbene Haare entfernt werden, bevor man sie ins Wasser steckt. Ob es sich um einen großen oder kleinen Hund handelt, ist dabei weniger wichtig, abgesehen von der Größe der Wanne und dem Ort des Geschehens.

Der geeignete Badeplatz

Kleine Hunde machen es ihren Besitzern leicht. Oft genügt die Spüle in der Küche, obwohl eine entsprechende Einrichtung in der Waschküche vorzuziehen wäre, falls damit zu rechnen ist, daß der Hund sich mit einem kühnen Sprung zu retten versucht. Außerdem wirken Hundehaare in der Waschküche weniger unappetitlich als in der Küchenspüle. Ein weiterer Gesichtspunkt ist die Bodenfreiheit der Badegelegenheit, damit Sie sich nicht ständig tief bücken oder auf den Knien herumrutschen müssen.

Für mittelgroße und große Hund reicht die Spüle in der Küche nicht aus. Für sie bietet sich die Wanne im Badezimmer an. Ist jedoch häufigeres Baden geplant, kann man dem Hund auch eine speziell zu diesem Zweck konstruierte Hundebadewanne kaufen. Man bekommt sie in einigen Zoofachgeschäften und über den Versandhandel. Dieses sinnvolle Hilfsmittel erspart es Ihnen, Hundehaare aus dem Abfluß der Badewanne zupfen zu müssen, und Sie können den geeigneten Badeplatz selbst bestimmen, sei es im Haus oder bei schönem Wetter im Garten. Auf diese Weise läßt sich verhindern, daß der Hund triefend durch sämtliche Räume läuft.

Gut gebürstet ist halb gebadet

Bevor das Hundefell den ersten Tropfen Wasser abbekommt, muß man es darauf vorbereiten und gründlich mit der Bürste bearbeiten.

Kurzhaarige Hunde wie Labrador und Smooth Coat Chihuahua lassen sich leichter waschen, wenn man zuvor abgestorbenes Haar und Staub aus dem Fell bürstet. Man kann, braucht es aber nicht zu tun. Bei allen anderen Hundearten, besonders solchen mit dichter Unterwolle, ist das Bürsten vor dem Bad ein absolutes Muß. Nur so lassen sich verfilzte Haarbüschel aus dem Fell entfernen. Und hören Sie mit dem Bürsten nicht am Hals auf. Die langen Haare im Gesicht verfilzen

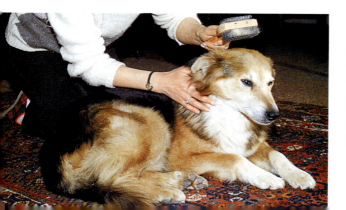

Erst kommt das Bürsten, dann das Baden. Langhaarige Hunde wie dieser hier müssen ausgiebig gebürstet und gestriegelt werden, bevor sie in die Wanne dürfen.

BADEZEIT

genauso leicht wie das dichte Fell über dem Bauch.

Solange Sie den Kamm nicht mühelos und ohne hängen zu bleiben durchs ganze Fell ziehen können, dürfen Sie es nicht naß machen. Sie bekommen den Hund niemals sauber, wenn Sie ihn mit verfilztem Fell baden. Vielmehr tun Sie ihm damit weh, weil die verfilzten Haare beim Trocknen einlaufen wie ein alter Filzhut und zu Spannungen auf der Haut führen. Außerdem hält sich die Feuchtigkeit in verfilzten Haarbüscheln und kann zu Hautentzündungen führen.

Stellen Sie sich vor, jemand zupfe ständig an den kurzen Haaren auf Ihrem Nacken und dieses Gefühl verbreite sich über den gesamten Körper. Genauso fühlt sich der Hund, wenn Sie ihn nicht regelmäßig bürsten. Sollte es Ihnen trotz wiederholten Bürstens nicht gelingen, das verfilzte Haar zu glätten, hilft nur noch der Besuch im Hundesalon. Hier kennt man Mittel und Wege, verfilztes Fell sauber zu bekommen, ohne dem Hund Schmerzen zuzufügen.

Den Gehörgang vor dem Baden mit Wattepfropfen zu verschließen, ist nicht erforderlich. Das wird zwar in manchen Hundebüchern empfohlen, aber die meisten Hundecoiffeure halten nichts davon. Kaum ein Mensch wird sich vor dem Baden die Ohren zustopfen, und Hunden schadet es auch nichts, wenn sie nasse Ohren bekommen.

Wasser marsch

Jetzt ist es soweit, daß der Hund ins Wasser kommt – hoffentlich nur er, nicht Sie. Führen Sie ihn zur Wanne, und da er freiwillig nicht hineinspringen wird, setzen Sie ihn unter gutem Zureden hinein. Wiegt er über 20 kg, versichern Sie sich eines Helfers, der die Hinterbeine über den

An warmen, sonnigen Tagen findet die Hundewäsche im Freien statt. Gehen Sie auf Distanz, wenn es dem Hund in den Sinn kommt, Wasserschleuder zu spielen und er Anstalten macht, sich kräftig zu schütteln.

Wannenrand hebt, während Sie Ihren Liebling um Brust und Hals fassen und aus der Hocke heben. Besteht Gefahr, daß er sich der Reinigung durch die Flucht entzieht, dürfen Sie ihm das Halsband nicht abnehmen. Denn daran muß ihn der Helfer während der gesamten Prozedur festhalten, damit Sie nicht Ihre Designermöbel im Wohnzimmer der Gefahr eines Brausebads aussetzen. Falls Ihr Hund ein elegantes Lederhalsband trägt, müssen Sie es also vor dem Bad gegen eine schlichte Kette oder ein Nylonhalsband austauschen.

Der Hund sitzt nun in der Wanne, und der Helfer hält ihn am Halsband fest. Sie können also anfangen. Wird der Hund im Haus gebadet, verwendet man zweckmäßigerweise die Handdusche. Regulieren Sie die Einstellung so, daß lauwarmes Wasser fließt. Das Badewasser für den Hund sollte die gleiche Temperatur haben wie für ein Kleinkind. Bei großen Hunden, die Kälte

416 • Der gepflegte Hund

gewöhnt sind, wie Bernhardiner, Alaskan Malamute oder große Mischlinge, darf es etwas kühler sein. Auf keinen Fall dürfen Sie den Hund zu heiß baden.

Verschwenden Sie nicht Ihr teures Duschgel – der Hund weiß es nicht zu schätzen. Verwenden Sie statt dessen ein spezielles Hundeshampoo. Es ist auf den pH-Wert der Hundehaut abgestimmt, und dank der fehlenden Parfümierung ersparen Sie Ihrem Liebling eine Identitätskrise. Haben Sie kein Hundeshampoo zur Hand, können Sie sich mit einem milden Geschirrspülmittel ohne fettlösende Zusätze oder mit einem unparfümierten Babyshampoo behelfen. Reiben Sie das Shampoo mit den Fingern oder einem Waschlappen ins Fell des Hundes. Seifen Sie ihn am ganzen Körper ein, inklusive Läufe, Pfoten und Schwanz bis hinauf zum Hals und Kopf, aber achten Sie darauf, daß er keine Seife in die Augen bekommt.

Falls Ihr Hund sich gerade seines Winterpelzes entledigt und übermäßig haart, ist Baden die beste Möglichkeit, sein Fell von aller überflüssigen Wolle zu befreien. Nach dem Shampoonieren ziehen Sie ihm die Zupfbürste durchs Fell. Dabei kommen viele dichte Büschel Haare heraus. Bürsten Sie so lange, bis kein Härchen mehr an den Borsten hängt.

Das Tolle an der vielseitig verwendbaren Zupfbürste mit ihren gebogenen Stahlborsten ist, daß die Hundehaare nicht im ganzen Haus herumfliegen. Man steckt die feuchten Haarklumpen in eine Plastiktüte und entsorgt sie mit dem Müll.

Sobald nur noch Augen und Nase aus dem Schaum schauen, spülen Sie den Hund gründlich ab. Das ist sehr wichtig; denn Reste von Seifenschaum auf seinem Fell führen zu Reizungen der Haut. Manche Hundesalons empfehlen nach dem Spülen die Behandlung mit einem Conditioner, um die beim Waschen verlorengegangenen natürlichen Fettstoffe zu ersetzen. Es gibt verschiedene Arten von Conditionern für diesen Zweck. Manche kann man drinlassen, andere muß man herausspülen, aber alle kann man weglassen.

Problemzonen

Bei manchen Hunderassen, besonders bei triefäugigen und solchen mit dicht behaarten oder faltenreichen Gesichtern, ist beim Baden eine Sonderbehandlung bestimmter Körperbereiche erforderlich. Vernachlässigen Sie auch nicht die Läufe und Pfoten.

Gesichtskosmetik

Einem Hund mit stark behaartem Gesicht widerfährt dasselbe wie einem bärtigen Menschen, dem die Krümel in den Barthaaren hängen bleiben. Gehört Ihr Hund zu dieser Gruppe, müssen Sie seinem Gesicht besondere Aufmerksamkeit widmen. Futterreste und eingetrockneter Speichel verursachen Flecken und Hautirritationen, so daß man die Gesichtskosme-

Hunde mit stark behaartem Gesicht und langem Bart wie dieser Schnauzer müssen täglich gepflegt werden.

tik nicht nur auf die Badezeit beschränken sollte. Wenn die Gesichtshaare des Hundes regelmäßig Auskunft über die Zusammensetzung der letzten Mahlzeit erteilen, müssen Sie ihm nach jeder Fütterung den Bart waschen und trocknen.

Wenn der Hund zur Wasserschleuder wird

Wie hält man den Hund davon ab, sich als Wasserschleuder zu betätigen? Es ist nicht leicht, gegen die Natur anzukommen. Ge-nau das versuchen Sie nämlich, wenn Sie den Hund nach dem Baden daran hindern wollen, sich zu schütteln. Fühlt der Hund Wasser über seinen Körper laufen, will er es abschütteln. Die Gefahr einer unfreiwilligen Dusche läßt sich jedoch in Grenzen halten.

- Trocknen Sie den Hund gut ab, bevor Sie ihn aus der Wanne lassen. Je weniger Feuchtigkeit sein Fell enthält, desto geringer bleibt der Wasserschaden.
- Lassen Sie ihn nicht aus dem Raum, in dem Sie ihn gebadet haben, bevor er mit dem Schütteln fertig ist. Dann brauchen Sie nur einmal aufzuwischen.
- Wenn Sie ihn bei schönem Wetter draußen baden, kann er sich schütteln, soviel er will. Aber halten Sie Abstand und beobachten Sie das Schauspiel aus sicherer Entfernung.

Bei Hunden vom Typ Mops oder Boxer sind besondere Vorkehrungen zu treffen, damit die prominenten Gesichtsfalten nicht zu Schmutzfängern degradieren. Die Wülste sind eng und fest und müssen peinlichst sauber gehalten werden, damit sich auf ihrem Grund keine Hautentzündungen entwickeln. Während des Badens wickelt man ein Papiertuch um den Finger oder benutzt Wattestäbchen, um in die Falten hineinzukommen. Das Trocknen erfolgt auf die gleiche Weise oder mit einem weichen Handtuch.

Reinigung der Ohren

Die Ohren des Hundes sollte man mindestens einmal im Monat reinigen, auch wenn nicht jedesmal ein Vollbad damit einherzugehen braucht. Feuchten Sie einen Waschlappen oder ein Stück weiches Tuch mit Babyöl oder einem Hautreinigungsmittel an, wickeln Sie den Stoff um den Finger und reiben Sie die Ohrmuschel und den vorderen Gehörgang damit aus, um Schmutz, Fremdkörper und überschüssiges Ohrschmalz zu entfernen. Beim Tierarzt oder in der Apotheke gibt es Reinigungsflüssigkeiten, die Entzündungen vorbeugen.

Rund um die Augen

Hat Ihr Hund Triefaugen, müssen Sie Haut und Fell um die Augen öfter säubern, als Sie das Tier baden. Gegebenenfalls ist das täglich erforderlich, damit das Augensekret nicht eintrocknet, hart wird und dann schwer zu entfernen ist.

Manchmal genügt es, dem Hund die Augen mit einem feuchten sauberen Tuch auszuwischen. Sie können dazu destilliertes Wasser nehmen oder normales aus der Leitung. Hat die Tränenflüssigkeit das Fell verklebt und ist eingetrocknet, reicht ein Lappen oft nicht mehr aus. Nehmen Sie statt dessen zur Entfernung der Tränensteinflecke eine Kinderzahnbürste. Diese hat weiche Borsten, die dem Hund nicht weh tun, wenn Sie versehentlich den Augapfel berühren. Fremdkörper lassen sich mit einer solchen Bürste gründlicher entfernen als mit einem Lappen, weil die Borsten tiefer ins Fell eindringen.

Pfoten nicht vergessen

Nachdem Sie sich eingehend mit dem Fell des Hundes beschäftigt haben, kann es vorkommen, daß Sie die Pfoten vergessen, die die ganze Zeit im Seifenwasser gestanden haben. Bedenken Sie, daß Shampoo, Spülwasser und Conditioner immer bergab fließen und sich in der Wanne um die Pfoten sammeln.

Wenn man das mit Reinigungsmittel versetzte Wasser zwischen den Zehen des Hundes einfach trocknen läßt, beginnen seine Pfoten zu jucken. Schieben Sie beim Baden die Finger zwischen die Zehen, um den Schmutz herauszuwaschen, und spülen und trocknen Sie die Pfote genauso gründlich wie den übrigen Teil des Körpers. Sie erleichtern sich diese Arbeit, wenn Sie dem Hund vor dem Baden die Haare zwischen den Zehen und Fußballen schneiden, damit nichts überhängt.

Das Fell gründlich trocknen

Das Fell des Hundes gründlich zu trocknen ist genauso wichtig wie es zu reinigen, besonders wenn es sich um einen langhaarigen Hund mit viel Unterwolle handelt. Wenn Sie ihn lediglich

Dieses Hündchen ist nach dem Baden fast wieder trocken. Wenn es draußen kalt ist, lassen Sie es noch einige Stunden in der warmen Stube.

an der Luft trocknen lassen, halsen Sie sich unter Umständen eine Menge Ärger auf, denn das Fell verfilzt so schnell wie das Wasser verdunstet.

Selbst kurzhaarige Hunde, deren Fell nicht verfilzt, und sogar nackte müssen gut abgetrocknet werden, damit sie sich nicht erkälten. Kräftiges Abrubbeln mit dem Handtuch und einige Stunden im warmen Zimmer reichen aus.

Ältere Hunde, seien sie nun kurz- oder langhaarig, müssen Sie besonders gründlich abtrocknen und einige Stunden in der Wärme lassen. Sie dürfen sich mit dem nassen Fell auf keinen Fall erkälten, denn Altersbeschwerden wie entzündete Gelenke, etwa bei Hüftgelenksdysplasie, würden sich dadurch verschlimmern und dem Hund große Schmerzen bereiten.

Conditioner

Ein Conditioner ist nach dem Shamponieren des Fells nicht unbedingt erforderlich, verhindert aber das elektrische Aufladen des Haars beim Bürsten.

Weil Conditioner fettige und ölige Inhaltsstoffe enthalten, machen sie das Fell glatt anliegend, leicht kämmbar und verleihen ihm Glanz. Dank des feinen Films, mit dem sie jedes einzelne Haar überziehen, wird es fülliger und verfilzt nicht so schnell.

Conditioner mit kolloidalem Hafermehl wirken wie ein entsprechendes Shampoo und lindern Juckreiz der Haut. Man kann sie auch mit einem Wirkstoff kombinieren, der das Verfilzen und Verkleben der Haare verhindert.

Hundebaden Schritt für Schritt

Weil das Haarkleid der Hunde so unterschiedlich beschaffen ist, müssen Sie beim Baden jeweils andere Methoden anwenden. Wählen Sie aus den folgenden Anregungen diejenige aus, die dem Fell Ihres Hundes am besten entspricht.

Hunde mit dichtem Fell

Das Baden von Hunden mit kräftigem Haarwuchs und Unterwolle wie Samojede und Berner Sennenhund kann zu einer Kraftprobe werden. Hier einige Ratschläge von Fachleuten.

1. Verfilztes Haar und soviel wie möglich loses Haar mit Bürste und Kamm entfernen.
2. Ohren mit einem geeigneten Mittel reinigen.
3. Fell einweichen und dafür sorgen, daß auch die Unterwolle gründlich durchfeuchtet ist. Das kann eine Weile dauern, deshalb bleiben Sie dran. Manchmal fühlt sich das Fell erst nach dem ersten Waschen richtig naß an.
4. Shampoo kräftig einmassieren, ausspülen und nochmals shampoonieren.
5. Shampoo mit dem Kamm durch die Haare ziehen, dabei loses Haar auskämmen.
6. Mit den Fingern zwischen die Zehen reiben.
7. Vom Kopf über den Rücken abwärts spülen, spülen und nochmals spülen, bis das Wasser klar bleibt.
8. Conditioner bis in die Unterwolle einkämmen. Gegebenenfalls ausspülen, falls in der Gebrauchsanweisung angegeben.
9. Mit dem Handtuch soviel Wasser wie möglich aus dem Fell aufnehmen. Dann trockenklopfen – nicht rubbeln, weil sonst die langen Haare verfilzen.
10. Fell gründlich trocknen, am besten mit einem leistungsstarken Fön für Hunde. Während des Fönens bürsten und kämmen.

Hunde ohne Haarausfall

Diese Hinweise gelten für langhaarige Hunde, die nicht haaren. Der Shih-Tzu zum Beispiel hat langes, dichtes Haar, aber die abgestorbenen

Einen Samojed zu baden ist kein Kinderspiel. Frauchen gibt sich große Mühe, das lange Fell gründlich einzuweichen und Shampoo bis in die Unterwolle zu reiben.

Der linke Welpe wird noch mit dem Handtuch trockengetupft, während der andere schon zum Fönen mit einem speziellen Hundefön an der Reihe ist.

Haare fallen nicht aus, sondern bleiben im Fell hängen. Solche Hunde müssen vor dem Baden besonders gründlich gebürstet werden. Die Methode läßt sich bei allen langhaarigen Rassen anwenden, einschließlich Hunden mit empfindlichen Augen wie Malteser, Lhasa Apsos und Pudel sowie für Mischlinge mit ähnlichem Haarkleid und verklebten Augen.

1. Verfilztes Haar und soviel loses Haar wie möglich mit Bürste und Kamm entfernen.
2. Verklebte Tränenflüssigkeit mit einem Lappen und destilliertem oder Leitungswasser entfernen. Verkrustete Stellen mit einer Kinderzahnbürste lösen.
3. Ohren mit einem geeigneten Mittel vom Schmutz reinigen.
4. Fell einweichen.
5. Shampoo mit den Fingern kräftig ins Fell einmassieren.
6. Mit den Fingern zwischen die Zehen reiben.
7. Mit klarem Wasser vom Kopf über den Rücken abwärts spülen, bis kein Schaum mehr abfließt.
8. Mit dem Handtuch soviel Wasser wie möglich aus dem Fell aufnehmen. Dann trockentupfen.
9. Fell mit einem leistungsstarken Fön für Hunde gründlich trocknen. Auch die langen Gesichtshaare kämmen und fönen.

Kurzhaarige Hunde

Hunde mit glattem, kurzem Fell wie Labrador-Retriever – der Hund mit dem wohl pflegeleichtesten Fell überhaupt –, Weimaraner und Dobermann gehören zu den Rassen, deren Fell sich leicht baden und trocknen läßt.

1. Lose Haare und Staub aus dem Fell bürsten.
2. Ohren mit geeignetem Mittel reinigen.
3. Fell mit der Brause und reichlich lauwarmem Wasser einweichen.
4. Shampoo mit einer Bürste mit Gummiborsten einreiben.
5. Vom Kopf über den Rücken hinab gründlich ausspülen, bis das Wasser klar bleibt.
6. Mit dem Handtuch abtrocknen. Anschließendes Fönen ist in diesem Fall nicht erforderlich, aber lassen Sie den Hund bei kaltem Wetter im Haus, bis das Fell durch und durch trocken ist.

Vor dem Bad

Wenn man die richtigen Vorbereitungen getroffen hat, klappt das Baden wie am Schnürchen. Regel 1: Arbeiten Sie nie unter Zeitdruck. Auch bei kleinen Hunden ist das Baden keine Angelegenheit von zehn Minuten. Sie müssen sich Zeit nehmen für die Vorbereitungen vor dem Waschen, während des Badens und für das Abtrocknen danach. Bei langhaarigen Hunden dauern die Schritte eins und drei am längsten.

Falls Sie den Hund im Winter baden, lassen Sie ihn nicht aus dem Haus, bevor er vollständig trocken ist. Feuchtes Fell, ob kurz oder lang, wärmt nicht und schützt nicht vor Kälte. Zu den Vorbereitungen gehört, daß Sie die benötigten Geräte und Hilfsmittel griffbereit zurechtlegen. Hier eine Liste dessen, was Sie brauchen:
- Kamm oder Bürste
- Schere
- Shampoo
- Conditioner (nach Belieben)
- Handtücher

Shampoos und Spülungen

Wenn Sie vor den Regalen mit Fellpflegeartikeln eines gut sortierten Zoofachgeschäfts stehen, sind Sie zunächst ratlos. Schon die Auswahl an Shampoos ist nicht viel kleiner als in einem Damen-Frisiersalon, ganz zu schweigen von den Conditionern. Ein normales Pflegeshampoo mag für Ihren Hund durchaus ausreichend sein, aber vielleicht suchen Sie etwas ganz Spezielles für Ihren Liebling. Hier ein Überblick.

- Haarstärkende Pflegeshampoos bewirken das Gleiche wie beim Menschen, und man kann alles in einem Vorgang erledigen. Danach ist es verhältnismäßig leicht, das Fell des Hundes zu kämmen.
- Gegen Trockenheit von Haut und Haar, auch um dem Haarkleid mehr Fülle zu geben, verwendet man ein Shampoo mit den Wirkstoffen Lipoprotein und Milchsäure (z. B. Sebocalm®). Falls Sie den Hund auf einer Schau zeigen wollen, ist es das geeignete Mittel.
- Die hautschonenden und juckreizmindernden Shampoos enthalten häufig kolloidales Hafermehl (Allercalm®). Damit können bei an Allergien leidenden Hunden die Verwendung von Antihistaminika und Corticosteroiden vermindert werden.
- Hypoallergene Shampoos enthalten gewöhnlich neben Seifen und/oder Detergentien nur sehr geringe Mengen zusätzlicher Inhaltsstoffe wie Schaumverstärker, Duftstoffe und Färbemittel. Sie sind besonders nützlich bei Hunden, die auf andere Shampoos allergisch reagieren.
- Shampoos gegen Flöhe und Zecken enthalten häufig ein Antiparasitikum wie Pyrethrin, das Parasiten bei Kontakt abtötet. Manche Hundecoiffeure raten jedoch bei der Verwendung solcher Wirkstoffe zu erhöhter Vorsicht. Synthetische Pyrethroiden gelten zwar bei bestimmungsgemäßer Anwendung als sichere Arzneimittel, können aber durch Dauerkontakt und Inhalation zu Vergiftungen führen. Selbst nach gründlichem Ausspülen bleiben Spuren davon im Fell zurück und werden abgeleckt. Trotzdem ist Pyrethrin eines der wirksamsten Mittel gegen Flöhe. Es wird unter UV-Einwirkung abgebaut und bleibt somit nicht sehr lange im Hundefell enthalten.
- Bestimmte Shampoos enthalten Wirkstoffe gegen spezifische Hauterkankungen wie Pyodermien. Man sollte sie nur auf Empfehlung des Tierarztes anwenden.
- Kräuter-Shampoos enthalten natürliche Wirkstoffe wie Teebaum-Extrakt, der bei vielerlei Beschwerden hilfreich ist, zum Beispiel gegen Flöhe und Schuppen.
- Trockenshampoo bietet sich mit Einschränkungen als Ersatz für normales Shampoo an, wenn der Hund wasserscheu oder langhaarig ist. Die Mischung aus adsorbierendem Puder und milden Alkalien wird auf das Fell aufgestäubt und wieder ausgebürstet. Das spart viel Zeit und Mühe, aber die reinigende Wirkung ist nicht sehr stark. Deshalb empfehlen Hundecoiffeure die Anwendung von Trockenshampoo nur zum Auffrischen, beispielsweise vor einer Hundeschau.

Nützliche Informationen

Es erfordert ein hohes Maß an Geduld, Energie und Wissen, einen glücklichen und gesunden Hund aufzuziehen. Genauso wichtig ist das kombinierte Fachwissen von Züchtern und Hundeexperten. Auf den folgenden Seiten finden Sie eine Aufstellung von Organisationen und Verbänden, die sich der Hundezucht und -haltung widmen. Ein ausführliches Stichwortverzeichnis ermöglicht Ihnen das schnelle Auffinden von Themen und Begriffen.

- Organisationen und Clubs 424
- Die Autoren 432
- Register 433
- Dank und Abbildungshinweise 450

Organisationen und Clubs

Dachverbände Deutschland

VDH Verband für das Deutsche
Hundewesen e. V.
Westfalendamm 174
44141 Dortmund
Tel .: 0231/56500-0
Internet: http://www.vdh.de

dhv Deutscher Hundesportverband e. V.
Gustav-Sybrecht-Straße 42
44536 Lünen
Tel.: 0231/87949

Dachverband Österreich

ÖKV Österreichischer Kynologen
verband
Johann-Teufel-Gasse 8
A-1238 Wien
Tel.: 0222/88 70 92

Dachverband Schweiz

Schweizerische kynologische Gesellschaft
Länggaßstraße 8
Postfach 8217
CH-3001 Bern
Tel.: 031/23 58 19

Rassenzuchtvereine Deutschland

1. American Staffordshire-Terrier
Club e.V.
Detmolder Weg 1
32107 Salzuflen
Tel.: 05222/79 72 82

1. Bassenji-Klub Deutschland e.V.
Watzmannstraße 84
71067 Sindelfingen
Tel.: 07031/80 03 06

1. Club für Boston-Terrier in
Deutschland e.V.
Postfach 1518
67269 Grünstadt
Tel.: 06357/15 53

1. Deutscher Pekinesen-Club
von 1987 e.V.
Westerfeldstraße 2
30419 Hannover
Tel.: 0511/79 23 92

1. Deutscher Shar-Pei-Club
1985 e.V.
Tel.: 08441/36 80

1. Deutscher Yorkshire-Terrier-
Club e.V.
Lutherstraße 61
63225 Langen
Tel.: 06103/51 42 9

Akita-Club e.V.
Westenfelder Straße 2
38387 Söllingen
Tel.: 05354/17 91

Allgemeiner Chow-Chow-
Club e.V.
Hohenfeldstraße 12a
49809 Lingen/Ems
Tel.: 0591/915 26 64
e-mail: Chow-henke@t-online.de

Allgemeiner Club für englische
Bulldogs e.V.
Schillerstraße 51
46047 Oberhausen
Tel.: 0208/86 05 52

Allgemeiner Deutscher
Rottweiler-Klub (ADRK) e.V.
Südring 18
32429 Minden
Tel.: 0571/504 04 44

Allgemeiner Klub für
Polnische Hunderassen e.V.
Gebhardsiedlung 40
14712 Rathenow
Tel.: 03385/50 36 43

Basset-Hound-Freunde
Deutschland e.V.
Plückersburg 136
42289 Wuppertal
Tel.: 0202/62 89 06
e-mail: Basset@wtal.de
Internet: http://www.basset.wtal.de

Basset-Hound-Club von
Deutschland e.V.
Rubargen 8
25494 Borstel-Hohenraden
Tel.: 04101/71 46 0

Beagle-Club Deutschland e.V.
Im Neugrabener Dorf 80
21147 Hamburg
Tel.: 040/702 37 84

Belgische Schäferhunde
Berlin e.V.
Steinachstraße 4
96135 Stegaurach
Tel.: 0951/29 04 25

Berger des Pyrénées Deutschland e.V.
Heidhauser Straße 239
45239 Essen
Tel.: 0201/40 70 68

Bernhardiner-Club
Deutschland e.V.
Steinweg 36
37120 Bovenden
Tel.: 0551/81 68 3

Bouvierfreunde e.V.
Aschenstedterstraße 13
27801 Dötlingen
Tel.: 04433/91 86 02

Boxer-Klub e.V.
Veldener Straße 64 + 66
81241 München
Tel.: 089/54 67 08-0

ORGANISATIONEN UND CLUBS · **425**

Briard-Club Deutschland e.V.
Stenglenzhof
77791 Berghaupten
Tel.: 07803/44 30
Internet: http://www.briardclub.de

Chihuahua-Club e.V.
Seilandstraße 23
59379 Selm/W.
Tel.: 02592/15 34

Chow-Chow-Club in Deutschland e.V.
Petzer Straße 18
31675 Bückeburg
Tel.: 05722/16 26

Club Basset Griffon Vendéen
Weißenportz 38a
53804 Much
Tel.: 02245/55 03

Club Berger des Pyrénées 1983 e.V.
Büllesfeld 2a
53773 Hennef/Sieg
Tel.: 02248/91 25 51
e-mail: kopernik@okay.net
Internet: http://www.vdh.de/
verein/cbp

Club der Freunde d. Fila Brasileiro e.V.
Obeltshauser Straße3
91174 Spalt
Tel.: 09175/225

Club für Bretonische Vorstehhunde e.V.
Möllner Landstraße 22
22113 Oststeinbek
Tel.: 040/712 26 62

Club für Britische Hütehunde e.V.
Am Ortberg 9
31162 Bad Salzdetfurth
Tel.: 05063/96 05 09

Club für Dalmatiner-Freunde e.V.
Postfach 1355
38713 Seesen
Tel.: 05381/93 68 0
e-mail: CDF.Dalmatiner@t-online.de
Internet: http://hence.t-online.de/
home/CDF.Dalmatiner

Club für Exotische Rassehunde e.V.
Weiherstraße 2
57629 Steinebach a.d.Wied
Tel.: 02662/58 94

Club für französische Hirtenhunde e.V.
Neue Flurstraße 34
97320 Albertshofen
Tel.: 09321/3 30 61
e-mail: g_f.elsner@t-online.de
Internet: http://www.cfh-net.de

Club für Molosser e.V.
Postfach 100261
64202 Darmstadt
Tel.: 06151/86 42 72

Club für Yorkshire-Terrier e.V.
Bültener Straße 32
31226 Peine
Tel.: 05171/59 00 78

Club Slovensky Cuvac E.V.
Rückertstraße 9
72762 Reutlingen
Tel.: 07121/29 73 8
Internet: http://
www.cuvac.de

Cocker-Club Deutschland e.V.
Frankenstraße 1
31860 Emmerthal
Tel.: 05157/95 20 20

Coton de Tuléar e.V.
Dornburgstraße 3
65599 Domburg
Tel.: 06436/15 15
Internet: http://www.members.
aol.com/CotoneV/welcome.html

Dackel-Club Dt. e.V.
Donnerstraße 139-141
45357 Essen
Tel.: 0201/66 51 40 oder 66 81 51

Dalmatiner-Verein
Deutschland e.V.
Jägerstraße 1
85737 Ismaning
Tel.: 089/96 20 94 98

Deutsch-Kurzhaar-
Verband e.V.
Germersheimer Straße 148
67352 Römerberg
Tel.: 06232/6 80 14

Deutsch-Langhaar-Verband
Forsthaus Schmidtmühle
36396 Steinau-Urzell
Tel.: 06667/339

Deutsche Züchtergemeinschaft
Rhodesian Ridgeback e.V.
Grootredder 23
24629 Kisdorf
Tel.: 04193/54 53

Deutscher Bouvier-Club
v. 1977 e.V.
Dithmarschenstraße 12
25348 Glückstadt
Tel.: 04124/10 13

Deutscher Bracken-Club e.V.
Odinstraße 1
56348 Bomich
Tel.: 06771/28 82

Deutscher Brackenverein e.V.
Sechselbergerstraße 13
71566 Althütte
Tel.: 07183/4 40 04

Deutscher Club für
Berner Sennenhunde e.V.
Am Breselberg 10
51580 Reichshof
Tel.: 02265/83 05

Deutscher Club für Bullterrier e.V.
Weißdornweg 9
67454 Haßloch
Tel.: 06324/98 97 47
e-mail: info@dcbt.org
Internet: http://www.dcbt.org

Deutscher Club für
Leonberger Hunde e.V.
Lenauweg 3
71229 Leonberg
Tel.: 07152/2 80 00

Deutscher Club für
Nordische Hunde e.V.
Am Flinthörn 20
26842 Ostrhauderfehn
Tel.: 04952/65 24
Internet: http://ourworld.compuserve.
com/homepages/dcnh/"

Deutscher Collie-Club e.V.
St. Wendeler Straße 62b
66892 Bruchm.-Miesau
Tel.: 06372/45 67

Deutscher Dalmatiner-Club
v. 1920 e.V.
Postfach 1241
71667 Marbach
Tel.: 07144/63 46

Deutscher Doggen-Club 1888 e.V.
Ringstraße 2
48480 Lünne
Tel.: 05906/21 61

Deutscher Dogo-Argentino-Club e.V.
Johannesstraße 21
51465 Bergisch Gladbach
Tel.: 02202/3 43 89

Deutscher Foxterrier-Verband e.V.
Dorneystraße 65/67
44149 Dortmund
Tel.: 0231/65 81 2

Deutscher Jagdterrier-Club e.V.
Gustav-Schwab-Straße 10
72525 Münsingen
Tel.: 07381/27 86

Deutscher Klub
für Belgische Schäferhunde e.V.
Brunnenplatz 5
88276 Berg-Ravensburg
Tel.: 0751/4 31 70
Internet: http://members.aol.
com/DKBSeV

Deutscher Landseer-Club e.V.
An der Perlenhardt 1e
53639 Königswinter
Tel.: 02223/2 86 71

Deutscher Malinios-Club e.V.
Waldachstraße32
72221 Haiterbach
Tel.: 07456/7 94 70 oder
07452/8 73 27 4 (8.30-16.00 Uhr)

Deutscher Mopsclub e.V.
Bechhausen 68
42929 Wermelskirchen
Tel.: 02174/58 85

Deutscher Neufundländer-Klub e.V.
Gartenstraße 53
54344 Kenn
Tel.: 06502/9 55 63
Internet: http://www.neufund-
laender.de

Deutscher Old English
Sheepdog Club e.V.
Eschenstraße 1
63628 Kath.-Willenroth
Tel.: 06054/66 52
Internet: http://members.aol.com/
OESPAGE/doesc.html

Deutscher Pointerclub e.V.
Ostpreußenstraße 35
35633 Lahnau
Tel.: 06441/6 23 52

Deutscher Pudel-Klub e.V.
Postfach 1863
26768 Leer
Tel.: 0491/6 48 63

Deutscher Puli-Klub e.V.
Am Kochengraben 39
64684 Lautertal
Tel.: 06254/72 34

Deutscher Retriever-Club e.V.
Dornhagener Straße 13
34302 Cuxhagen
Tel.: 05665/17 34

Deutscher Sloughi-Club e.V.
Winterbergstraße 91
32825 Blomberg
Tel.: 05281/10 26 0

Deutscher Teckelklub e.V.
Postfach 100362
47003 Duisburg
Tel.: 0203/33 00 05

Deutscher Windhundzucht- und
Rennverband e.V.
Grüne Straße 7
31185 Söhlde
Tel.: 05129/89 19

Dobermann-Verein e.V.
Thorwaldsenstraße 29
80335 München
Tel.: 089/123 42 24 (Mo, Di, Do u. Fr
10-12.00 Uhr)
e-mail: info@dobermann.de
Internet: http://www.dobermann.de

English-Setter-Club
Deutschland e.V.
Eschenweg 15
93437 Furth im Wald

Gesellschaft der
Bullterrierfreunde e.V.
Taubenstraße 6
67459 Böhl-Iggelheim
Tel.: 06324/77 78

Gordon-Setter-Club Deutschland e.V.
Martinskirchweg 8
35638 Leun
Tel.: 06442/2 27 79

Griffon-Club e.V.
Dreikönigstraße 29
59821 Arnsberg
Tel.: 02935/48 44

Hovawart-Club e.V.
Riedelstraße 22
42349 Wuppertal
Tel.: 0202/247 11 57

Hovawart-Zuchtgemeinschaft
Deutschland e.V.
Dorfstraße 29
21376 Eyendorf
Tel.: 04172/ 72 17

ORGANISATIONEN UND CLUBS • 427

Internationaler Boxer-Club e.V.
Kirchhofweg 14
40591 Düsseldorf
Tel.: 0211/75 32 36

Internationaler Club für
Cavalier-King-Charles-Spaniel e.V.
Am Atzelberg 11
61206 Niederwöllstadt
Tel: 06034/78 81

Internationaler Club für Japan-Chin,
Peking-Palasthunde und
King-Charles-Spaniel, gegr. 1920, e.V.
Sulzbacher Straße 92
71543 Wüstenrot-Lautertal
Tel.: 07194/711

Internationaler Club für Lhasa Apso und
Tibet Terrier
Otto-Brues-Straße 25
41748 Viersen
Tel.: 02162/2 10 07

Internationaler Klub für Französische
Bulldoggen e.V.
Böckenbergstraße 10
44807 Bochum
Tel.: 0234/950 74 93

Internationaler Klub für Tibetische
Hunderassen e.V.
Distelweg 2b
90768 Fürth
Tel.: 0911/75 15 37

Internationaler Shih-Tzu-Club e.V.
Weiher Straße 2
57629 Steinebach a.d. Wied
Tel.: 02662/58 94

Irish-Setter-Club Deutschland e.V.
Berg 1
58540 Meinerzhagen
Tel.: 02358/347

Jagdspaniel-Klub e.V.
Ackerweg 8
53773 Hennef
Tel.: 02242/48 18

Jugoslawischer Hirtenhunde-Klub
Hermannstraße 61
53225 Bonn
Tel.: 0228/46 55 52

Kaukasischer Owtscharka-Club e.V.
Limburgerstraße 5
56479 Waldmühlen
Tel.: 02664/61 63

Klub für Bayerische Gebirgs-
schweißhunde e.V.
Schlossgasse13/Forsthaus
67471 Elmstein
Tel.: 06328/226

Klub für Terrier e.V.
Schöne Aussicht 9
65451 Kelsterbach
Tel.: 06107/23 65

Klub für Ungarische Hirtenhunde
Intscheder Straße 48
28277 Bremen
Tel.: 0421/82 06 74

Kuvasz-Freunde e.V.
Moorburger Alter Deich 11
21079 Hamburg
Tel: 040/740 16 05

Kuvasz-Vereinigung e.V.
Am Mühlbach 17
73575 Leinzell
Tel.: 07175/16 20

Kyn. Ges. für Deutsche Doggen e.V.
Bachgasse 10
55576 Sprendlingen
Tel.: 06701/70 86 oder 96 05 50

Kynologische Zuchtgemeinschaft
Eurasier e.V.
Niederembter Weg 7a
50181 Bedburg-Kirdorf
Tel.: 02272/93 01 93

Labrador-Club Deutschland e.V.
Auf der Heide 1
41462 Neuss
Tel.: 02131/56 91 00

Löwchen-Club Deutschland e.V.
An der Marburger Straße 2
35117 Münchhausen
Tel.: 06423/41 54

Löwenhund Deutschland Rhodesian
Ridgeback e.V.
Lönseck 9
30938 Burgwedel-Fuhrberg
Tel.: 05135/712

Malteser-Club Deutschland 1983 e.V.
Schwarze Heide 16
31199 Diekholzen
Tel.: 05121/26 26 54

Old English Mastiff Club
Deutschland e.V.
Gänsfeld 9
66265 Heusweiler
Tel.: 06806/1 32 37
Internet: http://www.mastiff.de

Papillon & Phalène-Club
Deutschland e.V.
Am Rain 16
85622 Weissenfeld
Tel.: 089/903 31 24

Parson Jack Russell
Terrier-Club e.V.
Hebbelstraße 20
25336 Elmshorn
Tel.: 04121/80 77 84

Pinscher-Schnauzer-Klub e.V.
Barmer Straße 80
42899 Remscheid
Tel.: 02191/5 40 42

Pudel-Zucht-Verband 82 e.V.
Diemelweg 13
46286 Dorsten
Tel.: 02866/370

Rassezuchtverein der
Kromfohrländer e.V.
Austraße 4
73257 Köngen
Tel.: 07024/8 29 89

Rassezuchtverein für Groenendael
und Tervueren
Sonnenstraße 14
83075 Bad Feilnbach
Tel.: 08066/93 18

Rassezuchtverein für
Hovawart Hunde e.V.
Walbergstraße 10
85221 Dachau
Tel.: 08131/5 39 65 8
Internet: http://www.hovawart.org

Rhodesian Ridgeback Club Dtld e.V.
Romillystraße 37
64584 Biebesheim
Tel.: 06258/8 13 97
Internet: http://www.vdh.de/vereine/
rrcd

Saint Hubet Bloodhound-Club
Mommsenstraße 70
10629 Berlin
Tel.: 030/881 85 84

Schwarzwildbrackenverein e.V.
Hubertusstraße 2
59872 Meschede
Tel.: 0291/5 73 35

Schweizer Sennenhund-Verein für
Deutschland e.V.
Am Vogelherd 2
90587 Obermichelbach
Tel.: 0911/767 08 01

Siberian Husky Club Deutschland e.V.
An der Bleiche 13
38170 Schöppenstedt
Tel.: 05332/17 40

Spaniel-Club Deutschland e.V.
Am Eisernen Schlag 54
60431 Frankfurt
Tel.: 069/53 11 42

Spezialclub für Tibetterrier
und Lhasa Apso e.V.
Südstraße 63
52134 Herzogenrath
Tel.: 02407/21 85

St. Bernhards-Klub e.V.
Tel.: 09542/7 03 99
Internet: http://www.bernhardiner.de

Verband der Pudelfreunde Dtld. e.V.
Postfach 144
21521 Wohltorf
Tel.: 04104/20 95

Verband deutscher
Kleinhundezüchter e.V.
Deichstraße 63
27804 Berne
Tel.: 04406/68 47

Verband für Kleine
Münsterländer Vorstehhunde e.V.
Bachstraße 56
32423 Minden
Tel.: 0571/3 02 54

Verband Große Münsterländer e.V.
Neufelser Straße 40
74676 Niedernball

Verein Dachsbracke e.V.
Johannisstraße 7
67681 Sembach
Tel.: 0631/71 00 10

Verein Deutsch-Drahthaar e.V.
Am Kloster 10
42799 Leichlingen
Tel.: 02175/48 59

Verein für Deutsche Schäferhunde (SV)
Steinerne Furt 71
86167 Augsburg
Tel.: 0821/74 00 2-0
Internet: http://www.schaeferhunde.de

Verein für Deutsche Spitze
e.V. gegr. 1899
Karl-Kasper-Straße 15
90453 Nürnberg
Tel.: 0911/638 38 37

Verein für Deutsche Wachtelhunde e.V.
Brunnenstraße 8
64759 Sensbachtal
Tel.: 06068/20 55

Verein für französische Laufhunde e.V.
Theodor-Heuss-Straße 7
34277 Fuldabrück
Tel.: 0561/4 44 70

Verein für Pointer und Setter e.V.
Gut Schönberg
73466 Lauchheim
Tel.: 07363/51 15

Verein Hirschmann
(Hannoversche Schweißhunde) e.V.
Forsthaus Lüsche
29367 Steinhorst
Tel.: 05148/247

Verein von Landseerfreunden
und -züchtern in Deutschland e.V.
Am Steinbruch 24
01458 Ottendorf-Okrilla
Tel.: 035205/7 34 41

Verein von Neufundländer-Freunden
und -Züchtern in Deutschland e.V.
Rendsburger Straße 21
24340 Eckernförde
Tel.: 04351/71 23 96

Weimaraner-Klub e.V.
OT Wedderschl. Nr. 16
29386 Dedelstorf
Tel.: 05832/13 91

Whippet-Club
Deutschland e.V.
Schafhofweg 14
64395 Brensbach
Tel.: 06161/84 46

Rassenclubs Österreich

Airedale-Terrier Spezial-Klub
Sobieskigasse 33
1090 Wien
Tel.: 01/319 46 98

Allgemeiner Hirten-
und Hütehunde-Club
U. Marktstraße 14
3481 Fels/Wagram
Tel.: 02738/70 11

ORGANISATIONEN UND CLUBS · 429

Austrian Beagle Club
Mühlenweg 4
7221 Marz
Tel. 02626/6 54 05

Austrian Bostonterrier-Freunde
Bahnstraße 15
3425 Langenlebarn
Tel.: 02272/ 6 58 87

Chihuahua-Club Austria
Ruthgasse 25
1190 Wien
Tel.: 01/368 63 09

Club für Bretonische Vorstehhunde
Waldweg 4
7431 Bad Tarsmannsdorf
Tel.: 03353/87 37

Club zur Züchtung Deutscher
Jagdterrier in Österreich
Schloßgasse 3
7442 Lockenhaus
Tel.: 02616/23 95

Erster Österreichischer
Schnauzer-Pinscherklub 1914
Laubegasse 3
3003 Gahlitz
Tel.: 02231/61 92 9

Erster Österreichischer Puliclub
Postfach 26
7344 Stob
Tel.: 036/943 86 37 0

Eurasier-Club Austria
Reitberg 310
5301 Eugendorf
Tel.: 06225/73 96

Jack-Russel-Terrier
Sobeskigasse 33
1090 Wien
Tel.: 01/319 46 98

Klub Dachsbracke
Eisenplatz 6
9330 Althofen
Tel.: 04262/28 09

Klub für Schweizer Laufhunde
Favoritenstraße 50/3
1040 Wien
Tel.: 01/504 26 67

Klub Tirolerbracke
Hörmannstraße9/VI.
6020 Innsbruck
Tel.: 0512/3 62 89

Klub z. Züchtung Ungar. Vorstehhunde
Klausengasse 24/5
2331 Vösendorf
Tel.: 01/69 56 96

Molosser-Club Austria
2191 Schrick 240
Tel.: 02574/2 15 40

Österr. Deutschlanghaar-Klub
Seebarn 103
3484 Grafenwörth
Tel.: 02738/22 92

Österr. Klub für Tibetische Hunderassen
Erzherzog-Karl-Straße 5
1220 Wien
Tel.: 01/203 01 59

Österr. Basset- und Laufhundeklub
Wallmangasse 13
1130 Wien
Tel.: 01/876 43 52

Österr. Beauceron Klub
Trazerberggasse 7
1130 Wien
Tel.: 5238/88 42 0

Österr. Brackenverein
Griesbach 46
3920 Großgerungs

Österr. Bullterrier-Club
Abraham a Santa Clara-Gasse 13
1140 Wien
Tel.: 01/979 41 05

Österr. Club der Hovawartfreunde
Arsenal Objekt 8/1/7
1030 Wien
Tel.: 01/798 97 20

Österr. Club für
American Staffordshire Terrier
Eisleichstraße 7
1110 Wien
Tel.: 01/749 33 16

Österr. Club für Britische Hütehunde
Donaufelderstraße 215
1222 Wien
Tel.: 01/203 47 62

Österr. Club für
Leonberger Hunde
Florian-Trautenbergerstraße 1
3002 Purkersdorf
Tel.: 02231/64 52 5

Österr. Club für Nordische Hunderassen u. Schlittenhundesport
Ruthgasse 25
1190 Wien
Tel.: 01/368 63 09

Österr. Club für Pudelfreunde
In der Gugl 6
3400 Klosterneuburg
Tel.: 02243/3 29 81

Österr. Dachshundeklub
Beheimgasse 62
1170 Wien
Tel.: 01/485 76 38 (Do 14.00-18.00)

Österr. Dalmatinerklub
8291 Burgau 75
Tel.: 03383/26 05

Österr. Dobermann-Klub
Schulz-Straßnitzgy-Gasse 7/7
1090 Wien
Tel.: 02233/5 28 34

Österr. Doggen-Klub
Parkbadstraße 1
2460 Bruck/Leitha
Tel.: 02162/6 32 20 oder 01/616 66 88

Österr. Dogo Argentino-Klub
Anton-Haidl-Gasse 11
1170 Wien
Tel.: 01/479 42 77

Österr. Foxterrier-Klub
Pfarrwiesenstraße 2
1140 Wien
Tel.: 01/979 44 40

Österr. Jagdspanielklub
Hohenauergasse 13
1190 Wien
Tel.: 01/368 13 14

Österreichischer Klub
für St. Bernhardshunde
Johann-Strauß-Straße 13a
2525 Günselsdorf
Tel.: 02256/64 75 6

Österr. Klub für Drahthaarige
Ungarische Vorstehhunde
Franz-Asenbauer-Gasse 36a
1238 Wien
Tel.: 01/888 32 38
oder 0222/804 39 67

Österr. Klub für
Englische Vorstehhunde
Feldgasse 14
2721 Bad Fischau
Tel.: 02639/27 36

Österr. Klub für
Französische Bulldoggen
Stiftgasse 15
1070 Wien
Tel.: 01/523 35 66

Österr. Klub für Spitze und
Polarhunde
Rennweg 35/3/16
1030 Wien
Tel.: 01/714 15 09

Österr. Klub für Ungar.Hirtenhunde
Angergasse 8
3491 Neufeld
Tel.: 02624/53 61 2

Österr. Klub für
Windhundezucht und Rennsport
Anton-Baumgartner-Straße 44/87/071
Tel.: 01/667 54 10

Österr. Kurzhaarklub
Hadersfelderweg 22
3423 St. Andrä-Wördern
Tel.: 02242/32 46 8

Österr. Mops-Club
Johann-Goller-Str. 20
2120 Wolkersdorf
Tel.: 02245/82 49 40

Österr. Neufundländer-Klub
Almeggerstraße 4
4654 Bad Wimsbach-Neydharzing
Tel.: 07245/25 37 6

Österr. Pudelpointerklub
Obermühlau 7
4901 Ottnang
Tel.: 07676/79 46

Österr. Retrieverclub
Waldberggasse 9
1140 Wien
Tel.: 01/911 67 43

Österr. Schweißhundeverein
Waldbadstr. 18
3804 Allentsteig
Tel.: 02824/26 38

Österr. Verein für
Deutsche Schäferhunde
Linzer Straße 342
1140 Wien
Tel.: 01/914 22 49

Österr. Verein für
Rauhhaarige Vorstehhunde
Würm 7
4980 Anriesenhofen
Tel.: 07712/47 71

Österr. Weimaraner Verein
Jubiläumsstraße 9
3701 Großweilersdorf
Tel.: 02955/7362 oder 02826/ 428

Österr. Welsh-Terrier-Klub
Breitenau 9
4591 Moln
Tel.: 07584/30 04

Österr. Yorkshire-Terrier-Klub
Rehfingstraße 18
2486 Pottendorf
Tel.: 02623/73 49 3

Österr. Zwerghunde-Klub
Brunnengasse 7/5
1160 Wien
Tel.: 01/492 68 08

Österreichischer Boxerklub
Mittelgasse 26
1060 Wien
Tel.: 01/597 08 69

Österreichischer Bulldog-Klub
Aue 52
2641 Schotheim
Tel.: 02663/84 77

Österreichischer Klub
für Terrier
Haymogasse 55/G.
1238 Wien
Tel.: 01/888 73 28

Österreichischer Rottweiler-Klub
Schulgasse 19
2372 Gießhübl
Tel.: 02236/2 70 15

Österreichischer
Staffordshire-Bullterrier-Club
2034 Großharras 243
Tel.: 02526/121

Rhodesian Ridgeback Club
Weissenbach 81
2371 Hinterbrühl
Tel.: 02236/2 66 88

Schapendoea-Freunde
Austria
7463 Oberpodgoria 30
Tel.: 03355/26 56

Scotch-Terrier-
Club Austria
Schererstr. 22/6/1
1210 Wien
Tel.: 01/259 74 37

Verein der Freunde der Belgischen
Schäferhunde in Österreich
Hauptstraße 60
6401 Inzing
Tel.: 05238/8 84 20

Verein für Deutsche Wachtelhunde
in Österreich
3580 Mödring 105
Tel.: 02982/3 59 32

Verein für Große und
Kleine Münsterländer
Au 43
4062 Thening
Tel.: 0732/67 535 32 27

Verein für Schweizer Sennenhunde
in Österreich
Rehgraben 1
2103 Langenzersdorf
Tel.: 02244/20 57

West Highland White Terrier-Klub
2294 Gmissenbrunn 15
Tel.: 02285/67 35

Schweizerische Hundezuchtverbände

Die Schweizerische Kynologische
Gesellschaft stellt kein Verzeichnis der
ihr angeschlossenen Rassenzuchtvereine

auf. Die jeweils aktuellen Zuchtver-
bandsadressen und weitere Informationen erhalten Sie unter folgender
Anschrift:

Schweizerische Kynologische
Gesellschaft
Postfach 8276
CH-3001 Bern
Tel.: 031/301 58 19
Fax: 031/30 12 02 15

*(Alle hier aufgeführten Adressen, Telefon-
nummern, e-Mail- und Internet-Adressen
entsprechen dem Stand von Februar 1999)*

Die Autoren

Berater und Autor

Lowell Ackerman, Dr. med. vet., Ph. D. (Kapitel 16 und Sechster Teil). Dr. Ackerman ist niedergelassener Tierarzt in Arizona in den U. S. A. und in Ontario, Kanada. Er ist Gastprofessor am American College für Veterinärmedizin, Abteilung Dermatologie, und Berater in Fragen der Tierernährung. Zu seinen Buchveröffentlichungen zählen die Titel *Owner's Guide to Dog Health* und *Skin and Coat Care for Your Dog*.

Dr. Ackerman hält Vorlesungen über Gesundheitsprobleme bei Hunden in Nordamerika und Europa.

Autoren

Kim Campbell Thornton (Kapitel 15 und 18). Kim war viele Jahre Redakteurin der Fachzeitschrift *Dog Fancy*. Sie hat sechs Bücher über Hunde und Katzen geschrieben, darunter *Why Do Dogs Do That?*, und ist freie Mitarbeiterin der Zeitschrift*en American Kennel Club Gazette, Critters USA, Dog Fancy, Dogs USA, Pet Product News* und *Veterinary Practice Staff*. Kim lebt in Kalifornien, wo sie sich aktiv für die Adoption von ausgemusterten Rennhunden engagiert.

Bette LaGow (Kapitel 1, 2, 14 und 21). Bette ist freiberufliche Journalistin und schreibt vorwiegend über Hunde, Katzen und Pferde für mehrere Fachzeitschriften. Als Redakteurin bei der Zeitschrift *American Kennel Club Gazette* berichtete sie über Hundeschauen. Bette lebt in New York.

Kristine Napier (Siebter Teil). Kristine ist freiberufliche Journalistin mit den Fachgebieten Gesundheit und Wissenschaft. Sie hat mehrere Bücher über Gesundheitsfragen geschrieben, unter anderem als Mitautorin *Prevention's Symptom Solver for Dogs and Cats* (Rodale Press). Kristine lebt in Ohio.

Jacqueline O'Neil (Kapitel 3, 4, 10 und 11). Jacqueline war Leiterin der Abteilung Öffentlichkeitsarbeit der Zeitschrift *American Kennel Club Gazette* und ist Verfasserin der Publikationen *AKC Hunting Test Herald* und *AKC Pointing Breed Field Trial News*. Außerdem hat sie sechs Bücher über Hunde geschrieben. Jacqueline lebt in Montana.

Audrey Pavia (Kapitel 12, 13, 17, 19 und 20). In ihrem abwechslungsreichen Berufsleben war Audrey Redakteurin der Zeitschrift *Horse Illustrated*, leitende Redakteurin der Zeitschrift *Dog Fancy* und Chefredakteurin der *American Kennel Club Gazette*. Sie lebt in Kalifornien und arbeitet als freiberufliche Tierjournalistin.

Elaine Waldorf Gewirtz (Zweiter Teil). Elaine wohnt in Kalifornien, wo sie als freiberufliche Journalistin tätig ist. Sie hat zahlreiche Aufsätze für Zeitungen und Zeitschriften über Hunde und Hundetraining geschrieben. Elaine züchtet und trainiert Dalmatiner in den Disziplinen Obedience (Unterordnung) und innerartliches Sozialverhalten.

Register

A

Ablecken   161

Abtrocknen   418

Aerobic beim Schwimmen   175f.

Afghane   147

Afrikanisches Zeckenfieber   354

Afterkrallen siehe Wolfskrallen

Aggression   75f., 138-142, 268
– erste Warnzeichen   139
– Umgang mit   140

Agility   128, 183

Airedale-Terrier   18, 403, 404

Akita Inu   15, 18

Aktivkohle   310

Alarmsignale   243

Alaskan Malamute   6, 18, 36

Allergien   290-293, 421

Allergie-Test   292

Aloe vera   343

Alopezie, hormonelle   250

Altenglischer Schäferhund siehe Bobtail

Ältere Hunde   220f.
– Pflege   280-287

Altersbeschwerden   281-284, 293-296
– lindern   285f.

Aminosäuren, essentielle   213f., 216, 220

Analdrüsen   296ff.

Analentzündung   296-298

Angst   62f., 73, 155-157

Angstbeißen   76

Angstprägephase   60

Anknabbern von Gegenständen   148-150

Ankunft eines neuen Hundes   48

Anschaffung eines Hundes   3-49
– Familiäre Voraussetzungen   3f.

Anspringen   160

Antibiotika   298, 318, 330, 335, 364, 367

Antidote   382

Antihistaminika   290, 293, 327f., 330

Antioxidantien   296

Antiparasitika   334

Apportieren   129f., 132, 146, 181

Apportierhund   95, 178

Arbeit mit der Leine   110

Arbeiten mit Experten   126

Arbeitshund   5, 13

Arthritis   282, 299-301

Arthrose   299, 322

Aspirin   301, 309, 324

Atemprobleme   15

Atmung   245

Aufsteigen   77

Aufzucht eines Welpen   54-67

Augen
– Beschwerden im Alter   283f.
– pflegen   405

Augenlid, drittes   248

Aus!   65f.

Ausbildung für Film und Fernsehen   125

Auslauf   175

Ausstellungen   127f.

Australischer Schäferhund   19, 342

Auswahl des richtigen Hundes   3-41

Autoreisen   199-202

B

Baden 410–421
– Vorbereitung 420

Ballaststoffe 214, 216

Barsoi 13

Basset 12, 19, 130, 339, 346

Beagle 5, 7, 19, 130, 342, 346

Bearded Collie 305

Bedlington-Terrier 403

Begegnung
– mit anderen Hausbewohnern 50
– mit anderen Haustieren 50f.
– mit fremden Hunden 79
– mit Katzen 368
– mit Kindern 52

Beinfraktur 362f., 386

Beißen 66

Belgischer Schäferhund 13

Bellen 143f.

Belohnung 84f., 87, 91f., 111

Berner Sennenhund 12, 13, 53, 95, 147, 179, 305, 323

Bernhardiner 5, 6, 7, 20, 179, 303, 339

Berufstätigkeit 66

Berühmte Hunde und ihre Tricks 124f.

Berührungen 56

Beschwerden behandeln 251f., 288–355

Besetzen von Möbeln 151

Bespringen 78
– von Beinen 73

Betteln 145

Bewußtlosigkeit 386

Bichon a poil frisé 20, 179, 316, 403

Billigfutter 230

Bindehautentzündung 340, 341

Bißwunden 364–368

Blähungen 301–303

Blickkontakt 71, 79

Bloodhound 305

Blutgruppen 370

Bluthund 130

Blutungen 369ff., 386

Bobtail 13, 396

Bordatellose 258, 325

Borreliose 258, 354

Boston-Terrier 20, 179

Botschaften an Ihren Hund 79

Bouvier des Flandres 403

Boxer 21, 53, 303, 309, 342, 374

Bracken siehe Laufhunde

Brandwunden 378

Briard 13

Briefträger 144

Bringspiele 180

Brustwarzen 250, 271

Bulldogge 12, 13, 21, 179, 374

Bullmastiff 7, 305

Bullterrier 342

Bürsten 395, 398–402

C

Cairn-Terrier 21, 53

Camping 202, 205, 208

Chesapeake-Bay-Retriever 22

Chihuahua 22, 382

Chinese Crested 402

Chinesischer Shar-Pei 22

Chow-Chow 15, 23, 95, 305, 404

Clubs 424–431

Cockerspaniel 15, 23, 341, 346, 382, 404

Collie 13, 23, 35, 316, 382

Conditioner 401, 418

Coronarvirose 258

D

Dachshund 24, 178, 194, 249, 346, 382

Dachverbände 424

Dackel siehe Dachshund

Dalmatiner 13, 15, 24, 36, 179, 316, 323, 342

Dänische Dogge 323

Dermatitis, pyotraumatische 321, 421

Deutsche Dogge 5, 24

Deutscher Boxer 13

Deutscher kurzhaariger Vorstehhund 25

Deutscher Schäferhund 13, 15, 25, 194, 305, 316, 323, 374, 394

Diabetes 286

Diät 239, 263

Dobermann 11, 13, 25, 147, 309, 319, 323

Dobermann-Pinscher 15, 323, 341f.

Dominanz 73f., 77

Doppeltes kurzhaariges Fell 392, 399

Doppeltes langhaariges Fell 393, 400

Dosenfutter 229

Duftmarken 74f., 97, 103, 268

Dünndarmentzündung 203

Durchfall 203, 303-305

E

Eingewöhnung 48-51

Einschläfern 287

Eiweiß 220

Ellbogendysplasie 299, 305f.

Endorphine 171

Englischer Springer-Spaniel 26, 323

Entfilzungsgeräte 396f.

Épagneul Breton 26

Erblinden 285f.

Erbrechen 306-308
– auslösen 381f.

Ernährung 212-239
– für Gebrauchshunde 221f.
– für Rekonvaleszenten 222, 231
– für Welpen 55f.
– natürliche 221

Ernährungszustand feststellen 225

Erste Hilfe 256-387

Erstickungsgefahr 372f., 387

Ertrinken 373, 386

Erwachsene Hunde 11, 118
– Auswahl 42
– Eingewöhnung 53
– Futter 220f., 239
– Sauberkeitserziehung 102f.
– Schlafplatz 49
– Training 94, 118, 179, 285
– und Welpen 50

Erziehung 80-167
– Anfangsschwierigkeiten 90
– Aufnahmefähigkeit 95
– Einstellung 93
– erwachsener Hunde 94
– Gefühle 93
– Gesten 93
– Grenzen abstecken 89f.
– Maßnahmen 92
– Musterschüler 95
– Stimmlage 93
– von Welpen 60f., 64ff., 94

Euthanasie 287

Fährtenhundprüfung 130

F

Fährtenlesen 129f.

Familienanschluß 42-53

Familienplanung 265f., 269

Fell
- Farbbezeichnungen 17
- Pflege 398-402
- Pflege-Utensilien 186, 395ff.
- trocknen 418

Fell- und Haartypen 392ff.

Felsengebirgsfieber 354

Fette 214f.

Fieber 308f.

Fischöle 290, 327

Fitness 170-183

Flaschenfütterung 278

Flatulenz 309f.

Flöhe 251f., 310-314, 421

Flugreisen 206f.

Flüssigkeitsspiegel 245

Fortgeschrittenentraining 122-135

Foxhounds 7, 13

Foxterrier 13, 399

Fremdausbildung 120f.

Freßnäpfe 236f.

Freßstörungen 226f.

Frisbees schnappen 180

Fuchshund 130

Futter 210-239
- Allergien 305, 314ff.
- Auswahl 229-233
- Automaten 237
- Bedürfnisse 213-223

- Intoleranz 314ff.
- Leckerbissen 234f.
- Menge 224f.
- selbstgemachtes 232f.
- Sorte 229-233
- spezielles 238f.
- vegetarisches 238f.

G

Gebiß 353

Gebrauchshunde 221f.

Gebrauchte Hunde 41

Geburt 270-279
- Pflege danach 276, 277

Geburtshilfe 275

Gefahren für Hunde 43-47, 379, 381

Gehorsamsübungen 56

Geschicklichkeitstraining 183

Geschwindigkeitstraining 174f.

Gesellschaftshund 13

Gesichtskosmetik 416f.

Gesundheit und Wohlbefinden 240-287
- Alternde Hunde 280-287
- auf Reisen 203
- Beschwerden und ihre

Behandlung 288-355
- Erste Hilfe 356-387
- Geburt 270-279
- Kastration 264-269
- Vorbeugemaßnahmen 242-263

Gesundheits-Check 244-247

Gewöhnung an die Box 98f.

Golden Retriever 26, 36, 45, 53, 95, 153, 193, 305, 323

Gordon-Setter 303

Graben 152

Grasfressen 307

Grauer Star 15, 341, 281, 342

Greyhound 69, 126, 147

Grundausbildung 104-121
- richtiger Zeitpunkt 105f.

Grundimmunisierung 257

Grundkommandos 112-117
- Bleib! 115
- Fuß! 117
- Hier! 60, 61, 64f., 116
- Platz! 114
- Sitz! 60, 61, 64f., 113

Grüner Star 341

Gumminoppenhandschuhe 396

H

Haar, stumpfes 394

Haarausfall 250, 316f.

Haarkleid 392f.

Haarlose Hunde 402

Hackordnung 60

Halbfeuchtfutter 229f.

Halbtrockenfutter 230

Halsband 108, 187

Halskrause zum
  Selbermachen 366

Hamamelis 330, 343

Handscheu 158

Harnabsatzstörungen 317ff.

Harrier 13

Hauterkrankungen 319f.

Hautkrebs 342

Hefepilze 320

Heimweh 48f.

Hepatozoonose 354

Herzerkrankungen 15

Herz-Kreislauf-Stillstand
  383ff.

Herz-Kreislauf-Training 174

Herzversagen 182

Herzwurmkrankheit,
  Vorbeugung 258f.

Hetzjagd auf Autos 146f.

Heuschnupfen siehe Allergien

Hindernislauf 183

Hinterteil, hochgerecktes 77

Hirtenhund siehe Schäfer-
  hund

Histoplasmose 203

Hitzschlag 374f., 386.
  – Prophylaxe 375

Hoffnungslose Fälle 121

Höhere Bildung 123-125

Hot Spots 321f.

Hotelaufenthalt 208f.

Hovawart 13, 147, 194

Hüftgelenksdysplasie 15, 36,
  299, 322ff., 418

Hunde und Kinder 52f.

Hundealter 63

Hundefön 396f., 401

Hundegerechtes Zuhause
  43-47

Hunde-Hepatitis 258

Hundehütte 196

Hundekämpfe siehe
  Raufereien

Hundekauf 38-41

Hundeleinen 189ff.

Hundemarken 187

Hundepension 209

Hundesalon 397, 398, 400,
  401, 402, 404, 405, 415

Hundeschnauze, kalte 250

Hundeschule 120f., 126

Hundesicht 83-87

Hundesitter 197

Hundesport 180-183
  organisierter 183
  Sportarten 180f.

Hundesprache 69-79, 139f.

Hundetoilette 97

Hundevokabular 70f.

Hundezucht als Geschäft
  268

Hürdenlauf 183

Husky 6

Husten 283, 325f.

Hütehund 11, 162, 179

Hyperaktivität 159

I

Impfungen 60, 206, 257-
  259, 278

Inkontinenz 103, 282f., 285

J

Irish Setter 303

Jagdhund 178

Jagdspiele 180

Jagdtrieb 147

Japan-Chin 13

Jaulen 167

Juckreiz 326ff., 421

K

Kämme 396

Kämmen 396, 398–402

Karotten-Käse-Muffins 233

Kastration 74f., 264–269

Katzen und Hunde 368

Kauen 57, 65

Kauf eines Hundes 38–41

Kauspielzeug 149, 353

Kerry-Blue-Terrier 403

Kleidung 191

Kleine Rassen 13

Kletten und Haarfilz
entfernen 397

Knoblauch 239

Knochen 235

Kohlenhydrate 214

Kolitis 305

Kolostrum 276

Komm! 94

Kompressionspunkte 370

Königspudel 179, 303, 323

Konjunktivitis siehe Bindehautentzündung

Konsequenz 85–90, 106

Kontaktlinsen 340

Körperhaltung 69–71

Körpersprache 77f.

Kortison 293, 328, 330

Kotfressen 153f., 328f.

Krallen pflegen 406f.

Krallenverletzungen 376

Krankenblatt 263

Krankenversicherung 256

Krankheitszeichen
erkennen 243

Kraushaariges Fell 393, 401f.

Kreis drehen, im 172

Kreislauf 245

Kunststückchen 61, 123,
131–135

Kurzhaariges glattes Fell 392,
398f.

Kuvasz 13

L

Labrador-Retriever 27, 45,
53, 95, 153, 305, 323, 343,
382, 394

Lambiasis 203

Langes seidiges Fell 393, 401

Langes wirrhaariges Fell 393, 400f.

Lappenspitz 179

Laufhund 12f.

Lebenserwartung 267, 284

Lecken 329ff., 365

Leckerbissen 111, 234f.

Leckgranulom 330

Leine 108ff.

Leinenführigkeit 108–110

Leonberger 13, 53, 147, 179

Leptospirose 258

Lernbereitschaft 94f.

Lernen
– aus Hundesicht 83ff.
– bei Welpen 64
– richtiges Timing 86
– wirksame Korrektur 86f.

Lhasa Apso 27

Linsensklerose 281, 339, 342

Lob und Tadel 91f.

M

Malteser 13, 27, 36

Markenfutter 216, 230, 231f.

Mastiff 15, 28, 305

Maulschlaufe und
Maulkorb 191

Medikamente verabreichen 260–263

Mikrochips 188

Mimik 69–71

Mineralstoffe 215

Mischlinge 35–37
– Trainings-
empfehlungen 177

Mißgeschicke, kleine 56f.

Mollige Hunde 246

Mops 15, 28, 179, 374

Mundgeruch 331ff.

Mundpflege 408f.

Muskeltraining 174

N

Nabel 249, 274

Nabelbruch 249

Nachgeburt 275

Nachtkerze 327

Nachwuchs 269, 277–280

Nackte Haut 393, 402

Nährstoffe 213–216

Netzhaut-Atrophie 15, 342

Neue Tricks für alte
Hunde 118

Neufundländer 5, 7, 15, 28,
53, 84, 147, 305, 339, 396

Norfolk-Terrier 13

Nützliche Informationen
422–432

O

Ohren
angelegte 78
Beschwerden im Alter 283f.
Entzündung 333–336
gespitzte 78
pflegen 405

Old English Sheepdog 316, 374

Orale Fixiertheit 149

Organisationen 424–431

Osteochondrosis 299

Östrogen 265, 318

Otterhound 13

P

Pankreasbeschwerden 305

Parainfluenza 258, 325

Parodontitis 350, 408, 409

Parodontose 350

Parvovirose 257, 304

Pediküre 307

Pekinese 13, 15, 29

Penis 250

Personalien 187f.

Pflege 389–421
Fellpflege 390–404
Ohren und Augen 334f., 405
Pfoten 406f.
Zähne 408f.

Pfötchengeben 134f.

Pfote heben 78

Pfotenpflege 406f.

Pfui! 65, 99

Pheromone 97

Pilzinfektion 203

Pinscher 319

Pitbull siehe Staffordshire-
Bullterrier

Plaque 350f., 408

Platzhirsch 142

Pointer 12, 147, 177, 323, 342

Praktische Fürsorge 168–209

Premium-Futter 216, 230f.

Private Iniativen 41

Privateingang 195

Privatlehrer 126

Problemhund 121

Progressive Retina-Atrophie
(PRA) siehe Netzhaut-
Atrophie

Proteine 213f.

Pudel 29, 316, 374, 394,
398, 403, 404

Puls messen 244
Pyrenäenberghund 30
Pyrethrin 311, 313, 334, 421

Q

Quarantäne 206f.
Quietschpuppen
schütteln 181

R

Rassehunde 12-34
– Gesundheitsprobleme
14-16
– Kosten 16
– Rat beim Kauf 14
Rassezuchtvereine 424-431
Räude 336ff.
Raufereien 141f., 268, 367
Rauhhaariges Fell 392, 399f.
Reden mit dem Hund 93
Register des Zuchtverbandes
16
Reifen springen, durch einen
134
Reinigungsgeräte 191

Reise-Checkliste 202
Reiseführer für Hunde 208
Reisen mit Hund 198-209
Reisezubehör 204f.
Rekonvaleszente Hunde 222
Retriever 12, 147, 177, 178
Riesendogge 303
Rottweiler 11, 15, 30, 305
Rücken rollen, sich auf den
77, 133
Rudelführer 141
Rudelverhalten 88ff.

S

Sabbern 338f.
Saluki 147
Samojede 13, 30
Sauberkeit 96-103
– unterwegs 189ff.
Sauberkeitsinstinkt 97
Säugende Hündinnen 220
Schäfer- und Hirtenhund
11, 13, 66
Scheren 403f.
Schermaschinen 404
Schipperke (Belgischer Schif-
ferspitz) 31, 179
Schlafplatz 49, 185f.

Schlangenbiß 387
Schlechte Gewohnheiten kor-
rigieren 118, 136-167
Schlüsselhunde 193-197
Schnalzen, mit der Zunge
78
Schnauzenbinde 358
– umlegen 359
Schnüffeln 74
– unerwünschtes 166
Schock 387
Schokolade 382
Schonung 286
Schoßhund 13, 179
Schottischer Hirtenhund
13
Schüsseln und Näpfe 185
Schwanz, eingeklemmter
78
Schwanzfraktur 377, 387
Schwanzwedeln 77
Schwerhörigkeit 15, 286
Schwielen 249
Schwimmen 181
Scotch Terrier 15, 31
Sehbeschwerden 339-342
Sehtest 341
Selbstgemachtes Futter
232f.
Setter 12, 177
Shampoos und Spülungen
421

Sheltie (Shetland Sheepdog)
31, 35

Shih-Tzu 32, 36

Sibirischer Husky 15, 32,
323

Sicherheit
– im Garten und Hof 46f.
– Haus 43ff., 379, 381
– in der Garage 46

Signale, menschliche 79

Slalom 183

Sonnenbrand 342ff.

Sonnenschutzmittel 343

Sozialisierung 60, 61, 62f.

Spaniel 12, 147, 177, 178,
339

Spiele 131-135

Spielzeug, sicheres 186

Sportliche Hunde 177f.

Spurensuche lernen 129f.

Spürhunde 12f.
rekordverdächtige 130

Staffordshire-Bullterrier 15

Staupe 258

Stehlen 165

Sterben 287

Stimmungen erkennen 84

Strafe und Belohnung 87,
91f.

Streunen 266, 267

Striegel 396

Stubenreinheit 61, 97-103

– bei Welpen 56f.
– Tips für Berufstätige 98
– Tips zur Fleckenentfer-
nung 101

Stumpfes Haar 394

Sulfonamide 318

T

Tadel und Lob 91f.

Tagesablauf 64

Tätowierungen 188

Taubheit 15

Temperatur messen 245

Terrier 5, 6, 11, 13, 53, 84,
147, 152, 172, 178f., 194,
374, 396

Territorialverhalten 146

Testosteron 103, 265

Therapiehunde 119

Tibet-Spaniels 13

Tierarzt 252, 275
erster Besuch 67
Wahl 253-256

Tierhandlungen 39f.

Tierheim 36f., 40f., 209

Tollwut 257

Trächtigkeit 220, 271-273,
274

Training 61, 105f., 170-183
Empfehlungen 177-179
gemeinsames 176
gesundheitliche Probleme
182
Grundregeln 173-176
richtiges Maß 182
Zeit 182

Transport, sicherer 360

Transportboxen 201, 206

Trennungsangst 164

Trimmen 403f.

Trimmesser 396

Trockenfutter 230

U

Üben 171f.

Übergewicht 221, 226f.,
283, 344-347

Umzug 103

Unarten
– Gründe 137f.
– ignorieren 86f.
– korrigieren 118, 136-
167
– unterbinden 137

Unbedenklichkeitsbescheini-
gung 206

Unsportliche Hunde 179

442 • Register

Unterhaltung 193f.
Unterordnung 183
 – Übungen 56, 61, 64, 75
Untersuchung, gründliche 246f.
Urinieren 268
 – unterwürfiges 72f.

V

Vaterrolle 279
Vegetarische Kost 238f.
Verätzungen 378f.
Verbandkasten 360
Verbrennungen 378f., 387
Verdauungsenzyme 309f.
Verdauungsstörungen 251
Vergiftungen 380ff., 387
Verhalten, unterwürfiges 72f.
Verhaltensmuster 72
Verhaltenswechsel 118
Verhaltensweisen, Gründe für bestimmte 72-76
Verkehrssicherheit 105
Verkehrsunfälle 383ff., 387
Verletzungen behandeln 358f.
Versteckspiele 180f

Verstopfung 347f.
Verteidigen von Spielzeug 163
Viszla 12, 177, 319
Vitamine 215f., 296
Vormilch 276
Vorstehhund 12
Vorstellung des neuen Hundes 50f.

W

Wachtrieb, übersteigerter 162
Wälzen in Kot 153f.
Wasser 213, 223
Wasserautomaten 237
Wehenstadien 274
Weimaraner 12, 32, 130, 177, 303
Welpen und Kinder 58f.
Welpen 8-11
 – Aufnehmen 59
 – Aufzucht 54-67
 – Berührungen 59
 – Eigenschaften 6f.
 – Ernährung 217ff.
 – Erwartungen 55-57
 – Erziehung 64ff.
 – Fütterung 55f.

 – Gehorsamsübungen 56
 – gesunde 10
 – Kauspielzeug 57
 – Kau-Tabus 57
 – kleine Mißgeschicke 56f.
 – Kosten 5
 – richtige Umgebung 5f.
 – Rüde oder Weibchen 7
 – Sauberkeitserziehung 97-101
 – Schlafbedürfnis 56
 – Sozialisierung 62f.
 – Temperamentstest 9, 11
 – Tierarztbesuch 67
 – Zahnschmerzen 57
 – Zeitaufwand 4f.
 – Zerstörungswut 8
Welpenzeit 60f.
Welsh Corgie 33, 323
West-Highland-White-Terrier 13, 33, 53
Whippet 69, 342
Wiederbelebungsmaßnahmen 384
Wiegen des Hundes 345
Willebrand-Krankheit 10, 15
Windhund 12f., 95, 176
Wolfskrallen 249
Wunden 364-368, 387
Wurfkiste 272, 278
Würgehalsband 108, 109
Würmer 251f., 348ff.
Wurmkur 278

Y

Yorkshire-Terrier 15, 33

Z

Zahnbeschwerden 350-353
Zahnerkrankungen 282

Zahnfleischerkrankungen 251
Zahnpasta 409
Zahnpflege 57, 351f., 408f.
Zahnpflegeartikel 186
Zahnschmerzen 57
Zahnstein siehe Plaque
Zahnwechsel 57, 248f.
Zecken 203, 353ff., 421
Zeckenbißfieber 354
Zeckenencephalitis 354
Zeitungstoilette 100

Zubehör 184-191, 204f.
Züchter 38f.
Zuchtverband-Register 16
Zuhause, hundegerechtes 43-47
Zunge, schwarze 249
Zurechtweisung 92
Zwergpinscher 34
Zwergpudel 382
Zwergschnauzer 34
Zwergspitz 34
Zwiebeln 218

Dank

Autoren und Verlag danken folgenden Firmen für ihre Unterstützung bei der Produktion dieses Buches: Pets International Pty Ltd, Kra-mar Pet Suppliers Pty Ltd, THF Publications/Nylabone®.

Für Auskünfte zur deutschsprachigen Ausgabe sei dem Verband für das Deutsche Hundewesen (VDH), dem Österreichischen Kynologenverband und der Schweizerischen Kynologischen Gesellschaft gedankt.

Bildnachweis

Alle Bilder sind anhand der
nachstehenden Angaben zu
identifizieren
o = oben,
u = unten,
1 = links,
r = rechts,

Ad-Libitum:
Stewart Bowey, I Mitte, III
Mitte, VIIIul, XIor, 1o, 1u
Mitte, 1u, 2o, 3or, 3u, 5or, 10
Mitte, 12u, 13or, 13ol, 18ol,
18o Mitte, 18or, 19ol, 19or,
19 Mitte, 20ol, 20o Mitte,
20or, 21ol, 21o Mitte, 21or,
21 Mitte, 22o Mitte, 22or, 22
Mitte, 23ol, 23o Mitte, 23or,
24ol, 24 Mitte, 24 Mitte,
24or, 25ol, 25o Mitte, 26ol,
26o Mitte, 26 Mitte, 26or,
27ol, 27ol, 27o Mitte, 27
Mitte, 27 Mitte r, 28ol, 28
Mitte l, 28o Mitte, 28 Mitte r,
28or, 29ol, 29o Mitte, 29o
Mitte, 29 Mitte r, 30ol, 30
Mitte l,30oMitte l,30o Mitte
r, 30or, 30 Mitte r, 31ol, 31or,
31 Mitte r, 32ol, 32 Mitte l,
32o Mitte, 32or, 33ol, 33
Mitte l, 33o Mitte, 33or,
34or, 34 Mitte, 34 Mitte,

34or, 48u, 54o, 54 o Mitte l,
54ul, 54u Mitte, 55ol, 57l,
61ol, 62ol, 64ol, 68o, 68ur,
69ol, 71u, 75u, 79ol, 79u,
81u, 82 Mitte l, 83ol, 89or,
92u, 98u, 104ul, 104u Mitte,
107u, 108ol, 109u, 109o,
110o, 112ol, 112l, 112ul,
112ur, 131ol, 136o Mitte,
142ul, 149ur, 162ul, 173
Mitte, 173 Mitte r, 185u,
186o, 186u, 187ul, 189u,
191u, 202 Mitte, 202u, 203o,
205o, 205u, 211u, 228o, 228
Mitte r, 229ul, 229u Mitte,
234ul, 236u, 236ol, 237u,
241o Mitte, 242ul, 242 Mitte,
244ol, 246-247 Mitte, 248ol,
248or, 264o, 280u, 284ul,
284u Mitte l, 284u Mitte r,
284ur, 287ol, 304 Mitte l, 304
Mitte, 304 Mitte r, 306 Mitte,
313ur, 316ur, 319ul, 319ur,
322ul, 328 Mitte, 333ol,
333or, 333o Mitte r, 352ul,
352ur, 360ul, 360u Mitte,
360ur, 368u, 382ul, 390 Mitte
l, 390ul, 390u Mitte, 390ur,
391ol, 392ol, 392u, 392or,
393ol, 393 Mitte, 393ul,
393ur, 395ol, 395ul, 395u
Mitte, 395ur, 396ol, 396
Mitte l, 396 Mitte r, 396ur,

400u, 403ol, 403ur, 404ur,
407o, 408ol, 408ul, 408ur,
410ur, 416u Mitte, 420u,
421ol.

Animal Photography:
R. Willbie 128o.

Animals Animals:
Renee Stockdale, 282u.

Animals Unlimited:
155u, 271u, 272u.

Auscape International:
Alexis/Cogis, 165 Mitte,
228ul, 238ol; Beroule/Cogis,
XIur, 152u Mitte, 267u;
D.R./Cogis, 46u, 55r;
Jean-Paul Ferrero, 16 Mitte;
Francais/Cogis, 22ol, 42
Mitte r, 43u, 48or, 54 Mitte r,
60ol, 82u Mitte, 93ol, 100l,
206u, 401u, 406u;
Gissey/Cogis, 42 Mitte l,
43ol; M. Grenet & A. Sou-
millard/PHO.N.E., 44u;
Hermeline/Cogis, 6u, 15u,
45u, 47r, 84ol, 170ul, 170

Mitte, 173ol, 177ol, 209o, 273u, 326o, 336ul, 345ur; Jean- Michel Labat, 25 Mitte, 60u, 211o, 212o Mitte, 212ul, 224ol, 380ul, 389o, 393or; Labat/Cogis, 217or, 233o, 269o; Jean-Michel Labat/ PHO.N.E., 158o, 213or; La-bat/Lanceau/Cogis, 200o, 278 Mitte; Lanceau/Cogis, 11ur, 51u, 193u, 334ul, 348ur, 390or, 393or, 405ol; Lili/Cogis, 69u, 238ul; François Varin/Cogis, 312o; Jean-Claude Revy/PHO.-N.E., 325or; Rocher/Cogis, 82 Mitte r, 88o; Vedie/Co-gis, 14ol; Wara/Cogis, 87o.

Australian Picture Library:
Sharpshooters, VI-VII.

Bill Bachman and Asso-ciates:
80-81, 104 Mitte l, 104ur, 105ol, 120ol, 122 Mitte r, 126ol, 147ur, 203u, 343ul.

Walter Chandoha:
IXur, 74u, 81o Mitte, 96o, 231u, 122u Mitte, 129ol, 190ul, 210-211, 236ol, 410 Mitte l, 411ol.

Bruce Coleman Limited:
Adrian Bacchella, 41o; Jane Burton, 290; Bob Glover, 346ol; Kim Taylor, 174ur.

Kent and Donna Dannen:
8u, 11ol, 42 Mitte r, 50ol, 71o, 77r, 78u, 108u, 122ul, 124u, 125r, 127r, 127ol, 129u,160u Mitte, 169u, 174ol, 184u, 189ol, 192 Mitte r, 192u, 195ol, 197ol, 198o, 198 Mitte l, 199ol, 207o, 226u Mitte, 242u Mitte, 251ol, 270 Mitte r, 274ol, 274u, 275u, 276u, 324ul, 337 Mitte, 355or, 402 Mitte, 419ul, 419ur.

Davis/Lynn Images:
Tim Davis, 172ol, 176 Mitte l; Renee Lynn, 170u Mitte, 178ul, 180ol, 422-423.

FLPA:
Hugh Clark, 59 Mitte; Foto Natura, 212 Mitte r, 223ol, 399o; Klein-Hubert/Bios/ Foto Natura, 122ur, 131or, 131 Mitte l, 131ul; J. & P. Wegner/ Foto Natura, 219ur.

Matt Gavin-Wear: 166ul.

Robert Harding Picture Library:
148ur, James Strachan. 353ur.

The Image Bank:
Bockelberg, XIV-1, 323 Mitte; Flip Chalfant, 389u, 410o; Gary S. Chapman, 104 Mitte r, 119ol; David De Lossy, 62u; Britt Erlanson, 2 Mitte l, 3ol; David Europe, 212 Mitte l, 213ol; Garry Gay, 212 Mitte, 217ol; Alfred Gescheidt, 197ul; Deborah Gilbert, 106o; Steve Grub-man, 64u, 106o; G.K. & Vikki Hart, 99u, 169o Mitte, 184o, 264ul, 265ol, 381or, 423u; David W. Hamilton, 192 Mitte l, 193ol; Carol Kohen, 81 Mitte, 104ol; Chuck Kuhn, 170 Mitte r, 182ol; Ted Russell, 198 Mitte r, 206ol; Sobel/Klonsky, 56l, 88u; Frank Whitney, 161ul.

Ron Kimbal Studios:
XI–XIIIu, 2o Mitte, 12ol, 37ol, 76u, 96ur, 102ol, 146o Mitte, 167ur, 180u Mitte, 250u Mitte, 280 Mitte l, 281ol, 339or.

Ron Levy:
2ul, 8ol, 74o, 123u, 190ur,

198ur, 204l, 208ol, 296or, 301or, 332ul, 391u, 417u, 410 Mitte r, 419ol.

NHPA:
Henry Ausloos, 142or; Stephen Dalton, 397u; Gerard Lacz, 237ur; Yves Lanceau, 68ul, 72ol, 414u; Elizabeth MacAndrew, 90u.

Norvia Behling:
Xur, lo Mitte, 2ur, 6o, 9o, 35u, 36 Mitte, 38ol, 40l, 42ur, 52ol, 53u, 54 Mitte, 54ur, 58ol, 59or, 65ol, 67ol, 67u, 68 Mitte l, 69ol, 72u, 81o, 82o, 82ul, 82ur, 85u, 91ol, 94ol, 95l, 96ul, 97ol, 104 Mitte, 110 Mitte, 111ol, 120u, 153or, 157ur, 170ur, 183ol, 183u Mitte, 184 Mitte l, 185or, 185ol, 187ur, 191o, 194u, 195u, 198ul, 201u, 204ur, 204 Mitte, 215ur, 235u, 240-241, 241u Mitte, 242ur, 249ur, 252ul, 256ul, 257ur, 260ol, 264ur, 265or, 267ol, 270o, 270 Mitte l, 270u, 271ol, 277ol, 279u, 283o, 291ol, 292ol, 293ur, 302ul, 308u Mitte, 309o Mitte, 310 Mitte l, 311ur, 314o Mitte, 316o Mitte,

336ol, 341ur, 345u Mitte, 356–357, 360u Mitte l, 379u Mitte, 388–389, 390 Mitte, 390 Mitte r, 398ol, 406ol, 409o, 410ul 411or, 414ol, 418r.

Oxford Scientific Films:
Alan & Sandy Carey, 352 ol.

The Photo Library, Sydney:
III Mitte, 175or; Lori Adamski Peck, 4o; Ian Cunningham, 170 Mitte l, 171 ol; Tim Davis, 2u Mitte, 17ol, 19or, 31o Mitte, 145or; Renee Lynn, 104or, 118ol, 131ur, 169u Mitte, 190o, 192o.

Polperro Picture Productions:
Brian Geach, 144u Mitte.

Silvestris:
Herbert Kehrer, II; J.U.P. Wegner, 214ol.

Dale C. Spartas:
68 Mitte r, 77ol, 81u Mitte, 122o, 122 Mitte l, 123ol,

163o Mitte, 168-169, 177ur, 184 Mitte r, 187ol, 188u, 222ol, 240u, 277u, 280o, 280 Mitte r, 285ol, 287u, 366u, 391r.

Stock Photos P/L:
Jim Erickson, 102u; Stephen Green-Armytage 169o, 170o; TSM-Paul Barton, 58u, 159ur, 171uc; TSM-Steve Prezant, 242 Mitte l, 243d; TSM-Grafton M. Smith, 181or; Herbert Sprichtinger, 2 Mitte r, 35d.

Renee Stockdale:
5u, 38u, 119r, 126r, 138or, 139u Mitte, 140 Mitte, 141ol, 212ur, 220or, 226ol, 227or, 228 Mitte l, 228ul, 229ol, 230u, 234 ol, 235or, 241o, 242or, 242ol, 242 Mitte r, 243u Mitte, 251ur, 253o, 255ol, 257ol, 259o, 285u, 288-289, 295o, 299ol, 299ur, 303u Mitte, 328o, 330or, 331u Mitte, 331ur, 344or, 347ur, 350r, 365u, 373ur, 380ur, 398u, 405or, 412u, 415o.

TFN Publications:
311 o Mitte.

Wildlight Photo Agency:
Carolyn Johns, 156or; Philip
Quirk, 143or.

Zeichnungen:

Janet Jones:
18-34 (Silhouetten/Men-
schen), 113-117, 132-135,
196, 225.

Sue Rawkins:
18-34 (Silhouetten/Hunde).

Keith Scanlon:
244, 260-262,
296,359-387,407.

Umschlagfotos:
Ad-Libitum/ Stuart Bowey,
Klappe vorn, vorn o, Rücken,
hinten Mitte und u; The
Image Bank/Benn Mitchell,
hinten o; The Photo Library,
Sydney, vorn Mitte